津市市

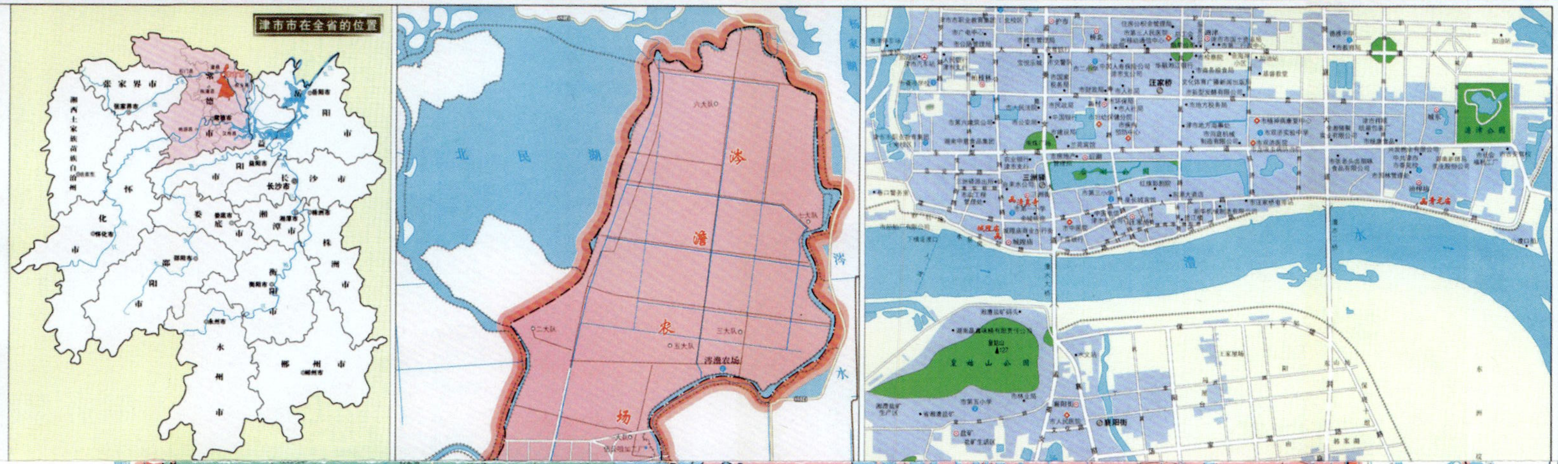

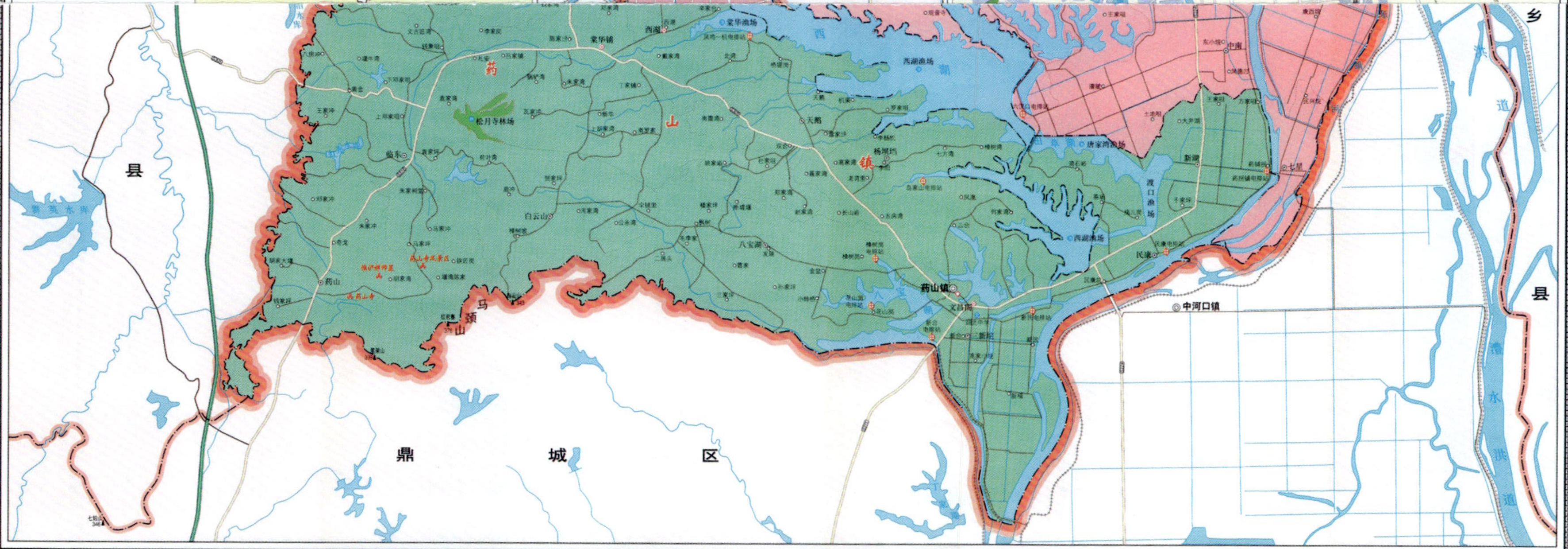

津市市人民政府编制　湖南省民政厅监制

湖南省第三测绘院制作　二〇一七年五月

津市年鉴

（2020）

津市市地方志编纂室　编

方志出版社

首届津市牛肉米粉美食文化节

中国食品工业协会综合部副主任潘韧女士宣读授牌内容

中国食品工业协会副秘书长徐坚为津市中国牛肉米粉之乡授牌

一碗米粉，拉开湖南人清晨的序幕。一碗津市牛肉米粉，成为湖南人的早餐标配。开幕式上，津市被授予“中国牛肉米粉之乡”的称号。

津市牛肉米粉被誉为中国三大米粉之一，仅长沙、北京、广州、武汉、西安、深圳等城市就有5000家分店。津市牛肉米粉“走出去”是开放发展的一个典型缩影。开幕式上，津市牛肉米粉成立品牌产业联盟，成为津市牛肉米粉产业化进一步转型升级的重要抓手。

在做大做强牛肉米粉这一产业上，津市市委、市政府开展编制好产业发展规划、讲好津市牛肉米粉故事、完善产业标准化体系、加快建设津市牛肉米粉产业专业园、拓展一批实体门店、发展电商网络、加快米粉原料基地建设、加强米粉品牌商标保护等八大行动。津市市内津市牛肉米粉标准化星级门店已完成运营改造，开幕式上，还对首批50家星级门店授牌。

20家津市牛肉米粉品牌产业联盟成立

常德市人民政府副市长龚德汉、津市市人大常委会主任王育平、津市市政协主席姜正才、津市市委副书记杨文惠、津市市人民政府副市长易榕为首批50家门店授牌

整场文艺演出分“津市情缘”、“津市韵味”、“津市唱响”三大篇章，为更好的表现津市的米粉文化、米粉历史和米粉故事，所有节目均采用原创方式量身打造。特邀请音乐制作人周秀松为津市牛肉米粉原创打造主题曲，集常德丝弦、新民歌、潮流RAP于一体，跨界融合，湘籍花腔女高音歌唱家吴碧霞与唱作型歌手、快乐男声钟浩洋现场首唱，重磅首发，为津市牛肉米粉推广助力。

在开幕式暨文艺演出的舞台上，通过 3D 全息激光烟幕投影打造一条 800 年的时光隧道，通过隧道快速的回顾津市牛肉米粉历史，津市牛肉米粉吉祥物自隧道深处款款而来，穿越历史呈现在大家面前，寓意通过津市牛肉米粉的文化传承和发扬。

女高音歌唱家吴碧霞与钟浩洋演唱《我就是你的粉》

著名常德籍歌唱家吴碧霞演唱“我爱你中国”

舞蹈《澧水号子》

津市牛肉米粉的吉祥物“津津和兰兰”精彩亮相

原创歌舞《爱的津市味》

吴碧霞演唱《我爱你 中国》

原创舞剧《兰香四韵》

创意杂技《双人环舞》

观众

首届津市牛肉米粉美食文化节

四位湘籍世界冠军

由创意之星策划及全程执行的“最长的碗面行列”吉尼斯世界纪录™称号挑战成功。

“最长的碗面行列”由3988碗津碗粉市牛肉米粉串联而成。现场还有四位湘籍世界冠军，与市民一同见证这份荣耀。分别是：

2016里约奥运会女子举重69公斤级冠军　向艳梅

2012年伦敦奥运会女子举重48公斤级冠军　王明娟

2011蹦床世锦赛男子单跳团体赛的冠军成员　陶　毅

蹼泳国际级运动健将、世界冠军获得者　傅祖斌

津市市委市政府表示，3988碗粉组成的“最长的碗面队列”寓意“千粉相连，我就是你的粉”，申请该吉尼斯世界纪录认证，既是在挑战中展现津市牛肉粉的文化，也是希望通过活动进一步推动津市牛肉米粉文化的传承、产业的发展、品牌的打造，将津市牛肉米粉推向世界。

“最长的碗面行列”挑战现场

挑战“吉尼斯世界记录”成功

津市承办湖南省第七届“公仆杯”乒乓球赛

2019年5月9日上午，湖南省第七届“公仆杯”乒乓球比赛在津市开幕。本届比赛由省体育局主办，省社会体育指导服务中心、省直单位职工文化体育协会、津市市人民政府承办。

这是该赛事自2007年创办以来首次走出省会长沙，来到津市。共有来自全省11个市（州）及32个省直属单位的45支代表队、近500名选手参赛。比赛分为男女混合团体个人积分赛（25岁以上~60岁以下）和副厅局级以上干部男、女单打比赛（65周岁以下）。时间为5月9日至10日，采用小组循环，淘汰赛的方式确定最后名次。

津市市委常委宣传部长张海卿主持仪式

津市市委副书记、市长黄旭峰致欢迎词

湖南省社会体育指导服务中心主任周光正讲话

2019年5月9日上午，湖南省第七届“公仆杯”乒乓球比赛在津市开幕

津市市政府举行微生态健康调控与益生制品创新论坛

2019 年 12 月 27~28 日，国家十三五重点研发计划项目研讨会暨微生态健康调控与益生制品创新论坛在常德举行。教授博士沅澧行，“智汇洞庭 科创常德”再出实招。论坛开始前，津市市委书记傅勇看望参加论坛的代表，并与他们就微生态健康产业发展进行深入交流。

微生态健康调控与益生制品创新论坛主办单位为天津科技大学、湖南省常德市人民政府；

承办单位为天津科技大学生物工程学院、湖南省津市市人民政府、湖南海路生物科技有限公司；

支持单位为中国生物发酵产业协会、天津市高等创新团队（NO.TD13-5015）、国家重点研发计划“益生菌健康功能与基于肠道微生物组学的食品营养代谢机理研究”(NO. 2017YFD0400300) 项目组。

此次论坛是共同研讨微生态健康调控与益生菌、益生元等益生制品研发方面的新思想、新进展与新成果。来自各大高校、生物科技公司、医院的教授和专业人士就国家重点研发计划“现代食品加工及粮食收储运技术与装备”重点专项“益生菌健康功能与基于肠道微生物组学的食品营养代谢机理研究”作出 28 项课题报告。活动还进行商务对接，津市市政府分别与参加此次论坛的教授、博士、生物医药企业代表、项目负责人等初步达成 30 多个合作意向。

津市生物医药产业快速发展，建成常德市生物医药产业专业园区，规模企业达到 12 家，年产值突破 40 亿元。全国排名前 4 位的酶制剂生产企业有 3 家落户津市，甾体原料药和医药中间体、酶制剂出口全国第一，皮质激素全球市场占有率达 50%，高端性激素产品在全球市场具有垄断地位。

2019 年，津市聚力创新，获评全省知识产权建设强县，创建全省创新型县市。建成院士工作站 1 个，省级以上研发平台 9 个，拥有高精尖人才 56 人，新增专利 90 项。引进引航生物、慕恩生物、玉津医疗、合健生物、深圳康体纳米等项目；与江南大学、广州博济医疗、奥咨达医药达成合作意向；加快孵化制剂和以体外诊断试剂为主的医疗器械项目，着力打造全省生物医药与医疗器械创新创业园；抢抓湖南医疗器械注册人制度试点契机，与湖南海路生物科技有限公司合作新建湖南微生态健康产业园，搭建医疗器械行业专业化服务平台。

津市以企业技术需求为导向，深化与高校科研院所的战略合作，对接深圳宝能科技园等发达产业园区，创建一批国家级创新平台、重点实验室、院士工作站、博士后工作站和科技成果转移转化平台。建设国内领先的生物医药特色产业基地，突出生物医药专业化技术创新和服务体系建设，重点发展生物酶制剂、生物医药制剂、医疗器械、植物提取“四大产业领域”，创建国家生物医药中试小镇，努力向全球最大的酶制剂、高端甾体激素类医药生产基地迈进。

论坛现场

常德市人民政府副市长汤祚国宣布论坛开幕

津市市委副书记、市长黄旭峰致辞

中国生物发酵产业协会益生制品分会副秘书长、中国农业大学教授杨绍青就功能性低聚糖类益生元的酶法制备及活性分析作特邀报告

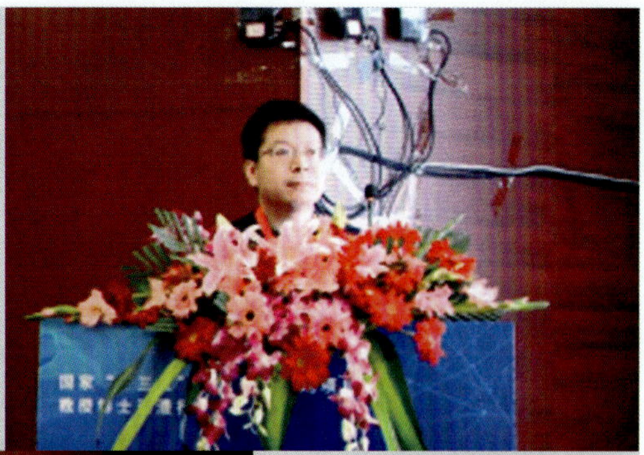

湖南海路、苏州海路生物科技有限公司首席科学家、浙江省农业科学院研究员王欣教授就肠道微生物代谢活性检测系统的建立与应用作课题报告

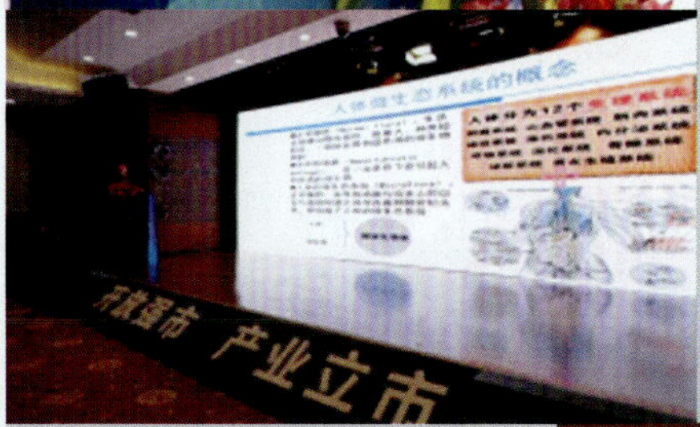

国家重点研发计划项目负责人、天津科技大学教授张同存就肠道菌群功能及稳态调控作项目总结汇报

现场嘉宾签字入场

国家重点研发项目评审专家、君乐宝乳业集团副总裁朱宏就乳品行业发展趋势和需求作特邀报告

津市市政府举行微生态健康调控与益生制品创新论坛

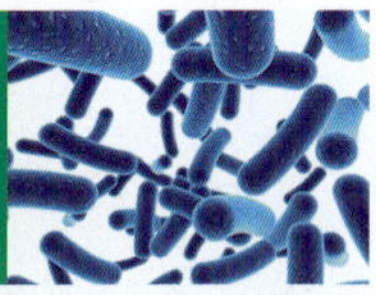

与会人员合影

湖南海路生物科技有限公司首席科学家王欣教授、天津科技大学生物工程学院副院长罗学刚等论坛参与人到津市调研参观湖南微生态健康产业园

湖南微生态健康产业园项目签约仪式在津市高新区举行，湖南海路生物与津市人民政府与达成产业合作，项目总投资5亿元。签约仪式由津市市人民政府副市长高见主持。湖南微生态健康产业园项目以微生态健康产业为核心，计划建设医疗器械CDMO基地。湖南微生态健康产业园，为我国具有鲜明特色的、湖南省首屈一指的医疗健康产业园。

目录

特载

大事记

综述

中共津市市委员会

津市市人民代表大会

津市市人民政府

中国人民政治协商会议津市市委员会

民主党派

社会团体

交通　邮政　通信

城市建设与管理

工业　科技　电力

农业　水利

商　贸

金　融

财政　税务

经济执法与监督

教 育

卫生健康　医疗保障

文化　旅游　体育　广播电视

地方文献

保持定力 真抓实干
奋力谱写澧水流域现代化中心城市新篇章

——在2019年市委经济工作会议上的讲话

（2019年1月22日）

市委书记 傅 勇

一、总结成绩，坚定发展信心

刚刚过去的2018年，是令人难忘、令人欣慰、令人振奋的一年。市委、市政府团结带领全市人民，深入贯彻习近平新时代中国特色社会主义思想，坚定不移落实省、市决策部署，开拓创新，克难奋进，推动了全市经济社会平稳健康发展。全年完成地区生产总值157.7亿元，增长8.0%；规模工业增加值53.3亿元，增长8.4%；社会固定资产投资86.2亿元，增长1.3%；财政总收入7.9亿元，增长11.1%；社会消费品零售总额75.3亿元，增长10.8%；城乡居民人均可支配收入分别达到33055元、15471元，分别增长7.8%、8.5%。

一年来，我们致力振兴实体经济，全力以赴抓项目、兴园区、壮产业、暖企业，高质量发展态势正在形成；我们致力产业集聚，生物医药、装备制造、健康食品三大主导产业加速成长，常德市生物医药与健康食品产业园成功挂牌，溢多利系列项目挤入全省“五个100”项目笼子；我们致力扩大开放，外资引进实现“零”的突破，成功举办“智汇洞庭·科创常德”津市专场活动，结交了一批新朋友，扩大了朋友圈；我们致力推动乡村振兴，全域启动农村人居环境整治，获批全国农村垃圾分类和资源利用示范县、省级农村人居环境整治试点县市；我们致力“擦亮”城市名片，澧水二桥、津市港中心港区主体竣工，五环时代

市委书记傅勇作报告

全民健身中心建成运营，棚改工作被列为全省真抓实干成效明显县市，成功蝉联“省级文明城市”；我们致力改革创新，大力推进国家新型城镇化、国家中小城市综合改革试点，获批国家殡葬改革试点县市，完成“最多跑一次”改革，跑出了便民利企的“津市速度”。这一年的成就，标志着津市的发展跃上了新的台阶，在建设澧水流域现代化中心城市的宏伟征程中，我们奠定了更加坚实的基础，迈出了新的有力步伐。主要体现在以下几

个方面：

产业发展提质增效。工业经济不断壮大。园区布局持续优化，基础配套日趋完善，生产要素加快集聚。生物医药、健康食品产业茁壮成长，盐化工、纺织等传统产业改造升级，深圳盐田港集团、宁波热电集团等一批战略投资者成功落户，康捷生物、吉人住工、力鼎鞋业等一批项目建成投产，引航生物、广域化学、玉津医疗等一批项目强力推进，全市高新技术企业达到18家。大力开展企业帮扶，工业贷款净投放6亿元，增长185%，盘活闲置低效企业19家，盘活率达80%以上。现代农业发展加快。全省唯一的食用菌产业园落户津市，润农茶油跻身全省现代林业特色产业园，钟灵村被评为全国“一村一品”示范村。服务业稳步提升。创新创业园建成运营，津市牛肉米粉品牌影响扩大，被列入全省“一县一特”产业发展名录。

城乡面貌持续改观。城市建设步伐加快，《津澧新城总体规划（2016—2030）》获省政府批复，澧水沿江风光带即将建成，孟姜女大道、城镇污水管网等一批基础设施提质升级，小区长效管理、控违拆违工作成效明显，城市品质不断提升。美丽乡村建设整市推进，“绿色存折”制度全面推广，成功承办常德市农村人居环境整治现场会。药山、毛里湖景区建设步伐加快，药山文化旅游景区获批国家AAA级旅游景区，毛里湖国家湿地公园法开署项目成功签约，青苗社区成功创建省五星级乡村旅游示范点。城镇路网更加完善，S238常华—药山公路主体建成，农村公路更加畅通。

三大攻坚成效显著。地方政府债务风险防控有力。严守保工资、保运转、保民生底线，债务清理、项目压减、存量消化等工作统筹推进，全面禁止了违规举债，整合了政府融资平台，并积极推进公司转型。精准脱贫成效显著。产业扶贫、危房改造、教育助学、健康扶贫、就业扶贫、基础建设等扶贫任务全面完成，驻村帮扶和结对帮扶实现全覆盖，扶贫领域作风问题专项治理扎实有效，全年实现1240人脱贫、4个贫困村退出。污染防治力度空前。扎实推进中央和省环保督察问题整改，“蓝天碧水净土”保卫战全面打响，毛里湖“两拆两退”、园区企业环保整治落实有力，县级集中式饮用水水源达标率100%，城区空气质量优良率达87%。

民生保障更加有力。教育卫生质量稳步提升，城区美丽校园建设加快推进，城东高标准幼儿园启动建设，一中、新洲中学分别创建为全国校园篮球、青少年足球特色学校。人民医院改扩建、中医院整体搬迁有序推进，与省、常德市三甲医院深化合作。文体事业持续繁荣，虎爪山遗址保护工程启动建设，成功举办“健康中国·运动湖南”全民运动会津市站活动，公共文化服务工作被《人民日报》推介。城市低保持续提标，城镇就业保障有力，住房保障更加全面，养老服务更加完善，成功获批全省“五化民政”建设示范县市。社会大局和谐稳定，平安津市、法治津市建设深入推进，“雪亮工程”全域覆盖，“无上访村（社区）”持续增加，全国“法治县（市、区）创建工作先进单位”成功夺牌，综治民调测评稳居全省前列、常德第一。扎实推进“双安双创”，成为常德唯一安全生产零事故区县市。

党的建设全面加强。突出思想引领，层层推动学习贯彻习近平新时代中国特色社会主义思想，全面落实意识形态责任制，加强舆论主阵地管控。夯实基层基础，支部“五化”建设加快推进，软弱涣散村（社区）党组织全部转化到位，基层运转保障经费、村（社区）干部待遇进一步提高；“智慧党建”平台实现“三务合一”，“红色存折”制度被省委组织部刊文推介。持之以恒正风肃纪，深入开展违反中央八项规定精神突出问题专项治理，始终保持惩治腐败的高压态势，充分发挥巡察利剑作用，党风政风、干部作风进一步好转。构建大统战工作格局，爱国统一战线得到巩固、发展和壮大；党对人大、政协工作的领导全面加强；党管武装工作开创新局面。

成绩来之不易，奋斗充满艰辛。经过这一年的努力奋斗，我们办成了不少大事，取得了来之不易的成绩。这些成绩的取得，离不开全市广大干部群众的辛勤汗水和奋力拼搏，离不开各位企业家的负重奋进和突出贡献，也离不开社会各界人士的长期关心和大力支持。在此，我代表市委，对大家表示衷心的感谢和崇高地敬意！

在肯定成绩的同时，也要清醒地看到，我市发展中还存在的矛盾和问题。一是交通条件还需进一步改善。铁路空白还没有填补，安慈高速建设、淞虎航道疏浚有待加快。二是高质量发展还需进一步提速。园区高新技术企业还不多，服务业体量还不大，创新研发的氛围还不浓。三是推动发展的能力还需进一步提高。谋项目、争项目、引项目和优化营商环境的能力还不强。这些问题，我们必须认真对待、全力改进。

二、保持定力，实现重点突破

2019年是新中国成立70周年，更是建设澧水流域现代化中心城市攻坚克难、乘势而上的关键一年。做好今年的工作，我们一定要认清发展大势。在经济下行压力加大的背景下，国内经济长期向好的基本面没有改变，仍处于并将长期处于重要战略机遇期。从全局看局部、从当下看未来，津市经济正由高速增长阶段转向高质量发展阶段，经济结构正在逐步优化，存量问题和风险隐患正在逐步化解。我们要全面辩证看待国际环境、国内条件和自身情况的变化，把思想和认识统一到中央、省委、市委对发展形势的判断上来，聚精会神打硬仗，一心一意谋发展。一定要抢抓发展机遇。积极抢抓国家重视中部崛起、全省制造业高质量发展和产业链建设等一系列机遇，承接沿海产业转移，加快产业转型升级。积极抢抓新产业新动能进一步集聚机遇，加速我市优势产业壮大、新兴动能成长。积极抢抓打好三大攻坚战带来的机遇，倒逼发展方式转变，促进产业结构调整，培育新的经济增长点。积极抢抓省委、常德市委战略决策深入推进的机遇，用好用活各项利好政策，创造性地抓好贯彻落实，切实转化为实实在在的发展成效。一定要坚定发展信心。经过全市上下的共同努力，我市经济发展稳的基础在巩固，进的动能在增强。今天的津市，经济发展稳中有进、稳中向好，正在高质量跨越发展。今天的津市，发展理念更加开放，交通区位日益改善，园区基础不断夯实，城市品质加快提升，综合竞争力日益凸显。今天的津市，发展共识更加坚定，工业立市、产业兴城战略深入人心，政治生态风清气正，干部能力不断提升，进入了大事可期、大事可成的黄金发展期。我们要始终保持战略定力，坚定不移办好自己的事。

2019年，全市经济工作的指导思想是：坚持以习近平新时代中国特色社会主义思想为指导，全面贯彻党的十九大和中央、省委、常德市委经济工作会议精神，坚持稳中求进工作总基调，坚持新发展理念，推动高质量发展，坚持创新引领开放崛起，大力推进工业立市产业兴城，继续打好三大攻坚战，统筹推进稳增长、促改革、调结构、惠民生、防风险工作，保持定力，真抓实干，奋力谱写澧水流域现代化中心城市新篇章，以优异成绩迎接中华人民共和国成立70周年。主要预期目标是：地区生产总值增长8%以上，规模工业增加值增长10%以上，固定资产投资增长10%以上，财政总收入增长10%以上，社会消费品零售总额增长10%以上，城乡居民人均可支配收入增长8.5%以上；完成上级下达的节能减排目标任务。

按照上述总体要求，重点抓好以下五个方面的工作。

1.聚力产业发展，推动工业经济新突破。工业是津市复兴的唯一出路。必须始终坚持工业立市不动摇，深入推进产业立市三年行动和“1115”工程，在打造工业经济中心上取得新突破。

壮大主导产业。围绕“三主一特”产业链延伸，走“专、精、特、新”之路，完善产业发展专项规划，力争在创新前沿有位置，细分领域出特色。做优生物医药产业，打造国内领先的生物医药特色产业基地。突出生物酶制剂、甾体类药物、医疗器械、植物提取四大细分领域，做优做特做强。加快科益新生物、经世新材料、引航生物等产业项目建设，力促年内建成投产。促成慕恩生物项目落地建设。做强装备制造产业，打造全省一流的重要汽车零部件生产基地。以中联车桥为龙头，加强与中联重科深度合作，紧盯三一重工等战略伙伴，带动装备制造配套企业提质升级。做特健康食品产业，打造泛湘西北健康食品产业基地。培育以新中意食品为龙头的休闲食品产业、以嘉一食品为代表的农产品深加工产业，建设集研发、标准、检测等为一体的公共平台。做专盐化工产业，打造湖南知名的盐化工特色产业基地。以湘澧盐化为龙头，加快精细化工产业园建设，推动盐化工、纺织等传统产业技改升级。

打造特色园区。围绕创建“湖南省特色产业园区”，推动园区走专业化、特色化、集约化发展之路，把园区建设成高校院所的研发平台、研发机构的生产基地。力争实现规模工业总产值265亿元，综合税收突破4亿元。凸显园区特色。立足常德市生物医药与健康食品产业园，建设8000亩生物医药、5000亩健康食品专业园区，聚集规模以上关联企业40家，实现产值100亿元。优化基础配套。推进园区调区扩区，优化产业布局，保障项目用地。完成宁波热电项目主体工程建设，启动固废处理中心、工业污水处理厂二期项目建设，完善道路管网、标准厂房等基础配套。促成盐田港集团尽早启动津市港运营，推动伊斯特维尔供应链总部迁转津市。完善电子商务、智慧园区、管理咨询等生产性服务配套，引导金融机构、仓储物流、公共交通等生产资源要素向园区集聚，加速产城融合。强化人才支撑。与行业协会、重点高校和科研院所合作，引进行业领军人物，建好院士工作站、博士后工作站并充分发挥作用。依托实训基地，与职业院校合作，培养一批企业复合型人才；依托职教集团，为企业“量身定制”、定向培养一批专业技术人员。提升运行效率。巩固深化“一权两制一司”改革，推进园区用人机制改革，推动嘉山实业向专业化、集团化、市场化转型发展。

全力招商引资。招商是产业发展的唯一选择。坚持以招商论英雄、以项目论业绩的考核机制不动摇。在“精准、舍得、执着”上持续发力，打造专业、专注、专职的招商队伍；既注重项目签约，更注重项目落地，提升招商引资实效。全年力争引进产业项目30个以上，其中工业项目20个以上，亿元以上工业项目10个以上，协议引资额突破50亿元。坚持对接经济发达地区、先进专业园区的招商方向不动摇。围绕“三主一特”产业，紧盯京津冀、长三角、珠三角、粤港澳大湾区等重点区域，瞄准世界、中国、民营“500强”，对接溢多利、中联重科、省粮食集团和省轻盐集团等现有战略合作伙伴，引进更多优质项目。坚持以商招商、产业链招商的招商方式不动摇。以龙头企业为依托，延伸产业链，吸引更多关联企业入驻。发挥承接转移、基金投入、供应链服务等优势，定期在发达地区举办专场推介会，吸引更多战略投资伙伴。建立“金融＋科技＋企业＋政府”招商联盟体系，深化与行业协会、科研院所、投资机构战略合作。以“乡情、亲情、友情”为纽带，继续开展“迎老乡、回故乡、建家乡”活动，引导津市外地企业家回乡投资，外地务工人员回乡就业。

2.聚力三大攻坚，推动全面小康新突破。要按照既定目标，针对突出问题，集中精力攻克重点难点，全力打好三大战役。

坚决打好防范化解重大风险攻坚战。树立过紧日子的思想，保持忧患意识，精准研判、周密部署、坚决避免系统性风险。积极稳妥化解地方政府隐形债务，严格遏制债务增量，有序化解债务存量，坚决禁止变相举债和违规融资举债。着力防范重大领域金融风险，规范融资平台管理和民间融资行为，加大打击非法集资力度，牢牢守住不发生系统性金融风险的底线。

坚决打好精准脱贫攻坚战。按照中央、省委省政府的部署，到年底实现除兜底保障外的贫困人口全部脱贫。坚持精准精细，把准脱贫质量这个根本要求，深入开展“厘清脱贫路径”行动，抓巩固、防返贫，让脱贫经得起历史的检验。重点推进产业扶贫，实现村村有产业项目、户户有产业扶持。全面落实到户政策，确保贫困群众病有所医、住有所居、学有所教。补齐非贫困村帮扶短板，深入开展扶贫领域作风治理，进一步提高群众满意度和获得感。

坚决打好污染防治攻坚战。以迎接第二轮中央环保督察和省级环保督察“回头看”为契机，坚守阵地、巩固成果。持续推进污染防治攻坚战三年行动计划，切实打好“蓝天碧水净土”保卫战，抓好长江经济带生态环境突出问题整改，统筹推进山水林田湖草系统保护和治理。严格落实“河湖长制”，启动城市水环境治理，实施生态廊道工程，全面启动生态文明建设示范县市创建工作，强化生态环境执法监管，严厉打击破坏生态环境违法行为。

3.聚力创新开放，推动发展格局新突破。创新引领未来，开放共创繁荣。我们要以更加务实的举措推进创新，以更加宽广的胸怀推动开放，努力将津市打造成沿海的腹地、内陆的前沿。

加快推进创新驱动。充分发挥科技成果转移转化示范县优势，全力打造创新研发中心。建立企业为主体、市场为导向、产学研融合的技术创新体系，推进一批技术创新工程，引导各类创新要素向企业集聚，使企业真正成为研发投入、技术创新、成果应用的主体。发挥园区平台功能，提升国家生物酶制剂特色产业基地建设水平，建立“一站式”政务服务平台，实现“办事不出园”。推进中小企业孵化园、创新创业园、科技企业孵化器、众创空间等“双创载体”建设，培育更多的科技型中小微企业成长为国家高新技术企业、创新型企业。发挥人才引领优势，举办院企行、生物制药峰会等活动，推动科研院所、高校与企业开展深度产学研合作，共创国家级、省级创新平台。完善科技创新和成果转化激励机制，对带项目、带技术来津市发展的领军人才和团队，给予专项资金扶持。打造一批“共享型”“扎根型”“本土型”科技创新创业人才队伍，形成新产业、新人才、新技术互动并进的创新驱动局面。

搭建开放合作平台。进一步强化开放理念，增强开放能力，提升开放境界。充分利用保税仓功能，与盐田港集团统筹规划好港区开放型平台及跨境电商。引进和培育外贸龙头企业，引导和支持中小企业“破零倍增”。推动进出口“绿色通道”试点工作，进一步压缩通关时间和成本。落实“五大开放行动”计划，推动“津品出境”“津企出海”，进一步提升经济外向度。全年实际利用外资增长20%以上，进出口额突破1亿美元。

营造一流营商环境。尊重企业家主体地位，让企业家受尊重，让投资者得实惠，让创业者有成就，把我市打造成政策高地、成本洼地、投资福地。致力营造高效便捷的政务环境。以“全省领先、全国一流”为目标，推进“放管服”改革，推行“只进一扇门、最多跑一次”，持续开展“减证便民”行动，打造“经营零干扰、审批零收费、服务零距离、配套零负担、企业零跑路”的办事服务环境。致力营造优惠宽松的政策环境。不折不扣落实降税减费优惠政策，降低企业用地、融资等要素成本，让企业享受到真金白银的支持。致力营造重商亲商的服务环境。对企业反映的公交线路、物流成本、人才用工等问题，实行园区办理首问负责制，确保事事有方案，件件有成效。继续实行“领导联产业、部门服务企业”制度，实行“店小二”式的全程代办，为投资者开辟“绿色通道”。建立中小企业服务平台，完善专门服务机制，助推企业快速发展。继续盘活闲置低效企业，“一企一策”精准帮扶企业发展。

4.聚力城镇带动，推动城乡统筹新突破。大力实施乡村振兴战略，深入推进新型城镇化，实现城乡融合、城乡共荣。

强力推动乡村振兴。出台乡村振兴规划，统筹做好新时代“三农”工作。打好农村人居环境整治开局战。全域推进农村人居环境整治，狠抓垃圾、污水、厕所、违建整治，实现集镇生活污水处理全覆盖，创建全省农村人居环境整治示范县，大力推进绿色通道、美丽庭院建设，加强“空心房”“大棚房”整治，确保新洲镇常德领跑，毛里湖镇、药山镇、白衣镇走在前列。大力发展生态产业。着力品种改良，积极培育新型经营主体，提质发展优质稻、藠果、食用菌等特色产业，打造优质农产品供应基地。着力品质提升，鼓励企业开展订单生产、产品研发，推动农产品精深加工。着力品牌推广，办好新洲年货节、毛里湖腊八节、白衣起鱼节、药山鱼王节等节庆活动，推进“互联网＋现代农业”，引导支持农业龙头企业打开国内外市场。加快一二三产业融合，争创国家三产融合发展示范县。启动毛里湖法开署项目建设，加快药山景区建设，争创国家全域旅游示范县。完善基础设施建设。进一步夯实农田水利基础，实施农村饮水安全巩固提升行动，加快新一轮农村电网升级改造，办好乡村振兴“1+7”示范片点、美丽乡村示范村，建设宜居宜业的美丽乡村。坚持文明为魂，推动移风易俗，丰富农村文化生活，培育文明乡风、良好家风、淳朴民风。

大力提升城市品质。强化规划引领，结合《津澧新城总体规划2016—2030》，统筹推进城市“三规合一”，完成城区分区规划编制。完善硬件配套。全面推进“城市双修”，加快城中村、老城区棚改步伐，完善市政道路、公园广场、停车场、农贸市场等基础配套，启动工人文化宫建设，让市民享受更高品质的生活。高标准完成澧水二桥、澧水沿江风光带建设，让我们的城市年年都有新面貌。繁荣城市产业。加快发展商贸服务业，扶持现有大型城市综合体健康发展，积极引进培育专业市场。稳步发展房地产业，围绕西河街片区开发，引进理念先进、实力雄厚的开发商入驻，推动楼宇经济高品质发展。加快打造现代物流中心，支持本土物流龙头企业做大做强，引进国内大型物流企业、跨境电商和管理服务机构，发展壮大电商产业园。着力建设金融服务中心，继续引进股份制商业银行、保险公司、证券公司等各类金融机构，鼓励金融机构加大对实体经济的服务力度，争取更大信贷规模支持，工业贷款投放增长10%以上，力争2~3年把我市打造成为“省级金融生态安全区”。强化城市管理。巩固国家卫生城市成果，继续推进国家园林城市、国家交通管理模范城市创建工作，加快智慧城市建设。完成大城管体制改革，继续推进“3+X”社区自治模式，规范小区物业管理，加大市容市貌、控违拆违、渣土扬尘等管控力度，让城市管理在细微处见功夫、见情怀。加强城市形象宣传，广泛推介津市，提升城市知名度和美誉度。

全力改善交通条件。按照“水、陆、铁”并进的思路，积极争取，努力构建“对内大循环，对外大开放”交通新格局。打造津港新城。围绕津港新城建设，加快中心港区、新洲砂石码头、津港大道等基础设施建设，把津市港打造成连通湘西北、辐射鄂西南、对接长江经济带的开放新高地。积极引进龙头物流企业，进一步发挥园区产业集聚和临港优势，推动形成依港兴园、以园活城的联动发展格局。争取马颈口至青龙窖航道整治尽快实施，加快实现津市水运通江达海。谋划铁路过境。积极争取常荆城际铁路进入国家“十四五”规划，填补津市铁路空白。完善城镇路网。完善交通路网规划，积极争取交通项目，全面完成S238棠华—药山公路项目，加快建设安慈高速公路津市段，完成农村自然村通水泥路和窄路加宽100千米，全力改善交通条件。

5.聚力民本民生，推动民生事业新突破。坚持以人民为中心，既尽力而为、又量力而行，解决好人民群众最关心、最直接、最现实的利益问题。

优先发展教育卫生事业。把津市一中、人民医院作为民生事业的重中之重，以一流的质量、一流的水平，让老百姓感受到实实在在的成效，让津市学子在一中卓越成长，让津市人民在本地放心就医。促进教育均衡发展，加快城东高标准寄宿制幼儿园建设，继续实施美丽校园建设，稳妥化解“大班额”问题，加快补齐农村教育短板。推进“智慧教育”建设，实施名师、名校、名校长“三名工程”，引进更多优质教育资源，培养高素质教师队伍，努力提升教育质量。实施“健康津市”战略，深化医药卫生体制改革，完成中医院异址新建，加快人民医院改扩建，推进医联体建设，深化与省级三甲医院、常德市第一人民医院、常德市中医院战略合作，加强医疗重点专科建设，加强优生优育和健康服务管理。

大力发展文化体育事业。放眼澧水流域，践行文化自信，打捞和梳理本土文化，为市民留住美好乡愁。以文化活城为抓手，推进湖南省新时代文化实践中心试点建设，努力实现全市村级综合文化服务中心全覆盖。完成虎爪山遗址抢险加固工程，加快益泰绸布庄、新洲万寿宫文物保护与利用，推动文化产业稳步发展。实施文艺精品工程，依托省散文创作基地和荆河戏等本土文化资源，创作文化精品，讲好津市故事。培育体育市场，大力发展健康休闲产业、全民健身事业，办好“健康湖南·动起来”全民大赛、欢乐津城等文体活动，推动体育事业蓬勃发展。

统筹发展其他社会事业。强化社会保障体系建设，抓好社会保险制度改革，推进社保扩面，加大基金监管力度，确保各项待遇按时足额发放。积极构建和谐劳动关系，做好农民工工资治欠保支工作。完善社会救助保障体系，规范低保对象认定和发放管理，稳步提高城乡低保标准和救助水平。加大创业就业优惠政策落实力度，推动就业扶持向大中专毕业生和转移劳动力倾斜，加强各类就业培训，不断提高就业率。

强力推进安全稳定。严格落实安全生产和维护社会稳定责任制，扎实推进“双安双创”，全力抓好安全生产、社会治安、信访维稳、食品药品安全等工作，坚决遏制较大以上安全事故发生，确保群众生命财产安全。深入开展平安津市建设，完善立体化、信息化、网格化防控体系。注重源头化解矛盾纠纷，推进法治津市、“无上访村（社区）”和派出所、司法所规范化建设，完善网格化综合服务管理责任清单，把问题解决在基层、消除在萌芽状态。统筹做好防汛抗旱、防震减灾、森林防火、动植物疫情防控等工作。持续抓好社会治安综合治理，发挥“城市快警”作用，加大扫黑除恶力度，依法严厉打击涉毒、涉枪、侵财等违法犯罪行为，提高群众安全感、幸福感。

三、真抓实干，推进干事创业

事业成败，关键在人，关键在党员干部。要全面加强党对经济工作的领导，持续增强做好经济工作的本领，全力营造干事创业的良好氛围，推动上级决策部署在津市落地落实，确保全市经济发展始终沿着正确方向前进。

1.强化责任意识，激发真抓实干的内生动力。在其位，谋其政。岗位就是责任，责任需要担当。一个人的学识和能力固然重要，但责任心更为重要。责任心决定态度，态度决定成败。要饱含津市情怀。津市，是生养我们的热土，是体现我们人生价值的平台。我们要对这方土地、这份职业满怀深情，对28万津市人民的期待作出交代。面对复兴津市的重担，以责无旁贷、舍我其谁的使命感和实实在在的业绩，交出经得起历史检验的满意答卷。要明晰自身职责。就是要充分认识自己所担负的职责。一把手的职责、副职分管的职责、中层的职责、普通工作人员的职责，自己首先要搞清楚，你职责的范围、标准要求。要勇争一流业绩。就是要坚持工作的高标准，杜绝甘于平淡、过得去，逢奖必捧，逢旗必争，把工作干到最好，把成效做到极致。

2.加强能力建设，锤炼真抓实干的过硬本领。当前，改革发展进入攻坚阶段，大量的新任务、新挑战、新情况，对我们干部提出了新的更高的要求，我们要坚持问题导向，努力克服“本领恐慌”，以过硬的本领推动津市各项事业取得实质突破。要提高政策把握的能力。要在学习大政方针、政策理论、法律法规上吃透弄懂、入脑入心，特别是在打好三大攻坚战、谋划产业项目、抓好工作落实等方面，要精准把握上级要求，针对性推动工作，确保方向不偏离，目标不落空。要提高贯彻执行的能力。对于市委、市政府的各项决策部署，要不讲条件抓落实、雷厉风行抓落实、攻坚克难抓落实，想尽千方百计，破除千难万难，以永不言败的精神一抓到底。要提高驾驭风险的能力。干成事、不出事才是大本事。要增强底线意识，在日常工作和急难险重任务面前，谋定而后动、细节见真章，下好先手棋、打好主动仗，确保各项工作让组织放心、让人民满意。

3.严明纪律作风，营造真抓实干的良好氛围。严明的纪律作风是事业成功的坚强保障。我们要牢牢把握全面从严管党治党的要求，加强纪律和作风建设，管住权力、匡正风气，推动形成山清水秀的政治生态。要持之以恒改进作风。严格落实中央八项规定及其实施细则精神，下大力气整治形式主义、官僚主义，重点整治发生在群众身边的不正之风问题，重点整治不作为、慢作为、乱作为问题，重点整治表态多调门高、行动少落实差的问题，解决工作浮于表面、不负责任不落实的问题。要深入推进监督执纪。坚持无禁区、全覆盖、零容忍，坚持重遏制、强高压、长震慑，坚持行贿受贿一起查，盯紧重点对象、重点领域和关键环节，把那些在党的十九大后仍然不知敬畏、胆大妄为者作为重中之重，严惩不贷，坚决防止以开展工作的名义触碰纪律红线，巩固发展反腐败斗争压倒性胜利。要旗帜鲜明容错纠错。全面贯彻落实中央关于进一步激励广大干部新时代新担当新作为的意见，严格落实“三个区分开来”要求，健全容错纠错机制，激浊扬清、惩恶扬善，真正为担当者担当，为负责者负责，为干事者撑腰，营造干事创业的新风正气。

4.坚持事业为上，树立真抓实干的鲜明导向。要始终盯紧发展要求，瞄准工作短板，不达目标誓不罢休，不见实效寝食难安，以实实在在的工作成效检验干部能力和干事作风。工作谋划要实。坚持一切从实际出发，加强调查研究，遵循客观规律，不喊虚无缥缈的口号，不提好高骛远的目标，不做脱离实际的决策，努力使各项决策体现科学性、把握规律性、富于时效性，确保可操作、能落地。工作举措要实。坚持从“细”处着手，从“实”处发力，从“难”处破题，把握工作全局，突出精准施策，不折腾、不摇摆、不反复，确保措施有力、推进有序。工作成效要实。坚持把群众满不满意、认不认可作为衡量标准，突出抓根本、打基础、利长远，以功成不必在我、成功必须有我的心境，留下经得起群众检验、历史检验的工作实绩。

同志们，干在实处永无止境，勇立潮头方显担当。振兴津市的道路上，我们都在努力奔跑，我们都是“追梦人”。让我们在市委的坚强领导下，高举习近平新时代中国特色社会主义思想伟大旗帜，保持定力、真抓实干，奋力谱写澧水流域现代化中心城市新篇章，以优异成绩迎接中华人民共和国成立70周年！

2019年政府工作报告

——在津市市第十七届人民代表大会第四次会议上

（2019年3月20日）

市长　黄旭峰

回首过去一年
我们走得很坚定，干得很扎实

一年来，我们深入贯彻习近平新时代中国特色社会主义思想，在市委高瞻远瞩、层峰望眼的坚强领导下，在市人大和市政协群策群力、和衷共济的监督支持下，与全市人民一道，突出“执行、高效、廉洁”，以抓铁有痕、踏石留印的昂扬斗志苦干实干，在澧水流域现代化中心城市建设征程上迈出坚实步伐。实现地区生产总值158.2亿元，增长8.2%；财政总收入7.9亿元，增长11.1%；全社会固定资产投资86.2亿元，增长1.3%；社会消费品零售总额73.7亿元，增长10.8%；城乡居民人均可支配收入分别达到33055元和15471元，分别增长7.8%、8.5%。在常德市政府对真抓实干明显地区表彰激励中，有9项工作获得表彰，奖励资金550万元，在区县市中排名第三。重点做到了“十个狠抓落实”：

1.围绕产业发展狠抓落实。成功挂牌常德市生物医药与健康食品产业园，荣获澧水流域唯一的开放强市、产业立市先进单位。完成规模工业增加值53.3亿元，增长8.4%。新增规模工业企业14家，6家企业通过国家高新技术认定。22家企业用工常年保持100人以上，26家企业缴税过百万，园区综合税收突破3亿元。李洪兵、刘喜荣两位企业家缴纳个税各超过1000万元。嘉品嘉味成功入选省小巨人企业。积极组织企业参加中国中部博览会、“常德品牌·中国品质”等品牌推介活动，本土品牌持续叫响。大力培育新型经营主体，新增农业产业化重点企业4家、家庭农场29家、农民专业合作社28家、“三品一标”产品4个。白衣镇钟灵村获评国家“一村一品”示范村。新增限上服务业企业21家。津市牛肉米粉列入省“一县一特”产业发展目录。法开署3500万欧元援助贷款项目落户毛里湖。药山景区获批AAA级旅游景区。

2.围绕发展后劲狠抓落实。实现引进外资项目、单个投资10亿元以上项目、500强项目“三个零的突破”。签约招商项目28个，其中亿元以上项目16个。成功引进深圳盐田港集团、宁波热电、伊斯特威尔等一批战略投资者，与广州越秀集团、深圳宝能科技园、北京和湖南医药协会等达成战略合作。新开工亿元以上工业项目11个，溢多利系列项目进入省“五个100”

市长黄旭峰作报告

产业项目名单，康捷生物、吉人住工、力鼎鞋业等一批项目建成投产，引航生物、经世新材料等一批项目强力推进。窑坡渡千吨级码头、澧水二桥、S238棠华至药山公路主体竣工，淞澧航道马颈口至青龙窖段整治纳入上级规划。全年向上争取各类资金24亿元。

3.围绕要素保障狠抓落实。成功举办“智汇洞庭·科创常德”科技成果转移转化津市专场活动，鸿鹰生物成立了全市首家院士工作站，刘喜荣获评全国科技创新创业人才，傅先惠博士入选省“五个100”科技创新人才名单。新建成省级创新研发平台1个，创新创业园、工业污水处理厂投入使用，固废处理中心启动规划。成功盘活闲置低效企业13家、帮扶困难企业5家。设立了2.5亿元生物医药产业发展基金。率先与常德市8家银行、蚂蚁金服达成合作，开展了银行行长结对帮扶企业活动，工业贷款净投放6.4亿元，同比增长185%。大力实施“暖企行动”，解决企业问题302个，开通了园区夜间公交车。弘扬工匠精神，举办了职工技能比武、“百优”员工评选活动。查处违法用地183亩，收回土地使用权730亩，供应土地579亩，保障了项目用地需求。

4.围绕三大攻坚战狠抓落实。盘清债务底数，制定了中长期偿债规划，“停缓调撤”项目41个，压减投资13.2亿元。22家平台公司整合转型为2家，并纳入省级名录管理。整合各类财政资金2300万元，改造贫困户危房183户，新增农村贫困劳动力转移就业 198 人,兜底保障 990 人。脱贫 1240 人,贫困村全部退出,查处扶贫领域腐败作风问题 44 个。全面启动长江经济带生态环境问题整改,落实洞庭湖生态环境整治三年行动计划,办结上级交办的 27 个环境问题。大力推进企业废气治理,城区环境空气质量优良天数同比增加 10 天。落实河湖长制,毛里湖"两拆两退"取得初步成果,依法收回澹水养殖使用权,规范整治砂石码头(堆场)14 处。全面禁止非法采矿、非法取土。新造林 1.1 万亩,义务植树 65.2 万株。

5.围绕城市品质狠抓落实。棚改工作被列为全省真抓实干成效明显地区予以表彰,成功蝉联省级文明城市。完成棚改货币化征收 1813 户,改扩翻建 1200 户。五环时代全民健身中心投入使用,生活污水处理厂二期、澧水风光带建设快速推进,城南区污水管网及孟姜女大道、丝绸路等提质改造工程完成。《津澧新城总体规划》获批。小区自治管理、控违拆违、智慧城市建设、海绵城市试点工作成效明显。

6.围绕乡村振兴狠抓落实。获批全国农村垃圾分类和资源化利用示范县市、常德唯一的省级农村人居环境整治试点县市,新洲镇获评全省"醉美湘镇"。完成自然村通水泥路、窄路加宽 84 千米,维护水利设施 152 处,疏浚沟渠 588 千米。推进土地综合整治,增加耕地指标 350 亩、"旱改水"指标 7300 亩。成功举办新洲年货节、毛里湖青苗腊八节、药山鱼王节、白衣起鱼节等农村节会活动。白衣庵社区获评省级秀美村庄示范村,青苗社区获评省五星级乡村旅游点,药山村获评省级美丽乡村建设示范村。

7.围绕民生实事狠抓落实。全年民生支出达 18 亿元,占总支出的 74.7%。发放各类社保资金 11.6 亿元,居民基础养老金、企业养老保险、城乡低保等保障水平持续提升。新增城镇就业 4805 人,发放创业担保贷款 2100 万元。分配公租房 408 套,发放租赁补贴 508 户。投资 9000 万元的大型养老社区即将投入使用。村居低限运转保障经费平均增加 3 万元以上。完成教育投入 9185 万元,实施农村薄弱学校改造项目 17 个,城区美丽校园建设项目 3 个,一中、新洲中学分别创建为全国校园篮球、青少年足球特色学校。人民医院改扩建、中医院整体搬迁项目稳步推进。虎爪山遗址保护工程启动,成功举办"健康中国·运动湖南"全民运动会津市站活动。公共文化服务工作得到《人民日报》推介,流动人口管理工作荣获全国先进,获批全国殡葬综合改革试点县市。

8.围绕政务效能狠抓落实。以"全省领先、全国一流"为标准,强力推进"最多跑一次"改革。坚持优化服务,在常德首推"容缺受理",设立"兜底办"专窗,首家建立县级 12345 公共服务平台。196 项证明材料取消,466 项事项实现"最多跑一次",40 项事项下沉到镇村,环节、时限、资料分别压减 25.6%、60.1%、13%,企业开办时间压缩至 3 个工作日。坚持学习提升,举办高质量发展"头脑风暴"学习活动 12 次,外出学习考察 30 多批次。坚持"一线工作法",以问题为导向,严格落实《政府工作责任追究办法》。坚持正风肃纪,扎实推进政府系统党风廉政建设和反腐败工作。

9.围绕依法行政狠抓落实。认真执行人大及其常委会的决议决定,自觉接受人大及其常委会法律监督和工作监督,主动接受政协民主监督和社会舆论监督。有序推进 2 件人大议案办理,依法办结 64 件人大代表建议。围绕 1 号议案办理,实施了毛里湖面源污染防治、生态修复等重点工程;围绕 2 号议案办理,新施划停车泊位 904 个,启动城南区停车场建设,出台了错时错峰停车管理办法。认真办理 87 件政协委员提案。围绕《关于做好〈城市基因〉系列丛书征编工作,树立文化自信》的提案,安排专人、专项经费,启动了征编工作;围绕《关于加强公安派出所规范化建设》的提案,拿出了新建和改扩建三年规划。

10.围绕大局稳定狠抓落实。连续十五年保持全省平安县市称号,获评全国法治创建先进县市。综治民调测评继续位居全省前列、领跑常德,是常德唯一的安全生产零事故区县市。深入推进"双安双创",食品药品安全形势保持稳定。大力开展扫黑除恶专项斗争、禁毒人民战争,"城市快警"正式启动,"雪亮工程"全域覆盖。坚持领导接访,大力化解信访积案。金鱼岭司法所获评全国模范司法所。

此外,国防教育、国防动员、民兵预备役、人民防空、广播电视、民族宗教、地震、保密、档案、方志等各项工作都有新的提升。审计、统计、外事侨务等部门切实履行了职能。各民主党派、工商联、工会、共青团、妇联、文联、残联、科协,以及志愿者、慈善组织等各类协会发挥了重要作用。

各位代表,越努力越幸运,越奋斗越幸福。回首过去一年,有许多大事喜事值得骄傲自豪,有许多感人故事温暖着 28 万父老乡亲。回首过去一年,我们没有浪费时间,我们都在努力奔跑,我们都是追梦人。让我们一起为企业家喝彩!让我们一起为广大干部群众喝彩!让我们一起为所有奋斗者喝彩!

成绩固然可喜,问题不容忽视。我们要清醒认识到工作中存在的差距和不足:一是全年政府安排的 695 项工作,还有 9 项未能完成。其中,受多种因素影响未能完成的有 4 项,受上级政策变化导致工作无法按时完成的有 3 项,受现实条件制约未能完成的有 2 项。二是招商引资的精准度不高,好项目、大项目偏少,签约的 28 个项目中还有 7 个是框架协议,10 亿元和 5 亿元以上项目各只有 1 个。三是高质量发展的学习活动针对性还不够强、形式还不够多、氛围还不够浓、参与积极性还不够高。四是对企业的服务不够精准,行政审批服务效能还有提升空间。五是少数建议、提案办理重答复、缺跟踪、欠落实,实效不佳。六是生态文明建设与人民群众的期待还有差距,等等。对这些问题,我们一定高度重视,不回避,不遮掩,采取强有力措施加以解决。

展望新的一年

我们围绕保持定力、真抓实干,在高质量发展上精准发力

2019 年,是中华人民共和国成立 70 周年,是建设澧水流域现代化中心城市攻坚克难、乘势而上的关键一年。根据新的

形势和任务，政府工作的总体要求是：坚持以习近平新时代中国特色社会主义思想为指导，全面贯彻中央、省委、常德市委和津市市委经济工作会议精神，围绕工业立市、产业兴城，保持定力、真抓实干，紧扣“精准、规范、关键”，奋力谱写澧水流域现代化中心城市新篇章。全年经济和社会发展主要预期目标是：地区生产总值增长8%以上，规模工业增加值增长10%以上，固定资产投资增长10%以上，财政总收入增长10%以上，社会消费品零售总额增长10%以上，城乡居民人均可支配收入增长8.5%以上；完成上级下达的节能减排目标任务。落实上述总体要求和发展目标，要坚持“三个不动摇”：

一是坚持以人为本、民生优先的根本宗旨不动摇。我们要始终坚持把实现好、维护好、发展好人民群众的利益放在首位，凡是民生问题都优先考虑，凡是民生资金都优先保障，凡是民生事项都优先办理！

二是坚持招商引资、项目建设的发展路径不动摇。我们要始终坚持以招商引资论英雄、以项目落地论业绩，坚定不移抓招商，全力以赴建项目，为推进高质量发展积蓄更大能量！

三是坚持问题导向、奋勇争先的工作方法不动摇。我们要始终坚持重实干、求实效，奔着问题去，追着问题走，主动引进优质资源，积极与优秀的人同行，推动各项工作上水平、争先进、创一流！

围绕上述目标，重点要做到“六个精准发力”：

1.在产业发展上精准发力

始终坚持工业立市，在打造工业经济中心上持续发力。

突出主导产业。围绕“三主一特”产业定位，锁定领军企业，做好产业细分，走“专、精、特、新”发展之路，打造“镇园之宝”。做优生物医药产业，以溢多利为龙头，重点发展生物酶制剂、甾体类药物、医疗器械、植物提取四大领域，筹划打造生物医药中试小镇。做强装备制造产业，建设全省一流的重要汽车零部件、全国最大的社会化车桥生产基地，以中联车桥为龙头，深化与中联重科的合作，紧盯三一重工、盈峰环境等战略伙伴，打造产业联盟基地。做特健康食品产业，以发展新零售为路径，以新中意、润农茶油、南北特、创奇食品等为龙头，壮大健康休闲食品和农产品精深加工产业，以工业化思路推动津市牛肉米粉产业化，筹办首届牛肉米粉美食文化节，做大做强健康食品产业园。做专盐化工产业，以湘澧盐化为龙头，对接省轻盐集团，打造盐化工特色产业基地。推动娄星纺织等传统企业技改升级。

突出园区建设。积极创建省特色产业园区，力争综合税收突破4亿元。加快常德市生物医药与健康食品产业园建设，全方位争取上级政策和资金支持。深化与广州经开区、深圳宝能科技园的合作，探索构建利益共同体。紧密对接深圳盐田港集团，力争4月正式启动津市港运营，谋划建设港区产业园和物流园。推动伊斯特威尔总部迁转津市。新建标准化厂房1.65万平方米，抓好重点区域污水管网建设，完善文娱休闲设施配套，完成基础建设投入1.4亿元。7月启动固废处理中心建设，力争12月完成宁波热电、工业污水处理厂二期主体工程。深化产教融合，启动职教集团迁址工程。

突出精准服务。全力支持民营经济发展。对各项支持民营经济发展的政策措施，坚决全面落实；对民营企业参与市场竞争，坚决一视同仁；对民营企业和民营企业家的合法权益，坚决保障到位。全力解决用工难题。加大对企业用工服务、职工培训、产品会展补助力度，镇街为企业招工可抵扣招商引资任务。成立园区劳务服务公司，畅通用工信息发布渠道，调剂企业用工需求。组织企业到高职院校组团招聘，在人力资源丰富地区设点招工。深化校企合作，围绕主导产业开展定制化、订单式人才培养。全力解决融资难题。放大财政资金杠杆作用，继续增加生物医药、装备制造、健康食品产业基金。鼓励信贷产品创新，积极落实应收账款质押、订单质押等业务，扩面无还本续贷。持续提升行长结对帮扶实效，力争工业贷款净投放增长10%以上，过桥资金月利率降至1%以下。全力提升服务效能。建立纳税过百万工业企业市级领导一对一联系服务机制。搭建中小企业公共服务平台，企业办事服务事项，包括工程报建和质量监管，由园区一包到底、全程代办。加快智慧园区建设，积极探索园区项目在线受理、网上审批，真正实现企业办事不出园区。全力落实上级减税降负政策。对接引进知名快递物流企业在津市设立窗口，力争快递物流成本降低20%以上。支持企业用存兑汇票缴纳电费，增开员工接送专车，全面解决企业消防验收等遗留问题。盘活10家闲置低效企业，帮扶10家经营困难企业。开展“十佳”企业家评选活动。

各位代表，尊崇企业家和弘扬企业家精神的国家，一定是一个伟大的国家。尊重企业家、厚待投资者、服务纳税人的城市，一定是一座了不起的城市。我们一定要与企业同呼吸、共命运、心连心，对企业家厚爱三分、服务满分，让津市成为服务的高地、投资的洼地、亲商的宝地！

2.在项目建设上精准发力

始终坚持项目引领，做到一切围绕项目建设，一切服务项目建设，一切服从项目建设。

抓实项目争取。认真研判政策，聚焦产业发展、生态环保、津港新城、乡村振兴、民本民生等十大领域，千方百计谋划项目。精准做好项目的包装策划、可研报告、环境评估等前期工作。积极对接、主动出击，争取更多项目进入国家、省、常德市计划和项目库，力争策划开发亿元以上重大项目60个，争资总额达到25.5亿元以上。争取常荆高铁进入国家“十四五”规划。对线管单位争取和引进项目比照市直单位给予奖励。

抓实招商引资。突出招商精准度，力争全年引进投资2000万元以上项目30个以上，其中亿元以上工业项目10个以上。在行业上精准，聚焦产业细分领域，依托龙头企业，延伸产业链，吸引关联企业入驻。在区域上精准，突出粤港澳大湾区、京津冀、长三角等重点区域，紧密对接最好的园区、企业、科研机构，建立关键人脉、重点客商、项目信息库。在手段上精准，继续开展驻点招商，建好北京、上海、深圳三个招商服务中心，大力探索基金招商、协会招商、委托招商，深化与行业协会、科研院所、投资机构战略合作，举办专场推介活动4场以上。在能力上精准，打造项目策划推介、可研评审、跟踪洽谈三支专业招商队伍。

抓实项目建设。新开工亿元以上产业项目15个以上，其中工业项目7个以上、5亿元项目2个以上。新投产亿元以上产业项目10个以上，其中工业项目6个以上。力促科益新、经世新材料、引航生物等项目建成投产，推动慕恩生物、汇海农牧等项目落地开工。实行一个重大项目、一名市级领导、一套工作班子的推进机制，确保亿元以下项目建设周期不超过12个月，亿元以上项目不超过18个月。

3.在创新开放上精准发力

始终坚持创新开放，真创新、真开放。

聚力科技创新。持续发力创新研发中心建设，设立2000万元科技成果转化专项资金，建立健全"科技＋金融＋产业＋政府"创新体系，积极申报省创新型县市。筹划举办科技成果转化、"三引""三名"联动专场活动。择优筛选3-5家企业进入科创板上市培育计划。依托常德市生物医药与健康食品产业园，分别在江南大学、浙江工业大学成立协同创新中心、国家级重点实验室。发挥财政资金引导作用，鼓励全社会加大科技研发投入，设立院士工作站每个奖励300万元。

聚力对外开放。持续发力现代物流中心建设，深度对接深圳盐田港集团，统筹港区外部交通体系规划，尽早启动新洲砂石码头建设，力争锚地服务区、津港大道年底投入使用，全力打造盐田港内河港口运营标杆。争取淞澧航道马颈口至青龙窖段整治年内实施。加快安慈高速津市段建设，支持三湘和达公路港建设。完善保税仓功能，大力引进跨境电商、外贸龙头企业，推动"津品出境""津企出海"，力争实际利用外资增长20%以上，进出口额突破1亿美元。

聚力环境优化。深化放管服改革，纵深推进"最多跑一次"，确保6月底前实现"全省领先、全国一流"营商环境目标。推进"互联网＋政务服务"，推动流程再造，探索推行预约办理、同城通办、全程代办等多种服务方式，审批时限再缩减20%以上，让企业和群众办事像网购一样方便。开展平安园区创建，坚决打击涉企"三乱"、涉项"三强"、涉企盗抢行为。

4.在三大攻坚战上精准发力

全力打好三大攻坚战，为全面建成小康社会奠定胜局。

坚决打好防范化解重大风险攻坚战。积极遏制债务增量，全力化解债务存量，严禁违法违规融资担保，严禁变相举债，严格管控新增项目融资行为。落实隐形债务化解方案，年内还本付息3亿元以上。政府过了紧日子，群众就会过上好日子。对关乎民本民生的基础设施项目，坚持尽力而为、量力而行，统筹规划、分步实施，决不盲目举债建设。加快平台公司转型发展。强化对非法集资等风险的防范宣传。

坚决打好精准脱贫攻坚战。既要确保任务如期完成，又要确保成果经得起历史检验。将提高脱贫质量、巩固脱贫成效摆在突出位置，全面落实各项扶贫政策，确保除兜底保障外的贫困人口全部脱贫。因地制宜推进产业扶贫，完善扶贫产业与贫困户利益联结机制，实现扶贫产业与乡村振兴有效对接。依托园区拓展就业扶贫岗位，打造具有津市特色的就业扶贫模式。实现贫困户危房改造清零。平衡推进非贫困村、非贫困户的帮扶工作。持续开展扶贫领域腐败作风问题整治，努力提升群众满意度。

坚决打好污染防治攻坚战。保持加强生态环境保护建设的定力，不动摇、不松劲、不开口子。全面做好迎接第二轮中央生态环保督察和省级"回头看"的准备工作，积极创建生态文明建设示范县市，让全市人民享有更多青山碧水的美丽、蓝天白云的幸福。推进大气污染防治，抓好重点行业有机废气治理，彻底解决工业废气污染问题，委托第三方进行大气污染防治巡查，管控好餐饮油烟、秸秆焚烧、道路工地扬尘，确保城区空气质量优良率达到87%以上。深入实施河湖长制，投入5000万元，实施城区水环境综合治理提升工程，确保国省控断面水质持续达标。继续强力推进毛里湖生态治理，针对前期存在的问题，一个问题一个问题严格监管执法，一个镇一个镇严防退养反弹，一个村一个村抓好转产引导。依法推进收回水体养殖使用权工作。加强土壤污染防治，启动原汇湘化工土壤污染治理项目。新造林6000亩、森林抚育20000亩，依法保护好药山文化旅游景区2.84平方公里的核心区。全面完成全国第三次污染源普查工作。

5.在城乡一体上精准发力

以城市带动乡村，实现城乡一体、共同繁荣。

着力整治人居环境。安排3000万元专项资金，全域推进农村环境整治和美丽乡村建设，积极创建全省农村人居环境整治示范县市。全面完成"绿色存折"制度推广，探索建立垃圾回收处理市场化运作机制，每个农村村居安排5万元运行经费。充分发挥群众主体作用，支持成立村级环保协会，继续开展好"月评季奖"等活动，探索建立卫生保洁收费机制。鼓励以整村方式推进"厕所革命"，全市改厕12600口。围绕"一环两片"提质改造绿色庭院4686户。整治"空心房"1492户，形成增减挂钩指标1000亩。鼓励装配式建筑进农村。完成大城管体制改革，打造共建共治共享的社会治理新格局。建好三湖公园城市管理样板街，严查乱搭乱建乱占等问题，加力市容市貌、夜市摊点、零担市场管理。启动迎接国家卫生城市复检前期工作，确保新洲镇成功创建省级卫生镇。争创国家新型智慧城市示范区。

着力推进乡村振兴。完成乡村振兴规划编制。设立400万元农业产业专项发展资金，重点支持特色种植基地建设。发展"一镇一业"，新洲镇依托和平生物，打造食用菌走廊，配套发展三产服务业；毛里湖镇力争山河集团田园综合体项目落地；白衣镇依托嘉一食品、台龙食品，做精做优藠果、大蒜产业；药山镇积极对接中国中药集团，发展中草药种植。加大农业品牌培育力度，完成"三品"认证4个，支持企业参加中国中部博览会、常德品牌农业推介行活动。推进毛里湖法开署项目，加快药山文化旅游景区、嘉山风景名胜区开发建设，继续办好农村节会活动，争创国家三产融合发展、国家全域旅游示范县市。扶持培育新型经营主体，新增家庭农场、农民专业合作社各10家以上。完成“两区”划定和集体经济组织成员认定工作，坚决遏制“大棚房”。

着力完善城市功能。强化规划引领，推进“三规合一”，抓好城市分区规划编制，完善城市控规、津港新城规划、车胤文体公园规划，统筹做好城区农贸市场规划布局。投资1.1亿元，实施基础设施建设项目33个。确保澧水风光带5月1日前基本建成，澧水二桥10月1日前正式通车，启动工人文化宫建设。抓好棚户区改造，完成货币化征收1019户、改扩翻建986户。推动片区开发，4月确定西河街片区开发主体，5月启动津港新城基础设施建设。丰富城市文化内涵，在三湖公园和澧水风光带中融入文化元素，让我们的城市不仅有“靓度”，还有“温度”。设立200万元商贸流通业发展专项资金，支持发展现代物流、电子商务等产业，加大对城市综合体、专业市场的扶持力度。持续发力金融服务中心建设，启动省级金融生态安全区创建。

着力夯实基层基础。强化硬件基础。完成4个村的电网改造，清理沟渠519公里，清淤塘坝627口；提质改造谢家堰水厂，加强农村自来水管网管护；确保S238棠华至药山公路6月竣工，大力争取上级支持，力争新洲至棠华公路尽早开工。强化政策基础。对基层单位基本支出予以全额保障；村居低限运转保障经费增加2万元；镇街辖区新增税收本级财政留存部分，分别按前8年和前3年全额奖补到镇街；鼓励集镇搞活土地市场，出让金按比例奖补到镇；加强“空心房”整治工作经费保障，对任务内形成的增减挂钩指标每亩给予经费1万元，超额部分每亩给予2万元。强化工作基础。全面推进第三次国土调查工作，严查违法用地，坚守32万亩耕地保护红线；持续开展移风易俗活动，刹住人情歪风，抓好殡葬改革。强化队伍基础。大力实施“头雁工程”，加快培育新型职业农民，抓好村居干部、专业大户、返乡青年的培训，为基层提供人才支撑。

6.在民生改善上精准发力

坚持从群众关心关注的事抓起、干起，让发展实绩更有“温度”，让民生答卷更有“厚度”。

紧盯普惠事业，让群众更有幸福感。新增各类民生支出9000万元以上。继续整合教育资源，优化城北区小学布局，稳妥化解“大班额”问题，确保城东新区高标准寄宿制幼儿园秋季开园。抓好美丽校园建设，尽早规划一中二期项目建设。加快健康津市建设，完成中医院异址新建，加快人民医院改扩建。深化医联体合作，加强优生优育和健康服务管理。巩固完善城乡居民基本医疗保险和养老保险制度，继续用有效措施提高医保报销公开透明度。坚持文化惠民，实现村级综合文化服务中心全覆盖，打造更多群众特色文化品牌，办好各类群众性体育赛事。完成虎爪山遗址保护工程、《城市基因》系列丛书编印。抓好益泰绸布庄、新洲万寿宫文物保护。做好第四次全国经济普查。深化双拥共建，提高退役军人服务管理水平，加强国防教育、国防动员、民兵预备役和兵役征集工作。做好审计、统计、外事侨务、民族宗教、对台、档案、方志、保密、地震等工作。支持各民主党派、工商联、工会、妇联、文联、科协、共青团，以及志愿者、慈善组织等各类协会开展工作。

紧盯综合治理，让群众更有安全感。以创建省安全生产示范县市为目标，坚决杜绝较大及以上事故，遏制一般事故。强化应急管理和社会治安综合治理，定期、定区域开展专项整治，深入推进扫黑除恶专项斗争、禁毒人民战争。落实公安派出所年度建设任务、51个村（社区）“一村一辅警”建设。高度重视信访稳定，以建设“无上访村（社区）”为抓手，全力化解信访积案，依法严厉打击非法上访行为。加强食品药品安全监管，继续推进“双安双创”，建设以米粉为龙头的农产品质量安全追溯体系，开展农村假冒伪劣食品专项治理。深化“七五”普法宣传教育。

紧盯民生实事，让群众更有获得感。在全面完成省、常德市民生实事的基础上，突出抓好十项重点民生实事。①将城镇中等偏下收入家庭及“新市民”纳入住房保障范围，分配公租房300套，发放租赁补贴1000户，完成襄窑路保障房改造100套，启动建设双济路公租房300套、人才公寓公租房350套；②完成自然村通水泥路和窄路加宽100千米；③合理规划城区公交站点布局，解决公交线路延伸覆盖问题；④整合专项奖补资金100万元，加强小区长效管理；⑤新增普惠性民办幼儿园1所，申报省级实事项目幼儿园2所，新增学位330个；⑥整改农村交通隐患路段12.4千米，改造农村危桥3座；⑦新增城镇就业4800人；⑧实施农村学校建设三年行动，新建教师周转房30套、田径运动场3个，新建和改扩建学生食堂2500平方米；⑨建成生活垃圾转运站，启动全新无害化餐厨废弃物处理体系建设；⑩完成39个村庄的规划编制。

各位代表，政府干的，就是群众盼的。今年我们将全面推行民生实事公开征集制度，让群众关心的事成为政府工作的重点，确保每一件民生实事办到群众心坎里！

谱写新篇章

我们必须担当作为，奋勇争先

最强的力量是说到做到，最好的落实是一抓到底。美好蓝图喊不出来、等不出来，只能干出来、拼出来。谱写发展新篇章，迫切需要我们认真较真、务实扎实、创新创优。

让坚持党的领导成为自觉。心中有信仰，行动有力量。坚持对党绝对忠诚的政治品质，树牢“四个意识”，坚定“四个自信”，践行“两个维护”。坚持用习近平新时代中国特色社会主义思想武装头脑、指导实践、推动工作。坚决维护市委权威，坚决执行市委决定，坚决维护市委团结。

让坚持依法行政成为自觉。有权不可任性，用权必受监督。自觉接受人大及其常委会的法律监督和工作监督，执行人大及其常委会的决议决定，主动接受政协的民主监督，认真办理议案、建议和提案，虚心听取采纳社会各界意见建议。以更大力度拓展、深化政务公开领域和内容，不断增强政府工作透明度。发挥政府诚实守信的表率作用，确保政府制定的各项政策坚决执行，政府承诺的所有民生实事坚决兑现。

让坚持直面问题成为自觉。解决问题就是政府的责任。要牢固树立发现问题是水平、研究问题是使命、解决问题是担当的观念,做到发现问题不遮掩,遇到问题不回避,解决问题不畏难。我们要尊重每一个愿意解决问题的人,多关爱干部的成长与生活,多为敢于担当的干部鼓鼓掌、暖暖心、充充电。健全落实正向激励、容错纠错机制,逐年提高干部待遇。

让坚持执行高效成为自觉。对认准的事毫不犹豫,决定的事绝不迟疑,铺开的事定不放弃。严格实行政府工作组长负责制、督查通报制、责任追究制。下决心砍掉不必要的会议,原则上政府全市性会议每半月集中一天召开,单个会议时间控制在一个半小时以内。减少发文数量,压减文件5%以上。全面按期完成本轮机构改革任务。

让坚持学习提升成为自觉。脚步达不到的地方,眼光可以达到;眼光达不到的地方,思想可以达到。坚决破除思维定势、工作惯性和路径依赖,多学习、多调查、多研究,为思想的加快解放、率先解放、充分解放提供智力支撑。坚持每两个月举办一次高质量发展“头脑风暴”学习活动,每季度政府领导带队到先进发达地区学习考察一次,鼓励领导干部走入实践一线,走进发达地区,激发解决问题的灵感,找到解决问题的思路。

让坚持清正廉洁成为自觉。以“永远在路上”的执着纵深推进党风廉政建设,高标准落实中央八项规定及实施细则。加大审计监督力度,严管公共资金、公共资源、国有资产,严格控制“三公”经费和一般性支出,严格执行预算绩效管理。强力整治群众身边的腐败和作风问题,做到惩治力度绝不减弱、零容忍态度绝不改变、廉洁从政要求绝不放松。

各位代表!开局就是决战,起跑就是冲刺!走在新时代,惟不忘初心者进;面对新问题,惟改革创新者强;把握新形势,惟锐意进取者胜。让我们在市委的坚强领导下,在市人大和市政协的监督支持下,保持定力、真抓实干,紧扣“精准、规范、关键”,奋力谱写澧水流域现代化中心城市新篇章!

津市市人大常委会工作报告

——在津市市第十七届人民代表大会第四次会议上

（2019 年 3 月 20 日）

市人大常委会主任　王育平

2018 年工作回顾

2018 年，市人大常委会以习近平新时代中国特色社会主义思想为引领，在中共津市市委的坚强领导下，紧紧围绕“工业立市、产业兴城”战略，依法履职，开拓进取，充分发挥了地方国家权力机关的作用，为开创澧水流域现代化中心城市新局面做出了积极贡献。

回顾过去的一年，常委会主要做了以下工作：

对实施“十三五”规划纲要中期评估情况作出决议。根据《监督法》规定，开展“十三五”规划纲要实施情况中期评估监督，建议市政府高度重视部分指标进度滞后于规划目标的问题，采取必要措施，确保目标顺利完成。常委会综合考虑宏观政策变化的因素，批准对地区生产总值年均增速等 6 个指标进行适当调整，为我市“十三五”后期的高质量发展打下了基础。

对 2017 年财政决算和 2018 年预算调整作出决议。听取和审议市政府关于 2017 年财政决算（草案）的报告，审查批准了 2017 年财政决算。听取和审议 2018 年 1~8 月财政预算执行情况报告，审查 2018 年财政预算调整方案，批准对一般公共预算和政府性基金预算进行了调整。第四季度，市政府严格执行调整后的预算，强化收入征管，优化支出结构，确保了全年预算平衡。为加强对预（决）算的审查监督，去年我们还挑选了财经代表，建立了财经专家库，让代表、专家参与审查工作，监督更具力度。

加强对经济运行的监督。关注财政日常运行和财政机制完善，听取和审议了税收征管、工业经济发展等情况报告，组织和配合常德市人大开展了外向型经济、工业项目建设、重大基础设施建设、政务诚信建设等调研、视察，走访企业 80 余次，较为全面地掌握经济运行情况，适时提出意见、建议 30 余条，助推经济健康发展。

加强对审计发现问题整改的监督。充分利用预算执行和其他财政收支审计成果，将审计查出问题整改作为监督重点，推动政府完善审计整改工作机制、加大问题整改力度。常委会会议听取和审议了市财政局等 4 个单位审计查出问题整改情况的报告，并进行满意度票决。去年，预算执行审计发现问题 17 个，10 个问题已经整改到位，另有 7 个问题正在抓紧整改。

市人大常委会主任王育平作报告

支持乡村振兴。听取和审议了乡村振兴工作、农村土地确权与三权分置改革等情况报告，建议市政府在农村产业发展、人才队伍培养、乡村文化建设等方面重点着力，促进乡村振兴工作稳步推进。去年，常委会助力农村产业兴旺，协调落实了大蒜等企业所需原材料试种基地、稳定了蔺果种植面积，既服务了企业发展，也为群众打开了一扇致富之门。

支持发展社会事业。听取和审议了职业教育、就业实训工作情况报告，监督做实职业就业教育实训平台，服务我市产业发展。听取和审议了中医药工作情况报告，建议市政府关注和支持中医院发展。今年，中医院有关经费已经列入财政预算，医院特色科室正在积极打造。听取和审议了公共文化服务工作情况报告，组织视察了公共文化基础设施建设，建议市政府建好阵地、建强队伍、建活机制，营造我市文化事业蓬勃发展的良好氛围。

开展执法检查。7~9 月，组织《农药管理条例》执法检查，针对检查中发现的问题，开展代表专题询问，形成了加大法律宣传力度、加强部门整体联动、不断提升执法水平的审议意见。去年，我们还配合上级人大开展了义务教育法、《湖南省中小学幼儿园规划建设条例》执法检查，推动了我市农村国标校车全覆盖。

开展工作评议和专项工作监督。对市政府安全生产监督管理工作、司法行政工作、统计工作开展了集中评议，交办督促部门整改评议发现的问题11个，部门工作效能进一步提升。视察道路交通安全管理工作，督促相关单位完善了道路标志标线等，加大了农村摩托车、城区超载车辆和校园周边交通秩序的整治力度，农村和城区交通事故同比分别下降11%、17%。关注扫黑除恶工作，推动扫黑除恶工作深入开展。

开展规范性文件备案审查。主动适应新形势、新要求，修订了《规范性文件备案审查办法》，制定审查流程图，完善审查受理登记台账，保障备案审查工作有序开展。全年依法审查政府报备的规范性文件9份，针对审查发现的问题，及时与部门沟通联系进行了处理。

监督检察公益诉讼。听取和审议检察公益诉讼工作情况报告，作出《关于全面推进检察公益诉讼工作的决议》，规范了检察公益诉讼的职责范围、程序、检察人员权利行使等，推动解决了检察公益诉讼工作制度保障、生态环境损害赔偿专项资金设立及监管等问题。

监督涉特殊主体案件执行。采取约谈被执行单位负责人、发交办函限期执结、与政法委联合督办等方式，监督涉特殊主体案件执行到位。去年，我市6件涉特殊主体执行积案全部执结。

继续推进“五行”活动。农民健康行着力健全基本公共卫生服务体系，推动建设健康村镇，保障农民健康。民族团结进步行动践行“民族团结一家亲”，精心打造民俗节庆活动，真正惠及民族同胞。农产品质量安全行持续关注农产品检验检测，推动建立农产品准出和市场准入机制，确保我市农产品质量安全。环保世纪行以“关注水环境、呵护洞庭湖”为主题，曝光水污染问题，监督部门整改。司法公正常德行紧扣助推开放强市、产业立市环境优化，督促司法机关打击涉企违法犯罪、开展暖企服务活动，优化了营商环境。去年，我市农民健康行、农产品质量安全行、司法公正常德行等活动被常德市人大评为先进。

依法进行人事任免。进一步规范和完善任前调查、法律考试、任前发言、任后宣誓、就职表态等任免程序，做到了党管干部和人大依法任免有机结合。全年共任免国家机关工作人员18人(次)，任命人民陪审员74名。选举产生了市人民政府市长、市监察委员会主任。

服务代表履职。深化代表履职培训，安排50多名代表到全国人大培训基地及东莞、株洲等地培训学习、交流经验，全面提升代表履职能力。组织省、常德市、津市三级代表视察我市公租房建设管理情况，邀请、推荐代表列席市人大常委会、市政府常务会等会议59人(次)，参与执法检查、调研视察、司法公开等活动300多人(次)，畅通了代表知情知政、参政议政渠道。开展常委会组成人员联系代表、代表联系群众的“双联”活动，新建了6个高标准的村(社区)“人大代表联系群众工作点”，代表履职平台延伸到了基层。

加强代表管理。健全代表履职管理机制，推出“代表履职通”手机APP，初步实现代表履职网上登记，增强了代表的履职意识。提升代表小组活动实效，去年各代表小组围绕污染防治、乡村振兴、人才强市等主题，开展活动27次，参与代表410人(次)，提出意见、建议50多条。常德市、市本级、镇三级代表同步述职，常委会主任会议成员带头回选区述职，三级代表共122名进行了述职和满意度测评。

督办代表议案建议。高度关注市十七届人大三次会议确定的两件议案办理情况，常委会定期督办、听取汇报、组织视察、跟踪问效，两件议案办理按进度推进。拓展建议办理渠道，在常德市率先建立“人大代表建议办理网络平台”，代表建议网上随时可查。主任会议成员牵头督办代表建议，办理过程全程跟踪，办理结果全部回访，老旧小区、小街小巷治理等一批事关民本民生的建议落到实处。

落实机关党建工作。坚持理论学习制度，围绕习近平新时代中国特色社会主义思想、各级重要会议精神、法律法规等，开展集中学习20余次，“四个意识”更加牢固，“四个自信”更加坚定，“两个维护”更加坚决。压实从严治党主体责任，严肃党内政治生活，严格执行“三会一课”制度，积极开展讲党课等主题党日活动，党建工作基础进一步夯实。落实中央八项规定，扎实开展“两同时”谈话、专项清理清查，守好了纪律底线。

建设优质服务机关。深化机关信息化建设，优化了会议系统，建立了办公自动化应用系统、代表履职系统、建议办理系统，机关工作效率不断提升。大兴调查研究之风，开展课题调研25次，为科学审议、民主决策提供了重要参考。强化新闻宣传，在常德市级以上媒体发表信息、调研文章228篇，《烹出“两官”履职评议湘味大餐》等多篇文章在省、常德市获奖，外宣影响扩大。高度重视信访工作，全年接待群众来信来访200多人(次)，转办交办涉法涉诉信访案件38件。

各位代表，时代是出卷人，我们是答卷人。如何推进新时代人大工作高质量发展，是摆在我们面前的时代课题。回顾2018年，我们以习近平总书记关于坚持和完善人民代表大会制度重要思想为指引，准确把握人大工作高质量发展的内涵，笃力实行，锐意进取，认真书写了答卷：

第一，把准高质量发展的根本原则，提高政治站位，坚定不移坚持党的领导。过去一年，我们牢固树立“四个意识”，坚决把党的领导贯穿于人大工作全过程。常委会工作要点、重要工作安排、重大事项等，及时向市委请示报告。紧密跟进打好三大攻坚战的决策部署，围绕防范化解重大风险，拓宽预算监督思路，启动预算联网监督工作。围绕精准脱贫，监督扶贫资金的管理和使用，督促部门整改问题17个。机关干部联村包户，人大代表献计出力，助推脱贫攻坚的作用进一步凸显。围绕污染防治，高度关注西毛里湖“两拆两退”、农村集镇污水治理情况，推动解决了毛里湖镇同兴湖拦网、药山镇庙垱拆坝等难点问题。

第二，把准高质量发展的主攻方向，服从服务大局，围绕市委中心履职尽责。过去一年，我们始终关注津市发展，紧扣市委中心释放人大力量。主动谋大事。多次过问、紧盯淞澧航道疏浚建议办理情况；积极对接荆州市人大，共同商讨、争取荆常高铁(过境津澧)进入国家规划，形成专题建议直通全国人大。精心抓要事。开展健康食品产业发展专题调研，制定产业五年发展规划，编印招商手册，拍摄宣传片，推动农产品加工园、台龙食品、嘉一食品、灵猫食品等落地、落户和投产。敢于办难事。先后到深圳、福建、江苏、浙江等地开展招商引资，特色食品加工、码头运营等项目引入取得进展。倾力服务企业，帮助新中意、津味绿康等一批企业协调解决职工社保、办证、培训等具体问题20多个，促成智鹏机械、毕胜酒业盘活。

第三，把准高质量发展的价值取向，坚定人民立场，努力为民办实事。过去一年，我们始终把人民对美好生活的向往作为奋斗目标，围绕民生关切开展了一系列监督。督促整改大气污染防治法执法检查查出的问题，暗访农产品食品检验检测中心运行，持续跟踪湿米粉生产，监督整治豆制品作坊和豆制品市场以及消毒餐具生产管理，视察重点项目质量安全，盯紧城区停车位施划等，扎扎实实把这些民生事项督落脚。经过一年的努力，我市餐饮油烟净化处理设备安装、黄标车淘汰等18个大气污染问题基本整改到位，农产品食品检验检测能力增强，绿达米粉生产标准化程度更高，9家豆制品作坊旧貌换新颜，津康餐具消毒中心因连续抽检不合格被关停，建筑领域安全生产事故持续下降，去年新施划停车位904个，较好地缓解了停车难的压力。

第四，把准高质量发展的动力源泉，不断探索创新，开展优化经济发展环境工作评议。过去一年，我们改进工作方式，首次对政府优化经济发展环境工作开展监督。成立5个专项调查组，历时8个月，对市发改局、市财政局等10个部门、20个具有行政审批权的股室进行了评议，监督触角首次延伸到股级。评议内容回应社会关注，评议过程恪守公平公正，评议收集的线索逐一摸排核实，评议参与人员扩大到了全体人大代表、部分企业负责人、优化经济发展环境监督员，评议结果反映出了真实情况。调查核实的26个问题全部向政府部门反馈，相关部门积极跟进、全力整改，我市经济发展环境进一步优化。

第五，把准高质量发展的总体要求，统筹谋划考虑，确保市镇(街道)人大工作整体推进。过去一年，我们继续贯彻上级关于加强县乡人大工作和建设的文件精神，坚持系统思考，着力推进镇(街道)人大工作。出台了联系指导基层人大工作的实施意见，建立主任会议成员联系镇(街道)人大工作机制，定期召开镇(街道)人大联系会议，强化工作督导，推动基层人大工作由“虚”向“实”转变。各镇依法规范召开了2次代表大会、4次主席团会议，镇(街道)代表学习活动、代表视察活动按照规定和要求开展，亮点纷呈。三洲驿街道抓实代表履职平台建设，积极发挥代表作用，工作经验在常德市人大联系会上推介。金鱼岭街道的职务代表、普通代表同台向选民述职，反响良好。毛里湖镇强化代表管理，印发镇代表履职手册，推动代表积极履职。药山镇围绕站所工作开展评议，丰富了基层人大监督形式，取得较好监督效果。

各位代表，回顾一年的工作实践，展开书写的履职答卷，每项工作落实，每个成绩取得，都离不开市委的正确领导和高度重视，得益于“一府两院”的密切配合、大力支持，也凝结着全体人大代表及人大工作者的辛劳汗水、智慧结晶，更凝聚着市政协、市人武部和社会各界、广大人民群众的关切之心、相助之情。在此，我谨代表市人大及其常委会，向大家表示衷心的感谢和崇高的敬意！

总结成绩的同时，我们也清醒认识到，常委会的工作与人民的期望、代表的要求还有一定差距，主要是：议决大事的职责有待进一步强化，依法监督的实效有待进一步增强，服务代表的方式有待进一步丰富，人大事业发展的基础有待进一步夯实。对此，我们将虚心接受各方意见，采取有效措施，切实加以改进。

2019年工作思路

各位代表，2019年是中华人民共和国成立70周年，是建设澧水流域现代化中心城市攻坚克难、乘势而上的关键一年。做好今年的人大工作意义重大、影响深远。

2019年，市人大常委会工作的指导思想是：以习近平新时代中国特色社会主义思想为指导，全面贯彻党的十九大精神，始终坚持党的领导、人民当家作主、依法治国有机统一，在市委的坚强领导下，紧紧围绕中央、省委、常德市委、津市市委决策部署，积极作为谋发展，依法履职求实效，关注民生促和谐，推动全市人大工作不断迈上高质量发展新台阶。

坚持党的领导、忠诚于党，牢牢把握正确政治方向

坚定政治立场。深学笃行习近平总书记关于坚持和完善人民代表大会制度重要思想，全面学习宣传和贯彻实施《宪法》，始终与以习近平同志为核心的党中央在思想上、政治上、行动上保持高度一致。自觉把党的领导挺在人大履职的最前沿，严格执行重要工作、重大活动人大常委会党组研究、向市委报告制度，保证人大工作与党委工作合力合拍。

落实党委决策。贯彻打好三大攻坚战部署、乡村振兴战略及中央、省委、常德市委、津市市委经济工作会议精神，听取和审议有关专项工作报告。落实上级关于人大讨论决定重大事项相关文件精神，出台《津市市人大常委会讨论、决定重大事项规定》，及时对事关高质量发展、事关人民群众切身利益的重大事项作出决定。落实常德市委、常德市人大工作安排，推进优化经济发展环境工作评议。紧跟市委决策，主动投身发展实践，抓实各项中心工作。

实现组织意图。坚持党管干部和依法任免有机统一，贯彻落实组织意图，全力服务机构改革，及时做好机构设立、人事任免相关工作。进一步修订完善人事任免办法，深化人事任免工作的规范化建设。

坚持正确监督、有效监督，全力服务经济社会发展

把监督重点放在经济稳健运行上。听取和审议预算编制、预算执行、预算调整、财政收支审计及查出问题整改等情况报告，完成本级预算联网工作。听取和审议税收征管、工业经济发

展、国有资产管理等情况报告，对园区体制机制完善、重大项目推进、企业反映难点问题解决等工作开展监督，助力经济高质量运行。

把监督重点放在法律有效实施上。开展水污染防治法执法检查，跟踪督查《农药管理条例》执法检查审议意见落实。增强执法检查的刚性，坚持主任会议成员带队检查，继续实行"明察""暗访"两路并进，随机确定检查对象，临时指定检查地点，实事求是指出问题。探索建立问题清单交办、会议督办、现场督办、销号督办相结合的督办机制，确保执法检查交办问题整改到位。

把监督重点放在促进公平正义上。进一步完善规范性文件备案审查机制和程序，提升备案审查质效。落实监察委负责人列席人大常委会工作要求，调研监察体制改革及相关工作开展情况。听取和审议市人民法院、市人民检察院司法体制改革运行情况报告，扎实开展"两官"履职评议、案件评析等活动，全力促进"一府一委两院"依法行政、严格监察、公正司法。

坚持民有所呼、我有所应，努力增进群众民生福祉

着力推进民生议案的落实。围绕关于加大西毛里湖饮用水水源环境保护力度的议案、关于切实缓解我市停车难，推动城市交通健康发展的议案等，加大督办力度，听取专题汇报，组织代表视察，确保议案办理取得实效。持续关注农村安全饮水、农村公交环线等办结议案成果巩固的情况，围绕群众反映的问题精准监督，真正惠及人民群众。

着力保障民生基础的夯实。重点围绕食品安全、教育、卫生、基础保障等民生事项开展监督。听取和审议"双安双创"、城区小学和幼儿园布局、人民医院特色科室打造等情况报告，监督小餐饮行业的食品安全，持续关注农产品食品检验检测中心运行，专题调研智慧城市建设和管理情况，增进人民群众的获得感、幸福感、安全感。

着力推动民生问题的解决。紧紧抓住环境保护这一群众高度关注的民生事项，坚持问题导向，听取和审议环境状况和环境保护目标完成情况报告，视察西毛里湖退养转产情况，监督水污染防治等工作。回应群众对医疗保障的关切，开展医保基金管理和使用情况调研。深入开展"五行"活动，增强活动实效，维护群众利益。

坚持依靠代表、凝聚力量，更好发挥代表主体作用

提高代表履职能力。继续实施代表轮训计划，按照"请进来、走出去相结合"的培训思路，组织代表赴全国人大培训基地和高校进行履职培训，积极开展专题辅导、以会代训、集体学法、履职交流、外出考察等活动，全面提升代表的综合素质和履职能力。

激发代表履职活力。认真开展"双联"活动，让常委会组成人员联系代表、代表联系群众更加经常、更趋紧密。组织代表列席"一府两院"相关会议，参加执法检查、调研视察、工作评议等，保障代表知情知政权利，拓宽代表履职渠道。用活代表履职平台，丰富闭会期间的活动，保证每个代表小组每季度开展一次活动。加强和改进代表建议督办工作，扩大代表参与督办的范围，提高建议办理的代表满意率和问题解决率。

加强履职管理监督。优化代表履职管理系统，通过网上履职记录、履职情况通报等方式，促进代表主动履职、有效履职。继续开展代表向选区选民述职活动，探索代表依法退出机制，增强代表的责任感。发掘代表先进典型，表彰优秀人大代表，宣传、推介代表事迹，充分调动代表的积极性、主动性和创造性。

坚持夯实基础、提高效能，推动提升人大工作水平

抓实人大党建工作。认真贯彻落实《中共中央关于加强党的政治建设的意见》，严守党的政治纪律和政治规矩。发挥人大常委会党组领导作用，严格执行常委会党组议事规则，扎实开展"不忘初心、牢记使命"主题教育。规范党内组织生活，抓细党建日常工作，引导党员干部更好发挥模范作用。

推进人大协调发展。按照改革要求，完善人大及其常委会机构。定期召开镇(街道)人大联系会议，认真落实常委会主任会议成员联系镇(街道)人大工作机制，督导各镇人大按要求召开代表大会、主席团会议，指导镇(街道)人大扎实开展监督工作、有序开展代表工作，继续提升基层人大工作水平。

推动机关质效提升。认真落实常委会"会前学法"制度，有计划地组织干部开展学习培训，全面提升业务能力和服务能力。深化机关信息化建设，建好门户网站、微信公众号等宣传阵地，强化理论研讨、调查研究、新闻报道等工作，探索实施网上征集监督议题、代表通过网络履职等，切实扩大人大影响力。进一步改进机关工作作风，健全工作制度，抓好队伍建设，争创文明标兵单位，树立人大良好形象。

各位代表，风正潮平，自当扬帆破浪；任重道远，更需策马加鞭。让我们更加紧密地团结在以习近平同志为核心的党中央周围，在中共津市市委的坚强领导下，不忘初心，牢记使命，以只争朝夕的劲头，以坚忍不拔的毅力，砥砺奋进，追梦前行，全力助推工业立市、产业兴城，奋力谱写澧水流域现代化中心城市新篇章！

中国人民政治协商会议
津市市第十二届委员会常务委员会工作报告

——在政协津市市第十二届委员会第四次会议上

（2019 年 3 月 19 日）

市政协主席　姜正才

2018 年工作回顾

2018 年，市政协常委会在中共津市市委的坚强领导下，坚持以习近平新时代中国特色社会主义思想为指导，全面贯彻落实党的十九大精神，牢牢把握团结和民主两大主题，以助推“工业立市、产业兴城”为主线，忠实履职、奉献津市，为建设澧水流域现代化中心城市贡献了政协智慧和力量。

一、政治建设不断深化

强化理论武装。组织政协各参加单位、各级政协组织和广大政协委员，深入学习党的十九大精神，深入学习习近平新时代中国特色社会主义思想，广泛开展理论征文活动，召开专题理论研讨会；深入学习习近平总书记关于加强和改进人民政协工作的重要思想，在 7 月 26 日召开的市政协常委（扩大）会议上，邀请省政协研究室副主任廖鸿兵同志专题授课，深入解读了习近平总书记关于加强和改进人民政协工作的重要思想，进一步增强“四个意识”，坚定“四个自信”，做到两个“坚决维护”，不断夯实了团结奋斗的共同思想政治基础。

夯实党建基础。坚持从党组自身入手，进一步强化集体领导、强化分工协作、强化制度管理，不断增强党组的政治领导力；认真履行党建主体责任，自觉接受市委领导，积极推动中央和省委、常德市委、津市市委重大决策部署在政协的贯彻落实，充分发挥了把方向、管大局、保落实的作用。认真落实“三会一课”制度、党建工作月提示制度和党员积分管理制度，开展传承红色精神、慰问困难群众等系列主题党日活动，进一步规范了党内政治生活。

严肃纪律作风。认真贯彻落实中共中央八项规定及实施细则精神，严格执行领导干部廉洁从政各项规定，加强廉政风险防控管理，遵纪守法、务实清廉，坚决杜绝“四风”反弹，严肃党纪党规，严格落实“两个责任”，认真开展例行谈心谈话、“两同时”谈话，支持市纪委市监委派驻纪检监察组履行职责，保持了风清气正的良好氛围。

二、协商议政聚焦发展

全会协商集众智。在市政协十二届三次会议上，以践行党的十九大精神，助推津市经济社会发展为主题，有 5 位政协委员分别围绕做大做强津市牛肉米粉产业、加强津市青年干部队伍建设、传承城市基因树立文化自信、推进农村田园综合体建设、加强津市公安派出所规范化建设等课题进行大会协商发言。会议期间，委员们更是聚焦“工业立市、产业兴城”踊跃建言，献计献策。市委市政府高度重视，安排专人对委员发言进行记录并梳理，召开专门会议进行交办，明确分管领导牵头，督促相关部门办理。年中市政府常务会议专题听取办理落实情况汇报，有力地助推我市经济社会发展。

市政协主席姜正才作报告

专题议政建真言。为推进津市农村公路又好又快发展，市政协十二届九次常委会议专题协商农村公路管养工作，形成市政协常委会议建议案《关于建设“四好”公路，助力乡村振兴的建议》，市委市政府主要领导高度认可，对建议案进行签批并交相关部门办理。为进一步推进津市“工业立市、产业兴城”的总体战略以及打造津港新城的战略目标，市政协组成专门调研小组深入调研，并召开十次常委会议专题协商津港新城建设规划工作，为助推津港新城建设规划工作贡献了政协智慧。围绕车胤公园建设、城市文化传承、津市牛肉米粉产业发展、津市自来水公司改制工作等课题进行了 4 次主席会议专题议政协商，形成了一系列建议案，报送市委市政府督促有关部门办理，有力地助推了相关工作的开展。

提案协商出实招。2018 年，市政协提案委继续加强与市委办公室、市政府办公室联系，研究部署提案办理工作，召开交办会，将全会立案的93件提案分别交由53个单位进行办理，并已全部办结，提案的办复率和委员满意与基本满意率均达100%。召开重点提案民主评议会议进行民主测评，进一步发挥了提案的民主监督作用，提升了政协提案办理工作水平。

三、民主监督关注热点

重点事项监督聚焦毛里湖湿地。为进一步巩固“美丽津市·清清毛里湖”政协委员论坛成果，响应省委洞庭湖生态环境治理的号召，2018年，市政协把“毛里湖流域水环境综合治理”作为重点事项民主监督主题，统一选派5个民主监督小组，对市环保局等8个单位进行民主监督，11月市政协召开重点事项监督评议会议，对“毛里湖流域水环境综合治理”工作进行民主评议，提出了许多切实可行的建议、批评和意见，为助推市委市政府狠抓生态文明建设、开展“两拆两退”和毛里湖生态环境的治理与保护工作，凝聚了津市力量。

主席会议视察紧扣社会发展。一年来，我们紧紧围绕市委、市政府的中心工作，紧扣社会发展中的重大项目、重点领域和人民群众普遍关注的重大问题，认真组织深入实际、深入基层、深入现场，围绕乡镇卫生院建设、生物医药产业发展、交通跨越大会战、文体项目建设、森林公园基础设施建设等工作，进行了5次主席会议视察，提出了针对性较强的视察建议，对相关工作起到了推动作用。

社情民意服务民生改善。2018年，市政协切实加强社情民意信息工作的组织和指导，积极培育社情民意信息工作骨干队伍，着力完善社情民意工作机制，力求及时准确地反映基层动态、反映各界诉求、反映群众心声。一年来，有《湖区渔民“三证合一”新政推行面临三大尴尬》《机关事业单位养老保险制度改革女职工权益问题应引起重视》2篇社情民意信息被省政协采用，有《县级公共资源交易平台撤销后出现的问题应予重视》《建议加强城市老旧小区居民自治管理》《严管开发商利用精装房“打擦边球”赚取暴利》《莫让四轮“低速”电动车成为新的“马路杀手”》4篇社情民意信息被常德市政协采用，该项工作在常德市各区县市排第一方阵。

四、服务中心展现作为

广泛参与有担当。按照市委、市政府的统一安排，市政协主席会议成员积极参与西河街旧城改造、毛里湖湿地公园建设、药山景区建设、农村人居环境整治、文旅康养产业发展、城市创建等工作，协调落实项目，尽心推进工作，展现了一线作为。还先后赴广西、贵州等地招商引资、学习考察米粉产业发展，为津市牛肉米粉产业进一步做大做强提出了许多有操作性的建议。各镇街政协联络处、界别工作组立足工作实际，积极主动作为，为全市改革发展和政协事业发展做出了积极贡献。

服务中心有作为。在助力脱贫攻坚方面：进一步落实省政协提出的三级政协委员联动助力脱贫攻坚工作，号召广大政协委员和各政协参加单位积极投身脱贫攻坚大战场，为脱贫攻坚工作贡献政协力量，共结对帮扶120户，制定并落实帮扶措施327条。同时，市政协还按照市委市政府统一部署，在毛里湖镇花桥村结对帮扶8户贫困户，制定并落实帮扶政策24条，定期开展走访和节日慰问等活动。在低效闲置企业盘活方面：根据市委市政府统一安排，市政协负责联系盘活6家低效闲置企业，现已盘活4家，特别是去年成功盘活了朝宏油泵企业，促成投资3亿元的湖南吉人住工装配式建筑有限公司落户接盘，6月底签约，12月底投产，创造了园区破产企业盘活的新速度。在部门服务企业方面：按照推新办的统一要求，我们对口服务宝悦乐城公司，坚持每月走访企业1次，了解掌握企业运营情况，力所能及解决企业实际困难，通过多方协同努力促成维也纳国际酒店项目与宝悦乐城成功签约。

五、团结联谊汇智聚力

加强与党派团体的联系合作。充分发挥各民主党派、工商联作用，主动加强与民主党派、工商联、无党派及社会各界人士的联系，广泛听取意见建议，为他们资政建言搭建平台，一年来，共有15位党外人士在协商议政中发言发声，20余条意见建议被市委市政府采纳。市政协还坚持对各参加单位进行积极引导：工商联组织多家非公有制企业参与“万企帮万村”、“我想有个家”、捐资助学等各类公益活动，累计捐款捐物达19万元；民盟津市市委组织盟员赴药山镇中心小学开展“快乐成长共度六一”活动；津市民建会员傅绍荣36年如一日，为孤寡老人捐钱送物，坚持不懈，并带动其他会员捐资助学、扶贫帮困累计资金3万元；农工党津市市委依托自身在医护方面的优势，积极组织养老照护人员专业护理培训，在同心社区共建过程中，积极组织医疗服务等，通过这些活动的开展，进一步提升了政协统战工作成效。

深化与各级政协组织的联谊交往。2018年10月22日，省政协主席李微微率主席会议成员一行来津视察，对毛里湖生态环境综合整治和“绿色存折”制度给予高度的评价，提升了津市在全省的影响力。江西修水县、安徽霍山县、张家界市、武陵区、澧县等省内外政协组织先后就城乡环境综合整治、养老服务、澧水流域生态保护、古镇古村古建筑、工业遗产保护、法院执行、城市创建等工作来津学习交流。在对外联系方面，我们组队参加了武陵山片区政协主席联席会“澧水流域生态保护课题组”第二次会议，以澧水防汛抗旱、造福流域人民为主题深入交流探讨；赴益阳南县学习考察全域文化旅游与现代农业产业发展工作的先进经验；借助常德市政协搭建的委员异地视察平台，与桃源政协开展文化交流学习。

发挥文史资料工作的独特作用。年初启动“城市基因”系列丛书编辑工作，进行文史资料征集，打捞城市记忆、传承城市基因、树立文化自信、助推城市发展。搭建了以市委书记、市长为顾问，36家单位为成员的征编委员会，文史资料征编工作小组先后赴长沙、平江、桃源等地进行学习考察，赴湖北省鹤峰县收集文史资料，到省档案馆查阅相关资料，并对各成员单位资料上报情况进行了专项梳理。市文旅广体局等成员单位高度重视、积极参与。

六、自身建设培优培强

建立健全规章制度。进一步巩固和深化文明创建成果，深入开展了系列创建活动，成功创建为常德文明标兵单位。我们坚持用制度管人管事，精心谋划了机关制度的修订和重新制定工作，在广泛征求意见、深入调研的基础上，修订和完善了《全体会议工作规则》等11项履职制度和财务管理、公务接待等30多项机关管理制度。

加大委员培训力度。在十二届三次全会期间，我们重点围绕贯彻落实党的十九大精神、提案工作、反映社情民意信息、政协云APP的使用以及如何当好一名优秀政协委员等，组织了集中学习和专题交流。市政协遴选了近50名优秀政协委员参加8月15日-21日在上海复旦大学举办的2018年骨干委员培训班，围绕新时代努力实现人民政协事业高质量发展、提升政协履职能力水平组织专题学习，提高了委员们的思想政治站位，站稳了政治立场，增强了"四个意识"，拓展了委员的视野，提升了委员的履职能力。

推进信息化建设。按照省政协打通省市县三级联动渠道要求，重点推动了用好用活政协云工作。2018年，市政协在全体政协委员、政协各参加单位和政协工作者中开展"每天积十分·履职云时代"主题活动，通过量化积分管理，进一步提升了政协云的使用度，让"掌上履职"、"网络议政"、"远程协商"成为委员们积极履职的重要途径。市政协还专门召开"政协云给我们带来了什么"青年委员座谈会，引导委员认识政协云、用好政协云、宣传政协云，真正让政协云成为"品牌云"、"工作云"、"学习云"、"桥梁云"和"窗口云"的"五彩祥云"。

各位委员、同志们，过去一年的成绩来之不易，是中共津市市委高度重视、坚强领导的结果，是市人大、市政府、市人武部大力支持、鼎力相助的结果，是全市各部门单位、社会各界人士充分理解、团结协作的结果，是市政协各参加单位和广大政协委员认真履职、倾情奉献的结果。在此，我代表市政协常委会，向各位委员，向所有关心支持政协事业发展的各级领导、各界人士、各位朋友，表示衷心的感谢！

在肯定成绩的同时，对照新形势下政协工作的新要求，我们还存在一些不足，主要是委员履职能力有待提升，履职成果转化有待加强，政协信息化工作水平有待提高，政协民主监督职能还有待加强等等，这些问题，我们将在今后的工作中高度重视，切实改进。

2019年主要工作任务

2019年，是中华人民共和国成立70周年，也是中国人民政治协商会议成立70周年，更是我市深入推进"工业立市、产业兴城"的关键之年。市政协工作的指导思想是：坚持以习近平新时代中国特色社会主义思想为指导，深入贯彻党的十九大精神和市委经济工作会议精神，牢牢把握团结、民主两大主题，以服务"工业立市、产业兴城"为主线，聚焦产业发展、聚焦民本民生、聚焦凝心聚力，忠实履职、奉献津市，为加快建设澧水流域现代化中心城市贡献政协智慧和力量。

做好2019年政协工作，关键是贯彻好习近平总书记关于加强和改进人民政协工作的重要思想，准确把握新时代人民政协性质定位，在履职实践中——

更加自觉地坚持中国共产党的领导。旗帜鲜明讲政治是人民政协的本质要求，中国共产党领导是人民政协事业发展进步的根本政治保证。我们要进一步提高政治站位，增强"四个意识"、坚定"四个自信"，自觉把"两个坚决维护"落到实处，自觉把"政协党组的领导核心作用"落到实处，确保人民政协事业正确的政治方向。

更加有效地围绕中心服务大局。人民政协事业是中国特色社会主义事业的重要组成部分，人民政协只有在大局下思考、在大局下行动，才能明确主攻方向、把握着力点、彰显意义价值。要坚持把服务改革发展作为履行职能的第一要务，紧扣市委市政府实施的重大战略、推进的重点工作、关注的重要问题履行职能，做到政治协商聚焦大事、民主监督紧盯难事、参政议政关注实事，充分发挥人民政协在全市经济社会发展中的重要作用。

更加坚决地贯彻以人民为中心的发展思想。人民政协是人民民主的重要制度，必须以人民为中心履职尽责。要充分尊重人民群众的主体地位和民主权利，把实现好、维护好、发展好最广大人民根本利益作为出发点和落脚点，把促进民生改善作为重要着力点，抓住就业、教育、医疗、社会保障等民生领域重要问题资政建言，协助党委政府破解民生难题、增进人民福祉，做到人民政协为人民。

更加充分地发挥大团结大联合作用。团结才有力量、民主才有活力。人民政协作为最广泛的爱国统一战线组织，要发挥大团结大联合优势，扎扎实实做好争取人心、汇聚力量的工作，努力找到最大公约数、画出最大同心圆，最大限度地汇聚起推动津市发展的强大合力。

新的一年，我们将在中共津市市委的坚强领导下，重点抓好以下工作：

1.着力抓好政治建设

继续坚持把学习贯彻习近平新时代中国特色社会主义思想和党的十九大精神、习近平总书记关于加强和改进人民政协工作重要思想作为首要政治任务和学习主题，在学懂弄通做实上狠下功夫。动员和引导政协各参加单位和广大委员，自觉把思想和行动统一到党的十九大精神上来，把智慧和力量凝聚到落实十九大确定的各项目标任务上来。扎实推进政协协商民主建设，不断探索政协履职的新路径、新载体、新举措，自觉将习近平总书记关于人民政协的新论述、新部署、新要求落实到政协工作的全过程和各方面，自觉用习近平新时代中国特色社会主义思想武装委员头脑，指导履职实践，推动政协工作。

2.倾力做好协商议政

充分发挥人民政协作为社会主义协商民主的重要渠道和专门协商机构作用，将协商民主贯穿履职全过程。坚持制度先行，落实协商机制。继续实施"12310"协商机制，形成以1次政协全体会议为龙头、以2次常委会3次主席会专题议政性协商会议为重点，以10次对口协商、界别协商、提案办理协商为常态的政协协商格局，使政协成为"有事好商量，众人的事情由众人商量"的重要平台。把握协商重点，丰富协商形式。围绕绿色存折制度长效机制建设、健康津城等课题开展2次常委会专题协商，围绕食品加工安全监管、规范农村建房、国有资产监管等课题开展3次主席会专题协商。以专委会为主体，围绕加快发展民营企业、改善东线农村安全饮水等课题开展10次对口协商和界别协商。加大提案办理协商力度，推动一批委员关注度高、反复提交的提案的办理落实。推动成果转化，提升协商成效。推动将政协全体会议、常务委员会议、主席会议和专题协商会议等形成的高质量协商成果，列入市委、市政府重点督查事项；推动事关民生和我市经济社会发展全局的重要协商成果，列入市委常委会议、市政府常务会议议题进行研究，为市委、市政府提供决策参考。

3.强力推进民主监督

按照中央、省、常德、津市市委有关文件精神，进一步完善监督形式，规范监督程序，提高监督实效。继续开展重点事项监督。把"助推民营企业发展政策落实"作为监督主题，统一选派监督小组，对市税务局、市人社局等6个单位进行"一对一"监督，重点监督落实民营企业减税降费、创新引导、品牌推介、要素保障、权益保护、行政效能等方面政策、支持民营企业发展的情况。规范完善回访监督。按照谁提交、谁监督的原则，由专委会牵头，组织委员对建议案、重点提案、民主监督意见等重要履职成果转化运用情况进行回访监督，通过再沟通、再协商，促成更多的履职成果转化为推动工作的实际举措。认真组织视察监督。把视察作为加强民主监督的重要手段，围绕"最多跑一次"改革情况、农村人居环境整治等课题，组织开展主席会议视察活动。

4.大力发挥委员作用

政协委员是人民政协履职的主体，政协的活力在委员，实力也在委员。政协工作的质量很大程度上取决于委员主体作用的发挥。抓好学习培训。着力加强委员履职能力建设，继续组织委员到全国政协干部培训中心和知名高校学习培训；继续加强与委员的日常联络，增进与委员的沟通，了解委员的工作状况；继续加大服务委员的工作力度，及时反映委员的意见和建议；继续协助委员加强与党政部门的联系，助力委员更好地履行三大职能、更好地开展本职工作。搭建履职平台。坚持每季度召开一次界别工作组组长、政协联络处主任座谈会，每半年召开一次民主党派、工商联、无党派人士座谈会，对党委、政府重大决策和中心工作广泛征求意见和建议，推动各项工作更好地开展。鼓励和引导委员投身公益事业，弘扬真善美、传递正能量，增强委员的凝聚力和影响力，展示政协良好的社会形象。带头建功立业。我们的绝大多数委员都是兼职的，都是在立足本职的基础上来履行政协职能，要在本职岗位中发挥带头作用，这也是当好委员的现实要求。要干好本职做表率，不断自我加压，不负众望、不辱使命，在岗位上施展才华，在工作中埋头苦干，以本职工作的新作为、推进发展的新业绩，带动各界群众为津市发展贡献力量。加强委员工作室规范化建设。重点建设好薛君委员工作室、朱德文委员工作室等，探索政协云开设网上委员工作室，打造特色，打通政协离群众的"最后一公里"，让广大人民群众感到政协委员同自己很亲、人民政协离自己很近。发挥旅外委员作用。注重发挥旅外委员特殊优势，引导旅外委员高质量写好"五个一"委员作业，召开旅外委员招商引资恳谈会，专程赴旅外委员地区联系走访，引导旅外委员为津市发展献计出力。

5.聚力大团结大联合

牢牢把握团结和民主两大主题，把发扬民主、增进团结作为政协履职的切入点，着力推进大团结大联合。加强与各民主党派、人民团体交流合作。进一步密切与各民主党派、无党派人士的联系，注重发挥党外代表人士的作用，努力为他们参政议政创造条件。有序扩大各界群众政治参与，密切与工会、共青团、妇联、工商联等人民团体的联系，共同关注政协事业的发展。密切与非公有制经济人士、新社会阶层人士的联系沟通，引导社会各界关心津市发展、支持津市建设，为"工业立市、产业兴城"献计出力。加强对外联系交流。不断拓展对外联谊交流渠道，加强与其他政协横向联系，广泛开展多层次、宽领域的交流合作。做好武陵山片区政协主席联席会澧水流域生态保护课题组工作、常德政协津市活动组异地视察活动等。大力抓好文史宣传工作。继续深入挖掘整理征编出版津市市"城市基因"文史资料系列丛书，向建市70周年献礼。继续加强与各级各类媒体的联系合作，加大对外宣传力度，弘扬主旋律，凝聚正能量，传播好声音，展示新形象。

6.努力加强自身建设

不断加强政协自身建设，继续完善政协工作机制，全面提高工作水平。进一步加强党的建设。推进政治建设，不断强化"四个意识"，坚定"四个自信"，做到守牢方向绝不动摇、把握大局绝不偏离、坚定落实绝不含糊。在全体政协委员中开展"不忘初心牢记使命"主题教育活动，深化作风建设，建强机关组织，夯实基础工作，从严落实"三会一课"、民主生活会和组织生活会、谈心谈话、党员积分管理、民主评议等制度。推进党风廉政建设，抓在日常，严在经常，切实履行党风廉政建设主体责任，始终把纪律和规矩挺在前面，构筑政协系统风清气正的政治生态，树立"为民、务实、清廉"的良好形象。进一步加强机关建设。加强机关文化建设，打造文化阵地，丰富文化生活，营造文化氛围，更好激发机关活力。年内举办7次"政协讲堂"活动，邀请市直相关部门负责人来政协机关举办业务知识讲座，通报工作情况，加强沟通交流。继续开展文明单位创建、国学讲座及以及法学课堂活动。进一步加强政协内设机构建设。遵循机构改革要求，进一步理顺关系，明确职责，确保高效有序运转，加强对委室和机关干部的考核，提高机关干部队伍整体素质，健全行为规范、运转协调、工作高效的机关运行机制。进一步加强信息化建设。用好用活政协云，大力推广“互联网 + 政协”，运用移动互联网手段，采取“线上受理、线下处理”模式，让委员更加便捷地使用政协云，提出微建议、开展微协商、实施微监督，提请市委市政府出台“微建议直通车”实施办法，加强与市长热线和智慧城市的深度融合，推动微建议办理工作制度化、规范化。

各位委员、同志们，面对新时代、新使命，我们要更加紧密地团结在以习近平同志为核心的中共中央周围，高举习近平新时代中国特色社会主义思想伟大旗帜，在中共津市市委的坚强领导下，大胆探索，积极履职，担当作为，为推进“工业立市、产业兴城”，决胜全面建成小康社会作出新的贡献，努力推进人民政协事业迈上新台阶，以高质量的履职答卷，向中华人民共和国成立 70 周年、中国人民政治协商会议成立 70 周年献礼！

1月

2日　市委理论学习中心组举行高质量发展头脑风暴暨2019年中央经济工作会议精神报告会。全体副处级以上在职领导，镇街及高新区党政"一把手"，市直和驻津单位负责人共计239人参加学习活动。市委书记傅勇主持会议。

同日　傅勇主持召开农业农村工作调研座谈会。市委副书记、市长黄旭峰，市委副书记杨文惠，市委常委、副市长王俊，市委常委、市委办主任杜登全，副市长李阳参加会议。

3日　市生态环境保护委员会2019年第一次全体会议召开。所有在家市政府领导，生环委成员单位主要负责人参加会议。

同日　2019年全市脱贫攻坚大会战指挥部第一次全体会议召开。黄旭峰、杨文惠、王育平、姜正才等全体在家市领导参加会议。

同日　召开项目建设、向上争资暨招商引资工作结账会。市领导傅勇、黄旭峰、杨文惠、王育平、姜正才、张海卿、姜超、李景峰、胡杰、王俊、吴拥华、杜登全参加会议。

4日　杨文惠主持召开创新研发专项小组调度会。市委常委、统战部部长吴拥华参加会议。

同日　召开企业家座谈会。会议由市委副书记、市长黄旭峰主持。市委书记傅勇，市委常委、政法委书记李景峰，市人大常委会副主任胡湘萍，副市长高见参加会议。

8日　召开招商引资项目推进和企业家座谈意见建议交办会。会议由市委常委、政法委书记李景峰主持。市委副书记、市长黄旭峰，市人大常委会副主任胡湘萍、副市长高见参加会议。

同日　"四大家"领导现场体验"12345"便民服务平台、调研政务服务流程再造工作。市委书记傅勇，市委副书记、市长黄旭峰，市人大常委会主任王育平，市政协主席姜正才，市委常委、常务副市长熊斌，市委常委、副市长王俊，市委常委、市委办主任杜登全，副市长杜强，市正处级领导姚跃进参加现场体验。

10日　杨文惠调研博联家居建材城。市委常委、统战部部长吴拥华参加。

同日　青岛格仑特公司到津考察。市委副书记、市长黄旭峰，市委常委、政法委书记李景峰，副市长、公安局长戴志刚，高新区党工委书记陈克元陪同考察。

同日　举行2018年度津市市百优员工颁奖典礼。市委副书记、市长黄旭峰，市委副书记杨文惠，市委常委、政法委书记李景峰，市人大常委会副主任黄费武、李亚林、胡湘萍，副市长高见参加颁奖典礼。

同日　黄旭峰主持召开2019年度第1次市政府常务会议。市领导熊斌、王俊、邓开泉、杜强、戴志刚、高见、徐兴勇、陈顺勇、雷光键，市政府党组成员甘雪林参加会议。

11日　津市市毛里湖镇第四届"青苗腊八节"隆重开幕。常德市旅游外侨局副局长黄海萍，市政协主席姜正才，市委常委、人武部政委姜超参加开幕式活动。

14日　傅勇、黄旭峰调研全市农村人居环境整治工作。市委副书记杨文惠，市委常委、常务副市长熊斌，市委常委、市委办主任杜登全，副市长李阳，市领导王文军参加调研。

15日　傅勇主持召开市委2019年度第2次常委会 传达学习常德市长江经济带生态环境问题整改推进会议精神。所有在家市领导及相关单位负责人参加会议。

同日　全市党委（党组）书记抓基层党建暨落实意识形态工作责任制述职评议会召开。市委书记傅勇出席会议并讲话，市委副书记、市长黄旭峰主持会议。常德市委组织部非公有制经济党建科科长周星，市领导王育平、姜正才、熊斌、姜超、李景峰、胡杰、王俊、吴拥华、杜登全、戴志刚参加会议。

17日　2018年度市委年轻干部读书班结业。市委副书记杨文惠主持。市委常委、宣传部部长张海卿，市委常委、组织部部长胡杰参加结业典礼。

同日　"十年安居梦 蝶变兰津城"演讲决赛。市委书记傅勇、市委副书记、市长黄旭峰出席。

同日　龚德汉调研新洲镇人居环境整治工作。常德市农业农村局局长李百艳、市委书记傅勇、副市长李阳参加调研。

同日　文旅康养专项小组召开2018年年终工作总结会。

会议由市委常委、人武部政委姜超主持,市政协主席姜正才,副市长李阳,市政协副主席董新满参加会议。

18日 市第十七届人大常委会举行第十六次会议。市人大常委会副主任邓惠荣主持。市人大常委会主任王育平,副主任黄费武、李亚林、胡湘萍、邓开泉参加会议。市委常委、常务副市长熊斌列席会议。

21日 常德市村庄清洁行动调度会在津市召开。常德市政府副市长龚德汉、市委书记傅勇、常德市政府副秘书长谢朝君参加。

同日 黄旭峰带队赴北京开展米粉产业招商对接活动。

同日至22日 市领导开展新春走访慰问活动。市委常委、常务副市长熊斌,市委常委、政法委书记李景峰,市委常委、统战部部长吴拥华参加。

22日 2019年市委经济工作会议召开。会议由市委副书记、市长黄旭峰主持。市领导傅勇、黄旭峰、杨文惠、王育平、姜正才、熊斌、姜超、李景峰、胡杰、王俊、吴拥华、杜登全参加会议。

24日 傅勇开展春节走访慰问活动。

25日 傅勇主持召开全市老干部政情通报会。市委常委、常务副市长熊斌,市委常委、组织部部长胡杰,市委常委、市委办主任杜登全,市人大常委会副主任邓惠荣,市政协副主席雷光键参加会议。

28日 盐田港·津市之春2019春节文艺会演精彩上演。市委书记傅勇,市委副书记、市长黄旭峰等全体在家市级领导观看演出。

29日 傅勇走访慰问离退休老干部。

30日 傅勇走访慰问武警官兵。市委副书记杨文惠,市委常委、宣传部部长张海卿,市委常委、市委办主任杜登全,副市长陈顺勇参加慰问。

31日 常德市委组织部常务副部长张运华来津开展走访慰问活动,市委副书记杨文惠,市委常委、组织部部长胡杰参加慰问。

同日 2019年市安委第一次全会(扩大)会议暨第一次信访工作联席会议召开。会议由市委常委、市政府常务副市长熊斌主持。市领导黄旭峰、李景峰、王俊、杜强、戴志刚、高见、徐兴勇、陈顺勇参加会议。

同日 黄旭峰主持召开2019年第2次市政府常务会议。市领导熊斌、王俊、张明、胡湘萍、杜强、戴志刚、高见、徐兴勇、陈顺勇、雷光键、市政府党组成员甘雪林参加会议。

同日 曹立军到津调研人居环境整治工作。常德市政府副市长龚德汉,市政府秘书长李正才,津市市委书记傅勇,市委副书记、市长黄旭峰参加调研。

2月

1日 2019年人武部党委(扩大)会暨军事工作会议召开。会议由市委常委、常务副市长熊斌主持。市委书记、市人武部党委第一书记傅勇,市委常委、人武部政委姜超参加会议。

同日 召开2019年园区工作会商会。会议由市委常委、政法委书记李景峰主持。市委书记傅勇,市委副书记、市长黄旭峰,市人大常委会主任王育平,市政协主席姜正才,市委常委、常务副市长熊斌,市委常委、市委办主任杜登全,副市长高见参加会议。

同日 中共津市市委2019年度第4次常委会(扩大)会议召开。市领导傅勇、黄旭峰、杨文惠、王育平、姜正才、熊斌、张海卿、姜超、李景峰、胡杰、王俊、吴拥华、杜登全、杜强、戴志刚、高见、陈顺勇参加会议。

同日 "四大家"领导视察城区亮化工程。市委书记傅勇,市委副书记、市长黄旭峰,市委副书记杨文惠,市人大常委会主任王育平,市政协主席姜正才,市委常委、市委办主任杜登全,副市长徐兴勇参加考察。

11日 傅勇、黄旭峰走访"五大家"及高新区。市委副书记杨文惠,市委常委、市委办主任杜登全参加走访。

同日 傅勇主持召开2019年度第5次市委常委(扩大)会议。市委副书记、市长黄旭峰,市委副书记杨文惠,市人大常委会主任王育平,市政协主席姜正才,市委常委、市委办主任杜登全参加会议。

13日 召开2018年度市委常委班子民主生活会。常德市委常委、组织部部长梁仲,市委书记傅勇,市委副书记、市长黄旭峰,市委副书记杨文惠,市人大常委会主任王育平,市政协主席姜正才以及其他市委常委班子成员参加会议。

18日 黄旭峰主持召开2019年度第3次市政府常务会议。市领导熊斌、杜强、李阳、戴志刚、高见、陈顺勇,市政府党组成员甘雪林参加会议。

同日 黄旭峰主持召开2019年《政府工作报告》征求意见座谈会。市委常委、政法委书记李景峰,副市长高见参加座谈会。

19日 朱水平调研新洲镇人居环境整治工作。常德市委副秘书长石玉林,市委副书记、市长黄旭峰,市委副书记杨文惠,副市长李阳参加调研。

21日 市委理论学习中心组(扩大)第二次集中学习暨常德市新时代学用结合报告会津市专场召开。会议由市委副书记杨文惠主持。市领导张海卿、李景峰、胡杰、吴拥华、邓惠荣、黄费武、胡湘萍、邓开泉、陈顺勇、董新满、阿毅、梁文利、石勇、王文军参加会议。

28日 黄旭峰主持召开2018年度市政府党组民主生活会。市领导熊斌、杜强、李阳、戴志刚、高见、徐兴勇、陈顺勇参加会议。

3月

1日 中国共产党津市市第十二届纪律检查委员会召开第五次全体会议。会议由市委副书记、市长黄旭峰主持。市领导傅勇、杨文惠、王育平、姜正才、佘斌等参加会议。

4日 全市深化机构改革动员大会召开。市领导傅勇、黄旭峰、王育平、姜正才等参加会议。

同日　市机构改革第一批新组建部门举行挂牌仪式。仪式由市委常委、市委办主任杜登全主持。市委书记傅勇，市委副书记、市长黄旭峰，市委副书记杨文惠，市委常委、副市长王俊，副市长李阳参加仪式。

6日　市机构改革第二批新组建部门举行挂牌仪式。仪式由副市长李阳主持。市委副书记杨文惠，市委常委、常务副市长熊斌，副市长高见参加仪式。

同日　黄旭峰调研牛肉米粉产业发展情况。市政协主席姜正才，副市长李阳参加会议。

同日　市委书记傅勇主持召开书记专题会议。市领导黄旭峰、杨文惠、佘斌参加会议。

8日至9日　市机构改革第三批新组建部门举行挂牌仪式。仪式由副市长陈顺勇主持。市委常委、人武部政委姜超，副市长杜强、徐兴勇、陈顺勇参加仪式。

11日　全市党委系统工作会议召开。会议由市委副书记、市长黄旭峰主持。市领导傅勇、杨文惠、王育平、姜正才、熊斌、张海卿、佘斌、李景峰、胡杰、王俊、吴拥华、杜登全参加会议。

12日　黄旭峰主持召开2019年第4次市政府常务会议。市领导熊斌、王俊、张明、邓惠荣、杜强、李阳、高见、雷光键、市政府党组成员彭进华参加会议。

同日　开展2019年义务植树活动。市委、人大、政府、政协四大家主要领导现场参加义务植树活动。

同日　召开园区体制机制调研座谈会。会议由市委常委、政法委书记李景峰主持。市委书记傅勇，市委副书记、市长黄旭峰，市委常委、市委办主任杜登全，副市长高见参加座谈会。

13日　召开市政府系统工作部署会议。市委常委、常务副市长熊斌主持会议。市委副书记、市长黄旭峰参加会议。

14日　市第十七届人大常委会举行第十七次会议。会议由市人大常委会副主任黄费武主持。市人大常委会主任王育平，副主任邓惠荣、李亚林、胡湘萍、邓开泉参加会议。市委常委、常务副市长熊斌，副市长陈顺勇列席会议。

同日　常德市"行长县市行"暨金融支持津市园区经济发展对接会召开。市委常委、常务副市长熊斌主持会议。市委书记傅勇，市委副书记、市长黄旭峰，副市长陈顺勇出席会议。

15日　召开农村人居环境整治暨推进"绿色存折"制度工作调度会。会议由市委副书记杨文惠主持。市委书记傅勇，副市长李阳、市政协副处级干部王文军参加会议。

18日　政协津市市第十二届委员会第四次会议举行委员培训。市政协主席姜正才，市委常委、统战部部长吴拥华，市政协副主席雷光键、董新满、阿毅，市政协副主席提名人选石勇参加培训会议。

同日　政协津市市第十二届委员会第四次会议举行预备会议。市委副书记杨文惠，市政协主席姜正才，市政协副主席雷光键、阿毅、梁文利参加会议。

19日　津市市第十七届人民代表大会第四次会议举行预备会议。市委书记傅勇，市委副书记、市长黄旭峰，市委副书记杨文惠、市纪委书记佘斌、市委组织部部长胡杰出席会议。

同日　津市市第十七届人民代表大会第四次会议召开主席团第一次会议。市领导傅勇、王育平、黄旭峰、杨文惠、佘斌、胡杰、黄费武、李亚林、胡湘萍、邓开泉参加会议。

同日　政协津市市第十二届委员会第四次会议举行开幕式暨第一次全体会议。市领导傅勇，杨文惠，姜正才，熊斌、张海卿、佘斌、胡杰、王俊、吴拥华、杜登全、杜强、李阳、戴志刚、高见等参加会议。

同日　李辉忠来津视察民兵预建党组织试点。市委常委、常务副市长熊斌，市委常委、人武部政委姜超参加视察。

20日　津市市第十七届人民代表大会第四次会议举行大会主席团第二次会议。市委书记傅勇，市委副书记、市长黄旭峰，市委副书记杨文惠，市人大常委会主任王育平，市委常委、纪委书记佘斌出席会议。

同日　黄旭峰参加政协津市市第十二届委员会第四次会议第一联组协商讨论。市领导王俊、杜强、张伟莉参加讨论。

同日　傅勇参加政协津市市第十二届委员会第四次会议第二联组协商讨论。市领导姜正才、胡杰、杜登全、高见参加讨论。

同日 津市市第十七届人民代表大会第四次会议开幕并举行第一次全体会议。市领导傅勇、黄旭峰、杨文惠、王育平、姜正才、熊斌、张海卿、佘斌、姜超、李景峰、胡杰、王俊、吴拥华、杜登全、邓惠荣、黄费武、李亚林、胡湘萍、邓开泉、唐超虎等参加会议。

21日　政协津市市第十二届委员会第四次会议召开第三次全体会议并举行闭幕式。傅勇、姜正才、黄旭峰、杨文惠、王育平、雷光键、董新满、阿毅、梁文利、石勇、皮怀忠、张海卿、姜超、李景峰、胡杰、王俊、吴拥华、杜登全等市领导出席。

22日　津市市第十七届人民代表大会第四次会议在市兰苑宾馆会议中心举行第二次全体会议及闭幕会。傅勇、王育平、黄旭峰、杨文惠、姜正才、佘斌、胡杰、邓惠荣、黄费武、李亚林、胡湘萍、邓开泉、唐超虎、张海卿、姜超、李景峰、王俊、吴拥华、杜登全等市领导出席。

同日　江南大学姜启兴博士到津考察。市领导黄旭峰、王育平参加会议。

25日　傅勇深入园区企业开展安全生产检查。市委常委、市委办主任杜登全，市政府副市长陈顺勇陪同检查。

27日　市第十七届人大常委会举行第十八次会议。会议由市人大常委会副主任黄费武主持。市人大常委会主任王育平，副主任邓惠荣、胡湘萍、邓开泉参加会议。市委常委、市纪委书记、监察委主任佘斌，市委常委、市政府副市长王俊列席会议。

28日　召开2019年市委理论学习中心组第3次集中（扩大）学习会议。会议由市委常委、市委办主任杜登全主持。市委副书记杨文惠，市人大常委会主任王育平，市委常委、纪委书记、市监委主任佘斌，市委常委、人武部政委姜超，市委常委、政法委书记李景峰，市委常委、组织部部长胡杰，市委常委、统战部部长吴拥华以及全体在家市级领导参加会议。

29日　市生态环境保护委员会2019年第二次全体会议召开。市委副书记、市长黄旭峰，市委常委、常务副市长熊斌，市委常委、副市长王俊，副市长杜强参加会议。

同日　黄旭峰主持召开2019年第5次市政府常务会议。市领导熊斌、王俊、张明、黄费武、杜强、戴志刚、陈顺勇、梁文利参加会议。

30日　副省长吴桂英来津视察文化教育工作。省政府副秘书长彭翔、省教育厅厅长蒋昌忠随同视察，常德市委副书记、市长曹立军，常德市政府副市长涂碧波，常德市政府秘书长李正才，市委书记傅勇，市委副书记、市长黄旭峰，副市长杜强陪同视察。

4月

1日　省委第三巡视组巡视津市市工作动员会召开。会议由省委第三巡视组组长杨春林主持。常德市委常委、市纪委书记、市监委主任罗翠林，省委第三巡视组副组长邹福明、正处级巡视专员谭鹏程，市委书记傅勇，市委副书记、市长黄旭峰等参加会议。

2日　十二届津市市委第五轮巡察工作动员部署会召开。市委常委、市委组织部部长、市委巡察工作领导小组副组长胡杰主持会议，市委常委、市纪委书记、市监委主任、市委巡察工作领导小组组长佘斌参加会议并作动员讲话。

同日　傅勇前往药山村走访调研脱贫攻坚工作。市委常委、市委办主任杜登全参加走访调研。

同日　黄旭峰调度装备制造小组工作。会议由市委常委、常务副市长熊斌主持。

3日　傅勇、黄旭峰视察扫黑除恶工作。市委副书记杨文惠，市委常委、政法委书记李景峰，副市长、公安局局长戴志刚参加视察。

同日　全市召开2019年招商引资、向上争资暨项目建设工作推进会。会议由市委副书记、市长黄旭峰主持，市委书记傅勇参加会议并讲话。市领导杨文惠、王育平、姜正才、熊斌、张海卿、佘斌、李景峰、胡杰、吴拥华、杜登全、胡湘萍、杜强、戴志刚及相关单位负责人参加会议。

9日　召开园区工作调度会。会议由市委常委、政法委书记李景峰主持。市委书记傅勇，市委常委、常务副市长熊斌，市委常委、市委办主任杜登全，市人大常委会副主任胡湘萍，副市长高见参加会议。

同日　市委中心组(扩大)开展2019年第四次集中学习。会议由市委书记傅勇主持。市领导黄旭峰、杨文惠、王育平、姜正才等全体在家市级领导，各镇街负责人及相关单位负责人参加集中学习。

11日　召开2019年农业农村、防汛抗旱暨脱贫攻坚工作会议。会议由市委副书记、市长黄旭峰主持。全体在家市领导参加会议。

同日　汤祚国到津调研科技型企业发展情况。市委副书记、市长黄旭峰，副市长高见，市高新区负责人参加调研。

15日　黄旭峰主持召开2019年市政府第6次常务会议。市领导熊斌、王俊、李亚林、杜强、李阳、戴志刚、陈顺勇、梁文利，市政府党组成员彭进华参加会议。

16日　市领导调度河湖“清四乱”工作。会议由市委常委、副市长王俊主持。市委常委、常务副市长熊斌参加。

22日　黄旭峰体验政务服务下沉工作。市人大常委会主任王育平，市委常委、组织部长胡杰，市人大常委会副主任邓开泉，副市长杜强参加。

24日　尹正锡到津调研城乡建设用地增减挂钩及空心房整治相关工作。市委常委、常务副市长熊斌，副市长陈顺勇参加调研。

同日　常德市委常委、宣传部部长胡丘陵一行赴津市市实地调研新时代文明实践中心建设试点工作，津市市委副书记杨文惠，市委常委、宣传部部长张海卿陪同调研。

28日　市委召开2019年中心组第5次集中学习。市领导傅勇、黄旭峰、杨文惠、王育平、姜正才等全体在家市领导参加会议。

29日　召开全市教育大会。会议由市委副书记、市长黄旭峰主持。市领导傅勇、杨文惠、王育平、姜正才、熊斌、张海卿、佘斌、姜超、李景峰、胡杰、王俊、吴拥华、杜登全、胡湘萍、梁文利及相关单位负责人参加会议。

30日　傅勇调研市澧水二桥项目建设工作。市委常委、市委办主任杜登全，副市长杜强及相关单位负责人参加调研。

同日　傅勇调度闲置低效企业盘活工作。会议由市委常委、政法委书记李景峰主持。市领导姜正才、熊斌、张海卿、杜登全、邓惠荣、陈顺勇、雷光键及相关部门负责人参加会议。

5月

6日　市“五大家”调研防汛抗旱工作。市委书记傅勇，市委副书记、市长黄旭峰，市委副书记杨文惠，市人大常委会主任王育平，市政协主席姜正才，市委常委、人武部政委姜超，市委常委、副市长王俊，市委常委、市委办主任杜登全参加会议。

8日　梁仲检查津市防汛、安全生产及河长制工作。常德市人大常委会副主任戴君耀，市委书记傅勇，市委副书记、市长黄旭峰，市委常委、组织部长胡杰参加检查。

同日　常德军分区督导检查三洲驿街道武装工作。常德军分区副司令员徐赞军，市委常委、人武部政委政委姜超，市委常委、副市长王俊参加检查。

同日　召开2019年半年度经济指标工作调度会。会议由市委常委、常务副市长熊斌主持。市委副书记、市长黄旭峰参加会议。

同日　黄旭峰调度中央环保督查“回头看”问题整改、市政府系统廉政工作暨省委巡视组反馈问题交办工作。市领导熊斌、王俊、徐兴勇、陈顺勇参加会议。

同日　省农业农村厅来津开展农村宅基地情况专题调研。

省农业农村厅合作经济处副处长李辉，常德市农委副主任徐郁平，津市市委副书记杨文惠，副市长徐兴勇参加调研。

同日 朱皖来津调研科技成果转移转化示范县建设工作。市委副书记、市长黄旭峰，市政府正处级干部张伟莉参加会议。

9日 黄旭峰主持召开2019年度市政府第7次常务会议。市领导熊斌、胡湘萍、杜强、戴志刚、高见、陈顺勇、雷光键参加会议。

同日 周德睿调研津市经济社会发展情况。常德市委常委、市纪委书记、市监委主任罗翠林，常德市委常委、秘书长罗先东，市委书记傅勇，市委副书记、市长黄旭峰，市委副书记杨文惠，市委常委、宣传部长张海卿，市委常委、市委办主任杜登全，副市长高见、徐兴勇参加调研。

10日 召开乡村振兴战略指挥部第一次全会。会议由市委副书记、市长黄旭峰主持。市委书记傅勇，市领导李景峰、胡杰、杜登全、邓惠荣、石勇参加会议。

同日 湖南省第七届"公仆杯"乒乓球赛在津市落下帷幕。湖南省体育局副局长苏健全、湖南省体育局原巡视员刘伦菊、常德市人民政府副市长涂碧波、津市市委副书记、市长黄旭峰、津市市委常委、宣传部部长张海卿出席活动开幕式。

14日 召开新时代文明实践中心建设文艺工作座谈会。市委副书记杨文惠，市委常委、宣传部部长张海卿出席参加会议并讲话。

15日 津市市召开2019年司法公正常德行活动动员会。会议由市委常委、政法委书记李景峰主持，市人大常委会主任、活动组委会顾问王育平参加会议并讲话。

同日 召开市委基层党建工作领导小组会议。会议由市委副书记杨文惠主持。市委常委、纪委书记、市监委主任余斌，市委常委、组织部长胡杰及相关单位负责人参加会议。

同日 召开省委第三巡视组反馈问题整改交办会。会议由市委副书记杨文惠主持。市委书记傅勇，市委常委、组织部部长胡杰，市委常委、市委办主任杜登全，副市长陈顺勇参加会议。

同日 傅勇调研樟树村乡村振兴工作。市委常委、市委办主任杜登全，副市长徐兴勇参加调研。

16日 召开依法保障和服务民营企业座谈会。市委常委、政法委书记李景峰，市人大常委会副主任、工商联主席胡湘萍，副市长、公安局长戴志刚参加会议。

17日 召开建设新时代文明实践中心试点工作推进会。会议由市委副书记杨文惠主持。市委书记傅勇，市委常委、宣传部部长张海卿参加会议。

21日 傅勇调研市一小、双济实验学校教育发展情况。市领导姜正才、熊斌、杜登全、胡湘萍、董新满参加调研。

29日 津市市第十七届人大常委会举行第十九次会议。会议由市人大常委会副主任胡湘萍主持。市人大常委会主任王育平，市人大常委会副主任邓惠荣、李亚林、邓开泉，常委会其他组成人员参加会议。市委常委、常务副市长熊斌，副市长徐兴勇列席会议。

29、30日 召开新时代文明实践中心试点工作现场调度会。市委副书记杨文惠，市委常委、宣传部部长张海卿出席会议。

31日 傅勇为建国前老党员过"政治生日"。市委常委、组织部部长胡杰，市委常委、市委办主任杜登全参加活动。

同日 黄旭峰主持召开2019年度市政府第8次常务会议。市领导戴志刚、高见、徐兴勇、陈顺勇、易榕、雷光键，市政府党组成员彭进华参加会议。

6月

5日 津市市召开省委第三巡视组第五批信访件交办暨第七次信访联席会议。市委书记傅勇、市委副书记杨文惠参加会议。

同日 举行市委扶贫工作会议暨脱贫攻坚培训班开班仪式。市委书记傅勇，市委副书记杨文惠参加开班仪式。

6日 市委召开2019年中心组第6次集中学习。市领导傅勇、杨文慧、姜正才、熊斌、张海卿、姜超、李景峰、胡杰、吴拥华、杜登全参加学习。

同日 傅勇调研全市高考考务工作。市委常委、市委办主任杜登全参加调研。

10日 傅勇参加市委办机关支部党员大会。市委副书记杨文惠，市委常委、市委办主任杜登全参加会议。

12日 湘澧盐化公司举行司庆50周年座谈会。市委书记傅勇，市委常委、政法委书记李景峰，市委常委、市委办主任杜登全参加会议。

同日 傅勇检验防汛抢险机动队综合演练工作。市委常委、人武部政委姜超，市委常委、副市长王俊，市委常委、市委办主任杜登全参加此次演练。

13日 农村三产融合暨农村人居环境整治培训班在苏州开班。市领导杨文惠、姜正才、邓惠荣、徐兴勇参加本次培训班。

17日 傅勇调度园区重点工作推进情况。会议由市委常委、政法委书记李景峰主持。市委常委、市委办主任杜登全参加会议。

18日 黄旭峰调度专业园区建设、园区体制建设、"三名工程"工作。市委常委、政法委书记李景峰参加会议。

19日 傅勇调研米粉产业发展情况。市人大常委会主任王育平，市委常委、市委办主任杜登全参加调研。

26日 傅勇带队赴广东佛山招商。常德市工信局副局长李自林，副市长高见参加招商活动。

27日 举办中国共产党成立98周年暨"三十佳"颁奖典礼。市委书记傅勇，市委副书记、市长黄旭峰，市委副书记杨文惠，市人大常委会主任王育平，市政协主席姜正才出席颁奖典礼。

同日 梁仲来津调研智慧党建及政务下沉工作。市委书记傅勇，市委副书记、市长黄旭峰，市委常委、组织部部长胡杰参加调研。

28日 举行重点建设项目集中开工仪式。市委书记傅勇，市人大常委会主任王育平，市政协主席姜正才，市委常委、常务副市长熊斌，市委常委、市委办主任杜登全，副市长高见、易榕，市政协副主席梁文利参加开工仪式。

7月

1日 黄旭峰调研大关山人居环境整治工作。市委副书记杨文惠，市委常委、宣传部部长张海卿，副市长徐兴勇参加调研。

同日 傅勇走访慰问困难党员。市委常委、市委办主任杜登全参加慰问。

2日 黄旭峰主持召开2019年度市政府第9次常务会议。市领导熊斌、王俊、邓开泉、杜强、戴志刚、高见、徐兴勇、陈顺勇、易榕、石勇参加会议。

3日 黄清宇赴药山镇开展巡河调研活动。常德市委常委、政法委书记黄清宇，市委副书记、市长黄旭峰，副市长杜强、高见参加调研。

4日 市委巡察工作领导小组听取十二届市委第五轮巡察工作汇报。市委常委、市纪委书记、市监委主任、市委巡察工作领导小组组长佘斌，市委常委、组织部部长、市委巡察工作领导小组副组长胡杰出席会议。

同日 黄旭峰调研政务服务工作。副市长杜强参加调研。

同日 生物医药产业项目推介会在深圳举行。市领导傅勇、熊斌、杜登全、李亚林参加推介活动。

9日 全市扫黑除恶工作集中谈心谈话、政务下沉暨半年度工作汇报会召开。会议由副市长杜强主持。市委常委、组织部部长胡杰，副市长、公安局局长戴志刚，市政协副主席董新满参加会议。

同日 傅勇调研基层党建脱贫攻坚暨新时代文明实践站建设工作。市委常委、市委办主任杜登全，副市长徐兴勇参加调研。

10日 黄旭峰主持召开2019年度市政府第10次常务会议。市领导熊斌、王俊、邓开泉、杜强、戴志刚、高见、徐兴勇、陈顺勇、易榕、石勇参加会议。

同日 市委专题调度两不愁三保障突出问题摸底核查工作。市委书记傅勇主持召开市委第18次常委会议，专题调度全市"两不愁三保障"突出问题摸底核查工作。

12日 全市2019年生环委第三次全会暨禁毒工作、政务下沉、城建工作会议。会议由市委常委、常务副市长熊斌主持。市领导黄旭峰、王育平、徐兴勇、雷光键、董新满、阿毅参加会议。

同日 傅勇赴广药集团洽谈招商合作事宜。副市长高见参加活动。

16日 傅勇、黄旭峰调度园区半年度工作。会议由市委常委、政法委书记李景峰主持。市委常委、市委办主任杜登全，副市长高见参加会议。

同日 何报翔来津调研生物医药产业。常德市领导朱水平、沈习淼、王先蒙、杨成英及市领导傅勇、黄旭峰、王育平、高见参加调研。

17日 召开半年度经济形势分析会。会议由市委常委、常务副市长熊斌主持。市委书记傅勇，市委副书记、市长黄旭峰，市委常委、市委办主任杜登全参加会议。

18日 黄旭锋主持召开扶贫开发领导小组全体会议。市领导杨文惠、佘斌、胡杰、徐兴勇、易榕、石勇参加会议。

同日 全面启动十二届市委脱贫攻坚和西毛里湖周边"两拆两退"专项巡察。市委常委、市委组织部部长、市委巡察工作领导小组副组长胡杰主持会议，市委常委、市纪委书记、市监委主任、市委巡察工作领导小组组长佘斌出席会议并作动员讲话。

19日 市委开展第八次中心组集中学习。市领导傅勇、杨文惠、王育平、姜正才、张海卿、佘斌、胡杰、杜登全参加学习。

22日 常德市小康办调研津市小康工作。常德市委政研室副主任周清华，市委常委、市委办主任杜登全参加调研。

23日 市领导开展"八一"走访慰问。市政协主席姜正才，市委常委、组织部部长胡杰参加慰问。

同日 傅勇开展八一走访慰问活动。市领导杨文惠、熊斌、李景峰、姜超、杜登全、邓惠荣、易榕参加慰问。

同日 举行庆祝新中国成立70周年——"百团大赛""欢乐津城"群众文艺演出。市领导杨文惠、张海卿出席演出。

24日 傅勇调研政务审批、政务服务下沉工作。市委常委、组织部部长胡杰，副市长杜强参加调研。

25日 黄旭峰开展八一走访慰问活动。市领导黄费武、杜强、石勇参加走访慰问。

同日 召开津市牛肉米粉产业发展调研座谈会。会议由市政府副市长易榕主持。市委书记傅勇，市委副书记、市长黄旭峰，市政协主席姜正才参加会议。

同日 全市公安工作会议召开。会议由市委常委、政法委书记李景峰主持。市委书记傅勇，市委副书记杨文惠，市委常委、人武部政委姜超，市人大常委会副主任李亚林，副市长、公安局长戴志刚出席会议。

同日 谭弘发调研津市金融服务实体经济工作。市人大常委会主任王育平、市人大常委会副主任邓开泉、副市长高见参加调研。

26日 常德市委组织部调研毛里湖水环境综合整治工作。会议由市委常委、组织部部长胡杰主持，副市长徐兴勇，市人大常委会副主任邓惠荣陪同参加调研座谈。

29日 津市市第十七届人大常委会举行第二十次会议。会议由市人大常委会副主任邓开泉主持。市人大常委会主任王育平，市人大常委会副主任邓惠荣、黄费武、李亚林、胡湘萍参加会议。市委常委、常务副市长熊斌，市委常委、市纪委书记、监察委主任佘斌，副市长徐兴勇、陈顺勇列席会议。

30日 举行庆"八一"暨张富清同志先进事迹学习座谈会。市委副书记杨文惠，市委常委、市人武部政委姜超，市委常委、政法委书记李景峰，副市长杜强参加会议。

同日 市政法系统举行庆祝中华人民共和国成立70周年"歌唱祖国·筑梦津市"汇报演出。常德市委政法委副书记汪云，常德市委政法委政治部副主任彭敏，常德市委政法委维稳指导科科长廖明杰出席；市领导傅勇、黄旭峰、杨文惠、张海卿、姜超、李景峰、胡杰、李亚林、戴志刚、雷光键参加。

31日 开展"八一"军事日活动。全体在家市领导参加活动。

8月

1日 黄旭峰主持召开2019年度市政府第11次常务会议。市领导熊斌、王俊、邓惠荣、杜强、高见、徐兴勇、易榕、雷光键，市政府党组成员彭进华参加。

同日 召开装备制造中联项目推进工作会商会。市领导傅勇、黄旭峰、杨文惠、王育平、熊斌、李景峰、高见参加。

同日 市委开展2019年第9次中心组学习。市领导傅勇、黄旭峰、杨文惠、王育平、熊斌、余斌、李景峰、王俊、胡杰、吴拥华、杜登全、杜强、高见、徐兴勇、易榕参加。

2日 广药集团来津考察。市委书记傅勇，市委副书记、市长黄旭峰，市委常委、市委办主任杜登全，副市长高见及高新区负责人参加考察和座谈。

同日 生物医药资本招商项目考察团来津洽谈。市委书记傅勇，市委常委、市委办主任杜登全参加。

6日 黄旭峰调度大气污染防治工作。

同日 黄旭峰调研农村人居环境整治、退养转产及防汛抗旱工作。市委副书记杨文惠参加调研。

9日 引航生物科技有限公司举行生物酶催化和酶发酵项目开工仪式。市委副书记、市长黄旭峰参加开工仪式并宣布正式开工。

12日 汤祚国到津调研生物医药产业发展情况。市委书记傅勇，市委常委、市委办主任杜登全及高新区负责人参加座谈会。

13日 傅勇调研津市港项目建设工作。市人大常委会副主任李亚林，副市长陈顺勇参加调研。

同日 傅勇调研农村人居环境整治工作。市委副书记杨文惠，副市长徐兴勇，市政协副主席雷光键参加调研。

15日 中南大学湘雅医院医疗联合体双向转诊定点指导医院举行签约揭牌仪式。市委书记傅勇，市委常委、常务副市长熊斌参加。

20日 召开中联车桥重组项目推进会。市委副书记、市长黄旭峰，市委常委、常务副市长熊斌，副市长高见参加。

21日 召开毛里湖水环境综合整治上劲会。市委副书记、市长黄旭峰，市委常委、组织部部长胡杰，副市长徐兴勇参加会议。

22日 傅勇调研市工信局工作。市委常委、常务副市长熊斌，市委常委、市委办主任杜登全参加。

23日 傅勇、黄旭峰调研全市电子商务产业发展情况。市委常委、常务副市长熊斌，市委常委、市委办主任杜登全，副市长高见参加。

26日 黄旭峰调度中联车桥项目推进工作。市委常委、常务副市长熊斌，副市长高见参加。

27日 纳米抗体试剂产业化生产项目签约落户市高新区。签约仪式由市委常委、市委办主任杜登全主持。市委常委、常务副市长熊斌与深圳康体生命科技有限公司总经理杜孩现场签约。

同日 省发改委等部门领导专家考察我市高新区调区扩区工作。常德市发改委副主任雷光承，津市市委书记傅勇，市委副书记、市长黄旭峰，副市长高见、易榕参加考察。

同日 黄旭峰调度特色产业镇工作。市委副书记、市长黄旭峰，市委常委、常务副市长熊斌，副市长易榕参加。

同日 召开牛肉米粉推广工作调度会。会议由市政府副市长易榕主持。市委书记傅勇，市委副书记、市长黄旭峰，市人大常委会主任王育平，市政协主席姜正才参加会议。

29日 省社科院领导来津调研津澧融城工作。省社科院党组书记、院长刘建武教授，市委书记傅勇，市人大常委会主任王育平，市政协副处级干部曹后新，省社科院经济研究所所长、研究员李晖及社科院有关同志参加会议。

同日 宁波热电、环洋新材料项目考察团来津考察。市委常委、常务副市长熊斌，市委常委、市委办主任杜登全，副市长高见参加会议。

30日 省委第三巡视组向津市市委反馈巡视情况。常德市委副书记朱水平，津市市全体市领导参加会议。

9月

2日 黄旭峰调度招商引资工作。市委常委、政法委书记李景峰，市人大常委会副主任黄费武，市政协副主席石勇参加。

3日 黄旭峰主持召开2019年度市政府第12次常务会议。市领导熊斌、邓开泉、杜强、高见、徐兴勇、雷光键参加会议。

同日 市政协第十二届委员会常务委员会召开第十四次会议。会议由市政协主席姜正才主持。市委副书记、市长黄旭峰，市政协党组副书记、副主席雷光键，市政协副主席、残联理事长董新满，市政协副主席阿毅、梁文利、石勇，市政协原副主席王文军参加会议。

4日 全市食品安全暨"双安双创" 工作推进会议召开。会议由市委副书记、市长黄旭峰主持。市委书记傅勇，市人大常委会副主任邓开泉、副市长徐兴勇、市政协副主席石勇参加会议。

5日 傅勇主持召开市委财经委员会2019年第一次会议。市委副书记、市长黄旭峰，市委副书记杨文惠，市委常委、常务副市长熊斌，市委常委、市委办主任杜登全参加会议。

同日 傅勇主持召开全面依法治市委员会第一次会议。市委副书记、市长黄旭峰，市委副书记杨文惠，市委常委、宣传部部长张海卿，市委常委、人武部政委姜超，市委常委、政法委书记李景峰，市委常委、组织部部长胡杰，市委常委、市委办主任杜登全，市人大常委会副主任李亚林，市政协副主席雷光键参加会议。

6日 中共津市市委召开第十二届八次全体（扩大）会议。市委副书记、市长黄旭峰向全会报告上半年经济发展情况；市委书记傅勇代表市委常委会作工作报告。市委副书记杨文惠，市委常委、宣传部长张海卿，市委常委、纪委书记、市监委主任佘斌，市委常委、人武部政委姜超，市委常委、政法委书记李景峰，市委常委、组织部长胡杰，市委常委、统战部长吴拥华，市委常委、市委办主任杜登全及全体在家市领导参加会议。

10日 举行第35个教师节庆祝表彰大会。会议由市委副书记、市长黄旭峰主持。市领导傅勇、杨文惠张海卿、胡湘萍、梁文利参加表彰大会。

11日 举行2019年湖南省“我们的节日·中秋·诗意津城传承文明”文艺晚会。湖南省委宣传部副部长、省文明办主任刘进能，常德市委常委、宣传部部长胡丘陵，津市市委书记傅勇，市委副书记杨文惠，市委常委、宣传部部长张海卿参加活动。

同日 刘进能调研津市新时代文明实践中心建设工作。常德市委常委、宣传部部长胡丘陵，市委副书记杨文惠，市委常委、宣传部部长张海卿参加调研。

12日 全市“不忘初心、牢记使命”主题教育工作会议召开。市委书记、市委主题教育领导小组组长傅勇作动员讲话，常德市委第五巡回指导组副组长周星参加会议并讲话，市委副书记、市长、市委主题教育领导小组副组长黄旭峰主持会议。常德市委第五巡回指导组成员李沛霖，以及全体在家市领导参加会议。

16日 中共津市市委召开“不忘初心、牢记使命”主题教育领导小组第一次会议。会议由市委书记傅勇主持。市委副书记、市长黄旭峰，市委副书记杨文惠，市委常委、宣传部部长张海卿，市委常委、纪委书记佘斌，市委常委、组织部部长胡杰，市委常委、市委办主任杜登全参加会议。

同日 中共津市市委开展“不忘初心、牢记使命”主题教育活动。全体在家市级领导参加。

19日 黄旭峰主持召开市人民政府党组“不忘初心、牢记使命”主题教育工作会议。市领导熊斌、杜强、戴志刚、高见、徐兴勇、陈顺勇，市政府正处级干部张伟莉，市政府副处级干部严东平、电大津市分校原校长温南军参加会议。

20日 傅勇调研全市“不忘初心、牢记使命”主题教育工作。市委常委、宣传部部长、市委主题教育领导小组副组长张海卿，市委常委、组织部部长、市委主题教育领导小组副组长、办公室主任胡杰参加调研。

同日 傅勇调研督导全市国庆安保信访稳定工作。市委常委、政法委书记李景峰，副市长、公安局局长戴志刚参加调研。

23日 市委常委班子“不忘初心 牢记使命”主题教育读书班开班。会议由市委副书记、市长黄旭峰主持。杨文惠、王育平、姜正才、张海卿、佘斌、李景峰、胡杰、吴拥华、杜登全等全体在家市领导参加学习。

同日 市委理论学习中心组(扩大)开展“明初心、守初心、坚定理想信念”交流研讨。市委书记傅勇主持会议，市委副书记、市长黄旭峰作交流发言。全体在家市领导、其他副处级在职领导干部参加会议。

24日 市委常委班子“不忘初心、牢记使命”主题教育读书班（扩大）暨市委理论学习中心组2019年第10次集中学习举行专题辅导报告。市委书记傅勇参加会议，市委副书记、市长黄旭峰主持学习。市领导王育平、姜正才、熊斌、张海卿、佘斌、李景峰、吴拥华、杜登全等全体在家市领导参加学习会议。

同日 市委常委班子“不忘初心、牢记使命”主题教育读书班（扩大）开展“明初心、守初心、坚定理想信念”交流研讨。市委书记傅勇参加学习并讲话。市委副书记杨文惠主持学习。市领导王育平、姜正才、熊斌、张海卿、佘斌、李景峰、吴拥华 、杜登全参加学习。

25日 市委常委班子“不忘初心、牢记使命”主题教育读书班（扩大）暨市委理论学习中心组2019年第10次集中学习开展读书心得分享会。会议由市委常委、组织部长胡杰主持。市委书记傅勇，市委副书记、市长黄旭峰参加会议。市领导杨文惠、王育平、姜正才、熊斌、张海卿、佘斌、吴拥华、杜登全等全体在家市领导参加分享会。

同日 市委常委班子“不忘初心、牢记使命”主题教育读书班（扩大）暨市委理论学习中心组2019年第十次集中学习。会议由市委副书记杨文惠主持。市领导傅勇、黄旭峰、王育平、姜正才等全体在家市领导参加会议。

26日 梁仲到津调研“不忘初心、牢记使命”主题教育和智慧党建工作。市委书记傅勇，市委常委、组织部部长胡杰参加调研。

29日 市委书记傅勇，市委副书记、市长黄旭峰走访慰问离退休老干部，市委常委、市委办主任杜登全，市政府党组成员彭进华参加走访慰问。

30日 举行2019年烈士公祭活动。市委常委、人武部政委姜超主持活动。全体市领导参加活动。

同日 市委副书记、市长黄旭峰召开市政府系统省委巡视整改专题调度会。会议由市委常委、常务副市长熊斌主持。市政府副市长杜强、高见、徐兴勇、陈顺勇参加会议。

同日 市委机关举行国庆升旗仪式，庆祝新中国成立70周年。市委书记傅勇参加仪式并讲话。全体在家市级领导参加仪式。市委常委、市委办主任杜登全主持仪式。

10月

8日 市第十七届人大常委会举行第二十一次会议。市人大常委会主任王育平，市委常委、常务副市长熊斌参加会议。

9日 常德市委副书记、市长曹立军到津专题调研民生实事工作，常德市人民政府副市长龚德汉，市委书记傅勇，市委副书记、市长黄旭峰参加调研。

10日　召开创新引领高质量发展调研座谈会。市委书记傅勇参加会议并讲话。市领导杜登全参加会议。

14日　召开贯彻落实省委第三巡视组反馈意见整改动员大会,市委书记傅勇参加会议并讲话,市委副书记、市长黄旭峰主持会议。市人大常委会主任王育平,市政协主席姜正才,市委常委、纪委书记、市监委主任佘斌,市委常委、政法委书记李景峰,市委常委、组织部部长胡杰,市委常委、统战部部长吴拥华,市委常委、市委办主任杜登全以及全体在家市领导参加会议。

同日　市委书记傅勇主持召开市委理论学习中心组第11次(扩大)暨"不忘初心、牢记使命"主题教育集中学习。市委副书记、市长黄旭峰,市委副书记杨文惠,市人大常委会主任王育平、市政协主席姜正才,市委常委、纪委书记、市监委主任佘斌,市委常委、政法委书记李景峰,市委常委、组织部部长胡杰,市委常委、统战部部长吴拥华及全体在家市领导参加学习。市委常委、市委办主任杜登全传达学习习近平在庆祝中华人民共和国成立70周年大会的重要讲话精神。

15日　市委副书记、市长黄旭峰主持召开2019年度市政府第13次常务会议。市领导熊斌、胡湘萍、杜强、戴志刚、高见、陈顺勇、雷光键以及各相关单位负责人参加会议。

同日　市委书记傅勇为全市党员干部上专题党课,常德市委"不忘初心、牢记使命"主题教育第五巡回指导组成员周智,市委副书记杨文惠,市委常委、宣传部长张海卿,市委常委、纪委书记、市监委主任佘斌,市委常委、组织部长胡杰,市委常委、市委办主任杜登全等全体在家市领导参加学习。

同日　常德市委副书记、市长曹立军到津调研河、湖长制工作开展情况。常德市政府秘书长李正才,市委书记傅勇,市委副书记、市长黄旭峰,市委副书记杨文惠,市委常委、常务副市长熊斌,副市长高见、徐兴勇参加调研。

17日　市委书记傅勇调度园区重点工作。调度会议由市委常委、政法委书记李景峰主持。市委常委、市委办主任杜登全参加会议。

同日　市委常委班子举行"不忘初心、牢记使命"主题教育第二次学习研讨。市委书记傅勇主持学习研讨,市委常委、纪委书记、市监委主任佘斌,市委常委、人武部政委姜超,市委常委、政法委书记李景峰,市委常委、组织部部长胡杰,市委常委,统战部长吴拥华等11位市级领导,围绕"担使命、履职责,矢志为民服务"主题作研讨交流;常德市委第五巡回指导组成员周智,市委副书记、市长黄旭峰,市人大常委会主任王育平,市政协主席姜正才,市委常委、常务副市长熊斌,市委常委、宣传部部长张海卿以及全体在家市领导参加学习研讨。

18日　中联重科车桥产业园扩建项目签约,市委书记傅勇参加签约仪式并致辞;市委副书记、市长黄旭峰与中联重科车桥有限公司总经理彭述东上台签约。市人大常委会主任王育平,市委常委、政法委书记李景峰,市委常委、市委办主任杜登全,副市长高见参加签约仪式。

21日　市委书记傅勇主持召开省委巡视反馈意见整改工作调度会。市委副书记杨文惠,市委常委、纪委书记、市监委主任佘斌,市委常委、组织部部长胡杰,市委常委、市委办主任杜登全参加会议。

同日　黄旭峰调研政务下沉等工作,市委常委、组织部部长胡杰,市政府副市长杜强参加调研。

21日　盐田港集团有限公司来津考察。市委书记傅勇、市委副书记、市长黄旭峰,市人大常委会主任王育平,市政协主席姜正才,市委常委、市委办主任杜登全,市人大常委会副主任李亚林参加会议。

同日　召开市委外事委员会第一次会议。市委书记傅勇,市委副书记、市长黄旭峰,市委常委、宣传部部长张海卿,市委常委、统战部部长吴拥华,市委常委、市委办主任杜登全参加会议。

24日　召开首届津市牛肉米粉文化节调度会。市委副书记、市长黄旭峰,市委副书记杨文惠,市政协主席姜正才,市委常委、市委办主任杜登全,副市长易榕参加会议。

同日　专题轮训村(社区)党组织书记。市委书记、市委主题教育领导小组组长傅勇参会并讲话,市委常委、组织部部长、市委主题教育领导小组副组长、办公室主任胡杰主持开班仪式。

29日　省、常德市、津市市三级人大代表视察调研暨常德市人大代表联组活动在津举行。市委书记傅勇、市委副书记、市长黄旭峰在会上发表讲话。市人大常委会主任王育平、市人大常委会副主任邓惠荣、邓开泉参加活动。

30日　召开国家慢性病综合防控示范区建设工作汇报会。市委副书记、市长黄旭峰发表讲话,市委常委、宣传部部长张海卿、市人大常委会副主任胡湘萍、副市长易榕,市政协副主席梁文利参加会议。

31日　市委常委班子高质量召开对照党章党规找差距专题会。全体常委会组成人员参加会议。

同日　傅勇主持召开市委常委班子"不忘初心、牢记使命"主题教育调研成果交流会。全体常委会组成人员参加会议。

11月

1日　西湖管理区到津考察交流农村人居环境整治工作。市委书记傅勇发表讲话,市委副书记杨文惠,西湖管理区党委副书记、管委会主任刘爱军,西湖管理区党委副书记、管委会副主任徐翔参加考察。

5日　副省长陈文浩调研津市河、湖长制工作。常德市委副书记、市长曹立军,市委书记傅勇,市委副书记、市长黄旭峰,市政府副市长徐兴勇参加调研。

6日　黄旭峰主持召开2019年度市政府第14次常务会议。

同日　市委书记傅勇视察澧水沿江风光带建设工作。市人大常委会主任王育平、市政协主席姜正才、副市长陈顺勇、市领导严东平参加视察。

7日 召开大气污染防治攻坚工作第五次研讨会。市委副书记、市长黄旭峰发表讲话,市委常委、统战部部长吴拥华参加会议。

同日 市委书记傅勇主持召开市委理论学习中心组第12次(扩大)暨"不忘初心、牢记使命"主题教育集中学习会议。全体在家市领导参加会议。

同日 市委书记傅勇主持召开全市年度重点工作推进会。全体在家市领导参加会议。

同日 市委书记傅勇现场调度省委巡视整改工作落实情况。市委常委、纪委书记、市监委主任佘斌参加调度。

8日 常德市委常委、统战部部长陈华率统一战线代表人士到津市开展"看巨变、凝共识、谋发展——开放强市产业立市行"考察调研活动。常德市人大常委会副主任杨新辉,常德市政协副主席陈位明、傅绍平、张叶梅、张力,市委书记傅勇,市委常委、统战部部长吴拥华参加考察调研。

11日 常德市"不忘初心、牢记使命"主题教育先进事迹巡回报告会走进津市。全体在家市领导参加会议。

同日 召开牛肉米粉节组委会第一次组长碰头会。市委副书记杨文惠主持会议。市委常委、市委办主任杜登全,副市长易榕参加会议。

12日 傅勇现场调度重点项目建设情况。市委常委、市委办主任杜登全,副市长高见及市高新区、科技局、嘉山实业等单位负责人参加调度。

同日 举行湖南微生态健康产业园项目签约仪式。市委书记傅勇为签约仪式致辞;市委副书记、市长黄旭峰代表市政府与湖南海路生物科技有限公司签署战略合作协议。市人大常委会主任王育平,市政协主席姜正才,市委常委、常务副市长熊斌,市委常委、政法委书记李景峰,市委常委、统战部部长吴拥华,市委常委、市委办主任杜登全,项目投资人胡文莉参加签约仪式。

同日 市委理论学习中心组第十二次集中学习暨"不忘初心、牢记使命"主题教育第三次学习研讨会召开。全体在家市领导参加学习研讨。

13日 市人大常委会召开对常德市政府工作部门优化经济发展环境工作民主测评会。市人大常委会主任王育平主持会议。市委书记傅勇,市委副书记、市长黄旭峰,副市长易榕以代表身份参加会议。

14日 市委副书记、市长黄旭峰调研津市港二期规划建设工作。市人大常委会主任王育平、市人大常委会副主任李亚林参加调研。

15日 召开第六次大气污染防治攻坚工作研讨会。市委常委、统战部部长吴拥华,副市长陈顺勇及相关部门负责人参加会议。

同日 市委书记傅勇前往新洲镇开展"三走访、三签字"调研。市委常委、市委办主任杜登全,副市长徐兴勇参加调研。

18日 召开脱贫攻坚工作推进会。市委副书记、市长黄旭峰主持,市委书记傅勇发表讲话,市委副书记杨文惠参加会议。

20日 常德市开放强市产业立市流动现场会到津视察。常德市委书记、市人大常委会主任周德睿,常德市委副书记、市长曹立军等常德市全体在家市级领导、各区县(市)党政主要负责人、相关市直部门主要负责人来津视察产业项目建设情况。市委书记傅勇,市委副书记、市长黄旭峰,市委副书记杨文惠,市委常委、常务副市长熊斌,副市长高见参加视察。

22日 中国共产主义青年团津市市第十七次代表大会第一次全体会议召开。会议由市委副书记杨文惠主持。市委书记傅勇发表讲话,市领导姜正才、熊斌、佘斌、李景峰、胡杰、杜登全、黄费武、易榕参加会议。

26日 津市市妇女第十一次代表大会开幕并举行第一次全体会议,市委书记傅勇参加大会并作重要讲话。市领导王育平、姜正才、熊斌、张海卿、佘斌、姜超、李景峰、吴拥华、胡湘萍、易榕、李力参加大会开幕式。

同日 津市市妇女第十一次代表大会闭幕。会议由市委常委、组织部部长胡杰主持。会上,市委副书记杨文惠向大会的召开表示祝贺。市人大常委会副主任黄费武、副市长易榕、市政协副主席石勇参加会议。

同日 市委网络安全和信息化委员会第一次会议召开。傅勇主持召开市委网络安全和信息化委员会第一次会议。市委副书记、市长黄旭峰,市委副书记杨文惠,市委常委、宣传部部长张海卿,市委常委、政法委书记李景峰,市委常委、市委办主任杜登全,副市长、公安局局长戴志刚参加会议。

28日 津市市第十七届人大常委会举行第二十二次会议,会议由市人大常委会副主任黄费武主持。市人大常委会主任王育平,市人大常委会副主任邓惠荣、李亚林、胡湘萍、邓开泉参加会议。市委常委、常务副市长熊斌,市委常委、纪委书记、市监委主任佘斌,副市长、公安局局长戴志刚,副市长陈顺勇,市人民法院、市人民检察院、市政府办等议题相关单位负责人及各镇人大主席、街道人大工作委员会主任、部分市人大代表列席会议。

29日 省委主题教育第七巡回指导组到津调研"不忘初心、牢记使命"主题教育工作。市委书记傅勇,市委常委、组织部部长胡杰参加调研。

12月

3日 大气污染防治攻坚工作第七次研讨会召开。市委副书记、市长黄旭峰主持召开全市大气污染防治攻坚工作第七次研讨会。市委常委、统战部部长吴拥华,市人大常委会副主任邓开泉、副市长高见、徐兴勇、陈顺勇,市政协副主席雷光键参加会议。

5日 市委常委班子召开"不忘初心、牢记使命"主题教育专题民主生活会。常德市委常委、纪委书记、监委主任罗翠林到会指导并点评讲话,常德市委第五巡回指导组组长徐东远,常德市纪委常委、秘书长吴永兴到会指导,会议由市委书记傅勇主持。市委常委会班子成员黄旭峰、杨文惠、熊斌、张海卿、佘斌、姜超、李景峰、胡杰、吴拥华、杜登全参加会议,市人大常委会主任王育平列席会议。

6日 党的十九届四中全会精神常德市委宣讲团报告会来津举行。市委书记傅勇主持会议并作重要讲话。黄旭峰、杨文惠、王育平、姜正才、熊斌、张海卿、佘斌、姜超、李景峰、吴拥华、杜登全等全体在家市级领导参加学习。

同日 市委书记傅勇主持召开优化经济发展环境测评工作会议。黄旭峰、杨文惠、王育平、姜正才、熊斌、张海卿、佘斌、姜超、李景峰、吴拥华、杜登全等全体在家市领导,市优化经济发展环境监督员、市人大代表、市政协委员、市民代表参加会议。

7日 荷兰考察团到津市考察食品、物流行业投资环境。市委副书记、市长黄旭峰,市委常委、常务副市长熊斌,副市长高见参加考察活动。

9日 首届津市牛肉米粉美食文化节新闻发布会在长沙举行,美食文化节系列活动正式拉开帷幕。会上,市委副书记、市长黄旭峰致新闻发布词,湖南广播电视台广播传媒中心党委书记、主任牛嵩峰讲话,市委副书记杨文惠介绍了津市牛肉米粉美食文化节情况。新闻发布会由市委常委、宣传部部长张海卿主持,市委常委、市委办主任杜登全参加发布会。

11日 召开2019年安全生产、信访维稳暨生态环保工作会议。会议由市委常委、常务副市长熊斌主持。市委副书记、市长黄旭峰发表讲话。

12日 召开工业、财税工作调研座谈会,市委书记傅勇参加会议并作重要讲话。市委副书记、市长黄旭峰,市委常委、常务副市长熊斌,市委常委、政法委书记李景峰,市委常委、市委办主任杜登全,市人大常委会副主任胡湘萍参加会议。

同日 科学技术协会召开第六次代表大会。市委副书记杨文惠发表讲话,市委常委、组织部部长胡杰参加会议。

同日 市委副书记、市长黄旭峰主持召开2019年度市政府第15次常务会议。市委常委、常务副市长熊斌,市人大常委会副主任邓开泉,副市长杜强,副市长、公安局局长戴志刚,副市长高见、徐兴勇、易榕以及各相关单位负责人参加会议。

同日 红网来津调研融媒体中心建设。市委常委、宣传部长张海卿汇报了全市"学习强国"学习平台使用情况、融媒体中心建设及新时代文明实践中心建设试点工作情况。市委书记傅勇在会上发表讲话。

13日 市委书记傅勇主持召开民生工作调研座谈会。市委副书记、市长黄旭峰,市委副书记杨文惠,市委常委、政法委书记李景峰,副市长杜强,副市长、公安局局长戴志刚,副市长易榕参加会议。

13日 市委书记傅勇主持召开党群工作调研座谈会。市委副书记杨文惠,市委常委、宣传部部长张海卿,市委常委、政法委书记李景峰,市委常委、组织部部长胡杰,市委常委、统战部部长吴拥华,市委常委、市委办主任杜登全参加会议。

16日 常德市人民政府来津征求《政府工作报告》意见。市委书记傅勇,市委副书记、市长黄旭峰,市人大常委会主任王育平、市政协主席姜正才参加座谈会。

17日 召开农业农村工作调研座谈会,市委书记傅勇主持会议并讲话。市委副书记、市长黄旭峰,市委副书记杨文惠,副市长徐兴勇参加会议。

18日 黄旭峰主持召开2019年度市政府第16次常务会议。市委常委、常务副市长熊斌,市人大常委会副主任邓惠荣,副市长、公安局局长戴志刚,副市长徐兴勇、易榕,市政协副主席石勇,市领导张伟莉及各相关单位负责人参加会议。

同日 市政协委员视察"一件事一次办"改革工作情况。市委副书记、市长黄旭峰,市政协主席姜正才参加会议。市政协副主席雷光键、董新满、梁文利、石勇,市领导王文军参加会议。

19日 津市市第十七届人大常委会举行第二十三次会议。会议由市人大常委会副主任李亚林主持。市人大常委会主任王育平,副主任邓惠荣、黄费武、胡湘萍、邓开泉参加会议。市委常委、常务副市长熊斌,副市长陈顺勇,市监察委、市人民法院、市人民检察院、市政府办等议题相关单位负责人、镇街人大负责人列席会议。

20日 首届津市牛肉米粉美食文化节举行跨界峰会。全国各地企业家代表,杨文惠、王育平、姜正才、张海卿、李景峰、杜登全、胡湘萍、易榕等全体在家市领导参加峰会。

同日 首届津市牛肉米粉美食文化节开幕式暨文艺演出在市五环时代体育中心举行。市委副书记杨文惠为开幕式致辞;市委常委、常务副市长熊斌代表市政府分别与中通集团、中国食品工业协会签订战略合作协议;中国食品工业协会综合部副主任潘韧宣读授予津市为"中国牛肉米粉之乡"授牌文件,中国食品工业协会副秘书长徐坚为我市授予"中国牛肉米粉之乡"牌匾;常德市政府副市长龚德汉、市委副书记杨文惠、市人大常委会主任王育平、市政协主席姜正才、副市长易榕先后为津市首批50家牛肉米粉星级门店授牌;常德市委副书记朱水平宣布首届津市牛肉米粉美食文化节开幕。省商务厅副巡视员甘学良、省商务厅服贸处处长马宏平,张海卿、佘斌、姜超、李景峰、胡杰、吴拥华、杜登全等全体在家市领导参加开幕式。

21日 3988碗津市牛肉米粉成功挑战吉尼斯世界纪录。津市市委常委、市委办主任杜登全宣布千人嗦粉活动正式开始,市委副书记杨文惠参加活动。

24日 津市代表团赴常德参加七届人大四次会议。津市代表团召开全团会议。常德市委常委、组织部部长梁仲,常德市人大常委会副主任戴君耀,津市市委书记傅勇,津市市委副书记、市长黄旭峰,津市市人大常委会主任王育平等代表参加会议。会议由代表团副团长、津市市人大常委会副主任邓惠荣主持。

26日 津市代表团集中审议常德市人民政府工作报告。会议由津市代表团团长、市人大常委会主任王育平主持。常德市人大常委会副主任戴君耀,常德市人民政府副市长尹正锡,津市市委书记傅勇,津市市委副书记、市长黄旭峰,津市市人大常委会副主任邓惠荣参加分团讨论。

27 日　举行微生态健康调控与益生制品创新论坛！论坛开始前，津市市委书记傅勇看望参加论坛的代表，津市市委副书记、市长黄旭峰致辞。津市市委常委、市委办主任杜登全参加论坛。

30 日　四大家调研市城市建设工作。市委书记傅勇，市委副书记、市长黄旭峰，市人大常委会主任王育平，市政协主席姜正才调研市城建工作并召开调研座谈会。市委常委、统战部部长吴拥华，副市长陈顺勇，市政协副主席雷光键参加调研。

31 日　召开镇（街）党政正职座谈会。会议由市委书记傅勇主持。市委副书记、市长黄旭峰参加会议并讲话。市委副书记杨文惠，市委常委、市委办主任杜登全参加会议。

基本市情

【位置、面积】津市市位于常德市北部（常德市位于湖南省北部），地处澧水尾闾，洞庭湖西缘。北纬 29° 16′ 30″～29° 39′ 46″，东经 111° 45′ 59″～112° 1′ 40″。境南接常德鼎城区，界长 28.8 公里；西北、东北与澧县澧阳区、红湖区、梦溪区抵界，界长 80 千米，境东与安乡珊湖毗邻，界长 9.6 千米，境西与临澧烽火、柏枝乡接壤，界长 41.6 千米。全市面积 550.79 平方千米，其中澧水北 45.22 平方千米，澧水南 505.57 平方千米。在常德市 9 个县、市、区中，幅员居第 8 位。

【行政区划】2019 年，津市辖 5 个街道（三洲驿、汪家桥、襄阳街、金鱼岭、嘉山）4 个镇（新洲、毛里湖、药山、白衣）。

新洲镇辖青山裕、车胤、九堰、长岭岗、荷花堰、黄林堰、同兴、鹿山、杨家、龙山、汉泗、复兴、兴隆、李家、马家 16 个建制村，嘉山、万寿宫、孟姜女、五泉 4 个社区居委会，总面积 86.12 平方千米。镇人民政府驻万寿宫社区（原新洲镇人民政府驻地）。

毛里湖镇辖花桥、田家山、澧赋、七星、民兴、中心、青苗、荣台、大山、中南、长寿、川门、樟树、庙基、土桥、箭楼、利兴、灯塔、万家、同乐、双堰岗、梁家坪、清泉、双坪 24 个建制村，河口、龟山、大桥、官堰 4 个社区居委会，总面积 107.82 平方千米。镇人民政府驻河口社区（原保河堤镇人民政府驻地）。

药山镇辖新湖、新民、民主、茶场、新福、新合、三合、李阳、天鹅、双合、金盆、发瑞、枫树、岳山、奇龙、西湖、临东、黄金、双门、官堰、联合、礼安、新华、白云山 24 个建制村，文昌阁、界福、棠华铺、三叉路 4 个社区居委会，总面积 134.31 平方千米。镇人民政府驻文昌阁社区（原渡口镇人民政府驻地）。

白衣镇辖蒲山、金泉、天门、金坪、红光、荷花、会云、钟灵、建国、双马、柏林、永兴、金星、长安、金林 15 个行政村及白衣庵、石板滩 2 个社区居委会。

三洲驿街道辖三洲街、蔡家河、城隍庙、后湖、桥北、柏枝林、护市 7 个社区居委会。

汪家桥街道辖新村、汪家桥、油榨坊、城东、澹津 5 个社区居委会。

襄阳街街道辖襄阳街、汤家湖、古大同、荷花、澧阳、阳由、盐矿 7 个社区居民委员会。

金鱼岭街道辖燕子窝、文家湾、湖桥、丝绸、大关山 5 个社区居委会。

嘉山街道辖杉堰、戚关、团湖、明道 4 个社区居委会，总面积 21 平方千米。办事处驻明道社区（津市市龙岗路 1 号）。

【人口】2019 年年末居民总户数 94472 户，总户籍人口 232046 人，其中，城镇人口 123429 人，乡村人口 108617 人。按性别分，男性人口 117852 人，女性人口 114194 人。按年龄分，0~17 岁 31851 人，18~34 岁 43388 人，35~59 岁 97145 人，60 岁及以上 59662 人。全年出生人口 1621 人，下降 11.3%；全年死亡人口 981 人，下降 17.5%。

水　文

【概况】津市市位于洞庭湖水系澧水下游和西洞庭湖区，境内河网密布，水资源充沛，水能资源较为丰富。澧水横穿市区，境内还有涔澹撇洪河流入。澧水又称九澧，位于湖南西北部。干流及主要支流皆自西北流向东南。澧水源头在桑植县南岔以上，分北、中、南三源，北源出自湖南省桑植县八大公山杉木界，中源为主源，出自湘鄂边界的八大公山东麓，名绿河，南源出自湖南省永顺县万祜山，名上峒河。三源在南岔汇合后往南经桑植、永顺，再向东流，在永定境内纳茅溪，经慈利纳溇水，至石门纳渫水，经临澧至澧县纳道水、涔水，流至津市小渡口注入洞庭湖。澧水干流全长 390 千米，流域面积 18496 平方千米（湖南境内 15505 平方千米），多年平均径流量 131.2 亿立方米。流域内共有一级支流 74 条，上游的主要支流有南岔河、郁水、茅溪、狮头溪、九渡溪（又名九都溪）、溇水（又名后江）、零溪河，中下游主要有渫水、道水、澹水、涔水等。

松滋河源于长江松滋口，主干分东西两支，其中西支在湖南境内歧出一支，称中支。松滋西支经毛家汊至濠口注入七里湖与澧水交汇，西支全长 113 千米（青龙窖至濠口又称官垸河，长 27 千米）。松滋中支从三汊脑起，至小望角与松滋东支汇合，中支全长 38 千米。松滋东支全长 162 千米，其中湖南境内长 80 千米，从甘家厂至小望角长 44 千米，又名大湖口河；小望角至小河口长 17 千米，又称安乡河；小河口以下 19 千米称松虎洪道。

虎渡河源于长江太平口，全长 110.7 千米，不流经津市市。

藕池河源于长江藕池口，共分 3 支，东支全长 106 千米，不流经津市市。中支自东支黄金岔岐出，经南鼎垸的陆家岭分成东西两河入南县境内，至下柴市与西支汇合，长 54.2 千米，安乡境内 42.7 千米。藕池河西支以称官当河，自康家岗分流，在下柴市与中支汇合，从茅草街注入西洞庭湖。

马家吉又称冲柳低水，流域分三大部分：一部分为马家河，发源于北部太阳山及白云山山区，自东北流向西南，从冲天湖至马家吉电排流入沅江，该流域地势北高南低，较为平缓。北面经冲柳闸和伍家拐闸与冲柳高水相连，西面经新河口闸与柳叶湖、沾天湖相连，北面与冲天湖、土硝湖相连。总河长 41.15 千米，流域面积 604.58 平方千米。

冲柳高水流域位于常德市城区东郊，发源于北部太阳山及白云山山区，主要流经常德市鼎城区冲柳垸、民主阳城垸和八官崇孝垸，1975 年冲柳围垸撇洪工程竣工，高水河由北方山区降水南流汇聚，从苏家吉排入沅水，高水河长 55.4 千米，两岸堤长 142 千米，流域面积 257.51 平方千米。

涔水属澧水支流，发源于石门县黑天坑，流经刘家湾、莲花堰、王家厂、大堰垱、梦溪、涔南、永丰，在津市中渡口注入澧水。河流长度 114 千米，流域面积 1525.75 平方千米。

道水系澧水一级支流，属九澧之一。道水有南北二支，南支发源于慈利五雷山麓，北源多系溪涧组合，发源于慈利苗市桃树垭东麓，全长 102 千米，集水面积 1362.8 平方千米。在津市白龙潭上游注入澧水。

津市有水文观测站 2 个、8 个水位观测点，雨量站点 10 个。市水文局已经建成较为完善的雨水情自动测报系统，站网基本实现到乡镇一级的全覆盖，为全市防洪减灾工作提供了及时准确的情报。常德市水环境监测分中心的监测断面覆盖全市主要水功能区、大中型水库，小(一)型水库、部分小(二)型水库（农村安全饮水工程水源）和 1 万亩以上大型湖泊，为全市水环境保护和农村安全饮水工程水源保护工作提供准确可靠的水质监测数据。

【水情】2019 年，澧水津市站最高水位：37.43 米，发生于 6 月 23 日；澧水津市站最低水位：29.08 米，发生于 12 月 28 日。澧水津市站全年平均水位：31.75 米。澧水最大流量：3470 立方米 / 秒，最小流量：38.3立方米 / 秒，全年平均流量：326 立方米 / 秒，径流量：102.7108 立方米。2019 年汛期，全市主要江河湖库及中小河流均未发生超警戒水位的洪水过程。主要洪水过程如下：澧水受降雨偏少及上游水库调蓄影响，澧水未发生超警戒水位的洪水。控制站石门站 6 月 22 日出现 2019 年以来最高水位 54.79 米，流量 3450 立方米 / 秒，低于警戒水位 3.71 米。受强降雨及上游来水影响，2019 年 5 月 25 日 20 时 50 分，常德水文局对澧水一级支流渫水石门县雁池河段发布涨幅为 3.5 米的洪水蓝色预警，切实保障下游人民群众的生命财产安全。

【旱情】2019 年 8 月 26 日，受 2019 年第 11 号台风“白鹿”减弱的低气压和冷空气共同影响，发生一次较强降水之后，津市市进入晴热少雨的天气模式，9 月 1 日 8 时至 13 日 8 时，津市累计降雨仅有 15.5 毫米，比历年同期偏少 67.18%，除澧水流域石门县西北部和东南部、澧县西北部、临澧县有局部短时强对流降雨过程外，其他区域均无有效降雨，其中津市市连续 15 天无降雨，出现轻到中度水文干旱。受晴热少雨的天气和上游来水偏少影响，澧水干流水位持续走低，均处于低水位运行，澧水干流及部分中小河流流量逼近河道生态流量。（见表 1）

表 1　**2019 年澧水流域汛期各控制站最高水位统计表**

河名	站名	最高水位（米）	发生时间（月、日）	相应流量（立方米 / 秒）	警戒水位（米）	超警戒水位（米）	历年最高（米）	发生时间（年、月、日）
渫水澧水	杨溪桥	88.41	6 月 22 日	/	89.00	/	90.82	1996-7-12
	雁池	137.91	6 月 21 日	1850	/	/	143.88	2011-6-18
	皂市	78.17	6 月 23 日	860	/	/	81.59	2012-6-27
	石门	54.79	6 月 22 日	3450	58.50	/	62.66	1998-7-23
	合口	43.81	6 月 22 日	/	48.50	/	48.02	2016-6-28
道水湖区	澧县	37.75	6 月 22 日	/	43.50	/	43.21	2016-6-29
	津市	37.43	6 月 23 日	/	41.00	/	45.02	2003-7-11
	临澧	45.25	6 月 22 日	202	47.30	/	47.87	2012-7-18
	石龟山	35.66	6 月 25 日	2520	38.50	/	41.89	1998-7-24

气　象

【概况】2019 年平均气温 17.5℃，较历年平均值高 0.6℃；年极端最高气温 39.4℃(8 月 16 日)，年极端最低气温 -3.5℃(1 月 1 日)。降水：年降水总量 1025.8 毫米，较历年平均值少 256.4 毫米，全年≥0.1 毫米的降水日数有 130 天，≥50.0 毫米的降水日数有 4 天，年一日最大降水量 134.3 毫米（5 月 25 日）。日照：年日照总时数 1497.2 小时，较历年平均值少 100.2 小时，年日照百分率 34%。

2 月 6~8 日 48 小时内气温降幅为 6.5℃，达到中等强度冷空气标准。9~11 日连续冰冻日数 3 天，按湖南省地方标准达到轻度冰冻。3 月 20~22 日 48 小时内气温降幅为 6.4℃，达到中等强度冷空气标准。4 月 8~10 日 48 小时内气温降幅为 7.7℃，达到中等强度冷空气标准；25~27 日 48 小时内气温降幅为 8.1℃，达到较强冷空气标准。7 月 21~31 日连续 11 天日最高气温≥35℃，达到中度高温热害标准。8 月全月日最高气温≥35℃的高温天气有 17 天，其中 11~21 日连续 11 天日最高气温≥35℃，达到中度高温热害标准。10 月 4~6 日 48 小时内气温降幅为 6.7℃，达到中等强度冷空气标准。11 月 16~18 日 48 小时内气温降幅为 7.9℃，达到中等强冷空气标准。23~25 日 48 小时内气温降幅为 10.4℃，最低气温 3.8℃，达到寒潮标准。12 月 25~27 日 48 小时内气温降幅为 7.2℃，达到中等强度冷空气标准。

2019 年气温正常，降水偏少，日照偏少。综观全年气候，年内出现强冷空气、连阴雨和暴雨洪涝、干旱、雾霾等灾害性天气，给工农业生产及人体健康等造成一定程度的不利影响。

【降雨】2019 年，全年降雨：993.4 毫米，降雨 122 天，日最大降雨量：61.0 毫米发生在 6 月 16 日，全年降雨主要集中在 3~8 月 740.5 毫米占全年 74.5％。2019 年，津市市区(水利局雨量站录)年降雨量为 988.4 毫米，汛期中的降雨量及有效降雨天数分别为：4 月为 68.3 毫米，有效降雨天数 9 天；5 月为 147.3 毫米，有效降雨天数 10 天；6 月为 288 毫米，有效降雨天数 8 天；7 月为 69.9 毫米，有效降雨天数 3 天；8 月为 25.2 毫米，有效降雨天数 3 天；9 月为 10.8 毫米，有效降雨天数 1 天，汛期总降雨量为 598.7 毫米，占整个降雨量的 60.5%。

【气温】2019 年津市年平均气温 17.6℃，较常年偏高 0.6℃，属偏高范畴，为 1961 年以来第九高值。与常年同期比，全年冷暖对比加剧，除 1~2 月和 5 月偏低外，其余各月均偏高，其中 8 月和 9 月分别偏高 2.0℃和 2.2℃，分别居 1961 年以来第二和第一高值，2 月全市平均气温居 1961 年以来第七低值。秋季气温均位居 1961 年以来第二高值。年内无严寒期，全年日极端最低气温 -3.7℃(1 月 1 日)；年内出现两段高温期，分别出现在 7 月 20 日 ~8 月 6 日和 8 月 11~25 日，第一段持续 11~18 天。日极端最高气温 39.8℃(8 月 17 日)，年内全市平均高温日数 37.4 天，居 1961 年来第四高位。

【日照】2019 年全市年平均日照时数 1429.2 小时，较常年偏少 10.1%，属偏少范畴，较上年偏少 9.5%，居 1961 年以来第六低值。全年总日照时数 1504.1 小时。日照正常。从全市逐月平均日照时数分布来看，1~2 月和 5 月偏少明显(其中 1 月、2 月均突破 1961 年有记录以来历史同期最低值，5 月居 1961 年以来第九低值)，9 月偏多明显，居 1961 年以来第五高值，其他月份基本正常。上述情况直接导致全年日照时数，居 1961 年以来第六低值，尤其冬季全市平均日照时数创 1961 年以来历史新低。

【大雾】2019 年全市大雾平均日数 43.7 天，较常年偏多 23.5 天。全年平均霾日 48.0 天，较常年偏多 35.1 天。大雾和霾日数均呈现增多的趋势。

【最湿冷冬季】2018/2019 年冬季，平均气温较常年偏低 1.1℃，为近 20 年来并列第 2 低；降水量为近 20 年第 3 高，降水日数较常年同期偏多 14.4 天，创 1961 年以来历史新高；日照不足，创 1961 年以来历史新低。给合考虑气温、总雨量、总雨日和日照时数，构建冷湿指数，结果显示 2018/2019 年为近 20 年以来最冷湿的冬季。

季内出现三次影响较大的低温雨雪天气过程，分别是 2018 年 12 月 27 日 ~2019 年 1 月 1 日，2019 年 2 月 8~10 日和 17~18 日。后两次过程均以雨夹雪为主，高寒山区冰冻明显，影响明显小于年初。

2018 年 12 月 27 日 ~2019 年 1 月 1 日，出现大范围低温雨雪天气过程，积雪持续至 1 月 3 日。其中 1 月 29 日晚至 30 日。因雪量大、积雪厚，造成农业大棚、藤架倒塌较多，蔬菜、油菜受灾较重。因低温冷冻灾害，造成部分自来水水表结冰或冻裂，短暂中断供水，用电负荷加重，部分乡镇、城区短时停电。同时部分路面、桥段结冰，高速公路短时关闭，致出行受阻。乡村的积雪融化速度很慢，对交通出行影响时间长于城区。此次雨雪低温冷冻造成全市乡镇出现灾情。

【春秋频繁冷空气】春季强冷空气主要有 3 次，出现在 3 月 21~24 日、4 月 8~10 日和 4 月 25~27 日。3 月 21~24 日，部分地方受强冷空气影响，24 小时内全市日最高气温下降 14℃，最低气温下降 10℃。

4 月上旬和下旬各遭遇 1 次强冷空气影响，4 月 8~10 日 48 小时内全市平均最低气温下降 15℃，4 月 25~27 日 48 小时内全市平均最低气温下降 10℃，两次过程全市平均风力增至 4~5 级，阵风 8 级左右。

秋季强冷空气主要有 4 次，出现 10 月 5~6 日、11 月 12~14 日、17~18 日、24~26 日。11 月 24~26 日冷空气强度最强，24 小时内全市大部达到寒潮标准，并出现大风和降雨天气。

【5 月低温】2019 年“五月低温”范围广，持续时间长。5 月 1~16 日，全市平均气温 19.1℃，较常年偏低 2.5℃，较上年偏低 4.0℃，位居 1991 年以来历史同期第 3 低，仅高于 2002 年（18.1℃)和

1991年(17.2℃)。5月5~9日、12~16日全市大部分地方日平均气温连续5天低于20℃,出现“五月低温”,导致双季稻分蘖变缓,一季稻生长迟缓。此外,油菜壮籽、成熟受到影响。

【夏季高温热浪】2019年7月20日~8月6日和8月11日~25日出现2段高温热浪,过程日极端最高气温39.8℃(8月17日),8月26日受第11号台风“白鹿”影响,高温天气结束。第一阶段,全市均达到中度高温热害标准（连续11~15天日最高气温≥35℃)以上等级。第二阶段，全市达中度高温热害标准。全市高温持续时间达到极端高温事件标准。

【夏秋持续干旱】夏秋季节干旱有三阶段。第一阶段为7月下旬至8月底:7月20日开始全市进入晴热高温少雨阶段,7月下旬初干旱露头,8月降水持续偏少,土壤缺墒严重,干旱最突出,8月底受台风及冷空气影响略有缓解;第二阶段为9月上中旬：进入9月后，受新一轮高温天气及持续降水偏少影响,干旱再度发展,9月中旬受冷空气影响出现小幅降温降雨,干旱出现短暂缓解;第三阶段为9月下旬至11中旬:11月下旬受到冷空气影响,干旱得到彻底解除。按综合气象干旱指数CI评估,第一阶段,达中旱标准。此轮过程共造成乡镇(街道)出现不同程度旱灾。第二阶段,据气象干旱监测结果显示,达到中旱标准,此轮高温天气也造成澧水流域部分水库低于正常蓄水。

环境质量

【大气环境质量状况】2019年城区空气质量优良天数314天，优良率86%，比上年下降1.4%;PM2.5年均浓度41μg/m³，比上年下降1%;PM10年均浓度66μg/m³,比上年下降1.8%。全省考核空气质量的90个县市中，津市综合排名第76位；全常德市考核的7个县市中,津市综合排名第5位。

【水环境质量状况】市域内省控及以上4个考核断面年均水质达标率为100%,其中国控及“水十条”考核断面窑坡渡水质年均达到Ⅱ类,国控考核断面西毛里湖湖心水质达到Ⅲ类及以上;省控考核断面宋家渡、白龙潭水质均达到Ⅲ类及以上。县乡集中式饮用水水源地水质达标率100%，其中县级饮用水水源地白龙潭水质达到Ⅱ类,农村“千吨万人”饮用水水源地谢家堰水质达到Ⅲ类及以上。

【土壤环境质量状况】津市国控土壤环境质量监测点位数据未超过国家标准筛选值，与上年监测数据比较,污染程度未加重。全市受污染耕地安全利用率达到93%;污染地块安全利用率达到95%。（王小虹）

2019年津市市国民经济和社会发展统计公报

津市市统计局

（2020年2月28日）

2019年，全市上下坚持以习近平新时代中国特色社会主义思想为指导,坚持稳中求进的工作总基调,认真贯彻落实中央、省、市决策部署,深入推进工业立市、产业兴城战略,全市经济社会发展稳中有进、稳中向好。

一、综合

初步核算,全年地区生产总值171.5亿元,增长8.0%。其中,第一产业增加值21.5亿元,增长2.3%;第二产业增加值72.3亿元,增长8.8%;第三产业增加值77.7亿元,增长8.9%。按常住人口计算,人均地区生产总值为66251元,增长9.2%。

全市三次产业结构由上年的11.7∶45.7∶42.6调整为12.5∶42.2∶45.3。工业增加值占地区生产总值比重为37.1%,高新技术产业增加值占地区生产总值比重为16.4%。二、三产业占地区生产总值比重比上年下降0.8个百分点。一、二、三产业对经济增长的贡献率分别为4.3%、50.4%和45.3%，分别拉动经济增长0.4个、4.0个和3.6个百分点。

认真落实省市重点民生实事任务。全年共完成省重点民生实事任务12项。新增就业人数4808人;自然村通水泥(沥青)路78千米;提质改造农村公路16.05千米;减少义务教育大班额7个;农村适龄妇女“两癌”免费检查3691人;孕产妇产前免费筛查953人；提高农村低保标准和救助水平达到4200元/年和292元/月;提高困难残疾人生活补贴和重度残疾人护理补贴发放标准均达到780元/年；改（新）建农村户用厕所10000户;推行一村一辅警51人;新增500户直播卫星用户;新建1个行政村4G基站。全面完成常德市重点民生实事任务。新建教师周转房30套,新建和改扩建学生食堂2500平方米,建设普惠性幼儿园3所;改造农村危桥4座;完成农村交通事故易发多发点改造整治12处；施工噪音扰民投诉处理率100%,处理结果反馈率100%;出租车车容车貌完好率95%以上,乘客有效投诉率小于万分之一点五,出租车驾驶员培训率100%;发证食品生产加工小作坊监管覆盖率100%,从业者食品安全必备知识知晓率100%,符合条件的许可率100%,建立监管档案率100%,小餐饮“明厨亮灶”完成190家,食品摊贩经营行为规范落实率达100%;完成老旧小区改造1个;完成生活垃圾卫生填埋场提质改造1个；完成城镇规划编制2个,完成农村村庄规划编制22个。

实施乡村振兴战略,发展现代产业,改善人居环境。完成

"1+1+7"乡村振兴规划体系。农业产业发展稳步推进,全市国家及省级农产品加工龙头企业3家,农民专业合作社235个,专业大户480个,高标准农田建设面积17.9万亩,三品一标农产品认证24个,现代农业产业园区1个。完成"退养转产"面积1.22万亩,转产率100%。落实农业产业发展扶持资金400万元。全面推进了村庄清洁行动,转运村庄垃圾2.5万吨,清理美化道路494千米,整治农村庭院4700户,清除违章建筑230处,清理沟渠154千米、堰塘210口;打造绿色庭院5700余户,整治沿线沟渠35千米。

二、农业

全年完成农林牧渔业总产值40.9亿元,增长2.5%。全年实现农林牧渔业增加值23.5亿元,增长2.7%。

农作物播种面积69.93万亩,其中粮食作物播种面积36.78万亩,经济作物播种面积33.15万亩,增长4.0%。

表1　　津市市2019年主要农产品产量统计表

产品名称	计量单位	产量	比上年增长%
粮食	吨	138875	-4.7
其中:稻谷	吨	134509	-4.9
玉米	吨	203	-1.0
豆类	吨	754	3.0
薯类	吨	1287	2.4
油料	吨	30147	0.0
其中:油菜籽	吨	28453	0.0
棉花	吨	3421	-4.8
蔬菜	吨	92584	23.0
水果	吨	28565	3.5
其中:柑橘	吨	19449	3.0
茶叶	吨	131	1.6

全年完成养殖业产值18.1亿元,占农业总产值的52.7%;水产品产量25677吨,增长4.3%。

表2　　津市市2019年主要家禽及牲畜产量统计表

名称	2019年产量	比上年增减%
牲猪全年出栏(万头)	32.3	-24.0
出栏牛(万头)	0.38	2.7
出栏羊(万只)	2.52	0.8
出笼家禽(万羽)	230	2.2

年末拥有农业机械32156台,比上年增加297台;总动力20.19万千瓦,比上年增加0.27万千瓦。年末实有耕地面积32.84万亩。其中,水田18.81万亩,水浇地0.24万亩,旱地13.79万亩,常用耕地面积31.64万亩。农村用电量2703万千瓦时,下降1.1%。农用化肥施用量5.42万吨,下降2.2%。全年开工各类水利工程　610处,水利工程投入资金21328万元,水利工程完成土石方650万立方米,新增和恢复农田灌溉面积1.26万亩。

三、工业和建筑业

全年完成工业增加值比上年增长9.6%。其中,规模以上工业企业增加值增长9.8%。园区规模以上工业增加值增长10.0%。

表3　　津市市2019年主要工业产品产量统计表

产品名称	2019年产量	比上年增长(%)
精制盐(万吨)	84.8	-3.6
水　泥(万吨)	122.1	-7.8
车　桥(万根)	19.8	8.3
纱(万吨)	7.7	11.6
饲　料(万标吨)	32.6	0.8
化学药品原药(吨)	1181	26.7

全年建筑业增加值8.8亿元,增长0.8%。资质以上建筑业5家,完成建筑业产值8.3亿元,增长12.3%。

四、固定资产投资

全市完成固定资产投资比上年增长6.2%。按产业分,第一产业完成投资下降56.7%;第二产业完成投资下降21.5%;第三产业完成投资增长36.7%。按投资方向分,工业投资下降16.7%;高新技术产业投资下降8.3%;房地产开发投资增长41.7%;基础设施投资增长34.4%。按经济类型分,国有投资增长18.7%,非国有投资下降2.2%。

全年房屋施工面积87.5万平方米,增长35.7%。房屋竣工面积1.6万平方米,下降80.5%。房屋销售面积12.3万平方米,下降18.5%。

五、国内贸易、物价

全年完成社会消费品零售总额81.6亿元,增长10.6%。城镇市场实现消费品零售额67.3亿元,增长11.8%,占社会消费品零售总额比重为82.5%,乡村社会消费品零售额14.3亿元,增长5.5%。51家限上企业完成营业收入26.6亿元,增长9.2%。

物价总体平稳,居民消费价格指数、商品零售价格指数均为102.6%。

六、交通运输、邮电和旅游业

全年完成交通运输邮电仓储业增加值9.0亿元,增长6.2%。全社会运输单位完成货运量520万吨,货物周转量95614万吨千米。全年客运量342万人,增长2.0%,旅客周转量11437万人千米,增长2.0%。境内公路全程总长535.72千米。其中,高速公路12.05千米,国道4.76千米,省道106.58千米,县道27.60千米,乡道168.6千米,专用公路1.69千米,村道214.44千米。全市年末汽车保有量20440辆,增长11.0%。本年新注册民用汽车5415辆,增长57.3%。

全年完成邮电业务总量1.8亿元,下降6.7%。其中,邮政业务总量0.53亿元,下降3.6%;电信业务总量1.27亿元,下降

17.5%；年末移动电话用户 20.63 万户，下降 3.3%；宽带网用户 7.63 万户，增长 12.5%。

全年完成旅游总收入 20.8 亿元，增长 28.9%。国内旅游人数 240.5 万人次，增长 31.7%。境外入境人数 33 人次。年末拥有国家旅游等级区（点）2 家，星级宾馆 1 家，旅行社 3 家。

七、招商引资和对外贸易

全年共签约新项目 26 个。其中新批外商投资项目 1 个。引进省外境内资金 45.4 亿元，增长 18.9%。

全年完成进出口总额 10555 万美元，增长 29.2%。其中，出口 10546 万美元，增长 29.1%；进口 9 万美元。

八、财政、金融和保险

全年完成财政总收入 8.25 亿元，增长 4.9%。其中地方财政收入 4.86 亿元，增长 12.5%；公共财政预算支出 26.5 亿元，增长 10.7%。税务局完成各项税收入库 7.11 亿元，增长 2.1%。

年末金融机构各项存款余额 138.2 亿元，下降 8.3%。其中，非金融企业存款余额 15.0 亿元，下降 51.4%，住户存款余额 101.0 亿元，增长 11.6%。金融机构各项贷款余额 53.6 亿元，增长 1.7%。全年各项保费收入 1.8 亿元，下降 0.7%。

九、教育和科学技术

年末全市拥有各类学校 33 所，在校学生 15734 人，招生 3780 人，毕业学生 3610 人。其中：中等职业学校 3 所，在校学生 664 人，下降 15.2%；普通高中 2 所，在校学生 2401 人，下降 1.7%；初中学校 9 所，在校学生 3720 人，增长 2.8%；普通小学 18 所，在校学生 8811 人，下降 2.3%；特殊教育学校 1 所，在校学生 138 人，增长 2.2%。小学适龄儿童入学率 100%。幼儿园在园幼儿 4762 人，下降 1.0%。各类民办教育机构 56 个，在校学生 6604 人，增长 8.2%。义务教育阶段合格学校建设 28 所。落实义务教育保障资金 1405 万元，发放中职国家助学金 15.3 万元，中职国家助学金资助中职学生 153 人次。

年末拥有高新技术企业 18 家，省级工程技术研究中心 9 个。专利申请 177 件，其中发明专利 93 件。授权专利 122 件，其中发明专利 12 件。全年技术合同成交金额 0.9 亿元，增长 2.8%。

十、文化、卫生和体育

全年拥有艺术表演团体 1 个，群众文化馆 1 个，公共图书馆 1 个，博物馆 1 个，国家级非物质文化遗产保护名录 1 个，省级非物质文化遗产保护名录 1 个。

群众体育活动进一步普及，经常参加体育锻炼人数 19.0 万人，年内开展全民健身项目 24 项次。城乡公共体育基础设施不断完善，全末拥有体育场地 95 个，其中运动场 14 个，游泳池 2 个，各种训练房 23 个。

年末拥有医疗卫生机构总计 228 个。其中，医院、卫生院 13 家，妇幼保健院 1 家，专科疾病防治院 1 家，疾病预防控制中心（防疫站）2 个，卫生监督所（中心）1 个，社区卫生服务中心（站）14 个，诊所、卫生所、医务室 74 个，村卫生室 122 个。全市卫生技术人员 2126 人。其中，执业医师和执业助理医师 596 人，注册护士 823 人；其中乡镇卫生院卫生技术人员 211 人，疾病预防控制中心（防疫站）卫生技术人员 37 人。医疗卫生机构共有床位 1376 张，其中乡镇卫生院拥有床位 274 张。

十一、资源环境和安全生产

全市森林覆盖率 19.9%，比上年提高 0.2 个百分点，全年完成造林面积 739 公顷，下降 57.4%。年平均降水量 986 毫米，下降 21.9%。

全年规模以上工业企业能源消费量 18.82 万吨标准煤，下降 2.9%，单位规模工业增加值能耗下降率 6.3%。持续开展大气污染防治，市城区空气质量达标率达 86.0%。

安全生产形势稳定，全年发生各类生产经营性安全事故 1 起，各类生产经营性安全事故死亡 1 人。亿元 GDP 生产安全事故死亡率为 0.6%。

十二、人口、居民生活与社会保障

全市年末居民总户数 94472 户，总户籍人口 232046 人。全年出生人口 1621 人，下降 11.3%；全年死亡人口 981 人，下降 17.5%。

2019 年全体居民人均可支配收入 28998 元，增长 9.0%。其中，城镇居民可支配收入 35799 元，增长 8.3%；农村居民人均可支配收入 16848 元，增长 8.9%。城乡居民人均消费支出 23204 元，增长 10.1%。其中，城镇居民人均消费支出 26839 元，增长 10.2%；农村居民人均消费支出 16710 元，增长 8.3%。

年末城镇登记失业率 3.49%。参加城镇基本养老保险职工人数 61209 人，其中离退休人员 31120 人。城乡居民基本养老保险登记参保人数 77149 人。城镇基本医疗保险参保人数 243378 人。城镇职工基本医疗保险参保人数 29824 人。参加失业保险 18206 人。领取失业保险金职工人数 285 人。参加生育保险 15525 人。参加工伤保险职工人数 14171 人。

获得政府最低生活保障的城镇居民 4519 人，发放城镇居民最低生活保障经费 2083 万元；获得政府最低生活保障的农村居民 3498 人，发放农村居民最低生活保障经费 1340 万元。各类收养性社会福利单位床位数 2436 张，各类收养性社会福利单位收养人员数 1739 人。销售社会福利彩票 5076 万元，筹集社会福利资金 757 万元，直接接收社会捐赠 82 万元。

注：1.本公报中数据均为初步统计数据（快报数），部分数据因四舍五入等原因，存在着与分项合计不等的情况。

2.地区生产总值、各产业增加值绝对数按现价计算，增长速度按可比价计算。

市、市直机关，镇、街道机关及驻津单位领导名录

市委

傅　勇　书记
黄旭峰　副书记　市长
覃歇民　副书记
张海卿　常委　宣传部部长
余　斌　常委　纪委书记
姜　超　常委　人武部政委
何朝辉　常委　常务副市长
李景峰　常委　政法委书记
胡　杰　常委　组织部部长
吴拥华　常委　统战部部长
杜登全　常委　办公室主任

市人大常委会（党组）

王育平　主任　书记
邓惠荣　副主任　副书记
黄费武　副主任　成员
李亚林　副主任　成员
胡湘萍　副主任
邓开泉　副主任　成员
齐绍进　成员

市人民政府（党组）

黄旭峰　市长　书记
何朝辉　常务副市长　副书记
杜　强　副市长　成员
戴志刚　副市长　成员
徐兴勇　副市长　成员
徐兴宇　副市长　成员
陈顺勇　副市长　成员
易　榕　副市长　成员
彭进华　成员

市政协（党组）

姜正才　主席　书记
雷光键　副主席　副书记
董新满　副主席
阿　毅　副主席
梁文利　副主席
石　勇　副主席　成员
皮怀忠　成员

其他处级领导

覃业辉　市人民法院院长
王朝阳　市人民检察院检察长
彭云森　市公安局政委(高配为副处级)
曹　魏　市一中党委书记、校长
李　力　电大津市分校党总支部书记
　　　　校长
陈克元　市高新区党工委书记
杨　波　市高新区管委会主任
张伟莉　市政府正处级干部
严东平　市政府副处级干部
曹后新　市政协副处级干部
王文军　市政协原副主席
黄大喜　市教育局副处级干部
温南军　电大津市分校原校长
张宏平　市委党校原校长
唐熙刚　市委党校原校长

纪委监委

余　斌　书记　监委主任
葛　胜　常务副书记　监委副主任
李本亚　副书记　监委副主任
宁　宇　副书记　监委副主任
钟　智　常委　监委委员
杨　威　常委　监委委员
周　鹏　常委
郭　勇　常委　监委委员
吴　婕　常委
黎谏昭　监委委员
匡纯华　监委委员
何　奔　办公室主任
杨　琦　组织部部长
李　赛　党风政风室主任
邬林翰　第一纪检监察室主任
陈雷夫　第二纪检监察室主任
蔡　凯　第四纪检监察室主任
文厚霖　第五纪检监察室主任
周　宏　审理室主任
　　　　正科级纪检监察员

纪委监委派驻纪检监察组组长

钟晓婷　纪委派驻市委办纪检组组长
刘　榕　委员　纪委监委派驻
　　　　教育局纪检监察组组长
李　平　委员　纪委派驻
　　　　公安局纪检组组长
李德华　成员　纪委派驻
　　　　财政局纪检组组长
庹登继　成员　纪委派驻
　　　　人社局纪检组组长
李志昊　委员　纪委派驻
　　　　住建局纪检组组长
杨　菲　成员　纪委监委派驻
　　　　农业农村局纪检监察组组长
朱传铌　委员　纪委监委派驻
　　　　卫健局纪检监察组组长

市委办（保密委）（保密局）（机要局）（密码局）（深改办）

杜登全　主任
韩宝诚　常务副主任
周晓奇　副主任
徐　伟　副主任
鲁智勇　副主任
谭　静　副主任
钱正彬　保密委员会专职副主任
朱樟杰　深改办专职副主任
邹明君　督察专员
姚茜群　督察专员

组织部（市直机关工委）（市委非公有制经济组织和社会组织工委）（老干部局）（公务员局）

胡　杰　部长　市直机关工委书记
甘雪林　常务副部长
李子牙　副部长（兼）
刘俊芳　副部长
刘迪波　副部长
王　俊　副部长　市委非公有制经济
　　　　组织和社会组织工委书记
王跃云　委员
　　　　市直机关工委专职副书记
　　　　市委非公有制经济组织和
　　　　社会组织工委专职副书记
严　凯　市直机关工委纪工委书记

老干局

蔡学文　副局长
鲁祖英　副局长

○党员教育中心

陈　荣　主任

宣传部(精神文明办)
张海卿　部长
余威威　常务副部长
张方军　副部长
杨　淳　副部长

统战部
吴拥华　部长
齐绍瑛　常务副部长
周润清　副部长
卢基燕　副部长

政法委
李景峰　书记
黄大庆　常务副书记
李　凯　副书记
杜　君　副书记
朱曦琴　政工室主任
向　阳　委员
沈浩然　委员

社会治理指挥中心
周　上　主任

编委办
聂和旗　主任
黎帮慧　副主任
江彬霞　副主任

○机构编制事务中心
杨　柳　主任

巡察办
钟　智　主任
黄少勇　副主任
唐　奎　副主任

第一巡察组
彭元宏　组长
邓俊杰　副组长

第二巡察组
龚　勇　组长
何　进　副组长

人大各委办
齐绍进　常委会办公室主任
刘　芳　常委会联工委主任
任有为　常委会联工委副主任
刘　丹　民族华侨外事委员会主任委员
陈群华　监察和司法委员会（法制委员会）主任委员
张　微　监察和司法委员会（法制委员会）副主任委员
李　立　财经委主任委员
李　勋　教育科学文化卫生委员会主任委员
陈宏华　教育科学文化卫生委员会副主任委员
周新华　环境与资源保护委员会主任委员
马大平　环境与资源保护委员会副主任委员
刘仕彬　农业与农村委员会主任委员
张先平　农业与农村委员会副主任委员
肖廷知　社会建设委员会主任委员
陈晓兰　社会建设委员会副主任委员

○人大预算联网监督事务中心
余海涛　主任

政府办(党组)(法制办)(旅游外侨局)(金融办)(民宗局)
彭进华　书记　主任
梁先菊　副主任(兼)
陶元生　成员　副主任
杨　志　成员　副主任
刘康新　成员　副主任
刘士林　成员　副主任
谭翼云　成员　副主任
鲁　文　成员　副主任
游运璇　成员　副主任

○依法行政指导服务中心
刘　烽　主任

发展和改革局(党组)
罗　斌　书记　局长
屈　良　副书记　副局长
贺　庆　成员
万　君　成员　副局长
朱方勇　成员　副局长
熊　文　成员　副局长

价格监督检查局(党支部)
○产业发展事务中心
周振清　主任
○重点建设项目事务中心
陈　奕　主任

教育局(党委)
蒋勇林　书记　局长
刘明华　委员　副局长
刘学斌　委员　副局长
王忠明　委员　副局长
关　平　委员　主任督学

科学技术局(党组)
赵　宇　书记
全林平　局长
洪振华　成员　副局长
刘宇丹　成员　副局长

工业和信息化局(党组)
曾海涛　书记　局长
袁　峰　副书记　副局长
张振兴　成员　副局长
汪　宇　副局长

○中小企业服务中心
陈　林　主任

公安局(党委)
戴志刚　局长　书记
彭云森　政委　副书记
卜合明　副书记　副局长
王　田　委员
尹昌建　委员　副局长
石　勇　委员　政工室主任　主任科员
张　杰　法制室主任
罗　茜　警务保障室主任
辛　锐　指挥中心主任
汤　俊　指挥中心教导员
尹　顺　国内安全保卫大队大队长
罗　涛　国内安全保卫大队教导员
胡　月　刑事侦查大队大队长主任科员

李志奇　　治安管理大队大队长
　　　　　主任科员
张世群　　治安管理大队教导员
周志刚　　经济犯罪侦查大队大队长
聂　勇　　经济犯罪侦查大队教导员
冯　蓓　　人口与出入境管理大队大队长
杨　倩　　人口与出入境管理大队教导员

三洲驿派出所
贺　虎　　所长

汪家桥派出所
王　翔　　所长
姜思杰　　教导员

襄阳街派出所
宋　伟　　所长
倪同军　　教导员

金鱼岭派出所
周用志　　所长
王大湘　　教导员

嘉山派出所
陈　俊　　所长
罗成念　　教导员

新洲派出所
王　维　　所长
成　懿　　教导员

毛里湖派出所
杨通福　　所长
朱海鸥　　教导员

药山派出所
徐　坤　　教导员

白衣派出所
谌远辉　　所长
张少龙　　教导员

西湖派出所
沈能雄　　所长
杨学军　　教导员

水上派出所
夏　微　　所长
王　山　　教导员

看守所
水加斌　　所长
韩虎臣　　教导员

拘留所
谭　斌　　所长　主任科员
韩湘鄂　　教导员

民政局(党组)
刘　敏　　书记　局长
贺　蔚　　副书记　副局长
黄益群　　成员
徐兴弟　　成员　副局长

○社会救助事务中心
刘　伟　　主任

司法局(党组)
龚　龙　　书记　局长
杨启文　　副书记　副局长
李克斌　　成员　政工室主任
杨重遥　　成员
颜甲丙　　副局长

社区矫正工作局
王德华　　局长

财政局(党组)
颜　述　　书记　局长
高家礼　　成员　副局长
周震秒　　成员　副局长
王　鹏　　成员　总会计师
文　莉　　成员　副局长
江海峰　　成员　副局长

非税收入征收管理局(党支部)
胡　韬　　委员　纪检员
肖　晖　　委员　副局长
汪媛萍　　委员　副局长

○财政事务中心

○乡镇财政服务中心
李正清　　主任

○国库集中支付核算中心
齐志坚　　主任

○财政局高新技术产业开发区分局
潘小平　　局长

○国有资产经营管理中心
成德志　　主任

人社局(党组)
李子牙　　书记　局长
刘　敏　　副书记　副局长
张世菊　　成员　副局长
杨柳青　　副局长
李建华　　成员　总经济师

○就业服务中心
文　军　　主任

○劳动人事争议仲裁院
张　峰　　院长

○工伤保险服务中心
李海斌　　主任

○社会保险服务中心
贺进华　　主任

○人力资源开发交流服务中心
毕　俊　　主任

自然资源局(党组)
吴正清　　书记　局长
胡振基　　副书记　副局长
高　翔　　原国土资源局党组成员
　　　　　副局长
胡庭岸　　原国土资源局党组成员
　　　　　副局长
胡圣华　　原国土资源局党组成员
朱文君　　原国土资源局党组成员
　　　　　总工程师

○自然资源局执法监察大队
葛　明　　大队长

○土地开发整理中心
谭　欣　　主任

○国土资源局高新技术产业开发区分局
陈真云　　局长

○不动产登记中心
张传峰　　主任

住建局(党委)
黄毅明　　书记
陈本方　　局长
汪国进　　副书记　副局长
李碧军　　委员
谢韶辉　　委员　副局长
李　艳　　委员　副局长
毛世悟　　委员　人防办副主任
李银安　　总工程师

○海绵城市建设服务中心
邵　峰　　主任

交通运输局(党组)
谭文斌　　书记　局长
辜建格　　成员　副局长
肖耀军　　成员　副局长
吴先明　　成员
孟祥云　　成员　副局长
黄泽清　　总工程师

○交通建设质量安全监督站
刘先利　　站长

○水运事务中心
魏　斌　　主任

○道路运输服务中心
沈恒勇　　主任

水利局(党组)
聂　宇　　书记　局长
陈克明　　副书记　副局长
李召全　　成员　副局长
周新河　　成员　副局长
邹永祥　　成员　总工程师
朱方丽　　成员

○库区移民事务中心
李　琨　　主任

○水旱灾害防御事务中心
曲建华　　主任

○水利建设管理中心
石启武　　主任

农业农村局
郭久平　　书记　局长
李永才　　副书记　副局长
刘　阳　　成员　副局长
郭克艳　　成员　副局长
廖金华　　成员
卜明华　　总农艺师

农业综合开发办(党支部)
唐才友　　委员　副主任
鲁　瑞　　委员　副主任

○农村能源服务中心
郑凌云　　主任

○农民教育办公室(党支部)
刘　浪　　主任

商务局(党组)
程耀华　　书记
周　欢　　局长
苏广军　　成员　副局长

文化旅游广电体育局(党组)
钟　轲　　书记
易　旭　　局长
龚德军　　副书记　副局长
余甫国　　成员　副局长
彭　佳　　成员　副局长

○文化市场综合执法大队
杨　力　　大队长

○全民健身服务中心
彭金刚　　主任

卫生健康局(党委)(爱卫办)
郭天明　　书记　局长
甘邦祺　　副书记　副局长
胡芬芳　　副局长
彭　逆　　委员　副局长

○卫生计生综合执法监督局

○妇幼保健计划生育服务中心
韩　辉　　主任

审计局(党组)
雷志华　　书记　局长
吴承武　　副书记　副局长
邹　斌　　成员　经责办专职副主任
洪振高　　成员　副局长
欧阳莉　　成员
危　鸿　　成员　总审计师

退役军人事务管理局(党组)
陈克兵　　书记　局长
郑小华　　成员　副局长
王伟林　　成员　副局长

应急管理局(党组)
朱国贵　　书记　局长
雷湘炬　　副书记　副局长
龚启君　　成员　副局长
王友华　　成员　副局长
王　波　　成员　政工室主任
胡丕波　　成员

○地震局
王涣军　　局长

市场监督管理局(党组)
罗勇刚　　书记　局长
张子荣　　副书记　副局长
苏红岩　　成员　副局长
朱巨泽　　成员　总工程师
陈　宏　　成员　副局长
黄建良　　成员

统计局(党组)
龚德全　书记　局长
李光日　成员　副局长
黄　淳　成员
赵清洁　成员　副局长

城市管理和综合执法局(党组)
彭　军　书记　局长
张志刚　副书记　副局长
雷凤彩　成员　副局长

○澧水大桥管理所
袁　彪　所长

行政审批服务局(党组)
张　云　书记　局长
李庆惠　成员　副局长
王　华　成员　副局长

○政府政务服务中心
雷　斌　主任

信访局(党组)
梁先菊　书记　局长
许凌翔　成员　副局长
王　毅　成员　副局长

扶贫开发办(党组)
唐海平　书记　主任
施光华　成员　副主任
马　利　成员　副主任

林业局(党组)
高　毅　书记　局长
朱建新　成员　副局长
贺修武　成员　副局长
龚佑元　成员　总经济师

○国有林场(湖南嘉山国家森林公园管理处)

○林权管理服务中心
罗长清　主任

医疗保障局(党组)
陈　杰　书记　局长
聂本贵　成员　副局长
沈善喜　成员　副局长

○医疗保障事务中心
裴莉林　主任

常德市生态环境局津市分局(党组)
卜茂平　书记　局长
蔡小玲　副书记　副局长
彭思绪　成员　副局长
葛　雷　成员　副局长
鲁祖元　成员
王　威　成员　总工程师

政协各委办
皮怀忠　办公室主任
郭春节　办公室副主任
曾　鹏　学习联络委员会主任
汪晓庆　学习联络委员会副主任
尹茂桂　提案委员会主任
姜　波　提案委员会副主任
高曙光　经济科技和外事委员会主任
田　华　经济科技和外事委员会副主任
卜四平　农业农村和人口资源环境委员会副主任
刘清华　文教卫体和文史委员会主任
宋　奕　文教卫体和文史委员会副主任
毛　娟　社会法制和民族宗教委员会主任
蒋丹萍　社会法制和民族宗教委员会副主任

○政协云服务中心
王雅莉　主任

法院(党组)
覃业辉　书记　院长
胡志勇　副书记　副院长
周　炜　成员　副院长
杨孟安　成员
宋立军　副院长
庞延文　成员　政治部主任
罗业才　审委会专委
姜业涛　审委会专委
田　凌　执行局局长
杨　敏　司法警察大队大队长

新洲法庭
江海兵　庭长

南区法庭

保河堤法庭
姜业涛　庭长

检察院(党组)
王朝阳　书记　检察长
王海龙　副书记　副检察长
熊玉芳　副检察长
刘前羽　副检察长　检委会委员(挂)
龚　平　成员　检委会专委
辛　桓　成员　政工室主任
向阳葵　检委会专委

公安局交警大队(党组)
庹进文　书记　大队长
黄文勇　副书记　教导员
卢祖华　成员　副大队长
潘格林　成员　副大队长
鲁文全　成员　副大队长
李任斌　成员　副大队长
路　杰　成员
赵　勇　事故处理中队中队长
戴述雄　城南中队中队长
陈　钧　城南中队指导员
李　哲　城北中队中队长
杨　立　城北中队指导员
许宏炎　巡逻中队中队长
王德勇　秩序管理中队中队长
杨雁凌　秩序管理中队指导员
张　华　低管中队指导员
刘先华　毛里湖中队中队长

森林公安局
李东方　局长
曾荣辉　政委
李慧君　副局长

总工会(党组)
李亚林　主席(兼)
袁　静　党组书记　副主席
高蓉月　副主席
向　巍　成员　副主席

田晓红　成员

团市委(党组)
肖　丹　党组书记　书记
高腊梅　成员　副书记
谭　橙　成员　副书记
覃　宇　成员　副书记(挂)

妇联(党组)
李志华　书记　主席
邓超峰　副主席
王　方　成员　副主席
杨　芹　成员　副主席

工商联(党组)
胡湘萍　主席
卢基燕　党组书记
郑家春　成员　副主席
赖丽容　副主席

科协
王观宏　主席
万　菲　副主席
宋　昭　副主席

残联(党组)
董新满　理事长
张浩瀚　书记
朱春年　成员　副理事长
郭玉璟　成员　副理事长

文联(党组)
周恩清　书记　主席
林小琼　成员　副主席

归国华侨联合会
朱方军　主席
李志兵　副主席

红十字会
杜　强　会长
卜中华　副会长
魏　来　副会长

计划生育协会
姚跃进　会长
张　妮　副会长
胡　杰　副会长

民盟津市市委
周　欢　主委(兼)
吴　涛　副主委
贺爱华　副主委(兼)
曾红胜　副主委(兼)

民建津市市委
易　旭　主委(兼)
刘　莉　副主委
汪晓庆　副主委(兼)

农工党津市市委
全林平　主委(兼)
杨建国　副主委
毕　华　副主委(兼)
齐平香　副主委(兼)

党校(党委)(行政干部管理学校)
杨文惠　党校第一校长
熊　斌　行政学校第一校长
曹建华　书记　校长
曾祥云　副书记　副校长
傅智慧　委员　副校长
马雪娇　教育长

党史研究室(地方志编纂室)
雷忠武　主任
雷　虹　副主任
吴　琛　副主任

接待服务中心(党支部)
谭静波　书记　主任
汤　惠　委员　副主任

○广播电视台(党总支)
汪东雷　书记　台长
黄　鲲　总编辑
杨　玲　副台长
王侣丹　副台长
贺勇涛　委员　副台长
钟　欣　委员　纪检员
黄叶蓉　编审委员会专委
李　健　编审委员会专委

招商促进事务中心(党支部)
李晓明　主任
曾　嵘　副主任
张　翔　副主任

供销社(党组)
梁　勇　书记　理事会主任
李　强　成员　监事会主任
张慧华　成员　副主任　主任科员
雷明军　成员　副主任

嘉山管理处(党支部)
傅关杰　书记　主任
田湘云　委员　副主任
杨　劲　委员　副主任

档案馆
谢　波　馆长
邹平华　副馆长
金义军　副馆长

第一中学(党委)
曹　魏　书记　校长
谭启荣　委员　副校长
徐元清　委员　副校长
陈　耘　委员　纪委书记
伍红帅　办公室主任
肖建军　教务科科长
易建华　学生科科长
杨　斌　后勤科科长

湖南广播电视大学津市分校(党总支)
李　力　书记　校长
路典清　委员　副校长
马　鸣　委员　纪检员
马　霞　副校长
卢　鹰　委员　副校长
罗宗斌　学生科科长
周宏坤　教务科科长
宋阳萍　后勤科科长
张　月　招生就业办主任
唐智勇　办公室主任
吴　惠　师训科科长

职业中专学校(党总支)
周志波　书记　校长

徐海翔　　委员　副校长

教师进修学校(党支部)
刘　炀　　副校长
王仲林　　委员　副校长
杨　军　　委员　副校长

第三中学(党支部)
汤协林　　书记　校长
孙功清　　委员　副校长
李　华　　委员　副校长

车胤中学(党支部)
申　建　　校长
郭祖安　　委员　副校长
傅　坚　　副校长

翊武中学(党支部)
毕怀忠　　书记　校长
曾红胜　　副校长
严　威　　委员　副校长

住房保障服务中心(党总支)
李合林　　书记　主任
田继登　　委员　副主任
罗　斌　　委员　副主任
胡黎明　　委员　纪检员
吴润喜　　委员　副主任

○国有土地上房屋征收与补偿工作办公室
雷海珍　　主任

公路建设养护中心(党支部)
金　鑫　　书记　主任
常　军　　委员　副主任
张　芸　　委员　副主任
陈建平　　委员
蒋建国　　委员　副主任

畜牧水产事务中心(党支部)
马成明　　书记　主任
陈娇兰　　副书记　副主任
何金明　　委员　副主任
赵昌琦　　副主任

农机事务中心(党支部)
刘德斌　　书记　主任
戴红桃　　委员　副主任
李建安　　委员　副主任

农村经营服务站(党支部)
陈　革　　书记　站长
齐志红　　委员　副站长
刘　芳　　委员　纪检员

湖南津市毛里湖国家湿地公园管理处
彭　敏　　主任
杨　毅　　副主任
周业平　　副主任
赵　斌　　副主任

市场服务中心(党组)
易继军　　副主任
任　涛　　成员　副主任
蒋　安　　成员　副主任

疾病预防控制中心(党支部)
文　杰　　书记　主任
孟　成　　委员　副主任
曾　薇　　委员　纪检员

人民医院(党委)
施华翼　　书记
陈明辉　　副书记　院长
贺国华　　委员　副院长
刘世平　　委员　副院长
胡振彬　　委员　副院长
马俊彬　　委员　副院长
印　华　　委员　纪委书记

○妇幼保健院
肖耀平　　院长

高新区(党工委)
陈克元　　书记
杨　波　　主任
燕文韬　　副书记　纪工委书记
宋秉忠　　委员　副主任
周　庆　　委员　副主任
郑媛媛　　企业党委专职副书记
易松柏　　办公室主任
孔令平　　规划建设局局长
郭小毛　　招商合作局局长
李　震　　产业发展局局长
孟祥华　　社会事务局局长

三洲驿街道(党工委)
肖　婵　　书记
黄　超　　副书记　主任
庹　锋　　副书记
滕　达　　委员　政协联络处主任
张志峰　　委员　人大工委主任
谢　淳　　委员　纪工委书记
蔡　婷　　委员　组织委员
许　静　　副主任

汪家桥街道(党工委)
彭发利　　书记
童俊凯　　副书记　主任
陈俊纲　　副书记
向　涛　　委员　人大工委主任
孟　军　　委员　政协联络处主任
　　　　　武装部长
尤凌汝　　委员　纪工委书记
周也茹　　委员　组织委员
何　江　　副主任
刘晓庆　　副主任

襄阳街街道(党工委)
施海英　　书记
胡　汉　　副书记　主任
青　陵　　副书记
钟　俊　　委员　武装部长
刘安春　　政协联络处主任　副主任
管宏波　　委员　人大工委主任
谢智淳　　委员　纪工委书记
向芬芬　　委员　组织委员
刘　利　　副主任

金鱼岭街道(党工委)
汤　兵　　书记
黄朵朵　　副书记　主任
黄　磊　　副书记
王笔毕　　委员　人大工委主任
　　　　　武装部长
周勤超　　委员　纪工委书记
唐　艳　　委员　副主任

雷　敏　　副主任
洪　群　　副主任

嘉山街道(党工委)
郑宇辰　　书记
张　丽　　副书记　主任
钟克孜　　副书记
石瑞玲　　委员　人大工委主任
邹　勇　　委员　政协联络处主任
　　　　　武装部长
何旭东　　副主任
刘　林　　副主任

新洲镇(党委)
王成勇　　书记
汪师儒　　副书记　镇长
覃　宇　　副书记
王怀满　　委员　人大主席
周先福　　委员　政协联络处主任
叶小军　　委员　组织委员
田祥杰　　委员　武装部长
齐　荣　　委员　副镇长
欧阳含奕　委员　纪委书记
张　密　　副镇长
邓　政　　副镇长

毛里湖镇(党委)
袁超伦　　书记
孙鹏骑　　副书记　镇长
方　粟　　副书记
齐义芝　　委员　副镇长
鲁秉勰　　委员　人大主席
曾楚汉　　委员　政协联络处主任
杨金堂　　委员　副镇长
唐　伟　　委员　纪委书记
蹇璧依　　副镇长
郭存华　　副镇长

药山镇(党委)
胡永乐　　书记
杨　军　　副书记　镇长
肖　何　　副书记
裴洪志　　委员　人大主席
王先明　　委员　政协联络处主任
龙峥奇　　委员　组织委员
李曼妮　　委员　副镇长

龚　敏　　委员　武装部长
吴　瑕　　副镇长

白衣镇(党委)
刘　波　　书记
李　睿　　副书记
刘嘉妮　　副书记
周　强　　委员　人大主席
蔡昌明　　政协联络处主任
郭守明　　委员　纪委书记
吴红平　　委员　副镇长
文　政　　委员　武装部长
陈文静　　委员　组织委员

城建投公司(国资公司)(党支部)
王　波　　书记　董事长
成　军　　委员　总经理

嘉山实业公司(党支部)
周　敏　　书记　董事长
周　临　　总经理

国家税务总局津市市税务局(党委)
李太东　　局长　书记
向宇宏　　副局长　副书记
庹朝双　　副局长　委员
黄　勇　　副局长　委员
石　全　　副局长　委员
廖　峻　　副局长　委员
杨福海　　副局长　委员
王国荣　　副局长　委员
刘连杰　　副局长　委员
许杰峰　　副局长　委员
毕　垒　　纪检组长　委员

供电公司(党委)
邹立平　　总经理　副书记
龙　罡　　副总经理　书记
姚　平　　纪委书记
张　拯　　副总经理

邮政分公司(党委)
李　斌　　总经理　书记
刘华清　　副总经理　纪检书记
石　彬　　副总经理
潘　高　　委员

烟草局(党组)
谭　胜　　局长　经理
侯惠平　　纪检组长
向多武　　副局长
唐建华　　副经理

新华书店(党支部)
陈粤湘　　经理　书记
於　娟　　副经理　委员
周　哲　　综合部部长　委员

公积金管理部(党支部)
庹登满　　部长
江洪波　　副部长
龙玲玲　　副部长

消防大队
杨　帆　　教导员
刘天放　　大队长

石油公司(党支部)
黄德成　　经理　书记
张　敏　　副经理　委员

电信公司(党委)
彭　波　　总经理　书记
滕　勇　　副总经理
欧　炜　　副总经理　纪检委员

移动公司(党支部)
陈　骏　　经理　书记
陈　颢　　副经理　委员
周学渊　　副经理　委员

联通公司
魏劲松　　总经理

有线网络公司(党支部)
胡　锋　　总经理
李　峰　　副总经理
付松林　　副总经理

常德日报津市记者站
单家庆　　站长

水文局(常德水文局澧水流域支部)

邓继辉　局长
杨红英　副局长

航道管理处

甘文华　处长
黄辉跃　副处长

武警中队

卢潔影　中队长
邵光帅　指导员

中国人寿保险公司(党支部)

陈明武　经理
毕　异　副经理

方正证券

杨政兴　总经理

住保投公司

王　谦　总经理

人民银行(党支部)

杜英宏　行长　书记
张　斌　副书记　纪检组长
唐　琴　组织委员
孙红缨　股长　纪检委员
傅智松　股长　宣传委员

工商银行(党总支)

姚锡勤　行长
李建军　副行长
王亚雄　副行长
张建华　副行长

农业银行(党总支)

张　雄　副行长　委员
徐　达　副行长　委员
杨孚平　纪检委员　委员
张　仟　副行长　委员

中国银行(党支部)

马　健　行长
向　云　副行长
孟小玲　副行长
刘昀昊　副行长(挂职)

建设银行(党支部)

刘迪安　行长　书记
张　峰　副行长　纪检委员
刘锡平　营运主管　宣传委员

农业发展银行(党支部)

洪　军　行长　书记
吴　轶　副行长　委员

农村商业银行(党委)

欧阳俊军　董事长　书记
闫　涛　副董事长　行长　副书记
彭　巍　监事长　纪委书记
李向阳　副行长　委员
陈忠敏　副行长　委员

邮政储蓄银行(党支部)

龙　智　行长　书记
朱春平　副行长　纪检委员

华融湘江银行

张　龙　行长
何　虹　副行长

长沙银行

张博涵　行长
彭文娟　行长助理

湘淮村镇银行

袁先佚　行长
唐　剑　副行长
陈　健　监事会负责人兼合规风险部经理

人保财险公司(党支部)

欧阳召胜　经理
金　莹　副经理
刘凌云　副经理
林　鑫　经理助理

津鑫公司

王　剑　董事长

津市监狱

陈红辉　党委书记　监狱长
龙志刚　党委副书记　政委
罗孝远　党委委员　涔澹实业公司总经理
侯祖强　党委委员　副监狱长
谭传新　党委委员　副监狱长
曹　捷　党委委员　副监狱长
付　敏　党委委员　副监狱长
丁　勇　党委委员　副监狱长
刘　国　党委委员　副监狱长
孙宗君　党委委员　鑫源缸套公司总经理
李永华　党委委员　纪委书记

中共津市市委员会

概　述

【概况】2019年，中共津市市委团结带领全市人民，深入贯彻习近平新时代中国特色社会主义思想，坚定不移落实省、市决策部署，全力推进工业立市产业兴城战略，坚决打好“三大攻坚战”，加快产业培育，加速开放创新，加强城乡统筹，着力推动经济高质量发展，经济社会发展呈现总体平稳、稳中有进的良好态势。全年完成地区生产总值171.5亿元，增长8.0%；规模工业增加值61.3亿元，增长9.8%；全社会固定资产投资91.3亿元，增长6.2%；财政总收入8.3亿元，增长4.9%；城乡居民人均可支配收入分别达到35799元、16848元，增长8.3%和8.9%；社会消费品零售总额81.6亿元，增长10.6%。　（朱樟杰）

【产业发展】2019年，工业经济提档升级。康捷生物、科益新生物等溢多利系列项目建成投产，中联重科车桥产业园扩建项目成功落地，湘澧盐化技改项目加速推进，牛肉米粉产业园加快建设，成功举办首届津市牛肉米粉美食文化节，荣获“中国牛肉米粉之乡”称号。现代农业提质增效。大力发展白衣莴果、新洲食用菌、药山中草药等特色产业，“一镇一特”产业布局更加完善。加快实施“三品工程”，推动“津市品牌”走向全国，完成“两品一标”认证12个，“津市茶油”成为全市第3个国家地理证明商标，“创奇”村菇鱼荣获第21届中部农博会金奖。现代服务业蓬勃发展。持续壮大互联网产业园，新中意、南北特等食品企业借助电商平台实现业绩大增，年网络销售额突破3亿元，同比增长107%；药山、毛里湖景区建设步伐加快，青苗社区荣获全省乡村旅游示范村称号。　（朱樟杰）

【要素保障】2019年，开放合作不断深化。组织开展生物医药产业深圳专场推介会、微生态健康调控与益生制品创新论坛，引航生物、鸿健黄酮类药物、海路微生态健康产业园等项目相继引进，全年共签约引进项目25个。开放通道不断拓宽。澧水航道疏浚全面完成，津市港开港运营，澧水二桥正式通车，S238棠华至药山公路顺利完工，安慈高速有序推进，水陆交通更加通畅。科技创新持续升温。搭建江南大学离岸科技成果转化中心等平台，推动“智汇洞庭·科创常德”签约项目落地，新申报高新技术企业4家、院士工作站1家、省级工程技术研究中心2家。服务企业更加精准。设立10亿元生物医药与健康食品产业专项基金和2000万元科技成果转移转化专项资金，扶持企业发展；落实减税降费政策，累计减税降费超过1亿元；工业贷款累计投放达8.03亿元，同比增长23.1%；电商单件快递价格实现常德最低。营商环境持续优化。开展“一件事一次办”改革，在常德首推“容缺受理”“兜底办”和“一表制”办理模式，工作经验在中央电视台推介。　（朱樟杰）

【城乡发展】2019年，城市品质不断提升。西河街、生产街和城东片区开发全面发力，棚户区改造、老旧小区改造等项目有序推进，澧水沿江风光带正式开放，五环时代全民健身中心、维也纳国际酒店投入运营，海绵城市通过省级预验收。乡村振兴有力推进。高标准完成“1+1+7”乡村振兴规划，重点打造“一环两片”示范区，全域推进“绿色存折”制度、农村“厕所革命”和村庄清洁行动，开展“空心房”整治，农村人居环境整治工作被央视报道，成功获批全国乡村治理体系建设试点县市和全国新时代文明实践中心建设试点县市。　（朱樟杰）

【三大攻坚】精准脱贫成效显著。2019年，聚焦解决“两不愁三保障”突出问题，推动扶贫政策落实落细，所有问题全面“清零”，超额完成年度减贫任务；产业扶贫持续加力，贫困群众内生动力有效激发，实现高质量脱贫的路径更加清晰。污染防治态度坚决。推进中央、省生态环保督察“回头看”反馈问题整改，统筹抓好水土气综合治理，“蓝天保卫战”扎实有效，西毛里湖退养转产基本完成，园区工业污水处理实现全覆盖，县级集中式饮用水水源全面达标，创建省级生态文明建设示范县市。重大风险防控有力。控制政府债务增量、化解债务存量、不断做大综合财力，综合债务率持续下降，政府债务风险整体可控。平台公司加速转型，融资平台管理和民间融资行为进一步规范。（朱樟杰）

【民本民生】2019年，教育卫生不断提质。深入推进农村学校建设三年行动计划，三中美丽校园一期建设顺利完工，华龙幼稚园正式开园；持续深化医药卫生体制改革，人民医院正式成为湘雅医院医疗联合体双向转诊、定点指导医院，中医院易址新建项目基本完工，国家慢性病防控示范区通过验收。文化事业持续繁荣。虎爪山遗址保护工程开工建设，津市苏维埃政府旧址入选全国重点文物保护单位，承办全省第七届“公仆杯”乒乓球赛、省文明办“我们的节日·中秋”主题活动。社会大局和谐稳定。安全生产工作获省市“双优”，获评全国“七五”普法中期先进市、全省综治工作先进县（市区）、全省信访工作“三无”县（市区），连续16年保持全省平安县（市区）称号。（朱樟杰）

【党的建设】2019年，坚持做到思想引领。以“不忘初心、牢记使命”主题教育为统领，制定《津市市委履行管党治党责任任务清单》，深入推进机构改革和省委巡视整改，全面落实意识形态责任制，推动津市各项工作落地落实。全面夯实基层基础。认真落实省委“1+5”系列文件，支部“五化”考核位居常德市前列，基层运转保障经费、村（社区）干部待遇进一步提高。持之以恒正风肃纪。大力整治形式主义官僚主义，扎实开展第五、第六轮常规巡察以及脱贫攻坚、污染防治专项巡察，党风政风、干部作风进一步好转。构建大统战工作格局。爱国统一战线得到巩固、发展和壮大；党对人大、政协工作的领导全面加强；党管武装工作开创新局面。（朱樟杰）

表1　2019年中共津市市委常委会议

会议次数	主要内容
第1次 1月2日	研究机构改革相关事宜
第2次 1月15日	1.传达常德市长江经济带生态环境问题整改推进会议精神、观看《长江经济带生态环境警示片》 2.听取关于2018年度金融信贷等11项工作考核奖励情况汇报 3.听取关于2019年春节走访慰问活动方案汇报 4.听取关于2018年度全市综治、维稳、平安建设、无上访村（社区）工作考核情况汇报 5.听取2018年度绩效评估考核情况汇报 6.传达学习习近平强军思想重要论述和中央军委党的建设会议精神及听取人武部年度工作情况汇报 7.听取全市党委（党组）2018年度工作报告
第3次 1月18日	1.听取2019年市委经济工作会议筹备工作的情况汇报 2.审议2019年市委经济工作会议报告（讨论稿） 3.听取全市2018年工业经济奖励的情况汇报 4.市委常委领导班子民主生活会前谈心谈话
第4次 2月1日	1.听取2019年春节值班安排及全年双休日领导带班安排的情况汇报 2.安排部署春节期间有关工作
第5次 2月11日	通报全市2019年春节期间社会经济运行情况
第6次 2月28日	1.听取关于新时代文明实践中心省级试点工作汇报 2.听取关于中央、省、常德市纪委全会会议精神及我市贯彻落实意见的汇报 3.审议2019年政府工作报告（讨论稿） 4.听取全市机构改革工作的情况汇报 5.听取市第十七届人民代表大会第四次会议筹备工作的情况汇报 6.听取全市预算联网监督工作的情况汇报 7.听取市人大常委会2019年工作要点有关的情况汇报 8.听取市政协委员会第四次会议筹备工作的情况汇报 9.听取市政协2019年工作安排汇报 10.听取政法工作情况汇报 11.听取信访工作情况汇报

会议次数	主要内容
第7次 3月13日	1.传达省委《关于树牢“四个意识”坚决做到“两个维护”进一步加强党的政治建设的意见》及《关于大力提倡求真务实真抓实干集中整治形式主义官僚主义的意见》文件精神 2.听取关于扫黑除恶专项斗争工作的情况汇报 3.听取2019年全市“项目推进年”工作方案、向上争资计划的情况汇报 4.听取2019年全市招商引资工作考核办法和驻点招商工作方案的情况汇报 5.听取2019年全市财政预算编制的情况汇报 6.听取政协津市市第十二届委员会委员届中增补人选情况 7.听取常德市委交办基层党建工作调查核实问题整改方案(书面汇报) 8.听取全市统战工作的情况汇报(书面汇报) 9.听取有关案件的情况汇报
第8次 3月28日	1.传达中央、省委相关党内法规文件精神暨省委第三巡视组对津市开展巡视工作的通知精神,听取我市关于配合省委巡视工作的筹备情况汇报 2.听取关于巡视期间市信访工作预案的情况汇报 3.听取关于市委工作情况汇报的起草情况说明
第9次 4月10日	1.传达学习《习近平在中央政治局第十二次集体学习时的讲话》精神 2.听取关于集中整治形式主义官僚主义有关精神及贯彻落实意见汇报 3.听取关于调整市推进产业立市、三年行动指挥部各专项小组牵头领导和责任单位的情况汇报 4.听取关于防汛抗旱工作情况汇报 5.听取关于脱贫攻坚工作情况汇报 6.听取关于召开津市市教育大会的筹备工作情况汇报 7.听取关于职业中专和一完小整体搬迁工作情况汇报 8.听取关于中央、省委、常德市委统战工作领导小组专题会议精神及贯彻落实意见汇报 9.听取2019年干部教育培训计划汇报 10.听取2019年人才系列活动计划汇报 11.听取关于开展加强党的政治建设系列活动实施方案的情况汇报 12.听取有关科级干部借调、提前退休的情况汇报
第10次 4月17日	
第11次 4月28日	1.观看《一抓到底正风纪—秦岭违建整治始末》专题片,并讨论发言(发言顺序:佘斌、海卿) 2.书面听取全市脱贫攻坚工作的情况汇报 3.听取关于集中开展形式主义官僚主义专项整治行动的工作情况汇报 4.听取关于全市安全生产工作的情况汇报 5.传达学习省纪委相关会议精神 6.听取关于进一步建立和完善高新区体制机制的情况汇报 7.听取关于津市特色产业镇相关工作的情况汇报 8.听取关于2019年推进新型工业化领导小组工作的情况汇报 9.听取关于全市机构改革涉改单位领导职数设置的情况汇报 10.听取关于全市机构改革人员转隶工作的情况汇报
第12次 5月10日	1.听取关于省委巡视组交办或反馈问题的整改落实情况汇报 2.听取关于生态环保领域“一规定一办法”和设立市生环委专项工作领导小组的情况汇报 3.听取关于农村人居环境整治暨乡村振兴示范片办点示范、专项资金安排的情况汇报 4.听取关于中央扫黑除恶第16督导组交办问题整改工作推进会精神汇报 5.听取关于国资国企管理“两个办法”和成立市国资管理工作委员会的情况汇报 6.听取关于融媒体工作情况汇报

会议次数	主要内容
第13次 5月22日	1.传达学习习总书记在解决“两不愁三保障”突出问题座谈会上的讲话精神 2.省委第三巡视组第三批信访问题交办 3.听取关于津市退役军人事务服务体系的工作情况汇报 4.听取关于津市人武部正规化建设工作情况汇报 5.听取关于津市产业发展扶持政策清理的情况汇报 6.听取关于津市意识形态工作的情况汇报 7.听取关于市委常委会2019年工作要点及五项清单起草情况说明;审议市委履行管党治党主体责任清单
第14次	专题研究意识形态工作
第15次	专题研究津市人武部正规化建设工作
第16次 6月6日	1.习近平总书记关于党的初心和使命的重要论述(发言顺序:胡杰、拥华) 2.听取关于常德市保密工作会议精神暨我市贯彻落实意见的情况汇报 3.听取关于常德市对台工作会议精神暨我市贯彻落实意见的情况汇报 4.听取有关违纪案件办理的情况汇报 5.审议“十佳优秀共产党员、十佳优秀党务工作者、十佳先进党组织”表彰名单 6.研究有关人事
第17次 6月28日	1.正确认识中美经贸斗争,集中精力办好自己的事情 2.传达学习《中共中央关于李平同志搞形式主义、官僚主义案件查处情况及其教训警示的通报》 3.听取关于组织开展津市市庆祝中华人民共和国成立70周年“我和我的祖国”群众性主题宣传教育活动的情况汇报 4.研究有关人事
第18次 7月10日	1.会前学法,书面学习《中华人民共和国民法总则》解读 2.听取全市“两不愁三保障”突出问题摸底核查工作进展情况汇报 3.听取常德市公安工作会议精神暨我市贯彻落实意见的情况汇报 4.听取常德市扫黑除恶督导整改推进会议精神暨我市贯彻落实意见的情况汇报 5.书面汇报2019年度本市发展党员工作 6.研究有关案件 7.研究有关人事
第19次 7月19日	1.研究有关人事 2.听取关于人员转隶工作的情况汇报(书面汇报) 3.听取关于开展民生实事项目人大代表票决制试点工作的情况汇报 4.听取关于津市生态文明建设示范市创建工作的情况汇报 5.听取2019年庆“八一”拥军优属拥政爱民活动方案的情况汇报 6.听取关于津市食品安全工作的情况汇报 7.听取关于企业养老保险省级统筹工作的情况汇报 8.深入学习习近平新时代中国特色社会主义思想蕴含的科学思想方法和工作方法 9.传达学习习近平在“不忘初心,牢记使命”主题教育工作会议上的讲话
第20次	

会议次数	主要内容
第21次 7月31日	1.传达学习《中国共产党宣传工作条例》 2.传达学习习近平在“不忘初心，牢记使命”主题教育工作会议上的讲话和在中央政治局第15次集体学习时的讲话 3.传达学习《中共中央关于加强中国特色社会主义参政党建设的意见》 4.传达学习中央保密委员会2018年全国窃密泄密案件情况通报；传达学习杜家毫、许达哲同志在省委十一届八次全会上的讲话 5.傅勇、旭峰同志安排部署当前重点工作 6.听取关于津市镇(街)机构改革工作的情况汇报 7.听取全市议事协调机构组成人员的情况汇报 8.听取人大代表、政协委员届中补选人选情况汇报 9.研究有关人事
第22次 9月3日	1.余斌同志传达学习家毫书记在听取巡视情况汇报时的讲话精神 2.登全同志传达省委办公厅《关于贯彻落实党中央决策部署置若罔闻应付了事弄虚作假阳奉阴违典型问题的通报》 3.听取全市全面小康推进工作的情况汇报 4.传达学习常德市委七届六次全体(扩大)会议精神暨听取津市市委十二届八次全体(扩大)会议筹备工作、市委常委会报告起草说明的情况汇报 5.听取推进党风廉政建设主体责任清单化管理制度相关工作的情况汇报 6.听取津市教育基金会相关工作的情况汇报 7.听取津市第35个教师节庆祝表彰大会筹备暨教师节走访慰问方案的情况汇报 8.听取解决津市部分退役士兵社会保险问题实施方案的情况汇报
第23次 9月11日	1.听取关于《省委第三巡视组反馈意见的整改方案》(讨论稿)的情况汇报 2.听取关于《省委第三巡视组反馈意见的整改督察方案》的情况汇报 3.听取关于全市“不忘初心、牢记使命”主题教育活动相关工作的情况汇报 4.听取关于“迎国庆保稳定”安保信访维稳暨迎接中央扫黑除恶督导“回头面”汇报
第24次 9月26日	1.登全同志传达习近平、丁薛祥同志在中央和国家机关党的建设工作会议上的讲话；习近平在深化党和国家机构改革总结会议上的讲话；习近平总书记对湖南工作重要指示精神学习要点。 2.余斌同志传达关于贵州省认真贯彻习近平总书记重要指示批示精神深入开展领导干部利用茅台酒谋取私利问题专项整治情况的通报 3.听取关于全市2019年国庆节值班安排情况 4.听取关于省委巡视问题整改工作情况汇报 5.听取关于公务用车制度改革和公车平台信息化建设的情况汇报 6.听取关于“美丽津市?健康津城”2019年政协委员论坛大会举办情况汇报 7.听取关于全市公务员职务与职级并行制度实施工作推进会精神及我市实施建议汇报 8.听取关于津市市2019年度重阳节系列活动方案情况汇报 9.听取关于津市市第十七届人民代表大会有关专门委员会提名人选的情况汇报 10.听取关于“不忘初心、牢记使命”主题教育有关情况
第25次 10月17日	1.传达学习全省深化民兵调整改革迎检任务部署会议精神 2.听取关于举办“美丽津市 健康津城”2019年政协委员论坛大会的情况汇报 3.审议关于从优秀村(社区)党组织书记、大学生村官、镇(街)事业编制人员和选调生中择优选拔镇(街)领导班子成员的实施方案 4.听取关于津市平安建设工作的情况汇报 5.听取关于果园垸砂石开采的情况汇报 6.听取关于工人文化宫项目建设的情况汇报 7.听取全市反恐怖工作的情况汇报(书面)

会议次数	主要内容
第26次 10月24日	1.会前学法(书面):《中华人民共和国城市房地产管理法》解读说明 2.听取关于省委巡视反馈意见整改工作的情况汇报 3.听取关于上级全面加强基层建设有关精神暨我市贯彻落实意见的情况汇报 4.审议关于津市市2019年党风廉政建设主体责任的考核方案 5.听取关于"不忘初心、牢记使命"主题教育活动上级有关精神暨津市下步工作安排的情况汇报 6.听取关于设立津市市法学会党组的情况汇报 7.听取关于人事的情况汇报
第27次 11月1日	1.学习传达《关于以向力力案为镜鉴开展警示教育和"以案促改"工作的通知》(湘发电〔2019〕23号) 2.审议《市委常委会议事规则》(修订稿) 3.听取关于环洞庭湖生态治理工作的情况汇报 4.听取关于西河街棚改片区开发有关的情况汇报 5.听取关于澧水风光带项目建设有关的情况汇报 6.听取关于涔澹农场"旱改水"项目有关的情况汇报 7.听取关于北控水务城乡供水一体化3P项目有关的情况汇报 8.听取关于人民医院对外合作工作开展的情况汇报
第28次	
第29次 11月6日	1.传达学习习近平在中央政治局第十七次集体学习的讲话精神 2.听取关于中联重科车桥产业园改扩建项目的情况汇报 3.听取关于津市市高新区工业污水处理厂建设工程PPP项目实施方案情况汇报 4.听取关于生产街D地块出让方案工作情况汇报 5.听取关于津市市牛肉米粉文化节相关工作的情况汇报 6.听取关于召开津市市妇女第十一次代表大会的情况汇报 7.听取关于召开共青团津市市第十七次代表大会的情况汇报 8.听取关于在"不忘初心、牢记使命"主题教育中开展政治建设考察操作办法的情况汇报 9.研究有关案件 10.书面听取政府工作要点调减情况汇报 11.书面听取关于津市"十四五"规划编制工作的情况汇报 12.书面听取关于违建别墅清理整治工作的情况汇报
第30次 11月13日	1.听取津市2019年绩效评估实施方案的情况汇报 2.听取关于省委巡视问题整改督查工作情况汇报 3.传达常德市扫黑除恶专项斗争推进会精神暨我市贯彻落实意见汇报
第31次 11月26日	1.传达学习湖南省宗教工作专题会议精神 2.听取关于《津市市党的十九届四中全会精神学习宣传工作方案》的情况汇报 3.听取关于省委巡视反馈意见整改工作的情况汇报 4.听取关于常委班子民主生活会有关事项的情况汇报
第32次 12月16日	1.听取2020年春节走访慰问情况汇报 2.听取关于维稳联席会议、涉疆联席会议工作汇报 3.听取2020年市委经济工作会议筹备工作的情况汇报 4.听取关于津市市政协十二届五次会议筹备情况汇报 5.听取关于津市市第十七届人民代表大会第五次会议筹备情况汇报 6.听取关于常德市和津市市人大代表补选推荐人选的有关情况汇报
第32次	1.听取关于2020年春节走访慰问工作汇报 2.关于2020年经济工作会议筹备工作 3.关于维稳联席会议、涉疆联席会议工作 4.关于市政协十二届五次会议筹备工作 5.关于市第十七届人民代表大会第五次会议筹备工作
第34次 12月30日	1.听取公务员职务与职级并行职级套转工作情况汇报 2.研究有关人事

(彭媛媛)

表 2　　2019 年中共津市市委重要文件

序号	发文日期	文号	发文机关	文件标题
1	2019-3-1	津发〔2019〕1 号	市委	关于津市市党政机关机构设置的通知
2	2019-4-24	津发〔2019〕2 号	市委	关于印发《津市市建设新时代文明实践中心工作实施方案》的通知
3	2019-5-11	津发〔2019〕3 号	市委、市政府	关于印发《津市市打赢脱贫攻坚战三年行动的实施方案(2018-2020年)》的通知
4	2019-9-3	津发〔2019〕5 号	市委、市政府	印发《关于促进产业发展的若干政策规定》的通知
5	2019-6-11	津发〔2019〕6 号	市委、市政府	关于印发《津市市市管国有企业人员任用及薪酬管理办法》的通知
6	2019-1-16	津办发〔2019〕1 号	市委办	印发关于《津市市文联、作协改革实施方案》的通知
7	2019-12-24	津办发〔2019〕4 号	市委办	关于印发《被巡察党组织配合市委巡察工作规定》的通知
8	2019-12-24	津办发〔2019〕5 号	市委办	关于印发《津市市委巡察工作办法》的通知
9	2019-12-24	津办发〔2019〕6 号	市委办	关于印发《市委巡察工作规划(2019-2021 年)的通知》
10	2019-3-1	津办〔2019〕2 号	市委办	关于印发《津市市机构改革实施方案》的通知
11	2019-12-28	津办〔2019〕12 号	市委办、市政府办	关于进一步建立和完善高新区体制机制的实施意见
12	2019-8-19	津办〔2019〕13 号	市委办、市政府办	关于印发《津市市行政审批服务局职能配置、内设机构和人员编制规定》的通知
13	2019-8-19	津办〔2019〕14 号	市委办、市政府办	关于印发《津市市退役巨人事务局职能配置、内设机构和人员编制规定》的通知
14	2019-8-19	津办〔2019〕15 号	市委办、市政府办	关于印发《津市市文化旅游广电体育局职能配置、内设机构和人员编制规定》的通知
15	2019-8-19	津办〔2019〕16 号	市委办、市政府办	关于印发《津市市卫生健康局职能配置、内设机构和人员编制规定》的通知
16	2019-8-19	津办〔2019〕17 号	市委办	关于印发《中共津市市委巡察工作领导小组办公室职能配置、内设机构和人员编制规定》的通知
17	2019-8-19	津办〔2019〕19 号	市委办	关于印发《中共津市市纪律检查委员会津市市监察委员会机关职能配置、内设机构和人员编制规定》的通知
18	2019-8-19	津办〔2019〕20 号	市委办	关于印发《中共津市市委办公室职能配置、内设机构和人员编制规定》的通知
19	2019-8-19	津办〔2019〕21 号	市委办	关于印发《中共津市市委宣传部职能配置、内设机构和人员编制规定》的通知
20	2019-8-19	津办〔2019〕22 号	市委办	关于印发《中共津市市委统一战线工作部职能配置、内设机构和人员编制规定》的通知
21	2019-8-19	津办〔2019〕23 号	市委办	关于印发《中共津市市委政法委员会职能配置、内设机构和人员编制规定》的通知
22	2019-8-19	津办〔2019〕24 号	市委办、市政府办	关于印发《津市市司法局职能配置、内设机构和人员编制规定》的通知
23	2019-8-19	津办〔2019〕25 号	市委办、市政府办	关于印发《津市市民政局职能配置、内设机构和人员编制规定》的通知
24	2019-8-19	津办〔2019〕26 号	市委办、市政府办	关于印发《津市市人力资源和社会保障局职能配置、内设机构和人员编制规定》的通知
25	2019-8-19	津办〔2019〕27 号	市委办、市政府办	关于印发《津市市自然资源局职能配置、内设机构和人员编制规定》的通知
26	2019-8-19	津办〔2019〕28 号	市委办、市政府办	关于印发《津市市住房和城乡建设局(津市市人民防空办公室)职能配置、内设机构和人员编制规定》的通知
27	2019-8-19	津办〔2019〕29 号	市委办、市政府办	关于印发《津市市水利局职能配置、内设机构和人员编制规定》的通知
28	2019-8-19	津办〔2019〕30 号	市委办、市政府办	关于印发《津市市林业局职能配置、内设机构和人员编制规定》的通知
29	2019-8-19	津办〔2019〕31 号	市委办	关于市人大机关机构编制调整事项的通知
30	2019-8-19	津办〔2019〕32 号	市委办	关于市政协机关机构编制调整事项的通知
31	2019-8-19	津办〔2019〕33 号	市委办、市政府办	关于印发《津市市科学技术局职能配置、内设机构和人员编制规定》的通知
32	2019-8-19	津办〔2019〕34 号	市委办、市政府办	关于印发《津市市医疗保障局职能配置、内设机构和人员编制规定》的通知
33	2019-8-19	津办〔2019〕35 号	市委办、市政府办	关于印发《津市市审计局职能配置、内设机构和人员编制规定》的通知
34	2019-8-19	津办〔2019〕36 号	市委办、市政府办	关于印发《津市市农业农村局职能配置、内设机构和人员编制规定》的通知
35	2019-8-19	津办〔2019〕37 号	市委办、市政府办	关于印发《津市市应急管理局职能配置、内设机构和人员编制规定》的通知
36	2019-8-19	津办〔2019〕38 号	市委办、市政府办	关于印发《津市市市场监督管理局职能配置、内设机构和人员编制规定》的通知
37	2019-8-19	津办〔2019〕39 号	市委办、市政府办	关于印发《津市市人民政府办公室职能配置、内设机构和人员编制规定》的通知

（任鸿雁）

办公室工作

【办文办会】2019年，津市市贯彻落实中央、省、市关于加强作风建设，集中整治形式主义、官僚主义的要求规定，倡导“少开会、开短会、少发文、发短文”，做到可开可不开的坚决不开、可合并的坚决合并。全年以市委和“两办”名义印发的各类文件35份，同比减少30%；共承办市委经济工作会议、市委全会、党委系统工作会等全市性会议13次，市委常委会召开34次，以市委名义召开的各类会议同比上年减少10%；共筹备全市性重要活动18次，较上年同比较少17%；共接待省市领导18批次，通过方案报批，基本做到“零失误”。

（鲁力）

【督促检查】严格落实上级关于统筹规范督查检查考核工作的各项要求，强化党委统筹，实行计划管理。2019年，开展专项督查24次、督查调研1次，编发《督查通报》6期、《督查专报》4期，着力推动省委巡视整改等全市各项重要工作部署的贯彻落实。办理领导批示件8件，办理人大议案4件、政协提案14件，解决一批事关群众利益的问题。

（姚茜群）

【绩效考核】2019年，出台本市级绩效评估实施方案，组织并规范年终检查验收工作，完成本市2019年绩效评估结果汇总及表彰通报，做好常德市绩效办到津开展绩效评估的迎检工作。

（文铖）

【综合调研】2019年，办公室紧扣全市中心大局，认真履行“以文辅政”工作职责，扎实完成各项工作任务。全年撰写累计各类综合材料240多篇，其中领导讲话70多篇。开展各类材料撰写，围绕2019年市委经济工作、市委十二届八次全会等重大会议活动，撰写一批重要文稿；围绕“不忘初心、牢记使命”主题教育、省委巡视整改、机构改革等政治任务，主动研究政策，精准做好服务，确保各项工作有序开展。发挥参谋助手作用，形成《津市离建设澧水流域现代化的工业经济中心还有多远？》《坚持四个开放打造产业高地》《加强创新引领推动产业高质量发展》等调研报告，助力领导决策；形成《改善农村人居环境建设全域美丽乡村》《坚持四化标准推进文明实践》等经验材料，扩大津市知名度。严格落实跟班学习制度，先后选派襄阳街街道、金鱼岭街道、商务局、住建局4家单位4名干部进行跟班学习，开展系统性学习，全程参与大型综合材料撰写，有力提高了基层办公室文稿服务水平。

（陈继润）

【党委信息】2019年，市委办信息室共收到基层信息来稿1900余篇，向省、常德市上报信息408条，湖南省累计得分162分，常德市累计得分583分，1篇稿件被列入《2019年度常德市委办信息科好信息选编》。

（尹毅）

【机要保密】2019年，机要保密继续发挥保畅通保安全的作用。机要工作，严格落实24小时不间断值班值守制度，密码电报收发、办理及时准确，全年共收发机要密码电报469份，没有出现迟办、漏办事件。严格按照上级要求做好通信主渠道设备升级改造工作，积极选派干部参与全省通信主渠道升级改造工程培训。积极做好市委政法委、市委统战部接入电子政务内网前期调研工作。保密工作，全年共开展保密检查2次，迎接常德市保密检查1次。按上级部署在全市重点涉密单位互联网计算机安装敏感信息预警系统。共开展2次涉密文件清退工作，无一丢失。向上级《湖南保密》《湖南机要》等刊物投稿6篇，被刊用3篇。

（邹明君）

【机构改革】2019年机构改革后，市委办新增财经、对台、外事、港澳、档案、机关事务等职能职责，设市委值班室、法规室、督查室、秘书室、综合调研室、信息室、机要室、机关事务管理室、财务室等内设机构，加挂津市市档案局牌子，对外使用津市市人民政府外事办公室、津市市人民政府港澳事务办公室、中共津市市委保密委员会办公室（津市市国家保密局）、中共津市市委机要局（津市市国家密码管理局）、中共津市市委台湾工作办公室（津市市人民政府台湾事务办公室）名称。

（任鸿雁）

纪检监察

【概况】中共津市市纪律检查委员会与津市市监察委员会合署办公。截至2019年底，共设立11个内设机构、10个派驻机构，下设股级公益一类事业单位为津市市党风廉政教育中心。内设机构分别是：办公室、组织（宣传）部、党风政风监督室、案件审理室、信访室、纪检监察干部监督室、第一纪检监察室、第二纪检监察室、第三纪检监察室、第四纪检监察室、第五纪检监察室；派驻机构分别是市纪委监委驻市委办纪检监察组、市纪委监委驻市政府办纪检监察组、市纪委监委驻市发改局纪检监察组、市纪委监委驻市教育局纪检监察组、市纪委监委驻市公安局纪检监察组、市纪委监委驻市财政局纪检监察组、市纪委监委驻市人社局纪检监察组、市纪委监委驻市住建局纪检监察组、市纪委监委驻市农业农村局纪检监察组、市纪委监委驻市卫健局纪检监察组。

2019年，津市市纪委监委坚持全面从严理念，全年党纪政务立案共97件97人，全年组织学习30余次。在省、常德市各项考核中，均取得历史性成绩。在全省扶贫领域腐败和作风问题专项治理工作（市县）考核中，津市位列非贫困县一类单位；在常德市委履行党风廉政建设主体责任考核中，津市市委位列各区县（市）第一名；在常德市纪委履行党风廉政建设监督责任考核中，津市纪委位列各区县（市）第二名；在常德市纪委监委组织的“秋冬大练兵”业务知识竞赛中，津市纪委监委勇夺第一名。

（丁慧林）

【召开第十二届纪律检查委员会第五次全体会议】2019年3月1日，中国共产党津市市第十二届纪律检查委员会第五次全体会议在市兰苑宾馆会议中心举行，会议以视频会议形式举行，出席会议的有市纪委委员18人，列席134人，会议议程有：传达贯彻十九届中央纪委四次全会、十一届省纪委五次全会和七届常德市纪委五次全会精神，回顾2019年全市纪检监察工作，部署2020年任务。市委书记傅勇出席全会并讲话，市委常委、市纪委书记、市监委主任余斌代表市纪委作《稳中求进，守正创新，谱写新时代纪检监察工作高质量发展新篇章》工作报告，会议表决通过中国共产党津市市第十二届纪委常委会提请第五次全会审议的工作报告和中共津市市第十二届纪律检查委员会第五次全体会议公报(草案)。(丁慧林)

【构建监督全覆盖网】2019年，坚守监督专责机关职责定位，加强对党员干部的经常性监督和全方位管理，切实织密织牢监督之网，让党员干部习惯在监督和约束下工作、生活。强化日常监督，开展落实中央八项规定精神“大宣讲、大学习、大检查”，加强落实中央八项规定及其实施细则精神、隐形变异“四风”问题监督检查，共查处违反中央八项规定精神问题13起，党纪政务处分15人，组织处理14人，通报曝光典型案件6批次18起。创新实施政治“画像”监督，出台《开展政治“画像”监督实施方案(试行)》，对全市19家单位政治生态精准“画像”，列出问题300余个，整改验收问题210余个，提高监督精准度，此项工作被中国纪检监察报予以推介，并得到省、常德市纪委监委肯定。以末端监督常态化、积案化解清单化、业务讲评制度化为驱动，着力强化信访监督，纪委监委班子成员全年开展末端监督30余次，解决群众和企业的实际困难22个，化解疑难信访问题20多个，群众满意率进一步提升。2019年，上级转办津市信访件数量明显下降，居常德市第九位。落实谈心谈话，全年共开展谈心谈话18993人次，其中县处级干部开展谈心谈话1697人次。(丁慧林)

【党纪党风教育】持续加强对学习贯彻习近平新时代中国特色社会主义思想情况的监督检查，严肃查处落实“三大攻坚战”不力、不担当不作为、弄虚作假等问题。协助市委落实全面从严治党主体责任，出台《关于建立党风廉政建设主体责任清单化管理制度的实施方案》等4项制度，将市委领导班子清单18项内容、市委书记清单12项内容，细化分解至各责任单位，以“清单化”管理为抓手，持续推动主体责任落实。开展全市集中整治形式主义官僚主义专项行动，全年召开的全市性会议和以市委及“两办”名义印发文件分别同比减少33%和49%，“文山会海”“乡镇挂牌过多”等顽疾得到有效遏制，全年查处形式主义、官僚主义问题16起，党纪政务处分25人，组织处理2人。聚焦“不忘初心、牢记使命”主题教育，严格对标中央、省委、市委主题教育专项整治工作要求，结合津市实际部署开展专项整治，全市层面查摆专项整治重点问题186条，制定整改措施300余条，整改完成率100%。(丁慧林)

【案件查处】2019年，全市党纪政务立案97件97人；结案84件84人；给予党纪政务处分66人，其中，科级以上干部23人；党内严重警告以上处分21人；组织处理89人，收缴违纪资金359.38万元；发出监察建议书11份，办理留置案3件。扫黑除恶专项斗争“打伞破网”取得重大突破，重点查办田某涉恶团伙案等典型案件，得到省委巡视组和上级纪委监委的充分肯定。出台《津市市纪委市监委机关问题线索管理办法》，压实审查调查安全责任，实现全年办案安全“零”事故。着力做深做实“后半篇文章”，选取典型案例15起，先后14次深入市直单位、镇、村(居)开展以案促改，受教育人数达1005人。市纪委监委以强烈的责任担当，从高、从严、从快、从细办理省委巡视交办件，共收到交办问题线索77件，办结71件，立案14件29人，给予党纪政务处分28人，组织处理41人，收缴违纪资金110万余元，通报“四风”问题典型案例5批次17起。高质量推进市委巡察，先后开展两轮常规巡察以及脱贫攻坚和西毛里湖周边“两拆两退”专项巡察，覆盖5个镇街、13家市直单位和34个村(居)党组织，共计发现问题545个，线索61条，一批群众关注的重点难点问题得到有效解决；建立巡察整改日常监督体系，推动被巡察党组织在整改落实上动真格、见实效，至年末，本届市委巡察反馈问题整改完成率达97.6%。(丁慧林)

【专项治理】扎实开展国家公职人员违规投资入股、经商办企业等营利性活动专项清理，组织全市100余家单位1000余名国家公职人员开展自清自查，完成三轮信息比对抽查核查，发现问题线索54条，共查处问题2起，党纪政务处分2人，组织处理7人。聚焦生态扶贫、“2+2”(即危房改造、扶贫干部作风监督、产业扶贫、生态扶贫“回头看”)、教育扶贫等领域开展“一季一专题”集中治理，严肃查处群众身边腐败和作风问题，共立案85件85人，组织处理38人，直接退还群众资金111.4万元，印发典型案例通报11期。紧盯人民群众反映强烈的教育、医疗卫生、环境保护、食品药品安全、征地拆迁、住房及物业管理等6大民生领域突出问题，集中开展“六个专项治理”，主题教育期间，会同18家市直单位对15项突出问题开展漠视群众利益问题专项整治，共发现和处理“六个专项治理”相关问题线索23个，立案12件12人，组织处理7人，追缴违纪资金7.68万元。(丁慧林)

【推进改革创新】推进纪检体制改革，坚决落实党对纪检监察工作的领导，认真落实“两个为主”要求，严格执行向上级纪委和同级党委请示报告制度。深化监察体制改革，加强纪法贯通，在线索处置、初核、立案、审查、审理等环节上，实现执纪审查与依法调查顺畅对接，严格程序、权限、时限，依法依规使用留置措施。召开全市反腐败协调领导小组会议，构建顺畅、高效的工作机制，规范与公安、检察、审判机关的协作配合程序，全年移送检察起诉2起，办理留置案件3起，党统一指挥、全面覆盖、权威高效的监督体系不断完善。强化派驻机构改革，拟定市纪委市监委派驻机构改革的实施意见和改革方案，加强对派驻纪检监察组的直接领导与统一管理，派驻监督质效有力提升。

（丁慧林）

【队伍建设】结合“不忘初心、牢记使命”主题教育，深入开展“三比三亮”纪检监察铁军建设年活动和“秋冬大练兵”全员培训，全年组织开展集中学习30余次，涵盖习近平新时代中国特色社会主义思想、审查调查和扫黑除恶等内容，延伸培训镇、街道及高新区纪检监察干部，参训近2000人次，全系统干部进一步加强思想淬炼、政治历练、实践锻炼和业务训练。基层基础工作扎实推进，出台《关于加强乡镇（街道）纪检组织建设的意见（试行）》，围绕“监督责任清单化、队伍建设专职化、阵地建设标准化、工作程序规范化、重点任务特色化、督导指导常态化”六个方面，压实责任，全市推进，取得阶段性成效。严格落实“打铁必须自身硬”要求，坚持刀刃向内，增设纪检监察干部监督室，“零容忍”查处违纪违法纪检监察干部，严防“灯下黑”，8名纪检监察干部受到党纪处分或组织处理，1名干部因工作失职被给予党纪处分并调离纪检监察系统。坚持严管与厚爱结合，激励与约束并重，为纪检监察干部成长进步搭建平台，先后有14名干部得到市委提拔重用，“有为才有位”的担当作为理念进一步树牢。

（丁慧林）

巡察工作

【概况】2019年，津市市委巡察工作围绕政治巡察这个主题，突出“六个围绕”“一个加强”（“六个围绕”即围绕党的政治建设，重点检查维护党中央权威和集中统一领导情况；围绕党的思想建设，重点检查学习贯彻习近平新时代中国特色社会主义思想情况；围绕党的组织建设，重点检查选人用人和基层党组织建设情况；围绕党的作风建设，重点检查整治“四风”问题的情况；围绕党的纪律建设，重点检查党规党纪执行情况；围绕夺取反腐败斗争压倒性胜利，重点检查领导干部廉洁自律和整治群众身边腐败问题情况；“一个加强”即加强对巡察反馈问题的整改落实），开展2轮常规巡察和1轮专项巡察，配合完成省委巡视工作和常德市委县级交叉巡察工作。围绕做好巡察“后半篇文章”，坚持“六有”标准（有高位推动的整改方案、有完整的整改过程、有举一反三的整改举措、有立行立改的整改态度、有长效的整改机制、有群众满意的整改效果），将巡视巡察整改一体推进，全年巡察工作共发现问题543个，线索62条，推动全市共建立健全各项制度30余个，年度问题整改率达96.9%，得到省委巡视组的肯定。

（汪媚）

【巡察】2019年4月2日至6月2日，市委授权3个临时巡察组，按照“一托二”的模式，启动2019年首轮对襄阳街街道办事处、市一中、市工商联、市残联、毛里湖国家湿地公园管理处、市供销社、市统计局、市信访局8家单位党组织的巡察工作，共计发现问题线索179条，其中移送市纪委22条，移交市机构编制委员会办公室2条，交办给被巡察单位155条，发现问题主要集中在政治领导弱化、党建基础工作薄弱、执行财经纪律不严等方面，重点指出工会经费管理混乱、干部管理不到位、廉政风险防控缺位等问题。交办给被巡察单位问题已完成整改152条。

2019年7月18日至8月19日，市委主动对标上级部署，对药山镇、毛里湖镇、白衣镇13个贫困人口100人以上非贫困村开展脱贫攻坚、扫黑除恶和污染防治专项巡察，对这3个乡镇的20个村（居）开展西毛里湖周边“两拆两退”专项巡察，共计发现问题线索216条（其中脱贫攻坚线索15条、“两拆两退”线索3条、脱贫攻坚问题139条、污染防治问题29条、扫黑除恶问题16条、“两拆两退”问题14条），其中移送市纪委18条；移交市派驻村办34条；移交市扶贫办24条；移交市农业农村局14条；交办镇党委198条，涉及到驻村扶贫工作队、后盾单位、扶贫资金、贫困户认定、脱贫程序不规范等部分问题为双向移交，即移送其主管部门也移交给被巡察单位上一级党委。发现问题主要集中在村干部、工作队、后盾单位履职不力，项目管理不规范，污染防治不彻底、扫黑除恶不深入等方面，重点指出贫困户存在识别不精准、退养转产不彻底、合作社管理普遍不合规等问题。对3个乡镇移交问题整改完成189条。

2019年9月16日至11月15日，市委授权3个临时巡察组，按照“一托二”的模式，正式启动对对市财政局、市审计局、三洲驿街道、嘉山实业有限公司、市林业局、团市委、市妇联、市农机

4月2日，十二届津市市委第五轮巡察工作动员部署会召开

7月18日，十二届市委脱贫攻坚和西毛里湖周边“两拆两退”专项巡察工作动员部署会召开

事务中心8家单位党组织的巡察工作，其中，市财政局、市审计局为县级异地交叉巡察单位。共计发现问题线索148条，其中移送市纪委22条，移送市组织部等相关部门7条，交办给被巡察单位119条。发现问题主要集中在党的政治领导弱化、党的组织建基础不牢、执行财经纪律不严等方面，重点指出意识形态领域工作不落实、经费管理缺乏约束力、廉政风险缺乏监管等问题。对8家被巡察单位移交问题正在验收中。移送市纪委线索正在办理中。（汪媚）

【队伍建设】强化业务学习培训，提高巡察工作能力。开展业务培训。2019年，结合巡察工作和主题教育工作，共开展5次巡察业务大讲堂，同时参与市纪委监委开展的“三比三亮”纪检监察铁军建设年活动和“秋冬大练兵”培训班，全面提升业务能力。引导自我剖析找差距。举行“我向同事学什么，我为单位做什么”主题活动，通过活动找准差距，明确努力方向，进一步强化全体干部事业心、责任感。举办2次读书分享会，提高全体干部对阅读的重视，提升干部认识、思考、自主学习能力。严明工作纪律。进一步规范《巡察办内部管理制度》，结合巡察工作实际，制定和完善机关经费管理、单位议事决策机制、干部上下班、请销假等日常管理制度，通过规范行为准则，着力织密作风建设制度网，强化巡察人员纪律意识、规矩意识。营造比学争优良好氛围。每周通报年轻干部信息上稿情况，在年轻干部中营造比学争优意识，要求撰写高质量信息，全年市委巡察办共上稿62篇，其中中央级媒体1篇，省级媒体8篇，常德市级媒体53篇。参与各类竞赛比武，巡察办干部1月在津市市“十年安居梦 蝶变兰津城”系列演讲比赛中获一等奖，5月在“不忘初心 牢记使命”党建知识竞赛活动中获最佳风采奖，年底在常德市纪委监委组织的“秋冬大练兵”业务知识竞赛勇夺第一名，展现干部风采。（汪媚）

组织工作

【概况】2019年，市委组织部坚持以习近平新时代中国特色社会主义思想为指导，践行新时代党的建设总要求和新时代党的组织路线，自觉向中心聚焦、为大局聚力，以实干和担当书写高质量的“组工答卷”。扎实开展“不忘初心、牢记使命”主题教育，开展书记公开亮承诺、为党员过政治生日、为村社区党员送荣誉牌、“三十佳”评选表彰等政治建设系列活动，选人用人巡视反馈问题全面整改销号，“挂牌热”问题整治、智慧党建政务下沉“六个一”模式等工作经验在中央主题教育工作简报、中央电视台、中国组织人事报等主流媒体推介，得到省委巡回指导组陈书山组长的充分肯定；干部队伍坚强有力。对全市科级领导班子和领导干部进行政治建设考察，择优选配10名“三方面人员”和选调生担任镇街班子副职，开展竞争性选拔任用年轻干部工作，干部队伍更加充满活力。机构编制改革平稳有序，老干部服务保障得到加强；人才服务更加优化。举办“津市·青年说”主题论坛、青年人才趣味运动会和文字能力提升班等10项系列人才活动，发放人才工作补贴83万多元，完成人才公寓主体工

1月17日，巡察办干部在津市市“十年安居梦 蝶变兰津城”系列演讲比赛中获一等奖

2019年9月17日，市委组织部召开“不忘初心、牢记使命”主题教育工作会议

程；基层党建全面加强。在常德市率先建成智慧党建县级指挥中心，红色存折、红色治理、红色驿站等“红色党建”品牌在党报头条、湘组研究等省级以上媒体推介，基层运转保障经费逐年增长，村社区干部报酬全面提升，激发基层干部干事创业热情；自身建设从严从实。以主题教育和文明单位创建为契机，下发党员干部必读书目和选学书目，将个人自学与集中学习相结合，开展集中学习32次，学习研讨3次，主题教育应知应会知识和文明单位创建知识测试各一次，开展不同主题、不同形式“组工悦读”7次，编发“组工悦”报5期。坚持部机关干部人人都是调研员、信息员，实行积分排名制度，2019年，部机关撰写各类文章、信息260余篇。全年组织工作80余次登上央视、《人民日报》《中央主题教育工作简报》《中国组织人事报》《湖南日报》等省级以上主流媒体。（高腊梅）

【开展“不忘初心，牢记使命”主题教育】2019年，全市紧扣中央、省委和市委主题教育相关要求，坚持把“不忘初心、牢记使命”主题教育作为最大的政治任务来抓，统筹推进学习教育、调查研究、检视问题、整改落实四项重点措施，坚持边学边查边改，做到内化于心、外化于行，达到“理论学习有收获、思想政治受洗礼、干事创业敢担当、为民服务解难题、清正廉洁作表率”的目标。全面落实“不忘初心、牢记使命”主题教育“全覆盖”“无盲区”要求，津市组织94家科级单位于9月20日前全部动员到位；利用智慧党建视频系统对全市76个村社区9700多名党员开展主题教育进行统一部署，实现县乡村三级20日前全面部署到位。坚持领导带头、示范引领，采取读书班、专题精导、集中学习、个人自学、分组研讨交流、读书心得分享等方式，全市692个基层党组织、14260名党员围绕“明初心、守初心，坚定理想信念”“担使命、履职责，矢志为民服务”“改作风、勇担当，带头真抓实干”三个专题，积极开展学习研讨交流。全市各级党组织结合工作实际，结合长期困扰的老大难问题、日常工作中凸显的问题和省委巡视反馈问题，拟定调研提纲，列出调研清单，为调研做好充足准备。通过乡村夜话、小区论坛等形式，针对群众最关心的水电路气等热点难点问题、省委巡视反馈的问题，41名党员处级领导和600多名科级党员干部根据自定的调研课题和列出的清单，采取“四不两直”方式深入分管领域或基层一线，通过召开座谈会、实地走访、问卷调查等方式开展实地调研，共收集意见建议5000多条，形成调研报告650篇。其中，市委常委班子和成员征求意见建议763条，梳理归纳207条。对照习近平总书记提出的“四个对照”“四个找一找”要求，对照党章党规，对照初心使命，对照省委、常德市委有关工作部署和市委有关工作举措，对照调研发现的问题、群众反馈的问题，党员领导干部从党员意识、担当作为、服务群众、遵守纪律、作用发挥等方面深刻检视剖析，普通党员从理论学习、思想政治、干事创业、为民服务、清正廉洁等方面深刻检视剖析，形成各级党组织和党员领导干部不少于10条的检视问题清单，建立整改台账，严格限时整改。针对县级、科级党员干部和普通党员的不同身份和特点，对标中央8个方面、省委2个方面、市委2个方面的专项整治要求，结合自查发现、调查研究、省委巡视反馈和群众反映的问题，坚持上下结合、以上带下，层层抓整改，对涉及的突出问题积极与基层单位协同配合、整体推进、共同攻坚。加强对有关问题产生原因的研究分析，举一反三，力争从源头上、根本上解决问题。央视以《聚焦群众关切 解决实际问题》为题专题推介主题教育相关工作。（高腊梅）

【开展政治建设系列活动】2019年1月开始，在全市范围内广泛开展政治理论学习、召开高质量民主生活会和组织生活会、党员结对帮带等十大系列活动，切实加强党的政治建设。组织全市44名党组织书记在电视台、政府网站等平台开设专栏开展“书记亮承诺”活动；组织市委管理的正科级以上领导班子

2019年7月1日，津市市举办庆祝中国共产党成立98周年暨“三十佳”颁奖典礼

及其党员领导班子成员，开展政治建设自查自纠活动，全市科级领导班子共查摆问题清单和整改清单266条，党员领导班子成员共查摆问题清单和整改清单1133条；对全市88家单位573名干部开展政治建设考察。采取送贺卡、戴党徽、温誓词、谈感受等形式，为党员过好庄重温馨的“政治生日”，激发党员的荣誉感、责任感和使命感。为全市6783户共产党员户统一制作“共产党员户”荣誉牌，激励党员不忘党员身份、牢记入党誓言、永葆先进本色。2019年6月，津市举办庆祝中国共产党成立98周年暨“三十佳”评选表彰活动，评选出津市2019年“十佳先进党组织”、“十佳优秀党务工作者”、“十佳优秀共产党员”，组织28名先进典型到市直单位、镇街、村社区、企业、学校等地开展巡回宣讲30余场次，引导各级党组织和党员崇尚先进、学习先进、争当先进。开展“不忘初心 牢记使命”党建知识竞赛活动，全市79支代表队237名选手参与竞赛活动。《书记亮诺重温初心使命》工作经验在中国组织人事报等上级媒体推介。

（高腊梅）

【落实省委巡视反馈问题整改工作】2019年5月开始，配合省委巡视组开展选人用人专项巡视，对巡视反馈的8个方面34个问题119项具体问题，深入查找问题根源，认真制定整改方案，细化整改措施，逐条逐项开展整改。紧盯“挂牌热”背后的形式主义，开展集中清理撤牌5900多块，切实为基层减压，《津市集中整治乡镇“挂牌热”》工作经验在湖南日报等上级媒体推介。

（高腊梅）

【领导班子和干部队伍建设】选优配强领导班子。2019年共研究调整干部470人次，其中提拔重用干部148人，调任干部4人。共选派80后的正职13名，其中85后的镇街党政正职7名，选配90后班子副职16名，其中市直单位3名，镇街13名，9个镇街的专职副书记全部为85后，其中90后3人。开展“三方面人员”（优秀村社区党组织书记、大学生村官、镇街事业编制人员）和选调生择优选拔工作，共选拔10名基层干部担任镇街班子领导成员，畅通领导干部入口渠道，调动镇街、村（社区）干部的干事活力，争先意识。强化干部教育培训工作。以市委党校为主阵地，全年开展各类培训班29个，共计3930人次，其中：举办党校主体班4期，培训344人（科干班2期104人，年轻干部读书班1期60人，基层党组织书记培训班1期80人），举办部门班25期，培训3586人。组织117名干部前往北京大学参加2期政法工作专题外训班，50名干部前往新加坡国立大学苏州研究院参加农村三产融合暨农村人居环境整治培训班，组织562名副科级以上领导干部参加网络在线政治能力建设专题培训班，配合完成上级各项调训任务。严格干部监督管理。组织全市43名副处级以上领导干部完成领导干部个人事项报告工作。坚持“凡提必审”，严格审核全年209名拟提拔重用干部人事档案“三龄两历一身份”等重要信息，对提拔重用领导干部在津市党建网等平台公示。每季度收集干部监督信息成果转交单，至12月，共收集到有具体线索的干部监督信息24条。新出台《关于进一步规范市管干部因私出国（境）管理监督工作的通知》，240名科级干部持有因私出国（境）证件，集中由市委组织部统一管理。完成领导干部社会团体兼职清理，对未经批准或备案在社会团体兼（任）职的科级以上干部21人（兼任职28个）实行督促整改，全部整改到位。市委组织部联合市纪委、市委督查室组成联合督查组，对全市137名“退线改非”干部上班纪律考勤情况进行督查，对“不上班”“上自由班”的12名干部和6家单位相关负责人进行提醒谈话。完成机构改革人员转隶工作。2019年，市委组织部严格按照省委、常德市委和市委机构改革人员转隶工作要求，对全市32家涉改党政机关单位、23家涉改事业单位同步完成机构改革人员转隶和职责划转工作，共转隶人员1100人，其中在职610名（公务员85人，事业人员525人），退休490名。另外，6月25日，调整理顺公共资源交易中心和市旅游外事侨务局工作关系，比照转隶要求转隶人员8名。完成公务员招录工作。按照《常德市2019年考试录用公务员资格审查与体能测评公告》相关要求对考生资料进行全面详细的审查；制定《2019年津市市考试录用公务员体检工作方案》，成立体检工作领导小组，做好工作人员的培训与分工分组；制定《津市市2019年公务员录用考察工作方案》，成立考察工作领导小组，对考生进行全面考察，如实撰写考察报告，为录用审批提供依据，共招录公务员20名。配合公检法招录公务员14名，其中公安局警员生7名，检察院3名，法院4名。办理新录用公务员工资审批34人次，办理日

2019年6月，津市市农村三产融合暨农村人居环境整治培训班在新加坡国立大学苏州研究院开班

2019 年 6 月 27 日，常德市委常委、组织部部长梁仲到津市调研智慧党建指挥中心建设和政务下沉工作

常工资异动 100 余人次。办理公务员到龄退休待遇审批 10 人次。办理机关(参管)单位工作人员抚恤金待遇审批 3 人次。有序推进职务职级并行工作。制定并下发《津市市公务员职务与职级并行制度实施方案》《津市市公务员职务与职级并行制度职级套转和晋升工作方案》，召开工作推进会与业务培训会，明确职务与职级并行工作开展的时间节点和纪律要求，对全市行政机关和参管单位分管负责人及专干进行专题业务辅导。按照安排的时间节点，对各单位已核定的职级职数与职级套转的人员报送资料进行全面审核，并对各单位进行反馈。 （高腊梅）

【基层党建】 创建县级智慧党建指挥中心，累计投入资金 200 多万元，于 2019 年 7 月在原老干局四楼建成占地面积 230 平方米，拥有 LED 超大彩色显示屏、视频会议系统，可容纳 100 多人的多功能智慧党建指挥中心。创新开发支部“五化”预警、党员政治生日、党建热图三项特色功能。支部“五化”考核位居常德市前列，“我的常德”APP 认证率达到常德市第一。精简压缩政务下沉事项至 38 项，投入 639 万元研发升级便民服务查询系统，招录 51 名政务代办员加强村级政务服务力量，按照“三统一”标准打造 18 个政务下沉示范点。加强党员教育管理工作。规范党费收缴使用管理。抓严抓实农村党员冬春训，扎实推进以贫困村党组织书记(第一书记)为重点的村、社区党组织书记和各领域基层党组织书记集中轮训工作。落实常德市“万名党员致富带头人培训行动”，为每个贫困村培养 2 名以上党员致富带头人。推进党员干部现代远程教育创新发展，深化远程站点“五有”创建工作，开展党员教育电教片观摩交流活动。推动基层党建创新提质。落实省委“1+5”文件，印发《关于全面推行“党建引领、互助五兴”农村基层治理模式的通知》，2019 年发展 123 名党员，开展村(社区)宗教、祠堂、小庵小庙等场所摸排，推进抓党建促脱贫攻坚、促乡村振兴，开展“党代表助力脱贫攻坚”行动，试行乡镇党代会年会制，深化区县市党代会常任制试点。集中开展村霸村痞专项整治、村居“两委”班子成员和党员涉黑涉恶专项排查、软弱涣散村社区党组织挂牌整顿工作。优化“红色存折”制度、继续推行“两新”党建公积金。建立镇村运转保障经费逐年增长机制，镇村运转经费分别达到 425 万元、35 万元，较上年分别增加 33%和 39%。推介上报毛里湖镇田家山村、药山镇临东村为省集体经济帮扶村。财政每年列支 1000 多万专项资金，开展“两新”党建、基层干部培训、党代表工作、村居干部体检等。从村社区书记中选拔 1 名人员到镇街担任副职。建立“123”后备台账和村社区党组织书记备案管理制度。开展“一镇街一亮点”基层党建品牌创建、“党建 + 乡村振兴”示范创建、“党建进工地、进企业、进园区”等工作，涌现出 10 多个基层党建品牌，有三洲驿街道“红色治理”(在城市社区建立“红管家”工作室、“老有为”工作室、“红色业委会”等自治组织，引导老干部、老党员、老军人、老教师积极参与社区事务)，襄阳街街道“红色驿站”，新洲镇的党建示范屋场、毛里湖镇的“红色民风”、药山镇的党群微心愿等。投入 500 多万元高标准建设高新区党群活动服务中心，选优配强“两新”党组织书记 43 人，对“两新”党组织书记或专职党务工作者按每

2019 年 7 月 5 日，“新青年 耀青春”津市青年人才趣味运动会活动现场

人每月发放300元的岗位津贴全部纳入财政预算。选取人才公寓建设工地项目和鸿鹰生物有限公司率先开展“党建进工地、进企业、进园区”品牌创建活动。（高腊梅）

【人才工作】2019年，出台《津市市2019年人才活动计划》，策划组织“青春品乡味 青年话乡村”、“新青年 耀青春”青年人才趣味运动会、青年人才培养导师帮带等10项人才系列活动。市委编委办将编制管理与人才队伍建设有机结合，完善人才引进相关的配套政策，完成空编内申报各类人才用编计划189名。2019年1月，教育系统通过公开招聘、外县调任等方式，共引进84人。市人民医院引进1名副高职称高层次人才，与5名住院规培医师签订聘用合同。镇街和公检法、纪检等单位通过公务员招录引进人才20名，企业共引进人才81人，其中本科以上33人。在全市开展旅外人才摸底建库工作，定期以电话、微信等方式沟通交流，宣传津市经济发展情况，增进感情交流，吸引人才回归津市创新创业，报效桑梓。全年为新引进的32名“一本”以上人才发放工作补贴77.2万元，为12名“五百英才引进工程”引进的人才发放工作补贴6万元。市委市政府计划新建人才公寓346套，完成主体工程建设。37名帮带导师以9个导师制小组为单位，通过上门座谈，问卷调查等形式，与173名青年人才开展谈心谈话，了解青年人才思想状况和工作表现，帮助解决工作、学习、生活中的困难和问题。健全完善市级领导联系服务专家制度，共发放54份《领导干部联系服务专家情况反馈卡》，了解掌握联系专家人才的基本情况，帮助解决实际问题。（高腊梅）

宣传工作

【概况】2019年，制定下发《关于印发〈2019年全市党委（党组）中心组专题学习重点内容安排〉的通知》。邀请清华大学特聘教授林惠春、省委党校教授覃正爱等专家领导来津，举办高质量市委中心组（扩大）学习13次，配送《习近平新时代中国特色社会主义思想学习纲要》《习近平在正定》等学习书目600余本，市委中心组成员发表署名文章7篇，精写调研文章11篇。出台《关于积极运用“学习强国”平台开展学习活动的通知》，集中表彰优秀学习组织10个、学习达人10个、优秀学员756个。组织党的报告员业务培训2次，开展“进基层、进机关、进企业、进学校、进村居”宣讲200余场，直接受众2.48万人次。开展“年轻干部读书班”“津市·青年说主题论坛”“党的十九届四中全会理论宣讲”“大学生下基层上党课”等主题活动。

全年在中央电视台上稿10条，新华社上稿9篇，《新华每日电讯》上稿1条，《人民日报》上稿4条，《人民日报海外版》上稿1篇，湖南卫视上稿24条，《湖南日报》上稿41条，其中头版5条、头条2条，湖南经视上稿5条，《常德日报》头版头条10条，常德电视台上稿290条。

市委中心组就网络安全、防范风险挑战进行2次学习；举办全市通讯员网评员培训班，就网络舆情处置引导和网评写作、新媒体及自媒体宣传管理方面进行专题培训。成立涵盖各镇（街道）、市直单位宣传专干的网评员工作队伍，专人专班负责网络舆情工作，配合上级完成宣传指令转发及跟评20000余条。坚持24小时监测网络论坛、微信微博及各大媒体网站，及时关注网上热点事件，迅速处置涉津网络有害信息和舆情。2019年，受理回复人民网地方领导留言、红网百姓呼声、问政湖南、华声在线投诉直通车等网络诉求件82条，回复率达100%。

推进新时代文明实践中心建设试点工作，健全3级组织架构、完善6大服务平台、建立9支专业志愿服务队伍。《津市文明新风进户入心》《桑葚红了，乡亲笑了》等工作成效在中宣部《每日要情》、中国文明网、湖南日报、湖南卫视等主流媒体广泛推介。全市累计向省、市文明办报送稿件960余篇，PC端采用191篇，微信端采用18篇；省级文明精神简报专题刊登津市新时代文明实践中心建设经验文章4篇，占常德市总数的50%。在全市主要交通路口、主干道沿线建成大型公益广告牌10块，小型50余块，发放“图说价值观”“文明餐桌”“移风易俗”张贴画15000余份，全市举办道德讲堂120余次。持续开展“湖南好人”“道德模范”“常德市新乡贤”“新时代好少年”等先进典型选树活动，涌现出了省级“优秀志愿者”朱德文，“湖南好人”邹斌、吴承武，省级、常德市级“新时代好少年”但静怡、刘子豪等，“常德市最美乡贤”水长清、聂军等，常德市第四届道德模范周辉等，对广大民众带来积极正面的榜样的力量，在全社会营造崇德向善，见贤思齐的价值导向。开展“文明单位创建提升年”活动，新评常德市标兵单位共3家，文明单位7家，文明村（社区）8家，位居各区县市榜首，并连续4年通过省级文明城市文明程度指数测评。

2019年，青年干部下基层理论宣讲活动

开展以“迎老乡、回故乡、建家乡”为主题的“2019 盐田港 津市之春”春节文艺汇演，全市人民共度新春佳节；在新洲镇孟姜女新时代文明实践广场举办湖南省“我们的节日·中秋·诗意津城 传承文明”主题晚会，省委宣传部及各地州市宣传部相关负责人现场观摩指导，展示全市文艺工作取得的丰硕成果；《奋斗吧！中华儿女·津市市庆祝中华人民共和国成立 70 周年优秀节目展演》在五环时代全民健身中心主会场隆重举行，全市干部群众近 2000 人现场观看节目展演，网络直播观看人数达 17 万人次，得到津市内外观众一致好评，展示全市干部群众对新中国成立 70 周年的一片赤子之心。有序开展“扫黄打非”专项行动。按照国家、省、常德市统一部署，开展“清源”、“护苗”、“净网”、“秋风”、“固边”5 次专项整治行动。重点清查各种教材教辅读物、各类考试辅导资料，严厉打击盗版印刷，有效截堵非法发行渠道，全年共检查出版物经营单位 160 余家，出动执法检查人员 270 余人次，执法车辆 120 余台次。对市步行街步步高书店杨某某出售非法出版物一案进行立案查处，收缴非法出版物 2700 余册，此案作为大案在省扫黄办进行备案。（陈雨）

【新闻外宣】聚焦中华人民共和国成立 70 周年、“不忘初心、牢记使命”、“工业立市 产业兴城”等重大主题，开展宣传报道工作。9 月 20 日《常德日报》推出“壮丽 70 年 奋斗新时代”津市专版，重点介绍建国以来津市在工业、养老、交通建设、乡村振兴等方面取得的成就；10 月 20 日《湖南日报》以《津市：向着幸福奔跑》为题推出津市连版，展现津市 70 年来在工业、养老、美丽乡村等方面的蝶变。主题教育期间，津市推介朱德文为先进党员代表，在各区县宣讲先进事迹；对“挂牌热”的整治，得到《潇湘晨报》、湖南卫视、《湖南日报》等上级媒体的广泛关注。

确定工业立市、产业兴城、三大攻坚、生态文明建设、乡村振兴等重点选题，《人民日报》2 版《新春走基层 人和家顺事事兴》、14 版《这儿的湿地，有人管有人爱》、新华社《毛里湖洁净变脸》报道毛里湖退养转型治理成效。精心筹划建国 70 周年主题宣传，制作和播出中联车桥、自来水、津市一中、人民医院等多个企事业单位热烈庆祝中华人民共和国建立 70 周年 MV，《湖南日报》以《津市：向着幸福奔跑》为题推出津市连版，展现津市 70 年来在工业、养老、美丽乡村等方面的蝶变，都收到广泛关注和良好效果。紧扣民生热点，深挖事关老百姓获得感、幸福感、安全感的题材，如《津市：文化惠民提升群众幸福感》来在人民日报海外版刊发，《津市：新时代文明实践 打通服务群众 “最后一公里”》在湖南卫视新闻联播播出，《津市市 文明新风进户入心》、《拿出 “明白账”乡村好清爽》等报道在湖南日报刊发。津市电视台微信公众号连续三年位列全国县级广电新媒体百强，2019 年排名第 73，连续三年（2017~2019）被评为常德市优秀媒体微信公众号。

CCTV10《中国影像方志》摄制组围绕津市历史人文、美食物产、工业环保等方面拍摄时长约为 40 分钟的大型纪录片，该片还将收录进国家博物馆。津市市新时代文明实践中心建设工作成效在中国文明网首页、《湖南日报》头版头条、湖南卫视等媒体中广泛推介。首届津市牛肉米粉美食文化节相关新闻在新华社和多家媒体转播。

津市市融媒体中心多方融资，累计投入 330 余万元，高规格推进、高标准建设“一次采集、多种生成、全媒体发布”的媒体融合传播中心，已与《湖南日报》、红网签约，对接省级技术平台。后续电视高清改造、新闻演播厅建设、“中央厨房” 完成物理空间和软硬件建设，正式投入使用。（杨金蕾）

【网评员队伍建设】2019 年，津市将网评员队伍从以前的 78 人扩至 112 人，其中网评员骨干 50 人。增加举报有害信息，上报有害舆情等工作任务，并一并纳入网评员考核机制，每月以文件的形式下发至各网评员单位，对当月网评员的各项任务完成情况进行通报，并纳入年底意识形态考核细则中进行考核；举办全市通讯员网评员培训班，就网络舆情处置引导和网评写作、新媒体及自媒体宣传管理方面进行专题培训，网评员队伍的业务素养进一步增强。

（毛菡）

【涉津舆情处置回复】2019 年，下发《中共津市市委宣传部关于印发〈津市市网络舆情处置网民诉求回复工作实施意见〉的通知》（津宣字[2019]4 号），明确和规范舆情监测与处置、舆论引导、网络安全管理和考核追责等方面的具体流程和工作要求。全年受理回复人民网地方领导留言、红网百姓呼声、问政湖南、华声在线投诉直通车等网络诉求件 82 条，回复率达 100%。对《涉常舆情》均积极回复，重点处置“津市市白衣镇钟灵村村主任殴打群众”、“津市市违

2019 年文化市场综合执法大队收缴的违禁出版物

2019年通讯员和网评员培训班

纪执法，受害人含冤受6个月牢狱之灾2年上访无门”“津市弱势群体投诉无门，棠华乡卫生院院长可以任意横行”等舆情，做到线下妥善处置、网上及时正面发声，占领信息发布的主动权和话语权，避免不良媒体的继续跟进和炒作。全年共编发《舆情动态》10期、《舆情专报》2期。（毛菡）

【属地网络安全管理】2019年，共通过罗杰互联网舆情研判和信息报送系统举报舆情线索18346条，网络举报13668条，蓝信政治类有害信息15528条，位列常德市第一方阵。出台《中共津市市委宣传部关于印发〈津市市新媒体管理暂行办法〉和〈津市市互联网群组信息服务管理规定〉的通知》，对属地网站、微信、微博等媒体进行网络备案登记，完成全市新媒体平台的摸底与登记。对新媒体管辖范围内网络平台进行严格管控，对发现的问题立即现场交办整改，警告并下架“玩游戏网”违规应用1起，打击网络谣言事件1起，促使新兴媒体规范发展，营造良好的网络生态环境。（毛菡）

【开展新时代文明实践活动】2019年，津市开展新时代文明实践中心试点工作，在健全3级组织架构、完善6大服务平台、建立9支专业志愿服务队伍的基础上，《津市文明新风进户入心》《桑葚红了，乡亲笑了》等工作成效在中宣部《每日要情》、中国文明网、湖南日报、湖南卫视等主流媒体广泛推介，全市累计向省、市文明办报送稿件960余篇，PC端采用191篇，微信端采用18篇；省级文明精神简报专题刊登津市新时代文明实践中心建设经验文章3篇，增强新时代文明实践中心的凝聚力、吸引力、影响力，使群众在文明实践活动中获得精神滋养。（胡文杰）

【推进文明村镇创建】按照“有目标、有措施、有队伍、有落实”的要求，全市4镇48村（居）深入开展“推动移风易俗、促进乡风文明”行动，扩大村规民约覆盖面，不断完善农村“村规民约”发布机制，鞭挞陈规陋习，弘扬新风正气。市新时代文明实践中心组织文明单位开展“结对子，种文化”活动，组建近百支志愿服务队伍，开展送医、送技术、送政策下乡等1205场志愿服务，丰富农村精神生活，传播正能量。（胡文杰）

【文明城市创建】市中心城区集中清理楼道120栋（单元），清理牛皮癣1.1万条，清理清运各类积存垃圾1.29万吨，整治劝阻出店占道经营和流动摊贩3200余人次。面向广大市民开展“创建我监督 随手拍”征集活动，印发文明创建宣传单3万份，解决一批影响文明城市测评的突出问题，成功通过省级文明城市文明程度指数测评。（胡文杰）

【深化志愿服务】依托新时代文明实践中心建设组建多元队伍，成立法律服务、科技科普服务等专业服务队伍9支，指导民间自主成立业余志愿服务队伍72支，同时汇聚多元力量。全市志愿者注册人数已达6.5万，占全市人口23.57%（文明城市测评标准为13%），实施四点半学校、乡村夜话等志愿服务项目6个，开展各类志愿服务活动310余场，开创“志愿服务有我，文明实践在我”新局面。（胡文杰）

【文明单位创建】2019年在全市开展“文明单位创建提升年”活动，建立完善文明单位常态化管理，强化文明单位日常督导和动态管理，创建质量明显提升，2019年新评常德市标兵单位共3家（市人大、市人社局、市司法局），文明单位7家（市委组织部、市委政法委、市住建局、市财政局、市襄阳街街道、市城管局、市汪家桥街道），文明村（社区）8家（新洲麓山村、白衣镇金坪村、白衣镇柏

新时代文明实践中心调研会

林村、新村社区、汪家桥社区、油榨坊社区、澹津社区、襄阳街社区、城隍庙社区、后湖社区、五泉社区、白衣庵社区)，文明校园1家(火花幼儿园)，文明家庭2户(易继文、鲁海军家庭)道德模范1名(周辉)，新乡贤2名(水常清、毛祖海)，位居各区县市榜首。（胡文杰）

【理论学习】2019年，制定下发《关于印发〈2019年全市党委(党组)中心组专题学习重点内容安排〉的通知》。对标对表湖南省委、常德市委开展市委理论学习中心组学习活动，邀请清华大学特聘教授林惠春、省委党校教授覃正爱等专家领导到津，举办高质量市委中心组(扩大)学习13次，配送《习近平新时代中国特色社会主义思想学习纲要》《习近平在正定》等学习书目600余本，编印《“不忘初心、牢记使命”三次主题交流研讨发言》50余本，市委中心组成员发表署名文章7篇，精写调研文章11篇。

2019年，出台《关于积极运用“学习强国”平台开展学习活动的通知》，召开全市“学习强国”平台学习管理员知识培训会。集中表彰优秀学习组织10个、学习达人10个、优秀学员756个，发放100~400元的购书卡258张。全年津市市“学习强国”学习平台党员参学率达到100%。（张隽玮）

【年轻干部读书班】2019年第八届市委年轻干部读书班录取学员60人，组织学员集中学习22课次，组织学员参加市委中心组(扩大)学习3次，开展红色教育、户外拓展训练、“津市·青年说”主题论坛活动、社会调研等班队活动10余次。围绕“党的十九大精神”和习近平新时代中国特色社会主义思想重点开设《把握时代课题　实现伟大复兴》、《学习习近平改革思想　将改革进行到底》、《学习习近平生态文明思想　建设美丽常德》、《坚定文化自信　推动社会主义文化繁荣兴盛》等一系列课程。组织学员前往市委办、高新区等单位进行跟班学习，前往津市市特殊教育学校开展志愿者活动，前往重庆开展为期4天的红色外训活动，参观桂园、红岩纪念馆、渣滓洞集中营、白公馆监狱旧址等红色遗迹。年轻干部政治思想水平和学习、工作能力再上新高度。

（张隽玮）

统战工作

【概况】2019年，统战系统完成机构改革，民宗、侨务职能并入统战部，台办并入市委办。统战部内设办公室、党外和非公经济工作室、民族宗教工作室、港澳台侨工作室，下设市新的社会阶层人士服务中心一个事业单位。全市统一战线在开展政治引领、汇聚统战资源等方面，发挥统战成员积极性和创造性，为津市各项事业全面发展贡献统一战线的智慧和力量。市委统战部荣获“常德市统战工作先进单位”，工作经验在中央统战部《中国统一战线》杂志推介，被常德市委统战部授予区县市中唯一的“统战宣传工作突出贡献奖”。继续实施同心工程，实现同心示范点在全市各镇街的全覆盖。打造非公扶贫品牌，引导非公力量聚焦脱贫攻坚行动。创新理念，推动多党合作。引导民主党派人士积极参政议政、民主监督，深化社会服务。加强党外代表人士队伍建设，拓展党外代表人士发展渠道，深化联谊交友机制。组织非公经济人士参加各类座谈会、培训班，帮助非公经济人士健康成长和非公经济健康发展。落实民族优惠政策，开展“宗教法规宣传月”和“五进五好”创建活动；选派干部6人次参加宗教政策理论知识培训。组织开展主题教育活动。机关干部进行主题教育交流会3次，集中学习9天，班子调研成果交流会1次。组织统战成员赴林伯渠故居接受爱国主义教育和统战知识培训。

（叶康）

【统一战线服务“十三五”行动】2019年，发展多党合作事业，在全市各民主党派和无党派人士中开展“不忘合作初心、继续携手前进”主题活动，各民主党派结合自身特点，围绕改善民生开展社会服务，民盟市委、民建市委和农工党市委开展送课送医等活动10余次，累计捐款10万余元，服务群众700余人次。支持民主党派、无党派人士加强协商能力建设，开展政党协商活动。引导党外人士参政议政，在省、常德市、津市市“两会”期间，党外人士参政议政，各民主党派、工商联集体和个人提出议案建议、提案和社情民意70余件，民建会员提交的社情民意得到常德市委书记周德睿、副市长汤祚国的批示。倡议非公有制经济人士参与扶贫活动。开展“户帮户亲帮亲互助脱贫奔小康”活动，将扶贫工作与“万企联村”、光彩事业等工作紧密结合。组织开展会员企业捐资助学，开展“习酒　我的大学”、“湘淮助学”、“建材协会助学”、“润农微

2019年全市统战工作部署会

统战部调研同心社区

善风助学”等捐资助学主题活动，捐助金额超13万元。组织非公企业参与公益扶贫、消费扶贫、慰问困难家庭，累计捐款捐物16.8万元。顺利承办常德市考察活动。围绕经济建设取得的新成就，为常德市委统战部开展的近100名统战人士“看巨变、凝共识、感党恩”大型主题教育活动组织、筹备现场，展现津市发展新气象。（叶康）

【推进同心工程】2019年，市委统战部组织民盟、民建、农工党3个民主党派市委和市工商联，与“同心”示范点村结对共建，通过产业联村、项目带村、智力扶村、捐助帮村，汇聚乡村振兴战略的“同心”力量。着力打造万寿宫社区、青苗社区2个示范点，成功获得常德市级“同心美丽社区”授牌。民建津市市委在新洲镇万寿宫社区举办惠民演出和医疗义诊活动，发放宣传资料1200份，惠及群众800多人，并发动会员向社区同心书屋捐书千余本。民盟津市市委在青苗社区的创建活动被《常德日报》以“民盟津市市委聚力乡村振兴”为题报道。（叶康）

【党外代表人士队伍建设】2019年，注重党外代表人士发展拓展渠道，定期走访任实职党外代表人士所在单位，加强联系，了解情况。2019年出台《市委常委、党员副市长与党外代表人士联谊交友制度》，17名市级领导与43名党外人士联谊交友，为领导干部与党外人士联系交流搭建有效平台。在党外干部配备上，全市29个政府工作部门按要求配齐党外干部，其中包括科技局、住建局、商务局、文旅广体局4个单位的正职，新提拔2名党外副科级领导干部为正科，2名党外干部新任法院、检察院领导班子成员。（叶康）

【非公经济领域统战工作】2019年，召开民营企业家座谈会，津市市委书记傅勇与38位企业代表面对面沟通，“零距离”交流，征求意见和建议。开展“访民企、办实事、解民忧”活动，走访调研民营企业38家，宣传贯彻落实习近平总书记关于民营企业发展重要讲话精神，形成统战理论调研成果。开展“庆祝中华人民共和国成立70周年统一战线优秀人物风采”和“新津市人”宣传报道及“十佳优秀企业家评选”活动，营造尊重企业家的良好氛围。组织工商联会员企业代表开展“改革开放关键一招 这个时代超级燃”理想信念主题教育活动、“庆祝建国70周年”主题系列活动，促进非公企业人士健康成长。（叶康）

【民族宗教工作】2019年，开展宣传教育。宗教会议精神进常委会、常务会，召开统战工作领导小组会议，研究宗教督查整改工作，宗教理论政策进党校科干班、进中心组学习，宣传宗教法律法规。注重业务知识学习。为全体市级领导以及统战工作领导小组成员单位发放《宗教理论知识学习手册》；选派统战干部1人参加省宗教理论政策培训；统战部分管副部长、部分镇街分管领导等5人参加常德市宗教理论知识培训。更新历史台账资料。统战部在实地走访和各镇街上报数据的基础上，更新一系列台账列表，摸清全市宗教工作底子。津市共有宗教场所20处，其中佛教12处，道教4处，天主教1处，基督教2处，伊斯兰教1处。3次更新“三级网络两级责任制”台账，对村社区宗教信息员进行逐一核对，并在各宗教场所进行公示，夯实宗教工作基础。引导宗教与社会主义社会相适应。统战部加强对各场所政治引领，在各宗教场所进行“十

市中心组学习党的民族宗教政策

九大精神、法律法规、国旗国歌、社会主义核心价值观、中华优秀传统文化”进场所的“五进”活动，在各镇街督导、各场所配合下，全市各宗教场所均已完成阶段性“五进”活动要求。部分宗教场所如古大同寺、天主教、大同观禅寺、青龙寺主动开展扶贫帮困行动，慰问附近孤寡老人或困难居民。加强日常活动监管，统战部要求各宗教场所严格执行报备制。为有效治理各宗教场所财务管理混乱问题，统战部在年末联合财政局对全市各宗教场所进行财务专项检查，全市各宗教场所存在问题38条，已逐一进行交办。在少数民族考生享受优惠政策审核工作中审核考生资料30份，其中符合条件的27名考生均已顺利办理优惠加分手续，无一起差错事件。

（叶康）

政法工作

【概况】2019年，全年刑事案件、交通事故死亡人数、矛盾纠纷、信访总量均保持下降趋势，没有发生一起恶性刑事治安案件，没有发生一例堵路、堵桥、堵门群体性事件。津市获评全国“七五”普法中期先进县（市、区）、全省综治工作先进县市区、全省信访“三无”县市区，连续16年保持“全省平安县市区”称号。

（周上）

【新中国成立70周年大庆安保】2019年特护期间，政法系统全员出动，全程无休，实行24小时值班值守；各镇街、市直单位按要求开展值班备勤，每日在“五小场所”、辖区重点场所、学校及休闲商业广场等人流集中区域，不间断开展路面巡查，重要部位始终保持“警灯闪烁”；及时稳控重点人员，排除和化解矛盾纠纷隐患，防控越级上访；全市未发生一起重大社会影响案件和群体性事件，无一人赴省进京上访，社会秩序和谐安定。因公安特护期作出的贡献，津市“火线提拔”5民干警，津市公安局被评为“常德市公安机关新中国成立70周年大庆安保工作先进单位”。

（周上）

【服务工业企业】围绕“工业立市、产业兴城”战略，市委政法委在充分调研和征求意见的基础上，出台《关于依法保障和服务民营企业健康发展的实施意见》，法院、检察院、公安局、司法局、公安局交警大队也相应出台《关于开展服务和保障民营经济发展的实施方案》、《优化经济发展环境“十条”》等系列文件，为企业提供更好的法律保障，赢得广大企业的高度认可。开展结对帮扶，政法单位中层以上干部“一对一”联企结对，每月定时到企业了解问题、收集问题，解决困难。共协调解决湘澧盐化困扰企业几十年的果园群众穿行企业道路改道等问题30多个。开展企业涉执行案件集中攻坚，对在津企业涉及的执行案件开展新一轮的集中清理和攻坚行动，涉企业执行案件实际执结率达到80%以上，为企业挽回经济损失4000多万元。

（周上）

【政法领域改革】完善政法领域改革工作，将改革向纵深推进。市法院重点围绕员额法官组建新型审判团队，深入推进多元化纠纷解决机制改革。市检察院出台《全面落实认罪认罚从宽制度的意见》，推动公益诉讼检察工作科学发展，全面落实以审判为中心的刑事诉讼制度改革。公安局精准落实“最多跑一次”服务，38项行政许可、审批“一步到位”全部进驻便民服务中心，方便群众办事。

（周上）

【扫黑除恶】2019年，扫黑除恶专项斗争进入“攻坚之年”，津市集中力量抓好扫黑除恶案件侦办，统一执法办案思想，在保证案件质量的基础上，加速大要案件的侦办，及时扫除案件侦办中存在的问题和障碍，依法快捕、快审、快判。共打掉涉恶犯罪集团2个，涉恶犯罪团伙6个，在侦涉恶专案5件，洞庭风雷行动专案1件，完成一审判决专案2件，破获涉恶案件56件，刑拘涉恶犯罪嫌疑人130人，逮捕59人，移送起诉108人，判决42人，涉案违法犯罪人员投案自首24人，收缴涉黑涉恶枪支1支，立案查处涉黑涉恶“保护伞”4人，处理涉黑涉恶腐败2人。

突出推进专项治理。对建筑工程恶意竞标、串通投标，交通客运、出租车随意涨价停运，水利、国土矿产资源盗采滥挖，毛里湖周边非法拦汊筑坝，国有集体资产强占强租等现象开展专项整治，全力整治行业乱象。持续开展“6+1”专项行动，强力推进“三贷三霸”专项整治，结合“不忘初心，牢记使命”主题教育，深入开展娱乐服务场所“毒黄赌”问题专项整治，行动期间共查获吸毒违法人员12人，强制戒毒7人，其他违法人员11人；“洞庭风雷”专项行动破获“1·31”非法采砂案，共刑拘15人，逮捕12人，扣押冻结涉案财物1000余万元，其中现金220余万元，盗采砂石船2条，车辆6台；破获特大地下“六合彩”赌博案，涉案金额巨大，逮捕嫌疑人27人。

突出落实问题整改。2019年，中央扫黑除恶专项督导组进驻湖南巡视常德，反馈9个方面18个问题。针对中央督导组反馈问题，津市高度重视，确定9个方面20个问题的整改内容，成立由市委书记挂帅的整改工作领导小组，制定本市《中央扫黑除恶第16督导组交办问题整改工作方案》、《整改问题清单》和《整改责任清单》，逐项明确整改牵头领导、责任单位、整改措施、整改时限。市委书记、市长多次听取整改工作情况汇报，专题调度案件侦办，坚持分管市领导双周调度、扫黑办常务领导周调度工作机制，督促各牵头单位落实整改，10月中央督导“回头看”前，20个问题已整改到位。对省委巡视组交办的涉黑涉恶线索5条，已完成核查回复；常德市委领导签批线索1条，已完成核查并回复。

突出加强领导调度。凡大案、要案，市级领导均牵头包案、督案，确保案件侦办效率和效果。市委常委会、市政府常务会，镇（街道）以及成员单位每季度专题研究部署扫黑除恶工作，解决突出问题，指导专案侦办，推动工作纵深开展。对案件侦办中出现的疑难争议问题，邀请专家指导组进行协调，组织开展涉恶线索、案件研判会商24次。同时,认真开展“三项回头看”活动,严防黑恶势力渗透进入基层组织,进一步加强村(居)“两委”班子建设,铲除基层组织滋生涉黑涉恶违法犯罪行为的土壤,整治软弱涣散基层党组织4个,对药山镇杨坝垱村、新洲镇五泉社区挂牌整顿。结合“三联四大”充分发动干部走村入户进行摸排,发现线索124条,其中行业部门摸排8条,确定为涉恶有效线索23条。(周上)

【平安建设】2019年,津市市社会综合治理模式不断丰富完善。推进整治行动,发挥职能部门优势,各尽其责,狠抓工作落实。针对未成年人违法犯罪开展专题调研,形成调研报告,报四大家领导参考决策;对学校及周边治安环境进行排查整治,净化学校育人环境;组织各镇街、村社平安志愿者开展毒品原植物排查,提升群众识毒防毒意识。强化社会面管控,通过开展巡防队管线,派出所控片,警务室守点,镇街、村社义务巡防队作为有效补充,开展治安巡逻,最大限度降低街面“两抢一盗”等侵财案件发案率。“城市快警”实行“123快速反应”工作机制,确保“核心部位1分钟、重点部位2分钟、一般区域3分钟”的治安防空圈,可防性案件明显减少。落实电动车防盗备案登记工作,登记备案10833台联入物联网防盗系统,减少电动车被盗案件。探索基层治理新机制,各镇街结合实际,形成一批创新社会治理的新模式、新体系,如三洲驿街道的“红管家”“老有为”“睦邻”工作室,襄阳街街道的“志愿者+”,嘉山街道的无职党员当好“四员”,白衣镇的“三二一”调解法等,引导一批老党员、老干部、老军人、老模范、老教师和志愿者参与社区事务和基层治理,提升群众的获得感、幸福感和安全感。落实婚姻家庭纠纷多元化解机制,2019年,“津市和”家事工作室,共受理纠纷609件、调和178件,解决家庭关系和谐稳定的源头性问题,有效地维护社会和谐与稳定。规范网格化管理,加大财政投入,提高网格员工资待遇;每年组织技能比武培训,提高网格员队伍综合素质;开展“十佳网格员”评选活动,增强网格员争先创优意识,提高履职能力。

2019年,基础投入力度加大。法院加快诉讼服务中心建设和智慧法院建设。检察院青年干警公寓已于9月正式投入使用,为25名单身青年干警解决食宿问题。市公安局投入200余万元保障“城市快警”工作运行,投入300余万元强化“一村一辅警”的人员配备和警务室建设;公安业务技术用房建设已进入装修尾声;白衣派出所、药山派出所启动开工,汪家桥派出所、毛里湖派出所办公用房计划于2020年上半年投入使用。司法局对辖区内9个司法所进行规范化建设,已有7个建设完成,其中金鱼岭司法所被评为“全国模范司法所”,省、常德司法所规范化建设流动现场会在此召开。

2019年,科技支撑水平提升。强化农村“雪亮工程”监控平台建管维护,全市900余个监控探头联网接入常德平台,600余个智慧教育监控探头与常德对接联网,投入200余万新建53个人脸识别监控探头已应用,有效支撑多角度、多方位社会面管控,建成以来,通过人脸识别系统捕捉犯罪嫌疑人轨迹40余人次,帮助抓获犯罪嫌疑人14人。

2019年,特殊人群管控加力。投入2000多万元新建精神障碍患者康复中心,并为易肇事肇祸精神障碍患者落实监护奖补政策,强制收治10人,有效杜绝特殊人群违法犯罪情况发生;同时,采取多角度、多手段加强重点人员管理,将重点人员服务管控工作落实到镇街干部和政法干警,要求必须落实“四到位”,即组织领导到位、入户走访到位、重点对象见面到位、矛盾化解处置到位。“三联四大”工作期间,共有近千名镇(街)、村(社区)干部和300余名政法干警走访居民86542人次,摸排矛盾纠纷956起,化解945起,收集处理社情民意1810件,极大降低社会面管控风险。(周上)

【维护稳定】2019年,坚持信访联席会议月调度机制,市级领导坐班接访、信息公开;市政府将信访作为四大底板工作,由信访局长兼任市政府办副主任,分管副市长牵头进行月调度,化解信访案件;政法委主要领导坚持对全市重点群体、信访个案专题调度,对重大信访案件进行会商研判,专案专督持续发力。同时,建立完备的情报信息网,全市镇街、村社共发展情报员200余人。共收集各类矛盾纠纷信息1000余条,其中有价值信息235条。

2019年,共接待来访群众1336批2938人次,到常德上访28批46人次,赴省上访31批46人次,进京上访15批15人次。按照“控增量、减存量”目标,发动基层干部轮流做工作,先后化解五年以上信访积案46件,津市信访积案已成个位数。三洲驿街道重点信访对象刘某云自20世纪60年代起,一直反映要求撤销某县纪委对自己经济、作风问题的复议决定,要求恢复名誉,落实政策,多次到省、常德等各级政府、部门上访,2019年11月份签订息访息诉协议书,结束50余年的上访之路。

2019年,津市对拟实施的项目进行清理,聘请风险稳评公司,对涉及人民群众切身利益且在实施过程中可能存在涉稳风险的重大项目,开展风险评估。凡需经市委常委会、市政府常务会讨论作出决策的重大事项,要将风险评估作为前置程序。对“津市首届牛肉米粉美食文化节”活动、津市市原雪丽造纸厂北侧棚户区改造项目、津市市新码头小区棚户区改造项目、津市市针织厂宿舍及周边棚户区改造项目、津市市二米厂周边棚户区改造项目、津市高新技术产业开发区等6个重大项目开展社会稳定风险评估,未引发一起重大涉稳问题。津市未发生一般、较大、重大、特大群体性事件,没有出现群体性事件迟报、误报、漏报、瞒报等情况。

2019年,加快办结涉稳问题,全国“两会”、省委巡视组巡视、新中国成立70周年等特护期,市、镇街、村社三级加力,将矛盾化解在基层和萌芽状态,将人员稳控在本地,确保全市特护期社会大局的绝对平稳。常德市共交办津市各类涉稳问题34件、重点人员20人，已成功办结27件。加快办结涉法涉诉信访问题。受理涉法涉诉信访案件77件次、83人次，办结65件，化解29件。省委第三巡视组巡视期间交办涉法涉诉信访件6批33件，已经全部办结，其中息访20件。在“百日会战”期间，涉案标的约200万的信访人彭某华化解息访。（周上）

【依法治市】2019年，全面完成司法行政机构改革，成立市委全面依法治市委员会，9月5日召开市委全面依法治市委员会第一次全体会议，审议通过《市委全面依法治市委员会工作规则》等三项工作制度；完成原市政府法制办职能职责划转到市司法局等相关工作。加强基层调委会队伍建设，全市共建成各类人民调解组织102个，其中：镇街人民调解委员会9个，村社区人民调解委员会76个，行业、专业人民调解委员会6个，人民调解委员会分别驻人民法院、人民检察院调解室各1个，驻公安派出所调解室9个，全市人民调解员272人。2018年11月至2019年10月，共受理各类矛盾纠纷3862起，调解成功3854起，没有发生因民间纠纷调处不及时或调处不当而造成的非正常死亡、民转刑案件、群体性闹事和群体性上访。稳步推进青少年法治教育，将学法、懂法、用法普及到全市各镇街、各村社、各行业的同时，推选法、检、公、司、交等政法单位主要负责人担任中小学校法治副校长，带头上好法治教育课，推进青少年普法活动，预防青少年犯罪，让全民守法形成共识。

2019年，开展“百案大评议”“千案大评查”“万案大公开”活动，共评查各类型案件1986件，上传裁判文书及信息共1956份，裁判文书上网率达100%。评查结果及整改情况及时排名通报，针对评查活动中发现的问题，实行案件质量责任倒查，与干警业务考核进行挂钩，督促办案人员及时纠正存在问题。开展执法监督案件评查活动，排查出刑罚未执行人员10名，已督促全部上网追逃，6人被抓捕归案，依法交付执行，其他4名对象已落实“一人一策”。

2019年，普法宣传工作氛围浓厚，落实“谁执法谁普法”责任制和以案释法制度。将“会前学法”推广至“四大家”，市委常委会共开展会前学法13次。发挥法治文化广场和三湖公园等法治文化宣传阵地作用，定期更新法治文化宣传内容。建成完善青少年法治教育基地。继续推广“法治夜话”，结合“青少年法治宣传周”、“3·8”妇女维权日、“3·15”消费者权益保护日、“送法下乡”、“农村法治宣传月”等活动，高质量地开展“法治夜话”活动30场。（周上）

【队伍建设】2019年，学习《中国共产党政法工作条例》，开展《条例》学习主题培训班，要求干部职工学以致用，将《条例》严格执行到工作中去，融入到生活中去，政法干警深入学习条例内容，切实增强干警履职的使命感和责任感。加强政治理论学习，以“不忘初心、牢记使命”主题教育活动为契机，政法干部认真学理论、找差距，每周2次开展集中学习、研讨交流、书记带头进行调查研究、全体人员深入检视自我、及时纠正存在的问题，达到主题教育预期效果，不断增强“四个意识”、坚定“四个自信”、做到“两个维护”。加强常规知识学习，督促政法各单位开展“津警夜校”、“法官夜校”、“囊萤学堂”、“青年干警讲法”等学习活动，加强对业务技能、综合素质等方面的培训，提高全体政法干警履职能力。

2019年，组织“十佳政法干警”及政法系统中层以上干部120多人，分两批次赴北京大学参加新时代政法工作培训班，邀请专家学者授课，择优29篇高质量学习心得汇编成册，提高新形势下政法干部工作能力和水平。组织全市信访干部、调解干部赴浙江参与“枫桥经验”培训班，学习先进调解经验，并学以致用推进调解工作再上台阶。

2019年，更新青年人才库，储备94名优秀青年干部，政法系统按“人岗相适”要求提拔交流42名干部，任用干部无一封举报信件、无一起上访事件。政法青年干部在全市年轻干部“公推比选”中崭露头角，5名干部入围，公安局一般干部杨淳同志通过“公推比选”被提拔为市委宣传部副部长。

2019年，召开政法系统队伍作风建设集中教育整训动员会，系统各单位中层以上干部、干警110人参加会议，开展为期一个月的集中教育整训活动。组织各单位班子成员赴常德市新安学校、常德市强制隔离戒毒所开展警示教育活动，进一步强化底线思维、红线意识。继续开展每月督查活动，邀请6名政法队伍形象监督员参与，以不定期对全市政法单位警容风貌、业务工作、纪律作风等方面实行暗访督查，发现问题50多个。实施《作风建设责任连带机制实施细则》，压实领导干部“一岗双责”履职，对各单位发现的问题，一般问题谈心谈话及时提醒，重要问题纪检审查。

2019年，组织政法系统举行“歌唱祖国、筑梦津市”歌咏比赛，各单位“一把手”带头参与，常德市委政法委、津市“四大家”领导均到场参加观看，政法系统350余名干部职工汇报演出。12月，举办第三届“政法杯”运动会。经过2018年近半年的宣传、投票、评比，评选出津市市“十佳政法干警”，并于2019年2月在《常德日报》专版进行宣传推介。在全市党委系统工作会议上以及歌咏比赛的汇报演出上，对“十佳政法干警”进行表彰奖励。（周上）

机构编制

【概况】2019年，市委编办着力深化党政机构改革、人大、政协机构改革、群团组织改革、事业单位改革、综合行政执法改革、镇（街）机构改革，落实“放管服”改革，科学优化编制资源，为全市经济社会发展提供坚强的体制机制保证。2019年被评为津市市绩效评估优秀单位、常德市文明单位。市委编办对外使用市事业单位登记管理局名称，归口市委组织部管理，内设综合股、机构编制股，下设副科级事业单位市机构编制事务中心。（黄芷容）

【党政机构改革】2019年，印发《津市市机构改革实施方案》《关于津市市党政机关机构设置的通知》等文件，相继召开改革动员大会、人员转隶工作会议，涉改党政部门实行集中挂牌。改革后，津市市共设置党政机构37个，其中，市委机构8个（市纪委监委、市委办、市委组织部、市委宣传部、市委统战部、市委政法委、市委编办、市委巡察办），市政府工作部门29个（市政府办、市发改局、市教育局、市科技局、市工信局、市公安局、市民政局、市司法局、市财政局、市人社局、市自然资源局、市住建局、市交通运输局、市水利局、市农业农村局、市商务局、市文旅广体局、市卫健局、市审计局、市退役军人局、市应急局、市市场监管局、市统计局、市城管执法局、市行政审批局、市信访局、市扶贫办、市林业局、市医保局）。设在相关部门的议事协调机构8个（全面深化改革委员会办公室、全面依法治市委员会办公室、网络安全和信息化委员会办公室、财经委员会办公室、外事工作委员会办公室、审计委员会办公室、教育工作领导小组秘书组、农村工作领导小组办公室）。制定印发35个党政机构"三定"规定或机构编制调整文件。

（黄芷容）

【人大、政协机构改革】市人大专门委员会和常委会办事机构、工作机构依法设立，实行总量控制。改革后，市人大常委会设置办事机构、工作机构2个（办公室、选举任免联络工作委员会），市人大设置专门委员会7个（民族华侨外事委员会、监察和司法委员会、财政经济委员会、教育科学文化卫生委员会、环境与资源保护委员会、农业与农村委员会、社会建设委员会）。市政协专门委员会和办事机构根据章程设立，实行总量控制。改革后，市政协设置办事机构1个（办公室），专门委员会6个（委员学习联络委员会、提案委员会、经济科技和外事委员会、农业农村和人口资源环境委员会、文教卫体和文史委员会、社会法制和民族宗教委员会）。制定印发市人大机关、市政协机关机构编制调整事项通知。（黄芷容）

【群团组织改革】市总工会、共青团、市妇联、市科协、市文联等5个群团组织已陆续出台改革实施方案，除工青妇以外其他群团组织机关原核定的行政编制予以收回，按1:1.5的比例置换核定全额拨款事业编制。（黄芷容）

【事业单位改革】2019年，市委、市政府直属事业单位改革后，设置市委直属事业单位4个（市委党校、市委党史研究室、市接待服务中心、市融媒体中心），市政府直属事业单位3个（市招商促进事务中心、市供销合作社联合社、湖南省津市嘉山风景名胜区管理处）。对32个部门所属承担行政职能的副科级及以上事业单位改革事项、19个机构名称变更、90个机构隶属关系调整进行明确。印发市委党校、市融媒体中心、市机构编制事务中心、市社会保险服务中心、市地震局等5个单位"三定"规定或机构编制调整文件。（黄芷容）

【综合行政执法改革】津市市五大领域综合行政执法改革主要涉及文化市场、农业、市场监管、交通运输、生态环境保护等五大领域，根据各主管部门拟定的综合行政执法改革方案，统筹推进改革任务，其中生态环境保护领域综合行政执法改革工作由常德市生态环境局津市分局按常德市生态环境局要求组织实施。（黄芷容）

【镇(街)机构改革】2019年，制定印发《津市市街道机构改革实施方案》《津市市镇级机构改革实施方案》、各镇（街）"三定"规定，对镇街主要职责、机构设置、人员编制等进一步明确。白衣镇由三类镇调整为二类镇。改革后，4个二类镇、5个二类街道均配备领导职数11名，设置机关内设机构6个、执法机构1个、事业站所6个。各镇(街)事业站所核定增加22名全额拨款事业编制。（黄芷容）

【"放管服"改革】2019年，牵头组织开展"减证便民"专项行动。根据《湖南省人民政府办公厅关于公布省人民政府及其部门取消证明事项的通知》精神，对应取消38项证明事项。结合本轮机构改革，将津市市行政审批制度改革工作领导小组及其办公室的职责全部移交给市行政审批服务局，相关工作已移交完毕。（黄芷容）

【机构编制管理】2019年，全市共有行政事业机构386个（副处级机构3个，正科级机构93个，副科级机构47个，股级机构229个，未定级机构14个），行政事业编制5846名（行政编制1130名，工勤编制65名，事业编制4651名），在编人员4348人。市法院、市检察院机构编制移交省级统一管理；常德市生态环境局津市分局作为常德市生态环境局的派出机构，由常德市生态环境局直接管理。设立金融发展服务中心等4个副科级事业机构；24个涉改党政部门调整行政编制42名；核准全市各部门申报各类人才用编计划189名，其中：公务员招录计划58名，选调生选调计划10名，基层农技特岗人才计划7名，教育系统人才引进、特岗教师、免费师范生等计划114名。依据"三定"规定及机构编制调整文件对各单位的机构名称、领导职数、编制等异动情况及进行台账更新处理；及时受理各单位的上下编申请，调整相关单位人员信息。全市55家单位转隶1108人的编制异动手续办理到位，日常办理152人的上编和167人的下编手续，人员划转异动745人，机构编制信息异动近500条。

（黄芷容）

【机构编制工作规则】2019年，第一次编委会议审议通过《市委编委工作规则》和《市委编办工作细则》，对市委编委、市委编办的工作职责、会议制度、工作程序和审批权限、文件签批等进行规范，进一步提升机构编制工作的规范化、科学化、制度化、法治化水平。

（黄芷容）

【机构编制监督检查】2019年，根据市委巡察工作领导小组交办的部分单位机构编制管理方面的问题，对市司法局、市人社局、市农业农村局、市文旅广体局、市统计局、汪家桥街道、市一中等7个单位的机构编制问题进行调查核实，督促各单位将擅设内设机构、超配股室负责人等问题整改到位。（黄芷容）

【机构编制管理基础建设】2019年，对各单位1979年以来的机构编制档案进行分类整理，摸清各单位机构编制历史沿革情况；分单位建立417份台账，包括人员异动台账、机构编制管理台账、历年人员名册、机构编制管理证，同步更新机构编制综合管理平台数据；完成近70万字的《津市市机构编制史（1988~2018）》编纂工作。（黄芷容）

【统一社会信用代码和事业单位登记管理】2019年，办理统一社会信用代码变更登记42个、注销登记8个；事业单位年度报告公示249个，变更登记29个、证书补领1个。（黄芷容）

【网上名称管理】2019年，中文域名续费320个，全面完成中文域名注册及网站挂标工作。（黄芷容）

老干部工作

【概况】2019年，市委老干部局履行服务大局、服务中心、服务老同志的职能职责，着力推动五个方面不断提高，全面完成工作任务。全市共有副科级以上离退休干部1179人。其中，离休干部33人（抗战离休干部2人，最大年龄为100岁，最小年龄为84岁）。处级实职退休干部49人，享受处级待遇退休干部30人，科级退休干部1067人。全市共有离退休干部党员2063人，组建32个老干部党支部，12个老干部党小组，老年社团党支部3个（中共津市市老科学技术工作者协会支部、中共津市市老年书画诗协会支部、中共津市市老摄影家协会）。

【落实老干部政治待遇】强化政治引领，“三项建设”水平不断提高。一年来，把政治建设摆在首位，以正面引导教育为切入点，加强离退休干部政治建设、思想建设和党组织建设。强化政治建设。围绕新时代党的建设总要求，教育引导离退休干部铸牢“四个意识”，通过举办专题辅导、时政报告、座谈讨论、送学上门等形式，开展“不忘初心 牢记使命”主题教育，引导离退休干部深入学习系列讲话精神、学党章党规和先进典型事迹，引导全市离退休干部坚定政治立场、政治信仰和政治纪律，使老同志及时听到党的声音，了解党的政策和国际国内形势，做到重要情况及时知晓、重大决策自觉拥护、重点工作积极参与。强化思想武装。以中共十九届四中全会精神宣讲为抓手，通过“运用媒体学”“专家解读学”“创新形式学”等举措，组织引导离退休干部认真学习习近平新时代中国特色社会主义思想和党的十九大精神。全年举办培训班1期、培训320人；突出党性教育，开展“不忘初心、牢记使命”主题活动。举办党的十九大精神专题报告会2场，先后邀请常德市委党校教师为离退休干部、离退休干部党支部书记就学习贯彻习近平新时代中国特色社会主义思想和党的十九大精神进行解读辅导；推进离退休干部党员教育培训常态化制度化，市襄阳街、药山镇结合实际出台《离退休干部党员教育培训制度》，开设书记讲党课、流动课堂，推动学习深化；市法院、公安局以乐带学、以赛促学，丰富学习形式，举办离退休干部党的十九大理论知识培训，老干部参训率达到85%以上；市科技工信局老干支部建立党员学习群，积极探索“时间短、内容新、形式活”的“微信＋微党课”学习教育模式。通过强化思想武装，引导离退休干部真心认同、把握真谛、学思践悟、以知促行。强化组织建设。积极推进离退休干部党组织五化建设，学习教育成常态、形成制度。抓好离退休干部党组织带头人队伍建设，及时换届选好配强党组织书记。加大离退休干部党组织规范化建设推进力度，创新离退休干部党组织设置方式，探索推进“党支部＋”模式，认真落实“三会一课”等党内政治生活制度。突出工作保障，加大党费对离退休干部党支部活动的支持力度，建立离退休干部党建经费保障机制。市三洲驿街道、襄阳街道积极探索社区“党建＋服务管理”模式，利用社区智慧党建平台，创新开展党内组织活动，让“主题党日”实起来、活起来、严起来，彰显“老党员、新先锋”形象；襄阳街道充分利用党员活动之家，离退休党支部建立关爱帮扶常态化工作机制，把党的关怀和温暖“一个也不少”送到老同志家；三洲驿街道探索在离退休干部党员集中居住地同心小区建立党支部，成立服务站、老年大学教学点。通过加强离退休干部党组织建设的具体措施，进一步增强党组织凝聚力，激发党建活力。

【落实老干部生活待遇】强化待遇保障，精准服务水平不断提高。按照年初工作部署，着力在强化保障上精准发力。一是强化政治关心。坚持按规定落实好离退休干部政治理论学习、参加组织生活、情况通报、参加重要会议和活动、参观考察、走访慰问、领导联系同职级老干部等政治待遇制度。一年来举办集中政治学习4次，形势情况通报会2场，学习辅导报告会2场，组织老干部参观考察活动1次。二是强化生活保障。针对离休干部高龄服务需求，做好离休干部服务管理工作，对精细化、优质化、个性化服务离休干部作出具体规定。今年按政策落实提高我市31名离休干部无固定收入配偶遗孀和12名建国初期参加革命工作的退休干部生活补贴标准。建立多部门联动机制，推进养老服务体系建设，城区街道组建爱心敬老服务站、爱老志愿者服务队。3家养老机构，参与老干部养老服务，满足老同志生活之需。三是强化困难帮扶。进一步健全完善特困老干部帮扶机制，落实帮扶资金，加大对高龄、独居、多病老干部的关爱，开展亲情化、个性化等多形式的服务，提高老干部服务保障水平。全年对32名特困离退休干部给予帮扶资。建立定期联系、看望、探视制度，市委老干部局健全“高龄、独居、空巢和有特殊困难家庭的联系、探访、帮扶制度”。通过在精准服务上不断做实做深做细，对老同志政治上的关心、生活上的照顾、困难上的帮助更加到位。

【开展正能量活动】强化作用发挥，正能量活动水平不断提高。开展“增添正能量，共筑中国梦”主题活动，引导老同志发挥作用。一是聚焦重要节点。聚焦学习贯彻党的十九大精神和纪念改革开放40周年，认真谋划特色主题实践活动。成功举办两期"我看新中国70年"大讲坛和"十九大精神"主题诗会。搭建"学""看""走""展"四大载体，组织开展"不忘初心 牢记使命"工业摄影展、"庆祝新中国建立70周年诗歌创作和朗诵"等活动，组织引导全市离退休干部用热情歌颂美好生活，奏响改革开放好的主旋律，进一步把智慧和力量凝聚到津市实现跨越发展上来。二是聚焦中心工作。全市离退休干部主动作为，紧扣市委、市政府中心工作，围绕经济社会发展的热点、难点开展调研，建言献策，为领导决策策提供可行参考。一年来，针对津市交通现状、人口老龄化现状、乡村振兴、环境保护等社会文化经济发展，调研撰写10篇调研报告，得到了市委、市政府主要领导亲自批示和相关单位的高度重视，并得到及时整改。市老科协在助推乡村振兴战略和精准扶贫等方面，组织老同志送科技、送农技、送培训，组织引导老同志为脱贫攻坚贡献智慧和力量；市科技工信局老干支部围绕"如何推动津市跨越发展"，着力在服务工业发展上深化活动，组织退休干部参与津市工业志的编撰工作，打捞城市记忆活动，提供大量的珍贵图片资料。三是聚焦所需所盼。结合离退休干部实际特点，搭建有效平台，积极推进党员志愿服务活动，组建志愿服务队，在关心下一代、环境卫生整治、调解邻里纠纷、倡导文明出行等方面开展志愿服务。三洲驿街道，襄阳街道依托志愿者队伍开展相关志愿服务，打造全社会关爱青少年的浓厚氛围。毛里湖镇、金鱼岭街道"留守儿童'+'站"推动农村留守儿童工作深入开展。市关工委关爱青少年健康成长，加强青少年思想道德教育，依托市红色展览馆、党史国史红色教育基地，开展"传承红色基因 争做时代新人"主题活动5场。组织参加全省"腾飞中国辉煌70年"征文活动，收到中小学生征文312篇，以点带面，创新品牌，开展五老弘扬家风主题教育活动，组织隔代家庭教育报告会3场，市未成年人检察机构一"玉芳姐姐工作室"助力涉罪未成年人回归正途，开展"四进"活动，将职能延伸至村居、社区、企业、学校，通过开展法治宣传、结队帮扶、犯罪预防等手段，为孩子点一盏明灯。通过组织引导老同志积极发挥作用，深化拓展为党和人民事业增添正能量活动。

【老年大学】2019年市老年大学共开设摄影初级、摄影提高、书法、国画、形体舞蹈、交谊舞蹈、二胡、诗词、电子钢琴九个班，全年共招收老年学员540人次。老年大学不断优化课程设置，创新教学内容，2019年，定期组织各班开展"不忘初心、牢记使命"主题教育，摄影班曾多次前往湖北方山竹海、张家界地缝、湖北随州银杏谷、高新区千吨级码头、关山、澧县等地采风，形体舞蹈班多次外出参加比赛活动，2019年获常德知青50周年(梵净山之旅)文艺汇演比赛二等奖，获津市市鸿鹰祥星都杯冠军。老同志们在老年大学学到了知识，交到了朋友，享受了快乐。

【关心下一代工作】一是开展"腾飞中国、辉煌70年"爱国主义教育宣讲活动。结合迎七一，庆祝中国共产党建立98周年，新中国成立70周年，组织发动广大"五老"共开展宣讲活动10余次，听讲人数达到3000人次。二是开展"我为祖国点赞"演讲暨诵读比赛。4月中旬，在李家铺中学开展"我为祖国点赞"演讲暨诵读比赛，同学们历数英雄事迹、展望祖国未来，回顾屈辱历史、坚定圆梦志向，讴歌祖国丰功伟绩、感慨祖国繁荣昌盛等。三是举办"书香致远伴成长"系列活动。为建设"书香津城"，传承"红色基因"，向中学捐赠图书、期刊500余册，内容涉及本地红色文化读本、文学、科普、百科知识等，让孩子们养成爱读书、多读书的好习惯。四是在中小学开展"十个一"活动。市关工委组织学校德育组、班主任在假期里开展好"十个一"活动，主要包括：读一本有思想道德教育意义的书籍；看一部爱国主义的影视片；写一篇假期活动的日记或心得的文章；坚持参加一项强身健体活动；帮助父母做一件家务事等十项内容。这样既培养学生高尚的文明情操，又让学生养成良好的行为习惯。

【老年人协会工作】以16个老年社团为依托，广泛开展各种文体活动，展示津市老年人朝气蓬勃的精神面貌。2019年老年协会硕果累累，市老年乒乓球协会获常德市老年人运动会乒乓球精英赛团体第三名，获常德市"乒协杯"大赛女子团体亚军，同时老乒协吴治安获男子单打冠军；老体协同志获常德市第八届老年人体育健身大会八块金牌，津市老体协四个团体，15个先进个人受常德市奖励；霞光艺术团获津市百团大赛一等奖，常德市百团大赛决赛三等奖，在新洲首届古城幸运年货节上的演出被省当代商报报道，红网、今日头条、腾讯新闻8月相继对霞光进行了专题报道；兰津诗社湖诗词协会在"讴歌新时代湘女绘新篇庆祝新中国七十华诞诗歌大赛"中获三等奖，社员周用镐一首蝶恋花刊于《中华诗词》2019年第七期，诗社出版《兰津诗词》53、54期，协会合编庆祝建国七十周年"诗书颂祖国"；太极拳协会在全省离退休干部"奋进新时代 礼赞新中国"建国七十周年太极拳比赛中荣获优胜奖，津市代表队在全国太极拳集体项目比赛中获一等奖，创下了历史以来的最好成绩；集邮协会会员陈森元著《无为斋邮谭》在全国集邮巡展中获湖南省第十八届邮展获镀金奖，刘海香、胡贤映、许业俊、黄林昌4位邮友被评为全国蜀陵邮学研究会优秀会员，郑树金同志被评为全国蜀陵邮学研究会先进工作者，6月在武汉举办的2019年世界邮展和全国民间邮会圆桌会议，陈森元同志主导的免资集邮研究会被评为全国优秀民间邮会。

党校工作

【概况】2019年，中共津市市委党校贯彻落实《中国共产党党校(行政学院)工作条例》，认真履职尽责、奋发担当作为，干部教育培训的主渠道主阵地作用得到有效发挥。2019年共开展各类培训班29个，培训3930人次。其中：举办党校主体班4期，培训344人（科干班2期104人，年轻干部读书班1期60人，基层党组织书记培训班1期80人）。围绕年初干部教育培训计划，承办基层党建、脱贫攻坚、信访维稳、人民调解、纪检监察等部门班25期，培训3586人。

坚持从严治校，严明教学纪律特别是政治纪律、强化集体备课、加强教学考核和督查、着力推动教学科研咨政一体化深度融合发展。出台《关于教学纪律的规定》，对教师教学作出明确要求。学员管理方面，坚持严管方针，每期班次实行班主任和跟班老师全程监督，注重发挥班委会自我管理，做到课前课后“两签到”，设置“手机休息区”，加强学员手机管理。

加强队伍建设，全年组织校内集体政治理论学习22次，强化全体教职员工的政治理论素养，增强党员领导干部的党性修养。9月派严丽丽老师参加省委党校师资培训班，10月由党委副书记、副校长带队，派出3名青年教师前往常德市委党校进行为期一周的师资培训，11月派2名教师参加中国人民大学组织的十九届四中全会精神专题培训班。年内开展多次新课试讲和教学比赛活动，组织全体教师进行集体备课和磨课。3月，李文杏老师参加全市党校系统教学比赛荣获区县市组第二名。

投资120万元进行校园环境改造，拆除校区北面的危房，校园绿化面积扩大1600平方米，停车泊位增加50个，更换多媒体教室电子显示大屏，维修改造报告厅的屋面地面，并更换桌椅，校园环境得到很大改善。（张唯）

【干部培训】2019年坚持把学习贯彻习近平新时代中国特色社会主义思想摆在干部教育培训最突出的位置，并作为教学培训的中心内容，教育引导广大干部把自己摆进去、把思想摆进去、把工作摆进去，主体班次的理论教育和党性教育比重均达到总课时70%以上的要求。因地制宜挖掘本土课程，开设《建设澧水流域工业经济中心》、《工业经济和招商引资》、《平安津市建设》等专题讲座或现场教学。围绕意识形态工作，开设《坚定不移做好新时代意识形态工作》、《落实中央“八项规定”精神》等专题党课。结合“不忘初心、牢记使命”主题教育，重点打磨《敢教日月换新天——中国共产党党史简述》、《传承红船精神，做新时代合格共产党员》《深刻认识把握中国共产党人的初心和使命》《共产主义信仰的力量》等教学专题。强化问题导向，通过入学摸底考试，对学员需求进行分析，有针对性的组织学习讨论。同时，响应上级党校号召，积极探索“2+1”互动式教学模式，激发学员的参与意识。

市委党校主题党日活动

落实市级领导上讲台制度，市委书记傅勇，市委副书记杨文惠，市委常委、常务副市长熊斌，市委常委、市人武部政委姜超，市委常委、组织部部长胡杰，市委常委、市政法委书记李景峰，副市长高见等市领导先后来校授课。年内还有多名部门一把手走上党校讲台，丰富讲课内容，提升教学层次，增强受训学员的认同感和主人翁意识。

3月2日，津市市人民医院中层干部培训班开班，人民医院80名中层干部参训。同日，汪家桥街道办事处2018年总结表彰大会举行，街道领导、工作人员、社区工作人员共300人参会。3月22日，第八届年轻干部读书班入学选拔考试举行，全市150名年轻干部参加。3月25日，“学习强国”培训班开班，90人参训。3月30日，团市委公益公考培训班开班，60人参训。4月9日，津市市委理论学习中心组第四次集中学习举行，市委书记傅勇参加并讲话。4月10日，津市市2019年拟发展对象培训班开班，170人参训。4月17日，津市市2019年入党积极分子培训班开班，190人参训。4月17日，津市市委第八届年轻干部读书班开班，市委副书记杨文惠参加并作动员讲话。5月20日，津市市基层党建业务培训班开班，240人参训。6月3日，第一期科干班开班，市委组织部常务副部长甘雪林，市委党校校长曹建华出席开班仪式并讲话。6月5日，全市脱贫攻坚政策业务培训班开班，市委书记傅勇，市委副书记杨文惠出席开班仪式并讲话。6月14日，全市信访工作培训班开班，220人参训。6月14日，文字综合能力提升班入学考试举行，95人参加。6月26日，“一村一辅警”培训班开班，160人参训。6月27日，全国卫生城市复审资料建档培训会举行，180人参加。7月12日，文字综合能力提升班开班，70人参加。8月8日，全市农民专业合作社规范化建设培训班开班，70人参训。10月15日，全市人事工资管理软件培训会举行，90人参加。10月23日，全市村、社区党组织书记轮训班开班，市委书记傅勇出席开班仪式并上专题党

津市市 2019 年市委年轻干部读书班开班典礼

课。10 月 23 日,国库集中支付业务部署会举行,230 人参加。10 月 24 日,全市“不忘初心、牢记使命”主题教育应知应会测试举行,170 人参加。11 月 1 日,全市网评员、联络员培训班开班,市委常委、宣传部长张海卿出席并讲话。11 月 7 日,全市全面推行行政执法“四项制度”工作会议召开,252 人参加。11 月 8 日,全市调解员培训班开班,110 人参训。11 月 9 日,全市保育员培训班开班,40 人参训。11 月 18 日,第二期科干班开班,52 人参训。11 月 22 日,全市下半年拟发展对象及入党积极分子培训班开班,120 人参训。（张唯）

【教研工作】坚持围绕中心、服务大局,紧扣经济社会发展热点、难点问题深入开展科研咨政工作,因地制宜地为津市发展提供具有借鉴意义的良策,全年的科研成果丰硕。《实施乡村振兴战略背景下津市市建设“幸福美丽屋场”的对策思考》获省理研会三等奖;《从历史向度看社会主义者的初心》、《垃圾分类探索生态文明建设新途径——以津市市“绿色存折”制度为例》两篇论文获省社科会二等奖,《在知行合一中提高领导干部政治能力》等 3 篇文章获省社科三等奖。全年完成课题立项申请七项,其中《增强忧患意识,防范县域金融风险——以津市市银行业为例》和《津市市新型城镇化研究》2 个课题获得省级立项。凭借丰硕的科研成果,被评为全市党校系统科研工作先进单位。（张唯）

档案工作

【概况】2019 年,因机构改革,市档案局(馆)承担的行政职能划入市委办公室,市档案馆调整为市委办公室所属正科级公益类事业单位,核定事业编制 7 名,在岗 4 人。市档案馆扎实开展“不忘初心、牢记使命”主题教育,强化档案安全管理,优化档案查阅服务,加大档案接收征集力度,全面推进馆藏档案数字化建设,顺利完成机构改革过渡期各项工作任务。

【馆藏档案】2019 年,市档案馆馆藏共有案卷级档案 109349 卷,文件级档案 221013 件。其中,明清档案 42 卷,民国档案 76 卷,新中国成立后档案 109231 卷 221013 件。还保存资料 7855 册。馆藏档案主要反映津市市域内政治、经济、军事、科技、历史文化等多方面内容。2016 年启动馆藏档案数字化工作,完成档案全文扫描 2921820 页,录入目录 426200 条。

【档案接收征集】2019 年,市档案馆共接收到期应进馆文书档案、婚姻民生档案、机构改革撤销单位档案、农村土地承包经营权确权登记颁证档案 52389 件。接受寄存卡普吉诺破产档案、原公共资源交易中心业务档案 43395 件。馆长谢波参加省档案馆组织的赴俄罗斯、匈牙利两国档案征集和学术交流,征集津市中共早期党员朱务善在原苏联工作的档案资料 216 页。争取省财政厅、省档案馆洞庭湖生态经济圈档案数据库建设资金 10 万元,完成洞庭湖生态经济圈档案扫描 100672 页,目录录入 12120 条。

【档案查阅利用】市档案馆发挥档案服务经济社会发展、服务民生的作用,做好档案利用服务工作,为查阅者排忧解难。2019 年,共接待社会各界档案查阅利用者 2968 人次,查阅档案 7526 卷(件),出具证明 2814 份。（邹平华）

党史地方志工作

【概况】2019 年党史资料征集办公室更名为党史研究室,工作职能重点,从征集党史转变为研究党史。此次机构改革,配齐一正两副的完整班子,从原来只有 3 人 3 个编,增加到 5 人 5 个编。改善办公环境,档案馆二楼重新装修改建成集办公、会议和资料储藏为一体,环境优美、设施齐全的敞开式办公室。合理配置人力和财力资源,编纂出版的《津市年鉴(2018)》获湖南省第六届地方志优秀成果(年鉴类)县市区级地方综合年鉴二等奖;《津市市革命老区发展史》一书代表常德市参加全国《革命老区发展史》成果展。（吴琛）

【史志编纂】《津市年鉴》完全实现“一年一鉴,公开出版”。《津市年鉴(2019)》由方志出版社公开出版发行。完成《津市革命老区发展史》编写修改、参与《津市革命遗址遗迹》编纂。编纂出版的《津市年鉴(2018)》获湖南省第六届地方志优秀成果(年鉴类)县市区级地方综合年鉴二等奖;《津市市革命老区发展史》一书代表常德市参加全国《革命老区发展史》成果展。（吴琛）

【宣传教育】依托强势媒体进行广

泛宣传。先后通过中央电视台三套《中国影像方志》节目，面向全国的观众宣传津市的人文地理；常德日报社组织的《党报记者老区行》大型报道，展现贺龙在津市开展革命工作的历史原貌。盘活本土资源，重点对党史人物朱务善进行宣传教育。参与《守望初心——常德市干部党性教育读本》朱务善人物内容的撰写。“朱务善纪念厅”作为津市市主题教育基地，2019年接待参观达200多个单位。在党政干部中深入进行党史教育。党史研究室向满华在市科干班、青干班为200余人讲党史课4次。（吴琛）

【资政服务】2019年国务院，批准津市苏维埃人民政府旧址为全国重点文物保护单位。最初市文旅广体局以益泰绸布庄的名义申报国家文物重点保护单位没有通过。党史研究室建议，这里是贺龙革命过的地方，是津市苏维埃人民政府旧址，应从红色资源这个角度去申报，并提供相关的材料。按照党史研究室的申报思路和资料佐证，旧址很快就通过省、国家级的重点文物保护单位的认定。党史研究室还提供历史资料促成津市市润农茶油“国家地理标志保护产品”申报成功。（吴琛）

接待服务

【概况】根据津编发[2020]2号文件精神，中共津市市委津市市人民政府接待处更名为津市市接待服务中心，人员编制由5人增加至6人。二级机构名称津市市接待服务中心更名为津市市对外联络服务站，人员编制数不变。

【重要接待】2019年，共接待宾客60余批次，其中省部级领导3批次，地厅级领导10批次，重要客商50余批次。先后完成副省长吴桂英、何报翔，省政协副主席张大方等省领导及常德市委书记周德睿、市长曹立军到津调研视察等政务接待任务。承办深圳盐田港集团、宁波热电能源集团、广东珠海溢多利集团、浙江农商集团、深圳龙海现代集团有限公司、深圳市津澧商会会员、四川久远投资控股集团有限公司、苏州优迈医疗器械有限公司、山东霞光集团、四川久远投资控股集团企业负责人及高管到津考察投资等商务接待任务。4月初至5月底省委第三巡视组对津市开展为期2个月巡视工作，市接待服务中心全天无休，为巡视组提供管家式服务。12月18日首届津市牛肉米粉美食文化节在津市举行，参加嘉宾面广，接待服务中心把首届牛肉米粉节所需的用餐、住宿、车辆安排、会场布置休息室等安排的井然有序。12月26日在常德共和酒店承办“微生物健康调控与益生制品创新论坛”现场会，接待君乐宝乳业集团、中国农业大学、华中农业大学动科动医学院、天津科技大学、武汉科技大学、湖南科技大学、浙江大学、东北农业大学、中国农业科学院饲料研究所、湖南海路生物技术有限公司等50余家企业、学院、研究所、医院的教授、专家亲临现场，他们分别是君乐宝乳业集团副总裁朱宏、哈尔滨美华生物有限公司副总秦晓东，中国农业大学教授杨绍青、天津科技大学教授罗学刚、王楠，江南大学教授詹晓北，东北农业大学教授孟祥晨、霍贵成，江南大学教授詹晓北，湖南海路生物技术有限公司董事长李降龙等94位教授、专家、企业家。

津市市人民代表大会

【概况】2019年,津市市人大共召开人民代表大会1次、人大常委会会议8次、人大常委会主任会议14次;听取和审议专项工作报告37项,作出决议、决定5个;依法任免国家机关工作人员138人(次);代表视察8次。

2019年,津市市人大常委会坚持强基固本,抓实党的建设。按照中央、省委和市委"不忘初心、牢记使命"主题教育安排部署,对照"守初心、担使命、找差距、抓落实"总要求,把学习教育、调查研究、检视问题、整改落实贯穿始终。开展政治理论、革命传统、先进典型、警示等教育活动17次,"两同时"(在部署有关工作任务、单独交办工作或个别听取汇报时,提出党风廉政建设方面的工作要求)谈话359人(次),筑牢思想防线,提升政治素养。规范党内组织生活,认真召开民主生活会、组织生活会,提升"三会一课"质量,严格执行民主评议党员、主题党日等制度,过好党员"政治生日"。落实改革部署。新设立6个专门委员会,任命专门委员会委员,厘清职能职责,开展基础调研,推进基层工作。对镇(街)人大实行"菜单式"业务指导,不定期提示重要工作安排,定期召开镇(街)联系会;结合镇(街)人大工作实际,开展业务培训,组织观摩体验,基层人大工作更扎实。加强对口联系。主动对接上级人大,配合开展西洞庭湿地保护条例立法调研、耕地保护与利用专题调研4次,以及国防动员法、归侨侨眷权益保护法、渔业法等执法检查6次。强化调研宣传,7篇研讨文章获省、常德市人大系统优秀论文,320篇信息、调研文章在常德市级以上媒体发表。围绕地方人大设立常委会40周年,在《常德人大》专栏推介津市市人大特色工作,在《常德日报》专版刊发代表工作四十年纪实。人大常委会财经监督、司法监督等7项工作被常德市人大评为先进。（赵俣栋）

【监督工作】2019年财经监督,听取和审议2018年财政决算(草案)的报告,审查批准2018年财政决算。听取和审议2019年1~8月财政预算执行情况报告,审查2019年财政预算调整方案,批准对一般公共预算和政府性基金预算进行调整,确保全年预算平衡。听取和审议税收征管、预算执行、财政收支审计等情况报告,审查批准财政决算、预算调整方案,监督政府强化预算管理、提高资金绩效、化解存量债务。建立人大牵头、政府主导、审计配合、部门联动的督导机制,力促审计发现问题整改,常委会会议审议、票决市财政局、市住建局等7个单位整改情况,19个问题得到整改落实。民生监督,关注食品安全,紧盯"双安双创"工作,督促部门落实农产品检验检测、创建食品安全示范店,保障老百姓"舌尖上的安全"。关注产教融合、教育布局调整,助推人民医院、中医院、妇幼保健院创建特色专科,协调解决中医院整体搬迁规划和发展相关问题,促进教育卫生事业稳步发展。关注医保基金,成立联合调查组,借助财政、审计、卫健专业力量,查阅资

2019年7月29日,召开市十七届人大常委会第二十次会议

料、入户走访、实地核查，全面调查基金运行情况。法律监督，做好规范性文件备案审查工作，依法审查政府报备的规范性文件14份，出具审查意见书4份，提出建议修改意见7条。开展“两官”履职评议，对重点涉企部门开展行政执法检查，对重要经济部门开展执法案件评查，监督部门规范执法。开展优化经济发展环境工作评议。将部门服务项目建设、整治形式主义官僚主义、扫黑除恶等工作纳入评议范围，收集问题线索119条。人大代表、优化环境监督员、企业负责人同步测评，纪检监察机关同志全程参与。市司法局、市教育局等10个被评议部门对照问题清单，迅速整改到位，津市营商环境持续优化。助力推进行政审批服务改革。人大常委会专题听取工作报告、开展暗访调查、组织视察点评，人大代表4次集体现场体验，从完善信息、就近办理、保密安全等方面提出建议20多条，支持推动“一件事一次办”，打通服务群众“最后一公里”。听取扫黑除恶工作情况报告，支持司法机关依法严厉打击涉黑恶犯罪。(赵俣栋)

【代表工作】开展履职培训，安排32名代表到全国人大培训基地、浙江大学、厦门大学等地学习。组织省、常德市、津市三级代表视察津市交通建设领域重点工作情况，邀请、推荐代表列席市人大常委会、市政府常务会等会议83人(次)，参与执法检查、调研视察、旁听庭审、评议评查等活动337人(次)。开展常委会组成人员联系代表、代表联系群众的“双联”活动，全年走访选民、慰问困难群众186人（次)。新建9个村(社区)“人大代表联系群众工作点”，代表履职平台延伸到基层。推进代表履职APP、代表建议办理系统全覆盖。紧扣老旧小区改造、社区卫生服务等热点，9个代表小组定期开展调研、视察，提出意见、建议70余条。常德市、市本级、镇三级代表同步述职，常委会主任会议成员带头回选区述职，三级代表共125名进行述职和满意度测评。关注市十七届人大三次会议确定的两件议案办理情况，组织沿湖三镇人大代表视察西毛里湖“两拆两退”现场，促使加快工作进度。新增停车位621个，31家单位实行错峰停车。出台《关于实施民生实事项目人大代表票决制的意见(试行)》，征集到2020年民生实事项目线索47个，其中12个候选项目将提请代表大会投票表决。新洲镇在镇一级率先开展此项工作，确定5件2019年新洲镇民生实事项目，正紧锣密鼓组织实施。(赵俣栋)

【执法检查】2019年5~7月，组织《水污染防治法》执法检查，暗访调查突出问题，制作专题片曝光，出台审议意见，交办问题33个，后续跟踪督办，票决整改情况，护市机埠排水沟、汪家桥电排氧化塘治理等28个问题有效解决。5月，视察《农药管理条例》执法检查审议意见落实情况，督促政府及相关部门强化监管、严格执法，维护农药市场良好秩序。(赵俣栋)

【人事任免】2019年，市人大常委会组织政府工作部门随届任命，做到党管干部和人大依法任免有机结合。全年共任免国家机关工作人员138人（次)。其中，2019年3月14日，津市市第十七届人大常委会召开第十七次会议，免去伍子科的市监察委员会主任职务。2019年3月22日，津市市第十七届人民代表大会召开第四次会议，选举余斌为津市市监察委员会主任。2019年5月29日，津市市第十七届人大常委会召开第十九次会议，免去李阳的市人民政府副市长职务，任命易榕为市人民政府副市长。(赵俣栋)

【人民代表大会】2019年3月19日至22日召开津市市第十七届人民代表大会第四次会议，参会代表166名，列席人员319名。

3月19日，各代表团代表报到，召开预备会议。3月20日，听取市人民政府、市人大常委会、市人民法院、市人民检察院工作报告；表决《选举办法》(草案)；代表集中视察。代表进行分团讨论，审查市人民政府、市人大常委会、市人民法院、市人民检察院工作报告，提出议案和建议、批评、意见。共收到代表建议、批评和意见61件，涉及财政经济、城建环保方面32条，教科文卫方面10条，农业与农村方面14条，社会建设方面5条。审查和批准津市市2018年财政预算执行情况与津市市2019年财政预算的报告(草案)，批准津市市2019年财政预算；听取市十七届人大三次会议以来代表建议办理情况的报告。3月22日，表决通过市人民政府工作报告、市财政工作报告、市人大常委会工作报告、市人民法院工作报告和市人民检察院工作报告的决议(草案)。(赵俣栋)

【人大常委会会议】2019年1月至12月，津市市人大常委会共召开常委会会议8次。

2019年3月19日至22日，召开津市市第十七届人民代表大会第四次会议

2019 年津市市人大常委会审议意见、决议决定一览表

届别	常委会第次	会议时间(年月日)	主要内容	作出的审议意见或决议决定
十七	十六	2019 年 1 月 21 日	1.听取和审议市人民政府关于市十七届人大三次会议代表议案和建议、批评、意见办理情况的报告； 2.对 2018 年重点督办建议办理情况进行票决； 3.听取和审议市十七届人大四次会议筹备情况汇报，并作出相关决定。	关于召开津市市第十七届人民代表大会第四次会议的决定
十七	十七	2019 年 3 月 14 日	1. 听取和审议市人民政府关于 2018 年环境状况和环境保护目标完成情况的报告； 2.听取和审议市税务局机构运行及税收征管情况的报告； 3.人事任免； 4.听取市十七届人大四次会议代表资格审查报告； 5.听取和审议市十七届人大四次会议补选办法(草案)。	无
十七	十八	2019 年 3 月 27 日	1.人事任免； 2.听取和审议《津市市人民代表大会常务委员会 2019 年工作要点》(草案)。	无
十七	十九	2019 年 5 月 29 日	1.人事任免； 2.听取和审议市人民政府关于国有资产管理情况的报告； 3.听取和审议市人民政府关于《农药管理条例》执法检查审议意见落实情况的报告； 4.听取和审议市人民政府落实《市人大常委会关于我市中医药工作情况审议意见》的报告； 5. 审议表决《津市市人民代表大会常务委员会议事规则》(修订草案)； 6.听取规范性文件备案审查工作情况的报告。	无
十七	二十	2019 年 7 月 29 日	1.听取和审议市人民政府关于 2018 年财政决算(草案)的报告，听取和审议市人民政府关于 2018 年度财政预算执行及其他财政收支情况的审计工作报告，审查批准 2018 年度财政决算； 2.听取和审议市人民政府关于《水污染防治法》《湖南省饮用水水源保护条例》贯彻实施情况的报告，并作出审议意见； 3.审议和表决《津市市实施民生实事项目人大代表票决制的办法(草案)》，听取和审议《津市市 2020 年实施民生实事项目人大代表票决制的工作方案(草案)》； 4.听取和审议市人民政府关于农业产业发展暨农村人居环境整治工作的情况报告； 5.人事事项。	1. 关于批准津市市 2018 年财政决算的决议 2.关于《水污染防治法》《湖南省饮用水水源保护条例》贯彻实施情况执法检查的审议意见
十七	二十一	2019 年 9 月 29 日	1. 听取和审议市人民政府关于 2019 年 1~8 月财政预算执行和 2019 年财政预算调整方案(草案)的报告，审查批准 2019 年财政预算调整方案； 2. 听取和审议《关于创建国家生态文明示范市的工作情况汇报》； 3. 听取和审议 2019 年法官、检察官履职评议情况的报告； 4.常德市人大代表述职； 5.人事事项； 6.听取市十七届人大常委会代表资格审查委员会《关于补选代表的代表资格审查报告》。	1.关于批准《津市市国家生态文明建设示范市规划》的决定 2. 关于批准津市市 2019 年 1~8 月财政预算执行情况及 2019 年财政预算调整方案(草案)的决议

届别	常委会第次	会议时间(年月日)	主要内容	作出的审议意见或决议决定
十七	二十二	2019年11月28日	1. 听取和审议市人民政府关于2018年度财政预算执行和其他财政收支审计查出问题整改情况的报告，对相关部门整改情况进行满意度票决； 2.对2019年重点督办建议办理情况进行表决； 3.对市人民政府优化经济发展环境工作开展评议； 4.听取和审议市人民政府关于实施城乡规划及国土空间规划编制工作情况汇报； 5.人事事项。	无
十七	二十三	2019年12月29日	1.人事事项； 2.听取和审议市人民政府关于《水污染防治法》《湖南省饮用水水源保护条例》执法检查审议意见问题整改落实情况的汇报； 3.听取市十七届人大五次会议筹备工作情况汇报并作出相应决定。	关于召开津市市第十七届人民代表大会第五次会议的决定

（赵侯栋）

【**视察**】2019年，津市市人大常委会组织湖南省、常德市和津市市人大代表，对津市经济社会发展、项目建设及群众普遍关心的民政、建设、环境等热点工作进行视察。

2019年10月29日，代表视察津市港千吨级码头建设

2019年津市市人大常委会组织代表视察一览表

届别	视察时间(年月日)	几级代表	视察内容
十七	2019年4月17号	常德市、津市市人大代表	视察环毛里湖退养转产工作
十七	2019年4月26日	津市市人大代表	视察行政审批窗口服务工作
十七	2019年5月8日	津市市人大代表	视察国务院《农药管理条例》执法检查审议意见落实情况
十七	2019年5月30日	常德市、津市市人大代表	视察高新区机制完善、重大项目推进、难点问题解决等工作
十七	2019年7月24日	常德市、津市市人大代表	视察农村产业发展和农村人居环境整治工作
十七	2019年10月26日	津市市人大代表	视察议案和重点建议办理工作
十七	2019年10月29日	湖南省、常德市、津市市人大代表	视察市交通建设领域重点工作
十七	2019年11月7日	常德市、津市市人大代表	视察城市建设项目

（赵侯栋）

概　述

【概况】2019 年，津市市辖 4 镇、5 个街道、1 个省级高新区。土地总面积 558 平方千米，其中耕地面积 32.84 万亩。年末户籍人口 23.2 万人，其中非农业人口 12.3 万人，人口出生率 6.9%。年均降水量 986 毫米。

2019 年地区生产总值 171.5 亿元，增长 8.0%。其中，第一产业增加值 21.5 亿元，增长 2.3%；第二产业增加值 72.3 亿元，增长 8.8%；第三产业增加值 77.7 亿元，增长 8.9%。按常住人口计算，人均地区生产总值为 66238 元，增长 9.1%。

全市三次产业结构由上年的 11.7 : 45.7 : 42.6 调整为 12.5 : 42.2 : 45.3。工业增加值占地区生产总值比重为 37.1%，高新技术产业增加值占地区生产总值比重为 16.4%。二、三产业占地区生产总值比重比上年下降 0.8 个百分点。一、二、三产业对经济增长的贡献率分别为 4.3%、50.4%和 45.3%，分别拉动经济增长 0.4 个、4.0 个和 3.6 个百分点。

落实省市重点民生实事任务。全年共完成省重点民生实事任务 12 项。新增就业 4808 人；自然村通混凝土（沥青）路 78 千米；提质改造农村公路 16.05 千米；减少义务教育大班额 7 个；农村适龄妇女“两癌”免费检查 3691 人；孕产妇产前免费筛查 953 人；提高农村低保标准和救助水平达到 4200 元 / 年和 292 元 / 月；提高困难残疾人生活补贴和重度残疾人护理补贴，发放标准均达到 780 元 / 年；改（新）建农村户用厕所 10000 户；推行一村一辅警 51 人；新增 500 户直播卫星用户；新建 1 个行政村 4G 基站。全面完成常德市重点民生实事任务。新建教师周转房 30 套，新建和改扩建学生食堂 2500 平方米，建设普惠性幼儿园 3 所；改造农村危桥 4 座；完成农村交通事故易发多发点改造整治 12 处；施工噪音扰民投诉处理率 100%，处理结果反馈率 100%；出租车车容车貌完好率 95%以上，乘客有效投诉率小于万分之一点五，出租车驾驶员培训率 100%；发证食品生产加工小作坊监管覆盖率 100%，从业者食品安全必备知识知晓率 100%，符合条件的许可率 100%，建立监管档案率 100%，小餐饮“明厨亮灶”完成 190 家，食品摊贩经营行为规范落实率达 100%；完成老旧小区改造 1 个；完成生活垃圾卫生填埋场提质改造 1 个；完成城镇规划编制 2 个，完成农村村庄规划编制 22 个。

实施乡村振兴战略，发展现代产业，改善人居环境。完成“1+1+7”乡村振兴规划体系。农业产业发展稳步推进，全市国家及省级农产品加工龙头企业 3 家，农民专业合作社 235 个，专业大户 480 个，高标准农田建设面积 17.9 万亩，三品一标农产品认证 24 个，现代农业产业园区 1 个。完成“退养转产”面积 1.22 万亩，转产率 100%。落实农业产业发展扶持资金 400 万元。全面推进村庄清洁行动，转运村庄垃圾 2.5 万吨，清理美化道路 494 千米，整治农村庭院 4700 户，清除违章建筑 230 处，清理沟渠 154 千米、堰塘 210 口；打造绿色庭院 5700 余户，整治沿线沟渠 35 千米。

全年完成农林牧渔业总产值 40.9 亿元，增长 2.5%。全年实现农林牧渔业增加值 23.5 亿元，增长 2.7%。

农作物播种面积 69.93 万亩，其中粮食作物播种面积 36.78 万亩，经济作物播种面积 33.15 万亩，增长 4.0%。粮食产量 138875 吨、油料产量 30147 吨、棉花产量 3421 吨、蔬菜产量 92584 吨、水果产量 28565 吨、茶叶产量 131 吨。

全年完成养殖业产值 18.1 亿元，占农业总产值的 52.7%；水产品产量 25677 吨，增长 4.3%。出栏生猪 32.3 万头、牛 0.38 万头、羊 2.52 万只，出笼家禽 230 万羽。

年末拥有农业机械 32156 台，比上年增加 297 台；总动力 20.19 万千瓦，比上年增加 0.27 万千瓦。年末实有耕地面积 32.84 万亩。其中，水田 18.81 万亩，水浇地 0.24 万亩，旱地 13.79 万亩，常用耕地面积 31.64 万亩。农村用电量 2703 万千瓦时，下降 1.1%。农用化肥施用量 5.42 万吨，下降 2.2%。全年开工各类水利工程 610 处，水利工程投入资金

21328万元，水利工程完成土石方650万立方米，新增和恢复农田灌溉面积1.26万亩。

全年完成工业增加值比上年增长9.6%。其中，规模以上工业企业增加值增长9.8%。园区规模以上工业增加值增长10.0%。全年出产精制盐84.8万吨，下降3.6%；水泥122.1万吨，下降7.8%；车桥19.8万根，增长8.3%；纱7.7万吨，增长11.6%；饲料32.6万标吨，增长0.8%，化学药品原药1181吨，增长26.7%。

全年建筑业增加值8.8亿元，增长0.8%。资质以上建筑业5家，完成建筑业产值8.3亿元，增长12.3%。

全市完成固定资产投资比上年增长6.2%。按产业分，第一产业完成投资下降56.7%；第二产业完成投资下降21.5%；第三产业完成投资增长36.7%。按投资方向分，工业投资下降16.7%；高新技术产业投资下降8.3%；房地产开发投资增长41.7%；基础设施投资增长34.4%。按经济类型分，国有投资增长18.7%，非国有投资下降2.2%。

全年房屋施工面积87.5万平方米，增长35.7%。房屋竣工面积1.6万平方米，下降80.5%。房屋销售面积12.3万平方米，下降18.5%。

全年完成社会消费品零售总额81.6亿元，增长10.6%。城镇市场实现消费品零售额67.3亿元，增长11.8%，占社会消费品零售总额比重为82.5%，乡村社会消费品零售额14.3亿元，增长5.5%。51家限上企业完成营业收入26.6亿元，增长9.2%。

物价总体平稳，居民消费价格指数、商品零售价格指数均为102.6%。

全年完成交通运输邮电仓储业增加值9.0亿元，增长6.2%。全社会运输单位完成货运量520万吨，货物周转量95614万吨千米。全年客运量342万人，增长2.0%，旅客周转量11437万人千米，增长2.0%。境内公路全程总长535.72千米。其中，高速公路12.05千米，国道4.76千米，省道106.58千米，县道27.60千米，乡道168.6千米，专用公路1.69千米，村道214.44千米。全市年末汽车保有量20440辆，增长11.0%。本年新注册民用汽车5415辆，增长57.3%。

全年完成邮电业务总量1.8亿元，下降6.7%。其中，邮政业务总量0.53亿元，下降3.6%；电信业务总量1.27亿元，下降17.5%；年末移动电话用户20.63万户，下降3.3%；宽带网用户7.63万户，增长12.5%。

全年完成旅游总收入20.8亿元，增长28.9%。国内旅游人数240.5万人次，增长31.7%。境外入境人数33人次。年末拥有国家旅游等级区(点)2家，星级宾馆1家，旅行社3家。

全年共签约新项目26个。其中新批外商投资项目1个。引进省外境内资金45.4亿元，增长18.9%。

全年完成进出口总额10555万美元，增长29.2%。其中，出口10546万美元，增长29.1%；进口9万美元。

全年完成财政总收入8.25亿元，增长4.9%。其中地方财政收入4.86亿元，增长12.5%；公共财政预算支出26.5亿元，增长10.7%。税务局完成各项税收入库7.11亿元，增长2.1%。

年末金融机构各项存款余额138.2亿元，下降8.3%。其中，非金融企业存款余额15.0亿元，下降51.4%，住户存款余额101.0亿元，增长11.6%。金融机构各项贷款余额53.6亿元，增长1.7%。全年各项保费收入1.8亿元，下降0.7%。

年末全市拥有各类学校33所，在校学生15734人，招生3780人，毕业学生3610人。其中：中等职业学校3所，在校学生664人，下降15.2%；普通高中2所，在校学生2401人，下降1.7%；初中学校9所，在校学生3720人，增长2.8%；普通小学18所，在校学生8811人，下降2.3%；特殊教育学校1所，在校学生138人，增长2.2%。小学适龄儿童入学率100%。幼儿园在园幼儿4762人，下降1.0%。各类民办教育机构56个，在校学生6604人，增长8.2%。义务教育阶段合格学校建设28所。落实义务教育保障资金1405万元，发放中职国家助学金15.3万元，中职国家助学金资助中职学生153人次。

年末拥有高新技术企业18家，省级工程技术研究中心9个。专利申请177件，其中发明专利93件。授权专利122件，其中发明专利12件。全年技术合同成交金额0.9亿元，增长2.8%。

全年拥有艺术表演团体1个，群众文化馆1个，公共图书馆1个，博物馆1个，国家级非物质文化遗产保护名录1个，省级非物质文化遗产保护名录1个。

群众体育活动进一步普及，经常参加体育锻炼人数19.0万人，年内开展全民健身项目24项次。城乡公共体育基础设施不断完善，全末拥有体育场地95个，其中运动场14个，游泳池2个，各种训练房23个。

年末拥有医疗卫生机构总计228个。其中，医院、卫生院13家，妇幼保健院1家，专科疾病防治院1家，疾病预防控制中心(防疫站)2个，卫生监督所(中心)1个，社区卫生服务中心(站)14个，诊所、卫生所、医务室74个，村卫生室122个。全市卫生技术人员2126人。其中，执业医师和执业助理医师596人，注册护士823人；其中乡镇卫生院卫生技术人员211人，疾病预防控制中心(防疫站)卫生技术人员37人。医疗卫生机构共有床位1376张，其中乡镇卫生院拥有床位274张。

全市森林覆盖率19.9%，比上年提高0.2个百分点，全年完成造林面积739公顷，下降57.4%。年平均降水量986毫米，下降21.9%。

全年规模以上工业企业能源消费量18.82万吨标准煤，下降2.9%，单位规模工业增加值能耗下降率6.3%。持续开展大气污染防治，市城区空气质量达标率达86.0%。

安全生产形势稳定，全年发生各类生产经营性安全事故1起，各类生产经营性安全事故死亡1人。亿元GDP生产安全事故死亡率为0.6%。

全市年末居民总户数94472户，总户籍人口232046人。其中，城镇人口123429人，乡村人口108617人。按性别分，男性人口117852人，女性人口114194人。按年龄分，0~17岁31851人，18~34岁43388人，35~59岁97145人，60岁及以上59662人。全年出生人口1621人，下降11.3%；全年死亡人口981人，下降17.5%。

2019年全体居民人均可支配收入28998元，增长9.0%。其中，城镇居民可支配收入35799元，增长8.3%；农村居民人均可支配收入16848元，增长8.9%。城乡居民人均消费支出23204元，增长10.1%。其中，城镇居民人均消费支出26839元，增长10.2%；农村居民人均消费支出16710元，增长8.3%。

年末城镇登记失业率3.49%。参加城镇基本养老保险职工人数61209人，其中离退休人员31120人。城乡居民基本养老保险登记参保人数77149人。城镇基本医疗保险参保人数243378人。城镇职工基本医疗保险参保人数29824人。参加失业保险18206人。领取失业保险金职工人数285人。参加生育保险15525人。参加工伤保险职工人数14171人。

获得政府最低生活保障的城镇居民4519人，发放城镇居民最低生活保障经费2083万元；获得政府最低生活保障的农村居民3498人，发放农村居民最低生活保障经费1340万元。各类收养性社会福利单位床位数2436张，各类收养性社会福利单位收养人员数1739人。销售社会福利彩票5076万元，筹集社会福利资金757万元，直接接收社会捐赠82万元。

【市政府2019年常务会议】1月10日，市委副书记、市长黄旭峰在政府三楼会议室主持召开2019年市政府第1次市政府常务会议，听取关于全国第四次经济普查工作情况汇报、关于推动津市第三次国土调查工作情况汇报，研究2019年春节走访慰问活动方案、2018年度金融信贷等11项工作考核奖励情况。

关于全国第四次经济普查工作情况。会议指出，第四次全国经济普查于2018年开始，至2020年结束，其目的是全面调查我国第二产业和第三产业的发展规模、布局和效益，了解产业组织、产业结构、产业技术、产业形态的现状以及各生产要素的构成，摸清全部法人单位资产负债状况和新兴产业发展状况，进一步查实各类单位的基本情况和主要产品产量、服务活动，全面反映供给侧结构性改革、新动能培育壮大、经济结构优化升级等方面的新进展。津市单位清查工作已基本完成，正式普查登记阶段于2019年1月1日已经开始。会议要求，各单位要高度重视普查统计工作，认真统计相关数据，确保数据精准，全力做好普查统计工作。

关于2019年春节走访慰问活动。会议指出，春节走访慰问活动时间拟定于2019年1月14日至1月31日，主要走访对象为津市城乡重点特困户、特困渔民、特困移民、城市“三无”人员、农村集中供养的五保户、重点优抚对象等弱势群体及老干部、劳动模范、企业特困军转干部、驻津部队和优抚事业单位、社会福利事业单位、特困党员及企业特困职工共约4926人(户)。在走访慰问活动中将为慰问对象送去新年的祝福，并送去慰问金、慰问品等。会议要求，春节期间的走访慰问活动要精心组织，周密安排，让更多干部职工、困难群众感受到党和政府的温暖。

会议还听取并研究关于推动津市第三次国土调查工作情况、2018年度金融信贷等11项工作考核奖励情况，并形成意见。

1月31日，市委副书记、市长黄旭峰在市政府三楼会议室主持召开2019年市政府第2次常务会议，听取禁毒工作情况汇报、公安局业务技术用房建设项目情况汇报。

关于禁毒工作情况。会议指出，2018年，在市委市政府的高度重视和坚强领导下，津市禁毒部门以加快推进禁毒三年大行动为契机，开展以打击制毒犯罪、打击贩毒犯罪和管控制毒物品、管控吸毒人员为重点的“两打两控”专项行动为抓手，深化禁毒宣传，在禁毒宣传氛围营造及吸毒人员管控等方面成效明显。会议要求，要加大“831”工作的保障力度，加大禁毒力度，营造良好的社会环境。

2月18日，市委副书记、市长黄旭峰在市政府三楼会议室主持召开2019年市政府第3次市政府常务会议，研究讨论《政府工作报告(征求意见稿)》。

3月12日，市委副书记、市长黄旭峰在第二行政中心会议室主持召开2019年第4次市政府常务会议，听取2019年津市市“项目推进年”工作方案和向上争资计划情况汇报、关于津市产业发展扶持政策清理情况汇报、关于“大棚房”清理整治工作汇报、2019年招商引资工作考核办法和驻点招商工作方案情况汇报，研究2019年财政预算编制情况，并形成意见。

3月29日，市委副书记、市长黄旭峰在第二行政中心会议室主持召开2019年第5次市政府常务会议，听取关于扫黑除恶专项斗争工作情况汇报，研究脱贫攻坚工作情况、大棚房整治工作情况、引航生物有关情况、全面实施河湖长制工作情况、关于津市市2019年防汛抗旱工作情况、关于创建湖南省平安校园建设先进市工作情况、关于2019年棚改工作情况，并形成意见。

4月15日，市委副书记、市长黄旭峰在政府三楼会议室主持召开2019年市政府第6次常务会议，听取关于创建湖南省平安校园建设先进市工作情况，研究湖南省津市港合作协议及附件相关情况、特色产业镇扶持政策情况、交通建设项目情况、进一步建立和完善高新区体制机制情况、2019年推进新型工业化领导小组工作、金融生态建设工作、组建全市安全生产专业委员会工作情况、提请审议生态环保领域两个文件的情况汇报。

关于创建湖南省平安校园建设先进市工作情况。会议指出，根据省教育厅和常德市的统筹安排，津市于2016年12月成功申报2017年度湖南省“平安校园建设先进市”项目，近年来，教育系统全面开展平安校园建设，在健全机制、加强人防、配备物防、提升技防等方面取得一定的成效。会议要求，平安校园建设工作是一项重点工作，各相关单位要齐心协力，根据项目建设需求，将资金用在刀刃上，实事求是开展工作。

关于特色产业镇扶持政策情况。会议指出，为贯彻落实乡村振兴发展战略规划，加快打造特色鲜明的产业形态、便捷完善的设施服务、和谐宜居的美丽环境、底蕴深厚的传统文化，形成津市县域经济发展的新支撑。津市将重点围绕新洲镇打造文旅产业，实施新洲古城复建、嘉山风景名胜区升级和乡村旅游产业；围绕临园综合服务产业，打造集镇三产服务业、园区港区后勤基地。会议要求，打造特色产业集镇，也是为更好的实现乡村振兴，各相关单位要积极配合，将特色产业镇的各项工作快速推进。

会议还听取并研究关于湖南省津市港合作协议及附件相关情况、关于交通建设项目情况、关于进一步建立和完善高新区体制机制情况、关于2019年推进新型工业化领导小组工作、关于金融生态建设工作、关于组建全市安全生产专业委员会工作情况、关于提请审议生态环保领域两个文件的情况汇报，并形成意见。

5月9日，市委副书记、市长黄旭峰在市自然资源局三楼会议室主持召开2019年市政府第7次常务会议，听取关于政府系统集中开展形式主义官僚主义专项整治行动工作情况汇报、关于创建国家慢性病综合防控示范区、关于农村人居环境整治暨乡镇振兴示范办点及专项资金安排情况、关于政府系统集中开展形式主义官僚主义专项整治行动工作情况汇报、提请审议国资国企管理“两个办法”和成立市国资管理工作委员会事项、融媒体中心建设情况、成立津市嘉山产业发展投资有限公司并设立产业基金及津市嘉山实业有限公司市场化融资情况、公安基础设施建设情况、法开署项目相关情况、人武部正规化建设工作情况、津市涔澹农场旱改水项目相关事宜，并形成意见。

5月31日，市委副书记、市长黄旭峰在行政审批服务局三楼主持召开2019年市政府第8次常务会议，听取关于《成立津市嘉山产业发展投资有限公司并设立产业基金及津市嘉山实业有限公司市场化融资》意见建议的回复、关于法开署毛里湖项目《信贷融资协议》等事项的汇报、关于津市市涔澹农场“旱改水”项目后续处理工作情况汇报，并形成意见。

7月2日，市委副书记、市长黄旭峰在市自然资源局三楼会议室主持召开2019年市政府第9次常务会议。会议听取关于兑现溢多利公司相关优惠政策及确定热电厂租赁费用的情况汇报、研究关于津市生态文明建设示范市创建工作的情况、禁毒工作情况、全市食品安全工作情况、关于调整津市市集体土地征收与房屋拆迁补偿安置标准情况，并形成意见。

7月10日，市委副书记、市长黄旭峰在市政府三楼会议室主持召开2019年市政府第10次常务会议。会议听取关于开展民生实事项目人大代表票决制试点工作的情况汇报，研究津市关于2019年庆“八一”拥军优属拥政爱民活动方案情况、食品安全工作情况，广播电视村村通向户户通升级维改情况、企业养老保险省级统筹工等情况，并形成意见。

8月1日，市委副书记、市长黄旭峰在政府办三楼会议室主持召开2019年市政府第11次常务会议。会议听取关于建立津市科技成果转化平台项目的情况汇报，研究园区水气土一体化智慧环境体系建设项目、建设湘北军民融合发展促进中心、公路治超工作等事项，并形成意见。

9月3日，市委副书记、市长黄旭峰在市政府办三楼会议室主持召开2019年市政府第12次常务会议。会议听取关于公务用车制度改革和公车平台信息化建设的情况汇报、关于“中沃汽车”债权收购及盘活方案的情况汇报、市环卫清扫保洁市场化工作汇报，并形成意见。

10月15日，市委副书记、市长黄旭峰在市政府三楼会议室主持召开2019年度市政府第13次常务会议。

会议听取关于工人文化馆项目建设的情况、关于果垸砂石开采的有关情况、关于津市市毛里湖国家湿地公园湖滨带规划范围内“退养转产”的工作情况、关于2019年脱贫攻坚年度考核对标对表的情况以及关于《津市市人民政府重大事项行政决策制度（讨论稿）》的情况汇报，并形成意见。

11月6日，市委副书记、市长黄旭峰主持召开2019年度市政府第14次常务会议。

会议听取省委巡视整改工作情况、2019年政府工作要点及政府系统工作部署会工作任务清理情况、中联重科车桥产业园改扩建项目工作情况等方面的工作汇报，并形成意见。

12月13日，市委副书记、市长黄旭峰主持召开2019年度市政府第15次常务会议。

会议听取关于津市市渣土特许经营权改革情况汇报、关于评选表彰2020年津市市劳动模范和先进工作者的情况汇报、关于智慧磐石工程建设、2020年春节走访慰问工作、市人民医院改扩建一期基坑建设工程量增补情况、2019年退役士兵安置工作以及关于国有平台公司整合、乡镇天然气特许经营、宝悦资产收购工作的汇报并形成意见；西毛里湖“禁渔区”、“禁渔期”规划情况及脱贫攻坚退出工作情况进行书面汇报。

12月18日，市委副书记、市长黄旭峰主持召开2019年度市政府第16次常务会议。

会议听取关于2020年度民生实事建议项目的情况汇报、关于老旧小区改造的工作情况汇报、关于2020年财政预算编制工作、2019退役士兵安置工作、评选表彰2020年津市市劳动模范和先进工作者工作、大关山村乡村振兴文化旅游文化开发项目、津市生活污水处理厂（二期）改扩建项目的情况汇报，并形成意见。

【津市举办2019年“春风行动”就业扶贫现场招聘会】2月15日，2019年“春风行动”就业扶贫现场招聘会在市创新创业园举行。共有中联重科集团、新合新公司等56家招聘单位入场，提供就业岗位3500多个，涉及金融保险、纺织挡车、机械技术、生物医药、文员文秘、工程建筑、餐饮住宿、保安保洁等多个行业，工资待遇普遍在2500—10000元之间，现场求职人员达2800余人，其中精准扶贫对象285人，初步达成就业意向1250余人。

【19个重点建设项目集中开复工】2月22日，津市举行2019年重点建设项目集中开工启动仪式，动员全市上下统一思想、提振精神，凝心聚力、再鼓干劲，再掀项目建设的新高潮。2019年，全市计划实施重点项目90个，总投资达到213.2亿元，年度计划投资60亿元，此次集中开工、复工的19个重点项目，总投资45亿元，年度计划投资15亿元，涵盖工业产业、基础设施、城市建设、生态修复、民本民生等多个领域，是津市聚集发展新动能、实现产业快升级、提升城市高品质、保障民生新高度的生力军和支撑点。

【市政府系统迅速传达贯彻常德市政府七届六次全会暨常德市政府系统工作会议精神】2月28日，市政府系统召开专题会议，传达贯彻常德市政府七届六次全会暨常德市政府系统工作会议精神，学习常德市委副书记、市长曹立军的重要讲话精神，对市政府全年工作进行立即安排、马上部署。市委副书记、市长黄旭峰主持会议并讲话。会议要求，津市上下要对标对表，按照"实、真、新、严"的要求，落实一线工作法，坚持问题导向，增强敏锐性、主动性和责任心，转变作风，真抓实干，在坚决完成好常德市政府下达的工作任务的基础上，积极创先争优，打造亮点特色，推动市政府系统各项工作再上新台阶。会议指出，津市上下贯彻落实常德市政府七届六次全会精神要务必做到，一是讲学习。坚持学习政策、研判政策，把各级的文件精神、会议实质领会吃透。坚持学进去、走出去，切实消化吸收会议精神，真正用会议精神指导实践、推动工作。同时，勤于迈开脚步，积极走出办公室、走出文件堆，走到发达地区、走到工作一线去寻找解决问题的方法和推动工作的思路。坚持提升品牌、提升品质，要在不断的学习实践中提升能力水平，积极与优秀的人同行，主动对接引进优质资源，不断夯实自身基础、提升自身平台。二是讲落实。要紧盯盯紧，看准的事大胆干，决定的事果断做，正确的事积极为，紧紧盯住咬住，一定要做到不达目的不收手、不见成效不罢休。要想办法、找办法，树牢发现问题是水平、解决问题是能力的理念，坚持问题导向，千方百计破解难题，想方设法破除瓶颈。要善于总结、善于提升，努力在落实过程中总结方法、提炼经验，不断为工作的长效推进、长远发展提供更好的参照与蓝本。三是讲争先。要敢想敢创新，切实增强创先争优意识，标准上拔高一个层次，落实上再加一点力度，执行上提升一些效率，力争做到不做则已、做则一鸣惊人。要敢干敢担当。岗位不是官位，平台不是主席台。履职就必须尽责，担当才能免责。政府系统必须主动作为、勇于担当。要追求卓越、全力奔跑。不逼迫自己永远不知道自己有多优秀。要走出舒适区，自我加压、从严要求，时刻奋勇向前。

【市人民政府系统工作部署会】3月13日下午，召开市政府系统工作部署会议，贯彻落实上级各线各块会议精神，安排部署政府全年工作。市委副书记、市长黄旭峰强调，做好政府工作，要始终紧扣"精准、规范、关键"六字原则，真抓实干，狠抓落实，全力以赴推动经济社会高质量发展。

市委常委、常务副市长熊斌主持会议。会议下发《市政府领导工作报告任务分解表》，各副市长先后就各自分管工作进行安排部署。

会议指出，2019年，津市经济社会发展的主要预期目标任务是：地区生产总值增长8%以上；规模工业增加值增长10%以上；财政总收入增长10%以上；城乡居民人均可支配收入增长8.5%以上；园区规模工业总产值突破265亿元。

会议要求，市政府系统要通过狠抓产业发展、服务项目建设、致力创新开放、打赢攻坚战役、实施乡村振兴、努力改善民生、优化社会治理等重点工作，推动目标任务落实落地。

黄旭峰强调，政府工作要重精准。一是要精准地看，通过勤学知识、苦钻政策、对齐标杆，不断提高认知，增强本领，开拓眼界；二是要精准地想，牢固树立改革创新意识、争先创优意识、问题导向意识，用新思想、新方法推动新发展；三是要精准地干，进一步量化目标，进一步细化责任，进一步硬化考核，确保圆满完成各项预期目标。政府工作要强规范。一是要讲规矩，对党委讲规矩，积极提高政治站位，严守政治纪律和政治规矩，坚决维护党委的团结，坚决执行党委的决定，坚决维护党委的权威。二是要讲专业，坚持专业的人干专业的事，讲求细节，追求卓越，推动政府工作再上新台阶；三是要讲一致，要打造健康、快乐、向上的干部队伍，积极弘扬传播正能量，不断凝聚蓄积正能量，激发政府系统的活力。政府工作要抓关键。一是要抓住关键事，在工作中突出重点，分清权重，区分缓急，有力有序推进工作，实现逐个突破；二是要抓住关键人，领导要带头干、做示范、当表率，带头化解重点困难，带头解决关键问题；要善于排兵布阵，用好用活手中的兵将，力求人岗相适，发挥人的最佳作用，实现工作的最好成效。三是要抓住关键时间，各项工作要抓早，提前谋划，始终踩着节点走，把工作往前赶，做到时间与工作相匹配，进度与要求相统一。

"时间是属于坚定的人，成功是属于坚韧的人，优秀是属于坚强的人"。会议号召，各级各部门要紧扣"精准、规范、关键"六字原则，真抓实干，狠抓落实，一起奔跑，努力追梦，全力以赴推动津市经济社会高质量发展，为谱写澧水流域现代化中心城市新篇章不懈奋斗！

市政府全体在家领导，市政府办班子成员，市政府工作部门主要负责人，各镇镇长、副镇长，街道主任、副主任，高新区主任、副主任，市政府直属事业单位、部门管理事业单位、国有企业主要负责人，在津行政、事业、企业单位主要负责人参加会议。

【津市2019年招商引资、向上争资暨项目建设工作推进会召开】4月3日，津市2019年招商引资、向上争资暨项目建设工作推进会召开，会议由市委副书记、市长黄旭峰主持，市委书记傅勇参加会议并讲话。

会上，市委常委、常务副市长熊斌作向上争资、项目建设工作报告，市政府副市长高见作招商引资工作报告，市农业农村局、高新区、市场服务中心主要负责人分别就招商引资、向上争资暨项目建设工作作典型发言。

据悉，今年1至2月，全市固定资产投资完成额增长19.4%，规模工业企业完成总产值32.64亿元，同比增长17.5%，完成规模工业增加值6.33亿元，同比增长10.6%，园区完成规模工业增加值5.3亿元，同比增长10.7%。

黄旭峰指出，2019年是建设澧水流域现代化中心城市攻坚克难、乘势而上的关键一年，全市招商引资、向上争资暨项目建设工作要以“八大专项小组”为主力、以“四项工作”为主线、以项目建设为载体、以向上争资为保障，强力推进产业立市；要在组织领导上强化保障，在督导调度上狠下功夫，在考核奖惩上加大力度，确保各项工作推进有力。

傅勇强调，津市各级各部门要始终坚持主动谋划，围绕党代会目标任务和三大特色产业发展进行深入调研分析，产业项目要在产业链上找优势，在细分领域上出特色；要善于创新工作思维和方式方法，强化问题导向，突出重点方面和关键环节，尤其是在打造项目策划推荐、专业评审、建立重点客商库、项目信息库等方面下功夫，确保项目能落实、出效益；要在产业对接、争资引项、优化服务上要坚持精准精细，围绕“三主一特”产业定位，对接珠三角、长三角等重点区域，进一步找准定位、寻求优势、延伸产业链条、做大产业规模。对于项目建设、企业发展中的行政审批、要素保障等问题，要把握个性化需求，有针对性、差异性抓好协调、靶向发力。各市级领导要强化督导调度，坚持靠前指挥，调度要突出问题导向，切实解决实际问题；各工作小组要充分发挥牵头抓总、调度协调、指导督导作用，确保各项工作取得新突破。

市领导杨文惠、王育平、姜正才、张海卿、佘斌、李景峰、胡杰、吴拥华、杜登全、胡湘萍、杜强、戴志刚及相关单位负责人参加会议。

【举行“不忘初心、牢记使命”庆祝中国共产党建党98周年暨“三十佳”颁奖典礼】6月27日，举行“不忘初心、牢记使命”庆祝中国共产党建党98周年暨“三十佳”颁奖典礼。活动先后对全市“十佳先进党组织”、“十佳优秀党务工作者”、“十佳优秀共产党员”进行表彰。全体与会人员在颁奖前一同观看优秀个人、先进集体的相关专题片，获奖个人、团体在各自工作岗位上，不忘初心，甘于奉献，奋斗不息的模范风采。活动现场，伴随着精彩纷呈的文艺节目和获奖者们感人肺腑的先进事迹，全场不时响起热烈的掌声，整场活动不仅热情讴歌中国共产党建党98年来不平凡的奋斗历程，同时也营造出学先进、做先进、忠实履职、勇于担当的良好氛围。

【千吨级码头正式开港运营】6月28日，津市港中心港区千吨级码头正式开港运营。这是市委、市政府，在全省“创新引领、开放崛起”和全市“开放强市、产业立市”的战略推动下，抢抓长江经济带开放开发新机遇，加快港口建设的一座重要里程碑，对澧水流域经济带有重要的推动作用，标志着津市开放发展进入一个新阶段。从上年6月开始，市委、市政府通过与拥有全球单体最大和效益最佳的集装箱码头，国内最具影响力的大型港口产业集团深圳盐田港集团多次对接、磋商、洽谈，于上年12月与盐田港股份公司签订津市港战略合作框架协议。经过双方努力，津市港从战略合作到建设开港仅用半年的时间，体现“津市速度”。津市港中心港区已经建成2个千吨级通用泊位，各类配套设施近20余台套，堆存面积近2万平方米，港口最大起重能力35吨，设计年货吞吐量100万吨。

【二季度重点建设项目开工】6月28日，津市举行宁能热电联产项目主体奠基暨津市二季度重点建设项目开工仪式。此次集中开工的10个项目分别为宁能热电联产项目、兆源贤庄综合体建设项目、中意幸福里建设项目、金秋现代农业产业园建设项目、嵘鑫年产5万条高分子风管生产基地建设项目、台龙年产12000吨蒕果深加工建设项目、湘澧盐化食用盐提质升级技术改造二期小包装食盐仓储配送中心项目、南北特年产50万件豆制品生产线技术扩建项目、力源生物沼气发电工程、津港大道建设工程。10个开工项目其中有5个工业项目，2个能源项目，2个房地产项目，1个交通项目，项目总投资达到23.3亿元。全市全年安排重点项目90个，计划年度投资57.86亿元。1至5月，全市共完成固定资产投资35.4亿元，占全年计划的37%，相比去年同期增加3.3亿元，增长10个百分点。

【生物医药产业项目推介会】7月4日，津市生物医药产业项目推介会（深圳站）在深圳市花园格兰云天酒店举行，现场发布生物医药项目30个，总投资366.6亿元。常德市生物医药与健康食品产业园项目总投资300亿元，项目选址在津市高新区，规划面积近9平方千米，其中生物医药专业园区5.28平方千米，以生物酶制剂、医药制剂、植物提取、医疗器械为发展方向，重点引进甾体药物制剂、体外诊断试剂项目。推介会上，津市市政府与深圳宝能科技园、广州奥咨达医疗器械服务集团成功签约，就新型功能饮品、纳米抗体药物等多个项目达成合作意向。

【“全球市场项目中国种子计划津市高新技术产业开发区实践基地”揭牌】9月29日，津市举行“全球市场项目中国种子计划津市高新技术产业开发区实践基地”揭牌仪式。仪式由市政府副市长高见主持。市委副书记、市长黄旭峰为揭牌仪式致辞；全球食品安全倡议（GFSI）中国工作组指导委员会副主席、嘉吉亚太区质量总监郑芸岭，消费品论坛（CGF）中国总经理、全球食品安全倡议（GFSI）中国首席代表徐扬颖先后致辞；黄旭峰、杜强等市领导揭牌。全球食品安全倡议(GFSI)，是由当前国际领先的食品零售商、生产商、食品服务商等食品安全专家组成的一个国际合作平台。

【湖南微生态健康产业园项目签约】11月11日，津市举行湖南微生态健康产业园项目签约仪式。湖南海路生物科技有限公司董事长李降龙介绍项目具体情况；市场监督管理局负责人作表态发言；市委书记傅勇为签约仪式致辞；市委副书记、市长黄旭峰代表市政府与湖南海路生物科技有限公司签署战略合作协议。该签约项目以微生态健康产业为核心，计划建设医疗器械 CDMO 基地。项目计划总投资5亿元，力争打造出具有国内鲜明特色的、湖南首屈一指的医疗健康产业园。

【首届津市牛肉米粉美食文化节】12月20日，首届津市牛肉米粉美食文化节开幕式暨文艺演出在津市五环时代体育中心举行。

开幕式由湖南卫视著名主持人魏哲浩主持。市委副书记杨文惠为开幕式致辞；市委常委、常务副市长熊斌代表市政府分别与中通集团、中国食品工业协会签订战略合作协议；中国食品工业协会综合部副主任潘韧宣读授予津市"中国牛肉米粉之乡"授牌文件，中国食品工业协会副秘书长徐坚为津市授予"中国牛肉米粉之乡"牌匾；常德市政府副市长龚德汉、市委副书记杨文惠、市人大常委会主任王育平、市政协主席姜正才、市政府副市长易榕先后为津市首批50家牛肉米粉星级门店授牌；20家企业共同成立津市牛肉米粉品牌产业联盟；常德市委副书记朱水平宣布首届津市牛肉米粉美食文化节开幕。

办公室工作

【概况】2019年，市政府办公室在市委、市政府的坚强领导下，围绕经济社会发展大局，坚持参与政务抓主动、管理事务抓规范、提升服务抓精细，发挥参谋助手和中枢协调作用。

【参政设谋】文稿起草有质有量。撰写主要领导讲话稿。先后完成政府工作报告、政府工作部署会系列材料、"一件事一次办"系列经验材料、"不忘初心、牢记使命"主题教育活动系列材料等领导讲话100余篇。把关修改会议材料。如调整、修改河长制工作情况汇报以及国家慢性病综合防控示范区汇报等重大会议材料。切合实际搞调研。以主题教育系列活动为主线，由市政府领导及政府办班子分别牵头，深入开展各项调研，参与指导撰写高质量调研文章16篇，为贯彻落实上级决策部署、打好三大攻坚战及创新引领开放发展提供有力参考。特别是在市政府主要领导带领下，围绕"打好蓝天保卫战"，深入开展一线调研，连续参加7场调研座谈会，先后4次到污染防治工作现场摸清第一手资料和情况，拿出20条具体整改措施及相关建议，最终有力扭转空气质量下滑的局面。政务信息有力有效。紧盯数量。坚持每天平均上报一条信息，截至12月，共上报信息300余条，选派1人到省政府总值班室跟班学习3个月，提升政务信息采编水平。争取质量。前三季度，常德市政府办已采用30条。主动推介。撰写市政府领导经验文章2篇：专业园区及平台建设材料、"铁腕推进'一件事一次办'"材料，其中"一件事一次办"材料被省深改办推介。刊物发行常抓不懈。坚持每天编发一期《囊萤早读》；每周编发一期《习近平重要讲话精神》；每月完成一期《政情参考》，编发12期，为领导决策提供有效参考；每两月完成一期《政府公报》，完成6期。

【政府督查】突出市政府重大决策和重要部署、阶段工作和常规工作督查。以《政府工作报告》、市政府系统工作部署会议、市政府常务会议、专题会议明确事项和四项底板工作、三级(省、常德市、本级)重点民生实事等工作落实情况为主要督查内容，对工作任务目标进行责任分解，明确责任部门，采取责任到人、定时督查、及时通报、全程跟踪的方式狠抓落实。突出领导批示和交办事项督查。及时主动办理市长批示件督查，全年共承办市长批示件156件，做到事事有落实、件件有回音，对落实不到位的开展跟踪督查。突出市委、市政府日常工作重点督查。在日常督查工作中紧盯工业立市、项目建设、城市管理、棚改攻坚、环境保护等主线，同时积极参与蓝天保卫战、应急救援等全市中心工作，开展系列重点督查，如实快速反馈执行情况以及潜在倾向性问题，便于领导把握决策，有力推动各项工作的落实。全年共下发《督办通知》35份，《督查通报》5期，《督查专报》8期。同时，认真做好建议提案的办理工作，办理代表、委员分团(组)讨论意见建议46条，市政协建议案4件。全年共承办人大建议57件、政协提案88件，见面率、答复率、满意率(含基本满意)均为100%。

【城市工作】加强对2019年城建计划项目建设的管理和工作协调，坚持一线调度，全程跟进督导，有效减少工程量的增补，确保重点工程项目顺利推进。9月开始，规范全市建设市场管理，利用蓝天保卫战攻坚的契机，城市办牵头开展全市建筑工地扬尘治理专项行动，制定干部包保值守工作方案，明确住建局1名班子成员负责1片区域，1名干部负责1个工地，严格落实工地扬尘治理7个100%要求。津市在常德市三季度工地扬尘治理考评打分中排名第一。实施精细管理。针对城市烧烤夜市、渣土车等城市管理中的难点问题，城市办牵头协调相关部门开展多次执法整治行动，效果明显。9月开始，开展夜市烧烤专项整治，城区32家夜市烧烤店全部归店经营，全部安装油烟净化设备并正常使用和定期清洗，实现创国卫期间都没能实现的工作目标。从10月开始，启动渣土车改革，拿出综合改革方案，待提交政府常务会和市委常委会研究通过后，12月马上组织实施。坚持问题导向。在省委巡视组巡视期间，城市办牵头配合分管副市长，具体负责城区问题楼盘的处置工作。经过认真调研分析，掌握真实情况，找到问题矛盾的主要方向，重点针对群众反映强烈的7个楼盘中的建筑安全质量、不动产登记办理、小区物业服务不到位及地下停车位收费不规范等突出问题，组织住建、住保中心、自然资源等相关部门定期调度，采取“一盘一策”，一个楼盘一套方案，确保问题逐个解决。持续优化服务。一年来，城市办严格落实组室对口服务制，处理各类文件300余份，参与起草各类会议纪要5次，协助分管副市长拟定周工作安排40余次，细化安排工作280余项；完成各类讲话、汇报材料30余篇；组织安排各类会议、活动90余次；每月按时完成市长批示件的收集、整理、上报工作；组织召开城建与管理工作调度会2次，细化安排工作任务183项；组织召开大气污染防治攻坚研讨会7次，摸排污染源550余项，逐一交办。牵头组织和参与城市建设与管理、污染防治攻坚、信访维稳等方面工作现场调度130余次；配合生环委办开展特护期空气质量管控，为主拟定《2019年12月底前空气质量管控工作重点》，并得到黄市长的签批肯定，开展现场督查20余次，发布空气质量管控日报50余份。

【金融工作】举行常德市“行长县市行”活动。邀请人民银行常德中支及常德市11家银行行长到津举行常德市“行长县市行”活动。津市9家银行与10家企业、市中医院、安慈高速津市指挥部现场签订新增授信及贷款合作协议，其中新增授信总额20.94亿元，项目贷款9500万元。2019年高新区银企对接会津市银行业金融机构各项存款余额138.23亿元；各项贷款余额53.65亿元，存贷比38.81%。共为47家企业累计投放工业贷款129笔10.56亿元，全市工业贷款总额12.62亿元，占贷款总额比重23.52%。全市金融机构缴纳税收3102.29万元，增幅1.17%。创新金融服务方式。园区企业瑞晶玻璃上半年急需流动资金，但无抵押物及担保，建设银行主动对接，结合创新信贷产品“云税贷”、“云电贷”，依据企业上年度纳税总额、用电额度，分别给予信用贷款76万元、34万元。长沙银行大力推进村居、社区金融便民服务站建设，已在12个村居、社区设立“长沙银行乡邻小站”，为基层农民群体提供直接有效的金融服务。探索开展供应链金融、订单贷、票据池融资等创新金融业务。农商银行积极助力乡村振兴，创新党建工作模式，与市委组织部联合开展“党建共创、金融普惠”活动。常德快贷项目已于9月上线，贷款金额2054万元，贷款人数346人。邮储银行组织常德市及本市业务骨干开展为期一周的“赢在春天”直联园区、直联商圈大走访活动，共计走访企业近40家，商户65户。举行“智慧津市+普惠金融”便民服务培训会。金融办邀请软通动力普惠金融运营讲师，在兰苑宾馆二楼会议中心举行“智慧津市+普惠金融”便民服务培训会。相关镇街分管负责人及农村社区、村居干部120余人参加此次培训。10月，津市与蚂蚁金服集团签订《县域普惠金融合作协议》。开展“征信助力小微与民营企业融资发展”专题宣传活动。联合人民银行津市支行组织辖内各金融机构在高新区开展全面系统的宣传和普及征信知识，引导社会公众提高征信认识度，提升信息主体维权意识和水平。突出产融互动，提升金融活力。人民银行现金交易中心正式投入使用。常德市唯一的人民银行现金服务中心历经一年多建设（全省8个），主体工程及附属工程全部完工，已正式投入使用。举办企业融资暨上市知识培训。5月8日，联合市工信局、市科技局、市高新区举办企业融资暨上市知识培训，邀请方正证券投行事业部专家做《拥抱变革与创新——科创版制度解读》的主题培训，近40家企业负责人参加，同时申报金湘猪鬃进入全省重点上市后备企业资源库。在湖南省股权交易所挂牌企业4家。积极对接基金合作。第八届中国（广州）国际金融交易博览会现场，津市与广州越秀产业投资基金、常德财鑫金控集团共同签订常德嘉山越秀生物医药与健康食品产业投资基金合作协议，总规模10亿元，首期规模2亿元，实际出资到位1亿元，已对2个项目进行股权投资7000万元。突出风险防控，优化金融生态。启动创建“省级金融生态安全区”工作。政府常务会议研究，成立市金融生态建设工作领导小组，出台系列文件，下设办公室在人民银行，成员单位30个。集中清理整治非法集资。组织开展防范和打击非法集资宣传活动10余次；开展各种领域的非法集资摸排20余次；联合相关单位开展P2P网贷机构风险、投资业、寄卖业涉黑涉恶整治专项行动；积极协调市人民法院开展“e租宝”案集资参与人信息核实登记工作。全市未发生一起区域性金融风险。积极协调津市农商银行风险化解。成立津市农商银行风险处置工作领导小组，土地置换津市农商银行不良资产1.3亿元，开展津市农商银行不良贷款专项清收，加快涉诉案件的快审快结，加大财政性资金存放和行政事业单位基本账户开立支持力度。截至12月，津市农商行资本充足率9.65%（监管要求10.5%以上），拨备覆盖率157%（监管要求120%以上），不良率3.67%（监管要求5%以下）。待增资扩股完成后，有望退出全国问题金融机构名单。

【优化环境】市优化办整治办事服务环境、行政执法环境、项目建设环境，针对干部作风纪律“慵懒散”问题和办事服务中存在的“上热下冷、中间梗阻”现象，每月定期到群众办事服务事项较多的单位进行明察暗访；出台《津市市全面推行行政执法公示制度、执法过程记录制度、重大执法决定法制审核制度、执法决定说明理由制度的实施方案》，规范执法行为。由优化办牵头，会同市政法委、市人大监察和司法委、市人民检察院、市司法局及市政府督查室组成联合检查组，对全市22家行政执法单位和相关落实“降费减税”政策的单位开展行政执法和涉企乱收费检查，检查结果并全市通报。对强行阻工、强揽工程、强买强卖等违法违规行为严厉打击，刑事拘留29人，行政拘留26人，调处矛盾纠纷3起。11月下旬，市人大召开优化经济发展环境工作民主测评会议，市人大代表秉着客观公正、实事求是的原则，以投票打分的方式对市人民政府10个工作部门的优化经济发展环境工作进行集中评议，并现场公布评议结果，为津市优化经济发展环境工作起到很好的助推作用。

【发文办会】收规范公文办理。巡视组督查期间，根据要求，秘书室拟定并出台《津市市人民政府办公室集中整治形式主义官僚主义工作措施》，在指导全市政府系统单位办文工作及精简文件方面取得较好成效；全年共起草、审核政府及办公室文件193件，在上一年280件的基础上精简31%，符合上级对发文数量同比减少30%的要求。在公文流转方面。完成机要保密、电子公文传输、文件管理等工作。秘密级文件处理做到单独登记、单独签批、单独管理，遵照保密规定，不扩大阅读、传达范围，未经原发文机关同意，不借阅不复印，及时清理退回市委保密局。2019年共收到上级文件728件，其中常德市级文电513份、省级文电213份、国家级文电2份。保密意识得到增强。规范保密检查。年初以来，秘书室严格按照保密工作相关要求，安排专人每季度对全办办公电脑保密检查。建立办公电脑个人台账，通过及时记录电脑检查情况、张贴保密责任标签等方式，强化全办的保密意识。严格印章管理。按照规定将市政府公章和政府办公章存放在指定位置，要求申请使用印章的个人和单位按程序上报审批。

【市长热线】严格执行《市长热线工作细则》和《市长热线工作考核细则》，落实群众合理诉求，创新热线工作制度，完善诉求处理机制，牢固树立“群众利益无小事”的观念，着实解决一些群众生产、生活中的具体问题。共受理各类信访、诉求3526件，其中电话诉求2494件，市长信箱、市民留言236件，常德市长信箱、市民留言28件，“红网问政湖南”交办件16件，常德市长热线交办件747件，重点督办5件。各类投诉回复率、办结率均为100%，回访满意率在90%以上，赢得群众的信任、领导的肯定、社会的好评。严格受理。面对每天繁多复杂的市民诉求，根据诉求受理范围按规定受理，对于侮辱、诽谤、涉法涉诉等不合理的诉求坚决不予受理，保持政府工作的严肃性。严格回复。根据各相关责任部门的回复内容严格把关，对于敷衍事、回复不当的坚决打回重新办理，并通知相关单位分管负责人严格诉求处置回复，避免回复不当给市长热线、政府带来的网络负面影响。积极协调。坚持急群众之所急理念，对于群众急需解决的困难，第一时间协调政府相关部门，为群众办好事。提请市长现场督办。针对市民反映的重点、难点、涉及多个部门解决的问题，提请市长现场督办，形成强大合力集中解决市民诉求。强化考核督办。根据诉求处置实效，及时与责任部门单位每天保持联系督办，对未及时回复的部门单位采取每周政府网站通报，并把通报情况纳入全市绩效考核内容。对已办结的市民诉求采取不定期抽查回访，向市民解落实情况。

发展和改革工作

【概况】2019年，市发改局经过机构改革，职能划转，人员整合，分工调整，在项目建设、价费监管、粮食调控等方面取得新突破，全市新增规模以上工业企业15家；固定资产投资完成91.28亿元，增长5.9%；常德市15个重点建设项目全部开工，开工率为100%，产业立市、向上争资、招商引资工作获先进单位、安全生产工作获红旗单位、并继续获评津市市文明单位。

【机构改革】2019年，津市市发展和改革局按照国家、省、常德市机构改革精神，建立津市市机构改革工作领导小组，制定改革工作方案，根据职能职责划转情况，建立6个职责划转人员转隶工作小组，将价格监督检查与反垄断执法职责划入市市场监督管理局，农业投资项目职责划入市农业农村局，药品和医疗服务价格管理职责划入市医疗保障局，重大项目稽察职责划入市审计局，组织编制并实施主体功能区规划职责划入市自然资源局，应对气候变化和减排职责划入常德市生态环境局津市分局，市服务业发展办公室承担的行政职能划入市发展和改革局，市重点建设项目与稽察特派员办公室承担的行政职能划入市发展和改革局。商务局粮食管理和重要消费品储备管理职责划入市发展和改革局。从商务局划转符合条件人员19名到发改局，价格监督检查局4名工作人员3名划转到市市场监督管理局，1名工作人员划转到市医保局。按照时间要求完成机构改革工作，津市市发展和改革局名称不变，同时加挂津市市粮食和物资储备局牌子。

【产业发展】2019年，全市新增规模以上工业企业15家，共有134家，规模工业企业完成总产值305.3亿元，同比

2019年省社科院领导到津调研津澧融城工作

增长 12.5%；规模工业增加值 61.3 亿元，同比增长 9.8%；固定资产投资完成 91.3 亿元，增长 6.2%，增速在常德市各区县中排第 4 位。生物医药、装备制造、健康食品三大主导产业，分别完成规模以上总产值 40.29 亿元、89.97 亿元、67.22 亿元，同比增长 24.8%、14.8%、13.8%。签约引进鸿健生物黄酮类药物生产、超安光伏发电、中联重科车桥产业园等重大投资项目 25 个，协议引资总额 55 亿元。全年争资 23.9 亿元，非普惠性项目及资金较上年增加 1.4 亿元，其中保障性住房建设及配套资金突破 2 亿元。在常德市开放强市产业立市三年行动工作表彰通报中，获得推进新型工业化工作、招商引资暨开放型经济工作优秀单位。

省政府副省长何报翔率队到津调研生物医药产业发展情况

园区规划面积由 6.4 平方千米扩大到 18.96 平方千米，水、气、土在线监测加速推进，综合税收突破 4 亿元。津市港正式开港运营，下半年吞吐量超德山港全年吞吐量。海关工作站和保税仓作用突显，完成进出仓货值 7100 万美元，同比增长 115.3%。科益新生物、津玉机械、台龙葛果初加工、湘澧盐化扩能增效、S238 棠药段公路、暖夕高档社区养老中心等 35 个项目建成投产；宁波热电、经世新材料、谢家堰水厂提质改造等一批项目正在加紧有序推进。全年策划项目 66 个，其中 50%转化为 2020 年重点建设项目或前期项目。

2019 年，创建省知识产权强县。推进“三名工程”，与海南大学、江南大学、华东理工大学深度合作，建成医疗孵化平台、科技成果转移转化中心、协同创新中心各 1 个。新增省级创新研发平台 3 家、省级院士工作站 1 家、省级星创天地 1 家。引入中关村智造大街和国天电子，全国首个县级科技成果转化和服务承接平台、常德市唯一的湘北军民融合发展促进中心落户津市。在全省率先搭建医疗器械行业专业化服务平台，签约入驻企业 30 家，60 天内完成二级医疗器械注册申报 200 多个。12 月 20 日，举办首届津市牛肉米粉美食文化节，获评“中国牛肉米粉之乡”。完成“两品一标”认证 12 个，津市茶油获得国家地理标志证明商标。毛里湖镇青苗社区、金鱼岭街道大关山村被评为湖南省五星级乡村旅游区。

2019 年，深化“放管服”改革，推进“一件事一次办”及政务下沉，打造无证明城市，工作经验被新华社、中央广播电台及省深改办重点推介，获批湖南省优化营商环境创新试点县（市）。开展“暖企”行动，帮助企业解决具体问题 135 个。减少物流成本，企业快递价格常德最低。落实减税降费，企业减负 1 亿元。引入金融活水，10 亿元产业发展基金正式运行，投放工业贷款 8 亿元。保障项目用地需求，新增建设用地指标 3520 亩。（赵昌琦）

12 月 20 日，首届津市牛肉米粉美食文化节举行跨界峰会

【规划调研】2019 年，突出战略谋划。着力打造一批历史文化型、生态旅游型、健康养生型、资源禀赋型等特色产业小镇，培育津市县域经济新的增长点，形成《津市市特色产业镇扶持政策》、《创建新洲镇临园综合服务及文旅特色产业镇实施方案》。启动十四五”规划编制。成立领导小组，制定工作方案，拟定重大调研课题，对津市市“十四五”规划编制工作进行了科学安排部署。策划一批重大建设项目、编制了重点行业专项规划，形成《津市市“十四五”规划编制工作方案》。11 月份通过市政府常务会、市委常委会审议通过，下发《津市市“十四五”规划编制工作方案》(津政办发〔2019〕13 号)。（王金霞）

【重点项目】2019 年，常德市 15 个重点建设项目全部开工，开工率为 100%，开工 5 亿元以上战略投资项目 2 个，分别是宁能热电、经世新材料。津市市 90 个重点建设项目总投资 209.6 亿元，年度投资 57.8 亿元，完成固定资产投资 91.28 亿元，增速 5.9%。其中，留体

市委书记傅勇现场调度重点项目建设情况

药物中间体及药物制剂、天盛 360T/D 等级低温液态空分生产线建设、巨琥液压机械加工生产线、玉津医疗器械孵化 47 个项目竣工或建成投产，宁能热电联产、经世 OLED 材料和新型电子材料及中间体生产基地、兆源贤庄综合体等 44 个项目有序推进，年内签约的六合城、超安 100MW 渔光一体光伏发电等项目顺利落地开工。55 个重大前期项目已提前开工 20 个，25 个转化为 2020 年重点建设项目。策划开发项目 66 个，其中 14 个转化为 2020 年重大前期项目，12 个转化为 2020 年重点建设项目。（陈奕）

【向上争资】2019 年全市争取各类上级资金 23.9 亿元，完成全年目标任务 93.7%。一般转移支付 13.6 亿元，较上年增加 1.4 亿元。其中，均衡性转移支付增加 0.3 亿元，财力性补助增加 0.19 亿元，首次增加生态功能区补助 0.1 亿元，都将纳入今后一般性转移支付基数。2019 年向上争资中债券因素仅计入 1.58 亿元，而 2018 年则计入 2.31 亿元，其差额 6700 万元，均是其他争资增长所弥补，效益更高。如高速公路补助收入约 5500 万元。15 个单位达到或超过目标进度，其中市农机事务中心、市人社局、市教育局、市卫生健康局、市财政局、市交通运输局、市发改局、市市场服务中心、市住房保障服务中心、市林业局、市扶贫开发办、高新区、市文化旅游广电体育局 13 个单位超额完成全年目标任务。争资上 1000 万的单位有 22 个，特别是市人社局、市财政局、市发改局、市住房保障服务中心 4 个单位争资过亿元。一批重大资金成功争取，如住保中心累计争取保障性住房资金 1.46 亿元，交通局争取澧水二桥及千吨级码头资金 4500 万元，住建局争取洞庭湖生态整治资金 1600 万元，水利局争取中小河流治理资金 2001 万元、水利发展资金 2500 万元，发改局争取保障房基建配套资金 6000 万元、军粮保障项目资金 1500 万元，工信局争取制造强省资金 510 万元，林业局累计争取各类小项目合计 1004 万元。（陈奕）

【改革创新】2019 年，市事业单位公车改革。8 月，车改办主要成员单位按照省、常德市公车改革时间节点的要求，对平台信息化基础数据录入及全市符合车改条件的涉改单位、涉改人员、涉改车辆等进行摸底清理，制定出《津市市市直事业单位公务用车制度改革实施意见》、《津市市市直事业单位公务用车制度改革实施意见政策解读》、《津市市公务用车制度改革领导小组办公室关于市直事业单位公务用车制度改革实施方案制定与报送有关事项的通知》、《津市市市直事业单位公务用车制度改革取消车辆处置工作流程》、《津市市市属国有企业公务用车制度改革实施方案》等一系列文件通知，初步完成全市事业单位、国有企业公车改革和平台信息化建设前期的基础性工作。事业单位车改工作已经报政府常务会、市委常委会审议通过，下一步即将召开全市事业单位车改大会。经济体制改革、社会体制改革工作。按照“六个明确”要求建立改革项目台账，制定改革任务倒排表并及时报送改革动态监测表；按照时间节点要求，制定出台相应改革文件方案，牵头的各项工作都能及时按质按量完成。（王金霞）

【价格监管】2019 年，市发改局落实省、市减费涉农涉企等优惠政策，及时修改《津市市涉企行政事业性收费项目清单》、《津市市涉企服务性收费项目清单》、《津市市行政事业性收费目录清单》，实行“清单”公示制度。重新发布自然资源局、有线电视网络公司等单位行政事业性和经营服务性收费标准等文件。取消公共资源交易服务费 6 项收费；对公共资源交易服务费中招拍挂等 10 个项目降幅达到 30%，对公安局因私护照收费等 3 项收费标准下调 20~40

全市 2019 年招商引资、向上争资暨项目建设工作推进会

市长黄旭峰调度中联车桥项目推进工作

元不等；按照省、市发改委要求规范居民燃气工程安装标准及延伸服务价格，下调非居民燃气价格 0.03 元 / 立方米；一般工商业电价从 0.769 元 / 千瓦降低到 0.7003 元 / 千瓦，降幅近 10%。放开房地产测绘、机动车检测等 18 项服务收费实行市场调节价。强化价格管理，加强教育收费价格管理，将教育收费项目和标准在醒目位置进行公示，规范学前教育保教费和伙食费；结合周边物业价格水平和当地居民消费承受能力对津市前期物业收费清理规范。

受非洲猪瘟疫情影响，常德市发改委连续 9 次对低收入群体进行临时价格补贴，共补贴 167 万元，减缓低收入群体的生活压力。配合公检法部门，涉案物价格鉴定 70 综，涉案标的 50 万元，为司法部门提供办案依据。及时对全市水、电、气、粮食、蔬菜等 50 个品种进行动态监测，为上级价格主管部门监测民生价格提供依据。（俞进）

【粮食调控】2019 年，执行军粮供应政策，按照《湖南省军粮质量管理暂行办法》及军供大米质量标准，建立健全质量管理等制度，实行制度管人、人管质量，责任到人。坚持粮油质量从源头抓起，一批一检，严格控制非法添加物的米面油入库，对不符合国家质量标准的粮油坚决不进店、不销售；定期对部队的粮油供应质量进行监测，对部队官兵口感不满意的粮食及时进行调换，使满意率达到 100%，建立健全粮油质量管理制度，做到军供“五统一”（统一定点、统一质量、统一包装、统一定价、统一配送）。建立安全储粮保障机制，提高粮食仓储工作管理水平，组织全市在岗保防人员进行保防知识业务培训，确保储粮安全。继续加大仓储基础，改善津市的储粮条件。做好窑坡渡粮库新建二栋 1.5 万吨高标准粮食仓库的审批备案、城市规划、土地利用、环境影响评价、地质勘察、施工图纸审批、招投标等相关手续，10 月底完成项目主体工程和内外粉饰，年底验收；加大仓库维修工作。在上级没有下拨仓库维修资金前提下，挤出资金近 100 余万元用于库点的仓库维修改造。增强科学保粮的投入，每季度组织开展储粮安全普查活动，实现全市库点储粮“一符四无”；储粮药剂专人负责，单独集中存放，规范使用，建立领用台账，手续完备，确保安全无事故；按照《粮食流通管理条例》，确定津市新洲永久米厂、津市棠华群新大米加工厂、津市灵泉水电大米厂、津市灵泉水电大米厂第二分厂、湖南广钱油脂有限责任公司为粮油加工企业，津市军粮供应有限责任公司为储存企业，津市军粮供应站 、广兴超市、好润佳超市、步步高超市为为供应网点。同时对全市各粮食经营企业及经营户严格按要求抓好粮食市场监测工作，对确定的 6 家粮油加工、供应经营户及时、准确地采集和报送价格信息，预测分析粮食价格走势，及时提供有关粮食预警信息，为政府宏观调控决策提供准确依据。

（王德涛）

【粮食行发】2019 年，分析粮价走势，部署全市早、中晚稻收购工作，做好市场调查，掌握粮源。面对粮食收购政策变化，申报津市市军供公司窑坡渡粮库一个委托收购网点，与中储粮临澧直属库、农发行的沟通联系，确保全市中晚籼稻的收购资金能按时到位，开展国家最低价收购政策宣传，让售粮农户交售“明白粮”；对收购设备、检测仪器进行维修，确保粮食入库质量的检测和入库时数量的安全；认真制定收购工作方案，做好人员安排和内部管理制度的完善，为取得较好的社会效益，发挥国有粮食企业主渠道作用，按照中晚稻收购

市委常委、政法委书记李景峰调研园区在建项目建设情况

程序做好准备。严格执行粮食统计制度,做好统计报表上报工作。严格办理粮食收购许可证,执行粮食收购资格证办理的有关规定，做到一次性预先告知。办理粮食收购许可证由原15个工作日缩减为5个工作日。开展粮食收购资格在线审批系统管理,及时更新办理资料。落实安全生产责任制,履行粮食行业安全生产监管职责,开展安全生产检查10多次，并对每次检查出来的问题,责成企业限时整改,同时对整改结果进行跟踪,把安全隐患消除在萌芽状态,储粮安全检查,做到检查不留死角,层层落实工作责职，确保全年安全生产、食品安全无事故。做好粮食行业发展争资争项。开展2019年粮食物流产业园、粮食千亿产业等建设项目的申报和衔接;加强政策引导,做好湖南润农生态茶油有限公司等企业在技术创新、成品升级、竞争力增强等方面发挥示范引领作用;加强粮食质量监管。根据国家粮食工作会议和粮食质量安全检验检测能力建设有关精神,6月完成津市市粮油质量检测站实验室等基础设施的维修改造,12月上旬常德市发改委验收通过。完成2019年津市粮油监督抽查工作计划任务;做好粮油加工、基础设施建设项目统计工作的月报、季报数据上报。（张利辉）

统　　计

【概况】2019年编发《2018年津市市国民经济和社会发展统计公报》,编印《津市统计月报》12期、《决策参考》6期,开展第四次全国经济普查。

2019年，组织入户走访8批次,共45人次,资助帮扶资金3万余元。按照贫困户的意愿,分别为其提供仔猪、鸡苗。为精准扶贫户袁江英提供房屋维修资金。

全年共召开局党组中心组学习12次,学习习近平新时代中国特色社会主义思想、党章党规等。开展“三会一课”21次,主题党日活动12次,“学习强国”每日活跃率均在80%以上,全局干部职工“学习强国”平均分超5000分。9月,前往石门“进京赶考”启示园,开展“不忘初心、牢记使命”主题教育活动。10月,结合“不忘初心、牢记使命”主题教育活动,在津市监狱开展接受反腐倡廉警示教育。按照主题教育调研方案,形成6篇调研成果。

4月11日至6月11日，市委第三巡察组对市统计局开展为期2个月的巡察,共发现7大类20个方面41点问题。针对问题，党组开展专题研究13次,制定各类整改制度8条,以巡察反馈问题整改为契机,建章立制,整改措施全面落实。

2019年,市统计局被评为全市“国防动员工作”先进单位、绩效考核良好单位，并成功通过津市市文明单位复查。局业务股荣获津市市“巾帼文明岗”称号。（张卉佳）

【统计基础】贯彻执行2019年国家各项统计年报和定期报表制度,扎实做好农业、工业、房地产、投资、商贸、服务业等专业联网直报、城乡居民收入调查、规下工业企业抽样调查、文化产业调查、人口变动调查、小微企业调查、居民消费价格指数等调查工作以及妇女儿童发展纲要监测、全面建成小康社会监测、畜禽监测等监测工作。完善数据质量全过程控制体系，做到不虚不瞒、不重不漏、应统尽统,确保统计数据全面、真实、客观反映经济社会发展。

【统计服务】2019年,加强经济运行情况监测和分析,编印《2018年津市市国民经济和社会发展统计公报》。全年共撰写各类文章46篇,其中,专业分析材料11篇、决策参考6期。按时整理编发《津市统计月报》,强化对工业、房地产、建筑业、服务业、商贸业等主要经济指标数据的分析预警。

【统计法制】7月10~12日，配合常德市统计局开展“双随机”统计执法检查和统计巡查工作。在市政府第十三次常务会上传达学习国家、省、常德市《关于深化统计管理体制改革、提高统计数据真实性的意见》。10月17日,党组成员、副局长李光日在津市市2019年第二期科级干部培训班开展《遵守统计法的规定，实事求是地开展统计工作》专题讲座。（张卉佳）

【第四次全国经济普查】第四次全国经济普查从2018年开始启动,2019年完成入户登记和数据质量抽查工作。通过这次经济普查，摸清全市经济总量，普查结果显示,2018年末，全市第二、三产业的产业活动单位为2596个,其中第二产业373个，第三产业2223个。全市个体户个数为19677户。根据普查资料测算,2018年津市GDP为157.97亿元(初步反馈),与常规快报数相差0.19亿元。其中:农林牧渔业增加值20.27亿元,占比12.8%;工业增加值58.39亿元,占比37.0%;建筑业增加值8.7亿元,占比5.5%;批发和零售业增加值19.56亿元,占比12.4%;住宿和餐饮业增加值6.1亿元,占比3.9%;交通运输仓储邮政业增加值8.47亿元，占比5.4%，金融业增加值4.14亿元，占比2.6%;房地产业增加值6.33亿元,占比4.0%;其他服务业增加值26.01亿元,占比16.5%。从普查结果来看,津市经济结构与2013年相比发生较大变化，第一产业占比12.8%,比2013年下降4.3个百分点;第二产业占比42.5%,比2013年下降5.4个百分点；第三产业占比44.7%,比2013年提高9.7个百分点,经济整体结构趋于优化。（覃涛）

【城乡居民生活】2019年,居民收入与消费平稳增长,城乡居民人均可支配收入28998元,增长9.0%。其中,城镇居民人均可支配收入35799元，增长8.3%；农村居民人均可支配收入16848元,增长8.9%。全市居民人均生活消费支出23204元,增长10.1%。其中,城镇居民人均生活消费支出26839元,增长10.2%；农村居民人均生活消费支出16710元,增长8.3%。

全市城镇居民人均可支配收入构成为:工资性收入17203元,占可支配收入的48.1%；经营净收入5313元,占可支配收入的14.8%;财产性收入1764元,占可支配收入的4.9%;转移性收入

11519元,占可支配收入的32.2%。

全市农村居民人均可支配收入构成为:工资性收入4387元,占可支配收入的26.0%;经营净收入9316元,占可支配收入的55.3%;转移性收入3066元,占可支配收入的18.2%;财产性收入80元,占可支配收入的0.5%。

全市居民消费结构为:食品烟酒消费7256元,占生活消费支出的31.3%;衣着消费1844元,占生活消费支出的7.9%;居住消费3997元,占生活消费支出的17.2%;生活用品及服务消费1413元,占生活消费支出的6.1%;交通通信消费2597元,占生活消费支出的11.2%;教育文化娱乐消费4302元,占生活消费支出的18.5%;医疗保健消费1270元,占生活消费支出的5.5%;其他用品和服务消费526元,占生活消费支出的2.3%。 (覃涛)

民 政

【概况】2019年,津市市民政工作以争创全省"五化"民政建设创新试验区为总揽,牢牢紧扣市委、市政府"工业立市,产业兴城"战略布局,通过保障民本民生夯基础、推动涉老涉葬产业促发展、扩大社会社区建设抓治理,有效提升民政服务"工业立市"的密度、参与"产业兴城"的强度、创建"五化民政"的高度、保障"普惠民生"的宽度,高标准完成年度民政各项目标任务,主要工作取得上级肯定、社会认可、群众满意的显著成效,先后获得上级各项奖励24余项,其中部级3项、省级13项、常德级5项、津市级3项,在全省民政工作会议上作典型发言,《中国社会报》《中国殡葬周刊》《湖南日报》、新湖南、《湖南民政》等多家媒体先后近100次推介津市市工作,《常德日报》还以3个头版头条重点报道津市市的工作经验。

2019年机构改革,民政局新三定方案出台,内设股室有办公室、社会工作和慈善事业促进股(志愿者管理股与其合署办公)、社会组织管理股(对外可称社会组织管理局,行政审批服务办公室与其合署办公)、最低生活保障和临时救助股、基层政权建设和区划地名股、养老服务和儿童福利股6个,核定行政编制10个,领导职数3个。民政将老龄工作、退役军人优抚安置工作、救灾工作、医疗救助工作4块业务职能划出。涉及划转机构有局机关内设股室2个(优抚股、救灾股),管理的事业单位3个(军休所、光荣院、老龄办),涉及编制21个(军休所6个,光荣院6个、老龄办9个),人员18人(军休所6个,光荣院6个、老龄办6个)。新组建1个副科级事业单位市社会救助事务中心,市殡葬管理所更名为市殡葬事务中心,市民政局婚姻登记处更名为市婚姻登记中心。

2019年津市市荣获全国殡葬综合改革试点优秀案例、湖南省养老服务体系真抓实干成效明显县市区、湖南省第一批养老服务体系建设试点县市;津市市民政局荣获湖南省民政工作先进集体、湖南省全民健康生活方式行动健康支持性环境单位、常德市为民办实事先进单位、常德市福利彩票销售工作先进单位;津市市养老服务中心荣获2019年度省级服务业标准化试点项目单位;津市市殡仪馆荣获湖南省殡葬行业形象建设美好单位;毛里湖镇青苗社区荣获湖南省城市和谐社区建设示范单位;毛里湖镇樟树村荣获湖南省农村幸福社区建设示范单位和湖南省村规民约优秀村;金鱼岭街道大关山村湖南省级示范儿童之家;金鱼岭街道文家湾社区、三洲驿街道后湖社区荣获常德市村规民约优秀社区;刘敏同志荣获全国重视殡葬宣传典范;陶炜同志荣获湖南省福利彩票发行工作先进个人,聂欣同志荣获湖南省殡葬行业最美建设者。

(雷明洋)

【社会救助】2019年上级转移困难群众基本生活费3813万元,共发放困难群众基本生活资金4673万元。其中:救助城市低保5.55万人次,发放2055万元;救助农村低保4.43万人次,发放1386.5万元;救助特困供养人员1.6万人次,发放842万元;临时救助0.18万人次,发放315.15万元;发放困难群众物价生活补贴74.35万元。2019年,为推进低保专项治理,印发《2019年津市市城乡低保和特困供养专项治理工作要点》,召开相关会议,有序完成全年专项治理目标任务,全年共清退已不符合城市低保163户180人,纳入符合城市低保86户96人;清退已不符合农村低保120户127人,纳入符合农村低保207户229人;清退已不符合特困供养42人,纳入符合特困供养76人。在脱贫攻坚帮扶上,进一步明确深化农村低保专项治理的重点任务和目标要求,重点将津市市123户未脱贫建档立卡贫困户中的重病重残人员纳入单人保;对家庭中有老年人、残疾人、儿童的未脱贫建档立卡贫困户进行逐一排查,将符合条件的家庭纳入低保,对不符合条件,但确有困难的给予临时救助;对农村低保中的老年人、残疾人、儿童进行逐一入户走访,将符合特困供养条件的纳入特困人员供养救助。 (张锋)

【养老服务】2019年,投资9000万元的大型养老社区建设完成建设,并于10月运营。津市市被确定为首批省级养老服务体系建设试点县市和全国第二批居家和社区养老服务改革试点县市,按照试点要求完成2家居家养老服务示范点、7家日间照料中心项目建设。制

2019年10月运营的津市市暖夕养老社区

定《2019年养老院服务质量建设专项行动实施方案》，再次启动养老院服务质量建设专项行动。1月，对20家养老机构160个摄像头布点安装，养老机构全线联网成功。2月，所有养老机构安装智慧消防前沿防火科技设备，联合市消防救援大队组织召开“智慧消防”系统培训会和安全生产建设推进会，收集完善全市民政系统重点成员单位安全生产监管对象基础台账，经常性开展安全生产风险隐患等大检查大排查大整治活动。5月上旬，委托第三方机构湖南博联工程检测有限公司对全市民营养老机构房屋进行结构安全性排查，九九公寓存在安全隐患，并按要求整改完成。9月，与消防救援大队深入到20家养老机构进行服务质量检查，按省委第三巡视组反馈养老机构安全问题开展整改，对18家养老机构下达整改督办通知书，并按照“一院一策”制定消防硬件设施达标方案。聘请第三方机构从基础信息、服务功能、安全管理、入住管理、老人名册、人力资源、员工名册等7个方面对全市养老机构进行抽查评估。全年共为3064名80~89岁（每人每月60元）以上农村老人和城市低保家庭中老人、487名90岁（每人每月100元）以上老人、130名65岁（每人每月60元）及以上失能半失能低保老人，8人百岁老人（每人每月600元），总计发放补贴资金309万元。为13家民办养老机构发放运营补贴43万元。为55名失能和半失能城市特困供养人员入住民办养老机构购买服务57.36万元。完成全市22家养老机构责任险承保工作，机构参保率100%，其中财政补贴9.5万元。全年共组织安全生产培训2次，安全检查140余次，安全检查170人次，检查中发现一般性安全隐患3处，无重大安全隐患。完成2017–2019年度老年人福利资金和养老服务专项资金自查报告和全省养老项目资金监管系统信息录入工作。（刘北平）

【儿童福利】2019年，全市共有30位散居孤儿、2位机构孤儿，18岁以上孤儿就读全日制教育8人，全年发放孤儿生活费38万元。对孤儿基本生活费申报实行政务下沉。将社会散居孤儿、农村留守儿童和困境儿童全面纳入关爱保护，建立关爱保护工作联席会议制度，对辖区内社会散居孤儿以及监护较差、辍学、重病重残、有流浪史的儿童每月走访一次，对农村留守儿童和困境儿童每季度走访一次，做好儿童走访台账记录；是年，对全市农村留守儿童、困境儿童进行摸底排查更新，并录入全国“三留守”人员信息管理系统，留守儿童1151人，困境儿童192，合计1337人。2019年，在已建15家儿童之家（10个建制村，5个社区）的基础上，按照省级儿童之家建设标准，完成24个儿童之家建设，其中包括青苗社区、清化驿村、杨坝档村3个示范性儿童之家。开展村（居）儿童主任培训工作，壮大农村留守儿童关爱保护的基层工作力量。

（严九桂）

【慈善社工】2019年1月，按照湖南省乡镇（街道）社会工作服务站项目实施方案，推进全市各镇（街）社工站建设。通过政府购买服务的形式由津市市津民社工事务所承接服务，全市5街4镇共9个社工站点均建成运行，共招聘社工19人。6月共有44人报名参加社会工作师考试，有6人取得社工师证书。9月完成第二次社工站人员招聘，吸纳优秀社工人才7名，人才储备13人，为社会工作的有序发展提供人才保障。2019年8月，完成“精准扶贫 点燃希望”民政助学对象调查核实和资金发放工作，资助贫困学子56人，发放助学金24.6万元，完成柏枝林社区和后湖社区

津市市养老机构基本情况统计表

序号	设施名称	床位数	入住人数	服务人员	序号	设施名称	床位数	入住人数	服务人员
1	津市市养老服务中心	300	300	55	12	津市市残疾人托养服务中心	100	80	12
2	津市市长寿老年公寓	120	71	10	13	津市市一养养老中心	150	64	10
3	津市市安康老年公寓	128	62	9	14	津市市德怡老年公寓	164	78	11
4	津市市城隍庙社区九九公寓	80	70	9	15	津市市药山镇棠华敬老院	128	110	10
5	津市市烛光老年公寓	101	82	12	16	津市市新洲镇灵泉敬老院	100	80	8
6	津市市城东社区鑫鑫老年公寓	50	40	6	17	津市市新洲镇敬老院	100	80	15
7	津市市康馨苑老年公寓	90	68	8	18	津市市毛里湖镇敬老院	52	52	5
8	津市市法芝老年公寓	70	60	7	19	津市市药山镇文昌阁敬老院	124	100	10
9	津市市静雅养老院	50	50	6	20	津市市白衣镇敬老院	100	95	10
10	津市市襄阳街爱心幸福园	50	48	9	21	津市市社会福利院	50	50	8
11	津市市明美老年公寓	28	28	4	22	津市市光荣院	66	35	6

（刘北平）

2个慈善超市的项目布点。全年，津市市慈善总会累计接收社会爱心捐赠110万元。（严九桂、王飞）

【基层政权建设】2019年，完成省委巡视组交办的关于镇街挂牌过多问题，清理镇级挂牌150块和村级挂牌62块。拟定出镇级和村级挂牌参考清单，镇级拟保留挂牌126块，其中标识牌50块，制度牌76块；村级拟保留挂牌56块，其中标识牌15块，制度牌41块。经过清理，镇级减少挂牌占比54.3%，村级减少挂牌占比52.5%。起草《津市市村务公开实施细则》，对全市39个建制村村务公开栏的内容进行规范。召开会议部署村规民约（居民公约）制定评选推介工作。并确定常德市级试点指导村居1个（毛里湖镇青苗社区），津市市级试点指导村（居）5个（白衣镇白衣庵社区、金鱼岭街道大关山村、嘉山街道明道社区、襄阳街街道阳由社区、药山镇新湖村）。（陈聪）

【地名区划】2019年，在完成津市市第二次地名普查工作的基础上，配合省、常德市开展地名成果转化工作，编撰津市市地名图、录、典、志，按照省厅统一部署，完成提交津市关于《国家地名录》、《国家标准地名志》释文内容。聘请的专家正在进行国家地名词典释文编撰及修改工作。2019年由津市牵头，会同临澧县民政局完成行政区域界线联合检查工作，界桩完好无损，界线及其两侧地貌、地物无明显变化，同时向省、常德市上报津市/临澧联检资料。市平安办、民政局联合下发《2019年度津市市平安边界创建工作考评实施方案》（【津平安办】2号）的通知，在相关职能部门配合下，完成平安边界创建工作，上报平安边界创建工作自查表及总结报告。并对不规范地名进行清理整顿。（陈聪）

【社会组织管理】2019年，新成立社会组织7家（其中社会团体6家，民办非企业单位1家），依法办理变更登记24家（其中社会团体14家，民办非企业单位10家），依法办理注销登记5家（其中社会团体4家，民办非企业单位1家）。全市共有社会组织169家，其中社会团体113家，民办非企业单位55家，基金会1家。3月至6月对2018年度社会组织开展年检工作，全市登记在册的社会组织共169家，需要参加年检的社会组织120家，85家已经完成年检工作，年检率为71%。召开"津市市打击非法社会组织部门联合执法工作联席会议"，联合公安印制的"关于依法打击非法社会组织和社会组织违法活动通知"宣传资料300份，并发放张贴到每个村、社区。开展行业协会商会脱钩工作管理，5月份，津市市2家行业协会存在人员与管理机构未完全脱钩，由市委组织部、民政局牵头，责成相关业务主管单位和行业协会相关负责人，按照省委巡视组的要求，已对2家行业协会脱钩工作全面完成。（陶炜）

【殡葬事务】2019年，津市市殡仪馆共火化遗体719具，营业收入1522.9246万元。刘家山公墓管理处销售墓穴543座，营业收入960万元，公墓惠民减免49例，金额2.45万元。殡葬事务中心解决困难群众基本丧葬费补助28例，金额3.444万元。2019年，重点推进全国殡改"津市试点"攻坚，4月17日召开殡改领导小组会议，对全市殡改试点工作进行调度，督办短板问题，倒逼试点进度；讨论起草《津市市殡葬改革实施方案》《津市市进一步推动绿色殡葬改革的实施意见》《津市市困难群众基本殡葬服务费用减免实施办法》《加强农村生态公益性公墓建设管理的通知》等4个文件，为加快推进殡葬改革提供重要的政策机制保障；政府分管民政的高见副市长多次深入殡改规划项目现场，跟踪调研，勘察选址，督促有关部门抓配合、抓落实、保进度。8月21日在江西樟树市召开的全国殡葬宣传工作会议上，局长刘敏被评为全国重视殡葬宣传典范、退休干部张明焕被评为全国殡葬宣传优秀通讯员。11月28日，津市市人民政府受邀参加在山东省临沂市沂水县举办的全国殡葬改革试点工作会议，市人民政府副市长高见参加会议，会上表彰津市市殡葬改革试点优秀案例。按照"镇级建1个集中治丧场所"的目标，在2019年完成投资500万元的新洲镇殡仪服务站、投资1000万元的药山镇殡仪服务站建设的基础上，当年重点对规划中的毛里湖镇殡仪服务站、白衣镇戈豆湾殡仪服务站、毛里湖镇中心公益性墓地、毛里湖镇灯塔公益性墓地、白衣镇戈豆湾公益性墓地、新州镇车架山公益性墓地、药山镇八宝湖公益性墓地等基础设施进行选址踏勘，联合国土、规划等部门启动基础设施建设用地的审批，5个公益性墓地和2个殡仪服务站项目开展申报申建，新州镇车架山公益性墓地有望年内动工建设。通过组织对津市市全域范围内殡葬领域3大类18个违法违规墓地专项排查，共摸排违法违规私建大墓326

津市市华阳殡仪馆全景图

津市市华阳殡仪馆大门

个，其中，私建活人墓 1 个，私建大墓、硬化墓、豪华墓 325 个；党员干部私建违规墓 20 个，并对这些问题进行有针对性的专项整治。为确保全市人民在春节、清明两节安全文明祭祀，发送手机短信“温馨提示”16500 条，散发宣传单 9000 多份。刘家山公墓“两节”期间，共接待祭扫群众达 31 万人次，疏导车辆 2.9 万台次，确保群众安全平稳祭祀。

（王德红）

【福利彩票发行】2019 年，津市市有福彩销售投注站点 35 家，其中专营店 24 家，兼营店 8 家，双机店 3 家。全年共销售福利彩票 5130 万元，其中电脑彩票 1140 万元，即开票 65 万元，中福在线电脑视屏票 3925 万元。春节、端午、中秋等节日开展形式多样的公益活动，走访慰问市福利院、市养老院、孤寡老人、贫困户。4 月，对中福在线销售厅进行门头改造、大厅 110 防盗系统升级；8 月底，投入 3 万多元对 2 家福彩销售投注站进行福彩标准店标准化建设；11 月，对全市所有 2013 年之前生产使用的 8 台福彩投注机进行设备更换，并筛选出全市 15 家优秀的有“动总”玩法的专营店进行网络升级改造，安装“一线通”15 台；为各福彩销售投注站共制作投注单 1000 份，彩票袋 1000 个，游戏各类玩法宣传单页 15000 份。2019 年，津市市中福在线中出“25 万”大奖 8 个，中得双色球二等奖 1 个。（廖斌）

【社会事务】2019 年，共办理结婚登记 976 对，离婚登记 610 对，补办结婚登记 429 对，补办离婚登记 58 对。2019 年，残疾人两项补贴标准由每人 55 元 / 月提高到 65 元 / 月，共对重度残疾人 2722 人、困难残疾人 1694 人打卡发放“两项补贴”资金 280.2475 万元，残疾人两项补贴的申请办理程序由原来的 30 天办结缩短到 3 天办结。市民政局会同卫计局对全市计生特扶低保家庭进行摸底排查，了解生活状况和现实困难问题，确定特扶家庭 44 个，发放特扶家庭临时救助资金。2019 年，共救助流浪乞讨对象 1595 人次，其中男性 1503 人次，女性 92 人次。救治流浪乞讨对象中的危重病人 28 人、精神病人 19 人。开展“大爱寻亲、温暖回家”活动，津市市有 17 人通过寻亲网送至家中。

（王飞、刘伟）

【革命老区工作】2019 年，津市市革命老区工作站成立，编制 3 人。津市市第一批 21 处遗址遗迹公布后，10 月底将 21 处遗址遗迹完成设标工作。《津市市老区发展史》编纂工作全面完成，9 月初出版 2000 册，并开展红色书籍“六进”活动。2019 年津市革命老区历史人物、英雄事迹，在《常德日报》、常德电视台、常德市红网、津市电视台刊发和播出。6 月 19 日市政府专题会议明确建设 21 处红色教育基地，明确市委宣传部负责《常德老区·津市专刊》的组稿，市电视台负责拍摄反映津市革命老区“红色记忆”宣传片，老区站负责将《津市老区·读本》出版印发，做好专题教育资料和红色历史进机关、进校园、进企业、进社区、进乡村、进家庭。红军纪念亭、红军码头加紧施工建设，市文旅广体局根据革命文物保护要求制定 2 处重要红色文物修缮保护计划和建设安排。

（刘朝忠）

退役军人事务

【概况】2019 年 3 月 8 日，市退役军人事务局在市人武部原星长城宾馆挂牌成立。3 月 28 日，民政局原优抚股、人社局原军转办 9 名在岗人员开始在退役军人事务局集中办公。5 月 20 日，民政局原军休所、光荣院 12 名在编人员

2019 年 3 月 8 日，退役军人事务局正式挂牌

集中转隶。5月22日，市委常委会专题研究市退役军人服务保障体系建设工作。5月24日，市退役军人服务中心挂牌运行。5月28~29日，全市9个镇街、76个村（社区）退役军人服务站相继挂牌运行。5月30日，由市委书记任组长的市委退役军人事务工作领导小组组建。9月底，镇街事业单位机构改革中，各镇街单独设立退役军人服务站，与民政劳保站一并成为镇街6大事业站（所）。10月，与人武部军事科联合举办为期2天的全市武装工作和退役军人事务工作人员业务培训班，提高110名参训人员的业务能力和专业水平。11月，指导全市9个镇街、76个村（社区）加强退役军人服务站建设，建成一批示范站。

2019年，经过本轮机构改革，退役军人事务系统共有行政编制6个，全额拨款事业编制25个。其中市退役军人事务局机关行政编制6个（领导职数一正两副），根据“三定”方案和工作需要，内设股室5个，分别是办公室（政工室）、规划财务室、拥军优抚股、移交安置股（思想政治和权益维护股）、就业创业股；局属全额拨款事业单位4个，共25个事业编制：市退役军人服务中心（光荣院）核定事业编制15个，军休所事业编制6个，民兵训练基地事业编制4个。

2019年先后投入80多万元，开展局机关和退役军人服务中心临时办公场所维修改造和设备设施添置工作。建成办公室、财务室、会议室、档案室、保密室、党员活动室、信访接待室和服务大厅，做到工作流程、党建制度、军旅文化上墙，为全市退役军人来访维权、移交安置、就业创业、政策咨询、帮扶援助等提供良好的服务平台。结合单位实际，明确各股室工作职责分工；制定局机关15项内部管理制度，为规范化管理奠定基础。

2019年，被常德市退役军人事务局评为“信访矛盾化解攻坚工作先进单位”、“军休服务工作先进单位”。

（郭平平）

【保密工作】2019年，成立局保密工作领导小组，明确保密专干，对全局干部职工和镇街、村（社区）退役军人服务站长进行一次安全保密教育并签订安全保密责任承诺书。加强保密硬件建设。投入近8万元建立保密室，加强局机关和服务大厅的电子监控建设，并将监控系统纳入到全市公安联网报警平台，进行24小时全天候智慧化管理。开展保密隐患排查。制定10多个保密制度，规范收文整理和涉密文件处理，落实涉密文件全流程流转，定期不定期安排保密专干对全局普通电脑、文件、办公场所保密事项进行清理清查。针对津市市国喜酒庄等2家酒庄为退役军人免费发放尖庄酒，涉嫌非法采集退役军人信息的问题，联合稳定办、国保大队、市场监督管理局果断出击，予以处置。全年未发生一起失泄密事件。（郭平平）

【重点工作】采取定点采集和上门采集相结合的方法，进行退役军人和其他优抚对象信息采集工作。截至2019年12月底，采集10698条退役军人和其他优抚对象的基础信息。2019年3月20日，举行“为军烈属和退役军人等家庭悬挂光荣牌启动仪式”，“光荣之家”军属牌上门悬挂工作全面启动。截至12月底，共悬挂光荣牌10525块，悬挂率达到98.3%。开展祭英烈活动。清明节期间，集中组织和介绍12名烈士家属到广西扫墓，与襄阳街街道共同组织25家单位的志愿者以及退役军人代表400余人，在津市市烈士陵园隆重举办“津市市传承·2019清明祭英烈”活动。9月30日，在津市市烈士陵园举办全市“烈士公祭日”活动，市委书记傅勇带领市委常委会组成人员及社会各界人士300余人向革命烈士敬献花圈，在全市营造褒扬纪念英烈的浓厚氛围。开展以符合政府安排工作方式退出现役的退役士兵社保接续补缴工作。建立《津市市退役士兵社保专项工作联席会议制度》，成立社保接续补缴工作专班，启动社保接续工作，摸清应予补缴对象的底子，截至12月底，系统共录入1252人，受理771人，初审通过720人。对接省厅，并到河南卢氏县学习考察，为谋划光荣院新建项目打下基础。开展退役军人党员档案查阅、复印工作。共计查询复印801份退役军人党员档案，夯实了全市党员档案身份认证的工作基础。（李韬）

【优待抚恤】2019年共发放各类抚恤资金2200多万元。对津市从1954年11月30日以来参加对外十四次战役的享受待遇的战退军人956人，重新摸底、登记、造册，为“两参”退役人员身份进行重新认定打好基础。做好企业军转干部人性化服务管理和待遇落实工作。始终坚持“政策上用够、感情上贴近、关心上入微”的工作思路，筹措资金120多万元，开展走访慰问、济困解难、常规体检等活动，落实企业军转干部政策待遇。

（李韬）

【退伍安置】2018年底，接收退役士兵，共需发放退役士兵安置保障资金293.42万元。2019年10月底，以转业士官档案为依据，对符合政府安排工作的

2019年光荣牌悬挂仪式

2019 年国家公祭日活动

退役士兵进行量化评分，11 月上旬召开退役士兵安置领导小组工作会议，研究部署转业士官工作，落实转业士官安置。12 月转业军官和转业士官全部安置到位。（王军）

【就业创业】2019 年，分三期完成投入 30 余万元对 115 名自主就业退役士兵进行免费教育培训，完成计算机应用（常用的办公软件、网页的制作等）、职业规划专业、焊工、铆工、车工、机动车驾驶培训任务。支持 48 名退役军人接受学历提升教育，第一个完成常德市局下达的高职院扩招任务。（王军）

【“双拥”共建】2019 年分两批组织老复员军人、1~6 级伤残军人等 40 名重点优抚对象，参加常德市局为期 10 天的短期疗养活动。落实常德市委市政府、军分区《关于进一步做好新时代拥军优属工作的意见》，“八一”期间，组织市领导走访慰问、建军 92 周年“八一”座谈会、上门“送立功喜报、发军功奖励”、为退役军人解“四难”等活动，市本级慰问退役军人及优抚对象 725 人、发放慰问及解困资金 75.77 万元。市委书记傅勇带队走访慰问二等功臣范新明的图文新闻，被《中国民兵》杂志及其微信公众号采用推介。举办“送政策、送服务、送就业职业岗位”进军营、退役军人专场招聘会、送老兵返乡活动。推荐评选全省“模范退役军人”朱德文；常德市“最美退役军人”朱德文、高守荣、周宏，“最美军嫂”余威威，“最美现役军人家庭”范新明家庭，“优秀民兵”潘亚杰等先进个人。（李平）

【思想政治和政策落实】2019 年，建立局长轮流坐班接访制度、来访首问负责制，对来电来访的退役军人，热情接待、真情解难。有政策的坚决落实政策；没有政策的耐心做好政策解释、思想疏导和向上反映工作；没有政策但确实有困难的，由镇街、村（社区）审核后，给予“八一”、国庆、春节走访慰问和帮扶援助。按照属地管理的原则，落实镇街、村（社区）工作职责，力求从源头上解决问题、把问题解决在基层，消灭在萌芽状态，做到小事不出市、大事不出省。2019 年共接待涉军来访群体 35 批次，接待退役士兵 1300 人次，办理省委巡视组、省退役军人事务厅等上级交办的信访件 11 件，维护涉军群体的合法权益和社会大局稳定。（周小超）

人力资源和社会保障

【概况】市人力资源和社会保障局内设办公室、政工人事股、财务基金监督股、党建办、事业单位管理股、劳动关系股和社会保险股、行政审批办 8 个股室。下属社会保险服务中心、市就业服务中心、市工伤保险服务中心、市劳动人事争议仲裁院、市人力资源开发交流服务中心 5 个副科级单位和市劳动监察大队、市人力资源考试院、市小额担保贷款信用中心和城乡居民养老保险服务中心 4 个股级单位。

推动招工就业。企业主体、部门主责、市场主导，重点招工活动与经常招工活动相结合。开展“春风活动”“金秋招聘月”活动。利用三大招工平台开展日常招工。本地挖潜与外地招工相结合。实体平台招工与网络平台招工相结合（人招工、工找人）。招进来与稳得住相结合（稳岗补贴）。薪酬待遇与技能培训相结合。

管理社保基金。做好征缴扩面，努力实现全民参保，省里有企业社保征缴任务和财政补贴任务（征缴任务 2 亿元左右，财政补助 1584 万元，征缴任务超额部门按 1∶0.5 奖励财政补助部分）。做好待遇发放，全力保障社保支出。发放企业退休职工社保金人数 31000 人，机关退休职工社保人数 3400 人，每月发放社保金 6300 万元左右。积极做好基金管理，大力规范基金监督。

开展政务服务。取消证明材料和相关文件。社保缴费在就近银行办理。开展“文明窗口”“文明之星”评比。

调处劳动关系。指导企业规范劳动关系：用工合同、薪酬待遇、社会保障、纠纷处理等等。开展在民工工资专项治理行动：建立协调机制、加大保证金收缴力度、建立“黑名单”制度。稳妥处理各类工伤事故。正确处理各类劳动人事争议案件。

规范事业单位。做好事业单位岗位设置工作。做好事业单位人员招聘工作。做好事业单位工作人员绩效评估工作。（李佳莉）

【劳动就业】实现城镇新增就业 4808 人，城镇登记失业率控制在 4.5% 以内。新增创业主体 1501 人，带动城镇就业 1500 人。全年共培训学员 2921 人，其中创业培训 300 人，就业技能培训 800 人，岗位提升培训 1800 人，农村劳动力转移技能培训 391 人。“两后生”培训共计 21 人。全年共进行职业技能鉴定217人次，核发职业资格证书217人。2019年，发放创业担保贷款214户3310万元，直接扶持创业265人，带动吸纳就业2060人。

实施“就业优先”战略，就业态势持续稳定，就业质量持续提升，创业服务持续向好。建立市、乡(街道)、村(社区)三级用工服务平台建设，发挥园区人力资源市场、各镇(街道)、村(社区)用工服务窗口作用，常年提供就业、用工服务信息。依托新推出的微信小程序“津市市用工信息平台”，完善津市人力资源供需信息平台建设，改进企业招工用工服务方式。市内招工与外出招工相结合，满足企业用工需求。在本市范围内共组织举办“春风行动”、“就业扶贫专场”等专场招聘会9次，招聘1580人。2019年4月组织15家企业与慈利县联合举办跨地区招聘会，并与澧县、安乡、湘西龙山县、张家界桑植县、慈利县签订劳务用工协议。实行小微企业当年新招用符合创业担保贷款申请条件的人员数量达到企业在职职工人数的25%。其中，超过100人的企业达到15%。并与其签订1年以上劳动合同的，最高可申请300万元的创业担保贷款的政策。对还款积极、带动就业能力强、创业项目好的借款个人和小微企业，可继续提供创业担保贷款贴息。2019年，发放创业担保贷款214户，总计3310万元。第二批创业担保贷款已经进入审核阶段。加强技能人才培养，推进人才队伍建设。与中联重科车桥公司、湘澧盐化、润农茶油等企业签订培训合同，由企业为主导培训车工、钳工、盐化工等专业人员。建立激励机制促进技能人才成长稳岗，发放培训补贴202万。推动校企合作，开展引企入校、送生入企活动。在津市职业技术学院建立“实习车间”，安排有经验的企业技术管理人员担任实习指导教师，开展订单、定向培训，促进职业培训与企业用工的有效对接，从源头上解决结构性缺工问题。2019年与市教育局、市工信局、高新区协调，动员外地或本市即将离校实习的学生、职业学校培训的学员，引导推荐进入本地企业实习就业，给予实习补贴，优先满足本地企业用工需求。继续实行稳岗补贴政策，对已依法参加失业保险并足额缴纳失业保险费，且2018年度未裁员或裁员比例低于该年度津市城镇登记失业率2.76%等符合规定的参保单位给予企业稳岗返还补贴或困难企业稳岗返还补贴，返还其上年度实际缴纳失业保险费的50%。放宽技术技能提升补贴申领条件。2019年1月1日起，将现行技能提升补贴政策申领条件由企业在职职工累计缴纳失业保险费不少于36个月，放宽至不少于12个月。同时，对困难企业职工的在岗培训给予一次性补贴。2019年，津市民营企业申报稳岗人数1480人，共发放金额66.95万元。

【**社会保障**】2019年社保基金征缴入库45220万元，争取上级专项补助资金51037万元，社保扩面4670人。其中，企业职工基本养老保险参保单位228家，参保人数30089人，扩面1076人；城乡居民养老保险参保人数77149人；失业保险参保单位318家，参保人数18206人，扩面1592人；工伤保险参保单位413家，参保人数29505人，扩面2002人。2019年社会保险费待遇支出98407万元。其中，企业职工基本养老保险待遇支出79171万元；机关事业单位养老保险待遇支出15116万元；城乡居民养老保险待遇支出3075万元；失业保险待遇支出1522万元；工伤保险待遇支出892万元。其中，落实减税降费政策，减轻企业经营负担。津市企业职工基本养老保险单位缴费比例降至16%；津市工伤保险费率下调20%；市失业保险总费降至1%。大规模降费减负政策实施以后，累计为企业减少征收养老保险费614万元、失业保险费380万元、工伤保险费234万元。社保总降费超过1228万元，让企业实实在在地享受到实惠。推进原试点参保人员“事转企”工作。对于在试点期间参保、按改革政策不能参加新制度的部分原参保人员，在电视台、政府网站等媒体发布社保关系转移公告，并和原参保单位反复沟通协调，认真核实其视同缴费年限、实际缴费等涉及参保人员个人权益的关键信息，通过数据转移平台将他们的社保关系转移至企业养保，确保转移人员的参保权益不受影响。

【**劳动监察**】2019年，协调处理劳资纠纷78件，涉及金额556多万元，涉及农民工577人，共追讨农民工工资556多万元。2019年，共接受53个在建项目预存农民工保证金2158.589万元，共拨付农民工保证金2056.1401万元，结存保证金2536.0746万元。

【**劳动仲裁**】2019年，共处理各类劳动人事争议案件78件，除法定时效内正在处理的8件外，结案70件，涉案金额145.12万元。已结案件中，调解59件，裁决11件。处理案件的调解率84.29%，法定时效内结案率100%。

【**事业单位招聘**】2019年，因机构改革，除科研院所、医院、学校引进专业技术人才外，暂停新批公开招聘计划。市一中、市教育局分别制定引进教师实施方案，以人社局的名义进行申报，由常德市人社局批复。根据常人社事函〔2018〕35号《关于2019年津市市第一中学引进急需紧缺教师的批复》和常人社函〔2019〕3号《关于2019年津市市教育系统公开招聘急需紧缺教师的批复》，市一中、市教育局先后分别计划引进急需紧缺教师11人和30人，各自前往湖南师范大学、湖南第一师范学院具体实施引进急需紧缺教师招聘工作，分别完成引进的9人和29人的考核、聘用。

【**人才档案**】流动人员档案接收管理有序进行。严格按省流动人员人事档案一体化平台要求，专人操作及管理。2019年，共接收流动人员档案265份，至2019年12月办理调出30份，所有接收及调出档案都按流程进行操作完成，保管的流动人员档案共计1946份。事业单位人员档案管理更加规范严格。根据市委组织部对人事档案分类管理的要求，2019年，接收市委组织部大规模转递来人事档案900多本，同时，将本来由津市人社局管理的卫生系统人事档案1000多本，转递给市卫健局管理。对各单位交来的在职人员工资表、年度考核表等6000余份资料进行及时归档。并按组织部档案管理要求，对在职人员的“三龄两历”审核及档案整理工作，截至11月底，共审核“三龄两历”及档案整理600余本。

【基金监督管理】2019年，共进行4次基金监督自查。对社会保险基金的内部控制工作、业务经办服务、基金财务管理、信息系统管理、政策制度完善、基金监督检查、组织实施情况进行自查。

（李佳莉）

行政审批服务

【概况】2019年3月6日，津市市行政审批服务局挂牌成立，是市委市政府直属的正科级行政单位，核定编制6个，在编4人。下设有1个副科级公益一类事业单位津市市人民政府政务服务中心，核定编制3个，在编1人；1个股级公益一类事业单位津市市大数据服务中心，核定编制4个，在编3人。市行政审批服务局围绕“全省领先、全国一流”经济发展环境工作目标，以打造“无证明城市”为主线，梳理再造行政审批事项流程、创新推进政务服务事项下沉、稳步落实“一件事一次办”改革，在要素精简、数据共享、系统升级、窗口职能等方面取得创新性突破。政务下沉工作得到省委书记杜家毫的亲批和常德市的高度认可。

至2019年12月，进驻实体大厅的411项依申请类事项，申报资料精简70.6%，办事流程简化71.3%，审批时限压缩63.1%。38项政务下沉事项申报资料精简47.2%，办事流程简化48.8%，审批时限压缩78.80%。政务下沉办件量累计突破75110件，办结75110件，办结率100%。

【一件事一次办】深化“放管服”改革，推进“一件事一次办”，津市坚持目光向下、刀刃向内，以观念的突破摆脱思维定式，以一抓到底的作风持续创新，推动“一件事一次办”取得实效。首批100项“一件事一次办”事项全部实现程序简之又简、材料少之又少、效率快之又快。

以“无证明”为目标，推进要素精简。坚持减材料省内容。减少证明，首推“五个凡是”举措。即凡是法律法规没有明确规定的；凡是能通过本级数据库查询当事人信息的；凡是部门需上门核实或通过会商即可认定的；凡是部门、镇街、村居均无法查证的；凡是现有证件、凭证能够予以认定的，一律实行“无证明”办事，全面减少索证事项。100项“一件事一次办”事项全部做到“无证明”办事。简化内容，严格实行“四论证”。论证必要性，申报材料与审批事项关联性不强的项目全剔除。如建设工程施工许可证所需材料由原来的210页减少到4页。论证唯一性，同一内容一张表格、一套资料只填一次。论证专业性，凡是群众学识水平和现实条件达不到的一律取消，如宅基地使用权及房屋所有权登记需1∶500平面图，因专业性强，由镇街代制；论证操作性，材料变手写为“勾选”，“N个√+1个签名”即可申报。坚持减环节优程序。推行一窗办理，行政审批事项全部进驻政务大厅窗口，多部门联办的套餐事项由综合窗口统筹。推行一级审批，如大型户外广告设置许可原“窗口受理、股室踏勘、分管审核、局长审批”的四级流程简化为窗口办结。推行一次下沉，与群众密切相关的身份证办理、低保申领等38项审批服务事项权限下沉到镇街、村居，并配置“行政审批局行政审批专用章”。坚持减时限提效率。大力压缩时限，保留必要办理时限。如林木采伐证、公共场所卫生许可证的办结时限由20个工作日分别减少到5个工作日和当天办结。推进环节同步，不搞分步操作。如办理低保业务和申请农村危房改造，优化前需经公示、评议、入户、勘查等多个环节，村居、镇街、民政部门分别公示至少5个工作日，前后耗时长达21天才能办结。现采取多级公示同步，必要环节公示期内同时进行，6天内即可办结，群众当月就能领取低保补助。坚持即来即办，不搞批发办理和累积办理。如老年优待证、失业登记证等20项事项实现“秒批”。

以“大数据”为支撑，不断优化系统。查补结合，致力聚数据。集聚本级数据，按照规定程序和信息采集要求，通过人口普查、“诚信市民”信息采集和第三方公司检测等方式，对全市婚姻、房产等重点信息数据进行全面归集、比对和完善，累积整合23家部门的44类数据信息200多万条。共享上级数据，积极向常德市对接汇报，获取上级共享交换平台数据接入端口，将户籍信息及照片、工商营业执照等关键字段的信息扩充至本级查询系统，并实现同步更新。目前，通过常德市共享交换平台可查询的数据达12类2600万条。实时更新数据，坚持办一次业务就更新存储一次数据，从5月份至今，累积新增、补录、更正数据近60万条。借力科技，持续优系统。梳理自然人“全生命周期”所需办理的87项审批事项，建立专门数据系统，开发“智慧津市”APP，并优化升级到5.0版本，植入人脸识别、移动终端办理等

市领导调研政务服务事项下沉工作

功能，通过不断提高数据利用率来提升办事效率。100项“一件事一次办”事项全部实现刷脸办，其中71项实现掌上办。如租赁补贴申报，原需提供7项资料，6个月后才能领到补助，启动刷脸认证后，30个工作日即可办结。严管信息，切实保安全。出台数据系统专门管理办法，加强数据供给、质量、安全考核，采取定期抽查办事服务记录等方式，加大数据推送的监督考核，对数据的完整性真实性给予认真反馈核实。明确数据系统分级管理使用权，加强密钥管理和安全监管，与所有操作员全部签订保密协议，对违反保密协议、管理数据不力的，坚决按照相关办法和法律法规予以严肃处理和追责问责。

以“更便捷”为方向，创新服务模式。推行“容缺办”。建立容缺受理制度，由窗口根据实际情况出具容缺受理单，办理事项直接进入审批环节，过后补齐所缺法定必要资料的可邮发审批结果，真正实现群众办事“最多跑一次”。如津市白衣镇一吴姓群众在申请农机购置补贴时，因忘记携带必要的5份材料之一农机购置补贴经销企业供货合同。在这种情况下，为确保将农机购置补贴及时发放至群众手中，窗口采取“容缺受理”机制，帮助其快速办理，无需群众再跑，其通过电子邮件的方式补齐该资料后，第一时间将补贴发放至群众的惠农“一卡通”存折上。探索“兜底办”。探索“烦事急事困难事，兜底服务解您忧”模式，对于因群众个人原因跑一次无法办理的事项，在政务大厅入口处设立首个“兜底办”专窗，专门为办事企业和群众提供解决疑难问题的渠道和途径，包括历史遗留问题、相关审批资料缺件在内的合法合理合情事项、涉及多部门政策不一致等原因导致无法办理的复杂事项，以及需要政府帮助协调解决的审批服务方面的急事难事等。通过事项受理、分类处理、结果答复三步走，开展“兜底办”服务。窗口共受理办事群众各类疑难问题35件，经协调已经解决27件，明确解释答复8件。创新“一表制”。对“一件事一次办”事项中的套餐事项，采取“一表制”申请方式，将多个部门申报表的核心要素、必须内容整合到一份申报表单中，再由当事人授权提取数据库信息，签一次名予以确认即可完成申报。如“我要开健身馆”事项，涉及6个部门需填写22页申请表，推行“一表制”申请后，申报表单由多份变为一份，极大方便当事人办理。

以“讲诚信”为底线，持续深化改革。一方面，推进诚信体系建设，让失信者寸步难行。对办事服务中造假的行政相对人给予失信惩戒，让其一处失信、处处受限；以诚信体系的建立，推动形成诚信为本、操守为重的社会自觉，降低公共管理成本，提升行政审批效能。出台办事服务失信管理办法，发现弄虚作假、恶意骗取等行为，一律纳入诚信黑名单，今后办事不能享受绿色快捷通道服务，对涉及违法犯罪的，严肃追究法律责任。另一方面，不拿少数人的错误惩罚大多数人。建立容错、纠错、查处等后期监管办法，始终为改革者撑腰、为实干者担当。坚持“首错免查”，对第一次因非主观原因造成工作失误的，予以免责。坚持“举报必查”，对群众属实举报及与上级审批意见有出入的，一查到底。坚持“失职严查”，对滥用职权、侵害群众合法利益的行为，一律移交纪检监察部门严肃处理，涉嫌犯罪的移交司法机关追究刑事责任。

津市市政务服务大厅窗口工作人员正在为市民办理业务

【服务下沉】2019年，梳理下沉事项。选取与群众生产生活关系最紧密的38项审批服务事项，将审批权限一次下沉到镇街、村居，其中村居受理受办受决29项、镇街办结5项，部门办结4项，基本做到38项审批服务“手机能办、电脑能办、村居能办、委托能办”。优化办理流程。按照“三减三优”的原则，根据“一表、一证”办事流程进行了再清理、再优化，精简不影响办理决定的栏目设置，申报资料精简了47.2%，办事流程简化了48.8%，审批时限压缩了78.80%。强化服务保障。投入8000多万元，新建和升级85个镇村综合服务平台，统一配齐电脑、身份证读卡器、高拍仪、钢印、针式打印机等办公设备。按照4万元/年·人的标准，为每个村（社区）聘用一名政务服务代办员，并配备“行政审批服务局行政审批专用章”。同时，建立问题反馈机制，定期收集问题反馈及时研究解决。至12月共梳理意见反馈6大类共21个问题，均明确整改办法，同步修订完善办理机制。

拓展窗口职能，提升服务水平。延伸审批事项。至12月，依申请类的行政审批事项由2018年的206项拓展到411项，窗口职能得到延展，服务理念得到提升，基本实现“只进一扇门、办理百家事”。开展流程再造。结合实际情况，重新对各行政审批部门411项依申请类事项比照“无证明城市”理念完成流程再造。调整大厅布局。在政务大厅设立3个综

中央台《朝闻天下》栏目，以“聚焦群众关切，解决实际问题”为题，首先聚焦津市市，报道津市整治形式主义，简化办事程序，推行便民利民服务，随后，又报道津市整合多部门专网数据，优化政务服务办理流程，让群众少跑腿，把主题教育落到实处

合窗口、4个“一件事一次办”窗口、9大功能区域、3个外部大厅。此外，在村、社区专门设立“一窗受理”专窗，明确专人、专职负责，群众只需到一个窗口，就能办理相关事项。

【网站监管】2019年来，共更新政务公开、民生服务等子栏目信息1万余条，强化网站、机房管理，确保政府门户网站及40家子网站正常、有序、安全运行；开展网站普查。密集调度和督导部门网站建设工作，解决部门网站“不及时、不准确、不回应、不实用”等问题，并严格按照“谁上网、谁审查、谁负责”、“涉密不上网、上网不涉密”的要求，规范各单位信息发布行为，防范控制各类泄密、涉密事件的发生。规范政务公开。严格按照上级要求，细化决策、执行、管理、服务、结果公开，规范政策解读、回应关切、公众参与、公开平台建设等工作。

【多家新闻媒体推介政务服务下沉经验】《新华社》以“数据跑起来，一次办下来”为题，从平台建设、数据归集、流程优化、事项下沉等多方面报道津市在推进“一件事只需跑一次”改革工作上取得的成效。《朝闻天下》栏目，以“聚焦群众关切，解决实际问题”为题，首先聚焦津市市，报道津市整治形式主义，简化办事程序，推进便民利民服务，随后，报道津市整合多部门专网数据，优化政务服务办理流程，让群众少跑腿，把主题教育落到实处。《湖南日报》报道以“津市创新推进‘一件事一次办’”为题，头版刊登津市市在流程优化、数据共享、要素精简等方面取得的创新性突破，使省首批100项“一件事一次办”事项全部事项“刷脸办”或“掌上办”。《常德日报》以“津市市全省率先打造‘无证明城市’”为题，头版头条报道津市在打造无证明城市上所做的工作，不断提升群众幸福感、获得感和满意度。

（唐小艳）

信访工作

【概况】2019年津市市信访局由市委办公室、市人民政府办公室管理的机构调整为市政府工作部门，内设机构2个：办公室、综合股（加挂政策法规室牌子），人员编制6名，其中局长1名，副局长2名；股级领导职数2名；其他工作工作人员1名，在职人员5名。市人民来访接访中心为股级全额拨款事业单位，人员编制5名，在职人员4名。2019年市信访局共接待处理群众来信来电来访1701批3693人，较2018年批次下降14.2%，人次下降29.8%。全年未发生信访群体性事件、未发生极端访、未发生因信访问题引发的舆情，各重点特护期，没有发生一起越级上访，确保各个特护期社会大局的稳定；创建“两个县市区”。津市市被评为湖南省信访“三无县市（区）”和常德市“建设无上访村（社区）”先进单位，先后受到省委省政府和常德市委市政府的表彰，信访工作目标考核第一名，三洲驿街道等3个镇街、新洲车胤等6个村社区分别被评为“无上访村（社区）”建设示范和先进乡镇（街道）、优秀和先进村（社区）。2019年，全市就信访工作获得上级奖励资金217万（“三无县市”奖励150万、“无上访村建设工作奖励67万）。

（梁先菊）

【工作机制建设】2019年坚持领导“三带头”工作机制，及时解决群众反响强烈的信访问题。坚持部门联动机制，精准施策化解遗留积案。坚持部门创新机制，推出津市信访模式。津市市政府常务会上交办、督办重点领域突出信访问题的工作方法，在常德各区县得到推介。白衣镇“三二一”工作法成为枫桥经验的津市模式，白衣全年无越级访。襄阳街办事处“志愿者+信访的工作模式为基层街道社区治理提供了新经验，三州驿办事处创新“红色治理”模式，引入第三方社会力量参与社会治理，化解30多年信访积案3件。被常德市评为建设无上访村（社区）示范单位。

（雷明）

2019年被常德市评为建设无上访村（社区）优秀单位

【“四重攻坚”、“让老人回家”活动】2019年，通过开展“四重攻坚”“让信访老人回家”等活动，镇街、各职能部门密切配合、整体联动化解积案49件，其中10年以上的5件。明确包案领导和工作要求，先后化解上级转办、交办、督办19件信访案子、并全部办结，省委巡视组交办138件，除2件未息访外，全部息访。积案存量进一步下降。

（雷明）

【领导接访、约访】2019年市级领导坐班接访、主动下访、约访291次，解决信访问题52个。一批涉及面广的群体性问题、海晨国际业主反映电费过高，要求公电改专变电、金海岸二期业主要求办理房产证、54202部队退役士兵要求享受参战待遇等信访问题均得到妥善解决。 (雷明)

【信访法治化建设】依法分类处理信访问题初显成效。2019年通过仲裁、诉讼、行政复议等方式分流信访案访件45件，有效缓解信访部门压力。开展信访法治宣传月、宪法宣传周活动，全方位对信访法律法规和违法信访案例进行宣传引导，营造良好的信访法治新氛围。依托信访问题工作组化解重点领域信访问题效果明显。13个工作组依法履行工作职责，积极化解各自领域内的信访问题。全年化解信访问题20多个，信访秩序进一步好转。全年无规模以上集访，对闹访、缠访、特护期借机上访者实行训诫、警示，对违法者实施打击。全年训诫、警示谈话28人，打击处理4人。 (许凌翔)

嘉山风景名胜区管理

【概况】嘉山风景名胜区位于津市新洲镇境内，地处澧水中下游，嘉山风景名胜区处于澧水津市中段，洞庭湖西岸，湘鄂两省交界处。嘉山原名翠麓山、孟姜山，是秦朝孟姜女故里，车胤的家乡，位于新洲城东，山势自西向南蜿蜒而来。澧水亦自西北向东南绕嘉山环流注入洞庭湖，故有“八百里洞庭杵嘉山”之俗说。它集平原旷野景观，河州俊秀景观、丘陵植被景观和历史人文景观为一体。真可谓“嘉山嘉景数风流，才子佳人天下独”。位于嘉山之巅，东可观八百里洞庭波涛汹涌澎湃，南望万顷稻菽英雄遍地夕烟，西眺三千仞武陵群峰争秀，北望澧水东流，“洞庭天下水，嘉山天下独”这是对嘉山美景的真实写照。嘉山风景区景观资源、动植物资源丰富、文物古迹众多，最著名的有国家级非物质文化遗产孟姜女传说、省级非物质文化遗产车胤囊萤照读及著名的自然景观“古城八景”“嘉山三绝”(月景:双楼映月，雪景:银山映雪，晨景:芦波映霞)，这些众多的人文景源、自然景源承载着久远的文明，凝聚着丰富的历史信息，具有重要的历史价值、科学价值、艺术价值。

1991年嘉山风景名胜区被省政府授予省级风景名胜区，2017年启动新版总规编制，2018年11月《嘉山风景名胜区总体规划2017~2030》被省人民政府批复，总面积为17.24平方千米，由嘉山景区、古城景区、石岭青山湖景区、胥家湖景区构成，核心景区面积4.33平方千米。2019年新一轮机构改革市委明确嘉山风景名胜区为市直管正科级事业单位，核定编制为6名，现在编在岗6人，聘请护林员、清扫员5人。由于多种原因嘉山风景名胜区自成立以来一直没有投入实质性的建设。近年来，嘉山风景名胜区管理处多方筹措，投入近500万元，用于嘉山风景名胜区标识、标牌、主入口城墙、门楼、部分游道的修建及通水通电等部分基础设施建设。

【机构改革】2019年7月市机构改革，嘉山风景名胜区管理处正式脱离新洲镇政府代管，管理处人员都不再担任新洲镇政府的各项工作任务，办公地址也和新洲镇政府分开，专门从事景区的保护与建设，制定一系列的管理制度，推行科学有效的目标管理责任制，实行定岗、定责、定任务，将工作任务与奖金福利挂钩，每月实行工作实绩考核。

【景区保护】把保护摆在景区工作的首位，处理好局部利益和全局利益、眼前利益和长远利益关系，加大旅游资源保护力度。实施严格的监管制度，制定景区六严禁，宣传发动群众增强保护意识。加大对景区的专项整治，对景区内毁林开荒、修坟立碑、乱砍滥伐、捕猎野生动物等破坏地形地貌和自然环境的活动，进行多次全面清理整顿，拆除嘉山景区周边居民违章建筑51处，查处乱砍林木案件1起，查处捕猎野生动物案件1起，对景区主入口和湘北干线居民户，天子岗沿线居民户228户实行屋面改造及庭院美化建设，景区环境大为改观。

根据中共中央办公厅、国务院办公厅以及省、市自然保护地整合优化精神，管理处按上级部署履行职责，落实嘉山风景名胜区自然保护地整合优化调查摸底工作，于12月在省林勘院专业团队的指导下，全部完成景区调查摸底工作，通过调查摸底排查出景区六大方面的遗留问题，为下一步市自然保护地整合优化工作打下基础。

【景区建设】按照嘉山风景名胜区总体规划进行了相关的基础设施建设。2019年我们投入80余万元，修建一条900米的游步道，投入20万元进行景区主入口的绿化，投入20万元拉通景区的水电，投入30万元修通环山1.8千米游道路基，投入20万元对天坪进行扫障填土及迁坟，投入15万元对嘉山寺至地震台危险路段护栏设置，投入20万元对景区主入口居民进行庭院美化绿化，新洲镇政府投入900余万元对肖家湖进行整体打造，遵照总体规划分年逐步实施景区基础设施建设。

中国人民政治协商会议津市市委员会

【概况】2019年，市政协坚持聚焦产业发展、聚焦民本民生、聚焦凝心聚力，忠实履职、奉献津市，为加快建设澧水流域现代化中心城市贡献政协智慧和力量。一年里，共召开全体会议1次，常委会议5次，主席会议14次，进行议政性常委会议协商2次，议政性主席会议协商2次，开展视察4次，举办委员论坛1次，形成常委会议建议案2篇，主席会议建议案2篇，累计100余人次参与全市各类民主监督活动。市政协11个工作组（活动组）全年累计开展组内活动70余次。

2019年，市政协在毛里湖镇花桥村结对帮扶6户19人，已全部脱贫摘帽。继续落实省市县三级政协委员联动助力脱贫攻坚“三个一”活动，共结对帮扶160户476人。谋划文旅康养产业发展，落实“双联”工作要求，为联点企业做好服务。市政协领导班子成员带队外出招商引资6批次，已经促成药山镇优质中药材种子种苗繁育基地的合作项目，合作双方正式签订协议。

2019年，市政协成立政协云服务中心，新增委员学习联络委员会、农业农村和人口资源环境委员会，编制和人员配备充实。市政协修订完善政协工作制度、委员管理制度、机关内部制度等27项规章制度。开展常德市级文明标兵单位建设，参加市委“创建学习型机关，争做学习型干部”活动，开办“政协讲堂”，拓展政协干部知情明政的渠道，增强政协委员履职尽责的能力。

2019年，市政协进行“不忘初心、牢记使命”主题教育。组织机关干部到王新法党性教育基地接受革命传统教育和先进典型教育，机关党员、干部对《习近平关于“不忘初心、牢记使命”论述摘编》《习近平新时代中国特色社会主义思想学习纲要》等进行原原本本学习，准确掌握主题教育应知应会知识。党组成员带头深入联系点全面走访调研、撰写高质量调研报告，带头对照党章党规找差距，带头讲党课，真正实现理论学习有收获、思想政治受洗礼、干事创业敢担当、为民服务解难题、清正廉洁作表率的教育目标。9月18日，市政协召开党组会议专题研究“不忘初心·牢记使命”主题教育工作；9月19日上午，市政协召开“不忘初心，牢记使命”主题教育工作会议，全面启动“不忘初心、牢记使命”主题教育工作；9月25日，市政协机关开展以“明初心、守初心、坚定理想信念”为主题的第一次集中研讨交流；9月26日至27日，市政协机关全体干部前往石门县薛家村王新法党性教育基地，接受为期2天的“不忘初心、牢记使命”革命传统教育；10月9日，市政协党组书记、主席姜正才到毛里湖镇七星村，围绕“不忘初心，牢记使命”主题为村党支部全体党员上党课；10月17日，市政协机关开展以“担使命、履职责、矢志为民服务”为主题的第二次集中研讨交流；10月19~21日，姜正才到毛里湖镇开展“不忘初心，牢记使命”主题教育全覆盖走访调研；10月25日上午，皮怀忠以“不忘初心有担当，牢记使命履职尽责”为题，为支部党员上党课；10月31日，市政协机关召开“不忘初心、牢记使命”主题教育调研成果交流会；10月31日，市政协机关召开对照党章党规找差距专题会议；11月11日，市政协以“改作风、勇担当，带头真抓实干”为主题进行第三次集中研讨交流；2020年1月17日，市政协召开“不忘初心、牢记使命”主题教育总结会议。

（刘清华、贺秀毓）

【政协津市市第十二届委员会第四次会议】政协津市市第十二届委员会第四次会议于2019年3月18日至21日在兰苑宾馆召开，165名政协委员参加会议。此次会议共召开三次全体会议、一次常委会议，进行两次联组协商讨论。会议听取和审议市政协主席姜正才作的政协津市市第十二届委员会常务委员会工作报告；听取和审议市政协副主席梁文利作的政协津市市第十二届委员会常务委员会关于提案工作情况的报告；周庆、傅颜宁、王蓓、滕达、周芳、罗铭6名政协委员代表所属专委会、工作组、党派，围绕经济社会重要领域、民本民生热点问题，分别作题为《争创省级特色园区，推动高质量发展》《适应形势变化，调整北城区小学布局》《守护文化根脉，抢救古老建筑》《关于进一步推进老旧小区提质改造与管理的建议》《重振中医雄风，打造澧水流域中医名院》《加强"津市和"工作室建设，拓展家室纠纷化解途径》的大会协商发言；列席津市市第十七届人民代表大会第四次会议，听取政府工作报告，协商讨论政府工作报告及其他报告；审议通过有关人事事项；审议通过政协津市市第十二届委员会提案审查委员会关于十二届四次会议提案审查情况报告；审议通过政协津市市第十二届委员会第四次会议有关决议；选举石勇为市政协副主席，选举皮怀忠为市政协秘书长，选举马成明、袁静、曾鹏为十二届市政协常务委员；市委书记傅勇讲话。

（刘清华、贺秀毓）

【协商议政】2019年，中共津市市委行文转发《政协津市市委员会常务委员会2019年工作要点》，对市政协2019年重要活动进行系统安排。中共津市市委办公室、津市市人民政府办公室、政协津市市委员会办公室联合印发《政协津市市委员会2019年度协商工作计划》《津市市政协2019年重点事项监督方案》和《政协津市市委员会民主评议提案办理工作制度》，完善"12310"政治协商体系。

全体会议协商。在3月18日至21日召开的市政协十二届四次会议上，政协委员围绕津市经济社会发展重大问题进行协商讨论。市政府对委员提出的意见建议分类梳理，逐条交办。会议集中对争创省级特色园区、调整北城区小学布局、抢救古老建筑、推进老旧小区提质改造与管理、重振中医雄风、加强"津市和"工作室建设6个课题进行大会协商，市委市政府主要领导会上逐一签批，交相关部门办理，将政协协商成果转化成经济社会发展治理效能。

常委会议协商。3月13日，市政协召政协津市市第十二届委员会常务委员会第十二次会议，审议通过有关政协人事任免以及市政协委员的辞免、增补，审议通过《中国人民政治协商会议津市市第十二届委员会常务委员会工作报告（草案）》《中国人民政治协商会议津市市第十二届委员会常务委员会关于十二届三次会议以来提案工作情况的报告（草案）》，审议通过《中国人民政治协商会议津市市第十二届委员会常务委员会关于召开政协津市市第十二届委员会第四次会议的决定（草案）》以及十二届四次会议的议程、日程等有关事宜，审议通过十二届四次会议选举大会有关事宜、《津市市政协民主评议提案制度》等文件。9月3日，市政协在自然资源局三楼会议室召开十二届十四次常委会议，会上，市委副书记、市长黄旭峰代表市人民政府进行上半年政情通报；进行农村垃圾分类"绿色存折"制度长效机制建设工作的议政性协商，课题调研组汇报调研情况，常委代表进行协商发言，形成十二届政协常委会议2019年第1号建议案《关于农村垃圾分类"绿色存折"制度长效机制建设的建议》，为进一步提升津市农村生活垃圾分类工作实效建真言；审议通过津市市政协人事辞免增补人选名单；全体参会人员共同学习《中华人民共和国外商投资法》。

3月18日至21日，市政协召开十二届四次会议

主席会议协商。4月26日上午，市政协在市市场监督管理局二楼会议室召开主席会议协商食品加工安全监管工作，会上，市监局负责人介绍食品加工安全方面的政策法规，汇报津市食品加工安全监管工作情况，食品加工安全监管工作调研小组组长作中心发言，各监管责任部门负责人就各自职责进行发言，部分政协委员提出建议和意见，形成十二届政协主席会议2019年第1号建议案《关于我市食品加工安全监管工作的建议案》；6月26日，市政协主席会议协商国有资产监督管理工作，会上，国资中心负责人汇报津市国有资产监督管理工作情况，调研组结合调研材料和视频素材，汇报国有资产监督管理工作调研结果，政协委员与各部门就如何做好国有资产监督管理工作进行交流、提出意见，形成十二届政协主席会议2019年第2号建议案《关于进一步加强津市国有资产监督管理工作的建议》。市委市政府主要领导对两件主席会议建议案高度重视，分别签批，召开会议专题研究，制定方案专项办理，抓好工作推进落实。

对口协商和界别协商。4月，市政协文史委会同文旅广体局等就万寿宫修缮保护开展对口协商；5月，市政协农业农村委会同自来水公司、住建局、水利局等就改善东线农村安全饮水开展对口协商；6月，市政协学联委会同人社局等就人力资源供需信息平台建设开展对口协商；7月，市政协提案委会同财政局等就村级集体经济发展开展对口协商；8月，市政协经科委会同工信局等就加快壮大发展民营企业开展对口协商；9月，市政协社法委会同城管执法局等就规范城区养犬开展对口协商。6月至9月，市政协提案委会同文旅广体局、自来水公司、住建局、水利局、人社局、财政局、工信局、城管执法局等就十二届四次会议《津市

6月26日，市政协主席会议协商国资监管工作

古建筑新洲万寿宫亟待保护和修缮》《关于改善津市市东线农村安全饮水问题》《关于建设人力资源供需信息平台的建议》《津市市村级集体经济发展的调查与思考》《关于加快发展壮大民营企业的建议》《关于进一步规范城区养犬，巩固"创国卫"成果的建议》等6件重点提案开展提案办理协商。　　（刘清华、贺秀毓）

【**提案工作**】市政协十二届四次会议前后，全体政协委员、政协各参加单位，围绕市委市政府工作重点和人民群众关心的热点难点，提交提案140件，经合并、审查，立案100件。其中工业经济建设方面12件，农业农村建设方面20件，城建交通方面24件，科教文卫旅方面21件，党群综合方面23件。按照分级负责、归口办理的原则，分别由62家单位办理。截至9月底，所有提案均已回复完毕，办复率100%。提案所提问题得到解决或部分解决的59件，所提问题正在解决或列入计划逐步解决的32件，所提问题因政策或其他条件限制目前不能解决的9件。已采纳或拟采纳的提案占比达91%，提案办结率大幅提升，委员满意率100%。

市政协十二届四次会议以后，提案工作突出经济建设，为促进高质量发展谋方略。委员们围绕全市工作中心，紧扣改革发展主题，寓提案于服务之中，献良策于发展全过程。如：围绕"工业立市、产业兴城"重大战略部署，提出的《关于进一步推进精准招商、靶向招商的建议》《关于建设人力资源供需信息平台的建议》《关于加速发展我市电子商务的建议》《关于发展津市牛肉米粉的建议》等提案，关系到津市开放经济、科技创新、人才引进、产业链升级、优化服务等方面，得到市政府高度重视，相关意见建议得到采纳。10月17日，津市市用工信息平台正式上线，建立企业与求职者网上沟通渠道，实现津市用工平台线上线下齐上阵。12月20日，举办首届津市牛肉米粉美食文化节，促进津市米粉产业的发展和升级。

关注城乡统筹，为推进一体化提建议。委员们认真收集社情民意，充分反映热点难点问题，在推动发展和维护群众切身利益上建言献策。《关于改善津市市东线农村安全饮水问题》的提案，相关部门组织委员视察谢家堰水厂改扩建工程，听取委员建议，加快工程进度，将于2020年年内投产运行，解决"东线"供水能力不足的问题。《关于加快五交化小区停车场建设的建议》得到政府相关部门采纳，五交化小区已完成86个生态停车位及人行道铺设、供水管网安装、排水改造及绿化配套等工程建设，取得较好社会反响。《关于对我市城市公交规范管理的建议》的提案，聚焦群众关心的热点问题，承办单位高度重视，全面开展调查研究，广泛征求意见建议，组织外出考察学习，拟定津市城乡公交一体化实施方案。

注重民本民生，为增进百姓福祉献良策。委员们针对文化教育、就业再就业、社会保障、医疗卫生等问题，通过调查研究，提出许多有关保障和改善民生的好提案。如《关于调整北城区小学布局的建议》的提案，市委市政府召开会议专题研究，采纳提案相关建议，及时出台新的教育布局规划，并制定建设进度表。《关于提高城区社区公共阅览室利用率的建议》，相关部门整合各方意见建议，拓展图书馆功能，实施"总分馆"体系建设，提高城区社区公共阅览室利用率。《津市古建筑新洲万寿宫亟待保护和修缮》的提案，市委市政府专题研究，部门积极争取专项资金，镇政府全力配合，修缮和扩建工程正在进行。

关心社会治理，为健全基层基础建净言。委员们围绕强化基层基础、保障群众权益、推进诚信体系建设等方面深入思考，提出宝贵意见。如《关于推进我市诚信建设的几点建议》的提案，市社会信用体系建设联系会议成员单位完善信用信息体系建设，实现工作网络互联互通，

7月19日，市政协召开上半年工作组长、联络处主任会议，视察重点项目建设

并在市电视台开设“诚信津市”专栏加强宣传，加大守信联合激励和失信联合惩戒力度。《关于加强社区网格化服务管理的建议》《关于加强“津市和”工作室建设，拓展家事纠纷化解途径的建议》《关于进一步加强智慧党建下沉力度的建议》等提案，相关部门高度重视，通过加强队伍建设，健全机制基础，强化组织协调和加大宣传引导，提升基层服务管理工作质效，形成提案办理与改进工作相互促进的良好局面。（尹茂桂、姜波）

【民主监督】2019年，市政协抽调30多名委员，组成6个监督小组，开展“助推民营企业发展政策落实”重点事项监督工作。通过统一委派，对科技局、工信局、人社局、商务局、税务局、市监局等单位进行民主监督。4月26日下午，市政协在税务局五楼会议室召开2019年重点事项监督工作动员会。在集中学习政策的基础上，6个监督小组本着客观公正、公开公平的原则，采取查阅政策资料、走访园区和企业等形式开展监督调研，对全市100多家企业全面走访，深入调研，发放问卷，收集情况，经归纳梳理，共综合17个问题及时反馈给对口监督单位，并提出改进意见，监督与被监督双方监督、协商、整改同抓共举，监督工作取得初步成效。11月14日，市政协在兰苑宾馆会议中心召开2019年度重点事项监督工作评议大会。此外，市政协还根据工作需要，遴选30名政协委员组成监督员队伍，担任市委工作监督员、优化经济环境监督员、纪委工作监督员、人民陪审员、征兵监督员等，参与优化经济环境测评、征兵监督、法官检察官履职评议监督、人事考试监督、中考特长生招考监督、政风行风评议、环境保护等民主监督工作。

（刘清华、贺秀毓）

【政协委员论坛】2019年，市政协为做好委员论坛工作，广泛征求意见，经主席会议研究，报请市委同意，确定政协委员论坛主题为“美丽津市·健康津城”。为选准论坛课题，市政协广泛发动，公开征集，多次召开主席会议进行筛选，确定《同创健康津城，共享幸福生活》《提升服务能力，守护百姓健康》《推进居家养老服务，构筑健康养老津城》《垃圾分类城乡一体，努力打造健康环境》《让守护农贸市场食品安全成为社会共识》《行动起来，共铸津市全民健身新辉煌》等6个专题论坛课题。论坛从7月开始启动，到10月18日正式举办，历时近4个月。市政协成立主席领衔、副主席牵头、委室负责、工作组承办的工作班子，成立6个课题调研组，做好政协委员论坛筹备工作。调研组通过多方调查、深入研究，认真撰写、反复打磨，形成调研报告，主席会议逐一审阅，成为论坛发言材料。

本次论坛分为专家讲坛、专题论坛、网络论坛三大部分。专家讲坛特邀上海交通大学医学院教授黄雷为嘉宾，围绕肿瘤治疗前沿科技和防治专业知识开展专题讲座。专题论坛分别从健康创建、健康医疗、健康养老、健康环境、健康食品和健康文体等6个方面作专题发言。开展“携手新时代，共享大健康”网络论坛，共收到6大类132条建议。

10月18日，论坛现场共邀请包括知名教授黄雷、常德市政协领导、津市全体在家市级领导、副科级以上单位“一把手”、全体政协委员近330人参加，形成的十二届政协常委会议2019年第2号建议案《关于适时启动我市“国家健康城市”创建工作的建议》，得到市委市政府高度重视，受到各界人士广泛赞誉。（刘清华、贺秀毓）

【委员视察】2019年7月17日下午，市政协进行农村人居环境整治工作调研，现场视察新洲镇茶山岗示范片，毛里湖镇樟树村示范片，实地体验“厕所革命”、“绿色存折”、空心房整治、新屋场建设等工作成果。8月15日上午，由湖南省政协农业农村委与民进省委共同举办的省政协2019年度重点调研协商监督课题“改善农村人居环境，推动乡村振兴”专题协商会正式召开，津市市毛里湖镇樟树村垃圾回收屋代表常德作为此次远程协商视频连线点之一参加会议。

7月3日下午，市政协主席会议视察“最多跑一次”改革情况，实地视察白衣镇白衣庵便民服务中心、汪家桥街道新村社区、行政审批局政务中心，详细了解政务服务智能化升级改造工作，现场体验平台的各项便民服务功能及政务工作办事流程，就平台运行、健全机制、政务工作细节等相关问题进行讨论交流，在行政审批局三楼会议室召开座谈会。12月18日下午，市政协组织委员视察津市“一件事一次办”改革工作。委员们先后视察关山社区、汪家桥社区和政务服务大厅，体验政务下沉事项“刷脸”办理、自助办事系统，了解优化展示台和数据统计分析系统、办事评价系统，在行政

7月22日，政协联合工作组赴浙江开展“健康津市”调研，姜正才、梁文利、曹后新，联合工作组部分委员参加

审批局三楼会议室进行座谈。

（刘清华、贺秀毓）

【反映社情民意信息】市政协每两个月召开一次社情民意课题线索收集调度会，召集主要职能部门办公室分管同志进行座谈，将收集到的有价值的课题线索分类整理交给各个委室，进行有针对性的调研。2019年，市政协上报的社情民意信息《森林公安机关办理涉林刑事案件鉴定难的问题亟待解决》被省政协采用；《我市高速公路服务区存在的三大问题亟待解》《关于为我市中小学教室安装空调的建议》《我市长途汽车总站存在三大问题亟待解决》《打造常德市一小时环城文化旅游圈势在必行》《中小学校科学合理配置课桌座椅刻不容缓》《建议为村干部统一购买工伤保险或意外伤害保险》《建议我市尽快启动生活垃圾分类工作》等7篇社情民意信息被常德市政协采编，其中《常德市长途汽车总站存在三大问题亟待解决》的社情民意信息得到常德市委书记周德睿的高度关注，签批并交办相关部门，基本解决常德市长途汽车总站长期存在的突出问题，方便人民群众乘车出行；津市本级编发《车胤中学门前汤家湖路烂尾工程造成的交通安全隐患亟待消除》《关于城区老旧便民设施有待更换或拆除的问题》《关于延长市图书馆开放时间的建议》《关于六一路围墙拆除及增设简易人行道的建议》《澹津社区德雅中学背后的臭（排）水沟亟待整治》《关于建设澧水沿河风光带基础配套设施的建议》等6篇社情民意信息，递交市委市政府主要领导和分管领导签批交办，民生问题得到有效解决。

（刘清华、贺秀毓）

【合作共事】2019年，政协组织各民主党派、工商联召开调研成果交流协商会和工作座谈会，邀请参加政协各项重要履职活动，积极寻找全社会意愿和要求的最大公约数。各民主党派积极开展"不忘合作初心，继续携手前行"主题教育，进一步深化团结民主内涵。针对津市"五教俱全"的宗教工作特点，积极组织宗教界委员开展政治学习和业务培训，引导宗教界人士爱党爱国爱教，弘扬社会主义核心价值观，汇集助推发展的正能量。注重发挥旅外委员优势，引导旅外委员高质量写好"五个一"委员作业，召开旅外委员招商引资恳谈会，专程赴旅外委员地区联系走访，引导旅外委员为津市发展献计出力。2019年，各民主党派、工商联、无党派人士提交提案53件，反映社情民意信息47件，在各类会议上协商发言30多人次，为促进津市经济社会发展建言献策。

（刘清华、贺秀毓）

【团结联谊】2019年，市政协组织部分政协委员协助常德市政协开展构建洞庭湖和谐人水关系、村级集体经济发展、食品加工安全监管、加强农村人居环境建设、助推民营企业发展政策落实等5项课题调研；组织部分委员到溆浦、乾州、花垣等地学习老建筑保护和利用先进经验，为津市新洲万寿宫抢救性保护提供参考；到临安、桐庐、淳安等地进行健康城市调研，为健康津城建设拓宽视野。不断扩大对外联谊交流，参与武陵山片区政协主席联席会澧水流域生态保护课题组工作、常德市政协津市活动组异地视察活动；与湘乡、桃源、安乡等政协组织就健康养老服务等工作开展交流。组织政协委员和政协工作者参加湖南省和常德市两级政协举办的系列征文、书画摄影、演讲比赛等活动。（刘清华、贺秀毓）

【文史工作】2019年，为更好打捞城市记忆、挖掘城市文化、传承城市基因、树立城市自信，在津市市委市政府的大力支持下，市政协牵头组织《津市城市基因》系列丛书征编工作，走访大量市民、调查大量史实、动员方方面面力量。同时参与湖南省、常德市两级政协组织的《常德非物质文化遗产》征编工作、人民政协成立70周年纪念实物和史料征集工作，广泛征集津市古建筑文史资料。（刘清华、贺秀毓）

【基层民主协商】2019年，市政协尝试用政协协商民主为基层协商民主搭建平台，指导基层开展协商民主工作。在三洲驿街道党工委的领导下，政协联络处牵头组织、社区居委会具体承办的"小区论坛"活动，围绕社区内居民最关注的具体事情开展协商，既充分宣传政策，又高度发扬民主，探索实践政协协商民主向基层延伸的新路径、新模式。

10月30日下午，《人民政协报》湖南记者站站长刘洋一行到津走访调研，实地走访三洲驿街道后湖社区、柏枝林社区，就基层民主协商工作进行调研。三洲驿街道主要负责人、政协联络处主任详细介绍"小区论坛""红色驿站"等基层民主协商工作情况。随后，刘洋一行实地走访三洲驿街道柏枝林社区及后湖社区的"红管家"工作室。

（刘清华、贺秀毓）

【委员能力建设】市政协通过集中

7月28日~8月3日，市政协举办2019年骨干委员综合素质提升培训班

培训、委托培养等方式着重培养能力型骨干委员队伍和事业型界别召集人队伍。年中,选派部分委员,参加常德市组织的第九期党外中青班学习和清华大学委员履职能力提升高级研修班,参加由市委组织的农村三产融合暨农村人居环境整治苏州培训班;7 月 28 日 ~8 月 3 日,市政协组织部分委员赴厦门大学开展综合素质提升培训,安排《习近平总书记关于加强人民政协工作的重要思想的核心要义与思想内涵》《国家"一带一路"倡议优势》《特朗普时期的中美关系》《大数据时代的创新思维与创新管理》《中医养生智慧》《台海局势与中国统一前景》等课程,并组织委员厦门风貌城市文明津市亮点、厦门典范村沧海青礁院前社、爱国主义基地集美学村等地进行现场教学。

"每天积满分·履职云时代",市政协组织委员积极参加"云宝晒技能""云宝爱政协"活动,运用云平台发布活动资讯等 6 大类 200 多条信息;通过"微建议"等履职新方式,打开委员"掌上履职"新大门;积极推行"互联网 + 政协",走好"网上群众路线",将全会开幕式、闭幕式全程现场直播,扩大政协协商议政的影响力和公众参与度,真正让政协云成为政协工作的"五彩祥云"。

(刘清华、贺秀毓)

【委员工作室建设】市政协鼓励政协委员依托社区、村镇、学校、园区开办政协委员工作室,高质量零距离服务群众,把协商民主的平台搭在了党政需要时、群众关切处。薛君委员工作室开展亲子阅读、女童保护,朱德文委员工作室开展志愿服务、关爱帮扶,坚持立足本职、服务群众的政协委员工作室,让群众感到委员同自己很亲,政协就在身边,打通政协委员服务群众的"最后一公里"。(刘清华、贺秀毓)

【政协津市市第十二届委员会常委会议】2019 年,市政协共召开常委会议 5 次。

2019 年市政协常委会议一览表

次数	时间	会议内容
十二次	3.13	会议审议通过有关政协人事任免以及市政协委员的辞免、增补,审议通过《中国人民政治协商会议津市市第十二届委员会常务委员会工作报告(草案)》《中国人民政治协商会议津市市第十二届委员会常务委员会关于十二届三次会议以来提案工作情况的报告(草案)》,审议通过《中国人民政治协商会议津市市第十二届委员会常务委员会关于召开政协津市市第十二届委员会第四次会议的决定(草案)》以及十二届四次会议的议程、日程等有关事宜,审议通过十二届四次会议选举大会有关事宜、《津市市政协民主评议提案制度》等文件。
十三次	3.21	协商有关人事事项;听取联组会议协商讨论情况汇报;通过政协津市市第十二届委员会提案审查委员会关于十二届四次会议提案审查情况的报告(草案);通过政协津市市第十二届委员会第四次会议关于常务委员会工作报告的决议(草案)、政协津市市第十二届委员会第四次会议关于十二届三次会议以来提案工作情况报告的决议(草案)、政协津市市第十二届委员会第四次会议政治决议(草案)。
十四次	9.3	2019 年度上半年政情通报;协商农村垃圾分类"绿色存折"制度长效机制建设工作。
十五次	10.18	"美丽津市·健康津城"政协委员论坛
十六次	10.30	2019 年度重点提案办理工作评议

(刘清华、贺秀毓)

中国民主同盟津市市委员会

【概况】中国民主同盟津市市委员会下辖一中、德雅、三中、车胤、职教集团、文化、直属7个基层支部，至2019年共有盟员165人，其中在职114人，退休51人，本科以上学历110人，中高级职称111人。盟员中有民盟湖南省委委员1人，民盟常德市委委员2人，湖南省人大代表1人，常德市政协委员3人，津市市人大代表7人，津市市政协委员17人。民盟市委带领全市盟员，学习贯彻习近平新时代中国特色社会主义思想和中共十九大精神，围绕全市中心工作，加强自身建设，履行参政党职能。9月17日，在民盟湖南省委庆祝新中国成立70周年暨民盟湖南省级组织成立70周年会议上，民盟市委荣获“民盟湖南省级组织成立70周年先进基层组织”称号，周欢、贺爱华、庹国安、熊淑平、朱月莲被评为“先进个人”，吴涛被评为“优秀盟务工作者”。（吴涛）

【组织建设】1月22日，民盟市委召开上年度总结表彰会议。5月31日，吴涛、赖丽容参加民盟常德市委举办的“新时代新担当新作为”青年骨干盟员座谈会。7月17日，主委周欢参加民盟常德市委在汉寿举办的基层组织建设现场经验交流会。7月31日，黄佩、马佳蓉等新盟员参加民盟常德市委2019年盟员议政建言论坛暨新盟员培训。按照民盟上级组织的要求，开展“不忘合作初心，继续携手前进”主题教育。民盟负责人参加中共市委统战部机关“不忘初心、牢记使命”主题教育，聆听市委书记傅勇和统战部部长吴拥华的专题党课，传达学习《习近平新时代中国特色社会主义思想学习纲要》《中共中央关于加强中国特色社会主义参政党建设的意见》，组织盟员参观林伯渠故居和朱务善纪念厅。民盟津市一中支部、车胤中学支部赴李家铺中学开展“不忘合作初心，继续携手前进”主题教育活动。12月15日，20多名盟员参加民盟常德市委会庆祝中华人民共和国成立70周年暨常德民盟组织建立70周年大会。在大会文艺演出环节，津市选送节目《说说咱盟员心里话》。（吴涛）

【参政议政】在湖南省十三届人大二次会议期间，主委周欢提交《关于推进荆州—津澧—常德高铁建设的建议》（建议编号1197）。在津市十七届人四次会议和政协津市十二届四次会议期间，罗鉴远被评为优秀人大代表；吴涛、程治元被评为优秀政协委员；赖丽容被评为“政协云”使用先进个人。盟员人大代表和政协委员共提交个人建议和提案30多件。傅颜宁在政协大会作题为《适应形势变化调整北城区小学布局》的大会协商发言。在“美丽津市·健康津城”政协委员论坛上，蔡昌明作题为《垃圾分类城乡一体 努力打造健康环境》的发言。在“美丽津市·健康津城”网络论

开展“不忘合作初心，继续携手前进”主题教育

坛上，周壬紫、张清源和张远泽的征文被市政协选取编发。蔡昌明委员提交的社情民意《为村干部同意购买工伤保险或意外伤害保险的建议》被常德市政协《社情民意》采用。12月，常德电视台《常德新闻联播》以“沉入基层 为民发声”为题报道主委周欢事迹。（吴涛）

【社会服务】5月7日，民盟市委组织盟员14人赴药山镇、毛里湖镇，开展主题活动。在药山镇翊武中学，盟员们为学生捐助爱心助学金和课外读物，盟员教师刘白冰在8年级177班开展思想品德示范课听评课活动。随后，在民盟市委结对共建的“同心美丽乡村”——毛里湖镇青苗社区，盟员开展参观调研。5月14日的《常德日报》以“民盟津市市委聚力乡村振兴”为题对活动进行报道。11月，一中支部和车胤支部在李家铺中学开展教学交流研讨和捐赠活动，为学校阅览室捐赠书籍近300本。盟员立足本职奉献社会。政协委员薛君立足政协委员工作室，发挥自己的专业特长，相继到新洲中学、白衣庵社区等地为学生讲授公益课。杨育明在东方口腔医院开展“健康口腔助成长”爱心公益活动，服务人群700多人。9月10日，在津市市第35个教师节主题庆祝表彰大会上，多位盟员教师获得表彰。德雅支部程飞获得“常德市优秀班主任”称号。三中支部余平获常德市“乡村红烛奖”。文化支部宋名明获2018~2019学年度教师教学比武常德市一等奖，2019年津市市中小学青年教师教学竞赛活动一等奖，津市市“优秀青年教师”称号。职专支部王娟获2018~2019学年度教师教学比武常德市一等奖。一中支部杨歆获2018~2019学年度教师教学比武常德市二等奖。一中支部陈国涛被评为津市市教育教学质量优秀奖获奖教师。一中支部唐静获津市市“优秀青年教师”称号。德雅支部芦茜获津市市“优秀班主任”称号。（吴涛）

中国民主建国会津市市委员会

【概况】2019年，民建津市市委推动思想建设、会务活动、参政议政、光彩事业、舆论宣传等重点工作，取得一定成绩。共有会员132人，下设工业、商业、综合、文化和卫生5个支部。其中经济界人士81人，有中高级职称的59人，担任政府副科级以上实职的10人，担任常德和津市市两级人大代表、政协委员26人次。（刘莉）

【组织建设】2019年，深入学习中共十九大精神，并按照上级部署的“不忘合作初心，继续携手前进”主题教育活动开展深入学习座谈会、红色展馆参观活动。会员参与各类培训：副主委汪晓庆、刘莉分别参加常德、津市社会主义学院举办的培训班的学习。民建市委班子成员和支部主任参加市委统战部举办的参观学习活动。陈继攀参加民建湖南省委举办的建华课堂培训。围绕主题教育活动组织4名会员参加民建省委在长沙举办的第三届运动会。加强对新会员和后备力量的培养，增强机构活力，向上推荐人才，发展刘微、唐剑两名新会员，民建市委副主委刘莉评为民建常德市委组织建设先进个人。（刘莉）

【参政议政】2019年“两会”期间，两级20名政协委员和6名人大代表积极履职参政议政。民建市委向市政协提交《关于建设人力资源供需信息平台的建议》的集体提案。覃涛委员提出《关于加快我市医疗教育事业发展的建议 》、田小娟委员提出《关于加强住宅区物业消防管理的建议》、裴莉林代表提出《关于加大对“高空隐患”排查力度的建议》、陈钢代表提出《关于医德医风存在问题及建议》都得到与会领导、代表和委员的重视和好评。民建市委集体提案被列为1号重点提案。这些建议和提案都得到各部门办理落实。围绕全市的经济发展大局，选择重点课题，多角度开展调研活动。6月，市主席副主席梁文利，政协委员田小娟赴浙江一带开展为期一周关于健康城市发展调研活动，田小娟委员撰写的调研文章在“健康津市”为主题的委员论坛上发言。7月，民建市委组织会内代表、委员9人深入各乡镇、街道和相关部门开展津市村级集体经济发展调研活动，并撰写《大力发展村级集体经济促进乡村振兴》一文作为年底大会协商发言材料。常德市政协委员、民建市委主委易旭通过调研撰写的《打造常德市一小时环城旅游圈势在必行》在常德政协《社情民意》专刊中发表。常德市政协委员、民建市委副主委汪晓庆撰写的《我市长途汽车总站存在三大问题亟待解决》的社情民意得到常德市委书记周德睿的签批并在专刊上发表。民建津市市委有优化经济环境监督员、纪委工作监督员、人民陪审员共9人，他们充分发挥监督员作用，为政府软环境建设履职尽责。2019年，会员中的优化经济环境监督员参加市优化办组织的研讨和测评活动，并深入多家企业进行走访巡查，行使监督职能；会员中的人民陪审员6次到法院参加案件审理活动，并对法院的工作提出合理化意见和建议。民建市委副主委汪晓庆评为常德市优秀政协委员、民建常德市委参政议政先进个人。民建市委集体提案评为津市优秀提案。田小娟委员提出的《关于提高城区公共阅览室利用率的建议》、黄泽清委员提出的《关于加快五化小区停车场建设的建议》评为2019年度优秀提案。余晓英委员提出的《关于建设澧水沿河风光带基础配套设施的建设》评为2019年度优秀社情民意。齐贵珍委员评为2019年度“政协云”使用先进个人。（刘莉）

【社会服务】2019年，民建津市市委发动和调动广大会员开展各种社会服务活动，在招商引资、项目建设、美丽乡村建设建设和精准扶贫工作等方面做了大量工作，赢得社会各界的广泛赞誉。精准扶贫工作中，多次走访慰问贫困户并从实际出发为其购买优质橘苗，鼓励其引领致富之路，深得贫困户好评。3月，市委常委、统战部部长吴拥华、

民建市委召开创建万寿宫“同心美丽社区”调度会

统战部常务副部长齐绍瑛带领民建市委班子成员走访调研新洲镇万寿宫社区。4 月,民建市委组织会员在万寿宫社区召开“同心美丽社区”创建工作调度会。民建市委围绕结对新洲镇万寿宫社区“同心美丽社区”创建工作开展系列惠民活动:5 月,民建市委主委易旭组织文旅广体局文艺队在万寿宫社区孟姜女广场开展惠民义演;民建市委组织卫生支部 10 多名医疗专家为社区居民开展健康义诊;会员志愿者积极参与志愿服务活动,为社区居民发放保健、食品安全、交通安全、扫黑除恶等宣传资料千余册;为创建同心书屋,民建市委发动全体会员共捐书 1000 余本; 端午节期间,民建市委主委易旭走访慰问社区缅甸华侨汪树兰;春节前夕,民建市委慰问该社区 6 名贫困居民捐资 3000 元。万寿宫社区被常德市委统战部评为常德市“同心社区”。1 月,民建市委走访慰问汪家桥社区 10 户贫困居民捐资 3000 元,10 月走访慰问汤家湖社区困难党员捐资 500 元。老会员傅绍荣 37 年如一日为孤寡老人捐钱送物,2019 年他为社区的 25 位特困户送去粮油等过年货, 还购买 2000 多元的过年物资在市社会福利院食堂办 5 桌团年饭,让他们过上幸福、祥和的春节。会员王先华在春节前夕为津市福利院的孤寡老人送去 1500 生活物资。六一儿童节,民建会员 6 名爱心志愿者参与爱心奉献活动,为事实孤儿捐款 4000 元。教师节,市委委员李洪兵捐赠 70 万元的教育基金,深得群众好评。市委委员王先华评为民建常德市委社会服务先进个人。

(刘莉)

中国农工民主党津市市委员会

【概况】2019 年农工党津市市委有党员 95 人,其中在职党员 67 人,退休党员 28 人。全部为中高级职称。有常德市人大代表 1 人,政协委员 3 人,津市人大代表 1 人,政协委员 10 人。市委下辖四个支部:津市人民医院支部、津市中医院支部、津市教育支部、市直属支部。2019 年在农工党常德市委和中共津市市委统战部的领导和支持下,农工党津市市委履行参政党职能,共计人大建议案、政协提案、社情民意件 32 篇。农工党津市市委被农工党湖南省委授予“先进基层组织”, 被农工党常德市委授予“2019 年度综合工作先进集体”、“2019 年度参政议政工作先进集体”、“2019 年度新闻宣传工作先进集体”,全林平、杨建国、齐平香、周芳、胡芬芳等被授予市级“2019 年度先进个人”称号。(杨建国)

【参政议政】2019 年在政协津市市第十二届委员会第四次会议上农工党员周芳代表农工党津市市委作《重振中医雄风 打造澧水流域特色医院》的大会协商发言。市委市政府高度重视,市委书记签批,市长限时督办。杨建国委员撰写《关于加强对“住改商”无序行为治理的建议》,齐平香委员《关于推动居家养老 增加就业岗位的建议》, 周芳委员《关于提升医疗服务能力的建议》等得到市委、政府领导的重视与采纳,并由相关部门给予落实。一批党员提案被评为优秀提案。刘鸥委员《关于加强未成年人网络优秀管理的建议》, 杨玲委员《关于加大力度打击“会议营销”的建议》,胡芬芳委员《关于加强户外广告管理的建议》等,受到领导的好评。农工党津市市委组织党员开展调研,与市卫健局和市中医院联合,集中力量围绕中医药课题开展专题调研,撰写《关于振兴我市中医药事业的思考及建议》调研报告。受邀列席中共市委常委会、政府常务会议,听取市里的重大决策,发表意见和见解。履行民主监督职能,组织人大代表和政协委员对市各职能部门进行视察评议活动。参与环境卫生、文明创建的检查活动。对市卫健局、交通局、市场监督管理局、教育局、环卫管理处等部门进行不定期的视察活动,指出问题、提出建议,促进相关部门工作的改进。

(杨建国)

【组织建设】加强党员政治思想教育,组织党员认真学习中共十九大和习近平新时代中国特色社会主义思想、学习杜家毫书记在全省统一战线学习贯彻习近平新时代中国特色社会主义思想专题研讨班上的专题报告精神。3 月党员骨干参加农工党常德市委组织的“两会”精神宣讲会;在职党员参加津市市委举办的“不忘合作初心、继续携手前进”主题教育活动学习班。4 月组织党员集中学习“五一口号”基本知识。6 月到临澧林伯渠故居开展红色教育活动,缅怀革命先烈,重温革命历史。7 月市委班子参加农工党常德市委组织的“廉洁风险预警提示座谈会”。8 月杨建国参加农工党省委在内蒙古组织的“全省机关干部履职能力提升班”的学习;全林平、胡芬芳、杨玲参加津市政协组织的“政协履职能力提升班”的学习。9月开展“纪念新中国成立70周年、人民政协成立70周年与新型政党制度确立70周年”征文活动，共计征文40余篇，其中党员全林平获常德市二等奖，毕华、周芳、胡芬芳获三等奖。10月市委推荐陈茜、向甜、雷铁军、滕莹、陆丹怡等同志参加常德市委组织的青年党员培训班，加强骨干党员的培养。全年共发展新党员3人。党员全林平、齐平香、杨玲参加农工党常德市委组织的参政议政培训班的学习。（杨建国）

【社会服务】 3月7日市委组织党员医生到汪家桥社区开展“为了姐妹们的健康和幸福”的公益活动。对社区妇女免费筛查宫颈癌及乳腺癌，并进行科普教育讲座。4月25日开展“同心 健康大讲堂”进校园活动，在津市一小科普儿童春夏常见病防治知识。4月30日开展“敬老爱老暖心间、爱心服务在身边”志愿服务活动，在新州镇德怡老年公寓为老年人进行义诊服务。5月11日开展“情寄留守、爱暖童心”服务活动，在大关山村留守儿童之家为留守儿童进行健康检查和科普健康知识。5月22日在三州驿街道举办“合理膳食、健康你我”主题宣传活动。6月6日在津市福利院开展“浓情端午、与爱同行”送温暖活动。8月15日在市法制广场开展“同心健康”卫生保健知识宣传活动。9月25日在丝绸同心小区开展义诊服务活动。10月在药山镇街道、棠华养老院开展医疗义诊活动。全年共服务群众达1500余人次，免费发放药物10000余元、宣传资料5000份。（杨建国）

社会团体

工　会

【概况】津市市总工会内设1办4部2委，即办公室、基层工作部、权益保障部、财务资产部、劳动和经济工作部、经审委、女工委；另有内设二级事业单位津市市法律维权办公室（困难职工帮扶中心）。至2019年，实有行政编制人数5名，事业编制人数5名，另聘用工会专干3人，聘用在职人员39名担任社会化工会工作者。市总工会围绕中国工会十七大、省总工会十六大、常德市总七大和市委经济工作等系列会议精神，结合省总“五个建设年”及常德市总目标任务为抓手，践行“三个贴近”工作理念，着力夯实基层基础，着力提升服务实效，围绕工业立市，产业兴城战略，较好地完成各项工作任务，工会工作呈现出良好的发展态势。

服务经济发展大局。结合产业工人队伍建设大调研活动，向市委市政府提出产业工人队伍建设方面的意见建议，调研成果纳入津市政协大会专题协商发言议题。开展招商引资，完成3000万的港区建设及配套产业的招商引资任务。发起“津市人爱津市、津市人用津市产品”活动，号召各级工会组织为脱贫攻坚战助力。完善审计监督制度。2019年完成20家基层工会审计工作，要求各基层工会进行整改，指导基层工会管好用好工会经费。实施的津市市卫生和计划生育局工会2016~2018年度财务收支审计获得2018年度全省工会优秀审计项目，并向全国总工会推荐评选优秀审计项目。

【工会活动】2019年动员企业开展群众性岗位练兵技能比赛、技术交流等活动，激发广大职工学技术、钻技能的热情。组织开展“叉车工”、“中药炮制”、“幼师比武”活动。市中联重科2名选手获得常德市第三名的好成绩。全市非公企业100家自主开展业务技能竞赛。着力搭建平台，把职工（劳模）创新工作室打造成职工创业创新的主阵地，年内创建新合新劳模创新工作室1个。6月开展“送书进企业”活动，为各示范企业工会赠书1万余册。会同市相关部门举办全市职工羽毛球、篮球、乒乓球比赛，丰富职工精神文化生活。组织各种健康向上的文化活动，在广大职工中倡导读书活动，开展送书进企业活动，把1320多册书籍送到组建企业的职工书屋。运用网络媒体、召开会议、《给全市劳动者的一封信》、“五一”制作展牌30块在桥头法治广场展示，开展第八届“书香三八”读书活动，“芙蓉杯”竞赛活动的评选表彰以及在全市开展“女职工素质教育大讲堂活动”。开展“工人阶级宣传月”活动，“弘扬正能量、建功新时代”劳模工匠系列宣传报道；开展工间操活动。在新洲镇古城，开展“七夕文化节”活动，中秋节举办“嘉山千古·明月情”大型活动。在“十一”前夕，由市总工会牵头组织全市职工开展“歌唱祖国”等形式多样的文体活动，向新中国成立70周年献礼。开展以新中国成立70周年为主

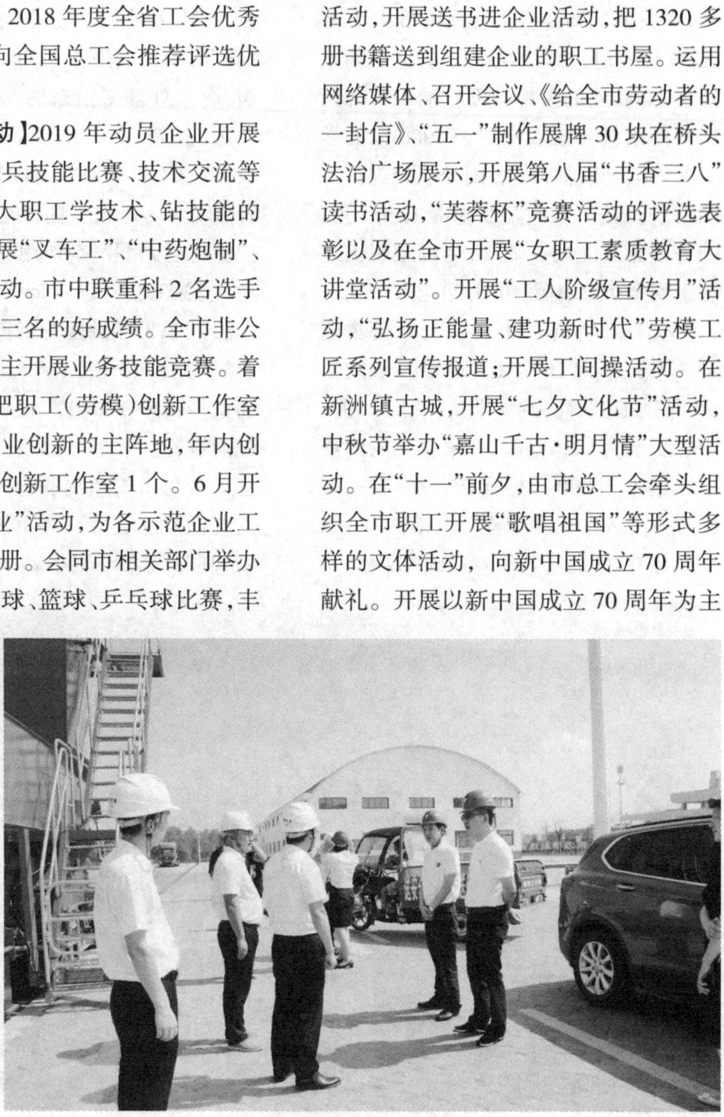

市总工会开展送清凉活动

题的劳模集中宣传展示和“工人阶级宣传月”活动。

【职工帮扶】2019年加强帮扶体系建设。形成“以市帮扶中心为龙头,镇(街道)帮扶站为枢纽,企业、社区和社会帮扶点为基础的立体网络式帮扶体系”。加强工作流程建设。建立和完善工会帮扶工作制度和工作流程,实施困难职工帮扶工作的电脑化管理,形成分工有序、信息畅通的工作格局。完善困难职工台账。完善全市困难职工66名基本档案。市总工会对383名困难职工发放生活救助慰问金35.45万元。在双联活动中,800多名干部职工深入到22个社区、70多家企业走访慰问贫困职工660多人。为企业、社区办实事近100件,送去捐款和物资折合人民币23.5万元。3月中旬,为新州镇嘉山社区黄菊兰送去1000元的医疗救助。端午节为药山镇药山村4家农户送去1900元的学习及生活补助款,25名困难职工进行特困帮扶,送去慰问金及物资12500元。七一建党节之前,为20名困难职工送去慰问金10000元。8月给全市一线工人“送清凉”物资共计10万元。筹集资金3万元,为15名困难学子发放助学金,帮助他们解决圆大学梦。“五一”前,市总工会为仁和盛等10家企业的困难职工送去30000元慰问金。推动“一户一产业工人”培养工程。全市共有143个单位9723名参与医疗活动。共为500人次提供近90万元的医疗互助金帮扶,为37人次提供2次救助金近30万元。让需要帮扶的职工得到雪中送炭式的温暖。 (任杰)

【维权服务】2019年与市人社局、工信局、工商联等部门加强联系,建立三方协商机制。督促相关单位同职工签订《劳动合同》、工会代表职工签订《集体合同》,促使企业和职工按照协商双赢的原则把《劳动合同》、《工资协商合同》的签订和履行落到实处。全年共续签劳动合同5000多份,工资协商48份。为增强下岗失业人员(农民工)就业能力,与相关部门联合举办各行业技能就业培训4期,内容包括家政服务、餐饮服务、纺织技术等,参加人员达2000多人,与市人社局就业处在法治广场组织“春风行动”招聘会。搞好职工来信来访,全市处理来信来访58件,先后有人民医院、新合新、中沃公司职工上访维权,满意率达100%。组建法律援助志愿者服务队,为职工提供法律援助,为维护稳定起到润滑剂作用。组织宣传月活动,市总工会开设宣传咨询点,发放《工会法》、职工互助医疗保险宣传画册、职业病防治、农民工维权、工会法律法规等宣传资料12000多份,进行现场问题咨询解答。开展“安康杯”竞赛活动,市总工会与市安监局联合开展“安康杯”竞赛活动,全市179家企事业单位中90%的职工参与其中。 (任杰)

总工会开展镇、街道扶贫活动

【劳模管理】2019年开展劳模慰问,落实劳模待遇,建立健全各级劳模关爱慰问机制。春节期间,精心组织,由四大家主要领导带队,走访慰问全国、省(部)级、常德市级劳模283名,送去慰问金、大病补助、工资补差近11万元。为210名全国、省、常德市级劳模发放工资补差、春节慰问金及大病补助共22.3万元,按照常工发〔2019〕9号文件,对常德市级劳模不足2930元的补足2930元,进行全面摸底调查,全年补差金额为3.7万元,春节前全面落实到位。对将全国、省(部)、常德市及市本级劳模大病住院、吊唁等纳入日常关爱范围,并将标准提高到1000和500元。强化劳模管理,开展劳模评选,建立健全劳模评选表彰和激励机制。启动2020年津市市劳动模范和先进工作者的评选推荐工作,在“五一”前夕表彰12名市级劳模。由分管副主席带队对劳模的收入及生活状况进行进一步核实、登记,形成电脑化管理的三级台账。根据常德市总和津市市委市政府工作要求,开展第六次常德市级的劳模评选工作,经过层层筛选,上报市委市政府常委会研究决定,李贤契等3人推荐为湖南省级劳动模范候选人,将在2020年进行表彰。发挥示范引领,创新有效平台,建立劳模示范作用发挥激励机制。对劳模创新工作室和劳模助力乡村振兴示范基地打造成各级劳模示范基地的,一次性给予5000元扶持。弘扬劳模精神,宣传劳模风采。唱响“劳动光荣伟大、劳动创造财富、劳动改变生命”的主旋律。选定2个重点行业的企业作为示范型职工、劳模工作室创建与申报。开展高技能领军人才、劳模工匠师徒“结对子”活动。 (任杰)

【基层工会建设】2019年在规范行政事业单位组建的同时,组建重点放在100人以上企业建会和八大群体的入会工作。100人以上企业55家;大型在建项目32家;快递公司13家;家庭服务业10家;农业专业合作组织103家。年初计划全市各类法人单位建会率和职工入会率动态保持在85%以上,企业建

总工会开展主题党日活动参观林伯渠故居

会率和职工入会率动态保持在90%以上,全市净增工会组织涵盖法人单位70家,新发展农民工会员1500人。在实施过程中,坚持"培养典型,带动全面"的工作理念,建非公有制企业建会示范点5个;大型在建项目、农业专业合作组织、快递公司建会示范点各1家。全面推进组织建设工作。坚持党建带工建,加强非公有制企业组建的督促协调,5月通过召开推进会,对相关部门进行督促协调,促进组建工作的落实。建立健全5本组建工作台账。成立由党组书记为组长的"基层组织建设推进年"工作领导小组,制定工作实施方案,明确组建目标、任务和措施,市总工会的班子都安排1~2个创新联系点,指导联系点开展创新工作,为组建工作顺利开展提供组织保障。规范标准清。按照《基层工会规范化建设创建标准》,突出"六有"工会建设,因企制宜进行指导。在档案管理上加以规范,每个组建行政企事业单位建2个档案盒1个放组建单位,1个放总工会存档。完成工会会员20768人的系统录入工作。（任杰）

【文化宫建设】2019年津市市委、市政府把工人文化宫的建设摆上议事日程,纳入全市"十三五"重点建设项目,市领导多次调度,工作有序推进。项目基本情况:名称为津市市工人文化宫工程;主题为运动性主题;风格为主体建筑采用现代简约版风格;选址在洞庭大道东侧、封家台路北侧;规模为33383平方米(50亩),主体建筑规划面积约1.5万平方米;因政策性因素政府债务风险管控等原因,设计图纸进行重新设计,主体工程更改后的建筑面积为13212.14平方米,地上建筑面积为12254.04平方米,地下建筑面积为958.10平方米,该工程已于2017年底完成招投标程序,原来的招标控制价为6327.6万元,中标价为6232.6万元。2019年12月30日该工程重新进行财政评审,审定的主体建筑工程价为4704.5万元,工期为330天。功能为多功能会议及演艺中心、市民健身中心、职工培训、文化展厅、图书阅览等以及地下配套附属设施设备;经济和社会效益,项目资金为上级补助和政府投资,为职工群众和广大市民提供学习、演艺、培训、健身、文化、阅览、娱乐活动,展现澧水流域现代化中心城市风采;投资概算约8200万元。工人文化宫工作进展情况:工人文化宫工程于2018年5月4日暂停,暂停前施工现场600多根桩已完成了249根管桩施工。于2018年10月由于减少政府工程投资,管控债务风险和市红旗影剧院被鉴定为D级危房的新情况下,要求对项目设计进行修改,减少资金投入。2018年10月至2019年3月,与设计院衔接设计方案更改,市级领导多次召开调度会。2019年3月24日,市规委会审议通过初步方案。7月初,更改后的设计图完成,并进行网上审图程序。9月初完成主体工程造价预算,交市财政进行评审。10月15日市政府常务会议研究该项目。10月17日市委常委会通过重新启动项目建设。11月上旬完成工程项目各项报建手续、工地文明建设设施检查验收和施工材料进库及其他设备设施更换和准备等工作,同时拿到施工许可证等相关施工手续证件。11月12日下午召开业主、设计、施工、监理、住建、质检等部门的技术交底会议。11月13日启动复工建设进行桩基础施工。2020年1月25日完成320根桩基础建设。11月初完成主体工程封顶和外墙装饰工作,争取2020年上半年投入使用。（任杰）

共青团

【概况】2019年,共青团津市市委从思想宣传、青年发展、青年权益、组织建设工作出发,为党政中心和青少年需求服务助力。

全市有基层团(工)委17个,团总支6个,团支部267个,新发展团员153个,全市共有团员4064名,其中学生团员2276名,党政机关团员428名,城市社区团员299名,农村团员1061名。全年开展思想宣传活动70余次,青年类活动34次,青年权益类活动7次,共有6000余人次参加。（余慧）

【思想宣传】以习近平新时代中国特色社会主义思想、党的十九大精神和团的十八大精神为指导,常态化开展"青年大学习"线上行动56期,辐射青年近1500人次。4月29日,组织全市200名青年代表参与"青春心向党 建功新时代"纪念"五四"运动100周年宣讲实践活动,引领广大青年立足现实、牢记使命。5~10月,开展主题论坛分享、入团仪式、祭奠革命英烈、"我和我的祖国"快闪和少先队员入队仪式,引导全市青少年自觉听党话、跟党走。2019年,开展环保、禁毒、防溺水、中高考减压等

公益宣传10余次，发放宣传资料2000余份，受益人数近1200人次。（余慧）

【青年活动】搭建平台，协助组织2019“不忘初心，牢记使命”党建知识竞赛，现场展示津市青年扎实的党建知识基础，良好的精神风貌。联合承办“津市·青年说”第四期主题论坛活动——“青春品乡味 青年话乡村”，来自全市基层工作岗位的7名青年干部从人才引进、产业发展、政策扶持等方面，为乡村振兴工作出谋划策。举办2019“新青年 耀青春”津市青年人才趣味运动会，来自全市各行业的32支队伍320名青年人才参加活动，通过团体比赛形式，展现青年人才意气风发、团结向上的精神面貌。举办“青年之声·华图助力”公务员及事业单位考前公益培训，为200余名建档立卡贫困户及待业青年提供为期8天的提升课程。开展青年助力农村人居环境整治活动20余次，参与人次近1500人次。围绕新时代文明实践，先后开展“青春志愿行，奉献新时代”暖冬行动，“雷锋日”“植树日”“禁毒日”“无车日”等志愿活动10余次，参与团员青年达800人次。（余慧）

【青年权益】2月，联合中医院开展“关注快递小哥 传递青春正能量”医疗义诊活动，为20余名“快递小哥”提供内科、外科、针灸科相关医疗服务和保暖物资。全年通过“湘窖学习”“芙蓉学子”“华融湘江绿色助学”“一元捐助学”等项目为30名贫困学子争取近10万元教育助学金。联合举办2019年第一期大学生创业培训班，对创业优惠政策、创业项目选择、企业建立、财务管理等内容进行培训，为30名大学生实现创业梦想保驾护航。携手志愿者协会在金鱼岭街道大关山村“留守儿童之家”举行“撒播我们的真爱 让留守儿童不再孤单”主题活动，鼓励留守儿童在关爱中打开心扉。（余慧）

【组织建设】11月22日，召开共青团津市市第十七次代表大会，从全市各战线、各系统中选出代表120名，选举产生委员20名、候补委员10名，常务委员7名；选举产生了共青团津市市第十七届委员会书记1名、副书记4名。规范团员发展程序，严控团青比和团学比，执行一人一编号一档案管理。让团员青年随时找到组织，实施毕业班团支部标记、支部整顿和学社衔接工作，将线上转接率控制在90%以上。围绕“创先”出成绩，2019年获评省级青年之家1个，省级青年维权岗1个，常德市共青团工作先进单位，常德五四青年奖章1个；申报“青年岗位能手”“青年文明号”。加强对非公有制企业团组织工作的指导，紧密联系青年，扩大团组织工作覆盖面。（余慧）

妇　联

【概况】2019年市妇联围绕中心，服务大局，立足基层，服务妇女，圆满完成各项工作任务。2019年全市共有9个镇（街道）妇联组织，76个村（社区）妇联组织，其中村妇联组织39个，社区妇联组织37个。市妇联核定编制5个，其中行政编制4个，工勤编制1个。实有在编人数5人，其中主席1名、副主席2名、工作人员1名、工勤人员1名。（王方）

【妇儿活动】2019年，市妇联积极争取各级党委对妇女工作的重视，“党建带妇建”纳入基层党建工作述职和重点工作绩效评估。扎实开展“不忘初心、牢记使命”主题教育，强化妇联组织政治性，提升妇联干部的政治敏感性和政治辨别力。举办“巾帼心向党·礼赞新中国”、“凝聚她力量·共建新津市”等群众性宣传教育活动，激发广大妇女爱国热情。利用微信公众号广泛宣传习近平新时代中国特色社会主义思想、中共十九届四中全会、妇女十二大精神，组织优秀妇联执委、妇女代表深入机关、社区、企业开展理论宣讲，引领妇女听党话跟党走。开展“最美家庭”、“最美娘家人”、“巾帼文明岗”、“三八红旗手(集体)”等评选活动，获评省级“最美妇联人”提名奖1人，常德市巾帼文明岗(先进集体)2个、文明家庭2户。对活动涌现的先进典型进行多种形式宣传报道，引导广大妇女和家庭践行社会主义核心价值观。开展“户帮户亲帮亲”活动，每3名基层妇联执委帮扶1户贫困户，为贫困妇女、儿童、老人提供卫生清洁、爱心陪伴等服务。为80名贫困学生筹集助学金91350元。倡议扶贫后盾单位为1241名建档立卡家庭适龄妇女捐赠“湘女关爱保”保费105100元。组织妇女参加春风送岗招聘会，联合相关部门组织月嫂、养老护理、农业种植等技术培训，助力妇女掌握一技之长。发放妇女发放小额担保贷款28笔，420万元。开展“美家美妇·她行动”助力乡村振兴主题活动。以新时代文明实践活动为着力点，号召基层妇联牵头、各级执委带头、广大妇女参与移风易俗、绿色存折、农村人居环境整治，建设生态宜居新农村。（王方）

【妇儿维权】受理婚姻家庭矛盾调解540起，调解510起，其中调和141

2019年11月25~26日，津市市妇女第十一次代表大会召开

例,“津市和”调解室多次接待省内外学习调研。推动《反家暴法》的落实,协助发放家庭暴力告诫书、人身安全保护令各1份。参与2起涉未成年人案件处理,化解信访案件35件。市妇联原分管维权的挂职副主席石瑞玲被评为全国妇女儿童维权先进个人。完成省级实事“两癌免费筛查”3691人,争取上级“两癌”专项救助金5万元,救助建档立卡患癌妇女5人。开展“情暖家庭”走访,为29名贫困妇儿送去18700元慰问金。举办“近视防控科普妈妈行”10场、女童保护专题讲座9次,受益家长儿童1854人。推动在常德市70所重点学校开展了女童保护讲座。ECD、小候鸟、母亲水窖等项目正常运转,市翊武中学荣获省“知心屋”项目先进集体。(王方)

【市妇女第十一次代表大会】2019年11月25~26日,津市市妇女第十一次代表大会在兰苑宾馆召开。会议审议通过了津市市妇女联合会第十届执行委员会报告,选举产生了津市市妇女联合会第十一届执行委员会。邓超峰等29名代表当选为津市市妇女联合会第十一届执行委员会委员。邓超峰、王方、李志华、杨芹、杨淳、胡芬芳、程学琼、彭盛国、雷朝霞当选为津市市妇女联合会第十一届执行委员会常务委员。李志华同志当选为津市市妇女联合会第十一届执行委员会主席;邓超峰、王方、杨芹、程学琼、雷朝霞同志当选为津市市妇女联合会第十一届执行委员会副主席。新一届执委会、常委会中各族各界优秀女性比例达55%、33%。会上还对2019年度津市市三八红旗手(集体)、巾帼文明岗、最美家庭进行表彰,张佳丽、程学琼、刘苏美、彭盛国、刘景峰获评2019年度津市市三八红旗手,市公安局人口出入境管理大队、三洲驿街道桥北社区获评2019年度津市市三八红旗集体;市广播电视台微信工作室、市公安局交通警察大队女警护学岗、市统计局业务股获评2019年度津市市巾帼文明岗;洪吉等10户家庭获评2019年度津市市最美家庭。(王方)

科　协

【概况】2019年度,津市市科协普及科学知识,宣传科学思想,弘扬科学精神。成立高新区科协;召开津市科协第六次代表大会;出版科普内刊《兰津科苑》3期;举办“全国科普日”宣传活动并获“2019年全国科普日(湖南)优秀活动”称号。帮助五凤杨梅基地被评为“常德市级科普示范基地”,三洲驿街道后湖社区被评为“常德市级科普示范社区”,张恢平被评为常德市级“科普带头人”。举办第四届青少年科技创新大赛,推荐部分优秀作品参加常德市第18届青少年科技创新大赛,获二等奖8个,三等奖15个。组织兰津科文服务协会开展第二届扶贫工作宣传活动,撰写的反映我市就业扶贫的文章,在《湖南日报》登载;为市纪委、市委组织部、市交警大队、嘉山街道、文体广新局等单位撰写的文章,在《湖南日报》上登载;撰写的党建、纪检、交警、街道、信访、国资、民政、文体、财政等方面的经验文章,在《人民日报》《中国纪检监察报》《湖南日报》等媒体上发表,共约百篇。(朱智炜)

【开展“全国科普日”展览】2019年9月12日第16个“全国科普日”,在津市市拉开序幕,津市科学技术协会以“礼赞共和国、智慧新生活”为主题,围绕航天科技、人工智能、5G技术、工业、农业及互联网等前沿科技热点及环境保护、卫生健康、食品安全等民生领域14大类、21小类科普知识,开展为期10天的科普宣传活动。

科普展览现场设置咨询展台,来自全市各街道科协的100多名志愿者参与现场科普书刊赠阅,共向市民赠送各类科普书籍以及科协主创刊物《兰津科苑》1500多册,让全市市民更加深入了解各方面科普知识,为智慧生活开拓视野。(朱智炜)

【津市市第四届“财税杯”青少年科技创新大赛】2019年3月15日上午9点,在市教育局四楼会议室召开的津市市第四届“财税杯”青少年科技创新大赛正式拉开序幕。由市科协、市教育局、市科技和工业信息化局、市环保局、团市委联合主办,市财政局、市国税局冠名,市德雅中学承办的“津市市第四届青少年科技创新大赛”经过历时8个多月的精心组织,于2019年11月6日落幕。此次大赛共收到各类参赛作品120余件,经过资格审查、初评、展评、专家问辩、终评等评审程序,最终评出青少年科技创新成果一等奖3项、二等奖5项、三等奖8项;少年儿童科学幻想绘画一等奖6幅、二等奖8幅、三等奖15幅;优秀青少年科技实践活动3项,优秀科技教师7名,优秀组织单位6家和优秀组织工作者6名。(朱智炜)

2019年9月12日,高见副市长指导“全国科普日”展览活动

【召开第六次代表大会】12月12号,津市市科学技术协会第六次代表大会召开。选举产生津市市科协第六届委员会主席、副主席、常委。市委副书记杨文惠,市委常委、组织部部长胡杰,市人大常委会副主任胡湘萍,市政协副主席石勇以及社会各界代表和科技工作者代表50余人参加会议。

大会由市政协副主席石勇主持。会议听取津市市科学技术协会第五届委员会的工作报告;市委组织部相关负责同志宣读市委关于提名科协第六届委员会主席、副主席及兼职副主席文件;市人大常委会副主任胡湘萍介绍提名

2019年12月12日，市科协召开第六次代表大会

主席、专职、兼职副主席基本情况。

会上，选举产生市科协新一届领导班子，王观宏当选市科协第六届委员会主席。

市委副书记杨文惠在大会上讲话。要求全市各级科协组织和广大科技工作者，要切实提高站位，绝对服从党的领导，把坚持和加强党的领导贯穿到科协工作的方方面面；要切实紧扣大局，助推经济发展，为推动津市经济社会高质量赶超发展提供坚实的科技支撑；要切实服务群众，提高全民科学素质，在全社会推动形成讲科学、爱科学、学科学、用科学的良好风尚；要切实深化改革，全面强化自身建设，努力打造出一支政治思想过硬、业务技能娴熟、工作作风务实的"科普铁军"。

【成立科普志愿者队伍】2019年7月10号由津市市科协牵头，联合市农业农村局、市科技局、市文明办共同发文，组建津市市新时代文明实践中心科技与科普志愿服务队。各镇、街道和高新区均成立科普志愿支队，全市39个行政村，37个社区全部成立科普志愿小队，明确负责人和专干，初步建立"市、镇街、村居"三级科技志愿服务体系。

津市科协以高度的责任心和强烈的使命感，立足科普惠民，提高科普的针对性、实用性，统筹各类科普场所、科普教育基地等平台资源和学会、学研机构、企业等各领域的人才资源，精准聚焦群众生产生活密切关注的科技领域，大力开展实用技术推广、青少年科技活动指导、卫生健康服务、应急安全技能培训、科学辟谣及反伪科学宣传等各类科技志愿服务活动，积极组织开展科普志愿服务活动。新时代文明实践中心科技志愿服务于7月正式启动后，共组织科技志愿服务活动8次，其中科普报告1次、科技培训1次、技术咨询1次、农技服务1次、医疗服务1次、青少年科技教育2次、其他1次。上述活动中，结合全国科普日等重点活动开展服务2次，结合卫生健康等群众关切开展服务1次，结合农村妇女、青少年等重点人群开展服务2次，参与服务的专家有16人次，接受服务的群众有500人次。开展农村重点人群科学素质培训培育2次，培训300人次；组织参加2019年全国农民科学素质网络知识竞赛1000人次，组织参加2019年湖南省科学素质网络大赛15000人次。已建立804人的科普中国信息员队伍，2019年以来共分享"科普中国"文章2500篇，平均每人3篇；分享"科普湖南"文章2500篇，平均每人3篇。

【编辑科普内刊《兰津科苑》】2016年创办的全国科协系统首个综合性、地方性的科普内刊《兰津科苑》，在全国各地津市人中发送后影响颇大，受到市委政府及在外老乡、市民的肯定。2019年市科协继续出版三期《兰津科苑》，分别在4月、8月和12月出版，设置健康、科技、生活知识等方面的栏目近30个。《兰津科苑》既是科技工作者表达心声的园地，也是向科技工作者展现世界的窗口，更有许多职能部门通过此平台宣传行业知识。（朱智炜）

【建立微信公众号"科普津城"】科普津城由津市市科学技术协会主办，旨在传播科学知识，凝聚津澧乡情，组织和动员科技工作者积极参与学术交流，引领大众健康品质生活，提高全民素质，促进创新发展。

2019年围绕卫生健康、生活常识、科学辟谣、天文知识、乡村振兴等各类科学技术知识推送相关文章1200余篇；围绕已出《兰津科苑》往期刊物，转载高质量精品文章200余篇。为津市的科技人才提供了展示才华的平台，也为津市广大群众进一步扩宽了科学的视野。（朱智炜）

工商联

【概况】2019年，津市市工商业联合会（总商会）在政治引领、服务会员、参政议政、招商引资、光彩事业、脱贫攻坚、自身建设等方面，取得丰硕成果。市工商联狠抓自身建设，强化工作作风和服务能力，对市委巡查办提出的7个方面的18条整改建议诚恳接受、照单全收，完善单位财务管理、考勤管理等规章制度，全面落实党风廉政责任制，严格按照要求，有针对性地完成整改工作。召开第十二届四次执委扩大会议完成届中补选，选举专职副主席、副会长郑家春，专职秘书长于晨，兼职副主席李卫红（经世新材料有限公司董事长），兼职副会长杨成（津市坝道水泥有限公司副总经理）、樊折炯（房地产协会会长、津市星辰房地产有限责任公司董事长）。一年来，吸收新鲜"血液"，发展非公经济人士企业会员34个、个人会员46名，荣获全国民营企业调查点工作示范单位称号。（徐玮）

【政治引领】抓实主题教育。市工商联制定《"不忘初心，牢记使命"主题教育实施方案》要求，细化“四方案、四清单”，调动非党干部的积极性，全员参与，高质量地完成学习教育、研讨交流、调查研究、整改落实全过程。组织开展爱老敬老志愿服务、“走访企业解难题”、参观党性教育基地——林伯渠故居、朱务善纪念厅等活动。主题教育期间，撰写调研材料5篇，班子检视问题8条，整改落实8条，帮企业解决难题10余个。指导津市市非公企业会员代表开展“不忘初心、牢记使命”主题教育，组织企业家进行“改革开放关键一招·这个时代超级燃”理想信念教育、集中学习、研讨交流会议、企业“互助送清凉”、结对帮助贫困户等活动，共同参观党性教育基地，提升非公有制企业家们的政治认同感和社会责任感。

抓实党建引领。市工商联因直属会员单位党委党员数量不足100人，不符合建立党委要求，根据有关精神，申请撤销“中共津市市工商联直属会员单位委员会”。原“中共津市市工商联直属会员单位委员会”下属的“中共常德市万隆生态农业科技发展有限公司支部委员会”转至“中共津市市三洲驿街道三洲街社区总支部委员会”。经组织部同意，与市文联成立机关联合党支部。指导家居建材协会党支部换届选举。按照“三会一课”、支部“五化”要求，指导建材装饰协会党支部、万隆党支部开展各项工作，逐步提升非公党建水平，改善非公支部党建质量。两支部各召开组织生活会并开展民主评议党员1次，支部书记上党课各1次。召开党员大会进行学习各4次以上。为非公有制企业党支部讲解党支部管理条例和工作要点，帮助支部了解非公有制企业党建知识和工作重点，提升政治思想。

抓实宣传推介。通过微信公众号、微博，宣传习近平新时代中国特色社会主义思想，习总书记关于非公有制经济重要讲话，社会主义核心价值观，扫黑除恶专项知识以及非公有制企业家关心的各级降费减负政策解读，为非公有制人士提供政治学习、了解惠企政策的平台，推动非公经济人士健康成长。进行“户帮户亲帮亲·互助脱贫奔小康”活动宣传，树立非公有制企业人士回馈社会、助力扶贫的典型；以“统战优秀人物代表”、“新津市人”为主题，在津市电视台、微信公众号宣传优秀非公有制企业家代表事迹；协助有关单位开展2019年度“十佳优秀企业家评选”活动；推荐津市荣迪实业有限公司董事长高守荣优秀事迹，获得“常德市‘十佳’最美退役军人”荣誉称号，推荐津市市房地产协会获得“四好”商会。（徐玮）

【服务企业】2019年，市工商联继续贯彻落实习近平总书记关于民企座谈会讲话精神，营造民营企业营商的良好环境和氛围。开展“访民企、办实事、解民忧”专题调研活动，先后走访20余家企业，重点走访食品产业，了解企业发展情况，收集归纳企业困难问题10余条，向企业发放省委、省政府《关于促进民营经济高质量发展的意见》100余份。协助召开民企座谈会，对会上企业家反映的30个问题，实行组长负责制，进行专题交办督办，每月通报工作进展。完善“市级领导联产业、部门服务企业”长效机制。每家民营企业由一位市级领导联系、一个后盾单位结对，明确一名分管领导、一名专干。协助完善《津市市部门服务企业工作方案》及考核办法，市工商联主席负责全市部门服务企业日常工作，每月收集困难问题，分类交办督办、会商研办，并纳入市委书记双月园区调度会内容，进一步擦亮服务民企工作品牌。组织非公企业家参加津市人民检察院、法院新春座谈会、“对虚开增值税专用发票案听庭评议”等活动。开展“送清凉、送政策、送部门服务企业卡”、“加强企业协会联系·互助送清凉”等活动。

2019年2~3月，“访民企、办实事、解民忧”专题走访调研

解决企业困难。协调解决企业问题，帮助各企业、协会协调解决个案问题。如帮助加亿科技有限公司协调解决杨湖口船厂通道堵塞问题；帮助荣迪实业协调解决融资难问题；帮助新合新生物医药公司与津市三中、津市职专联系，协调优化周边环境、解决招工困难；帮助津市市建材协会解决长燃燃气与协会商户燃气灶销售矛盾问题；帮助湖南加亿科技有限公司解决周边环境问题。积极指导会员申请降费减负政策福利、协助企业进行服务培训，帮助企业健康企业发展。降费减负方面，湖南新合新生物医药科技有限公司、湖南经世新材料有限公司、湖南嘉品嘉味生物科技有限公司等3家企业，共享受配套基础设施建设基金、增值税降负等优惠，金额达到了3627.25万元；人才招聘方面，通过协助人社局、就业服务中心等单位举办津市招聘会，帮助新合新、经世新材料、嘉品嘉味等企业共招聘225人，其中硕士1人，本科、专科人才66人，技术工13人，普工145人；创业支持方面，指导新合新公司申请省创新创业技术投资项目，获批260万元资金；服务培训方面，针对新合新生物、经世新材料、开元物业、嘉品嘉味等企业开

展50余次技能、安全培训。（徐玮）

【参政议政】2019年，工商联界别人大代表、政协委员围绕企业发展情况建言献策，提交《关于加速发展我市电子商务的建议》、《关于解决园区内配套产业服务问题的建议》、《关于加强津市商贸实体经济发展的建议》以及《关于胥家湖路与孟姜女大道交叉口红绿灯问题的建议》等政协提案、人大建议。“两会”闭会期间，深入开展调研，撰写《发挥统战优势，加快县域民营经济发展的思考与对策》、《关于用活孟姜女这张文化名片，促进津市经济快速发展的建议》以及《家庭过期药品回收急需纳入正轨》《关于加强充电桩等基础设施建设》等调研报告和社情民意。（徐玮）

【招商引资】2019年，市工商联引进宁波热电公司固废处理中心项目、嘉一食品二期建设项目、湖南加亿科技有限公司汽车零配件加工项目以及湖南津玉铸造有限公司项目，合计招商引资6.2亿元。近2年，市工商联大力协助各部门开展“以商招商”，先后引进溢多利集团的康捷生物、科益新生物、格瑞生物，及引航生物、经世新材料等优质项目，累计投资20亿元。（徐玮）

【光彩事业】2019年，市工商联引导非公经济人士履行社会责任，积极倡导投身光彩事业。组织非公企业开展走访慰问计生失独家庭活动，为20个计生特扶家庭共送去1万元慰问金；湖南新合新生物医药有限公司为54名困难教师、困难群众以及津市第三中学送去慰问金共计5万元；开展“习酒·我的大学”、“湘淮助学”、“建材协会助学”、“润农微善风助学”等捐资助学主题活动，参与庆“六一”暨“困境儿童”等爱心捐赠活动，共资助优秀困难学生60余人，捐助资金超过13万元。其中“习酒·我的大学”捐助活动于2017年首次在津市举办，到2019年是第3次，累计资助优秀贫困大学生42人，总共捐资21万元。（徐玮）

2019年8月30日至9月5日，“户帮户亲帮亲·互助脱贫奔小康”系列活动

【扶贫工作】2019年，市工商联深入开展“户帮户亲帮亲、互助脱贫奔小康”活动，倡导津市非公有制企业家弘扬精神，助力脱贫攻坚。

2019年8月24日，举行“习酒·我的大学”公益助学金发放仪式

产业扶贫。引导津市市五风杨梅种植新合作社与农户签订协议。由贫困户承包杨梅基地土地后，委托五丰杨梅种植公司经营管理，每年享受保底分红。目前，已有18户贫困户与合作社签订了委托帮扶协议，入股农户们每年的保底分红收入合计约5.76万元。

公益扶贫。组织13家会员企业对16个村居的66户特困户进行走访，累计发放慰问金超过4万元，赠送物资价值近1万元，帮助非公企业家达成对贫困户就业扶贫与产业扶贫意向，指导各基层分会为37户贫困户捐赠资金和生活物资共计1.8万元。

就业扶贫。鼓励非公企业在符合企业要求的条件下，优先招录贫困户，湖南鸿鹰生物科技有限公司、湖南娄星纺织有限公司、津市市鸿科建材有限公司等50余家企业，吸纳98户贫困户在企业工作，累计发放工资180万余元。

消费扶贫。倡导非公企业家通过“以买代帮”的方式助力贫困户脱贫致富。湖南新合新生物医药有限公司、津市市盈昇蔬菜专业合作社等企业购买贫困户家中蔬菜、肉鸡2.4万余元，并达成长期收购协议。

圆满完成后盾单位脱贫攻坚任务。市工商联作为毛里湖镇箭楼村精准扶贫工作的后盾单位，共结对贫困户2户，通过就业帮扶、公益帮扶，现贫困户家庭人均收入均超过2万元，已实现脱贫。每逢节日，市工商联都会为贫困户送去生活物资，中秋前夕，市工商联干部还与贫困户一起打扫庭院卫生，并在贫困户家一起动手摘菜，以一顿丰盛的午餐，共迎中秋佳节。（徐玮）

文　联

【概况】2019年，津市文联机构改革后，核定编制4名，在岗3人，所属8个文艺协会，编印文学刊物《兰草》3期。津市文联获得2019年全省文联系统先进单位。（王珏）

【文联改革】2019年7月，津市文联全体干部分别前往临澧、石门、桃源等区县学习交流改革工作。制定《津市市文联、作协深化改革实施方案》，文联改革在编制、人员、经费、机构等方面均有增长和突破。

突出制度创新。适应形势发展和工作需要，把握文联、作协和文艺家协会换届契机，推动文联履职制度化、规范化、程序化建设。突出工作创新。建立市文联和会员单位工作协商机制，征求文艺界意见建议，更好地团结引导、守正创新、凝心聚力。突出路径创新。贯彻落实市委经济工作会议和全市宣传思想工作会议精神，加强文艺精品生产，繁荣文艺创作，《兰草》得到社会各界广泛好评。“津市文联”微信公众号、市政府网站《原创文学》专栏的文章质量得到提高。开展“津市市实施乡村文化振兴”、“欢乐潇湘”及文化强市建设，组织开展“文艺惠民”展演、文艺创作等活动。（王珏）

【文艺创作】围绕新中国成立七十周年、津市市建市70周年开展主题创作、采风交流、文艺笔会等特色活动。组织开展“我的津市故事——庆祝新中国成立70周年征文”活动，在本土文学刊物《兰草》增设“新津市故事·新中国成立70周年献礼”、“我的扶贫故事”等栏目。2019年7月3日，组织开展“作家看常德七十年巨变”文学采风团走进津市大型采风活动，来自全国各地的知名作家一行60多人参观走访津市五泉、关山等新农村建设点。2019年8月，常德市40多位诗词学会老作家们组成的采风团来津市开展文学创作采风交流活动。组织庆祝新中国成立70周年书法展、美术展、老照片展等系列活动。2019年11月8日，组织开展“文学照亮三湘”公益大讲堂讲座，邀请作家龚曙光和省作协主席王跃文到津市讲座，传授文学创作心得和体会。2019年津市有3位作者分别获得常德市第六届原创文艺奖，获得小说类别、散文类别、美术类别文艺奖项。依托湖南文学创作示范基地落户津市毛里湖国家湿地公园的契机，津市文联邀请省内知名作家到毛里湖国家湿地公园开展创作采风交流活动。（王珏）

【协会管理】为有效整合资源，规范协会管理，按照《常德市文联文艺类社会组织业务管理暂行办法》的要求，津市文联把全市原有的35个文艺协会精简整合为现在的8个协会，全面提升工作效能，经验被常德市文联在全市推介和运用。按照市委关于深化文联改革要求，实施文艺家协会归并调整，抓好文艺家协会换届和规范会员管理、财务管理、档案资料管理等基础性工作，制定《津市市文联关于各文艺家协会换届改选工作方案》，组织开展市美协、音协、作协等协会的换届改选工作。按照换届程序，文联党组在充分调研、个别谈话的基础上，经过集中酝酿、组织提名、选举投票等环节，把能干事、会干事、想干事的人选出来，打造一支敢于创新、富有激情、可以信赖的队伍。通过换届改选，优化队伍建设、展现良好作为、树立良好形象，推动协会工作高质量发展。（王珏）

残　联

【概况】2019年，市残联对全市已办证件进行全面核查，全市持证残疾人共6739人，其中一、二级重度残疾人3352人。市残联把改善残疾人民生，促进残疾人事业全面发展作为工作的出发点和落脚点，着力解决残疾人最关心、最直接、最现实的问题，全力推动残疾人同步小康，推动残疾人工作再上新台阶。市残联针对市委巡察反馈意见整改，确定整改方案落实整改。市残联扎实推进残疾人精准康复服务、教育就业、文体宣传、扶贫解困、政务下沉、残疾人康复托养中心建成并投入使用等工作，出台并完善一系列惠残政策，残疾人保障制度不断完善。（利赢）

【残疾人精准康复】把残疾儿童康复作为康复重中之重推进。7月底，出台《关于印发〈津市市残疾儿童康复救助实施细则〉的通知》，明确救助对象、救助内容、救助标准、经费保障。全市共输送19名津市籍残疾儿童分别至常德市康复医院、博爱康复中心、常德市妇幼

2019年8月14日，市残联开展残疾人电商培训

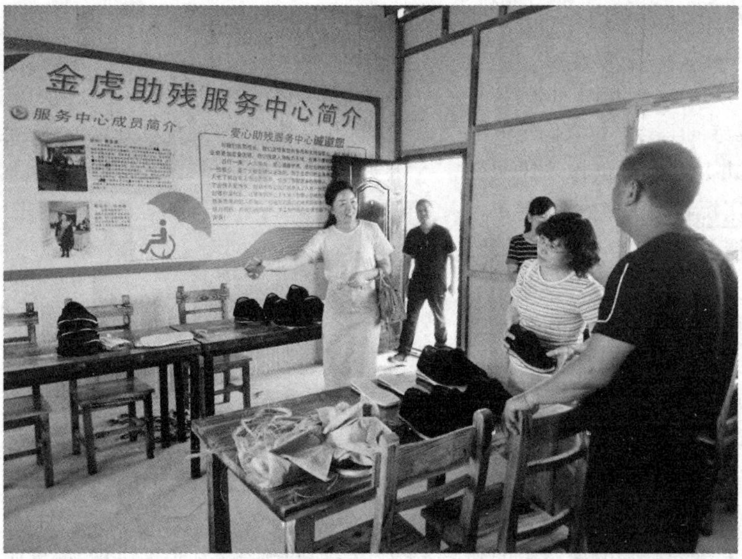

2019 年 9 月 6 日，市残联调研残疾人扶贫就业基地金虎蔬菜专业合作社

保健院、澧县妇幼保健院进行康复训练。为 2 名儿童装配矫形器。所需配套资金由市残联兜底保障。有康复需求残疾人 2273 人，已完成服务 2117 人，康复服务率 93.14%，其中建档立卡贫困户的康复服务率达 100%。超额完成常德市下达给津市市 75%的目标任务。联合市卫计局开展残疾人家庭医生签约活动，共签约 2910 人。残疾人家庭医生签约率达 92%，建档立卡贫困残疾人家庭医生签约服务全覆盖，已签约的残疾人的服务满意度为 85%。投入补助资金 7.5 万元对贫困残疾人实施免费白内障手术 257 例。为 365 人贫困精神病患者按 600 元 / 人的标准免费送药，为 300 人次贫困精神病患者提供住院救助，共计 64 万元。免费为有需求的残疾人配送轮椅、拐杖、盲杖、坐便椅、沐浴椅等辅助器具 757 件，辅具适配率达 97.46%。输送 6 名残疾人到康复医院进行成人康复。投入 3.5 万元免费为 10 名贫困残疾人装配假肢、维修假肢。争取上级残联免费配送助听器，共筛查 120 名听力残疾人，为 41 名符合条件的听力残疾人免费适配助听器。　（利赢）

【残疾人教育就业】2019 年，联系教育局为 96 名适龄残疾儿童少年义务教育入学安置，学龄残疾儿童的入学率巩固在 92%。为 35 名残疾人高中、大学生及贫困残疾人家庭高中、大学生子女发放助学金 7.97 万元。开展各用人单位按比例安排残疾人就业年审年检工作，对达不到安置就业比例的用人单位，依法征收残保金 214 万元，由税务局直接代征，并超额完成年初上级下达的任务，为津市助残扶残提供资金保障。投入 10.6 万元对 14 名残疾人开展创业扶持，帮助其自主创业增收。对 50 名残疾人进行实用技术培训，选送 11 名残疾人到常德市进行电子商务、手工编制、创业培训和盲人按摩培训学习，30 名残疾人进行电商培训，推荐 8 名残疾人去浙江杭州科祥磁性有限公司就业。在全国助残日，到市康复医院、市特殊教育学校开展助残活动，为其送去价值 5.1 万元的棉衣、日用品等。利用爱眼日、残疾预防日等节日活动，大力宣传残疾人政策法规和康复知识，投入 1.3 万元建立临街宣传橱窗，发放宣传资料 2500 份；通过网站、电视台、微信公众号等媒介，发布各类工作信息 21 篇；组织 8 名残疾人开展“五个一”文化周的活动，丰富残疾人文化生活；选送 3 名残疾青少年运动员苗子去常德进行培训。　（利赢）

【残疾人维权、组联】投入 24 万元为贫困残疾人家庭进行无障碍家庭环境改造 35 户。共计打卡发放 430 人次残疾人机动轮椅车燃油补助资金 11.18 万元。共接待残疾人来信来访 12 人次，无非法访、越级访现象发生。通过及时解决问题、政策公开透明、专人接访维稳、宣传法律法规等措施，确保全市残疾人群体的稳定，助推全市平安创建工作顺利开展。分两次邀请常德康复医院医生到津市开展精神类、智障类残疾上门评残服务活动，评残人数为 53 名，其中有 12 人不符合，上门评残所有费用由市残联全部负担。集中 2 个月为全市 67 个村的肢体残疾人已开展上门评残服务活动，对 1258 名没有医院评定等级的肢体残疾人进行等级评定，对不符合残疾标准的、疑似残疾人进行耐心解释工作。同时，对第三代智能卡换发工作进行政策宣传。政务服务下沉逐步优化。把办证程序由过去的四项优化成一项，把过去两张申请表、鉴定表简化为一张表，尽可能将手写选项变为勾选，取消纸质档在多环节的流转，提升效率和满意度。全面完成“残疾人基本服务状况和需求信息数据动态更新专项调查工作”的调查及信息录入工作，入户率达到 98%，手机 APP 信息采集率超过 60%，在常德市范围内报得最快，准确率最高。　（利赢）

【残疾人扶贫】开展“连千村帮万户扶贫工程”，联系帮扶 1 个扶贫点村，投入 7.29 万元结对帮扶 15 户残疾人家庭，依托残联各类项目帮助农村残疾人。全市有 1714 人次享受贫困残疾人生活补贴，有 2720 人次享受残疾人护理补贴，符合条件的残疾人可享受每项补贴每人每月 65 元；重度残疾人代缴基本医疗保险和最低养老保险实现符合条件的残疾人全覆盖。委托第三方机构为 150 名处于就业年龄段智力、精神和重度肢体残疾人开展上门居家服务，委托市康复医院为 50 名残疾人对象开展寄宿托养服务，得到社会各界人士及残疾朋友家属的认可。残疾人康复托养中心在 2019 年底投入使用，进一步完善市残疾人康复和托养服务体系，为残疾人提供更加专业的康复托养服务。　（利赢）

人武部

【概况】2019年，津市武装工作在军分区党委和市委的坚强领导下，高举习近平新时代中国特色社会主义思想伟大旗帜，全面贯彻党的十九大精神和习近平强军思想，围绕省军区、军分区党委全会工作部署，坚决维护核心，首抓政治建设，聚焦务军备战，深化改革创新，依法规范抓建，各项工作有序推进、高效落实，人武部全面建设水平稳步提高，市国防动员和后备力量建设展现新局面。2019年，被常德军分区表彰为“征兵工作先进单位”“民兵调整改革先进单位”，“安全稳定工作先进单位”；人武部党委被湖南省军区表彰为“先进团级单位党委”，有13名个人获军分区以上表彰。（夏猛）

2019年3月19日，常德市“基干民兵预建党组织建设”流动现场会在津市市召开

【国防后备力量建设】以习近平强军思想引领高质量发展，大力推进国防后备力量建设。高质量完成国防动员潜力调查，组织全体国动委成员单位及专武干部召开全市国防动员潜力调查及兵役登记工作部署会，将任务细化分解到各镇街、市国动委有关成员单位，高质量完成8类潜力数据摸底调查及系统录入工作。高标准完成民兵预建党组织试点任务。先后组织3次例会对专武干部进行基干民兵预建党组织业务培训及现场观摩，与市委组织部研究出台《津市市基干民兵预建党组织建设规范》，探索形成一整套完整的组建体系，依据应急、专业、特殊编组模式设置22个预建党组织（5个专业连支部，8个排小组，9个应急排小组），并指导嘉山街道开展基干民兵预建党组织建设先行试点，明确相关软硬件标准，圆满完成分区赋予的试点任务。高起点抓好民兵整组工作。军分区民兵整组流动现场会后，部党委针对潜力调查不全、力量编组不实、新质力量占比偏小、专业对口率偏低等问题立即召开党委会专题研究，3月底按照“三防”“四个拓展”“五率”要求对各镇街整组工作进行一轮督导检查，4月下旬联合市政府督查室成立民兵整组工作专项检查小组，逐个对9个镇（街）民兵整组工作和基干民兵集中点验进行检查验收，列出问题清单，下发检查通报，组织各镇（街）限时整改，完成年度编兵整组工作。高水平锻造应急处突队伍。4~5月，结合民兵整组时机，采取现场观摩、突击拉动、督导讲评等方式，对民兵分队进行不打招呼实装拉动，重点就人员准时到位率、集合时间、装备数量、前送机动等内容进行检查，增强协同指挥，锻炼分队应急处突能力。（夏猛）

【兵员征集】按照“一季征兵、四季准备”的要求，将征兵工作分解到各阶段工作中。开展兵役登记工作。结合年后开学，组织各镇街武装部到各高（职）

2019 年 9 月 9 日，津市市举行 2019 年新兵入伍欢送大会

中、村社区进行兵役登记宣传，分发兵役登记手册，号召广大适龄青年积极主动进行兵役登记，通过层层督导、分工落实、广泛发动，到 3 月底津市适龄青年兵役登记率达到 100%。扎实推进征兵宣传工作。部党委专题研究制定征兵工作方案，先后召开 6 次征兵宣传工作调度会及征兵工作任务部署会，征兵期间共发放 2000 份征兵工作公告、1300 份宣传手册、2000 份宣传海报，悬挂张贴 300 余条横幅、标语，并向各镇街武装部下发 18~24 周岁男性公民花名册，在校大学生及大学毕业生花名册以及网上应征报名花名册，组织各镇街专武干部及民兵连长下户进行征兵宣传，重点做好对大学生预征对象的“一人一事”工作；7 月初，结合三所高（职）中应届毕业生回校填报志愿时机，组织人员及镇街专武干部开展“征兵宣传进校园”活动。从严组织征兵检录流程。为做好 2019 年征兵工作，向部队遴选输送优质兵源，部领导带头讲规矩、守纪律，组织工作人员签订廉洁征兵责任书，实现征兵体检封闭式管理，体检政考结果“一日一报”，役前训练“一人一本”，区分“合格 ~ 待定 ~淘汰”三个层次进行筛选，实现全流程公示透明，完成新兵征集任务，实现“零退兵、零违纪、零投诉”目标。其中，大学生征集比例超出全省指导比例 14 个百分点；大学毕业生征集比例超出 16 个百分点，在常德市排名第一，征兵“五率”综合考评全市排名第二。（夏猛）

【军事训练】围绕省军区系统“支援保障打胜仗”目标和应急应战需求，抓紧抓实军事工作。规范战备值班秩序，加强战备值班执勤，在每月和重要敏感时期都开展紧急拉动和防恐演练，确保一有情况，能够按“三个第一时间”要求妥善处置；严格落实节假日战备规定，受军委联合作战指挥中心国防动员席抽查值班值勤情况 1 次、省军区及军分区抽查近 20 次，值班员均保持在岗在位，值班干部、值班分队履行职责较好；狠抓训练任务落实。严格落实训练计划，集中组织 2 期共 81 人次民兵集训，先后选送 10 期共 81 人参加军分区组织的集中轮训，并选派新任职专武干部参加军分区、省军区集训，2 人次被评为优秀学员。扎实开展年度军事考核，部本级干部文职及专武干部全员参加，推动训练质量落实落地。强化防汛抗洪能力。针对严峻汛期形势，对重点防汛抗洪河段组织地形勘察，组织 300 人防汛抗洪机动队开展封堵管涌、抢筑子堤、抢修滑坡等科目演练，机关本级带 60 名民兵骨干实装参演军分区组织的“澧水 ~2019” 跨区防汛演练，演练指挥流畅、跨区机动顺利、战斗作风顽强，较好的完成演训任务。（夏猛）

2019 年 5 月 8 日，津市市民兵应急连参加拉动演练

【国防教育】2019 年，部党委专题研究制定本级年度主题教育计划，建立上级领学与个人自学、专题辅导与交流辨析相结合的学习制度，利用民兵整组、战备训练、兵员征集等时间节点抓好教育；倡导和践行“读原著、学原著、悟原理”，组织机关干部、专武干部开展“军委主席负责制我有责”“破除和平积弊”“学先进 找差距 明初心 担使命”讨论辨析活动；开展主题教育系列配合活动，组织镇（街）专武干部赴林伯渠故居开展“追忆红色足迹，赓续革命传统”庆祝建党 98 周年主题党日活动。坚持不懈推进民兵学习宣讲活动走深走实。组建市、镇（街道）、村三级中共十九大精神微宣讲平台，全体干部职工、专武干部下载“学习强国”App 并加入机关党支部学习小组，定期公布学习积分排

名，推动学习理论活动常态开展；购买、编印和下发各类学习资料，制作悬挂横幅、展板、墙报，制作学习宣讲春节慰问大礼包，送到全市优秀复转军人、专武干部和民兵家中。落实常德市国防教育“七个纳入”规定，推动民兵学习宣讲活动与全民国防教育结合融合。指导市一中、襄阳街街道建好国防教育示范基地，部领导到市委党校青干班上两次国防教育宣讲，将收回的对外有偿服务场所临街门面打造成“国防教育长廊”；“国防教育日”当天，组织宣讲小分队赴学校、村社区开展“五进”活动，向广大群众分发国防教育宣传手册，在桥头法治广场设置50米的巡展墙，系统介绍当前国防建设取得的伟大成就。（夏猛）

【安全管理】落实安全责任。部党委组织逐级签订安全工作目标责任书，主要领导为第一责任人，分管领导具体负责，各业务科发挥职能作用，形成齐抓共管的态势。狠抓安全工作落实。先后组织开展“安全月”“百日安全”活动，按照“安全工作四落实 ”要求，把活动开展与抓安全保稳定高度统一起来；通过张贴标语、制作板报等形式，营造营区安全文化，引导大家形成人人抓安全、事事讲安全的浓厚氛围；围绕人、车、枪、弹、密、营院、涉军维稳和舆情应对进行重点分析，先后开展自查自纠8次，制定完善人武部保密、安全工作方案，对社团组织、枪弹管理、军车动用审批、涉密移动载体登统计等安全隐患进行专项清理排查，做到不留死角，不走过场。突出整治重点。重点针对事故通报中强调的涉密电脑与移动互联网交叉互联问题进行分析研判及研究部署，对涉密网络和移动互联网进行单独走线布置，做到物理隔绝，启用保密打印和非保密打印室，完善文件打印复印登统计制度，杜绝失泄密和电脑交叉互联等隐患问题，确保单位安全稳定。

（夏猛）

武警津市中队

【概况】中国人民武装警察部队常德支队执勤二大队津市中队（以下简称中队）前身是津市镇公安队，现隶属于武警湖南总队常德支队。中队的职能任务，主要负责津市市看守所外围武装警戒，以及担负处置突发事件，抢险救灾等临时性勤务。先后被湖南总队评为基层建设先进单位、军事训练先进单位、正规化执勤一级中队。

【部队管理】2019年，中队坚持依法治军从严治军方针，大力加强部队正规化建设。严格按照条令条例加强部队管理，坚持民主集中制原则，继承和发扬尊干爱兵、官兵一致的优良传统，确保部队的高度稳定和集中统一，针对中队建设基础薄弱的显示，狠抓经常性管理。学习贯彻条令条例使条令条例学习教育经常化、制度化。依照条令条例，严格规范中队的一日生活制度，正规中队的“四个秩序”（战备、训练、工作、生活）。加强检查督导，促进管理向全时制，全员额、全方位发展。

【军事训练】2019年武警中队大力开展实战化训练，狠抓备战打仗。训练水平稳步提升。以学习贯彻落实新大纲为突破口，主官主抓，骨干分工，广泛开展群众性比武练兵活动，牢固树立“训练有为、训练有位”鲜明导向。执勤战备牢固厚实，学事故通报、观警示案例、练基本技能，以大讨论的形式增强官兵忧患意识和使命意识，协调地方政府和目标单位，加快推进智慧磐石工程，整改执勤隐患，确保绝对安全。执勤能力有效提高，重视哨兵能力培养，立足突发情况想全，情况处置战法练实，提升官兵遂行作战任务能力。

【思想政治教育】2019年，中队始终坚持把思想建设摆在首位，从思想上、组织上、行动上牢牢掌握部队，针对驻地环境复杂、拒腐防变形势严峻等特点，努力探索思想政治工作新特点、新规律和新方法，围绕“坚定信念，筑牢军魂，永远做党和人民的忠诚卫士”这一最高政治目标，结合官兵思想实际，制订教育计划。强化思想政治建设首位意识，进一步校正官兵人生观、世界观和价值观，筑牢拒腐防变的思想防线。开展密切内部关系教育、法纪教育，使命任务教育、心理健康教育、执勤教育、理想信念教育等。通过开展一系列教育活动，进一步激发官兵爱岗敬业精神，提高官兵明辨是非的能力。官兵理想信念坚定、思想稳定、纪律严明，争先创优意识明显提高。

【后勤保障】2019年，中队坚持以“保中心、保生活”为重点，抓好后勤规范化管理。修改完善《中队后勤战备方案》，定期组织后勤战备演练。遵守财务制度，坚持支部理财，落实伙食管理制度，科学调配伙食，落实分餐制，官兵对伙食满意率99%以上。

【拥政爱民】2019年，中队继承和发扬部队的光荣传统，开展警民共建活动，做好拥政爱民工作。积极投身地方三个文明”建设，开展“把驻地当故乡，视人民为父母”的拥政爱民活动，为驻地群众排忧解难、支援建设、抗洪抢险。多次配合市公安局做好演练、汇报表演工作。利用节假日参加“送温暖、献爱心”、义务献血、植树造林、看望慰问孤寡老人、为驻地打扫公共卫生等活动，加强与群众的血肉联系。通过扎实有效的拥政爱民工作，促进军政军民关系和谐，得到地方政府和人民群众主动到中队慰问，使官兵们深深感受到连州乡亲父老的深情厚谊，筑牢战士们扎根山区部队建设、安心服役的思想，激发为第二故乡奉献青春的热血信心。

（邵光帅）

检察法院

检　察

【概况】2019年，津市检察院在编在岗干警33人，其中员额检察官10人，司法辅助人员13人，司法行政人员10人。另有书记员7人。全年受理审查逮捕案件138件215人，受理审查起诉案件182件283人，各项工作稳中有进。“玉芳姐姐工作室”获授湖南省“青少年维权岗”称号，信息工作被湖南省人民检察院评为突出集体；2件案件被湖南省人民检察院评为优秀案件、2件案件被常德市人民检察院评为“十大优秀案件”、1件案件被常德市委政法委评为“十佳案件”；被津市市委评为党风廉政建设先进单位、平安建设优秀单位；干警叶助宏被湖南省人民检察院记三等功、徐成华被常德市扫黑办评为扫黑除恶先进个人。（龚平、胡晓丽）

【扫黑除恶】2019年，津市检察院以“攻案件，提升群众满意度”为目标，深挖彻查黑恶势力背后“保护伞”、“关系网”，铲除黑恶势力赖以生存的土壤。受理审查逮捕涉黑涉恶案件23件62人，批准逮捕19件51人，对应当逮捕而未提请逮捕的，追捕5人。受理审查起诉涉黑涉恶案件6件47人，提起公诉4件23人，追加认定5人为恶势力犯罪团伙成员。发现“保护伞”线索4条并移送相关部门。在办理涉黑涉恶案件过程中，注重构建诉侦协作“大控方”格局，对办理的1件恶势力犯罪集团案件、3件恶势力犯罪团伙案件全部提前介入，做到同步审阅证据材料、同步列明补充证据清单、同步沟通协商，优质高效办理涉黑涉恶案件。充分运用检察建议参与社会综合治理，做到办理一案、治理一片。在办理李某某等25人恶势力犯罪团伙案时，发现案发当地赌博之风盛行，该院依法向当地政府发出检察建议书，建议当地政府加大法治宣传，加强农村精神文明建设，丰富群众文化生活，提高人民群众拒赌、禁赌的自觉性。

（龚平、胡晓丽）

【社会治理】2019年，津市检察院落实最高人民检察院“群众来信件件有回复”的要求，坚持7日内程序性回复，3个月办理过程或结果答复，做好各类风险防范化解工作。贯彻落实修改后的刑事诉讼法，在推进认罪认罚从宽制度工作中充分发挥检察机关主导作用，全年共办理认罪认罚从宽案件109件171人，适用率和量刑采纳率在常德市均名列前茅，达到惩治犯罪、提高诉讼质效、减少社会对抗的多重效果。开展“创平安、促满意”工作，通过入户走访、召开警情恳谈会等方式，搭建与群众沟通的桥梁，在各村居公示栏和主要道路张贴检察工作宣传海报1000余份，让人民群众更加了解检察工作。

【刑事检察】2019年，津市检察院办理审查逮捕案件138件215人，其中审

市检察院开展扫黑除恶专项斗争应知应会知识测试

查批准逮捕117件183人,不批准逮捕21件32人。受理审查起诉案件182件283人,审结179件266人,其中提起公诉154件240人、不起诉25件26人。严厉打击黄、赌、毒等妨害社会管理秩序犯罪,批准逮捕44件63人,提起公诉35件55人。在办理被告人喻某某非法持有毒品案时,审查发现其贩卖毒品线索,充分履行法律监督职责,督促并引导侦查机关取证,及时固定证据,将一起轻罪案件变更罪名,以贩卖毒品罪提起公诉,最终法院采纳该院指控意见,判处其有期徒刑十五年,并处没收个人财产人民币8万元,有力打击毒品犯罪。（龚平、胡晓丽）

【公益诉讼】2019年,津市检察院坚持"双赢多赢共赢"理念,聚焦生态环境和资源保护、食品药品安全、国有财产保护、国有土地使用权出让、英烈权益保护等领域,通过诉前检察建议、提起诉讼,督促相关行政部门共同维护好国家利益和社会公共利益。办理行政公益诉讼案件38件,刑事附带民事公益诉讼案件1件,发出诉前检察建议38份,行政机关已全部整改到位。开展养老机构食品安全专项检察监督,对部分养老机构存在的卫生条件差、未建立食品安全管理制度、留样不规范、生熟食物未分开放置、供货商没有资质等问题,开展行政公益诉讼案件调查,立案18件,对相关职能部门发出诉前检察建议18份,督促其依法履职,切实保障养老机构食品安全。开展医疗废物专项检察监督,对部分卫生医疗机构存在的医疗废物收集不规范、医疗废物处置不及时等问题,开展行政公益诉讼案件调查,立案13件,发出检察建议13份,督促卫生行政主管部门根据《医疗废物管理条例》的相关规定进行查处,卫生行政主管部门收到检察建议后立即进行整改,避免医疗废物对人体健康和生态环境产生危害。探索公益诉讼办案新模式。制定《司法警察、技术人员参与检察公益诉讼办案协作办法(试行)》,实现办案资源的有效整合和检察职能的优势互补,湖南省人民检察院在全省检察机关推广这一做法。在全省率先探索行政检察与公益诉讼助力扫黑除恶工作机制,在办理中央扫黑除恶督导组、省委巡视组督办的田某恶势力犯罪团伙案过程中,针对案件背后暴露出的非法占用土地、未依法缴纳税款、投肥投饵养殖破坏生态环境、烟花爆竹行业垄断、操控自来水入户管网建设费等问题,以行政检察监督案件立案5件、以行政公益诉讼案件立案3件,向相关行业主管部门发出检察建议,督促部门进行整治,铲除黑恶犯罪滋生的土壤,维护国家利益和社会公共利益。

（龚平、胡晓丽）

【刑事诉讼监督】2019年,津市检察院对应当逮捕而未提请逮捕的,纠正漏捕12人。对应当移送审查起诉而未移送的,追加起诉11人。针对侦查机关、审判机关的违法行为发出纠正违法通知书21份,均已整改到位。对认为确有错误的人民法院刑事判决,依法提出抗诉2件,均被上级法院采纳。如邓某某挪用公款案,邓某某在审查起诉阶段认罪认罚,该院依法向人民法院提出精准量刑建议,人民法院未予采纳,直接作出一审判决,违反认罪认罚法律规定,该院依法提出抗诉,常德市中级人民法院采纳该院抗诉意见。（龚平、胡晓丽）

【刑事执行监督】2019年,津市检察院监督纠正刑罚执行和监管活动中的违法案件30件,其中刑事执行违法案件9件,监外执行和社区矫正监管活动违法案件21件。开展羁押必要性审查,提出检察建议并被相关单位采纳10件。办理罪犯再次犯罪案件,批准逮捕1件1人,提起公诉2件2人。开展监督维护在押人员合法权益专项活动,发出并被采纳检察建议3份。办理收监执行检察案件4件。王某某因开设赌场罪被判处有期徒刑一年、缓刑一年,在缓刑考验期内多次违反社区矫正外出及定位监管规定,该院依法支持市司法局提请人民法院撤销王某某缓刑的建议,王某某被收监执行刑罚。（龚平、胡晓丽）

【民事行政检察监督】2019年,津市检察院受理审判活动违法监督案件4件,发出检察建议4份,收到法院整改回复4份。受理执行监督案件2件,发出检察建议2份,收到法院整改回复2份。办理行政检察监督案件6件,完成常德市人民检察院交办的复查案件2件。办结生效裁判监督案件6件,办结支持起诉案件116件。认真开展释法说理工作,在办理雷某等6人不服津市市人民法院生效判决,申请对生效裁判监督一案时,该院通过释法说理和沟通协调,促成6名当事人达成和解协议,化解一起4年来多次向法院申诉的纠纷案件。（龚平、胡晓丽）

【未成年人检察】2019年,津市检察

市检察院"携手关爱,共护明天"检察开放日活动,邀请学生代表走进检察院

院以“玉芳姐姐工作室”为阵地，探索建立学校、家庭、社区“三位一体”未成年人犯罪预防体系，未成年人犯罪人数同比下降50%，预防教育效果明显，经验文章《为迷途孩子点一盏明灯》被湖南省人民检察院评为优秀文稿。落实最高人民检察院“一号检察建议”，与市教育局在德雅中学开展“预防性侵害”专题普法教育。依法严惩性侵未成年人犯罪，批准逮捕并提起公诉2件4人，已判决2人，其中1人被判处有期徒刑十三年。加大对未成年被害人保护力度，为未成年被害人提供长期心理辅导，并为家庭贫困的未成年被害人申请司法救助。举办“携手关爱，共护明天”检察开放日活动，邀请人大代表、政协委员及学生代表走进检察机关，征求对未成年人检察工作的意见。开展送法进校园、送法进社区等法治教育活动，受教学生、家长1000余人。（龚平、胡晓丽）

【队伍建设】2019年，津市检察院牢固树立“检察机关首先是政治机关”的意识，把政治建设摆在首位，学习贯彻《中国共产党政法工作条例》，确保在思想上、行动上同以习近平同志为核心的党中央保持高度一致。主动配合、参与市委对该院领导班子和领导干部的政治考察，主动向市委报告重点工作。扎实开展“不忘初心、牢记使命”主题教育，进行集中学习、研讨交流6次，完成调研课题7个、专题走访6次，领导干部上台授课6人次。班子成员集体前往辖区9个镇街征求意见。对照党章党规，认真检视检察机关在思想政治、业务能力、工作作风等方面存在的问题和差距，列出问题清单认真整改，把政治建设落实到具体的检察工作当中。狠抓纪律作风建设。按照常德市委政法委、津市市委政法委统一安排部署，开展队伍作风建设集中教育整训活动。参加津市市委政法委组织的警示教育活动，组织干警集中观看《不忘初心、警钟长鸣》警示教育片。扎实开展“两同时”谈心谈话，做好廉政风险点防控，牢固树立“红线”意识，做到警钟长鸣。建立日常督查机制，发出督查通报16次，点名通报干警、书记员7人，见人见事见细节，确保督查制度不走过场。提升干警综合素能。选派27人次赴北京大学、最高人民检察院、湖南省人民检察院学习，参训人员回来后开展“传学讲学”活动5次，扩大培训效果。组织干警进行指导性案例学习，以典型案例指导司法实践。注重青年干警培养，以青年工作委员会为纽带，以“囊萤学堂”为阵地，培养青年干警，凝聚青年力量。积极开展文明创建活动，举办“道德讲堂”、“我们的节日”、志愿者服务系列活动。2名干警被湖南省政法系统书画诗词研究会评为文化建设先进个人，3名干警撰写的论文在首届荆江法治论坛暨第三届“三峡区域法治论坛”获奖。（龚平、胡晓丽）

市检察院开展送法进校园活动

法　院

【概况】2019年，津市法院紧紧围绕“努力让人民群众在每一个司法案件中感受到公平正义”工作目标，扎实开展“审判质量、效率和公信力提升年”和“管理提质年”活动，强化依法履责，提升工作效能，全年审结刑事案件169件、民商事案件1259件、行政诉讼案件14件，执行1115件，完成各项工作任务，公众安全感民调得分位列常德基层法院第2名。（杨孟安、刘智）

【刑事审判】2019年，津市法院共受理刑事案件178件，审结169件。开展扫黑除恶专项斗争，受理涉恶案件9件，审结8件。围绕扫黑除恶专项斗争重大部署，严格按照法定程序打击黑恶势力犯罪，审理李某某等26名被告人寻衅滋事、开设赌场等一批涉恶大案要案。依法从严从重打击黑恶势力犯罪，严格控制缓刑适用，判处五年以上有期徒刑9人，审结周某某等9人寻衅滋事和聚众斗殴恶势力集团犯罪案件，9名被告人依法全部判处实刑。重拳“打财断血”，依法收缴涉案财产100余万元。严厉惩治暴力和侵财犯罪，全力保障人民群众生命财产安全，审结故意伤害、强奸、盗窃、抢劫等类型案件73件。配合监察体制改革，保持反腐败斗争高压态势，审结贪污贿赂、滥用职权犯罪案件10件，审理常德市委原副秘书长刘定青受贿、巨额财产来源不明案和常德市城投集团原党委书记、董事长方际三受贿、贪污、国有公司人员滥用职权案。（杨孟安、刘智）

【民商事审判】2019年，津市法院共受理民商事案件1325件，审结1259件。坚持调解优先的原则妥善审理涉民生案件，推进涉民生权益保障，审结涉及消费、教育、医疗、住房、就业等涉民生案件321件。商事审判围绕贯彻落实新发展理念，为地方经济高质量发展保驾护航。服务“三大攻坚战”。依法维护金融秩序，促进防范化解金融风险，审结民间借贷案件155件，审结金融借款案件143件，结案标的额6700余万元；精准对接扶贫领域司法需求，着力服务保障产业扶贫、项目扶贫，助力乡村振兴，审结涉农案件103件；聚焦污染防治，深入开展“环保审判三湘行”活动，审结环境资源案件5件，开展环保法制宣传3场次。服务民营企业发展。出台《服务和保障民营经济发展的实施方案》，依法平等保护民营企业和企业家合法权益，妥善审理各类涉民企案件45件；开展服务企业专项活动，采取院领导骨干结对、定期走访、赠订法律报刊等方式，提升企业风险防控能力；发挥知识产权案件管辖职能，营造平等有序营商环境，审理涉知识产权案件3件。服务供给侧结构性改革。加强破产审判工作，围绕盘活资产，受理的14件破产案件中有11件破产资产处置完毕，通过招商引资，湖南雪丽造纸有限公司等10家破产企业重获新生，投入生产经营。（杨孟安、刘智）

【行政审判】2019年，津市法院共受理行政诉讼案件14件，审结14件。受理非诉行政执行案件1件，执结1件。落实行政诉讼案件集中管辖改革要求，从2019年5月1日起，澧水片行政案件统一由澧县人民法院集中管辖，津市法院利用立案窗口、网站、自媒体等形式加强宣传，争取人民群众的理解和支持，确保改革工作顺利推进。全力服务市委市政府中心工作，安排一名员额法官对城市建设工作进行法律指导。加强合法性审查，依法维护行政相对人合法权益。如在办理市某局申请行政非诉执行审查一案中，认定市某局实施行政处罚证据不足，经过沟通协调，申请人撤回申请。（杨孟安、刘智）

【案件执行】2019年，津市法院全面巩固“基本解决执行难”成果，向“切实解决执行难”推进。受理执行案件1142件，执结1115件。开展执行案款专项清理行动，完善“一人一案一账户”管理系统，实现案款的及时兑付、有效监管；加强终本案件管理，规范案件执结程序，终本案件合格率100%；规范财产刑执行，办理涉财产刑案件59件，执行标的1036.43万元。强化执行力度，扎实开展执行专项行动，通过开展涉民生案件、涉民营企业案件、涉工程机械案件和涉金融案件专项执行行动，执结案件245件，执结金额1.1亿元。在涉民营企业专项执行行动中，出台活动方案，实行院长交办、局长催办、法官主办的工作模式提升执行效率，津市园区执行案件实际执结率85.5%，帮助园区企业回收货款200余万元。创新执行措施，依托执行指挥中心，利用网络查控系统查找被执行人银行存款、车辆、房产及股权等财产线索2000余条，查封房产158套，高效执结案件59件。强化执行惩戒，新发布失信被执行人名单56人，限制高消费198人，罚款15万元，司法拘留10人，移送拒执1人，通过高压震慑，迫使被执行人自动履行债务302万元。（杨孟安、刘智）

【立案信访】2019年，津市法院严格执行立案登记制，做到一次性告知、首问负责，实现有案必立、有诉必理，案件当场立案率99%。大力推进现代化诉讼服务体系建设，调整充实服务中心人员，规范窗口服务职能，增设邮政快递、收退费窗口。修订完善《诉讼服务中心管理制度》，加强督导考核，不断完善工作流程和服务质量，提供“一站式”诉讼服务2000余人次。加大司法救助力度，为128件案件当事人减、缓、免交诉讼费87.33万元，为43名司法救助对象发放救助金38.67万元。加强巡回审判，充分发挥人民法庭前沿阵地作用，采取深入田间地头、上门调解、就地调解等多种形式，将矛盾化解在一线，民商事案件巡回办案率41%。落实院领导接访机制，规范接访处访流程，及时有效处理信访诉求，全年院领导接访100余人次。坚持和发展新时代“枫桥经验”，完善诉前调解、诉调对接机制，推动多元化解决矛盾纠纷，民事案件调撤率超过40%。（杨孟安、刘智）

【司法公开】2019年，主动接受人大、政协、检察机关和社会各界的监督，及时向人大及其常委会报告执行攻坚、司法改革、人民陪审员选任等重要工作部署和重大审判执行活动，向人大报备重大案件278件，办结人大督办案件4件。深入推进“司法公正常德行”活动，突出“服务民营企业，助推经济发展环境优化”主题，邀请人大代表100余人次旁听案件庭审。法官履职评议工作有序推进，6名员额法官评议结果均为优秀。夯实阳光司法基础，全面推进审判流程、裁判文书、执行信息、庭审直播四大公开平台建设，裁判文书上网率100%，对694件案件进行网络直播。开展公众开放日活动2次，津市职教集团150余名师生旁听袁某某非法持有枪支、王某等4人非法制造、买卖枪支案，感受法院庭审活动，接受法治教育，并被中央电视台《今日说法》专栏播出。（杨孟安、刘智）

【审判管理】2019年，以“精业务、强

《今日说法》报道袁某某涉嫌非法持有枪支案、王某等4人涉嫌非法制造、买卖枪支案的公开庭审

管理、补短板”为重点，扎实开展“审判质量、效率和公信力提升年”和“管理提质年”活动，成立领导小组，制定活动方案，围绕优化司法绩效指标，从严格规范审判流程抓起，推进数字法院系统应用，强化案件办理与系统数据录入、同步录音录像，实现从立案、审判、执行到归档的全流程监管。加强工作调度，对长期未结案件逐案制定整改措施，强化案件月评查通报，严把案件评查质量关，对有问题案卷督查整改，杜绝问题卷宗归档。规范诉讼费、执行费的收取情况管理，确保各项收费手续到位。电子卷宗随案同步生成工作有效推进，各办案部门均配备了扫描仪、高拍仪，新收案件随案生成率达到100%。强化案卷归档管理，定期对已结案件未归档情况进行考核通报。（杨孟安、刘智）

【司法改革】2019年，全面完成内设机构改革，整合部门职能，将13个内设机构精简为8个，让更多干警回归办案一线。扎实推进聘用制书记员管理制度改革，招聘书记员23名，有效充实审判辅助力量。明确院庭长办案数量，带头办理重大、疑难、复杂案件，全年院庭长办结案件1877件，占员额法官办案数量的73.37%。推进以审判为中心的刑事诉讼制度改革，规范庭前会议、非法证据排除、证人出庭作证，提高庭审实质化水平。稳妥推进刑事案件认罪认罚从宽制度改革，准确适用认罪认罚制度，审结认罪认罚案件82件。津市法院撰写的《反映认罪认罚案件发现的问题》被省高级人民法院采用。推进案件繁简分流，强化诉前调解，实现简案快审，简易程序适用率达66.90%。深化陪审员机制改革，按照不少于三倍员额法官人数比例选任人民陪审员74名，陪审员参审案件390件，占一审适用普通程序审理案件的88%。（杨孟安、刘智）

【政务保障】2019年，加强后勤保障，对大审判庭进行改造，购置执行指挥车一辆，添置办公桌椅15套、笔记本电脑、打印机、相机等办公用品，完成新洲法庭、信息化机房、老干活动中心及食堂的改造，给干警创造良好的生活工作环境。加强警务保障，严格刑事案件值庭、押解、看管、协助执行工作，抓好节日节庆值班，确保安全稳定，实现安全保障零事故。加强门户网站建设，充分利用传统媒体和微信公众号、微博、今日头条等新媒体宣传推介法院工作，围绕扫黑除恶等重点工作，开展形式多样、效果明显的宣传报道，全年被各类媒体、网络采稿100余篇，印发布告2期。大力推进调研工作，1篇论文获得全国法院系统第三十届学术讨论会二等奖，小区业主维权的典型案例被评为全国法院系统优秀案例，2篇论文分别获得全省法院理论研讨会二等奖及优秀奖，承办2019年“孟姜女杯”理论调研论坛，理论调研已成为我院一张靓丽“名片”。（杨孟安、刘智）

【队伍建设】2019年，坚持党对法院工作的绝对领导，严格执行重大事项请示报告制度，确保正确政治方向。抓好理想信念教育，扎实开展“不忘初心、牢记使命”主题教育，推进“两学一做”学习教育常态化制度化，组织干警上党课、学党史、重温入党誓词，开展党日活动12次、道德讲堂4次。强化意识形态工作责任制，严格落实党组中心组学习和“三会一课”制度。围绕庆祝新中国成立70周年，开展各类主题宣传教育活动，津市法院编排的音诗舞节目《人民的法官》获全省法院系统庆祝中华人民共和国成立70周年诗词朗诵会第四名。夯实组织基础，结合内设机构改革同步调整党组织，完成新一届党总支和各支部换届选举，配齐配强党务干部，支部书记均由院领导兼任。加强领导班子建设，优化班子年龄结构，提拔两名年轻干部进入院领导班子。积极推介先进典型，1名同志被评为全国法院办案标兵，4名干警被授予“荣誉天平奖章”，16名干警受到市级荣誉表彰。强化岗位培训，通过岗位练兵、庭审比武、专题讲座等形式抓实各类在岗培训，组织干警参加上级培训200余人次，19名干警参加市政法委组织的北京大学新时代政法工作培训。落实从严管党治党要求，全面落实“一岗双责”，层层签订党风廉政建设责任状，严格考核，推动全院上下“两个责任”落实。贯彻落实中央八项规定精神和市委相关规定，深入开展“突出问题集中整治，加强内部管理”和“队伍作风集中教育整训”活动。落实“两同时”谈话制度，对苗头性、倾向性的问题早提醒早干预，加强廉洁司法教育，要求干警知敬畏、存戒惧、守底线，确保队伍建设不出问题。

（杨孟安、刘智）

2019年9月27日，市法院代表常德中院参加湖南省法院系统庆祝新中国成立70周年朗诵比赛，获第四名

公　　安

【概况】2019年，市公安局以打造“最平安城市、最可靠警队、最满意服务”为工作目标，深入贯彻落实习近平新时代中国特色社会主义思想、党的十九大精神和全国、省、市公安工作会议精神，自觉践行“对党忠诚、服务人民、执法公正、纪律严明”总要求和“政治建警、改革强警、科技兴警、从严治警”新时代公安工作方针，把握“稳中求进”工作总基调，弘扬“践行新使命、忠诚保大庆”主旋律，开展“不忘初心、牢记使命”主题教育活动，在贯彻落实全国全省全市公安工作会议精神中对标奋进，在“不忘初心、牢记使命”主题教育中高举旗帜，在“践行新使命、忠诚保大庆”实践活动中诠释警魂，在扫黑除恶专项斗争中淬炼铁军，着力转理念、补短板、抓队伍，深入开展“五大主题年”活动（纪律作风建设年、基层基础攻坚年、规范执法建设年、大数据建设推进年与政务服务年），不断深耕“一二三四五”工程（树立“一个理念”，即现代警务理念；装好“两个引擎”，即改革创新驱动、争先创优拉动；落实“三个维护”，即维护社会稳定、维护公平正义、维护津市发展；做好“四篇文章”，即打击立威、防控保安、管理树形、宣传留名；完成“五件实事”，即业务技术用房竣工、派出所建设新建改建扩建完毕、建设示范性社区警务室、探索建立执法办案智能管理模式与有效落实智慧警务建设），先后被常德市公安局评为全市公安机关绩效评估先进单位、全市公安机关70周年大庆安保维稳先进单位、全市公安机关重点工程、重点项目治安环境专项整治行动先进单位。　（汤俊）

【维护稳定】2019年，津市全年未发生一起暴恐案事件和影响较大的群体性事件，全年无一例到常赴省进京上访滋事人员。年初组建维稳工作专班，坚持“日研判、周会商、月通报”，实现涉稳案事件和苗头隐患100%研判预警，平稳度过全年33个重要警务节点，完成首届“常德·津市牛肉米粉美食文化节”等一系列安保任务；将70周年大庆安保维稳作为全年工作主题主线，以最高政治站位抓部署、以最硬管控举措抓防范、以最严战时纪律抓落实、以最实战时表彰抓激励，聚焦重点人员、重点部位、重点物品以及公共安全、网络安全等“五大要素”，落实节点警务、全天候警务要求，启动战时工作机制和社会面巡逻防控一级勤务，推进大巡防、大管控、大整治，完成“五个坚决防止、三个确保”的工作目标，实现国庆假期连续7天无一起刑事报案，被常德市公安局评为“全市公安机关70周年大庆安保维稳先进单位”；推进信访矛盾纠纷化解“百日会战”、“枫桥式派出所”创建活动和“警司联调”工作机制，为津市被评为“全省信访三无县市区”奠定坚实基础，汪家桥派出所被省公安厅授予“枫桥式公安派出所”光荣称号。　（汤俊）

【打击违法犯罪】2019年，局110报警平台共接受群众报警4221次，同比去年4777次下降11.5%；全年共立刑事案件415起，同比去年364起上升

2019年9月4日，举行新中国成立70周年安保维稳警师动员大会

14%；破案 196 起，同比去年 235 起下降 16.6%，破案率为 47.2%；刑事拘留 263 人，同比去年 254 人上升 3.5%；提请逮捕 210 人，同比去年 115 人上升 82.6%；移送起诉 301 人，同比去年 243 人上升 23.8%；行政拘留 354 人，同比去年 535 人下降 33.8%；强制戒毒 44 人，同比上年 71 人下降 38%；命案、重大道路交通事故和火灾事故实现“零发生”。（汤俊）

【扫黑除恶专项斗争】2019 年，全市共打掉涉黑组织 1 个，涉恶犯罪集团 2 个，涉恶犯罪团伙 5 个，破获涉黑涉恶案件 112 起，刑拘 169 人，提请逮捕 126 人，移送检察院起诉 128 人，法院已判决 46 人，涉案违法犯罪人员共投案自首 32 人，收缴涉黑涉恶枪支 3 支，查扣涉黑涉恶资产 4964 万元。

对扫黑除恶工作保持全警动员、全警参与、全心谋划、全心投入、全力保障、全力支持，建立局党委联点督导各派出所扫黑除恶专项斗争工作制度；坚持“稳、准、狠”不动摇，一举侦破津市建市以来第一起涉黑性质案件“7·18”专案；围绕中央督导“回头看”反馈的问题切实抓好整改落实，坚持标本兼治，实施挂图作战、建账督办，先后破获“1·31”非法采砂案和“5·8”地下六合彩案；抽调半数以上的警力常驻各个专案组，对每一起线索的核查、每一起案件的侦办始终保持高标准、严要求。（汤俊）

【社会治安管理】2019 年，开展集打斗争、云剑行动、云端行动，推进农村、城区社会治安突出问题专项整治，侦破“5·8”专案，一举摧毁津市的“地下六合彩”犯罪网络；针对群众反映突出的流动赌场、卖淫嫖娼与毒品犯罪问题，开展“集中打击毒黄赌专项行动”，先后侦破多起开设赌场案件；开展社会面吸毒人员风险分类评估和网格化管理，全市没有发生一起吸毒人员肇事肇祸事件，群众安全感不断增强；严厉打击涉企侵财类违法犯罪，全年共侦破涉嫌虚开增值税案 3 起，涉案金额 3 亿元，整治重点项目、重点工程、重点企业周边环境，以实在举措服务企业发展。（汤俊）

【基层基础建设】2019 年，贯彻落实“派出所建设三年行动计划”，新建汪家桥派出所已正式投入使用，新建毛里湖派出所已基本竣工，即将正式投入使用，新建药山、白衣派出所已经完成招投标程序，即将动工开建，新建业务技术用房正在进行内部装修施工，预计 2020 年下半年可搬迁；分批更新采购便携安全的警务装备共计 1000 余件，为基层所队更换执法执勤车辆 11 台，其中刑事技术勘查车 1 台、考斯特运兵车 1 台、押运车 1 台，执法执勤车辆全面升级、全面更新，换代完毕；全面完成治安卡口建设任务，数据上传率为 100%，8 类重点场所安防合格率达 80%以上，治安保卫重点单位安防设施达标率 85%以上，学校、医院门口、外围人口密集区等高空高分辨率视频监控达 100%，爆破作业单位分级预警率达到 100%；组织开展重点人员、重点场所（部位、行业）、重点物品大排查，建立电子台账和纸质台账；新建人脸识别卡口，安装终端设备，建成数字集群基站，配备手持终端机和车载台，建立城市视频信息共享机制，累计投入资金 2200 余万元新建“智慧教育”校园高清探头 611 个，新设置“智慧交通”智能抓拍监控 47 处，全市共建成高清探头 1400 余个、电子卡口 14 套，基本实现主要道路、重要场所、重点部位全覆盖。（汤俊）

【政务服务】2019 年，全市户籍在册 232046 人，其中男性 118016 人，女性 114030 人，城镇人口 123429 人，乡村人口 108617 人；共办理居民身份证 8320 张，各类出国境证件 9364 本，其中护照 4175 本、往来港澳通行证 4719 本、往来台湾通行证 470 本，易制毒化学品购买运输备案和准可证明办理 129 次，边境证 32 张，剧毒化学品购买许可 6 次，民用爆炸物品购买、运输证 4 次，金融机构营业场所建设方案审批 2 次，大型群众性活动安全许可核发 1 次；上门办证 56 个。

拟定《优化经济发展环境 10 条》，新增新洲、毛里湖、白衣、药山 4 个镇派出所身份证办理点，率先启动公安政务服务综合窗口，归集整理 37 项政务服务事项进驻，推出“一站式”办理，为常德市开启全新的“前台综合受理、后台分类审批、窗口统一出件”为民服务工作模式。（汤俊）

【执法规范化建设】2019 年，按照执法场所最高标准，在新建汪家桥派出所建立全新的执法办案区域，确保规范公正文明执法要求落到实处；完善执法运行机制，以执法监管中心为平台，以“三统一”（统一审核、统一出口、统一入口）为内容，以“阳光警务系统”为监督，实现案件办理全流程网上进行、全过程网上可溯、全过程网上监督，执法质量和执法公信力不断提升，实现无罪判决案件、行政复议赔偿案件“零发生”；提升民警执法素养，邀请专业人士定期到“津警夜校”进行法律知识授课，组织各单位法制员、侦查员进行集中学习培训；提升执法效果，处理好打击与保护关系，对涉企案件，在不妨碍侦查的前提下，慎用查封、

湖南电视台报道市公安局破获地下六合彩案

汪家桥派出所执法办案区

扣押、冻结措施，坚持办案与维稳并重、抓人与追赃同步，全年共为企业挽回经济损失近2000万元；加强监所管理，全力推进“铁桶工程”和“智慧磐石工程”建设，落实安全隐患排查整治常态化机制，实现被监管人员非正常死亡、行政监管场所安全事故、重大涉监舆情“三个零发生”。（汤俊）

【队伍建设】始终坚持党对公安工作的绝对领导、全面领导，坚持拔高站位，站在大局中来谋划工作，坚持顺向思维，以“抓思想、带队伍、促工作”来推动工作，坚持求是理念，“以警为本”来保障工作，在实践中创造独有的、契合基层公安实际的工作理念，“制度是最强的保障”的管理观让津警队伍日益规范，“用心工作就是在创新”的创新观最大程度激发出团队活力，“适合岗位的就是人才”的人才观让价值取向和用人导向得到回归，“规范是最好的形象”成为团队每一个人的共识。坚持“在奔跑中思考、思考中奔跑”，以“跳出津市看津市、跳出公安看公安”为指导实施“走出去、请进来”战略，创办“津警夜校”、“新警训练营”、“津警青年说”、青年民警公寓等一系列亮点品牌工程。

坚持政治建警统领，推进政治建警系列工程，开展“不忘初心、牢记使命”主题教育和“践行新使命、忠诚保大庆”实践活动，贯彻落实党委意识形态工作责任制，加强对意识形态工作的指导和引导，开展“大学习大宣讲大培训”活动；推进基层党组织换届，基层党支部从23个优化调整为20个，各党支部完成换届选举工作，配齐党支部班子，加强党支部的战斗堡垒力量；坚持“从严治警就是最大的从优待警”，构建纪委、督察、信访、人民群众合力监督大格局，督促民警规范执法、净化“三圈”；聚焦“四不”（政治站位不高、班子不团结、执法不公、工作不落脚）问题，扎实开展队伍作风建设集中教育整训活动，全年共发督查察通报24期，查找问题52个，整改问题52项；推行人才兴警战略，实现队伍能力素质大飞跃，将能办案、会破案视为一线民警能力水平的衡量标准，“津警夜校”全年共开课48期，参训人员1700余人次；落实暖警惠警举措，将“以警为本”理念落到实处，在政治上关怀民警，坚持在工作中发现人才、培育人才、关心人才、支持人才，营造出津市公安尊才、重才、惜才的良好氛围，在生活上关爱民警，通过争取党委政府支持，在新建汪家桥派出所配套建设民警休息用房，在工作上关心民警，开展为期1个月的“全警大练兵”，以实战引领实练，以实训服务实战。（汤俊）

消防救援

【概况】2019年，津市市消防救援大队着力提高行政监管和服务水平，提升公民消防安全意识、推进队伍正规化建设、提升社会火灾防控水平和灭火救援实战能力、强化综合保障能力，公共消防安全水平大幅提升。大队取得常德市消防系统夏训比武三个操法第一、全市指挥能力比武竞赛第三名的好成绩。大队干部邹志涛被应急管理部消防救援局评为2019年度执勤岗位练兵先进个人。大队被评为津市市级“文明单位”。

大队党委召开专题“不忘初心、牢记使命”民主生活会、大中队党支部分别召开“不忘初心、牢记使命”专题组织生活会，进行党性分析和检视剖析，开展批评与自我批评，认真解决自身和队伍建设存在的突出问题，增进领导班子团结。2019年大队开展党委中心组学习13次，专题座谈讨论17次，提升政治意识、大局意识、核心意识、看齐意识和干事创业能力。大队开展“学训词、铸忠诚、创新业、立新功”、第二批“不忘初心、牢记使命”主题教育，开展“当好扛旗人、跑好第一棒”、“践行训词、转型升级、从我做起”等系列主题教育讨论；制作“学训词、铸忠诚、创新业、立新功”、第二批“不忘初心、牢记使命”主题教育橱窗板报，利用国庆70周年、习近平总书记致训词一周年等关键节点，开展爱国主义教育和重温入队誓词等活动，全体指战员忠诚、爱国意识进一步增强。

大队紧抓冬春训练、全员岗位大练兵、夏季训练工作，每月组织对全员练兵工作进行考核，开展装备实操训练，推动战斗力转型升级。在常德市消防救援支队基层指挥员指挥能力比武竞赛中荣获团体第三名，月竞赛第一名的好成绩。深入辖区人员密集区、工业园区、消防安全重点单位、居民小区开展熟悉，对辖区石油化工场所、市政消火栓等开展普查；开展想定作业和随机拉动演练，提高队伍的快速反应与临机处置能力。全年熟悉演练单位69家，制作新式数字化灭火预案36份。定点地方健身房、聘请体能教练、游泳救生教练定期开展指导，配齐配足训练用个人防护装具以及训练器材，支持鼓励装备革新，头盔式摄像机已实战使用。

年初大队按照《城市消防站建设标准》科学制定并上报2019年装备采购计划，配强各类灭火救援装备。新到位1台城市主站消防车投入执勤，购置一批装备器材，消防装备结构和性能明显改善。推进营房设施建设，对宿舍空调、洗衣房洗衣机、部分办公电脑等办公生活设施进行维修更换，完成健身房升级改造、心理咨询室、心理放松室和心理宣泄室建设，改善队员工作生活环境。

（罗朋）

2019年12月，大队开展消防宣传进社区活动

【火警处置及救援】2019年共接出警182次，出动车辆379辆次，出动警力2196人次，抢救被困人员19人，抢救财产价值149.7万元，无人员伤亡。大队指战员有警必出、闻警即动，圆满完成灭火救援任务。大队成功处置1月10日三洲驿街道刘公桥路商铺火灾；1月21日新洲镇梅花街城内小区民房火灾；4月4日三洲驿街道九澧大道534号交通小区宿舍楼火灾；5月27日新洲镇五泉居委会灵泉老街民房火灾；9月24日嘉山街道孟姜女大道20号湖南新合新生物医药有限公司环保装置火灾；10月5日新洲镇青山洛村民房火灾。（罗朋）

【火灾防控】坚持政府主导，消防责任体系日臻完善。市委市政府领导高度重视消防工作，多次听取消防工作汇报，督导火灾隐患和消防安全违法行为整改；市级领导定期开展分管行业消防安全大检查，建立党政统领抓、分管具体抓、部门协同抓的工作机制。推动消防安全责任纳入党委绩效、政务督导、综治考评的考核范畴，监管责任不断强化。

盯准防控重点，消防安全环境持续优化。大队认真研判辖区火灾形势，坚持问题导向，提前谋划部署。以安委、消安委为平台，突出消防问题交办督导等措施，全面摸清消防安全风险。以冬春火灾防控和“防风险保平安迎大庆”消防安全执法检查专项行动抓手，先后组织开展劳动密集型企业、社会福利和养老机构、易燃易爆场所、人员密集场所、高层建筑、医疗卫健、住宅小区等一系列消防安全专项治理工作。推动全市民政养老服务机构消防安全全面升级。2019年，大队共检查单位2165家次，下发《责令改正通知书》2090份，督促整改火灾隐患3449处，全年共立案重大火灾隐患29家，销案20家。

2019年6月，新洲镇五泉居委会民房火灾被救者家属给消防官兵送来感谢锦旗

强化消防管理，末梢防控能力不断增强。落实消防监督员“每日一查”制度，落实“双随机一公开”检查制度，强化执法、服务行为的事后监督。对接市住建局，召开消防车通道专项整治工作推进会和物业服务企业工作约谈会，明确消防车通道整治工作责任和要求，对物业管理人员进行消防知识培训，提升物业小区消防安全管理水平。发动各部门、各级网格力量、消防安全志愿者和公安派出所民警及驻村辅警加强对老旧小区、居民房、“九小场所”、“三合一”场所的消防检查巡查和入户宣传，及时消除各类火灾隐患，严防小火酿成大灾。

拓展新兴平台，消防宣传教育成效斐然。结合“开学第一课”、“安全生产月”、“119”消防宣传月以及重大节假日活动，指导相关单位开展应急疏散演练，利用户外楼宇广告电视系统、小区布告栏建立消防宣传阵地。印制消防宣传不干胶等宣传单近20余种，定购消防卡通人偶钥匙扣、消防围裙、消防知识购物袋、消防知识连环画等10余种消防宣传小礼品。全年组织开展社会单位“四个能力”建设培训，重点岗位人员培训，各镇街、村居两委负责人培训以及消防控制室操作人员培训，全年共培

训各类人员 1200 余人。开展消防站开放活动 14 次,组织安排发放资料 20000 多份,悬挂横幅标语 100 余条。(罗朋)

【便民利企服务】积极主动开展志愿服务活动。大队累计参加社会服务、冲洗辖区公路街道、清扫垃圾等 20 余次,开展慰问敬老院 2 次,扶贫 3 户,并定期开展志愿服务活动,主动向群众宣传消防安全知识,传授扑救初期火灾和火场逃生的技能,进一步提高了群众的消防安全意识和自防自救能力。

落实“放管服”改革和“最多跑一次”改革。压缩审批时限,开辟消防“绿色通道”,对大型重点工程提前介入、上门服务,及时审批,并一次性告知消防审批手续所需资料,通过电话、微信等方式指导企业完成消防审批手续;加强消防窗口管理,印制《办事服务指南》,通过窗口免费发放到广大办事群众手中,群众对消防执法的整体满意率逐年递增。

推动园区企业消防安全管理工作进一步完善。针对消防建设工程审核验收职能移交住建局,大队积极作为,联合园区管委会、住建等部门对园区 84 家企业进行消防安全检查及指导,指导帮扶未办理消防验收的企业拿出整改方案,对相关企业开展消防安全培训,夯实工业园区火灾防控基础,确保工业园区健康、稳定发展。(罗朋)

公安交通管理

【概况】2019 年,津市市公安局交通警察大队共接处警 1980 起,受理交通事故 1744 起,查处各类交通违法行为 74298 起,办理车驾管业务 12400 人次,未发生死亡 3 人以上的较大道路交通事故,未发生因交管工作引发的群体性事件、行政诉讼、国家赔偿案件,未发生涉警舆论炒作事件。大队再次以道路交通安全工作、公安交管工作 2 个综合评估“双第一”的好成绩领跑常德,继续保持省文明单位荣誉,被省公安厅评为“2019 年全省公安机关春运战时交通安保工作成绩突出单位”,先后获评津市市 2019 年“绩效评估优秀单位”、“平安建设工作优秀单位”、“安全生产工作红旗单位”等近 20 项荣誉。大队农村交通安全管理工作经验被公安部交管局推介,女警护学岗获评常德市“巾帼建功先进集体”。(刘一力)

【农村交通安全管理】2019 年,创新“加减乘除”,在安全意识上做“加法”,开创“大队长讲堂”进机关,影视宣传车进乡村,宣讲晚会进社区,交通知识有奖竞答进村居,典型事故案例宣传展牌进企业“五位一体”宣教模式;投入资金 120 多万元,常态开展摩托车“戴帽工程”,免费发放一顶实现行政村全覆盖,出行戴帽成为群众习惯;在交管服务上做“减法”,利用农村交通安全综合管理平台,运用大数据手段实现 3.14 余万摩托车驾驶人、2.23 万余台摩托车的全方位管控,并借力“两站两员”(交通安全管理站、交通安全劝导站和交通安全员、交通安全协管员)源头上确保“人车合法、保险到位”,为农村交通安全上好第一道“安全锁”;在安全管理上做“乘法”,集结地方力量,联合整治农村地区摩托车手续不全、非法安装遮阳伞、农用车违法载人、校车违停超载、酒驾等违法行为突出问题,探索在樟树村建立村级交通安全管理协会,实现安全环境共治共享;在隐患消除上做“除法”,依托道安委每月分级对辖区道路地毯式摸排、整治,每季度开展隐患大排查,实行“部门整改、联合验收”管理,全年共地毯式排查隐患路段 12 处,是常德隐患排查最彻底、整改最快、效果最好的县市,利用科技手段消盲区,错时勤务除空档,新建警保联动劝导站 2 处,优化齐抓共管交通安全良性循环机制,完善“一村一辅警、辅警管交通”、“所队合一”模式,充实农村交管力量,解决农村交通安全管理的良性长效机制。辖区连续 20 年无较大以上道路交通事故,连续 12 年被评为“全国平安畅通区县市”,在机动车保有量迅猛增长的近 3 年,交通事故死亡人数年均下降 35%以上,涉摩交通事故下降 18%。(刘一力)

【机动车尾气整治】2019 年,履职尽责,主动打好蓝天保卫战。大队成立“高排放机动车尾气整治”工作组,自上而下形成合力,快速反应,开展高排放机动车整治,柴油车、货车、拖拉机禁行、绕行工作。通过全民发动,对重点群体、社会大众宣传,有效营造有利氛围;联合交通、农机事务中心合力攻坚,实现对重点区域、重点车辆的重点管控到位;坚持审批准入、总量控制、一车一核查制度严格把关,确保准入管控到位;深化督导考核,保证责任落实到位。不到两个月时间,查处闯禁行车辆 326 台次,无证无牌车辆 157 台次,查处载运飘洒物(扬尘污染)21 台次,查处黄标车 7 台,查处冒黑烟车辆 2 台,查扣改装改型拖拉机 1 台。(刘一力)

【超限超载专项整治】2019 年,大队成立治超中队,采取定点和流动查纠相结合的方式,深化“路警联合执法”工作机制,实行 24 小时值守,做到严格治超;加大科技投入,安装治超不停车检测系

津市道路交通安全“戴帽工程”赠送头盔仪式

联合检测公交车尾气排放

统，实行智能化管理，做到科技治超；发动群众，加强监督举报，做到全民治超。针对性开展超载超限“百吨王”专项整治行动，并进一步加强路面治理，强化源头监管，对超限超载车辆实行精准的打击。全年，共查处货车超载566起，驾驶证记3168分，是常德查处力度最大的县市。常德市治超办带领省治超办、湖南日报记者专题采访、推介津市治超工作。

【交通管理改革】2019年，对接落实上级“最多跑一次”要求，优化窗口单位岗位结构，编制车驾管业务办事流程图，增设车驾管业务办理自助机、车辆号牌选号机，实行摩托车新车6年免检，机动车车架号免费拓印，各类证件免费复印等，做到“一次办”、“就近办”、“网上办”。2019年，大队共办理车驾管业务12400人次，未收到一起群众有效投诉；共深入走访联系企业近20次，开展送头盔、送法规、送清凉、送关怀、送温暖“五送”活动深度服务企业，出台便民利民五项措施，推行轻微违法行为首违免罚教育为主，提升群众对公安交管工作的满意度。（刘一力）

【交通事故】2019年，津市市境内发生道路交通事故1744起，其中，一般事故82起，简易事故1286起，快处快赔376起。

1月21日12时5分，陈某君骑行二轮自行车沿津市市双济路由南向北行驶至津市市九澧大道与双济路交叉路口路段时，违反交通信号灯的规定，与许某华驾驶的沿九澧大道由东向西行驶轻型自卸货车相碰撞，造成两车受损，陈某君经津市市人民医院抢救无效于当日死亡的道路交通事故。

2月13日10时48分许，宋某云驾驶无号牌两轮摩托车沿津市市中联大道由北向南行驶至津市市工业园中联大道与创业路交叉路口交叉路口时，与沿创业路由东向西王某生驾驶小型轿车发生碰撞，造成两车受损、宋某云当场死亡的道路交通事故。

6月26日16时25分，陈某锋驾驶小型客车，沿S224线由南向北行驶至津市市毛里湖镇常德5县1市天然气输配管道工程五标段项目部门前路段时，与前方同向行驶刘某连驾驶普通二轮摩托车发生追尾碰撞，造成刘某连当场死亡、两车受损的道路交通事故。

12月06日10时05分许，张某顶驾驶无号牌四轮电动车，搭乘张某桂沿省道S224由北向南行驶至新洲镇黄林堰村29组路段左转弯时，与沿省道S224由南向北刘某驾驶小型普通客车发生碰撞，造成两车受损、张某桂当场死亡的道路交通事故。（刘一力）

【规范执法】2019年，执勤执法监督加强，每季度开展一次执法大讲评，落实大队《执法记录仪管理使用规定》，将“执法记录仪”使用情况纳入大队法制工作考核，确保对执法过程的全程监督。邀请市人大代表、政协委员、企业家、驾驶人代表、新闻媒体等协助加强对执勤执法的社会监督。开展“执法突出问题”专项整治活动，针对执法数量大、案卷大幅增加的情况，对执法质量进行严格把关，对每一本行政执法和事故处理案卷进行评查，防止质量下滑，大队法制工作在支队考评第一，全年无群众有效投诉，未发生因交管工作引发的行政诉讼和国家赔偿案件，未发生涉警的媒体舆论炒作事件。2019年，查处各类交通违法行为74298起，现场查处16179起，其中简易程序处罚14426起，一般程序处罚1753起，其中涉牌89起，无证603起，酒驾473起，醉驾16起，超载604起，超员57起。非现场录入58119起。（刘一力）

【政治建警】大队坚持以政治建设为引领，实现党建促队建、党建促业务，扎实开展“不忘初心 牢记使命”主题教

市人大领导督导治超工作，检查治超免停检测系统

育，坚持每月一次党组中心组扩大学习，高效开展支部"五化"建设，全面整改市局政治督察反馈问题；以学习强能为依托，提升了队伍素质，每半月开展一期交警网校，举行大练兵活动，以"四个铁一般"为标准，突出队伍能力培养；以从严治警为抓手，强化队伍管理，落实内外监督相结合，执法办案全程监管，日常管理经常督查，追责问责不留情面；以暖心惠警为保障，增强队伍凝聚力，升级改造新洲中队营房，更换6台股室中队警务用车，工作餐提标50%，落实职工岗位补贴，辅警绩效提标60%，纳入工会管理享受工会会员待遇，最大限度凝聚警心。（刘一力）

司　法

【概况】2019年，津市市司法局坚持"法治领先、改革引领、机制创新、基层为实、服务创优、队伍过硬"主要工作思路，在全市司法行政工作形成"津市特色"，保持"常德领跑、全省先进"的局面。现有政法专项编制42人，事业编9人，内设办公室（政工室）、普法与依法治理股（中共津市市委全面依法治市委员会办公室）、人民参与促进法治股、规范性文件和合同审查管理股、行政执法协调监督股、行政复议应诉股，下辖社区矫正工作局、法律援助中心、公证处、人民政府依法行政指导服务中心4个二级机构和9个乡镇（街道办事处）司法所，主要担负着政府法制、人民调解、法治宣传、矫正安帮等工作职责；市司法局金鱼岭司法所被司法部评为"全国模范司法所"；市司法局新洲司法所、汪家桥司法所所长余学舫分别荣获全省司法所工作表现"突出单位"、"突出个人"称号；市司法局被中华全国人民调解员协会评为"人民调解宣传工作先进集体"；津市被全国普法办公示表彰决定为全国"七五"普法中期先进市。（屈晓）

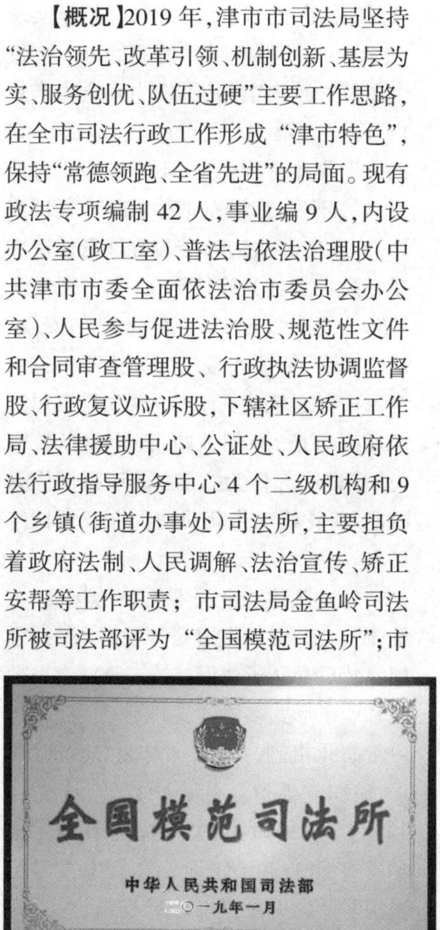

金鱼岭街道司法所荣获全国模范司法所

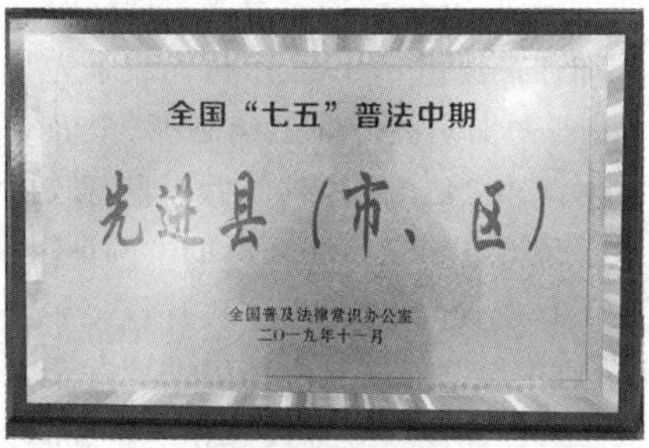

2019年11月，津市被全国普及法律常识办公室评为全国"七五"普法中期先进县（市、区）

【公共法律服务】2019年，法律援助中心共办理法律援助案255件，其中：民事案件177件，刑事案件78件。在金鱼岭司法所新建标准化公共法律服务工作站1个，为76个村（社区）均配备一村一顾问；制定《2019年全市"法润三湘"公共法律服务志愿者活动年实施方案》《津市市法律服务机构及从业人员投诉处理制度》《2019年优化经济发展环境工作方案》《2019年律师和基层法律服务行业服务"三大攻坚战"工作方案》《津市市中小微法律体检表》《津市市企业法律服务实用手册》《律师调解员人才库》和律师值班安排表及相关登记台账，落实政府购买公共法律服务制度，保障公共法律服务活动高效运行。同时，引导和组织律师主动参与社会维稳活动，在市公共法律服务中心、信访局、法院、检察院设立律师接待窗口，规范律师参与化解和代理涉法涉诉信访案件流程，实现访援、访调无缝对接，对符合法律援助条件的信访人，提供法律援助，对缠访闹访的信访人，组织基层司法所及时介入，力促简单信访案件不出村（社区）、重大复杂信访案件不出镇（街道），取得政府、群众双满意的社会效果。（屈晓）

【人民调解】2019年，共受理各类矛盾纠纷3882起，调解成功3875起（人民调解3001起，司法调解485起，行政调解256起，警司联调89起，部门联调44起），成功率达99.8%；共建立各类人民调解组织102个，其中：镇（街道）人民调解委员会9个，村（社区）人民调解委员会76个，行业、专业人民调解委员会6个（道路交通事故、婚姻家庭、劳动争议、物业管理、医疗纠纷、环境保护人民调解委员会），人民调解委员会分别驻人民法院、人民检察院调解室各1个，驻公安派出所调解室9个，全市人民调解员272人；市司法局以巩固基础为出发点，完善司法所建设。9月19日，全省司法所规范化建设现场会在常德召开，会议期间省司法厅领导，各市、州司法局局长和全省各县市司法局局长调研考察金鱼岭司法所规范化建设情况。湖南省司法厅副厅长傅莉娟对津市基层所规范化建设取得的成果表示充分肯定；为提升调解工作整体业务水平，加强队伍建设，组织开展人民调解观摩活动10次，进一步规范行业性专业性调委会建设，开展全市人民调解员集中培训1次；开展警司联调试点工作，聘请专职人民调解员常驻警司联调工作室，联合公安派出所对辖区内治安民事纠纷及时处置；开展"两节、两会"、"大排查、早调解、护稳定、迎国庆"、"四查四防化纠纷，镇街两级创四无"和国庆七十周年特护期间矛盾纠纷排查治理专项活动，以"枫桥经验"、"三调联动"机制、"三、二、一"调解方法为导向，实现"矛盾不上交"。（屈晓）

【法治建设】2019年，全面推进"七五"普法工作，继续打造"市委常委会会前学法"、"周浩佬说法"、"法治夜话"等工作品牌，并将市委常委会会前学法延伸到政府常务会、政协常委会、人大常委会会前学法；津市市成功召开市委全面依法治市委员会第一次会议；开展"市委常委会会前学法"13次；开展"法治夜话"、"送法下乡"、"农村法治宣传月"、"青少年法治宣传周"、"12·4"国家宪法日等活动102场；拍摄"周浩佬说法"短剧5部；组织全市领导干部3977

人次参加无纸化普法考试。（屈晓）

【社区矫正】2019 年，共开展适用社区矫正社会调查评估 88 例，新接收社区服刑人员 52 人，解除社区矫正 57 人，累计接收社区服刑人员 721 人，累计解除社区矫正 635 人，当前在册社区服刑人员 91 人。市司法局围绕社区矫正“三化”和安置帮教“四加强”，坚持“教育、感化、挽救”的基本方针，继续做实做细社区矫正与安置帮教工作。完成“智慧矫正”建设，利用社区矫正信息化建设实现社区矫正精细化管理，有效提升社区矫正工作效率和管理水平。为帮助社区服刑人员及刑满释放人员提升综合素质、增长就业本领、拓宽就业渠道，一方面对他们开展心理矫治，另一方面开展就业技能培训，使其能积极融入社会。通过春节走访慰问、与民政局对接落实临时性救助、开展未成年子女帮扶、组织参与现场招聘、推荐就业、组织就业技能培训、加强安置基地建设等措施加强就业安置，解决社区矫正人员及刑满释放人员生活来源问题，缓解他们回归社会后遇到的经济难关和生活压力。（屈晓）

【政府法制】2019 年，共审查出台的 15 件规范性文件，均向常德市司法局、津市市人大进行报备，并在津市政府门户网站上进行公布；9 月，根据省、常德市的统一安排部署，对 136 件现行有效的政府规范性文件进行全面清理，经过清理，共废止规范性文件 22 份、宣布失效规范性文件 5 份、修改规范性文件 17 份、继续有效规范性文件 75 份、重新公布规范性文件 17 份；对市政府 20 份合同协议进行法律审查并出具法律审查意见，有效防范和化解政府合同中潜在的法律风险；开展 2019 年全市范围内的行政执法检查，采取督察 + 通报的方式加强督促指导；以全市机构改革为契机，进一步完善持证上岗制度，全面完成对津市 24 家机构改革后市直行政执法单位 600 多名执法人员的“两证”换发工作。全年共受理行政复议案件 7 件，已审结 7 件。其中作出维持复议决定 2 起，作出行政复议终止决定 3 起，不予受理 2 起。（屈晓）

【公证】2019 年，公证处共办理公证业务 743 件，其中：国内公证 599 件，涉外公证 144 件。参与鱼类人工增殖放流现场监督公证、汪家桥办事处城市棚户区改造公房拆除对象实物安置房屋摇号现场监督公证。为更好地了解百姓需求，组织开展形式多样的法律服务活动，并开通“公证绿色通道”，主动为行动不便的老人提供上门公证 20 件。（屈晓）

【法律服务】全市有律师事务所 3 家，注册律师 23 名，其中鼎鸣律师事务所 10 名、津正律师事务所 7 名、秦明律师事务所 6 名；基层法律服务所 2 家，基层法律服务工作者 12 名，其中名正法律服务所 8 名、鹏来法律服务所 4 名；司法鉴定所（九澧司法鉴定所）1 家，鉴定人员 11 名。2019 年，律师代理民事案件 157 件，刑事案件 88 件，司法鉴定 290 件。（屈晓）

2019 年 11 月，津市市司法局新时代文明实践暨“法治夜话”活动

津市监狱

【概况】2019 年，津市监狱以习近平新时代中国特色社会主义思想为总方向，以确保安全稳定为总目标，以圆满完成布局调整建设为总抓手，紧扣“稳”“保”“新”三个字，统筹推进各项工作。党建工作高位推进，钢班子、铁队伍更为过硬，安全稳定防线更为牢固，企业发展稳中有进。特别是在第一押犯点建设、“百日安全大会战”、迎接“驻在式”检查、处理历史遗留问题等方面，全体警察职工与党委一起打硬仗、啃硬骨头，取得了令人满意的成绩。持续实现“七个不发生”（不发生罪犯脱逃、不发生重特大狱内案件、不发生安全生产死亡事故、不发生流行性疾病蔓延和 10 人以上集体食物中毒、不发生罪犯自杀死亡、不发生违规违法办理减假暂案件、不发生因执法过错和管理责任造成罪犯死亡案件），连续第 17 年实现安全“四无”（监管安全、生产安全、队伍安全、执法安全），绩效考核连续第四年位列全省监狱系统优秀等次，狱政科被司法部通报表扬，原创歌曲《津市监狱警察说》被司法部评为“司法行政原创优秀歌曲”，党建工作获司法厅业务评比第一名。

党建队建。全面奏响政治建设“主旋律”，党的引领作用充分发挥。坚持思想武装贯穿队伍建设始终。监狱党委带头开展了形式多样的党日活动。完善学习常态化机制，落实“首题必政治”要求，组织党委中心组学习 12 次、上党课 37 次、学习研讨 44 次。创新采用自主选学模式，开展政治轮训。学好用好“学习强国”平台，开展学习经验交流、先进评比、答题竞赛等活动，比学赶超氛围浓郁，参学率达 100%。坚持从严治党贯穿

6月27日，新任党委书记、监狱长陈红辉在班子见面会上作表态发言

组织建设始终。压实“两个责任”，制定《落实全面从严治党和党风廉政建设责任制检查考核实施办法》。扎实开展“不忘初心、牢记使命”主题教育，整改问题102条，解决基层难题35个。开展“向组织说说心里话”活动，谈心谈话2000余人次。召开大型警示教育会，开展“强学习、转观念、提标准、守规矩”专项整治活动，处理违法违纪警察5人。坚持政治引领贯穿监狱建设始终。充分发挥党委“火车头”作用、基层组织战斗堡垒作用，将党的领导落实到监狱工作各个方面，开展“保大庆”誓师活动、庆祝建国70周年升旗仪式、搬迁宣誓、援疆精神宣讲、扫黑除恶动员、警察职务序列改革宣传解读等活动，达到了提气添劲的效果。

“五大改造”。深入开展安全隐患排查整治、扫黑除恶、清理“两类人”等专项活动，常态化开展四级督查，立查立改监管安全隐患、生产安全隐患。制定涉黑涉恶罪犯管理、“警察工作一日流程”、“罪犯改造一日流程” 等管理制度12项，完善应急预案20项。建立监狱消防控制室、2个微型消防站。机关警察参与基层轮班、监控值班。每月2次到各押犯点巡诊，首年申报罪犯大病统筹91人次共118.68万元。从主题教育、红色教育、法治教育、道德教育四个维度，夯实政治改造根基。以分类教育、个案矫正为“双翼”，推进涉黑涉恶犯、顽固犯、“三无” 犯改造质量提升。引入社会资源，开展助学帮扶、法律援助活动25场次。完成个体心理咨询224人次，团辅570人次，危机干预49人次。发挥劳动改造教育功能，带老师进劳动场所答疑解惑，引导罪犯自觉清理不良习性，提高劳动报酬发放比例。规范刑罚变更办案流程，实行办案质量终身责任制，严把实体关口。全年办理减刑1437件、假释38件、暂予监外执行12人，转寄申控检42件。落实“宽严相济”的刑事政策，严禁特定从严罪犯踩点减刑、顶格提请；依法从宽减刑假释217名老病残犯、特赦3人。

布局调整。严格把关项目进度质量。细化第一押犯点建设项目各标段、武警营房建设项目、信息化建设项目施工内容，通过会议通报、个别约谈、限时检查验收，督促加快进度。召开监狱长调度会30余次，协同解决问题230余个。实行监狱领导“挂牌攻坚”，及时疏通“中梗阻”。坚持一日一巡查，一检一台账，一周一例会，建立多点切入、全日在线的日常巡查机制，整改问题80余个。规范概算拨付程序，纪委、财务、审计层层严把变更、验收关口，项目费用均控制在概算范围内。周密部署搬迁工作。成立“搬迁办公室”，设立9个工作小组，启动“顶层设计”工作，制定搬迁方案。实行队伍“战时纪律”管理，引导警察职工对标对表转观念、转作风。组织141名业务骨干到省内外先进监狱和高校学习集中管理经验。每月召开2次党委会、每周召开2次协调会，持续优化细化搬迁方案，推动配套工程落地。12月初顺利通过功能性验收，监狱、公司机关顺利完成搬迁。

改善民生。启动文化育魂工程。提炼津市监狱核心价值观，以“摆渡”为主题，以第一押犯点为载体，展示监狱文化积淀成果，弘扬红色文化、警营文化，营造出兼具监狱特点、涔澹特色、时代特征的文化环境；开展宣誓仪式、比唱警察之歌等活动，提升队伍的文化自觉、文化自信，有力巩固了省直文明标兵单位创建成果。实施品质提升工程。新建的职工餐厅以放心的食材、丰盛的品类、温馨的环境，被警察职工频频点赞。高标准、精质量地打造洗衣房，为展示队伍良好形象提供了保障。按较高标准新建青年警察公寓100间。在蔡家河小区增补休闲椅30套，排水沟养护、空地硬化14处3800平方米。强化民生保障工程。投入水利建设资金850万元，新建防汛道路1600米，完成联合泵站改造工程、澹水流域综治一期工程。多方协调办理拆迁房不动产登记证；整体翻新3栋屋面。整饬狱区治安环境，妥善处理8起罪犯病亡善后，调解1起工程款纠纷诉讼。为在职警察职工购买互助医疗保险，发放各类扶贫助困慰问金、工会集体福利费共计110万元。到“精准扶贫” 对口帮扶户家中走访200多次，帮助解决困难80多件，提供扶贫金12万元。推进碧水蓝天工程。完成污水处理厂建设，新建小区化粪池60座，实现雨污分流。严格管控生活生产垃圾处理、秸秆焚烧，空气检测通过达标验收。推进禁牧工作，协议解决违规养殖、私搭乱建等历史遗留问题。

机制改革。推进警务备勤模式改革。按照司法部要求，调整监区警察值班备勤模式，完善值班巡查制度，严格落实双人值岗、瞪眼值班等要求。

（陈章荣）

【党委班子带头开展主题党日活动】1月14日，监狱党委率全体副科实职以上干部、工人党员代表共176人，在无产阶级革命家、教育家、党和国家重要领导人林伯渠同志故居，开展“坚定信仰、信念、信心”专题学习教育暨主

2019年7月10~11日，监狱领导班子成员到"半床被子"故事发生地沙洲村、第一军规发源地桂东开展主题党日活动

题党日活动。7月10~11日，领导班子集体赴"半床被子"故事发生地——郴州市汝城县沙洲村，第一军规纪念地——桂东县沙田村进行革命传统教育，在沙田纪律文化馆听党课，召开"明初心、守初心、坚定理想信念"第一次主题研讨会。在党委的带动下，全年各支部开展形式多样的主题党日活动150余次。

【新一届党委班子上任交接】6月27日上午，津市监狱召开新一届领导班子见面会。省监狱管理局党委委员、政治部主任周雨龙出席会议并讲话。新上任、新调整岗位的9位监狱、公司领导依次上台作表态发言，前任党委书记、监狱长尹利民与新一届监狱党委书记、监狱长陈红辉顺利完成工作交接。会后迅速召开新一届班子首次党委（扩大）会议，研究决定领导班子成员的工作分工，部署阶段性工作。

【依法依规完成特赦工作】9月24日，根据《关于在中华人民共和国成立七十周年之际对部分服刑罪犯予以特赦的决定》，完成3名服刑人员的特赦办理、释放工作。

【新建的第一押犯点顺利通过功能性验收】津市监狱第一押犯点项目于2017年5月开始进场施工，总建筑面积111783平方米，工程概算总投资为4.2346亿元。武警营房项目于2018年11月15日进场施工，建筑面积6343平方米，投资概算为2601.92万元。11月30日，武警湖南总队参谋长江洪、省监狱管理局副局长李勋到监狱开展武警营房业务功能性验收，并一致同意通过验收。12月2日，省司法厅党组成员、副厅长，监狱管理局党委书记、局长钟艺兵率局相关处室负责人共24人到监狱开展第一押犯点整体功能性验收工作。验收组经过实践检验、分组讨论，一致同意津市监狱第一押犯点通过功能性验收。12月5日，监狱、机关各部门全部搬迁至新建的第一押犯点指挥中心办公。

【举行布局调整搬迁誓师大会】12月16日上午，监狱领导班子率728名警察职工、退休老同志在第一押犯点指挥中心前坪举行"不忘初心，喜迎搬迁"宣誓活动，齐唱《国歌》《人民警察之歌》，重温入警誓词。（陈章荣）

12月16日，津市监狱在新建的第一押犯点举行搬迁宣誓仪式

交通运输

【概况】2019年,津市市交通运输局职能职责调整,内设办公室(法制股、行政许可办公室)、政工人事股、财务审计股、运输与安全科技股、计划基建股等股室。下辖市交通建设质量安全监督管理站、市水运事务中心、市道路运输服务中心、市交通运输局新洲超限检测站(副科级事业单位),市公路建设养护中心(正科级事业单位)5家事业单位及津市市交通建设投资有限公司、湖南龙运交通运输集团有限公司津市分公司、津市市欣运客运站有限责任公司(合资)3家企业。全系统共核定行政、事业编制155名,在岗139人,其中:局机关行政编制10名,机关后勤服务编制1名;所属二级事业单位全额拨款事业编制114名,差额拨款事业编制30名,其中交通质安站核定编制数12名,水上事务中心核定编制数18名,道路运输服务中心核定编制数43名,新洲超限检测站核定编制数23名,市公路建设养护中心核定编制数48名(全额拨款编制18名,差额拨款编制30名)。

2019年,津市市交通运输局被津市市委评为2019年度全市绩效评估良好单位、全市平安建设工作考核评估优秀单位、安全生产工作考核评估红旗单位、全市党委办公室工作先进单位、全市向上争资工作先进单位、全市产业立市先进单位、全市项目建设工作先进单位。津市市被常德市交通跨越大会战指挥部评为交通跨越大会战工作、自然村通水泥路建设工作、治理车辆超限超载工作优秀区县。

2019年,境内公路通车里程达到535.719千米。其中,高速公路12.048千米(东常高速),国道4.761千米(G353),省道5条,即S224、S516、S305、S517、S311,里程106.578千米,县道27.595千米,乡道168.6千米,专用公路1.694千米,村道214.443千米,公路密度每百平方千米达到96千米,形成完整通达的公路交通网络。境内有桥梁59座,其中大桥5座,分别是津市澧水二桥1900.24延米、津市澧水大桥752延米、涔水大桥607延米、哑河大桥626延米、八宝湖桥59延米。

2019年,公路货物量215.41万吨,公路货物周转量12653.53万吨/千米,客运量341.93万人,旅客周转量11436.55万人/千米,水运货运量305万吨,水运货物周转量82960万吨/千米。新建农村公路78.402千米,完成农村公路窄路加宽提质改造16.079千米,改造3座农村危桥(毛里湖镇铜盆桥、白衣镇土里桥、药山镇老石堰桥)。完成2个交通项目建设,窑坡渡千吨级码头建设项目、S238津市新洲至棠华岳山公路S1标段(棠华至药山)。澧水二桥建设项目形象进度达95%。

(赛莉、刘佩佩、林霞)

【道路运输市场】至2019年底,全市有客运汽车站2个,其中二级客运站1个,五级农村客运站1个。客运运输企业3家(常德欣运集团津市分公司、湖南龙运交通运输集团有限公司津市分公司、津市星胜公交有限责任公司)。全市共拥有各类参运车辆610台(含公交72台),其中营运性客运班车113台/2370座,营运性货车420台/6246吨,有客货运从业人员1400余人。全市营运班线30条,其中跨省班线5条,跨地州(市)班线7条,跨县班线12条,县内班线6条。2019年,全市道路旅客运输达到341.93万人,旅客周转量11436.55万人/千米,货物运输215.41万吨,货运周转量12653.53万吨/千米。

全市共有城市公共交通运输企业4家,其中经营城市公共交通运输企业2家(津市星胜公有限责任公司、湖南龙运交通交通运输集团有限公司津市分公司),经营出租车运输企业2家(津市市亨通出租车有限公司和津市市鸿运出租车有限公司),共有城市公共交通线路6条,拥有公交车辆72台,共计1618座。出租车150台,其中亨通出租车辆公司80台,鸿运出租车公司70台。星胜公交客运有限责任公司、亨通出租车公司和鸿运出租车公司均为民营企业。交通运输能力的快速发展满足津市旅客出行及货物配送要求,在春运、清明、五一、端午、中秋、国庆等重要时段节点，超前部署，靠前指挥，组织得力，全市道路运输形势整体平稳有序，无旅客滞留现象和较大以上安全事故发生。（贺欢）

【水运市场】航道岸线。津市境内澧水航道全长约43.5千米，航道等级为Ⅲ级，常年可通航千吨级船舶；两岸自然岸线总长48千米，左岸上起羊湖口，下至小渡口，自然岸线4.5千米；右岸上起道河口，下至林家滩，自然岸线43.5千米。

港口规划。2019年8月，津市市交通运输局、津市市住房和城乡建设局、湖南省交通规划勘察设计院有限公司共同编制完成津市港总体规划送审稿，与2012年的津市港总体规划相比，主要做如下调整：

中心港区改为城区港区，窑坡渡港区改为中心港区；

城区港区仅规划旅游客运区，取消其他货运港区；

取消原窑坡渡港区的三角坪作业区；

增加津市公用锚地及锚地服务区、整合船厂区、旅游客运和砂石上岸点布局的相关规划。

津市港规划由城区港区、中心港区、新洲港区、保和堤港区等4大港区和1处锚地服务区组成。

城区港区规划为两处旅游码头区。旅游客运码头分为老城区旅游客运码头和津港新城旅游客运码头。

中心港区为核心港区，主要为津市工业园及澧水沿线货物提供中转、装卸、仓储服务，并利用港口优势逐步发展临港产业和综合物流，主要装卸货物为件杂货和集装箱。

新洲港区规划为津市港大宗干散货和液体散货（液碱等危化品）的转运基地，同时规划布置船厂整合区，打造修造船产业基地；以及规划客运区，分为新建旅游客运码头、新洲渡口和孟姜渔港码头。

保河堤港区位于毛里湖镇，规划以件杂货和干散货运输为主，主要为毛里湖镇及周边区域的经济发展服务。

锚地服务区位于津港新城南侧，主要为来往的船只提供船舶加油、船舶维修维护、船舶垃圾上岸、生活补给、船员休息等服务。2019年12月，项目完成前期工作，进行网上公开招投标。（见表1）

公用锚地规划。津市港共规划布置6处公用锚地，为社会船舶提供停泊水域。（见表2）

港口锚地规划。根据津市港的港区分布情况、规划期各港区到港船舶和进港安全航行要求，结合津市港的水域条件，津市港共规划3处港口锚地，为到港船舶提供停泊等待水域。在保证港口正常运营情况下，港口锚地可适当作为公用锚地使用。

2019年6月28日，津市窑坡渡千吨级码头竣工运营

根据津市市交通运输局2018年11月“关于调整津市港中心港区锚地位置的意见”，中心港区锚地布置结合孟家洲开挖整治工程，位于千吨级码头正对面，通过开挖孟家洲形成水域。（见表3）

至2019年12月，津市港港口货物吞吐量305万吨，其中进港货物126万吨，主要以砂石、煤炭、农副产品等为主；出港179万吨，主要以盐、矿石、元明粉、粮食等为主。辖区港口企业1家（津市港口有限公司）；水运企业6家（津市市民生运输有限责任公司、津市万彤物流有限公司、津市市一海船务有限责任公司、津市德顺航运有限公司、津市久春航运有限责任公司、津市市宏达航运有限公司）；在籍运输船舶202艘（含危货9艘），其中1000总吨以上40艘，600~1000总吨87艘（其中危货3艘），400~600总吨23艘（其中危货3艘），400总吨以下40艘（其中危货6艘），总功率约63000千瓦，运力约17万总吨。趸船12艘，新洲渡口客渡船7艘（其中标渡船3艘），210客位。

港口码头。至2019年8月，28个不符合城市建设及环保要求的老旧码头全部取缔。2019年11月，完成津市民生码头征收，11月28日，津市市交通运输局对津市民生码头资产进行封存并移交给津市市国资公司。2019年12月，全市共有2个码头，即窑坡渡千吨级码头、湘澧盐矿黄姑山盐码头。

窑坡渡千吨级码头位于中心港区津市市高新区澧水河段右岸，码头总投资1.3亿元，占地约83亩，占用岸线长度200米，建成2个千吨级通用泊位，吊车3台，各类配套设施20余台套，堆存面积近2万平方米，码头最大起重能力35吨，设计年货吞吐量100万吨，码头于2016年10月正式开建。2019年4月21日，津市与深圳深圳盐田港集团正式签订津市港全面深化合作协议，5月30日，盐田港股份有限公司（持股80%）和津市市城市建设投资开发有限公司（持股20%）共同出资成立津市港口有限公司，6月28日，双方合作运营的津市港正式开港试运营。

表 1　　津市港各港区主要规划指标表

港区名称	利用岸线（m）	可建泊位数量（个）	后方陆域面积（万平方米）	主要用途	形成年通过能力（万 t/ 万 TEU/ 万人次）
城区港区	300	6(客运)	2.34	旅游观光	24 万人次
中心港区	400	4	10.2	件杂货、集装箱	80 万 t/10 万 TEU
新洲港区	1665	8(散货)2(客运)2(通用)1(危化品)	43.54	整合船厂、干散货、客运、干散货及件杂货、危化品	1000 万 t/8 万人次
保河堤港区	295	1(件杂)2(散货)	6.53	件杂货、干散货	230 万 t
锚地服务区	375	4(工作船泊位)1(加注站泊位)	3.3	锚地服务	–
合　计	3035	18(货运)8(客运)4(工作船泊位)1(加注站泊位)	65.91		1310 万 t/10 万 TEU/32 万人次

注：表中数据为规划期内的主要指标，不含预留岸线长度、泊位数及陆域面积。

表 2　　津市市公用锚地主要规划指标表

锚地名称	停靠船舶吨级(t)	船位数(个)	水域面积(万平方米)	位置	备注
公用 1# 锚地	1000	16	3.49	津港新城南侧澧水右岸	
公用 2# 锚地	500	33	3.71	澧水二桥下游澧水左岸	
公用 3# 锚地	500	60	5.83	澧水二桥下游澧水右岸	
公用 4# 锚地	500	36	3.65	津港新城旅游码头上游	预留
公用 5# 锚地	1000	25	3.09	津港新城旅游码头下游	预留
公用 6# 锚地	500	24	2.43	孟家洲洲尾澧水右岸	预留
合　计		194	22.2		

表 3　　津市市港口锚地主要规划指标表

锚地名称	停靠船舶吨级(t)	船位数(个)	水域面积(万平方米)	位置	备注
中心港区锚地	1000	16	9.57	中心港区正对岸	
新洲港区危化锚地	1000	6	3.59	新洲港区下游对岸	
保河堤港区锚地	1000	6	3.59	保河堤港区上游	
合　计		28	16.75		

湘澧盐矿黄姑山盐码头位于城区港区澧水右岸澧水大桥上游 100 米，泊位 2 个，占用岸线长度 380 米，码头上 4 台吊车，年综合通过能力 60 万吨，码头用途为盐矿专用码头(散货)。（王浩）

【交通基础建设】2019 年，津市市交通运输局紧抓交通建设不放松，破解交通瓶颈制约，坚持以交通引领脱贫攻坚，以交通驱动经济发展，交通项目建设进展顺利。

S233 津市澧水二桥建设工程。该项目位于澧水大桥下游约 1.7 千米，是跨越澧水的一座特大型桥梁。北起新开路跨澧水，经阳由垸，接清远路上 S205。工程全长 6129 米，其中主桥长 1900 延米，连接线长 4229 米。采用公路Ⅰ级标准设计施工，主桥最大跨度为 2*140 米现浇连续箱梁，桥宽 21.5 米，连接线路基宽 21.5 米，设计速度为 80 千米 / 小时，设计基准期为 100 年，结构设计安全等级为一级。津市澧水二桥作为省道公路桥梁列入省“十三五”干线公路建设规划，同时，该桥梁也是湖南省洞庭湖生态经济区规划中西洞庭湖环湖公路过澧水的特大型桥梁。该项目实施后，将加速津市城区建设，缓解津市澧水大桥的交通压力，拉动城东区城乡结合部及城南阳由大垸的综合开发，推动城乡统筹进程，增强防汛抢险疏导能力，促进澧水两岸物流运输。项目总投资约 3.7 亿元，承建单位为中铁建港航局集团有限公司，2015 年 10 月中旬签订施工合同，项目正式动工建设。2018

津市港6月开港仪式

年10月31日主桥合拢，全线贯通，2018年春节期间主桥实施临时通车。至2019年12月，项目形象进度达95%，完成桥面第一层沥青混凝土施工，正在抓紧铺设南岸接线碎石垫层和水稳层，当年完成投资6878万元，累计完成投资31297万元。

津市窑坡渡千吨级码头建设项目。项目位于津市高新区附近澧水河段西岸，是湖南省水路交通"十二五"重点建设项目之一。项目码头陆域纵深185米，占用岸线长200米，总占地约83亩，码头设计年吞吐量83万吨，其中件杂货50万吨，集装箱1万TEU(标准箱，集装箱运量统计单位)，建成1000吨级通用泊位2个，主要为津市高新区及周边部分区县的食品、能源、原材料及其他物资运输服务，工程总投资1.3亿元。2016年10月17日开工建设，2018年12月主体工程、设备安装均完成，正在进行房建装修及进港通道施工、其他配套工程收尾工作。2019年6月项目全面完工，6月5日，经常德市交通运输局、常德市交通建设质量安全监督站和常德市水运事务中心等部门组成的专家验收小组实地踏勘和全面查验评议，同意通过交工验收；项目的建成，有利于调整优化津市港总体规划布局，发挥淞澧航道效能，促进湘西北水运物流发展，提升津市交通区位优势。

S238津市新洲至棠华岳山公路建设工程。路线起于津市市新洲镇新洲桥南桥头处(原X028,K0+000)，往南经过荷花堰村、梁家坪村、白衣镇、石板滩、棠华乡，终于津市市棠华乡岳山村S238(原X028,K31+550)，路线全长30.13千米。项目采用二级公路标准建设，设计速度60km/h，路基宽10米，路面宽8.5米，工程总投资约2.4亿元，2016年启动前期工作，项目S1合同段于2017年动工，至2019年12月，该项目S1标段(棠华至药山)已交工验收。S2标段(新洲至棠华)已完成前期工作，具备开工条件。

农村公路建设(含窄路加宽、边界路、旅游路、通景路)。2019年津市自然村通水泥路建设项目总里程78.402千米、农村公路提质改造项目总里程16.079千米，均全面完成；危桥改造项目。3座农村危桥改造项目(毛里湖镇铜盆桥、白衣镇土里桥、药山镇老石堰桥)已全部完成。1座省道危桥(长山桥)建设已完成财评，至2019年12月完成招投标工作并开工。

津市港配套项目建设。多次与深圳盐田港集团进行深度对接，积极向省厅、市局汇报工作，争取上级部门支持。至2019年12月，散货物流集散中心建设项目的工可报告编制已完成，正在审批中，正在进行施工设计、地勘工作。锚地服务区建设项目正在进行施工招投标。

淞澧连线航道水运(津市马颈口至青龙窖航道整治项目)。该项目已纳入到交通部"十三五重点水运建设交通规划"，与淞虎航道同步实施，项目规划淞虎－澧资156千米航道由四至六级航道整治为三级航道。由湖南省水运投作为业主实施该项目，所有前期工作由省水运局和省水运投负责，地方负责配合协调工作。至2019年12月，该项目工可报告正在审批。

安慈高速公路津市段建设工程。安慈高速公路建设项目是湖南省规划的"六纵九横三环"高速公路网的重要组成部分，连接杭瑞高速、二广高速、常张高速，全长120.67千米，在津市境内约23千米，津市主要配合协调好工程建设，营造良好工作环境。至2019年12月，津市已完成拆迁安置183户，正在进行拆迁安置扫尾及用地报批工作。

启动"十四五"规划编制。津市市交通运输局把握"交通强国"战略部署，紧盯湖南省、常德市相关政策发展机遇，积极谋划项目，主动向上争取，提早谋划全市交通项目"十四五"规划编制工作，争取确立一批重大交通建设项目挤入上级规划笼子。　　(魏青云)

【交通行业管理】2019年1月，开展危险路段隐患整治行动。津市市集中开展辖区内危险路段隐患整治行动，改善全市道路交通通行环境，预防重特大道路交通事故发生。市交通运输局成立两个安全排查隐患工作组，对全市国省干线、县乡道、主要村道、校车运行道路共计522千米的公路路网进行实地摸排，特别是农村公路错车道、临水临崖防护、断头路连通、危桥改造及公路安保设施等主要安全隐患点进行仔细排查，建立公路隐患排查台帐和图文资料，做到安全隐患排查不留死角、不留盲区，不放过任何安全隐患。经排查，津市共有危险路段隐患56处，里程达12420千米，其中，国省干线隐患点4处，共计4525米。县乡道、主要村道、校车运行道隐患点52处，共计7895米。危险路段隐患整治攻坚战打响后，市交通运输局加强公路局、交警大队、各镇、街道办事处等部门联动，对存在安全隐患的路段因地施策制定整改方案，及时采用增设安全防护设施、完善标志标牌、开展预警防范等措施进行整改，完成辖区危险路段安全查漏补缺工作。通过整治，截至 1 月 29 日，全市危险路段隐患整改任务基本完成，临水临崖路段生命安全防护工程安置钢护栏约 9100 米，简易警示桩约 3000 余米，安装道路警示标识标牌 9 处。

2019 年共出动执法人员 1200 余人次，执法车 289 车次，海巡艇 527 艘次，巡航总里程约 11000 余千米，查处违法违规船舶 70 余艘次，安全隐患排查 100 余次，按照“一单四制”要求排查整改隐患 19 起，全年水上交通事故及港口、码头安全责任零事故，辖区水上交通安全生产形势持续稳定；全面完成 120 余名船员二、三类适任证培训及考试，解决辖区船舶配员不足、船员不适任等问题；持续开展“僵尸船”专项清理整治，完成 2 艘“僵尸船”拆解处置；深化水运行业扫黑除恶专项斗争行动，配合公安机关对一起非法采砂船暂扣，完成 40 余艘涉砂船舶调查取证工作；遏制非法砂石码头死灰复燃，防治水运污染，2019 年 12 月，除十仓库以外，配合完成所有码头的清场、复绿工作；严格按照《湖南省交通运输水环境保护及水运绿色发展三年行动计划（2018 年 ~2020 年）》要求，对辖区 39 艘 400 总吨以下船舶全部加装生活污水处理器，截至 2019 年 12 月，津市籍运输船舶均配备三桶一筐，加装油水分离器、生活污水处理器；加强船舶污染监管，2019 年共检查运输船舶 150 余艘次，现场整改污染隐患 12 起；投入资金 400 余万元，完成津市港 5 处锚地建设，城区港区 13 艘趸船（其中加油类趸船 3 艘、生活类趸船 2 艘、维修类趸船 8 艘），除 1 艘维修类趸船协议拆解外，其余 12 艘全部分类迁转至指定水域，其中除 2 艘生活类趸船迁转至 2 号锚地（澧水左岸青龙闸至民生码头上游）外、其他趸船分别迁转至 1 号锚地（原金鱼岭水厂取水泵房上游）至原造纸厂码头水域。

开展道路运输安全“隐患清零”专项治理行动，落实企业安全生产主体责任和行业监管责任，排查整改客运企业安全隐患 29 起，检查客运车辆 800 余辆，警告教育违法违章车辆 120 余台次，处罚违法车辆 68 台；加强道路运输客运源头安全监管，督促客运站严格执行“三不进站，六不出站”管理制度、落实客运车辆 GPS 平台管理制度等；开展道路运输领域“打非治违”专项整治行动，重点整治农村客运、班线客运、城市公交和网约车、旅游客运、包车客运营运秩序，依法查处黑的、黑摩等违法违规经营行为，出动稽查人员 500 余人次，车辆 150 车次，共查处各类违法违章行为 29 起，查处违法违规车辆 17 台，整改“隐患”12 起，约谈公司 1 次，停运车辆 1 台，净化道路运输市场发展环境，提升公共客运服务质量；开展交通运输行业“扫黑除恶”工作，对非法营运经营者及车辆名单、暴力抗法拒不接受处罚人员、多次上访恶意闹事等进行摸排，并在车站、公交站台及公交车辆大力宣传，张贴宣传标语 180 条，发放宣传单 1000 余份，悬挂横幅 100 余条；加大驾培市场监管力度，定期对驾培学校进行明察暗访、抽查教学情况，每月对在训学员询访、对结业学员回访 12 次，对教练车和教学场地进行安全检查 15 次；推进道路运输从业人员继续教育网上培训，共计培训从业人员 437 人次，开展网上从业人员诚信考核 920 人次；主动对接省市交通部门，开展城乡客运一体化示范县创建工作，通过争取，津市纳入创建第二批省级城乡客运一体化示范县；落实“交通一卡通”及老年人、伤残军人乘车免费政策，组织外出学习考察郴州临武县、湖北宜昌远安县等地公交车改革管理经验，完成前期摸排、成本核算，并制定实施方案。

公路治超坚持超限站内 24 小时值守，共检测货运车辆 13205 台，处罚 585 台，卸载货物 21090.28 吨；开展路面治超专项整治，共实施联合执法行动 28 次，依法查处超限超载车辆 525 台，合计扣分 3000 多分，卸载超重货物近 2 万吨。全面推行公路治超非现场执法，在新洲镇安装不停车检测系统，共检测货运车辆 24055 台，立案 120 起，处罚 66 台。给重点监管的源头企业制作统一的公示牌、警示牌和提示牌达 33 块，巡查监管源头企业 230 人次，确保无一超限超载车辆出入厂区。强宣传。发放治超宣传资料 3000 余份，悬挂横幅标语 30 多条，在省、乡镇干线、高速出口设立宣传牌 8 块。

以“平安交通”创建为载体，开展“平安公路”“平安车船”“平安工地”等创建活动。开展道路运输安全综合整治“打非治违”“隐患清零”等专项行动，共检查企业 534 家次，检查车辆 1752 辆，打击非法违法、治理纠正违规违章行为 278 起。强化交通安全监管。全年水上安全执法检查 453 次，渡口渡船专项整治检查 16 次，检查船舶 109 艘次，整改隐

公路治超现场调度

患59起，纠正影响安全行为66起，水上交通安全有序。

强化交通在建项目施工质量安全监管责任，实施全天候跟进监控，及时发现问题并督促整改到位，推进交通工程建设领域标准化建设。从路基验收、原材料进场、现场施工、完工养护到检测验收环节，完成对2019年自然村通水泥路项目、窄路加宽、危桥改造等项目的质量安全监督。至2019年12月，检测试验室已建成，正在争取、筹集资金，购置相关设备和车辆，争取检测实验室早日正式运营。

梳理依申请类行政审批事项，对13项依申请类保留事项流程按要求进行优化，审批时限为法定20个工作日的，承诺办结时限为7个工作日；审批流程需内部流转的，做到一窗口办结、一站式服务，做到服务群众"最多跑一次"；简化申报资料，做到能共享、可查阅、不重复收取，去繁存简为2、3项系统必须填报资料。按要求清理53项交通部门公共服务事项，对保留的48项交通公共服务事项设定依据进行补充完善，5项不属于本单位的公共服务事项依法进行划转。（王浩、贺欢）

【交通队伍建设】以创建文明单位为契机，打造交通机关特色文化内核，共发展34名在编职工交通志愿者服务队伍，开展"温暖春运，情满旅途"文明服务活动、"关爱留守儿童，真情温暖童心"未成年教育活动、"众人爱绿护绿，交通植树助力"主题植树节活动、"同饮澧州水，共保母亲河"生态环境保护活动、灯塔社区贫困儿童"六一"慰问活动，交通安全知识宣传进校园活动、垃圾分类宣传进农村、的哥的姐爱心送考等志愿服务活动，提振交通队伍精气神。

开展"不忘初心 牢记使命"主题教育学习、形式主义官僚主义专项整治行动，完成省委巡查组交办的工作任务。进一步完善制度体系，在交通人才培养选拔、从业人员的规范管理、行业市场的准入和退出等方面进行制度创新，不定期、不定时对干部职工上岗情况进行督查，作风建设持续向好，2019年津市市交通运输局未有一起违规案例。

挖掘全市"交通跨越大会战"、"最美交通行业创建"真实鲜活的具体案例故事，灵活多样开展交通运输服务全市经济社会发展的成果宣传，2019年累计报送信息140篇，其中在常德日报、上级交通部门和市政府网站及手机报等新闻媒体上稿303篇次，在省厅、常德政府网等网站多次上稿，交通信息宣传工作在津市"两办"及常德市局排名第一方阵。（鲁淑娣、刘佩佩、郑小庆）

津港新城建设

【概况】2019年4月21日，津市市人民政府与深圳市盐田港股份有限公司签订津市港全面合作协议，津市港一期于6月28日开港运营；推进全市散、乱、污码头关停工作；启动港区津港大道建设；启动津市港二期项目建设前期工作；筹划与盐田港集团砂石开采经营合作。

2019年，指挥部办公室围绕津市港招商合作，配合深圳市盐田港集团工作团队开展津市港合作项目尽调、可研等工作，召集全市各主要部门和单位讨论、研究合作协议文本，咨询专业机构及法律专家，与盐田方多次对接磋商并确定合作协议及附件文本内容。4月21日，盐田港股份有限公司与市政府在津市签订津市港全面合作协议。

指挥部办公室集中精力，协助做好津市港一期开港运营的前期准备工作。6月28日，津市港一期开港运营，从全面合作签约到开港运营只用不到70天的时间。津市港一期生产经营形势良好，截至2019年12月31日，散件杂货物吞吐量累计完成25万吨，为年度计划的125.4%；集装箱业务开创澧水流域的先河，累计完成吞吐量1770标箱，为年度计划的177%。

为避免津市港货源流失，市政府于3月成立津市港区澧水沿岸重点码头关停工作领导小组，明确关停任务与时限。针对码头关停工作，指挥部办公室多次组织相关单位召开协调会，并实地调研，确定关停方案，先后关停窑坡渡十仓库码头、民生码头，争取常德市政府支持关停澧县杨湖口作业区11处零散码头。

津市港一期设计能力为58万吨/年，难以满足市场需求，津市高新区新引进的企业货物水运需求还在不断增加，市政府于下半年启动津市港二期项目建设前期工作。已完成项目可行性研究报告编制，共设计4个1000吨级散货泊位，其中，散货专用进口泊位1个，散货专用出口泊位1个，散货通用泊位2个，设计年吞吐量840万吨/年。

为加快推进津市港的投资、开发、建设和运营，合作双方筹划砂石开采经营合作，并计划成立合资公司负责津市砂石资源开采的投资、开采、经营和销售。

【津港大道建设】为保障港区道路通行能力，缓解城市交通压力，2019年5月启动津港大道建设工作。津港大道工程建设总投资为1.7亿元，道路北起清远路，往南经保堤路、丝绸路、窑坡大道、支路二、龙岗路后接津市港，再向西顺接孟姜女大道，道路设计全长2.953千米，设计车速40km/h，双向四车道，计划建设工期1年。截至2019年年底，该项目完成工程形象进度40%。（杨星宇）

公路建设养护

【概况】2019年3月12日，依照市委编委"津编发[2019]1号"文，市公路管理局更名为市公路建设养护中心，为市交通运输局所属正科级公益类事业单位。其主要职责是负责市域国省县道公路的养护、管理，负责市域农村公路养护的管理和养护补贴金的发放。市公路建设养护中心核定编制48名，其中局机关编制18名(到岗12人)；道路养护中心事业编制30名(在岗25人)，合计在岗人员37人，退休人员21人。招商引资完成目标任务，引进"顺诚才业"和"从铧门窗有限公司"2家企业来市工业园投资办厂，项目已建成投产。公路管理有新举措。提出国省县道养护市场化及农村公路分级承养的建议方案；向市人大常委会提出理顺农村公路管养体制、保障公路养护经费、出台津市农村公路管理办法等建议；组织养护线上的技术骨干到邻近区县参观学习其农村公路养护先进经验；对国省县道进行全面摸排，制定湘北干线公路破碎板三年处治计划；对市域农村公路(宽3.5M以上)完成普查、建档工作，并对农村片组集中居住达10户的应修建连通村组公路的情况进行摸底调查。 （林霞）

竣工后的铜盆桥

【公路养护】2019年，共清理路肩68千米、清理水沟30000米；完成水泥砼路面清灌缝共计140千米，其中省县道40余千米，乡村道100千米；完成涔水大桥、哑河大桥伸缩缝止水带更换工作；为新(洲)棠(华)线填平保通工程处理坑槽10余次，近5000平方米；排查处置安全隐患10余处；回应市民关切，在新洲镇灵泉街道路段安装减速带2条、采购100吨沥青砼对新棠公路、津临公路、湘北公路等3条省道水泥砼路面严重破损的病害进行多次处治。 （林霞）

【安全生产】2019年初印发《津市市公路局2019年春运工作方案》《2019年全市公路建设养护安全生产工作要点》《2019年安全生产监督检查计划》以及《领导班子成员安全生产工作职责》，成立安全生产领导小组，与道班班长签订安全生产协议。在1月1日至1月22日的抗冰灾行动中，共出动人员30人次、撒融雪剂5吨、清理警示牌15块。

完成新洲至毛里湖、毛里湖至药山4732米波形钢护栏的安装；完成干线公路增设2180米波形钢护栏的任务，其中湘北干线1400米，灵泉省道780米。2019年，公路建设养护中心没有出现一起安全生产责任事故。 （林霞）

土里桥竣工验收

【项目建设】2019年1月30日，白衣镇蔡家桥拆除重建工程竣工通车，桥长27.06米、宽5.5米，为钢筋混凝土梁桥，总投资93.6万元。11月30日，毛里湖镇铜盆桥拆除重建工程竣工通车，桥长20.84米、宽7米，为钢筋混凝土梁桥，总投资93万元。12月20日，白衣镇土里桥拆除重建工程竣工通车，桥长16.84米、宽7米，为钢筋混凝土梁桥，总投资60万元。12月30日，药山镇老石堰桥拆除重建工程竣工通车，桥长16.84米、宽7米，为钢筋混凝土梁桥，总投资50万元。纳入省民生项目的长山桥危桥改造项目，9月完成勘查设计工作。湘北干线公路破碎板处治项目完成2019年施工任务，完成投资200余万元，处治破碎板8000平方米。完成全市6个镇(街道)农村公路建设、养护和路政管理考核检查评比工作。 （林霞）

老石堰桥侧面照

邮　　政

【概况】2019年，津市市邮政分公司共有员工103人，其中A、B类合同用工65人，C类26人，承揽人员12人，另有外包人员11人，离退休人员65人。辖寄递事业部、市场经营部、综合办公室、安全质量稽查室、金融代理中心(与中邮保险局合署办公)、集邮与文化传媒中心、渠道平台中心。下设九澧支局、北大路支局、桥南支局、窑坡渡支局、保河堤支局、渡口支局、棠华支局、白衣支局、灵泉支局、人民路邮政代办所、李家铺邮政代办所、涔澹农场代办所、新洲代办所，其中属自有资产的有九澧支局、北大路支局、窑坡支局、保河堤支局、渡口支局、棠华支局、白衣支局，其他网点均采用房屋租赁的方式经营，但其设备资产属于自有。

2019年经营收入3802.3万元。获得"2018年度常德邮政工会工作先进单位"、白衣支局被评为2019年度"年度投递工作十优农村支局"、投递中心被评为2019年度"年度十优城市投递部"、分公司提供的"暴雨复袭、常德邮政、使命必达"作品被评为"2019年度全市邮政新闻宣传"优秀作品。 （周志武）

【邮政储蓄】2019年，累计实现金融类收入2484.48万元，完成年进度的89.43%。其中储汇收入2112.25万元，进度92.89%；短信收入100.86万元，进度91.69%；保险收入271.38万元，进度68.88%，欠序时进度31.12个百分点。

（周志武）

【寄递业务】全年累计完成包快收入421万元，完成年进度162.75%，全市排名第3，同比增幅59.68%全市排名第5，完成包快业务量112.37万件。其中完成快包收入412.05万元，快包业务量完成111.76万件，完成特快专递收入7.7万元，完成全年进度33.45%，国际包裹收入1.26万元，完成全年进度的11.45%。 （周志武）

【集邮与文化传媒业务】2019年集邮传媒计划收入375万元，全年完成377.9万元，完成年计划的100.77%。其中集邮收入计划100万元，全年完成105.1万元，完成年计划105.1%，函件计划136万元、完成144.31万元、完成年计划106.11%，同时，在市公司、津市市委市政府的支持下，全国芍药邮票首发式于5月11日在津市药山村成功举办，形成实际收入16万元。（周志武）

【报刊发行】2019年完成总流转额423万元，其中完成校园流转额16.38万元、三方订阅效果显著，移动公司形象期刊开发800册，形成收入7万元、报刊零售收入4.52万元。完成《湖南日报》《人民日报》《常德日报》、《求是》杂志、《新湘评论》《经济日报》《光明日报》《新华社每日电讯》《中国日报》等主要党报党刊期发份数共计6378份、其他报纸共计285469份、其他期刊共计131653份。（周志武）

电　信

【概况】中国电信津市分公司下辖综合部、销售服务部、网络部3个部室，3个城市营业部和6个农村支局，除自有中心营业厅外，在城乡街道上设有网点，服务网点均匀分布、遍布城乡。公司员工坚持“用户至上，用心服务”的服务理念，为客户提供主动、差异化、优质高效和现代化文明服务，践行“提速降费”的社会责任。

中国电信津市分公司是集完整的固定网、移动网、基础网、数字专网和电视网为一体的通信运营企业，拥有覆盖地域城乡的网络体系，具备智慧服务和数据运营能力，是津市市最完备的基础网络运营商和综合智能信息服务运营商。主要经营品牌及业务：移动、宽带、天翼高清电视等。公司围绕规模效益发展，2019年完成总体收入4224万元，年度累计收入增幅为5.6%。年末移动用户数5.84万户，比上年度增长8.15%，移动用户净增0.44万户；电信ITV用户数2.51万户，比上年度增长14.09%，ITV净增0.31万户；宽带用户数2.79万户，比上年度增长7.31%，宽带净增0.19万户。电信宽带进入千兆时代，基于互联网技术的手机支付“翼支付”正逐步发展成为本地互联网金融生态圈。（汤静）

【网络设施建设】中国电信津市分公司2019年完成设施工程项目23个，工程投入资金472万元，配合市政府工程和交通道路工程施工，修建地下管道、移改光缆分纤箱、拆除电杆、迁改各类光电缆。涉及道路长度78千米，修建地下管道4.8千米，过街顶管450米，移改光缆分纤箱69个，移改光纤用户460户，拆除电杆96根，迁改各类光电缆19皮长千米。公司光网和4G基础网络优势凸显，全市基站数量185个，线路数量1232千米，覆盖距离远、深度穿透强，为客户提供更佳的4G上网体验。农村区域LTE 800M网络全覆盖，大幅提升农村区域的覆盖能力。重视“平安乡村”建设，投入资金200万元，作为重要的公共安全、治安维稳、民生服务工程来抓，推进农村地区技防系统建设，加强公共安全视频监控建设联网应用工作，成功搭建村级公共服务站综治联防平台，为村民提供优质服务。

中国电信津市分公司通过SDH、波分等传输承载网进行网络优化、升级，实现全光网改造，能给普通家庭宽带提供200M上网速度。“企业上云”为政企单位提供“云网融合，安全可信、专项定制”的服务，为用户提供云主机、云存储、桌面云、专属云、混合云、CDN、大数据、云专线、云间高速等全线产品，是政府、企业客户上云的首选云服务商。政府智能信息化项目取得跨越式突破，奠定运营商的主导地位，为企业持续健康发展打下良好的基础。为小微及初创企业提供扶持，为“互联网+”在各行业落地以及“大众创业、万众创新”提供坚实可靠的承载。通过网络优化，城市宽带光网占比100%，农村宽带光网占比100%，全面完成互联网化提升指标。农村全面启用密波分电路，提高网络稳定性，有效保证天翼高清的质量。

【企业文化】中国电信津市分公司公司秉承“用户至上、用心服务”的服务理念和“追求企业价值与客户价值共同成长”的经营理念，以全新的多业务、多网络、多终端融合及价值链延伸，努力使信息化成果惠及社会各行业和广大人民群众。加强扶贫点村信息基础设施建设，公司投资10多万元，做好扶贫点村的通信基础设施建设和光网整村推进工作，开展电信业务促销信息扶贫活动，为村民赠送设备光猫、机顶盒等，认真落实扶贫工作责任，确保扶贫建设资金到位。

深入推进“强基础、铸品牌”，落实员工幸福工程，活动开展丰富多彩。举办趣味运动会比赛、“颂传统”书香家庭

中国电信津市分公司户外活动

读书会活动、羽毛球比赛、“学习党的创新理论，争做新时代产业工人楷模”征文活动、“翼起奋斗翼起快乐共筑美好生活·户外团队活动”等，企业团结和谐，员工奋发向上。

坚持企业与社会、环境及利益相关者和谐共生，履行社会责任，热心参与公益事业，自觉承担社会义务，经常性参加社区组织的志愿者服务，为福利院老人送温暖，为津市平安创建出份力。广泛开展节能减排活动，落实共建共享政策，避免资源浪费和重复建设。获得守合同重信用单位、维护消费者合法权益先进单位等荣誉称号。

联通通信

【概况】2019 年，中国联合网络通信有限公司联通津市市分公司完成主营业务收入 1880 万元，移网规模用户 36800 户，宽带用户 4040 户。

常德联通津市分公司全面落实“互联网 +”行动计划，利用信息通信技术以及互联网平台，让互联网与传统行业深度融合，创造新的发展生态。充分发挥互联网在社会资源配置中的优化和集成作用，在云计算、大数据、物联网等创新领域寻求突破，推进网络演进与重构，提升集团政企客户通信信息服务感知。在云计算、大数据、物联网、产业互联网等各大领域，均有项目成功落地，项目建设效果好，取得客户的认可。

津市分公司申请建设资金 185 万元用于网络建设，优化、设备改造维护，新增基站 28 个，城乡共有基站 157 个，完善津市城乡范围内的网络覆盖，网络建设完全符合文明城市建设要求，没有网线乱飞乱挂现象。

优化经济环境，服务企业。2019 年部门服务企业活动中，公司不定期上门拜访为好润佳超市提供企业发展建议。响应政府扶贫办号召，参加“精准扶贫”工作，对金坪村进行 4G 网络优化，帮助金坪村村民更好的使用互联网，开展信息扶贫活动。配合柏枝林社区月度“众创平安”的活动。进小区、单位，入户排查安全隐患，征求群众对平安建设、扫黑除恶、雪亮工程等方面工作的意见和建议。配合津市市政府卫生复检行动，成立专项工作小组，对过往行人进行引导、劝导，确保交通顺畅，安全出行，承担国企应尽的社会义务。（叶芳）

移动通信

【概况】津市移动分公司下辖综合部、网络部、市场部 3 个部门，营销服务网点 73 个，其中自营厅 1 个，城区营业网点 23 个，每个乡镇均有 2 个以上营业网点，能及时便捷地为客户服务。

2019 年是移动通信迈向 5G 信息社会的基础之年，也是公司努力完成“大连接”战略目标的关键之年。移动分公司主要经营移动语音、数据、宽带、多媒体业务及互联网接入服务。2019 年完成业务总收入 6700 万元，移动客户规模 10.75 万户，家庭宽带用户总数达 2.5 万户。

【基础建设】2019 年津市移动分公司网络建设主要围绕 5G 基础建设，无线网建设、农村家庭宽带、集团单位覆盖、传送网工程等方面开展，建设项目总投资逾 4900 万元。5G 基础网络全年新建 5G 试点营业厅 1 个，C–RAN 机房 4 个，力保在 2020 年 5G 网络在津市城区实现覆盖；无线网工程全年新建电信普遍覆盖宏站 3 个，微站 17 个，实现 4G 网络在农村地区的深度覆盖；家庭宽带在提升城区全面覆盖的同时，在乡镇级行政村进行补充建设，共计新建分纤箱 408 个，接入端口 3264 个；传送网建设配合无线网、宽带网、汇聚层干线，新建管道 17 千米，杆路 23 千米，敷设线路 480 千米。继续响应国家“提速降费”号召，支持政府“三改四化”、“乡镇人居环境优化”、“信息化村”、“扶贫村”等专项项目，免费为客户提升带宽，平均单用户接入速率提升至 80M/s，上层 OLT 设备上行裸纤芯或 OTN 接入达到 90%，提高上行峰值带宽；无线网 4G 逐渐向 5G 预转型，在全市范围内进行网络信号摸底，模拟 5G 网络覆盖的情况，制定 2020 年新建规划；传输方面将 PTN 组网逐步实现全站点物理双路由，提升网络的安全性和稳定性。津市移动分公司坚持“服务地方，服务客户”的思想，为支持政府专项项目（如津港大道，八宝湖村道扩建，灵泉大道“上改下”等）的推进，成立政府项目支撑组，调拨专业人员及专项投资资金，投资通信线路“上改下”方面约 320 多万元，支撑政府项目的推进，提高客户的网络感知度。（石琼）

2019 年 8 月 28 日，移动 5G 通信车为津市市委庆祝新中国成立 70 周年文艺晚会现场直播做好通信保障

住房与城乡建设

【概况】2019年8月,市住房与城乡建设局开展机构改革,规划职能划出到自然资源局、绿化管理职能划出到城管局,人防管理职能划入住房和城乡建设局,新组建津市市住房和城乡建设局(人民防空办公室)。按照编随事走、人随编走要求,局机关干部职工35人,其中公务员身份12人。局内设机构10个,局二级机构7个(不含市政、园林),自来水公司完成PPP改革,由常德津市北控水务经营管理。

2019年,局党委下属机关、老干、质安、市政、园林、北控、精诚监理、六建8个基层党支部235名党员参加"不忘初心,牢记使命"主题教育,全体党员集中学习9次,研讨交流4次,班子成员撰写招商引资、津港新城建设、扬尘治理、招标管理、海绵建设、安全生产、污水处理、农村危改等主题调研文章9篇。列出问题清单整改12条,年底前基本整改到位。开设智慧党建平台,党员个人信息管理、党费收缴、党员学习教育实现智能化管理。年内全体党员通过《学习强国》平台人均在4000分以上。启动常德市级文明创建工作,投入180余万元新建立体车库、场坪黑化、办公楼标准化配套建设。志愿者开展各类活动12次,常德文明网5次报道单位文明创建工作。配合全市慢性病示范区创建工作,重点对三湖慢行步道进行维护,开设健康主题公园。单位6人次受到征文等类别表彰,成功创建常德市级文明单位。（童蕾）

【设施建设】2019年,完成孟姜女大道路灯改造、刘公桥路人行道、检察院南巷道等24个城建计划的项目施工。

刘公桥路人行道改造工程,(车胤路－银苑路)东侧人行道及停车位,长360米,东侧人行道宽3米;大同路西段道路改造工程,沥青路面长1200米,人行道铺渗水砖750平方米,卵石游道350米以及排水等;桑园路及城东路与津澧大道交汇处道路接点绿化;市委、桥北、宝悦渠化岛花卉摆放,年内6次更换;车胤广场、皇姑山广场、双济广场花卉栽植,年内5次更换;津澧大道(九澧广场以东)花卉种植;津澧大道(九澧广场以西)花卉提质改造;孟姜女大道、津港大道移植及零星补栽;新建澧水大桥南—津市大道南264杆双臂式LED灯;澹津公园、皇姑山广场、九澧广场等公园广场节日灯饰、车胤广场节日灯饰、孟姜女大道节日灯饰(市委机关—桥南);城区主次干道临街部分开发建筑亮化维修;澧水大桥、城隍庙钟楼、电视塔等大修改造;车胤广场、九澧广场、虎爪山广场等灯具维修改造;公厕升级改造14座,主要建设内容为内部设施更换、屋面维修、墙砖及地砖更换等内容;中转站升级改造5座,主要建设内容为内部设施更换、屋面维修、墙砖及地砖更换等;不锈钢分类果皮箱200个,更换3立方米勾臂式垃圾箱80个。全市现有小勾臂桶收集点183个,6立方米勾臂式垃圾箱27个;现有生活垃圾填埋场内进行库区雨污分流升级改造、中间导排层建设、边坡地下水导排设施建设、调节池顶膜更换、渗滤液处理系统升级、气体导排设施、垃圾防飞散设施建设;检察院南巷道改造,道路长132米,红线宽10米,5米宽沥青车行道,人行道、路灯、绿化、污水管网、透视围墙、生态林荫停车位;启动津港大道改造工程,澧水风光带完成资金投入1亿元,实施亮化、绿化、古建修复、道路等工程建设,年底全面对市民开放。（王钙）

【黑臭水体治理】2019年,投资4152万元,完成建成区长山湖、汤家湖、汪家桥电排沟、护市电排沟4处黑臭水体治理工作,乡镇白衣下方台、新洲区家垸2处黑臭水体治理任务。三湖公园治理取得突破性实效,常德副市长尹正锡、市长曹立军、湖南省副省长陈文浩视察后认为,津市三湖是黑臭治理的可推广、可复制、可借鉴样本。（王钙）

【维护管理】2019年,市政部门全年投入270万元,对全市1968盏路灯、4.6千米排水、2200平方米城市道路和人行道进行维护。园林部门全年投入近270万元,对市城区(含工业园)77万平方米公用绿地及花卉苗木进行修剪、补栽补种、抗旱打药施肥。（王钙）

【污水处理】2019年,城市污水处理

提标扩建工程 8 月 23 日完成五方责任主体竣工验收。工程总投资 6471 万元，包括扩建规模 2 万吨 / 日，提标（含一期）4 万吨 / 日，出水指标、处理水量稳定，水质完全达到一级 A 标准。（张帆）

【海绵城市试点】2019 年，经过三年试点任务，46 个海绵城市建设项目全面启动，40 个项目已完成。按排水分区统计，试点区相关的排水分区海绵城市建设总面积达到 8.3 平方千米，试点区域年径流总量控制率达到 75%以上。海绵城市建设区域内的河湖水系水质优于《地表水环境质量标准》IV 类标准，且优于海绵城市建设前的水质。为促进雨水收集利用，在民安路三期公租房内建设雨水调蓄池，在大雨时蓄存雨水并灌溉公租房内绿化；三湖公园、团湖承担收纳周边雨水的功能。4 处易涝点清远路、团湖大道靠近收费站段、嘉山大道与周家铺路交叉处、中联大道与胥家湖路交叉处已完成整治，围绕海绵城市建设绩效考核和长效运营监管的核心目标，以总计 35 个水质水量监测站组成在线自动监测网络、人工取样化验、多业务信息集成、海绵项目管理、制度及文档管理、海绵运维管控功能等多个建设方向，实现对建设绩效评价与考核的各类指标的数字化、智能化的收集与分析展现，从而实现政府部门对城市海绵建设的整体管控。（王钙）

【脱贫攻坚】2019 年，单位系统 35 人对全市四个乡镇 13 个自然村居 66 户脱贫帮扶工作任务，脱贫 21 户。人平均走访 6 次，办理改水、改电、救助及农村基础设施建设等具体实事 33 件，完成 107 户农村存量危房改造任务。（黄涛）

【供水供气】2019 年新增供气用户 2264 户，全市天然气用户达 25026 户，城乡供气 4441757 立方米。新增供水用户 2236 户，全市饮用水用户达 54575 户，为 2253 户低保、“三无”对象减免 6 万吨生活用水。（雷鸣）

【招标报建】2019 年，招标办受理工程招标 11 个，招投标金额 2.02 亿元。对 49 个工程项目实施建设许可，建安量 8.9 亿元。（郑思源）

【质安监督】2019 年，质安部门对全市 72 个项目 105.8 万平米在建工地进行监督。推进施工前约谈制度，开展质量、安全、环保、廉政为主要内容约谈 93 人次。创新质安监督模式，质安站采取班子包片、技术骨干包工地方式，做到工程质安监管全覆盖。推行二维码试块取样机制，解决送检材料和实际使用材料不一致的问题。推进落实标准化、工具化防护设施，加强建筑工地底层功能分区。实行脚手架、砌体、粉刷首层验收制度，助推工程质量安全生产管理。开展建筑起重设备监督检查，聘请第三方专业检测机构对全市所有起重设备逐一检测，发现整改问题 3 起。启动在线监控施工形式，对工地扬尘治理（全系统 45 名党员干部参与志愿服务）、施工程序、文明施工进行在线监控，为缓解房屋质量通病起到促进作用。继续推行纪检监察、公安、人大、政协等多方主体参加的查验关键岗位人员管理制度，有效打击非法转包、资质挂靠施工等顽疾。今年，全市建筑业管理进入常德第一方阵，创建省级安全文明观摩工程一个，常德市级质量标准化工地两个。全年，未发生施工安全责任事故，成功处置一起高浓度固态剧毒物质。（肖东甲）

【人防管理】2019 年，审批丰华城人防结建工程 6200 平米；征收人防易地建设费 410 万；完成《津市市人防工程专业规划》编制工作，对全市人防警报器进行改频升级，启动毛里湖人防疏散地域建设，人防宣传教育纳入党校培训课目。完成 29 个项目施工图审查，6 个项目消防设计审查。受理 14 个建设项目的消防验收申请，经督促整改后 7 个项目验收合格。（张帆）

【建设执法】2019 年，工程建设执法抓实“巡查”促日常养成管理。突出“质量、安全、环保”重点，针对各工程项目施工节点，结合天气特点，采取领导带班、股室联合等方式对各建筑工地开展无缝覆盖巡查。排查安全隐患 60 余起，处置塔吊机械设备、高层施工脚手架搭设等重大安全隐患 6 起。对工程建设各责任主体进行整改提醒，避免、减少或减轻了行政处罚，进一步优化营商环境。“谈话”促提前介入管理。在工程建设项目通过招投标后的第一时间，单位主要负责人组织建管、质安、执法、监理及项目建设、施工单位负责人进行开工前谈话，明确各责任主体安全、质量、环保、污染防治、廉政建设，单位“一把手”组织项目开工前谈话 20 余次，推行案审会制度。学习借鉴纪委办案程序，在工程建设执法过程中推行案审会制度。案审会人员由班子成员集体，聘用律师及法制股、执法大队工作人员组成。对涉嫌违规的同一案件通常分两步进行。第一步为是否立案，由执法大队汇报，案审会人员集体讨论决策。第二步处罚多少，由法制股汇报，案审会人员分别发表意见后集中决定。

行政处罚主要涉及空气污染扬尘防治、未办理施工许可证、未办理报监手续、未办理施工图审查、建筑材料未送检共五类案件，行政处罚金额 122.03 万元。（杜颖）

【审批改革】2019 年，市住房和城乡建设局 22 项依申请类行政审批从申报资料、审批流程、审批时间优化 70%以上。“能沉则沉”，农村危房改造原来由农户申请后，再由扶贫办、民政、残联等 7 部门联审认定申请对象身份，乡镇审核验收、住建审批等环节，优化后，危改对象只需提供一表（申请表）、一证（户主身份证）、一卡（惠农补助资金发放卡）即可申报，审批时限从以前的 21 天压缩到现在的 7 天，下沉到村级办结。“能并则合”，原消防设计和人防设计审查分别由消防、人防部门审查，机构改革后，由市住建局组织合并审查，审批时限由过去 15 个工作日压缩到到现的 5 天完成。“结果互认”，在办理工程建设许可过程中，原要求发改、国土、规划提供的审批手续，通过网上比对确认结果，不需要服务对象提供审批手续。工程报建资料、程序、时间压缩到 70%左右。“能办即办”，对排水许可等审批事项，业务股室人员现场踏勘后直接办理。“能简则简”，所有行政审批资料在窗口实现样品清单，让服务对象看则懂，填则会。对法律法规有明确要求、群众自身办理难的审批前置条件，由行政服务窗口受理后转入后台业务股室指定时限完成办理。（李超群）

【争资招商】2019年，通过基础设施配套、污水处理、黑臭水体治理、管网奖补、农村危改及新型城镇化奖补等途径向上争资 8100余万元。围绕发展“生物医药”产业，先后前往重庆、广东茂源等地进行考察和对接。为吉人住工开展服务活动，解决企业生产资质、技术标准等问题4个，在市城乡推介产品2次，提出改进建议3条，安排1名技术人员提供企业发展技术指导。（周丽红）

【城建档案】2019年，馆藏档案达17563卷，利用借阅129卷，完成历史档案电子扫描1500余份，完成51个项目的电子平台录入工作。（黄利勇）

供　水

【概况】2018年10月8日，津市市人民政府与北控水务中国投资有限公司在湖南长沙签订《津市市城乡供水一体化 PPP 项目合同》，北控水务（中国）投资有限公司占股90%，津市市自来水有限责任公司占股10%。常德津市北控城乡水务有限公司（以下简称津市北控）是根据本合同成立的合资公司，注册资金33300万元。2019年1月1日进入30年特许经营期，主要承担津市市城乡一体化供水服务工作。2019年8月公司投资成立湖南北控金旋市政工程有限公司，注册资本1000万元，经营范围为城乡供水工程安装。2019年1月1日，津市市自来水有限责任公司与在职职工解除了劳动合同关系，津市北控对全员149人予以接受。2019年3月，公司重建组织架构，设置6个职能模块，15个职能部门。津市北控下辖白龙潭、谢家堰两个制水厂，制水能力8.1万吨/日。新增 DN100 以上供水管网6.1千米，总长度500多千米。新增用户2936户，全市供水用户达56975户，注册水表5.6万余只，供水人口近24万人。完成售水量1184万吨，水费收入2215万元，安装收入906万元，其他业务收入2813万元。水费回收率93.45%，城乡供水覆盖率99.5%，出厂水综合合格率100%，管网水综合合格率99.9%，管网水压力合格率98%，设备完好率98%，管网抢修累计875次，及时率100%。市优化经济发展环境，综合管理与公共服务类单位测评获得第二名，获得湖南省城镇供水协会行业年度先进单位。

【党团建设】2019年，喜迎建国70周年，公司党总支组织全员拍摄《供水人的24小时》影视宣传片，展现津市北控供水人兢兢业业、尽职尽责的工作态度，诠释津市北控供水人的爱国热情；组织全体党员前往井冈山革命根据地开展“传承革命意识，争当时代先锋”活动；组织部分党员前往林伯渠故居，缅怀革命先烈事迹。企业文明创建，传承民族文化，开展“我们的节日”七个主要传统节日的主题活动。承办集团人力资源中心在津市开展的“创新引领未来，文化汇聚梦想”大型文化路演活动，提升组织凝聚力。

2018年10月，城乡供水一体化项目签约仪式

【安全生产】按照集团安全管理的标准和要求，严格落实安全生产主体责任，集团派遣专业技术团队来津指导，制定学习计划、培训计划、实施方案，列出118项提升清单。改善水厂功能欠缺设施，调整生产工艺。白龙潭水厂完成V型滤池改造、滤砂更换，水泵运行机组进行了大修重置。谢家堰水厂增加日产3000立方米一体化水处理设施和电解次氯酸钠发生器各一台。加强水质监测力度，各水厂增设化验员，365天对出厂水水质进行监测。开展“安全生产月”活动，6月参加中部大区安全比武现场演练、11月组织全员开展“生命至上、安全第一”培训活动，加强安全设施设备的整改，各水厂、加氯间增设一键式报警装置系统。

【供水建设】狠抓管网基础设施建设，完成孟姜女大道、胥家湖路、千吨级码头、暖夕养老院、人才公寓、澧水二桥过江管主管安装工程。推进谢家堰水厂改扩建工程，2019年8月20日，由政府筹资建设的谢家堰水厂改扩建工程开工，截至12月，完成清水池、送水泵房、截污池等分项工程，工程总体进度达80%，计划2020年6月低交付津市北控投产运营，保障东线50000余农村居民饮用水量。

【营销服务】强化表务、稽查管理，对全市故障、埋压、圈占水表3103处进行了整改，对全市10个片区安装流量压力远传装置。增加管网查漏人员和频次，有效降低产销差。把创立优质品牌服务作为目标，扩展微信、支付宝缴费服务面，启用抢维修工单系统，积极处理用户投诉，将用户满意度率纳入绩效考评。

房地产开发与管理

【概况】2019年,津市市房地产管理局因机构改革,更名为津市市住房保障服务中心,为市住建局管理的公益一类正科级事业单位。至2019年底,住保中心在编14人,内设7个股室:办公室、人事股、财务股、法制股(房政稽查大队)、市场监管股、物业管理股、住保办。代管市征收办(7人)1个副科级全额拨款事业单位,辖市房地产综合经营公司、市房地产交易所2个股级单位。

2019年,完成保障房建设438套,分配公租房445户,棚户区改造2005户,房地产市场交易11.67万平方米。被评为常德市文明单位、2019年常德市社会治安综合治理(平安单位创建)良好单位;被津市市委政府评为2019年度全市绩效评估良好单位、2019年平安建设工作先进单位。（周静）

【住宅开发】2019年,全市住宅新建面积31.2037万平方米,其中,湖南嘉晟置业有限责任公司开发嘉晟新天地二期建筑面积60000平方米、津市市中意房地产开发有限公司开发中意幸福里二期34330平方米、湖南鑫大置业有限公司开发国际名苑三期35576平方米、津市市国安房地产开发有限责任公司开发安和苑小区40000平方米、津市市丰华房地产开发有限公司开发丰华城二期12000平方米、津市市鸿鹰祥房地产开发有限公司开发鸿鹰星都18367平方米、津市市兴发棉业有限公司开发恒盛世家15342平方米、津市中宝置业有限公司开发丽景豪庭80572平方米、津市市新型房地产开发有限公司开发嘉和苑15850平方米。

【房地产市场管理】2019年全市共发放商品房预售许可证9个(分别为湖畔华庭、国际名苑二期、恒盛世家、丽景豪庭、新天地二期、中意幸福里二期、鸿鹰星都、丰华城一期),批准预售面积19.84万平方米,其中商业用房1.24万平方米,住宅18.6万平方米,1470套。2019年土地供应累计为六合城、金鼎大厦、兆源贤庄等项目供地约202亩,基本保证供应和开发的平衡。受到市场、房源、外部环境等多种因素影响,虽然房地产销售量有所下滑,但价格没有大的波动,住宅均价保持在3863~4207元/平方米。完成商品房销售11.67万平方米(其中销售商业面积0.84万平方米,住宅面积10.83万平方米903套)、销售额5.05亿元,同比分别下降30.57%和27.73%。住宅均价4009元/平方米,同比上涨6.88%,非住宅均价8396元/平方米,同比下降0.31%。新投放与新存量比例适度,住宅可售控制在21万平方米,消化周期15个月左右,合理且有利于棚改。

坚持每月一次深入全市开发企业了解市场动态,对房地产市场严抓严管,累计进行6次暗访和2次专项整治,对1家销售公司和1家开发企业存在违规行为(虚假宣传、违规预售、签约不备案)的情况进行约谈,并在时间节点内作出整改,促使房地产市场更加规范健康,房地产市场总体平稳。（周静）

【物业管理】2019年全市登记备案的物业服务企业共有24家,其中有服务项目的物业企业(含前期物业)20家,从业人员400多人,服务对象囊括商业住宅小区、保障性住房小区和商住综合体。全市共有物业管理小区55个,管理房屋近188万平方米,城区物业管理覆盖率达到40%,新建商品房的物业管理覆盖率达到90%,保障性住房的物业管理覆盖率达到100%。全市老旧小区主要有单位管理和业主自治二种方式,其中单位管理小区55个、业主自治小区26个。

“智慧物业”平台建设起步。通过引入“互联网+”的概念,以业主需求为切入点,搭建物业服务平台,如智能安防平台、管家服务平台、便民服务平台等运营平台,业主可获得在线缴费、报修、投诉和业主投票等便捷服务,从而提升基础服务的满意度。2019年12月已经有丰华城、丽景豪庭、金海岸等10个物业小区启动,其中丽景豪庭和金海岸一期已经接入硬件设备试点使用。维修资金网上缴存已经成熟,买房者一次都不用跑便可完成缴存,所有小区资金数据录入管理系统,业主可以随时在网上查询维修资金信息。

物业管理厘清职责,建立物业联席会议制度,明确各部门职责,街道成立物管办,配齐配强物管专干,2019年指导成立和换届业主委员会4个,通过物业联席会议解决小区物业纠纷14起;针对小区内因开发商基础设施设备配套不到位的问题,指导物业服务企业在进行物业承接查验时及时发现并督促开发商按要求进行整改到位,消除隐患;对物业企业进行规范化管理,先后9次联合住建局、消防大队、市场监督管理局等监管部门,对物业服务小区开展消防安全及消防通道专项整治活动,并

8月8日,津市市住房保障服务中心挂牌成立

对物业管理服务不到位的3家物业企业进行约谈。（周静）

【住房保障】2019年，市住房保障服务中心在调研论证的基础上，出台《津市市住房保障租赁补贴发放工作方案》《津市市住房保障低收入及中等偏下收入认定办法》《特殊困难家庭认定办法》系列文件，政策调整优化以后，降低准入标准、扩大保障范围，对特殊困难家庭突出人性化管理原则，将其纳入公共租赁住房保障对象范围，并享受公租房租金减免政策。先后通过政府网站、电视台、微信平台公众号、短信平台群发信息、政策宣传车、召开培训会议等方式向各街道办、社区住保专干及广大市民宣传推广公共租赁住房相关新政策，使广大市民了解自己能够享受的政策红利，让惠民的政策落地落实。

推进"一件事一次办"改革，做好租赁补贴政务下沉工作，租赁补贴3级审核变为社区1级审核即可；由一年2次统一受理申请变为全年工作日期间均可受理申请；审批时限从6个月变为6天；申报资料减少70%。2019年发放租赁补贴1325户298万元，超额完成任务。

完善特殊困难群体的保障机制，把工作做细做实，市住房保障服务中心与城市办、民政、办事处、社区等部门共同配合，创新出台"一事一议"机制，既核收入，又核支出，对只因收入超过公共租赁住房申请标准，但又因重大疾病、因灾、意外伤残等原因导致大额固定支出的特殊住房困难家庭给予保障。按照程序对其租赁补贴申请施行"四审一议两公示"制度，"四审" 即审家庭在医疗机构中就诊费用的支出情况，审家庭在子女教育中的支出情况（没有子女在读书不用调查），审家庭因灾、意外伤残造成的经济困难情况，审家庭生活开支情况。将核查权限下放到办事处社区，由社区受理申请后通过审查本人情况，特别是对上述4个方面进行严格审核，多方汇总资料进行佐证，入户调查走访申请人周边2户以上的邻居核实，确保情况真实准确。"一议" 即住房保障服务中心与城市办、民政、街道办事处、社区五个部门合议确定特殊住房困难家庭名单。对经社区调查情况属实后已不符合公租房租金保障条件但实在有特殊住房困难的群众，五个部门讨论议定特殊住房困难家庭名单。"两公示"即由住房保障服务中心在初审和复审环节进行两次公示。在社区对每户申报家庭调查情况后在政府网站进行第一次公示、对五部门议定名单在电视台及政府网站进行第二次公示，公示无异议后纳入公租房实物配租和租赁补贴保障范围，并享受公租房租金减免政策。如接到举报，上述相关部门再次共同组织入户调查，对弄虚作假、优亲厚友的工作人员依法给予处分，对提供虚假资料的申请人取消保障资格并纳入诚信体系黑名单。（周静）

【公共租赁住房】2019年建设公租房438套27763平方米，至2019年，全市共有公共租赁住房10255套，总建筑面积454778.81平方米。其中住保中心建设6516套，建筑面积276253.81平方米：包括福民廉租房649套31235平方米、油榨坊廉租房260套11588.26平方米、益民廉租房578套28023平方米、南区廉租房84套4907平方米、利民廉租房小区一期96套4748平方米、天后宫廉租房72套2665平方米、利民小区廉租房二期96套4760平方米、清远路廉租房84套4597平方米、金鱼岭廉租房400套14532平方米、品元宫廉租房109 套3800平方米、工贸街公租房76套4560平方米、东城花园廉租房小区216套10700平方米、人民路公租房、文化路公租房、后湖公租房497套23572平方米、汤家湖公租房338套14660平方米、西河街、品元宫公租房237套11510平方米、鑫民公租房144套7996平方米、民安路公租房一期432套22749平方米、鑫民廉租房236套12806平方米、新开路廉租房426套21200平方米、银苑路廉租房48套2400平方米、建设路公租房16套955平方米、民安路公租房二期660套41248平方米、创业园公租房260套15161平方米、民安路公租房三期352套21023平方米、襄窑路廉租房411套17507.85平方米、车胤廉租房112套5781.44平方米、襄窑路廉租房191套9605.84平方米、襄窑路保障性住房90套5706.75平方米。教育系统建设415套，建筑面积21246平方米：包括德雅中学公租房96套5748平方米、津市一中公租房54套2675平方米、新洲中学公租房28套1562平方米、李家铺中学公租房24套1288平方米、保河堤中学公租房51套2338平方米、渡口中学公租房29套1364平方米、棠华乡中学公租房24套1440平方米、白衣镇中学公租房37套1420平方米、灵泉中学公租房48套1971平方米、津市五中公租房24套1440平方米。乡镇政府建设871套，建筑面积41056平方米：包括渡口廉租房60套3572平方米、灵泉廉租房72套3551平方米、李家铺乡政府公租房59套1813平方米、渡口镇政府公租房32套1070平方米、保河堤政府公租房32套1067平方米、新洲廉租房120套5973平方米、新洲公租房192套8743平方米、棠华乡公租房32套1470平方米、白衣镇公租房36套1578平方米、灵泉镇公租房38套1569平方米、新洲镇政府公租房50套2750平方米、药山镇政府公租房52套2750平方米、毛里湖镇政府公租房48套2750平方米、东湖廉租房48套2400平方米。卫计系统建设253套，建筑面积11309平方米：包括李家铺卫生院公租房50套1666平方米、白衣卫生院公租房24套970平方米、灵泉卫生院公租房24套877平方米、保河堤卫生院公租房18套774平方米、血防医院公租房48套1584平方米、新州镇卫生院公租房12套1562平方米、渡口卫生院公租房15套855平方米、棠华乡卫生院公租房14套496平方米、人民医院公租房48套2525平方米。园区企业共建2200套，建筑面积104914平方米：包括卡普基诺公租房156套6589平方米、宏力公租房56套3360平方米、超华公租房64套4336平方米、鑫嘉城公租房60套2957平方米、楚天纺织公租房40套2199平方米、乔锐公租房68套2966平方米、劲龙公租房38套2385平方米、荣迪公租房54套1764平方米、雅琪公租房88套4108平方米、泰安公租房27套1213平方米、润农公租房36套1714平方米、新鲁公租房304套12372平方米、万木汇公租房32套1629平方米、湘情酒业公租房52套2335平方米、三湘和达公租房一期80套3166平方米、鸿鹰生物公租房48套1966平方米、鑫洲公租房83套3457平方米、和平公租房54套2527平方米、智鹏公租房55套2971平方米、三湘和达公租房二期96套4247平方米、龙腾生物公租房51套2229平方米、新合新公租房76套2872平方米、科凌公租房120套7200平方米、金湘公租房60套3260平方米、嘉品嘉味公租房52套1579平方米、友联公租房66套2376平方米、团湖公租房284套17137平方米。

【棚户区改造】2019年，争取上级专项补助1.4608亿元。通过棚改实现国资收益2.76亿元(超额完成政府下达国资收益1.7亿元任务)。完成棚户区改造任务2005户，其中货币化安置1019户，改扩翻建986户。

在征收工作中，严格按照国务院、省、市相关规定和程序开展工作，棚改征收项目做到七个公示，棚改征收工作坚持“三个到位、四个一批”，即政策制定到位，工作热情到位，感情沟通到位，谈判协商签订一批，困难群体解决一批，依法强制解决一批。圆满完成新开工项目新码头小区、二米厂宿舍周边征收及往年项目油泵宿舍、航道站宿舍扫尾，完成原环保局地块腾空，及时化解袁某、张某的征收补偿费之争。(周静)

【公房管理】2019年，全市存有国有直管公房4.88万平方米，住有1650户，完成国有直管公房日常维修365户(处)、保障房日常维修197户(处)。完成益民、油榨坊小区下水道清理，完成工贸小区、福民小区落水管维修更换、加固等大中修工程项目；做到有险必查、有危必改，对福民小区西侧垮塌围墙实施拆除、砍树；对湖桥宿舍区房屋加固、砖柱、砍树，对羊湖口、品元宫危房通道口进行封堵；对人民路118号—174号危房实施整体拆除；完善房屋安全巡查机制，根据市公租房、国有直管公房实际情况，调整国有直管公房日常安全巡查工作方式，即：由原经营公司全员参与的房屋日常安全巡查工作改为以维修科为主，公司班子牵头的巡查方式，保证每次巡查3人参与，巡查范围扩大至贴有外墙砖的襄阳街、桑园、车胤公租房小区和“改扩翻”的后湖、人民路地块国有直管公房。(周静)

【白蚁防治】2019年共完成一中东门周边、环肖家湖、针织厂宿舍周边、新码头小区等棚户区改造、改扩翻建白蚁灭治项目19个，灭治面积近16万平方米。对津市农商行李家铺支行综合楼新建工程、津市市澧水风光带仿古建筑建设项目、市检察院办公楼等多处进行免费防治，免费防治面积近1万平方米。全年共签订防治合同22份，接待群众上门和电话咨询服务共计100余人次，发放白蚁防治宣传单近3000份，并针对白蚁危害做好上门防治服务，完成白蚁回访自查项目10个，涉及建筑面积23万平方米。

10月18日，“不忘初心、牢记使命”主题教育业务知识竞赛现场

城市管理和综合执法

【概况】2019年，津市市城市管理和综合执法局挂牌运行，内设机构8个：办公室、政工股、行政审批服务办公室、财务装备股、法制监督考核股、综合执法大队、园林绿化管理办公室、城乡垃圾管理办公室。核定人员编制69名(含机关行政编制3名)，其中：局长1名，副局长2名；股级领导职数8名，其他工作人员58名。下属2个二级机构：津市市澧水大桥管理所、津市市环境卫生管理处。园林绿化职能职责划入，大城管体制改革正式落地。2019年，津市城管执法局完成“绿色存折”、蓝天保卫战、脱贫攻坚、招商引资等重点工作。推进基层设施建设，向省发改委申报城乡餐厨垃圾收运及无害化处理体系建设项目，初步达成于2020年将津市城乡生活垃圾转运站至澧县垃圾焚烧场焚烧处理的合作意向，完成生活垃圾填埋场施工设计、雨污分流、渗滤液处理设备提升改造工作，完成14座公厕、5座垃圾中转站升级改造工作，完成澧水大桥9条伸缩缝止水带清洗更换工作，为杉堰村贫困户郑松柏讨回被拖欠一年的工资35000元。落实行政审批“两集中三到位”(即：行政审批单位将单位分散在多个内设机构的行政审批职能向一个内设机构集中，实行一个领导分管；该内设机构成建制向区政务中心集中，作为单位设在区政务中心的审批机构；单位所有审批项目进驻审批机构到位；所有审批职能受审批机构到位；所有审批手续在审批机构办理到位。)工作要求，简化工作流程及证明材料，卷宗由原来的10多页缩减到1页。优化管理机制，提升执法效能，推进素质城

管、法制城管、现代城管、人文城管“四个城管”建设。2019年，通过常德文明单位验收；环卫处被评为全省环卫工作先进集体，常德唯一；“绿色存折”制度推行得到国务院督查组表扬，中央电视台报道，7月，局长彭军代表津市在全省作典型交流发言。（余晓英）

【推行“绿色存折”工作】2019年，贯彻落实中央、省、常德市农村人居环境整治三年行动工作要求，以促进农村生活垃圾“减量化、资源化、无害化”处置、改善农村人居环境面貌、打造美丽乡村升级版为目标，制定和下发“绿色存折”制度工作方案和考核细则，完成50座垃圾分类回收屋建设及配套设施建设，购置4000个垃圾桶和1200套“三桶一筐”发放至每家每户，通过构建“户分类、村收集、镇转运、市处理”体系，市6个镇、街，51个村、居“绿色存折”制度全域运行良好，2019年共收集可回收垃圾和有毒有害垃圾212余吨，处理可回收垃圾150余吨。（余晓英）

【扬尘治理】2019年，从根治烧烤油烟顽疾着手，坚持一户一台账，一天一巡查，管控和重点攻坚相结合，共依法取缔无门店烧烤摊位12家，正常经营的20家烧烤店已全部入店、油烟净化器正常开启、专用烟道安装到位，解决困扰津市多年的露天烧烤污染空气的隐患。以“定时间、定路线、定规矩”及重点路段设卡守点、其他路段机动巡查方式对渣土运输车辆进行全覆盖管控，对全市在建工地实行“一对一包保”，严查封闭不严、沿途撒落、带泥上路等现象，与全市4家渣土管理公司负责人签订责任状，明确管理要求，共查处违规渣土运输车辆396台次，其中处罚111台次，查处违规作业工地、矿山等18处，其中立案处罚7家。加强清扫保洁力度，强化抑尘降尘措施，特护期间实现城区大街小巷全天候保湿，每天出动2台雾炮车在城区重要道路及重点区域进行全天候高空抑尘，累计用水7200多车次。为提质城市环境、助力蓝天保卫战，12月对道路尘土残存量监测试行“以克论净”，大大提高环卫保洁效率。开展建筑垃圾乱倾乱倒专项整治，组织人员对三联家电、老憨步步高、芷芳培训学校等10余家装修门店建装垃圾堆放、转运、倾倒及时进行规范。（余晓英）

【市容环境整治】2019年，按照“一级道路严禁、二级道路严控、三级道路规范”的城市管理工作要求，每月对出店经营、占道经营、流动摊点、乱拉乱挂等城市“八乱”行为及农贸市场周边进行1次集中整治，对容易出现反弹的重点地段（区域）反复排查反复整治，防止问题反弹回升，全年共查处、取缔违规占道行为618处，收缴、规整流动摊点917起，下达限期整改通知书142份，累计拆除违章搭建物、构筑物、棚阁9处，拆除、清理横幅、拱门、门店“大花脸”等426处。按照市委、市政府工作要求，集中精兵强将对三湖公园及周边实施示范街区精细化打造，累计出动执法人员300余人次，出动执法车辆87台次，发放宣传资料300余份，规整清理市容违规行为450余处，立案处罚流动摊贩2起，查处不爱护公共环境卫生的餐馆1起。落实“护苗行动”，取缔学校周边占道经营的各类饮食摊点，安排执法力量维护一小、二小周边环境秩序，高考、中考期间对考点周边进行全天候管控。（余晓英）

【“两禁”工作】2019年，加大“两禁”（禁鞭和禁止抛洒冥币）工作宣传力度，春节、清明期间，每天以车载喇叭在城区及偏远社区进行流动宣传，在城区醒目处张贴大型宣传广告，安排执法力量在刘家山公墓及周边易发生燃放的区域进行全天候巡查；强化日常监管，做好城区内红白喜事、门店开业信息摸排工作，对苗头问题及时制止，全年共劝阻、制止燃放烟花鞭炮苗头2起，查处并移送公安治安拘留1人。（余晓英）

【户外广告管理】2019年，加强城区户外广告日常巡查监管力度，建立现场检查制度和安全管理台账，对违规设置广告及存在安全隐患的户外广告予以整改和拆除，全年共整改违规设置招牌13处，拆除破损广告、门店招牌35处；围绕城市创建，完成各类大型立柱公益广告协调发布、制作任务28件、电子屏公益广告宣传标语和短片21件。（余晓英）

【大件垃圾收集】2019年，在坚持清扫保洁市场化、填埋场运营市场化、牛皮癣清理市场化的基础上，津市城管执法局积极探索、大胆创新，推行大件垃圾收集、处置市场化运作管理机制，于2019年9月引进专业公司，全天候开展大件垃圾收集清运工作。市场化运作后，大件垃圾影响市容观瞻现象基本解决。（余晓英）

【牛皮癣清理】2019年，按照“牛皮癣”考核办法和细则，对“牛皮癣”清理工作进行严格考核，要求清理工作人员对新出现的“牛皮癣”必须当天清理干净，广告、招牌上喷绘野广告必须按广告牌主体颜色覆盖，清洗后的墙体、物体等不留任何污染痕迹。全年共督促清理“牛皮癣”3600余处。（余晓英）

【基础设施建设】2019年，投资65万完成14座公厕、5座垃圾中转站升级改造工作并已投入使用；投资360万元分批购置4台10吨洒水车、1台25吨雾炮车、1台16吨扫地王车、1台3吨洒水车、1台新能源洗扫车、2台小型清洗车以及13台人力保洁车。投资130万购买3立方米勾臂桶80个、6立方米勾臂桶10个、不锈钢分类果皮箱200个并安置、更换到位。加大管护力度，全年增补垃圾绿桶284个，维修垃圾中转站155次，维修餐厨有机站设备41次，更换餐厨垃圾处理设备减速机6台、电器配件45件。完成银苑路保洁提质和“三湖公园”区域内果皮箱、垃圾绿桶精准收集整治工作。（余晓英）

【清扫保洁】2019年，持续深化清扫保洁常态长效保洁机制，加强道路冲洗、洒水降尘、车况现状及作业规范操作督查及城区主次干道、小街小巷等区域的卫生巡查督导工作，确保城区清扫保洁100%全覆盖。全年共清理路面渣土洒落190多余次，清理吊运城市生活垃圾进场8199车次35397.28吨，收集处置泔水1400余吨，进场垃圾无害化处理率达100%。（余晓英）

工业科技电力

工业和信息化

【概况】2019 年 3 月，根据市委机构改革要求，原津市科技工信局拆分为市工信局、市科技局。市工信局是全市工业经济、信息化工作综合主管部门，承担推进新型工业化、企业减负、电力执法、工业节能、污染防治等其他事项。根据工作职责，局内设机构为 9 个：综合办公室（综合法规股）、政工人事股、经济运行股、投资规划股、中小企业服务股、节能与资源综合利用股、信息产业与信息化推进股、产业服务股（加挂行政审批服务办公室牌子）、军民融合股。副科级事业单位 1 个（市中小企业服务中心），其他机构 2 个（市散墙办、市节能办）。在编在岗 18 人，提前退休 4 人，退休 88 人。

在市委“工业立市、产业兴城”战略的强力推动下，市工信局立足工业主战场、园区主阵地，聚力推动工业经济高质量发展，瞄准做优生物医药产业、做强装备制造产业、做特健康食品产业、做专盐化工产业等“三主一特”主导产业定位，创新发展，克服经济形势复杂多变、下行压力加大等困难，工业经济呈现稳中有进的发展态势，企业信息化建设得到长足发展。实施大气污染防治，取缔关停散乱污企业 15 家。津市工信局被评为常德市新型工业化先进单位，并获得湖南省工业经济运行监测协调先进单位、常德市新兴优势产业链培育先进单位、常德市淘汰落后产能先进单位、常德市沿江化工企业搬迁改造先进单位、常德市综合法规先进单位等多项表彰。

2019 年，全市新增规模工业企业 15 家，132 家规模工业企业完成产值 305.3 亿元，同比增长 12.5%。规模工业增加值 59.6 亿元，增长 9.8 %；工业企业实缴税金 2.27 亿元，增长 14%，入库税金过百万的企业达到 29 家；工业用电量 5 亿千瓦时，同比增长 5%。

（甘德军、喻遥）

【产业发展】生物医药产业。2019 年，生物医药 13 家规模企业完成规模工业产值 40.29 亿元，增长 24.8%，实现税收 4077 万元，与上年基本持平。新入规企业 4 家。项目建设效果明显，常德市生物医药产业园正加速推进。康捷生物实现规模生产，玉津医疗正在进行试生产，科益新生物一期大楼封顶，正设备调试试生产，引航生物新征地年产 5811 吨生物酶催化及酶发酵项目项目启动建设，力源生物正在进行试生产，合健生物进行室内装修即将试生产，夏盛生物、慕恩生物正在进行方案设计。海路生物签署战略合作框架协议。

装备制造产业。2019 年 43 家装备制造规模企业完成产值 89.9 亿元，增长 14.8%；入库税金 7804 万元，增长 31.5%。以中联车桥为龙头的装备制造产业集群轮廓初显，特别是中联重科车桥产业园扩建项目的签约落地，为津市做大工程车桥产业打下坚实基础，为商用智能车桥的开发开拓广阔空间。同

津市市 2019 年新入规企业名单（15 家）

企业名称	入规时间
湖南康捷生物科技有限公司	3 月
津市中奇汽车部件有限公司	5 月
常德楚力机械制造有限公司	5 月
湖南鑫铮科技有限公司	5 月
湖南玉津医疗科技有限公司	6 月
湖南恒博尔农业科技发展有限公司	6 月
湖南金雅顺纸业有限公司	7 月
津市市大新颜料有限公司	8 月
湖南顶塑科技发展有限公司	9 月
湖南禹天菌业有限公司	9 月
湖南引航生物科技有限公司	9 月
湖南格瑞生物科技有限公司	10 月
湖南加亿科技有限公司	10 月
常德天盛电化有限公司	自然入规
湖南和平生物科技有限公司	自然入规

时，借机军民融合国家战略，搭建湘北军民融合促进中心，为装备制造的多极发展提供支撑。

健康食品产业。健康食品于12月20成功举办津市牛肉米粉美食文化节，打响津市食品产业品牌化发展的第一枪，特别是保鲜技术不断突破、中通公司强势入驻的推动下，米粉产业化发展迈开新步伐。同时，藠果产业基础不断夯实，白衣镇台龙食品初加工基地投入使用，园区1.2万吨深加工基地龙台食品公司主体完工，即将投入试生产，津市藠果标准化、规模化生产迈出关键一步。南北特、创奇、润农茶油等特色食品网上销售业绩显著，正推动电商产业从起步到腾飞的转换。2019年，30家健康食品产业规模企业完成产值67.2亿元，增长13.8%；实缴税金2772万元，增长107.9%。

盐化工产业。2019年面对国家环保新形势，聚焦产业转型升级，走出"绿色化工"新路子。一方面依托湘澧盐化传统企业，实施技术改造升级，先后投入技改资金1亿多元，基本完成制盐系统节能增效技术改造和小包装盐提质升级。另一方面，围绕盐化工老产业，开发精细化工"绿色化工"产业，新引进一批优质精细化工项目，渔经生物因全国各地水产养殖面积大规模增长，对产品的需求量也会相对增加，同比增长40%左右。天盛360Td等级低温液体空分生产线投入生产，经世新材料项目完成主体封顶，产业链条进一步完善。9家规模企业完成产值15.4亿元，增长-14.6%，入库税收3448万元，增长2.1%。

纺织服装产业。2019年12家规上企业实现产值36亿元，增长9.1%，入库税金2142万元，增长38.5%。产业市场趋暖，订单充足。受中美贸易战影响逐步减弱，产值逐步增长，用工缺口依然存在较大。欣龙非织造公司满负荷生产，生产7000吨无纺布及妇婴用品，产值1.2亿元，原材料价格波动不大。

新型建材产业及其它产业。2019年25家规上企业实现产值56.5亿元，增长11.3%，入库税金2460万元，增长61.4%。金湘猪鬃受"非洲猪瘟"影响逐渐减弱，正在逐步恢复生产。

（汪宇、甘德军）

【招商引资】2019年，坚持市领导带头招商，派出长三角、珠三角、京津冀三个小组驻点招商，开展"百日招商""以商招商"活动，招商引资有突破。通过聚集优质资源，对接最发达的地区、最优秀的园区、最顶尖的团队，坚持高位招商、以商招商，组织开展生物医药产业深圳专场推介会、微生态健康调控与益生制品创新论坛等系列活动，取得较好的成效。深圳盐田港津市港、中联重科车桥产业园、广州越秀产投、湖南微生态健康产业园等一批重大项目落地，为推进津市产业发展筑牢坚实基础，荣获常德市2019年招商引资暨开放型经济优秀单位表彰。（甘德军）

10月23日，盐田港集团领导到津考察

【工业项目建设】2019年，全市新引进工业项目15个；新开工亿元以上工业项目12个（见表1），新投产亿元以上工业项目8个；完成工业固定资产投入29.6亿元，增长40.5%，其中完成工业技改投资21.9亿元，增长94.4%。中联重科车桥产业园等一批重大项目签约，康捷生物、欣龙二期、楚力机械、顶塑管材、天盛电化空分项目、科益新生物等一批项目相继投产，宁能热电、经世新材料、引航生物、台龙食品等重大项目进展顺利。（杨博）

【盘活低效企业】2019年初确定的10家闲置低效企业，通过一企一策制定行之有效的盘活方案，立足企业资源，围绕生物医药、食品加工、装备制造、盐化工及其它等主导产业大力开展二次招商、零地招商，实施腾笼换鸟，对闲置低效企业在拍卖、转让中涉及的相关税费，买受企业享受津市招商引资相关优惠政策待遇，增强竞买的吸引力等措施，相关责任领导、"四大办"和高新区、财政局、工信局、商务局4家主要责任单位认真落实，取得良好成效。已经或部分盘活华星泰、天盛电化等5家，10家困难企业基本实现正常生产。（见表2）（汪宇）

【科技创新】2019年新认定国家高新技术企业4家，其中新增新合新公司1家，复评龙腾公司、鸿鹰公司、润农公司等3家，总数达到18家。新增省级工程技术研究中心3家（嘉品嘉味公司、新中意公司、劲龙公司），全市达到9家。新增国家地理证明商标1个（润农茶籽油），全市达到3家。新增湖南省小巨人企业2家、常德市小巨人企业3家、常德市企业技术中心2家、常德市工程技术研究中心2家。组织引航生物、玉津医疗、天泰天润等10家企业参加"创客中国"创新创业大赛。与越秀产投联合成立总额10亿元的生物医药与健康食品产业基金，与江南大学共建科技成果转移转化中心，GFSI津市生物医药种子实践基地挂牌，首都科技成果转移转化平台、湘北军民融合发展服务平台建设有序推进。（陈林）

表 1　　2019 年津市市新开工工业项目

序号	企业名称	投资项目	主要建设内容	项目建设起止时间	总投资(亿元)	累计完成投资	建设进度	是否在园区
	一、亿元以上工业项目(12 个)			—	24.02	11.92	—	—
1	常德津市宁能热电有限公司	热电联产项目	占地 120 亩,分两期建设。一期投资 5.5 亿元,二期投资 4.5 亿元,项目建成后,总装机规模将达到 4×130t/h 高温高压循环流化床锅炉 +3×15mw 背压式汽轮发电机组。	2019.02–2020.12	10	3	正在进行主体工程建设	是
2	中林实业发展有限公司	宝能科技园津市高新产业园	占地 97 亩,现有建筑面积约 1.58 万㎡,分两期建设,其中一期开发建设 1 栋 8675㎡的办公楼,2 栋 7158㎡的宿舍作为附属配套;二期开发剩余闲置土地。	2019.06–2020.12	3	1	正在进行办公楼、科研楼和厂房的装修改造。	是
3	湖南湘澧盐化有限公司	湘澧盐化提质升级技术改造项目(二期项目)	新建食用盐仓储配送基地及食品加工用盐集中包装楼,总建筑面积 12477㎡。改造原盐皮带输送系统为密闭输送方式,建设 50Kg/ 包大包装线 2 条、吨包线 1 条和 2 条自动化机械手码垛线。改造沸腾流化床,将产能从 35T/h 提高到 50T/h,改进分筛模式,同时满足食用大包装盐和小包装盐的生产需求。	2019.01–2019.12	1.2	1.2	正在进行主体工程建设	是
4	湖南欣龙非织造材料有限公司	年产 6000 吨无纺布项目(二期项目)	建设厂房 2 栋,仓库 1 栋,建成两条无纺布生产线,产能可达 6000 吨。	2019.01–2019.12	1.2	1.2	设备安装调试	是
5	湖南省南北特食品有限公司	年产 50 万件豆制品生产线技术扩建工程项目	占地 45.1 亩,新建厂房 1 栋,总建筑面积 30390㎡,建设年产 50 万件豆制品生产线,并配套相关设施设备。	2019.04–2019.10	1.2	0.5	正在进行主体工程建设	是
6	津市市鸿明建材有限公司	年产 80 万立方米预拌混凝土项目	项目选址在津市高新区南部、孟姜女大道西侧,投资 1.2 亿元建设年产 80 万立方米预拌混凝土项目。项目全部建成达产后,预计可形成年产值 1.5 亿元。	2019.11–2019.12	1.2	0.8	正在进行主体工程建设	是
7	常德楚力机械制造有限公司	楚力机械液压工具项目	占地 50 亩,建成办公楼 1 栋,自动化生产车间 6 栋,仓库 2 栋,购置设备 150 台套,可年产液压机械臂 50 万件。	2019.02–2019.06	1.12	1.12	已投产	是
8	湖南嵘鑫风管制造有限公司	高分子风管制造项目	占地 25 亩,建设办公楼、生产车间、生产辅房、车间辅房、仓库等,旨在打造成国内规模最大、产品最齐全的风管制造基地。	2019.02–2020.02	1.1	0.6	主体工程已完工	是
9	湖南台龙食品科技有限公司	年产 12000 吨藠果深加工项目	项目分二处建设,一处位于白衣农产品加工园内,占地 20 亩,主要用于藠果初加工,共建藠果腌制池 112 个,生产车间 1 栋、办公楼 1 栋、仓库 1 栋,并配套污水处理系统,现已投产。另一处位于高新区,占地 33 亩,主要用于藠果深加工,建设生产车间、办公楼、仓库共 4 栋,及相关配套设施。	2019.02–2020.02	1	0.5	主体工程已完工	是
10	湖南顶塑科技发展有限公司	PE 排污、排水、供水、电力管生产项目	占地 35 亩,整体收购华星泰厂房,一期建设 PE 排污、排水、供水、电力管生产项目。二期重点建设配套办公楼、厂房、仓库、宿舍、食堂等。	2019.04–2019.10	1	1	已投产	是
11	津市三棵树文化用品有限公司	文化用品生产加工项目	项目总投资约 1 亿元,主要建设文化用品、纸制品、塑料制品、工艺品、包装袋印刷等生产线及仓储、办公等辅助工程。	2019.11–2019.12	1	0.5	正在进行主体工程建设	是
12	湖南禹天菌业有限公司	5000 吨食用菌(杏鲍菇)工厂化栽培生产项目	项目总投资约 1 亿元,位于津市高新区新灵路,用地总面积约 100 亩,新建 5000 吨食用菌(杏鲍菇)工厂化栽培生产项目。	2019.08–2019.11	1	0.5	试生产	是

序号	企业名称	投资项目	主要建设内容	项目建设起止时间	总投资(亿元)	累计完成投资	建设进度	是否在园区
	二、2000万-1亿元工业项目(13个)			—	6.55	5.99	—	—
1	湖南金雅顺纸业有限公司	纸品卷切加工项目	进行纸品加工车间装修,购置卷筒改平板切割机、平板切纸机等设备,进行成品试卷纸加工。	2019.04–2019.06	1.00	1.00	已投产	是
2	湖南鑫铮科技有限公司	年产2000万只微型马达项目	建设年产2000万只微型马达生产线,主要生产微型电机马达,用于无人机、医疗器械、玩具车等设备。	2019.02–2019.09	1.00	1.00	已投产	是
3	湖南合健生物科技有限公司	果蔬粉的提取精制项目	主要生产蒲公英提取物、玛卡提取物、玫瑰茄提取物、果蔬粉及固体饮料。	2019.02–2019.11	1.00	1.00	已投产	是
4	湖南玉津医疗科技有限公司	生物材料医疗器械孵化项目(二期)	建设玉津医疗生物材料医疗器械生产线。	2019.01–2019.07	1.00	0.80	试生产	是
5	湖南力源生物发电有限公司	力源生物沼气发电项目	新建日处理2.4万立方沼气的生物脱硫系统和气体净化系统,安装2*1000kw燃气内燃机组,配套电力接入系统和预热蒸汽锅炉及部分土建、管道工程,并配套相关设施设备。	2019.01–2019.08	0.50	0.50	已投产	是
6	湖南加亿科技有限公司	汽车零配件加工项目	建设汽车零配件加工生产线,主要为国内整车生产企业提供汽车车桥桥壳等基础零部件,铸造、冲压、机械加工及金属表面处理。	2019.03–2019.10	0.30	0.30	已投产	是
7	湖南新中意食品有限公司	奶昔产品研发升级改造项目	建设奶昔产品研发升级改造。	2019.01–2019.07	0.30	0.30	已投产	是
8	湖南津味绿康食品有限公司	年产1万吨果蔬罐头生产线及相关配套设施技术改造项目	建设年产1万吨果蔬罐头生产线及相关配套设施技术改造。	2019.04–2019.10	0.30	0.30	已投产	是
9	湖南创奇食品有限公司	年产2000吨水产及蔬菜加工品自动化生产线技术改造项目	建设年产2000吨水产及蔬菜加工品自动化生产线技术改造。	2019.04–2019.09	0.30	0.30	已投产	是
10	津市市从铧门窗有限公司	新型特种防盗门窗制作项目	建设新型年产2万樘特种防盗门窗制作生产线。主要产品防火门、工程门、防爆窗、电磁屏蔽门。	2019.11–2020.04	0.24	0.09	厂房装修	是
11	常德三翔汽车配件有限公司	发动机缸体加工项目	建设发动机缸体加工生产线。生产发动机缸体,项目完工后预计年产10万件发动机缸体。	2019.03–2019.11	0.21	0.18	试生产	否
12	常德木星源家居有限公司	家具定制加工项目	建设家具定制加工生产线。主要生产家用和办公用桌、椅、柜、等配套产品。项目完工后预计可年产5万套桌椅。	2019.11–2020.06	0.20	0.10	试生产	是
13	津市市顺诚木业有限公司	高档单板木制品加工生产项目	建设高档单板木制品加工生产线。主要生产各种高单板木制品,胶合板、夹芯板、多层板。木制品加工和销售。项目完工后预计年产3万件木制单板。	2019.06–2020.06	0.20	0.12	厂房装修	是

表 2　　2019 年低效企业盘活、困难企业帮扶情况汇总表

序号	企业名称	责任部门	目前进展	备 注
1	百特机械	市委办商务局	与醇健生物制药公司达成收购协议。	低效企业
2	华星泰		由好德塑料科技公司收购华星泰资产，成立了顶塑科技公司，已投产运行。	低效企业
3	中宝食品		暂无实质性进展。	低效企业
4	湘情酒业		已与湘情酒业洽谈收购事宜，因估值问题无实质性进展。	低效企业
5	益林纺织	人大办工信局	协助资产管理人促成省国资公司与甘甜公司达成联合投资协议，实行重整。	低效企业
6	大汉客车		先后前往深圳、上海等地开展生产项目的调研、招商。	低效企业
7	天泰食品	政府办财政局	已经停产，政府部门多次调研，暂无实质性进展。	低效企业
8	津佳兔业		年产 1000 万只兔产业链项目进入流程。	低效企业
9	天盛电化		天盛 360Td 等级低温液体空分项目总投资 1 亿元，已于 2019 年 10 月投产运行，累计完成销售收入 1500 万元。	低效企业
10	卡普吉诺建材	政协办高新区	已完成生活区不动产及部分设备的拍卖处置工作，鸿科建材水泥搅拌站投产。	低效企业
11	友联纺织	市委办工信局	已联系天宏集团与合作，注入流动资金 200 万元，设备投入 800 万元。目前企业运转正常。	困难企业
12	超华汽部		已协调好流动资金严重不足问题，目前企业运转正常。	困难企业
13	智鹏机械	人大办工信局	缺少流动资金，生产进展缓慢，上半年配送三一公司产品共计 7 件套，部分厂区已租赁。	困难企业
14	中沃汽部	政府办财政局	常德财鑫公司与津市城投公司对中沃债权进行收购，恢复生产。	困难企业
15	炜基生物		目前企业运转正常。	困难企业
16	宏森钢构		目前企业运转正常，资金问题已经解决。	困难企业
17	泰安锻造		企业运转正常。	困难企业
18	张老头		正在进行新产品的研发。	困难企业
19	中南新鲁		目前企业运行平稳，正在与几个有意向的企业洽谈。	困难企业
20	洞庭机械	政协办高新区	已与农商行签订资产转移协议，洞庭机械已返租进行生产。	困难企业

10 月 18 日，中联重科车桥产业园签约

【企业服务】2019 年狠抓降税减负，编印《企业减负政策汇编》，严格落实各级惠企政策措施，为企业降税减负超 1 亿元。普惠金融政策“零费用过桥”举措受到常德市推介。抓争资争项，积极主动帮助企业申报制造强省、技术改造等项目，全市各部门为工业企业争取资金 6000 万元。99 家部门服务 106 家企业，共为企业解决实际问题 78 个，招工 1600 多人次，全年工业贷款净投放达 7.43 亿元。积极开展为企业“送清凉”、庆祝 70 周年产业工人“快闪活动”及“新合新杯工业摄影大赛评选活动”暨摄影展，组织十佳企业家评选，开展“新津市人”系列宣传，展示津市工业形象，营造了重工亲商的浓厚氛围。（陈林）

【信息化工作】推进工业和信息化深度融合，以实施中联车桥公司、新中意公司两化融合试点示范为重点，加快发展智能制造等新技术应用及电子商务等新业态，推进“企业上云”进程，将金湘猪鬃申报为省工业和信息化融合“标杆企业”，全面加快企业产品智能化、生产自动化、管理信息化进程，促进企业转型升级。加强津市村庄基础设施建设，农村 4G 网络已基本完成全覆盖，为解决药山镇等部分偏远村落 4G 信号存在弱覆盖区域问题。2019 年，津市电信公司分别在白云山村、杨家村、董家、二家湾 4 处新建 4 个 4G 基站。从电信、移动、联通 3 家运营商提供的情况，4G 基站网络覆盖率均超过 90%。常德电信、常德移动、常德联通已在核心城区、重点商圈等区域启动 5G 基站建设，力争 2020 年度 5G 市城区全覆盖，“十四五”期间网络建设以 5G 建设为重点，在现有网络架构的基础上，实现 4G 到 5G 的平滑演进，逐步实现全网 5G 覆盖。

中国电信津市分公司是津市市最完备的基础网络运营商和现代综合信息服务提供商，拥有覆盖地域城乡的网络体系，具备电信全业务、多产品融合的服务体系，能够满足客户的各种通信及信息服务需求。近三年来，较好地完成业务量收和网络建设、维护的各项任务，为网络稳定运行和业务发展打下坚实基础，为全市信息化工作推进提供有力的保障。光网改造方面：2017 年完成城区全光网和部分农村光网的改造，建设光网端口 3576 个。

2018 年完成全市绝大部分光网覆盖，建设光网端口 4580 个。2019 年完成全市所有区域光网覆盖，建设光网端口 3365 个，至 2019 年底全市累计完成光网端口建设近 54000 个，使全市光网覆盖率达 99%。三年累计建设中心局至各支局所主干光缆 89.6 皮长千米，建设用户接入网光缆 1300 皮长千米。数据传输方面：2017 年完成全市各局 16 处 OLT 的开通及密波环网建设。2018 年完成全市 10 处 OLT 扩容及密波、IPRAN 的建设。2019 年完成全市 6 处 OLT 的扩容及 MSE 的升级改造。基站建设方面：2017 年完成新建 4G 基站 30 处，优化老站 20 处。2018 年完成新建 4G 基站 21 处，优化老站 32 处。2019 年完成新建 4G 基站 10 处，优化老站 45 处，至 2019 年底全市 4G 站达到 183 个，全市 4G 覆盖率达 97%。支持地方建设方面：为支持津市高新开发区信息化建设，公司在开发区新建综合接入机房 1 个，新建无线基站 12 个，为所有企业进行高带宽接入。配合市委市政府进行全国卫生文明城市创建工作，对津市市电信通信线路进行入地规整。配合农村区域人居环境整治，对新洲、白衣、岳山、灵泉

9 月 29 日，全球市场项目中国种子计划津市高新区实践基地挂牌

11 月 13 日，省工信厅到津验收中小企业服务平台建设

街道电信线路进行入地规整。完成全市智慧党建、雪亮工程、电子政务、财政支付、医保等专网建设，并搭建12345信息化平台，有力支持地方政府信息化建设推进工作。

津市移动公司2017-2019年主要围绕基础通信，传输网，农村宽带等业务方面发展。以4G网络建设为根本，在全市新建4G通信基站354个，4G微站及室内分布系统36个，着重补充覆盖新建楼盘、人口集中区、农村覆盖盲区等无线信号问题区域；全力建设农村宽带网络，移动宽带网络通过大量投资，新建有线宽带覆盖行政村39个，覆盖区域超70%以上，投资总额1300万余元；稳步推进传输网络的可靠性及延展性，对于目前大流量集中的的4个乡镇及街道，主干传输光缆容量提升90%以上，上下行带宽单用户带宽从10M扩展至100M以上。

津市联通公司近三年来通过新建、共享、利旧等方式新增站点54处，对津市城区及乡镇进行全方位覆盖，津市城乡网络覆盖率达92%，2019年和广电合作，宽带资源覆盖率达95%以上，有效提升用户感知。津市联通以“设备最简、成本最优”为目标，选取合适区域开展UL-SDR设备整体替换整合，搬迁区域内网络结构简化，降低运营成本，同时3G可利旧投放精品场景区域，4G单模设备可利旧节约Capex投资，逐步实现2、3、4G差异化部署，打造中国联通精品网络。

津市铁通公司近三年新增4G铁塔90余座，超额完成4G网络覆盖95%的建设目标。主要任务位既有铁塔的维护检修，目标为0个危站，建设上对覆盖盲区，弱区进行深一步优化。新天地等区域信号弱等问题正在解决中。2020-2025信息化发展重大任务和工作计划为5G通信基础建设，创新业务的推广：物联网、智慧短信、智慧平台、数睿广告、舆情通、失联和复联。

（孟炎、喻遥）

【机关党建】2019年扎实开展“不忘初心、牢记使命”主题教育，加强基层班子建设，选举产生新的局机关党支部及老干党员总支部工作班子，加强机关党建阵地建设，7月局机关迁至互联网产业园办公，完善各项工作制度。围绕“改作风、勇担当，带头真抓实干”等课题，开展三次集中学习研讨会，组织到革命老区平江县、石门县南北镇薛家村，参观学习“湖南省扶贫楷模”“全国脱贫攻坚模范”王新法同志生所在地，并寻访其感人事迹。全年主题党日活动9次，撰写推进工业经济高质量发展调研报告6篇。开展脱贫攻坚，为扶贫联系点新洲鹿山村支持资金10万元；对鹿山村3个贫困户结对精准帮扶，实现脱贫；接访解决下岗职工、退伍军人社保遗留问题150多人次。把握正确舆论导向，通过政府门户网站发布信息28条。开展党内关怀活动。“七一”、“八一”及春节期间，积极开展慰问老党员、贫困党员、退伍军人活动，支付慰问金1万多元，解决生活实际困难。

（曾娟、龙艳来）

【十佳优秀企业家评选】津市市在2019年底开展十佳优秀企业家评选工作。此次十佳评选活动遵循公开、平等、竞争、择优的原则，在津市市范围评选出10名为津市经济建设发展过程中做出重大贡献的优秀企业家。本次评选活动由市推新领导小组负责组织，分宣传发动、推荐申报、考察公示和通报表彰4个阶段。各相关单位根据评选标准积极进行申报推荐，在12月底前评选出群众公认的十佳优秀企业家，市委市政府给予物质及精神奖励。

（彭佳）

9月21日，局机关组织党员到石门薛家村开展党日活动

【“新津市人”宣传】2019年10月，市工信局联合市电视台等媒体，对近年来津创业的“新津市人”、企业家进行广泛宣传。先后对来自广东珠海的80后青年湖南康捷生物科技有限公司总经理陈耿鸿、津市港航运巨轮“掌舵人”张林中湖南经世新材料有限责任公司执行董事、总经理李卫红、创奇食品公司龚创奇、南北特食品公司胡世玲、引航

津市市十佳优秀企业家

刘喜荣	湖南新合新生物医药有限公司董事长
黄　勇	湖南省湘澧盐化有限责任公司总经理
杜登松	湖南中联重科车桥有限公司副总经理
陆立新	湖南三湘和达现代物流有限公司
周加学	常德大北农饲料有限公司董事长
李建明	湖南津味绿康食品有限公司董事长、总经理
马　杰	津市坝道水泥有限公司董事长
赵正文	湖南渔经生物技术有限公司总经理
黄大喜	湖南省津市市阳由建筑工程有限责任公司董事长
刘文清	湖南新中意食品有限公司总经理

生物公司副总经理陈强等企业家进行系列报道。《新津市人》着重刻画出“新”津市人自强不息、吃苦耐劳、敢想敢干的精神群像，向外界宣传市委、市政府在扶持外地企业上出台的好政策，弘扬各部门帮扶企业做大做强的好传统，推介津市形象。新闻部门在《常德日报》及各大网站等主流媒体广泛宣传“新津市人”的优秀事迹，在市内外引起强烈反响。（彭佳）

【执法监管】2019 年，全市新建建筑项目面积近 50 万平方米，为防止实心粘土砖生产企业死灰复燃、禁止实心粘土砖的使用，市散墙办结合日常例行监督检查，加大对施工现场墙材使用情况的执法检查力度，确保新型建筑材料的推广应用，成效明显。市城区新墙材使用率达 95%以上，商品混凝土使用率达 90%以上。扶持新建 1 家年产 20 万吨混凝土搅拌企业（津市市鸿明建筑材料有限公司）。多次联合国网电力公司开展电力线路隐患排查处置，督促协调防外破隐患 8 处，协助处理 1 起电力伤亡事件。

【品牌建设】12 月底，津市又一产品“津市茶油”经国家质量监督检验检疫总局批准，成功获批国家地理标志证明商标，进一步擦亮津市特色农产品。近年来，润农生态茶油有限公司依托津市优质农业资源及生产条件，生产出的灵犀茶油系列产品销往全国各地，产值规模不断增加，逐渐形成独具地方特色的茶油产业。津市已经形成集茶油生产、种植于一体的完整生产销售产业链产值近亿元。2019 年产值达到 6500 万元。（甘德军）

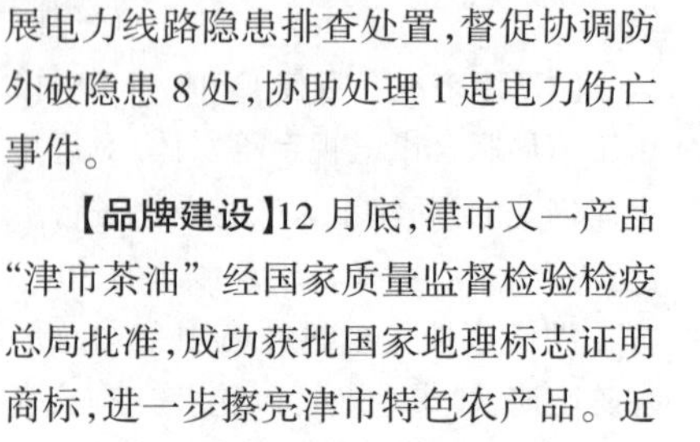

灵犀茶油

湖南中联重科车桥有限公司

【概况】湖南中联重科车桥有限公司（以下简称中联车桥）属中联重科股份有限公司（以下简称中联重科）全资子公司，省高新技术企业，员工 1000 多人。公司主要生产制造商用车桥和专用工程车桥，产品覆盖轻、中、重系列商用车桥和专用工程车桥，拥有国内同行业先进水平的生产加工线 30 多条，取得 IATF16949 质量管理体系、ISO14001：2015 环境管理体系和 OHSAS18001：2007 职业健康安全管理体系认证证书。

2019 年 8 月，中联车桥股东中联重科收购其他股东东风资产管理有限公司持有的中联车桥 11.14%的股权，100%控股中联车桥。2019 年中联车桥生产车桥总成 19.8 万根，同比增长 13.5%；完成工业总产值 8.95 亿元，同比增长 12.9%；实现销售收入 8.5 亿元，同比增长 7.4%。

【战略调整】2019 年 9 月，中联车桥将评估后的公司全部商用桥业务相关资产增资到控股子公司—津市邦乐车桥有限公司，启动公司商用桥业务整体转移至津市邦乐车桥有限公司的战略调整。增资后，中联车桥在津市邦乐车桥有限公司的持股比例由 51%上升到 83.36%。

落地中联车桥发展战略，重点从轻型车桥向重型和工程车桥转移。2019 年 7 月公司启动工程车桥产能提升建设项目，实施工程车桥装配线和油漆线改造，项目完成后工程车桥月产能从 1000 根提升至 3000 根，当年生产工程车桥 1.77 万根，同比增长 74.6%，创历史新高。

【科研成果】2019 年，公司坚持“技术为根、产品为本”的发展理念，以实施产品 4.0 计划为推手，瞄准中联战略发展方向，推出工程车桥新品。300~400 吨全地面起重机车桥产品定型并推向市场；新 35 吨四轴起重机车桥完成产品定型及量产准备；新 20 吨起重机单级减速器中后桥研发成功并实现批量生产，工程起重机车桥已达 66 个品种。新产品的成功研发助推工程车桥产销攀升，2019 年公司工程车桥销售额同比增长 52.4%。

跟进行业技术发展，展开新能源集成技术研究和产品轻量化改进与性能提升。完成 A3C 驱动桥及 08D10S 转向桥的轻量化技术应用，在提升产品性能的同时实现降本增效；开展省战略性新兴产业科技攻关与重大科技成果转化项目——物流车电驱桥的研究与开发，完成 2 吨级同轴电驱动桥开发，4 吨级同轴电驱动桥形成量产，3.5 吨级外挂电驱动桥实现产品定型。

【提升经营质量】立足品牌战略，持续开展质量改善活动，破解质量难题。开展市场售后 TOP 问题攻关，全年完成 TOP 问题攻关 15 项。开展质量改善 QC 活动，6 个 QC 改善活动小组完成 QC 项目 10 项，其中《降低 A3C 桥壳渗油故障》项目在中联总部获三等奖。强化质保体系，将“质量墙”延伸至墙外工厂，与 110 家供应商签订了到货 PPM 改善责任书，实施供应商二方审核 18 家，供应商现场整改 15 次，促供应商品质提升。多措并举，实现品质突破，产品交付不良率、外部质量损失率、外购件纳入不良率等关键质量指标得到进一步改善，全年产品上线合格率达 99.77%。

围绕效益中心，开展降本增效活动。深化供应商价值链改善活动，实行原材料市况联动调整机制，严密监控市场价格并按月调整，严控采购成本，全年实现采购降本近千万。牢固树立产品源头成本控制意识，从产品轻量化设计入手，开展技术降成本和工艺优化降成本工作，21 个项目实现降本增效 300 多万元。

强化安环管理，为生产经营保驾护航。建立健全安环长效管控机制，严格落实安环管理专项检查制。公司安委会与各部门、车间签订《安全责任书》，组织各类综合和专项安全检查共 15 次，防风险、除隐患、遏事故。开展 6 月“安

车间生产线

全生产月”专项活动，组织安全知识培训和消防演练，增强员工的安全意识、安全知识和安全操作技能。全年生产性死亡事故、千人重伤率、经济损失达10万元以上的火灾、爆炸事故、重大环境保护、治安保卫和同等责任及以上道路交通事故为零。

【人才队伍建设】开展形式多样的人才培养活动，为公司发展蓄积动能。2019年6月，公司举办“100名优秀师傅”师徒结对签约活动，为杨刚、李晓辉等涉及技术研发、生产制造的优秀师傅们颁发聘书，9对结对师徒现场签订《公司“导师带徒”活动培养协议》。

2019年8月，公司省级技术能手吴家剑获得常德市人力资源和社会保障局颁发的“吴家剑技能大师工作室”荣誉称号并授牌，成为公司第二个授牌的技能大师工作室。近年来，公司加大对一线技能员工队伍的培养，积极为一线员工搭建技能成才平台，涌现出吴家剑、程秋等5名技能大师，他们在攻坚克难和传帮带方面发挥示范引领和积极带动作用。

2019年10月，中联车桥与津市市教育集团联合开办新型学徒制中级钳工班，学员44人。同月，中联车桥获批常德市首批企业职工培训中心资格，享受政府培训资金补助。

【党群工作】围绕生产经营，开展“当好主人翁 建功新时代 共创大未来”为主题的劳动竞赛，助力生产经营，推进党群工作迈上新台阶，2019年公司先后获得总部颁发的“先进基层工会”、“先进基层团组织”和“优秀员工之家”荣誉称号，公司员工吴家剑获得常德市五一劳动奖章。

坚定党员理想信念，组织开展“不忘初心 牢记使命”主题学习教育活动，通过“下发一套学习资料、开展一场主题教育党课、举办一场学习心得及交流讨论会、组织一次主题党日活动”等“四个一”的活动形式，使广大党员充分认识到开展主题学习教育活动的重要意义和必要性。

打造“工匠”精神，大力开展“100个工匠”活动，推出了程秋、吴家剑等优秀工匠代表，积极组织选派员工参加各类职工职业技能大赛，为技能员工成长成才提供平台。在常德市政府组织开展的职工职业技能大赛中，公司员工宁先元取得“现代物流进出库作业”二等奖的好成绩。开展“100个小改小革”活动，成果丰硕，全年共提出合理化提案97项，节约价值近300多万元。

发挥工会组织优势，开展形式多样的寓教于乐文体活动。大力开展爱国主义教育，以新中国成立70周年为契机，组织40多名员工参加公司党委、工会与市电视台联合拍摄的《我和我的祖国》大型MV，传播正能量，增强爱国热情。工会还结合实际情况，开展员工羽毛球赛、汽排气赛以及“我运动、我健康、我快乐”为主题的大型职工趣味活动等，丰富员工业余文化生活。

凝聚团队，开展关爱员工，帮扶慰问活动，体现组织关怀。2019年帮扶慰问95人，帮扶金额38.2万元，其中“爱心改变命运”活动救助贫困家庭学子29人。 （湖南中联重科车桥有限公司）

湖南省湘澧盐化有限责任公司

【概况】湖南省湘澧盐化有限责任公司是一家集水溶采矿、盐硝联产、供热发电及机械加工为一体的大型国有制盐企业，为湖南省盐业股份有限公司全资子公司。

公司获得ISO9001质量体系认证证书，通过食用盐绿色食品标志认证、HACCP体系认证，先后被评为非煤矿山安全生产标准化二级企业、“国家级绿色矿山”单位、企业信用评价AAA级信用单位。被湖南省科技厅认定为高新技术企业。先后荣获湖南省优秀政研

2019年6月，中联重科举办“100名优秀师傅”师徒结对签约活动

会、湖南省五一先锋集体、湖南省省属监管企业文明单位、湖南省国资委先进基层党组织等荣誉称号。

公司现有一套 60 万吨 / 年盐硝联产生产装置，实际产能规模 90 万吨 / 年。该装置采用分硝预热，平流进料，五效真空蒸发，母液回收的盐硝联产生产工艺，食盐氯化钠含量达 99.6%。

2019 年，公司累计生产盐硝产品 92.7 万吨，销售各类产品 93.94 万吨，实现工业总产值 3.74 亿元，上缴税金 2806 万元，企业资产总额 5.8 亿元。（樊欣）

【精益管理取得阶段成果】全面导入和实施精益生产管理，搭建精益推进组织，持续开展洗澡运动和红牌作战、目视化管理等，围绕设备管理，开展 TPM 初期清扫。针对产品质量等难题，开展 QC 小组活动，完成 12 个课题。完成各单位标准化流程图 63 个，作业指导书 23 个，对精益管理一阶段的工作进行总结，即将启动精益管理二阶段项目。（张虹）

【产品质量持续改进】修订《湘澧盐化质量体系管理考核制度》，增加入厂原辅材料检测频次，加强生产过程中对质量关键控制点的管控，开展质量月活动，组织现场质量宣誓，进行 QC 质量攻关，提出预防和整改措施，重点对 50 千克大包外包装进行重新设计，对大小包打印日期进行改进，完成 HACCP 和 ISO9001 质量体系的外审，并结合市场要求，完成融雪剂生产许可证和环境标志认证的取证工作。盐产品氯化钠主含量 99.67%，比上年上升 0.04%。加碘合格率 99.68%，比上年上升 0.29%。（张虹）

湖南省湘澧盐化有限责任公司全景图

【启动食用盐包装仓储配送中心二期工程建设】2019 年，公司投资 3400 万元，启动食用盐包装仓储配送中心二期工程建设，打造全自动大包装食盐生产线。项目拥有 50 千克 / 包自动生产线 2 条，年产能 20 万吨；1000 千克 / 袋自动生产线 1 条，年产能 10 万吨。（樊欣）

【“制盐系统节能增效项目”工程启动】4 月 9 日，湘澧盐化制盐系统节能增效技术改造项目：10000 立方米 / 小时循环水节能环保改造项目开工奠基仪式隆重举行。该项目总投资 2999.67 万元。项目建成后将解决公司当前从澧水河取水、排水量大，冷却水水质受季节影响等问题。（刘琰）

【成立 50 周年座谈会】6 月 12 日，湘澧盐化成立 50 周年座谈会在公司舞厅隆重召开，100 多位嘉宾欢聚一堂共同庆祝湘澧盐化 50 年华诞，莅临本次座谈会的有轻盐集团党委副书记、总经理李志勇同志，集团党委委员、股份公司总经理徐宗云同志；津市市委书记傅勇同志，津市市委常委、政法委书记李景峰同志和津市市市委常委、津市市委办主任杜登全同志；湘澧重要战略合作伙伴巴陵石化环氧树脂事业部党委书记唐光斌等同志；原湘澧盐矿矿长、原中盐总公司总经理助理胡红江，原湘澧盐矿党委书记李有德等前辈们；老一辈湘澧人、省级劳模，湘衡以及省外分公司等同行们。会议由公司总经理黄勇主持，公司全体高管、中层管理人员及部分职工代表参加会议。会议总结湘澧 50 年发展艰辛历程，回顾湘澧 50 年来为湖南盐业、地方经济和社会所做出的贡献。（彭锐琴）

【开发绿色生态活水颗粒盐产品】产品原料源自国家级绿色矿山、千米深井，未添加抗结剂，使用天然饮用水采卤制盐，拥有渠道优势、资源优势、雪天品牌优势和六项技术创新，产品市场前景广阔。11 月 19 日，公司召开湘澧盐化绿色生态活水颗粒盐产品技术及市场开发研讨会，会议由公司总经理黄勇主持，股份技术中心、雪天盐业技术开发有限公司的专家以及潇湘影视集团的专业团队，公司全体高管、总经理助理

湘澧盐化有限责任公司生产区

及相关职能部门主要负责人参加研讨会。会上，各位领导和专家们对生态活水颗粒盐的品种命名方式、重量规格、包装形式如何与内在品质相结合以及宣传方式进行充分沟通和交流，达成基本共识。（樊欣）

【打赢"百日攻坚"战】为积极响应轻盐集团"百日攻坚"战的号召，自9月开始，至12月结束，公司在党委书记、执行董事宋海的带领下，坚决打赢"百日攻坚"战。竞赛期间盐硝总产量完成315642吨，超产26964吨。竞赛期间销售盐硝产品318539.17吨，多销29861.17吨。（樊欣）

小包装间

科学技术

【概况】2019年，全市围绕打造澧水流域创新研发中心，以全面推进"三名工程"等项工作为抓手，促进科技创新及平台建设，科技创新对经济社会发展的支撑引领作用得到进一步凸显。新增国家高新技术企业2家，总数达到18家，新增省级创新研发平台3家，省级院士工作站1家，省级星创天地1家。2019年全市实现地区生产总值170.86亿元，高新产业增加值完成38亿元，占GDP比重达22%。被评为"省知识产权建设强县"、"省创新引领绩效考核先进县"。

2019年度局党组按照"不忘初心、牢记使命"主题教育总要求，扎实开展主题教育活动。6月13~14日，市科技局组织全体党员干部前往石门县南北镇薛家村，开展了"传承新法精神 锤炼坚强党性"主题党日活动。9月20日，市科技局组织全体党员干部前往桃源县枫树维吾尔族回族乡维回新村，参观了翦伯赞故居并开展了"不忘初心、牢记使命"革命传统教育。让全体党员精神受到震撼，思想得以升华，心灵得到洗礼。开展脱贫攻坚，为扶贫联系点药山镇药山村支持资金5万元；对3个贫困户结对精准帮扶，实现脱贫。

【科技创新及平台建设】2019年在"三名工程"引领下，以人才为纽带，瞄准科研院所等合作对象，搭建科技创新平台。10月与北京中关村智造大街搭建科技创新平台；11月与食品行业研发水平全国排名榜首的江南大学合作，建立鸿鹰生物伦士仪院士工作站，搭建科技成果转移转化中心，相继启动维生素B12发酵水平提升研究等22个项目合作；通过创新"科技＋金融＋产业＋政府"的模式，新合新生物、鸿鹰生物、湘澧盐化、新中意等企业分别对接浙江大学、华东理工大学、北京工商大学、湖南大学等多所高校，成立产学研合作联盟。

盐仓库

全市研发经费投入完成5.74亿元，21家科技型企业完成省研发经费奖补备案，11家企业申请省财政研发经费奖补137万元。筛选10家科技型企业纳入2019年高新技术企业培育计划，申报高新技术企业4家。新增国家高新技术企业2家，总数达到18家，新增省级创新研发平台3家，省级院士工作站1家，省级星创天地1家，常德市工程技术研究中心2家，常德市星创天地1家，组织引航生物、玉津医疗、天泰天润等10家企业参加"创客中国"创新创业大赛。成功举办"智汇洞庭·科创常德"科技成果转移转化系列活动生物医药与健康食品津市专场活动，津市政府与行业协会、关联企业、高等院校、投融资机构共签约29个科研成果转移转化项目，其中有22个产学研项目，7个投资合作项目，成立鸿鹰生物陈坚院士工作站，形成良好的开放合作格局。与越秀产投联合成立总额10亿元的生物医药与健康食品产业基金，与江南大学共建科技成果转移转化中心，签订产学研合作20余个；新合新与华东理工大学协同创新中心平台成功签约；中关村智造大街服务平台落户津市。

开展省级创新型县市的申报；通过

11 月建立鸿鹰生物伦士仪院士工作站

11 月“智汇洞庭·科创常德”签约仪式参与人员合照

对园区科技型企业摸底和意见咨询，全年认定 4 家以上高新技术企业；推荐新合新公司申报省级重点实验室；支持嘉品嘉味、新中意等公司申报省级工程技术研究中心；支持台龙食品、润农茶油申报省级星创天地；推荐阿斯达新材料、天泰天润等 2 家公司申报常德市工程技术研究中心。

出台《津市市科技成果转化专项资金管理暂行办法》，每年从市财政科技经费中安排 2000 万元用于支持市重大科技成果转化。拟定《津市市科技成果专项转化资金管理办法实施细则》。经企业自主申请、综合评审，湖南玉津医疗科技有限公司“生物材料类医疗器械产业化项目”获得 500 万元科技成果转化专项资金支持，该项目已经投产试运行。

5 月 8 日，省科技厅副厅长朱皖一行到津调研科技创新工作重点检查市科技成果转移转化示范县建设工作。朱皖一行先后深入玉津医疗、引航生物、康捷生物、鸿鹰生物、新合新生物 5 家企业，认真听取了企业运营、科技创新等情况介绍，详细了解津市生物医药产业现状和发展规划，并对企业科技创新工作提出相关建议。

【科技成果转化】推进常德市生物医药与健康食品江南大学科技成果转移转化中心建设，经多次与江南大学对接。由市政府主要领导调度，共建的科技成果转移转化中心正式启动运营。加强对“智慧洞庭·科创常德”津市专场活动 29 个签约项目的推进力度，做到每月有跟进、每月有成效。（见表 3）

4 月 24 日，津市在市委组织部会议室召开市科技专家服务团招募工作推进会。会议由市委组织部副部长刘俊芳主持。通过智慧党建视频系统，有关市直单位分管负责人和各镇、街道分管负责人分别在主、分会场参加会议。

市科技专家服务团招募工作推进会

会上，市科学技术局相关负责同志宣读《津市市科技人员服务农业农村发展的实施方案》和科技专家服务团队队员的招募公告，介绍招募的相关流程。与会人员针对科技专家服务团的招募条件、招募对象来源，以及服务方式进行讨论，并提出建议。

【三名工程】2019 年以来，为全面落实市委、市政府工作部署和要求，推进引资、引智、引技，对接名院、名所、名校（以下称“三名工程”）工作，建立健全“科技 + 金融 + 产业 + 政府”创新体系，实现创新驱动发展、产业转型升级和打造创新研发中心的目标，与高校院所开展产学研合作项目的企业进行摸底统计，制定《津市市推进“三名工程”工作实施方案》（2019 年—2021 年）及“三名工程”院企对接工作计划明细表和校企合作情况摸底表，全面推进“三名工程”工作。即引资、引智、引技，对接名院、名所、名校，完善重点院所库、重点人才库、重点项目库等，加强院、地、企的对接联系，畅通成果转移转化渠道，引导企业与高等院校和科研院所无缝对接。“三引”方面。全年引进科技金融机构 3~5 家，融资 10 亿元以上，建立 1 个创新创业服务平台，引进 5 家科技服务机构；签约引进院士 3~5 名，建立院士工作站 3 个以上，引进硕士以上高端人才 100 人以上；签定产学研合作协议 50 个以上，引进转化科技成果 100 个以上。

“三名”方面。支持企业与名院、名所、名校联合创建国家、省、市级研发平台 5 个，建立院校协同技术创新中心

1~2 个，建立国家级创新平台或重点实验室 1~2 个。引导企业对接名院、名所、名校 100 次以上。

力争到 2021 年底。对接联系工作各项目标任务全面完成，创新研发实力大幅提升。建成 1~2 家院士工作站，创新研发能力走在常德前列，基本建成澧水流域创新研发中心。

将“三名工程”工作纳入全市绩效考核，出台《津市市推进“三名工程”工作考核办法》，加强“三名工程”工作调度，实行一月一调度，一季一通报工作机制。（见表 4）

防震减灾

【概况】2019 年，津市地震局防震减灾工作在地震监测预报、灾害防御、应急救援“三大体系”建设上扎实推进，平衡发展，创新思想观念，提升能力建设，加强保障措施，推动全市防震减灾事业新发展。

监测预报工作持之以恒。现代数字化监测手段取代模拟监测手段后，监测预报工作要求更加规范、完善。落实上级业务部门对台站监测工作的新规程、新标准、新要求，熟练掌握操作技能，填报方法，设备性能，及时准确登记观测数据、台站日志，落实好存档备案。全年自始至终重点关注澧水流域及邻区地震活动趋势，为上级整体会商提供完整的业务数据。加强对宏观观测点的工作指导和督促，每年组织业务培训和相互交流学习，熟练掌握每个观测点所配备的观测体的特性、习性和专业知识，加强对观测物体的保护措施、数量库存和异常情况的登记、备案及上报。收集规范宏观监督管理要求。

灾害防御工作常抓不懈。坚持“震情第一，安全第一，防范第一，监管第一”的行政管理方式，不断加大对抗震设防工作的行政监管力度。自从建设工作项目的抗震设防监管进入市规委会以来，严格实施工程项目报建预审的前置把关，依法办事，任何项目工程须到政务中心窗口办理相关手续，再到施工现场实地查看，实现事前、事中、事后的全程有效监管，确保每个项目能按设计要求、设防要求、质量要求、参数要求予以施工。推进农村民居安居工程建设，加大科普宣传力度，向广大农村居民宣传推介使用民居建房安全抗震图纸，免费提供施工图纸式样，并在各镇、村树立典型示范引路，实行整体联动，与民政、房管、住建等部门资源共享，免费提供农村工瓦匠培训服务。

配合市应急局开展地震应急活动，经常性地开展专业培训和演练活动，提高实践经验。5 月，市应急局组织全市 10 多个部门开展声势浩大的科普知识宣传和防灾减灾应急演练活动，地震局出去宣传展报 20 块，发展科普手册 3000 本，宣传资料 30000 份。在演练活动中，让居民学会避险逃生自救技能和生存能力。制定部门应急预案，从制度上入手，从管理上强化。一旦出现震情，应急措施执行力得到持续增强，启动预案快速有效。建立应急物资储备，提升整体备灾救灾能力。每人配备一套应急救援装备，可在现场展开活动。强化应急队伍建设，由市应急局牵头，市消防中队为主，建立全市应急救援队伍和志愿志队伍。“一网一员”队伍建设得到进一步发展和完善，信息交流、资源共享已成常态。利用体育场、学校操场、城市广场、绿地、公园等设施，建设地震应急避难场所，地震应急救援工作已进入常态化管理。

电　力

【概况】国网津市市供电公司担负着全市 4 个乡镇、5 个街道办事处、76 个村居委会的生产生活供电和全市范围内的电力基础建设，生产经营和办理客户的业扩报装、施工、接电及用电管理。内设综合管理部、党委党建部（党委宣传部、监察部）、配电部（物资供应分中心）、县供电服务指挥中心、客户服务中心、安全监察部（保卫部）、湘能津市分公司、金鱼岭供电所、保河堤供电所及湖南德力电力建设集团有限公司津市分公司。2019 年完成售电量 5.27 亿千瓦时，同比增长 15.10%。优质服务规范率居县级公司前列。未发生员工安全责任性事件和外人触电伤害事件，未发生员工违法违纪和违反作风建设相关规定的行为。　（易敏）

2019 年，国网津市市供电公司始终坚持人民电业为人民的服务宗旨，紧紧围绕“三型两网”“四个一流”发展目标，取得系列成果，获得常德公司先进集体，并授予先进单位荣誉称号；津市市政府脱贫攻坚先进单位；承办常德公司庆祝新中国成立 70 周年职工文化展演，津市公司自编自演的节目《辉煌》获得第一名优秀表演奖；金鱼岭供电所通过省公司四星供电所复审、获得省公司安全先进班组、市公司安全先进班组、市公司最美供电所、红旗党支部；保河堤供电所获评省公司三星级供电所；调控服务指挥班、客户服务班分别获得市公司先进班组，输配电运检班获得安全专项奖，工会财务工作获得 2018 年度财务规范化建设竞赛达标单位；社会责任根治新闻发布竞赛获得常德公司二等奖，变电运维专业获得 2019 年常德技能大赛常德公司职工技能竞赛团体三等奖，李香远、叶旭峰分别获得变电运维个人技能竞赛二等奖、三等奖；青工刘思琪获得常德公司供电“服务之星”三等奖；贺卫忠获得电网建设 630 先进个人；左天华获得市公司“巾帼建功标兵”；供服员工毛先富、王云获得省公司安全生产先进；廖琼、孙世军获得市公司先进个人；通道治理毛先富、郑学武、蔡文武、胡飞分别获得市公司一等奖、二等奖、三等奖；许建新获得地方政府安全先进个人；津市公司老年人门球赛获得了市公司第 27 届老年人门球赛优胜奖、津市市首届“暖夕杯”优秀奖。

（熊慧）

【人力资源】2019 年，国网津市市供电公司有干部员工 80 人，其中各类技术人员中：高级职称 2 人、中级职称 7

表 3　　“智汇洞庭·科创常德”部门联系产学研签约项目 2019 年工作进度表

序号	项目名称	签约单位	联系单位	当前工作进度	2019 年 1 季度安排	备注
1	校地战略合作	甲方:津市市人民政府 乙方:江南大学	教育局	各个具体项目正在稳步推进根据签约的酶制剂产品性能优化与 VB12 发酵水平提升、普鲁兰酶技术研究与开发项目内容进行推进。全面准备省级院士工作站的申报材料。	督促江南大学与津市各企业签订的产学研项目进一步落实。	
2	院士工作站	甲方:鸿鹰生物 乙方:陈　坚	教育局	已与鸿鹰生物技术总监黄石桥联系,将省级院士工作站申报材料上报省科技厅,等待评审结果。	1~3 月全面准备申报材料,4 月向省科技厅、科协进行申报。	
3	酶制剂产品性能优化与 VB12 发酵水平提升	甲方:鸿鹰生物 乙方:江南大学	教育局	已与鸿鹰生物技术总监黄石桥联系。	1 月签订项目执行协议,且形成具体行动方案。	
4	普鲁兰酶技术研究与开发	甲方:鸿鹰生物 乙方:江南大学	教育局	已与鸿鹰生物技术总监黄石桥联系,正在进行中试,提高发酵水平,进行成本优化。	按协议有序执行	
5	食用菌精深加工技术研究	甲方:和平生物 乙方:江南大学食品学院	教育局	4 月 15 日,鸿鹰生物李洪兵去江南大学,与姜启兴教授深入沟通,确定由江南大学姜启兴教授结合津市食品加工企业生产线的产能和加工工艺,开发出一种或多种适合在津市生产的食用菌产品,试制成功后,再投入小批量生产,深加工的方向是罐头、腌制系列产品。	1 月请姜启兴教授来津实地考察	
6	津市牛肉米粉产业发展战略合作	甲方:津市嘉山实业公司 乙方:江南大学食品学院	商务粮食局	4 月 23 日,姜政才带队与江南大学食品学院李兆峰教授进行对接,对研制产品现场评判,提出米粉粘连、不滑爽等问题。江南大学对保鲜米粉进行改进,5 月上旬与津市再对接。	1 月中旬,与江南大学食品学院签订津市牛肉米粉保鲜保质技术合约;1 月 22 日左右,与霸蛮科技进行对接;1 月底前,完成牛肉米粉官网的具体工作。	
7	咸味香精香料技术研发	甲方:嘉品嘉味 乙方:北京工商大学	商务粮食局	正在做中试,6 月完成。	6 月底前完成《猪骨味素制备冷冻调理品用香精关键技术研究与开发》,《淡水鱼提取鲜味因子关键技术研究与开发》两项专项研发计划。	
8	构建丝状真菌表达系统提高酶发酵水平	甲方:鸿鹰生物 乙方:华南理工大学	发改局	因市场需求变化,项目目前暂停。	1. 签订构建丝状真菌表达系统提高酶发酵水平项目合作协议,预计 2020 年完成项目成果转化;2.现阶段,华南理工大学正在进行构建丝状真菌表达系统提高酶发酵水平项目课题研究,预计 2019 年底完成课题研究的 50%。	
9	甾体激素产品市场全球策划咨询服务	甲方:新合新生物 乙方:美国 JEG &Associates LLC.	嘉山街道办事处	协议签订后,具体合作内容和细节待李喜荣进一步与约翰博士确认。咨询服务合作已启动,对新合新员工就研发、产品规划管理、市场管理等方面进行培训。	对甾体激素产品 2019 年的市场需求摸底,做好预判	

序号	项目名称	签约单位	联系单位	当前工作进度	2019 年 1 季度安排	备注
10	氟氢可的松儿童用药制剂合作开发	甲方:科益新生物 乙方:中国医学科学院药物所	国土局	已经确定醋酸氟轻可的松的合成路线,所得产品纯度,只有 95%,在开发精制方法。计划拿到符合药典标准的产品,做三批实验室放大,考察工艺的稳定性。	与药物所对接，醋酸氟氢可的松项目正在试验阶段，待新产品研发出来后交付新合新放大生产。	
11	植物甾醇发酵关键中间体的研发应用	甲方:新合新 乙方:浙工大药学院	三洲驿街道	已邀请药学院专家到津商讨深度合作事宜	1.2 个新菌种投入量产,继续新菌种研发;2.3 月份赴浙江对接药学专家及团队;3.4~5 月与新合新、浙江大学药学协商在津举办生物制药峰会;4. 外出学习、考察、招商。	
12	性激素系列产品合作研究	甲方:科益新生物 乙方:中国药科大学	卫计局	合作暂停	1.1 月，双方达成合作意向;2.2 月,向华正在拟定合作方案,计划于下旬完成;3.3 月，中向华与新合新面商，达成共识后签约,启动该项目。	
13	氟苯尼考中间体新技术开发	甲方:新合新生物 乙方:湖大化学化工学院	非税局	已向农业厅提交材料,等兽药原材料生产的批文。	本项目小试中试都已经通过,新合新正在进行车间改造,2 月底前可通过省级监管部门的认证,3 月可正式批量生产。	
14	博士后工作站	甲方:新合新生物 乙方:粟石军	财政局	3 月赴长沙与刘喜荣总经理及湖大对接，企业正在筹备，争取 2020 年初申报。	与湖南大学及相关部门对接联系,申报政策的制约(博士后工作站两年申报一次),2019 年完善基础条件,2020 年正式申报。	
15	博士后工作站	甲方:汇海农牧 乙方:于旭华	文体广新局	与汇海农牧联系，计划来津实地踏勘。赴广州与广州汇海农牧主要负责人交换意见,就下一步合作事宜进行洽谈。	汇海农牧正在项目选址,洽谈合作细节阶段,待正式投产后方可进行博士后工作站建站工作。	
16	造纸酶关键技术研究	甲方:鸿鹰生物 乙方:长沙理工大学	高新区	该项目属于续建项目,双方已经完成研究合作任务。	完成产品中试。	
17	杂粮及酸奶类糖果果冻关键技术研发与产业化	甲方:新中意食品 乙方:长沙理工大学	高新区	收集、整理相关工艺技术;外出考察设备厂家,形成考察调研报告;杂粮与果冻布丁应用小试。	1. 完成厂房建设设计规划及相关报批手续;2.优化产品工艺参数。	
18	休闲食品研发	甲方:新中意食品 乙方:湖南文理学院	环保局	完成项目投资报告并上报到总部会审。	1. 明确 3~5 种杂粮作为糖果和果冻的结合;2.确定与杨教授研发的品种 2~3 个;3.拿出新中意 2019 年科技研发项目工作推进表。	

序号	项目名称	签约单位	联系单位	当前工作进度	2019年1季度安排	备注
19	院地战略合作	甲方:津市市人民政府 乙方:湖南省农业科学院	农业局	4月19日,省农科院农业经济和农村区划研究所针对修改意见进一步完善乡村振兴规划编制文本;4月22日至23日,省农科院农业经济和农村区划研究所组织技术人员到津进一步征求各镇和有关街道的意见。	1.启动乡村振兴规划编制;2.农业面源污染治理的策划包装;3.完成润农茶油特色产业园项目策划。	
20	油茶资源综合开发与高效利用	甲方:润农生态茶油 乙方:湖南中医药大学	食药工质局	实验室改造工程完成;药植园选址已确定,规划已出台。	1.已签订校企合作协议,润农租赁中医药大学两个实验室,从事油茶资源开发与利用研究;2.毛里湖灵犀小镇建设100亩药植园项目,1月出初步规划;3.中医药大学学生实习基地建设待学校进一步确认后实施。	
21	植物提取物及饲用植物预混料合作开发	甲方:菲托葳植物资源 乙方:湖南农业大学	畜牧水产局	1.博落回高效节能生产工艺完成小试开发。2.正在进行博落回生产工艺扩大试验,考察合适的生产设备,进行项目可行性,经济性评价。	1.1~6月完成实验室工艺研究;2.6~8月进行生产设备选型研究;3.9~12月进行中试生产,优化工艺参数。	
22	津市生物医药与健康食品产业投资基金项目	甲方:常德财鑫金融控股 乙方:津市市人民政府	嘉山实业	完成引航生物尽调报告、风控报告。完成慕恩生物尽调,正在编制尽调报告、风控报告。	1. 双方协商,确定基金管理公司,拟定基金组建初步方案;2.投资方案按程序走相关流程;3.资金融资推介工作,准备基金相关成立文件,基金相关机构注册成立;4.基金首批投资人签约,缴付第一次交割资金,基金挂牌成立;5.基金全部投资人落实完毕,筹备工作完成。	
23	微生物产品生物基地项目	甲方:津市市人民政府 乙方:慕恩生物	财政局	积极跟进生物医药专项基金的筹备工作。(基金注资是项目落地的前提)	招商项目	
24	水处理一体化设备项目	甲方:津市市人民政府 乙方:天津沃佰艾斯	人社局	邀请天津沃佰艾斯有限公司到津协商落户相关事宜。		
25	危废处理中心项目	甲方:津市市人民政府 乙方:宁波热电	发改局	固废项目初步确定选址意见,进一步论证。		
26	藠果深加工项目	甲方:津市市人民政府 乙方:泉州荣祺食品	人大办	白衣工地因为场地受限修好96个腌制池,白衣园区环评完成。园区工地完成设计、总图评审基本完成,启动厂房建设,园区环评等待批复。		
27	生物水质改良剂项目	甲方:津市市人民政府 乙方:汇海农牧	商务粮食局	已完成付款,正在办理土地证。		
28	中草药种植与加工项目	甲方:津市市人民政府 乙方:中国中药控股公司	药山镇	与中药集团进行对接洽谈,商定来药山考察时间。		
29	田园综合体项目	甲方:津市市人民政府 乙方:山河控股集团	民政局	山河集团派工作团队赴美考察,三月到津踏勘。		

表 4　　津市市“三名工程”校企对接汇总表

序号	企业名称	项目名称	合作院校与合作时间	服务部门
1	湖南新合新生物医药有限公司	甾体激素产品市场全球策划咨询服务	美国 JEG &Associates LLC.	嘉山街道 4210100
2	湖南新合新生物医药有限公司	9-OH-AD 生物发酵新菌种与技术开发	华东理工大学 2019-2028	
3	湖南新合新生物医药有限公司	氟苯尼考中间体新技术开发	湖大化学化工学院	财政局 4223345
4	湖南新合新生物医药有限公司	博士后工作站	栗石军	
5	湖南新合新生物医药有限公司	植物甾醇发酵关键中间体的研发应用	浙工大药学院	三洲驿街道 4224212
6	湖南鸿鹰生物科技有限公司	维生素 B12 发酵水平提升研究	江南大学 2018-2020	教育局 4223308
7	湖南鸿鹰生物科技有限公司	酸性高温淀粉酶性能优化研究	江南大学 2018-2020	
8	湖南鸿鹰生物科技有限公司	院士工作站	江南大学 2018.12-2023.12	
9	湖南鸿鹰生物科技有限公司	普鲁兰酶的研究	江南大学 2019-2021	
10	湖南鸿鹰生物科技有限公司	构建丝状真菌表达系统提高酶发酵水平研究	华南理工大学 2019-2021	
11	湖南鸿鹰生物科技有限公司	造纸酶关键技术研究	长沙理工	高新区 4201228
12	湖南菲托葳植物资源有限公司	植物提取物技术合作开发	湖南农业大学中兽药 湖南省重点实验室 2019-2023	市畜牧水产事务中心 4222494
13	湖南阿斯达新材料有限公司	不对称催化高效制备重要醛醇的关键技术研究	浙江大学 2019.2	市商务局 4233619
14	湖南劲龙电机有限公司	高效永磁同步控制器研发	湖南大学 2018.5	市林业局 4223618
15	湖南恒博尔热风机制造有限公司	空气动能热风机节能技术研究	上海大学机电学院	市供销社 4223455
16	湖南鑫源缸套有限责任公司	气缸套专用数控机床控制系统研究	天津大学机械工程学院 2016.6 至今	市司法局 4213420
17	湖南中联重科车桥有限公司	物流车用电动车桥关键技术研究及产业化开发	长沙理工大学 2018.10-2020.12	市政府办 4212345
18	湖南新中意食品有限公司	杂粮及酸奶类糖果果冻关键技术研发与产业化开发	中南林业科技大学 2017.6	高新区 4201228
19	湖南新中意食品有限公司	杂粮及酸奶类糖果果冻关键技术研发与产业化开发	长沙理工大学 2017.12	
20	湖南新中意食品有限公司	休闲食品研发	湖南文理学院 2018.4	
21	湖南省嘉品嘉味生物科技有限公司	咸味香精香料技术研发	北京工商大学	市商务局 4233619
22	湖南省嘉品嘉味生物科技有限公司	淡水鱼提取鲜味因子关键技术研究与开发	北京工商大学 2018.9-2020.1	
23	湖南省嘉品嘉味生物科技有限公司	猪骨味素制备冷冻调理品用香精关键技术研究与开发	北京工商大学 2018.9-2020.2	
24	湖南省嘉品嘉味生物科技有限公司	鲜菇 / 鲜骨纯天然高营养风味调料的研究与开发	湖南林业科技大学 2019.1-2020.12	

序号	企业名称	项目名称	合作院校与合作时间	服务部门
25	湖南润农生态茶油有限公司	抗血栓、抗心肌缺血灵犀保健茶油制备关键技术的研究与开发、GK中提取有效成分的研究	湖南中医药大学 2018.4	市监局 4222022
26	湖南润农生态茶油有限公司	油茶资源综合开发与高效利用	湖南中医药大学	
27	湖南省浩瀚食品科技有限公司	蔬菜制品深加工技术开发	中南林业科技大学食品科学与工程学院 2019.1-2020.12	市行政审批服务局
28	湖南仕林科技生物股份有限公司	一体菌种研发	湖南农业大学食用菌研究所	农业农村局 4213804
29	湘澧盐化有限责任公司	盐泥无害化减量化资源化处理	中南大学 2017.5	市委政法委 4213243
30	湖南欣龙非织造材料有限公司	抗血渍无纺布后处理工艺研究	海南师范大学化学与化工学院 2017.3	市人社局 4223936
31	常德大北农饲料有限公司	斑点叉尾鮰的配方结构优化及保健型功能料开发	湖南农业大学 2019.2-2020.2	市畜牧水产事务中心 4222494
32	湖南特维新材料有限公司	白色导电纤维研究	湖南工程学院 2017.1-2022.1	市交通运输局 4222803
33	湖南吉人住工装配式建筑有限公司	EPS轻钢建筑板材自动化生产线设计开发	湖南大学 2018.11-2021.10	市住建局 4222036
34	湖南炜基生物工程有限公司	毒素吸附与动物肠道健康研究	中国科学院亚热带农业生态研究所	中国电信津市分公司 4229988
35	湖南渔经生物技术有限公司	淡水养殖饲料研发	中国水产科学研究院淡水研究中心	
36	湖南致远车桥有限公司	新能源汽车关键零部件开发	天津大学	

人、初级职称35人；高级营销师11人；高级技师1人、技师4人、高级工22人、中级工6人、初级工6人；硕士研究生0人、大学本科54人、大专19人，大专及以上文化程度占员工总数91.25%；中专、技校3人，占员工总数3.75%；高中2人，占员工总数2.5%；初中及以下2人，占员工总数2.5%。津市农电服务责任有限公司有员工82人，其中本科5人，大专28人，中专7人，高中24人，初中及以下11人。（田筱滢）

【电网建设】2019年率先完成新一轮农网升级改造任务，新建10千伏线路21.93千米，改造10千伏线路13.25千米、低压线路82.43千米，新增台区21个，改造台区18个，多措并举解决58个低电压台区。新建35千伏渡口变电站投运，110千伏白衣变电站纳入规划并顺利选址。开展"百日攻坚"设备及通道整治，砍伐树障8000余棵，跨鱼塘线路绝缘化改造350处。标准化台区顺利通过省公司验收，"一所一册"配网规划通过省公司评审。完成属地化线路管理协调工作。完成10千伏津灵线工业园负荷切割到10千伏嘉鸿线，解决10千伏津新线重过载，高标准完成2020年项目需求及编制，总投资计划2800多万元。开展大数据应用，利用大数据平台开展反窃查违，组织"泛在电力物联网"宣讲进班组、供电所，泛网知识初步普及。（杨莉）

2019年拥有500千伏变电站1座、220千伏变电站1座、110千伏变电站4座，直接运维管理35千伏变电站3座，35千伏线路6条，总长92.612千米，10千伏线路52条，总长789.13千米，其中公用线路43条，长772.5千米，专用线路9条，长16.6千米。配电变压器1086台（不含专变）。（见表5）

【民生实事工作】2019年度国网津市市供电公司"民生实事工作"涉及4个行政村，分别是原渡口镇中南村，花桥村，七星村、八宝湖村。工程总投资669.13万元，新建、改造10千伏线路7.331千米；新增配变新建台区2200千伏安/18台；新建、改造220～380伏线路39.006千米；新立电杆721根。

（刘伟）

【供电服务】2019 年打造"让供电服务像津市牛肉粉一样鲜香"服务品牌，服务理念更清晰。争取 400 万资金业扩受限项目服务园区，解决工业园区津新线、津灵线用电难题。服务举措更加丰富，为园区企业上门量身定做"一企一策"20 份，为企业降低用电成本提供建议 32 条，常态化开展园区上门走访服务，完成大客户走访 50 余次。春节期间每天对新型冠状病毒肺炎防治医院及口罩材料供应企业保电巡查。开展零投诉竞赛、综合柜员等各类培训，服务技能更强。优化供电所布局，准军事化网格服务管理已成常态。九码头服务站硬件、软件建设得到提升，供电指挥系统一体化运作初见成效，业扩报装流程进一步压减，营销系统受理工单同比下降 33.14%，故障平均处理时长同比下降 95.49%，话务接入呼损率大幅下降。 （杨莉）

2019 年，津市用电客户 98927 户，其中工业用电户 2153 户，农业生产用电户 2134 户，排灌用电户 46 户，商业用电户 2619 户，居民生活用电户 90338 户，非居民生活用电户 1637 户，全年售电量 52679 万千瓦时，其中工业用电量 27004 万千瓦时，生活用电量 14871 万千瓦时，非生活用电量 2387 万千瓦时，商业用电量 3253 万千瓦时，农业用电量 2330 万千瓦时。（见表 6）

（贺卫忠）

【经营管理】每周部署、督导、通报，各项工作有效闭环。"六型"本部建设督导、通报成常态。经营指标持续向好，可控成本完成率 100%，预算管控进一步规范，绩效管理得到改进。经受省公司对县公司提级巡视巡察"体检"，经营管理水平得到上级好评。积极推进内模市场建设，提出提质增效举措 37 项，内部利润超额完成。整治高损台区 47 个，同期线损下降 0.29%。查获窃电 39 笔，追补电费 26.3 万余元。保河堤获"三星级供电所"，"五小"供电所建设获好评，金鱼岭示范供电所建设成效明显。 （杨莉）

【安全生产】生产秩序持续规范，从严管控周例会"六定"，微信稽查日早会、作业信息发布成常态。全覆盖查作业现场、设备运维质量，施工现场自查违章 22 起，考核金额 38320 元，漏电保护器稽查考核金额 6250 元，设备运维质量考核 350 元，秋检问题考核 750 元，安规普考奖励 23000 元，处罚 1500 元。"5 企"联合开展防外破整治，整治隐患 500 余处。圆满完成国庆 70 年庆典、津市米粉节、新型冠状病毒肺炎防治等系列重大活动保电任务。金鱼岭供电所获"省公司安全先进班组"，荣文杰获得"省公司安全卫士"，王云获"省公司安全先进个人"，调控班、输配电运检班获市公司安全先进集体，邹善东等 6 名同志获市公司安全先进个人。至 2019 年 12 月 31 日，公司累计人身安全 15026 天，设备安全 6763 天，实现连续 10 个安全年目标。 （彭卫国、杨莉）

表 5 津市市 35~110 千伏输电线路统计表

线路名称	电压等级 KV	长度 km	杆塔		导线 LGJ-m/m²	架空地线 GJ-
			铁塔(基)	水泥杆(基)		
安嘉线	110	39.6	16	129	150	25
窑津Ⅰ回	110	5.2	18	4	240	50
窑津Ⅱ回	110	5.5	19	4	240	25
窑桑Ⅰ回	110	12.21	38	18	240	70
窑桑Ⅱ回	110	5.59	25	/	240	70
津棠线	35	25.8	19	142	95	25
周棠线	35	18.516	/	90	70	35
保石线	35	2.9	4	24	70	35
保渡线	35	13.04	28	31	120	35
渡中线	35	9.3	28	9	95	25
合 计		137.66	195	451	1560	395

津市市 35~110 千伏变电站统计表

变电站名称	电压等级 KV	容　量		供电线路	出　线	
		KVA	台数		35KV 条	10KV 条
津市变电站	110	31500	2	津嘉线、窑津线Ⅰ、Ⅱ回	6	14
嘉山变电站	110	50000	1	安嘉线、津嘉线	0	5
桑园变电站	110	31500	1	窑桑线Ⅰ、Ⅱ回	1	10
中华变电站	110	50000	1	中生线、中车线	2	2
棠华变电站	35	6300	2	周棠线、津棠线		3
保河堤变电站	35	5000	2	保中线、津保线		4
渡口变电站	35	6300	1	渡中线、保渡线		2
合　计		118800	10		7	29

表 6

津市市 2014～2019 年用电客户统计表

年度	总户数	其　中					
		工业用电户	农业生产用电户	排灌用电户	商业用电户	居民生活用电户	非居民生活用电户
2014 年	89375	2468	1873	39	1950	81649	1396
2015 年	90929	2366	1924	39	2117	83068	1415
2016 年	93698	2293	1952	40	2196	85701	1516
2017 年	93935	2161	2015	40	2397	85814	1508
2018 年	97095	2130	2046	44	2506	88765	1608
2019 年	98927	2153	2134	46	2619	90338	1637

津市市 2014～2019 年售电量统计表

单位：万千瓦时

年度	总售电量	其　中				
		工业用电量	生活用电量	非生活用电量	商业用电量	农业用电量
2014 年	41864	27066	9154	1298	1722	2622
2015 年	36961	19768	10268	1622	1943	3328
2016 年	40238	20266	11954	1788	2629	3601
2017 年	43685	22537	12539	1937	2734	3938
2018 年	45766	21938	13825	2176	3046	3650
2019 年	52679	27004	14871	2387	3253	2330

农业农村工作

【概况】2019年，津市农业农村工作以实施乡村振兴战略为总揽，坚持改革创新，改善人居环境，发展现代产业，建设美丽乡村，全市农村面貌大幅改善，农村经济稳步发展，民生福祉不断提升，各项工作稳步推进，示范试点走出常德走向全国。农村人居环境整治经验在央广全国新闻联播得到报道(国务院督查组推荐)，获批为湖南省美丽乡村建设整域推进试点县、获批全国乡村治理示范体系建设示范县市。争取参评全省农村人居环境整治先进县市。农村人居环境整治示范县市经验先后多次在省、常德市现场会作书面或口头典型发言，屋场建设和市场化管理经验在湖南日报推介。干部队伍不断提振担当，积极推进市委巡查问题整改，整改问题19个，制定农业农村局制度汇编，完善制度22个。深入开展"不忘初心、牢记使命"主题教育活动，赴南县厂窖、津市监狱开展主题党日、党性教育等系列活动12次。全年传达贯彻各级重要会议10次以上，专题研究党建工作4次。开展"三会一课"，定期组织集中学习、党员民主评议等。教育引导党员干部发挥示范引领作用，全局40名党员结对帮扶56户贫困家庭。（王宁）

【机构改革】2019年改革完成农业农村职能大整合。根据政府机构改革要求，农业局更名为农业农村局，将畜牧水产事务中心、农村经营服务站的行政职能和农林综合开发办公室、水务的农田开发等职能整合并入，优化整合内设股室，完成职能整合，农业农村局内设股室及二级机构14个为:综调室、办公室、农村社会事业促进股、乡村产业发展股、种植业管理股、科教组织人事股、计划规划股、法规股、农产品质量安全监管股、农田建设管理股、农业资源保护利用股，实有在岗在编人员56人。二级机构3个:畜牧水产事务中心、农机事务中心、农经服务站。（王宁）

【乡村振兴工作】2019年创新推进乡村振兴试点示范。2019年5月筹备召开全市乡村振兴第一次全会，确定毛里湖示范片、其他镇街一镇一村的乡村振兴试点思路。高标准完成"1+1+7"乡村振兴规划体系（1个市级乡村振兴规划+1个毛里湖镇乡村振兴示范区+7指7个示范村乡村振兴规划)。围绕"一环两片"，即湘北干线~新棠线(湘北~新棠东西环线、大关山片和毛里湖片)，毛里湖片和大关山片，打造乡村振兴示范片、示范带。通过县处级领导办点、派驻工作组、后盾单位扶持，推进庭院建设、无害化厕所改造、产业发展、乡风文明培育等重点任务，建设毛里湖乡村振兴示范片。组织农村工作领导小组成员单位及相关职能部门赴江苏、浙江、望城等地学习考察，举办农村三产融合暨农村人居环境整治培训班。有望获评1个省级美丽乡村建设示范村、2个常德市级美丽乡村建设示范村。（周鹏）

【产业发展】2019年落实水稻集中育秧点68个，专业化集中育秧点22个，集中育秧大田面积3.2万亩，其中专业化育秧大田面积14万亩，全市水稻种植面积12.5万亩，其中高档优质稻种植面积11.52万亩。与澧县洞庭春米业有限公司衔接，组织津市种粮大户建立优质稻订单生产基地1万亩。推广稻田综合种养模式，以养虾为主要模式的稻田综合种养面积由上年的200亩发展到5000亩，蔬菜播种面积6.99万亩、蔬菜基地10个、大棚4000个。加强病虫害防治，共完成防治面积油菜8万亩次，水稻33万亩次，棉花5万亩次，其他作物3万亩次。探寻摸索三产融合发展路径。

2019年7月，出台《津市市产业扶贫指导意见》。在毛里湖镇、白衣镇、药山镇每镇选择2~3个村创建葡果产业基地，基地总规模达到1500亩以上。在新洲镇灵火公路沿线壮大食用菌基地，基地规模达到500亩以上。每个镇投入产业扶贫资金150万元(量化到全镇贫困人口)注入村集体经济合作社，采取委托帮扶模式，带动全市贫困户增收脱贫。（马锐、王芳）

【农村人居环境整治】全域推进农村厕所革命。按照现行示范、整村推进的要求，制发《三格化粪池改(新)建施工技术规范》，对施工队、村镇分管负责人进行集中技术培训280人，成立农村改厕工作督导小组，每名班子成员带队对联系镇街的改厕工作实行“八包干”。同时，为严格确保改厕质量，项目验收聘请第三方机构实施，2019年全市改厕完成10000户。

全域开展村庄清洁行动。按照“三面五清(以“三清一改”为主要内容，开展全域性村庄清洁行动集中整治，确保达到“无卫生死角、无暴露垃圾、无乱堆乱放、无残垣断壁、无污水横流；大街小巷、房前屋后净、河塘沟渠净、村庄田头净、乡间小道净”的)”要求，常态化开展村庄清洁行动、全域保洁体系建设工作，共清扫、转运各类垃圾、建筑堆物2.5万多吨，清理美化道路494千米，整治农村庭院5700余户，清除违章建筑230处，清理沟渠154千米、堰塘210口。

示范提质村容村貌。按照“政府引导、以点带面、群众参与”的原则推进屋场建设，2019年5月出台《津市市屋场建设实施方案》，明确屋场建设12句“三字经”(竹竿围、户联通、生态塘、标识齐、绿满地、室内净、屋场洁、净化池、广场靓、人守约、文上墙、产业旺。)的建设标准，建成市级示范屋场12个，镇级、村级示范屋场32个。重点打造湘北公路等主公路沿线、大关山片和毛里湖片，整治沿线沟渠35千米。配合推进绿色存折制度全域推广运行。

全员参与秸秆禁烧和综合利用。按照班子成员带分管股室包镇街、责任股室全市巡、全局人员全参与的要求，全方位推进秸秆禁烧工作。主要是夏季、冬季4月~6月，10月~12月为秸秆禁烧重点时段，充分利用各种会议、宣传栏、宣传单等形式把秸秆禁烧及综合利用宣传深入人心，在全市交通要道处悬挂大小标语600余幅，发放宣传资料60000余份，出动1200余次秸秆禁烧和综合利用宣传车。

2019年全市累计立案处罚露天焚烧秸秆违法行为为19起，其中简易执法17起，处罚金1300元，公安行政执法一起，处罚金300元，合计共处罚金1600元。综合利用方面，直接粉碎还田3500余亩，收储水稻秸秆2000多吨，推广稻油水旱轮作种植模式15.67万亩。

(周鹏)

【“三品”工程】品种改良，推进稳粮提质增效，建立优质稻订单生产3万亩；基本完成“两区”划定，划定水稻生产功能区面积174838.04亩，油菜面积126214.88亩，棉花面积31524.57万亩；湖南省特色粮食产业技术研发中心落户津市。品质提升，加快农产品质量安全县创建工作，加强日常监测和农业执法，全市共检测样品11101批次、共出动执法人员365人次、检查生产经营主体374家次，查处问题3起；启动津市米粉追溯体系建设。品牌创建，全年完成“三品”认证12个；组织新中意等近20家企业赴北京、澳门、长沙等地参加“常德品牌·中国品质”系列活动及农博农展活动6次，各类农博农展活动中各参与企业实现现场销售额超过50万元，总共签约资金15.1亿元。“创奇”村菇鱼获第二十一届中国中部(湖南)农业博览会金奖；“灵犀”茶油获首批“湖南茶油”公用品牌授权。

(王宁)

【争资争项】2019年农业农村局争资任务11000万元，争取到位资金11048万元，完成任务。招商引资任务5000万元，已经与津市市信隆欣茂农业科技有限公司签订合同，总投资6000万元，已完成招商引资任务。全年开工建设项目16个，重点实施高标准农田建设项目、2019年长江经济带农业面源污染治理项目、洞庭湖区化肥农药农业废弃物污染整治示范区建设项目、1万吨葛果初加工生产线等项目，夯实农村基础。

(杨为湘)

【风险防控】集中推进风险防控等工作。对风险防控等工作采取班子成员带分管股室包镇街，全员出动、全力推进。开展“大棚房”整治。全市共排查763个疑似图斑，发现“大棚房”问题6处。对排查清理出的6处“大棚房”问题全部如实上报，进行拆除整改，涉及违规占用耕地面积8.55亩。“退养转产”取得成效。全市累计完成转产面积12226.88亩，转产率达100%。打好“非洲猪瘟”阻击战。通过生猪日常排查、泔水管控、流通监管、两场保护等防控措施防控非洲猪瘟，查处违规调运仔猪3批次326头，按照规定全部进行深埋等无害化处理，旺森、佳和公司投资200万元建立两个洗消中心，全年全市未发生一例非洲猪瘟确认疫情。

(范延锋、王芳)

【高标准农田建设】 津市市2019年度高标准农田建设项目计划任务位于毛里湖镇箭楼村和新洲镇黄林堰村、嘉山社区、车胤村、五泉社区、庹家峪村，2.1万亩。计划土壤改良1.92万亩，堰塘扩建加固61座，投资额1262.1万元；修建排灌站5座，投资额34.3万元；衬砌明渠25.17千米，修建田间道路22.49千米，高效节水灌溉2400亩。

(田勇)

【农产品质量安全监管】2019年，开展打击农村假冒伪劣食品联合执法行动。利用农村广播、微信公众号等形式宣传造势，张贴宣传标语、悬挂横幅125条，出动宣传车8台次，利用农村赶集、包村干部进村入户等形式发放宣传资料15000余份；以张贴、入户发放、广播等形式发放致广大农村居民(消费者)的一封信46000余份。此次行动共出动执法人员407人次，出动执法车辆106台次，排查食品经营户、农贸市场668家次，检查种植合作社、养殖场38个，抽检食品、蔬菜、水果219批次，收缴假冒伪劣食品、过期食品、“三无”食品共计3076.15千克，查获白板肉650千克，立案查处食品违法案件30起，案值18.75万元，罚没金额5.4万元，移送公安机关案件1起，刑事拘留1人。

全市共检测样品12577批次，其中市检测中心蔬菜水果检测样品5214批次，畜禽水产品检测479批次，监测样品2000批次，全部合格；开展监管巡查28次。镇街共监测样品4884批次，巡查98次。送第三方定量检测100批次，全部合格。共配合完成省级监督抽查蔬菜17批次、水果10批次，常德市级监测蔬菜90批次、水果60批次、稻谷5批次。(谭鹏)

脱贫攻坚

【概况】津市市是全省59个非贫困县之一,2016—2019年连续四年被评为全省脱贫攻坚工作先进县市。全市有贫困村11个，建档立卡贫困人口1805户5399人。到2019年底,11个贫困村已全部出列,脱贫贫困人口329户817人,全市贫困发生率降至0.25%。　（马珊珊）

【行业扶贫】2019年,结合“两不愁三保障”突出问题整改,全市各项扶贫政策精准落地落细。危房改造方面。完成2502户“四类重点对象”的房屋鉴定;107户存量危房改造任务全部完成。教育助学方面。教育助学资金全部发放到位，全年发放助学资金154.95万元;没有一名义务教育阶段的贫困学生辍学;完成25名贫困村创业致富带头人培训。健康扶贫方面。5426名贫困人口全部购买城乡居民医保,购买医保补贴全部发放到人;贫困户市域内住院报销比例达到90.8%;市域内就诊率达到93.86%,“四类慢性病”患者签约服务率达到100%,29种大病定点医院救治率达到94.35%。产业扶贫方面。津市采取“三一帮扶”模式,产业扶贫覆盖所有建档立卡贫困户。采取委托帮扶模式创建葛果、食用菌基地,镇政府、村委会、村集体经济合作社、贫困户四方签订协议,构建稳定利益联结机制;采取直接帮扶模式开展“一亩园”果木种植,为每户贫困户免费发放果木树苗,在屋场前后打造一亩经济林,既美化环境,又创业增收。至12月,全市共安排产业扶贫项目资金1089.5万元,其中,发展葛果基地1500多亩450万元;食用菌基地75亩150万元;果蔬种植4142.5亩473.5万元;油牡丹种植50亩9万;龙虾养殖45亩7万。就业扶贫方面。新增80人的贫困劳动力转移就业全部完成,“四个渠道”吸纳就业人数272人(任务数183人),津市通过省平台更新贫困劳动力数据2394人次，涉及1347人,通过平台的人岗匹配功能，为33名贫困劳动力推荐就业岗位65次，推荐成功10人。完成扶贫车间认定2家,吸纳贫困劳动力就业22人，占任务数的173.33%。贫困家庭“两后生”技能培训21人。全年发放贫困户交通费补贴606人21.11万元。低保兜底方面。全市农村低保标准由3960元/年提高到4200元/年,对困难群体实现应保尽保;残疾人“两项补贴”全部打卡发放到位,36名残疾学生和贫困残疾人家庭子女落实助学资助,为残疾人更换办理第二代《中华人民共和国残疾人证》，为贫困重度残疾人代购城乡居民医疗保险和城乡居民最低缴费档次城乡居民养老保险。基础设施建设方面。所有建档立卡贫困户全部安装自来水;78千米自然村公路建设任务和16千米通客车路线窄路加宽任务已全面完成。　（马珊珊）

【驻村帮扶】按照“两覆盖”的要求,2019年津市11个贫困村、15个贫困人口100人以上非贫困村及17个贫困人口100人以下非贫困村由市级领导联点,共选派驻村帮扶工作队27支、驻村干部64人。向11个贫困村、16个贫困人口100人以上的非贫困村选派任命村党组织第一书记。向16个100人以下的非贫困村安排结对帮扶联络员。津市市涉及贫困人口的村（社区）共56个,其中,市级领导联点及市派帮扶力量的有43个村(社区),县派帮扶力量覆盖率达到76%以上；全市27个驻点村由119家后盾单位及各镇(街)村(居)729名干部结对帮扶1310户建档立卡贫困户,其中市派干部结对帮扶贫困户覆盖率达到全市的80%以上,所有贫困户都由财政供养人员结对帮扶。

【金融扶贫】2019年未发生逾期还款情况,按照贫困户自贷自用、应贷尽贷和“四有两好一项目”相关要求,共发放扶贫小额贷款74笔363万元，超额完成省扶贫办下达的350万元的测算计划。至12月,发放小额扶贫贷款占比103.7%。　（罗毅）

【社会扶贫】结合津市实际制定户帮户亲帮亲　互助脱贫奔小康工作方案,全市共摸排出215户559名重点帮扶对象,明确主体帮扶人(198人)和帮扶联络员(53人),按照“四位一体”、“三人一户”模式,层层压实帮扶责任。通过向全社会广泛倡议,各群团组织和社会爱心人士、非公有制经济人士积极参与,对四类重点对象开展多种形式的帮扶。引导安置残疾贫困人口。对因残丧失部分劳动力的贫困人口,引导他们在企业和合作组织务工就业,树立起他们对生活的信心。结对帮扶妇女儿童。妇联开展“执委帮困行”活动,按照“3+1”(3名执委帮扶1户贫困户)模式,结对帮扶185户贫困户。积极开展“姐妹守望、邻里相助”活动,各后盾单位为适龄妇女捐赠“湘女关爱保”。“多主体+”模式助力教育扶贫。“爱心企业+”。和盛五金包装有限公司等6家非公有制企业,每年为每名孩子捐助2000元，直至高中毕业。“爱心团体+”。建材装饰协会中的退伍创业军人每年“八一”举行爱心筹款活动,为每名结对帮扶贫困儿童捐赠2000元，直到九年义务教育结束。“文明单位+”。全市48家文明单位结对帮扶贫困学生51名，帮扶金额5.36万元;结合“微善风”助学活动,为29名贫困学生发放助学金3.72万元。开展“百企联百村”活动,新合新、建材装饰协会等15家企业和协会,结对帮扶18个村和75户贫困户。各企业协会和个人,对接“中国社会扶贫网”贫困户发布的需求信息,通过捐款、捐物、志愿服务等方式,落实各类需求931条次。通过举办农产品产销对接活动、后盾单位与联点村开展消费扶贫“以买带帮”、龙头企业帮销等多种形式直接帮助贫困户销售蔬菜、家禽、棉花、稻谷、茶业、茶油等农副产品,提升贫困户家庭收入水平。至12月,全市累计组织购买和帮助销售贫困地区农副产品金额达105.77万元,带动贫困人口1318余人。　（马珊珊）

农村经营服务

【概况】2019年,市农村经营服务站开展全市农村土地确权登记颁证、农村集体产权制度改革、农民负担监管、扶贫攻坚等工作,被常德市评为2019年度全市农民权益维护和农民负担监督管理工作先进单位,2019年度全市农村集体产权制度改革工作先进单位。

【农民权益维护和农民负担监管】2019全市农民负担监管工作得到省、常德市的高度认可,3月、9月,对农村中小学入学收费情况进行监督检查。日常工作中,对涉农部门收费情况进行全面调查了解。全面落实农民负担领导负责制、部门责任制、惠农补贴政策备案制、惠农补贴发放一卡通制、农民负担与补贴公示制、《农民负担与补贴监督卡》到户制、涉农收费会签备案制、农民负担专项审计制、村级报刊订阅限额制等工作制度,全年没有出现一起涉及农民负担的信访举报问题。津市市被评为全市农民负担监督管理工作先进区县(市)。

【农村集体产权制度改革】根据《湖南省农村集体产权制度改革试点方案》要求,2019年年底前,全市村(居)全面完成农村集体经济组织成员身份确认和建立健全集体经济组织的工作。农经站牵头进行全面部署、安排,多次征求意见、反复商议工作方案、广泛宣传培训、多次督导检查,下发《津市市农村集体经济组织成员身份认定指导意见》《津市市全面建立农村集体经济组织的指导意见》等文件,截至2019年9月中旬,全市各镇、街的61个涉农村、社区共确认集体经济组织成员41139户、134062人,全面完成农村集体经济组织成员身份确认工作。2019年8月2日,召开全市建立农村集体经济组织部署会,副市长徐兴勇为津市市嘉山街道团湖社区股份经济合作社颁发津市首张"农村集体经济组织登记证",津市村级集体经济组织开始正式拥有"特别法人"资格。各村、社区按照选举成员代表、制定方案、会议筹备、会议表决、登记设立、规范阵地、档案整理、后续完善等步骤全面建立了村级集体经济组织,8月~12月,各村级集体经济组织陆续向市农经站提交《农村集体经济组织登记赋码申请表》、《农村集体经济组织基本信息登记表》等资料进行登记赋码。至2019年12月,全市61个涉农的村、社区集体经济组织全部建立到位,登记赋码发证率要达到100%。2019年9月全省产权制度改革工作交叉检查时,津市在常德排名第一、全省靠前,被省农业农村厅推荐为农业部表彰对象;被常德评为全市农村集体产权制度改革工作先进单位。

【农村土地确权登记颁证】2019年8月底,全面完成农村土地确权登记颁证工作,共调查承包地块214150块,实测耕地面积26.48万亩,重新与农户签订土地承包合同29422份,颁发土地承包经营权证29422本,颁证率达到98.9%。建成市级土地确权数据库与运行平台,实现与镇街互联互通,确权数据已整体汇交到农业农村部,农村土地承包确权登记颁证档案顺利移交市档案馆,津市是常德市第一个全面完成土地确权登记颁证工作的县市。从省级开展农村土地确权颁证工作"回头看"检查情况看,津市土地确权工作质量处于全省前列。全市流转土地已达11.03万亩,社会化服务体系正在逐步建立,农村土地"三权分置"改革稳步推进。

【培育发展新型农业经营主体】开展清理整顿。根据全省农民专业合作社"空壳社"专项清理的部署,对全市农民专业合作社进行认真清查,要求落实市、镇两级登记备案制度,登记资料不齐全的补充完善,对没有正常经营引导其进行注销。组织培训提升。5月,组织各镇(街)农民专业合作社的分管负责人、农业站长、部分农民专业合作社的理事长和财务人员35人,赴鼎城区现场学习农民专业合作社内部管理与财务管理相关做法、经验。8月,再次组织家庭农场和合作社的负责人及财务人员开展规范化建设培训班。10月,对各家庭农场、农民专业合作社等新型经营主体进行摸底调研,全面澄清底子。加大项目扶持。成功申报省级示范社创建项目1个、省级示范家庭农场2个,获得省级项目资金50万元。年底,从全市粮食适度规模经营补贴中争取资金52万元,对22个示范引领作用明显的家庭农场和农民合作社进行补助。截至2019年12月底,经市场监管部门登记注册的农民专业合作社达235家,家庭农场173家。

【发展壮大村级集体经济】在乡村振兴战略的提振下,按照"因地制宜、因村施策"的工作原则,大部分村正在尝试发展特色产业,部分村发展柑桔、食

2019年9月6日,津市市农村土地确权登记颁证"回头看"工作部署

用菌等产业，村集体经济收入正在逐年增加。根据省委组织部、省财政厅、省农业农村厅《关于落实〈中共中央组织部财政部农业农村部关于坚持和加强农村基层党组织领导扶持壮大村级集体经济的通知〉的通知》的相关要求，农经站谋划项目支持，2019年成功申报大关山和庹家峪村，进入2020年扶持发展村级集体经济的范围。结合产业扶贫政策，部分村利用扶贫资金入股农民合作社，通过扶贫开发等多种形式发展集体经济，增加集体经济收入。

畜牧水产

【概况】2019年，津市市畜牧水产事务中心不断优化产业布局，转变生产方式，狠抓养殖产业发展、动物疫病防控、养殖污染防治和畜禽水产品质量安全监管，推进种养业生态循环发展，构建养殖废弃物综合利用的有效模式与途径，各项工作稳步推进。

2019年，全市畜牧水产总产值23.39亿元，同比上升29.22%，占农业总产值的55.85%。出栏(笼)生猪32.98万头，同比下降22.4%；菜牛出栏0.38万头，同比增长2.7%；羊出栏2.52万只，同比增长0.8%；家禽228万羽，同比增长1.3%；肉兔48万只，同比下降9.2%。水产品起水29931吨，同比下降0.6%。

(付朝辉)

【养殖业发展】2019年，全市有规模以上畜禽养殖场59家，其中年出栏5万头以上的大型生猪规模养殖场3家，分别是湖南旺森农牧有限公司、津市市佳和生态农业有限公司灵泉基地和棠华基地。有养殖水面141039亩，“稻田+”综合种养18120.57亩，稻渔养殖企业10家，名特优养殖企业(户)8家。2019年，津市市重点支持生猪生产发展、动物疫病防控和流通基础设施建设，鼓励各生猪养殖场(户)建设标准化规模养殖场，为生猪养殖企业津市市嘉隆生态农业有限公司争取养殖场异地重建项目资金100万元，津市市新伟业良种养殖有限公司争取养殖场改扩建项目资金50万元。佳和、旺森两家公司先后投资200多万元建成洗消中心，津市市广民养殖有限公司生猪养殖场获批湖南省级畜禽标准化示范养殖场。

(唐峰、王成林)

【渔业资源保护】2019年，开展“中国渔政亮剑2019”专项执法行动，召开各种不同类型的宣传会议12次，在码头、渔村及渔民集中地张贴禁渔通告26份，营造社会各界共同关注、参与打击电鱼的浓厚氛围。组织统一执法行动118次，参加执法车74辆次，参加执法船艇96艘次，参加执法人员426人次，船艇行程3000多千米；累计查处违法捕捞人员12人，没收电鱼设施一套，行政处罚7人，累计罚款7000元。7月25日，在澧水津市大桥旁，组织开展“保护渔业生态环境，增殖养护渔业资源”人工增殖放流活动，放流青、草、鲢、鳙四种鱼苗1000万尾，其中3厘米以上规格青鱼鱼苗10万尾；5厘米以上规格的草鱼鱼苗90万尾；5厘米以上规格的鲢鱼鱼苗500万尾；5厘米以上规格的鳙鱼鱼苗400万尾，投入放流资金32万元。　(王成林)

【动物疫病防控】2019年，完成春秋两季防疫，免疫密度、免疫证发放、牲畜挂标、台账登记均达到100%。开展重大疫病的例行监测和流行性病学调查，全年采集畜禽血清样9600份、其中检测非洲猪瘟样品8100份，监测结果均为阴性。完成动物血防查病及化疗工作，共查病家畜4890头、化疗家畜5500头。严格执行“瘦肉精”同步检测，抽检21600头，结果全为阴性。全年出具动物检疫电子票证42000多份。加强非洲猪瘟、禽流感等重大动物疫病防控，全年全市未发生非洲猪瘟等重大动物疫情。　(周蕾)

【养殖污染治理】2019年，制定下发《津市市养殖水域滩涂规划(2018~2030)》《津市市畜禽养殖禁养区调整及新增禁养区退养工作方案》，对全市养殖生产进行合理布局。实施天然水域禁投肥管理，将97处92847.6亩水面列入禁投肥管理养殖水域，设置警示牌127块。开展西毛里湖湖浮游生物现存量调查，测算鲢鳙鱼初级生产力，编制《津市市西毛里湖浮游生物现存量与鲢鳙鱼产力调查及渔业发展建议》，科学制定投放为大规格鲢、鳙等净水鱼密度13千克/亩，起水总量26千克/亩以内。实行放养和捕捞申报制度，加强现场的监督管理，在毛里湖国家湿地公园划定禁渔区、禁渔期；进行标准化池塘改造，累计改造标准化鱼池1.8万亩，精养鱼池面积发展到4.36万亩，鱼池产能得到大幅提升。狠抓畜禽养殖废弃物资源化利用，成立畜禽养殖废弃物资源化利用工作领导小组，制定《津市市

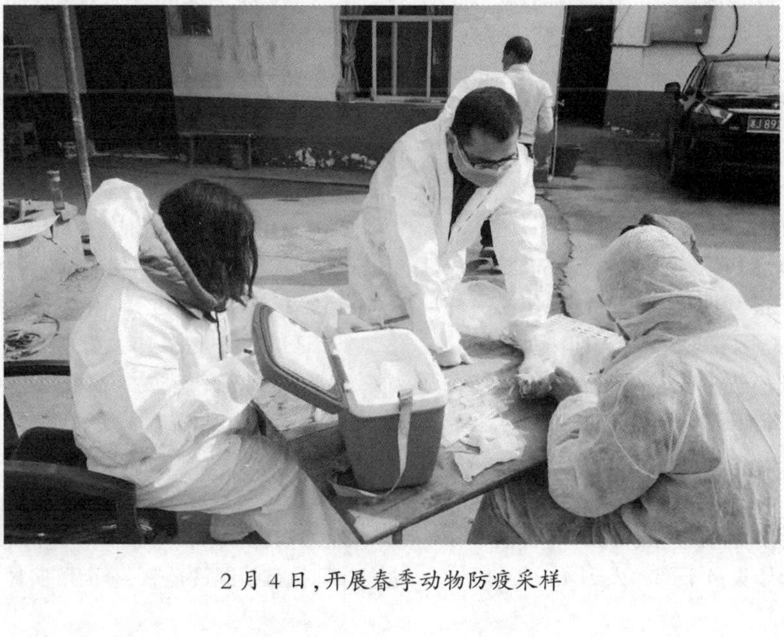

2月4日，开展春季动物防疫采样

7月25日，在澧水开展人工增殖放流

2019年非生猪调出大县畜禽粪污资源化利用方案》，圆满完成省生态环境厅、省畜牧水产事务中心对津市2018年畜禽养殖废弃物资源化利用工作的考核验收及“常德市政府污染防治攻坚战”的畜禽养殖场标准化改造任务。至2019年12月，津市市全市畜禽粪污资源化利率率达81.02%。已完成57个规模养殖场粪污设施改造，改造率达96.61%，其中大型规模养殖场设施配套率达100%。（唐峰、王成林）

【实施城乡一体化放心肉工程】 2019年6月，《津市市全面关闭镇屠宰场(点)、推进城乡一体化“放心肉”工程实施方案》《津市市人民政府关于全面关闭镇屠宰场（点）、推进城乡一体化“放心肉”工程的通告》经津市市人民政府第9次常务会通过正式印发实施，全市9个镇屠宰场(点)在2019年7月1日前由各镇人民政府实施关闭，全市生猪屠宰采取“集中屠宰、集中检疫检验，统一配送，分散经营”的模式，在市机械化定点屠宰场集中检疫屠宰。2019年，市机械化定点屠宰场屠宰生猪4.03头，肉牛2421头。（付朝辉）

【畜禽水产品质量安全监管】 2019年，组织开展“瘦肉精”、兽用抗菌药、水产品禁用药物和有毒有害物质抽检、打击私屠滥宰、养殖业农资打假等专项整治活动，出动执法人员312人次，检查养殖规模主体70家次，检查生产企业35家次，检查投入品经营户32家次。对市机械化屠宰场和旺森农牧等规模场实行远程在线电子监控管理，宰点及规模场无害化处理均在视频的视角内，随时掌控场内发生的问题。（熊伟）

林　业

【概况】 市林业局归口自然资源局管理，加挂“市绿化委员会办公室”牌子，内设办公室(人事股)、财务监督管理股、造林绿化股(市绿化委员会办公室)、森林资源管理股(行政审批服务办公室)、野生动植物和湿地保护股(自然保护地管理股)，归口管理毛里湖国家湿地公园管理处1个正科级事业单位、森林公安局1个双重管理的正科级行政单位和市林权管理中心(加挂林业调查规划设计队、林业技术推广站、造林绿化设计室、森林资料评估事务所)、市国有林场(加挂嘉山国家森林公园管理处)2个副科级事业单位。局领导班子职数4名，设1正3副，即局长1名、副局长2名、总工程师1名。

2019年，林业局向省、常德市林业局对接汇报，争取上级支持，全年共引进项目23个，到位资金1000多万元。加大招商引资力度，林业局多次赴江苏、广州等地开展招商活动，与江苏宜兴艾特克公司负责人进行沟通、对接和现场考察，双方就到津开展新型阻燃剂生产项目投资达成一致，12月签订框架协议。全体党员干部深入到43户结对帮扶的贫困户家中走访慰问、摸底调查、协助制定帮扶举措，开展“送生产资料、送政策、送信息”的三送活动，先后为贫困户送去价值3.1万元生产资料。落实林业项目扶持，共补助贫困人口574人，预计全年补贴金额50余万元。（袁超军）

【资源现状】 2019年12月全市共有林地面积16.36万亩，湿地面积15.6万亩，森林覆盖率24.47%，活立木总蓄积量62.16万立方米，全市生态公益林1.76万亩。（袁超军）

【造林绿化】 2019年，市林业局以实施长江流域防护林工程造林、中央财政补贴造林、退耕还林、森林抚育等重点生态绿化工程为抓手，全市共完成营造林生产面积31086亩，其中新造林11086亩、森林抚育20000亩。资金投入2150余万元，其中国家项目资金476万元。完成新造油茶林2013亩，油茶低改林改造3100亩。2019年，先后迎接国家、省、常德市林业局各类造林工作检查、抽查督导5次，其中，1月13日常德市林业局造林科到津开展冬季整地造林、森林防火工作督查；4月11日常德市林业局到津市开展春季造林工作督查指导；7月10日省林业厅组织对津市天然林管理及2016年度退耕还林实施情况进行检查；10月16~17日省林业厅对津市公路绿化、2019年度造林、森林抚育情况进行核查；12月25日常德林业局对津市冬季造林情况督查。2019年，完成公路植树29.3千米(其中新造15.7千米)。开展省级生态廊道基础数据调查摸底工作，完成省级生态廊道基础数据库创建。（陈金平、袁超军）

【义务植树】 2019年，市林业局组织市民开展形式多样的义务植树活动，号召全体市民深入开展“三边”造林，荒山绿化，全市适龄公民共完成义务植树56.1万株，履责尽职率达到95%。（袁超军）

【林政资源管理】 林木采伐管理。按照《林业“十三五”规划》工作部署，在全市继续推行木材采伐指标进村入户公示制度，加强森林采伐限额和年度木材生产计划执行情况的监督，全面落实林

2019 年 3 月，机关干部义务植树

木采伐许可事项下沉工作，加强林木采伐监督管理。准确把握采伐限额管理的政策：凡胸径 5CM 以上的林木采伐必须办理林木采伐许可证，农村居民房前屋后的零星树木除外。取得建设用地审批手续的占用征收林地上的林木采伐、非乔木型经济林采伐(采挖)、非林业用地上的林木采伐不纳入采伐限额管理，但必须依法申请林木采伐许可证。2019 年全年发放林木采伐许可证 151 本，采伐蓄积量达 25485 立方米。

林地资源管理。按照有关规定审核、审批征占用林地手续，按照占一补一的原则，做好植被恢复工作，确保森林资源稳定增长。为项目建设服好务，对符合用地条件的重点工程项目，提供全方位的优质服务，在材料组织和省厅进窗等环节介入指导，为项目方办妥林地审批手续。在办理林地征占用审批手续时，按照规定，非基础设施项目、非民生项目不占用公益林地；国家森林公园、毛里湖湿地公园周边重要区域、高速公路和湘北主干道两侧重点区域进行严格管理，严禁占用。2019 年，主动为全市重点项目工程建设搞好占用林地服务，先后办理安慈高速、毛里湖植物园、白衣镇荣贵墓果等重点工程建设项目占用林地，全市共初审上报征占用林地 9 宗，占用林地面积 9.3434 公顷，其中审批临时占用林 2 宗，面积 3.1166 公顷，省厅审批永久性占地项目 7 宗，面积 6.2268 公顷。

打击破坏林地行为。依法保护林地资源。针对全市乱挖乱占林地的现象时有发生的情况，年初，局党组召开专题会议，研究部署加强林地管理，森林公安局和林业综合执法大队联合组织开展联合执法，严厉打击破坏林地资源的专项行动，打击非法征占用林地行为。2019 年，全年共查处非法征占用林地案件 3 件，处罚 5 人。

公益林管理。2019 年，坚持“三防”(防破坏、防错误、防腐败)原则，防破坏，防止破坏生态公益林及生态公益林地，各镇(街)从贫困户中选聘生态公益林护林员，落实待遇和管护职责范围，实行定期监测和巡查；防错误，2019 年，组织技术人员多次下到各镇（街）、村(社区)、组，为群众指出公益林山头地块，督促村干部和镇(街)林业站将公益林到户花名册造准确，保证图、表、农户、实地四一致。防腐败，坚持定期督查，保证所有公益林补贴资金准确下发到林地所有的农户账户，杜绝雁过拔毛式腐败，全市共发放公益资金 280726.75 元。

实施“三山”保护。全方位开展津市白云山林区纳入“三山”保护范围的 17290 亩林地的保护宣传，开展“三山”保护专项行动，落实“五个禁止”(禁止擅自占用林地修建工程设施、建(构)筑物；禁止毁林开垦和毁林采石、采矿、采砂、取土以及其他毁林行为；禁止建造坟墓；禁止防火期在防火区和禁火区内燃放烟花爆竹、燃烧香烛、烧火土灰、炼山烧荒等野外用火行为；禁止擅自采伐林木(房前屋后个人所有的零星林木除外)，全力保障市白云山保护区的资源安全。　(黄兆雄、袁超军)

【森林资源保护】有害生物防治。2019 年，市林业局牵头组织制定《有害生物防治预案》。加大森林病虫害监测力度，开展春秋季松材线虫病监测普查、杨扇舟蛾防治、白蚁防治以及森林植物检疫等工作，全市重点实施森林病虫害防治，遏制全市森林病虫害的大面积发生和蔓延。严格按照《松材线虫病防治技术方案》对全市 4 镇、3 街道和 1 个国有林场范围内的 56200 亩松林小班逐一普查，普查率 100%，对春季、秋

开展松材线虫普查

季普查发现枯死松树进行取样检测，均为生长密度过大自然死亡，市境内没有发生松材线虫病。开展调运检疫，对所有的电缆、光缆盘等松木材包装材料进行森林植物检疫专项检疫，共检疫板材60立方米，活立木4001株，方材114立方米，条木48立方米，原木8337立方米，原条10立方米，竹材240吨，检疫率100%。同时，开展产地检疫，对全市所育杉木、国外松、樟树、柑桔120亩苗圃进行全面检疫，检疫苗木达100万株。组织施放白僵菌高孢粉1吨。达到预期防治效果，保护全市森林资源。

放生收缴的野生动物

规范活立木市场管理。先后开展清理整顿活立木移植管理专项打击行动5次，没收活立木158株。

自然保护地大检查。根据常德市林业局工作安排，组织开展澧水河口毛里湖湿地保护区、嘉山国家森林公园和毛里湖国家湿地公园自然保护地大检查，核实自然保护地边界、范围，全面排查自然保护地内破坏自然资源的违法违规情况。经全面排查，摸清自然保护地的详细情况，排查中未发现违法违规侵占自然保护地的土地活动。　（赵志、袁超军）

【野生动植物保护】2019年，以“湿地保护日”、“爱鸟周”、“野生动物保护月”为平台，采取电视、网络及下发宣传标语、倡议书，在广场、集镇人群集中地段以科普挂图、展板、悬挂横幅标语等形式开展宣传，让市民逐步自觉形成爱护野生动植的良好习惯，树立良好的饮食观和生态观。2019年，全市共张贴横幅标语50多条，印发“倡议书”15000余份，举办图片展览2次。按照上级主管部门及市野生动物保护的要求，结合津市的实际，重点在澧水河道湿地、毛里湖国家湿地公园、嘉山国家森林公园等鹭类等野生动物的重点栖息地林区，开展恢复和重建野生动物的栖息地、停留地。构建市、镇（街）、村（社区）上下整体联动的全市野生动物保护网络，成立专门野生动物保护队伍，做到重点季节对野生动物保护不留盲区、不留死角。加强市场监管，7月2日联合市森林公安局、市食品药品工商质量监督管理局对市区所有农贸市场巡查监管，严查非法经营利用野生动物行为，收缴放生青蛙20千克。8月2~30日联合市森林公安局组成巡查小组，对全市城区、各镇街道餐馆、农庄全面进行野生动物保护整治的巡查和相关法律法规知识的宣传工作。加强执法，聘请法律顾问，组建行政执法大队，加强活立木市场的执法，打击了破坏林地和植被的违法犯罪行为，先后开展保护候鸟“百日专项行动”、保护野生动物“天剑行动”“春雷行动”等专项行动，全年共开展执法检查21次、办理林业行政案件13起、刑事案件3起、处理群众纠纷11起，查处违法经营户21户，对全市所有野生动物加工经营场所清理检查，没收活立木1292株、收缴死鸟225只、放生活鸟150余只、放生蛇类130千克。

2019年8月2~4日，北京林业大学、中国林业科学院亚热带研究所专家在毛里湖国家湿地公园开展生物多样性调查

8月2日，由北京林业大学、中国林业科学院亚热带研究所专家一行6人带队，利用2天时间完成对津市重要湿地生物多样性调查，此次调查以二类资源调查为基础，采取随机抽样的方式分别对毛里湖国家湿地公园、澧水河口湿地的湿地植物、鸟类、鱼类、爬行动物等各类湿地动植物的种群分布状况、种类、数量进行全面调查。通过调查，摸清津市湿地资源家底，找准湿地资源保护管理重点区域、方向，为湿地保护管理体系构建提供了科学依据，夯实津湿地资源保护与修复项目实施的基础。

（赵志、王豹、袁超军）

【林权管理服务】林权权属登记职能移交后，林权管理服务中心围绕林权交易流转、林地承包经营纠纷调处、林业政策办证咨询服务等开展工作。2019年共接待政策、证件办理咨询在200余人次以上，办理林权流转登记14宗，面积374.95亩，调处林地纠纷3件，对有些纠纷还与乡镇林业站进行了联系予以督办，做到尽快解决。全年未接到上级主管部门和政府信访部门批转件。

2019年是津市市新洲镇林业站标准化建设项目完成自查验收的关键之年，按要求指导并完成新洲镇做好林业站标准化建设和“一站式、全程代理服务”试点建设验收准备工作，建立完善各种工作程序、流程、制度等，对照验收标准及时进行查漏补缺，及时提出整改意见，确保林业站建设按照要求稳步推进，为2020年省局全面验收打好基础；开展林业站年度二类本底调查，完成全市7个林业站的调查、数据录入并上报，为全省林业站信息管理系统建设做好基础；组织镇(街)林业站人员参加全国林业站网上学习平台进行学习8人次，提升基层林业工作人员的业务知识与工作能力。（罗长清、袁超军）

【森林防火】2019年，津市森林防火工作根据全市改革工作要求灭火工作职责转隶到市应急管理局，防火工作以林业局为主，津市森林防火工作坚持“预防为主、积极消灭”的森林防火方针，遏制森林火险高发势头。先后多次组织召开专题会议，对森林防火工作进行安排部署，始终坚持“主要领导亲自抓、分管领导具体抓、班子成员分片包干抓、部门单位配合抓”工作机制。利用电视、网络、短信、标语等多种形式，加强对森林防火有关法律法规、安全用火和避险自救等知识的广泛宣传。全市共制作固定性防火宣传牌200多块、宣传标语500多条、宣传资料2.2万份、出动宣传车180多辆次，在春节、清明期间村村通广播进行大喇叭喊话宣传，达到路上见标语、电视见音像、手机见信息的效果。同时，开展摆鲜花、点电子香烛等文明祭祀的宣传，广大群众的森林防火意识得到明显增强。抓住火源管控，全面落实管控责任，实行市领导联镇(街道)、镇(街道)干部包村(社区)、村(社区)干部分片包户、林业站工作人员和村(社区)护林员包山头、包坟头的森林防火工作责任制，有效降低人为火源引发山火的可能性。队伍建设。2019年6月底，市武装部组织市应急连多次开展准军事化训练和森林防火实战演练；市林业局、森林公安局组织镇(街道)林业站长、防火专干开展消防设备使用和森林防火专业知识培训，提升扑救森林火灾的整体实力。设备更新。先后投入资金近20多万元新购置提灌机、风力灭火机、油锯、砍刀等森林防火设备，各镇(街道)也相应地补充更新部分防火设备，物资应急保障能力得到提高。教育惩处。市森林公安局坚持依法治林，严厉打击山火肇事者。通过采取行之有效的措施，实现森林火险次数下降和人员零伤亡目标，各项防火指标完全控制在省、常德市规定的范围之内，确保无重特大森林火灾发生。（袁超军、王豹）

防火队员开展防火演习

【国有林场(嘉山国家森林公园)建设】2019年，对嘉山国家森林公园古大同核心景区的道路、环卫设施、休闲设施进行改造和完善，提升公园的接待功能，改善游乐环境。8月初，市委副书记杨文惠在国家林业和草原局森林公园管理办公室主办的“2019年度森林公园建设与管理研讨班”上，对公园2014年以来设立国家级森林公园的建设管理情况进行全面汇报，嘉山国家森林公园的建设管理情况得到与会人员充分认可，通过专家审查评估。

资源保护。开展空坪隙地和历年来损毁林地补植补造工作，2019年完成新造林60余亩、损毁林地补植补造31亩。管护责任落实到具体人，每个班子成员负责一片区域；完成15千米防火隔离带的砍割，在林区主要路口新增固定防火警示牌及车辆禁行牌10块、更新宣传标语30块、更新防火宣传牌20块、发放防火宣传单3万份。加大在防火期的宣传力度，增强周边住户的防火安全意识。2019年没有发生一起森林火灾。10月，采取喷洒药剂、刷白等方法对森林公园内松树和白蚁危害区进行防治行动，防止树木被侵害，遏制病虫害的繁殖及蔓延。投入资金30余万元，由省林勘院调查编制完成总面积2.78万亩的林场经营方案，为今后10年的林场经营打下良好基础。

市国有林场（湖南嘉山国家森林公园）正于发展建设阶段，保护和发展资金大部分靠林业项目支持，2019年争取到的林业项目有天然商品林停伐资金、天然林管护资金、林区公路建设资金、林场改革资金、秀美林场等10多个项目，到位资金80余元。2019年被省林业局、省教育局、共青团省委授予“湖南省生态文明教育基地”称号。（袁超军、丁桂林）

【绿色庭院建设】2019年，参与全市农村人居环境整治工作，按照常德市局要求开展绿色庭院示范村、绿色庭院示范户创建活动。全局所有技术员深入到示范村开展技术指导，按照“一村一户一案”的思路，以一环三片为重点，完成5651个绿色庭院户建设任务，协助3个绿色庭院示范点村建设，栽植各类苗木85000多株。（陈金平、袁超军）

【优化经济环境】2019年，市林业局扎实推进优化经济环境工作，成立优化经济环境工作领导小组，加强宣传，共组织大型宣传10余次，出动宣传车30多台次，发放各类宣传资料5000多份，张贴标语60多条。全面实施林木采伐许可事项下沉工作，技术员先后多次深入重点村（社区）现场进行业务培训，木采伐许可证办理下沉到村（社区）工作在全市推广。完善首问负责制、现场办结制、容缺受理制、缺席审批制等系列事项办理制度。对部门职责进行全面梳理，完成“两单一图”更新工作。对所有服务事项流程进行梳理、精简，依次取消部分事项需要提供的相关证明材料，提高办事效率。加强执法队伍教育培训，先后安排19批42人次参加省、常德市林业局业务培训、执法学习。开展保护候鸟“百日专项行动”、保护野生动物“天剑行动”“春雷”等专项执法行动，共开展执法检查83次，出动执法人员339人（次），办理林业行政案件43起、处理群众纠纷2起、打击处理各类违法涉案嫌疑人51人，拆除天网13张，清理检查野生动物市场21次，没收活立木1292株、收缴死鸟225只、放生活鸟150余只、放生蛇类260余斤。主动服务重点项目，共完成重点工程项目占用林地审批17宗。精准服务涉林企业，先后指导半岛农庄、绿岛蓝湾申报为省级林下经济示范基地；2019年协助润农公司申请油茶贷款资金1000万元，缓解企业发展资金不足的问题。优化经济发展环境工作得到常德市林业局、津市人大认可。（袁超军）

【配合巡察工作】2019年9月11日至11月12日，市委第三巡察组对林业局进行专项巡察。林业局党组高度重视，全局上下思想和行动高度统一，把巡察的过程作为寻找差距、发现问题、改进工作、促进发展的过程，查找不足，剖析原因，切实加以改进，确保巡察工作有序推进。2020年1月6日向局党组反馈巡察意见，实事求是地指出局党组在党的政治建设、思想建设、党的组织建设、党的作风建设、党的纪律建设等5个方面存在的14个问题，有针对性提出整改意见和建议。针对存在的问题，为切实抓好整改工作，经局党组研究，制定整改方案，落实整改责任，明确整改完成时限，按照方案进行逐项整改落实。14个问题已经全部整改到位，整改完成率为100%。通过开展巡察，全面推进问题整改，取得一定实效，推动工作开展。针对市委巡察组指出的考勤制度执行不到位的等问题，党组采取倒查制度缺陷方式，对需要建立的制度，抓紧制定完善，对不科学、不健全的制度，进一步规范完善。先后完善出台考勤、公务车辆管理等规范干部行为的27项制度，坚持带头抓好执行，真正发挥制度管理作用，防止问题反弹回潮，助推问题整改落实。（袁超军）

毛里湖国家湿地公园管理

【概况】湖南毛里湖国家湿地公园位于湖南省北部、津市东南部，洞庭湖西北边缘、澧水下游。毛里湖由溪河沟汊汇聚而成，横跨津市毛里湖、白衣、药山3个乡镇，是湖南省最大的溪水湖，仅次于洞庭湖的第二大天然优质淡水湖，还是湖南省为数不多的未感染血吸虫的溪水湖泊，是进行亲水活动的良好去处；毛里湖国家湿地公园是常德市首家正式获牌的国家湿地公园，是津市市首家国家3A级景区。总面积6250公顷，常年蓄水1.38亿立方米。园内有湿地植物403种，湿地动物262种。公园交通便捷，“二广”“常岳”和在建的“安慈”高速环湖而过，区位优势明显，为武汉、重庆、长沙三大旅游城市的几何中心，岳阳至张家界黄金旅游线路的重要节点，洞庭湖生态经济圈5大节点城市之一津澧新城的战略要地。（曾琴）

【湿地保护与恢复】加强保护巡护，按照市委市政府安排，湿地公园坚持每2天进行一次无死角巡护，发现问题及时现相关职能部门汇报。2019年共上报并及时查处新增拦网28起，筑坝围堰11起，偷捕盗采32起，违建6起。公安部门治安拘留1人次，刑拘1人，取保候审1人。加强生态监测，“两拆两退”工作推进彻底，毛里湖的大生态环境在加快恢复，野菱、苦草、灯笼草等水质指示性植物在大面积出现，野生鲢鱼的种群数量略增，银鱼现身，鸟类数量稳定增加。牵头落实“湖长制”。牵头制定工作方案，每月10日、25日进行进度汇总上报，牵头进行工作推进调度。（曾琴）

【公园一期能力建设】截止2019年6月底，毛里湖国家湿地公园一期能力建设7个在建项目（宣教中心、游船码头、码头区2号楼、宣教中心外部环境、室外道路、入口景观工程、旅游公厕）全部完工，总投资约6800万元。（曾琴）

【增资引项】毛里湖法国开发署项目推进顺利。2019年3月常德市生态环境局批复《环评》，4月省、国家发改委批复《资金申请报告》，8月15日正式与法国开发署签约。转贷协议已签至湖南省财政厅；经市财政局债务股核算，向省财政厅申报明年2000万元提款计划。争资工作成效明显，争取到2019年湿地保护与恢复中央补助资金50万元，争取到林区道路建设补助资金15万元。（曾琴）

【脱贫攻坚工作推进有序】按照市委、市政府的部署与市扶贫局的具体工作安排，管理处强化意识，积极落实，切实解决帮扶对象实际困难，着力增加贫困户收入，确保精准扶贫到人到户有实效。今年来已上门慰问帮扶15次，给予贫困帮扶资金4万元，并为7名贫困户妇女购买“湘女关爱保”女性健康保险。10月扶贫户李从秀受到常德市委表彰。全年脱贫1户，1人。（曾琴）

森林公安

【概况】津市市森林公安局为正科级行政单位，受津市市公安局、林业局双重领导。下设刑侦治安大队、综合办（法制办）2个股室，定编政法专项编5名。全年，共办理刑事案件4起，行政案件11起，查处非法猎捕野生动物案件3起。（王豹）

【宣传教育】2019年津市市森林公安局采取散发宣传资料、发送短信提示、现场法律咨询、典型案例曝光、宣讲法律知识等，在津市开展《森林法》《野生动物保护法》《森林防火条例》等涉林法律法规知识宣传。先后组织开展大型森林防火、野生动物保护宣传14次；学校上法律宣讲课3次；出动宣传车110余台次，发放各类宣传资料18000余份，发送短信提示18万余条等。（王豹）

【案件查处】2019年津市市森林公安局坚持专项行动与日常打击相结合，集中整治与综合治理相结合，开展"积案清理"、"缉枪治暴"、"三山保护"、"候鸟保护"、"春雷"、"绿剑"等专项行动，以打促防，构筑"打、防、控"一体化机制。全年，共办理刑事案件4起，行政案件11起，查处非法猎捕野生动物案件3起；收缴并放生青蛙1300余只、蛇301条、鸟类112只，收缴枪支（气枪）3支，查处违法经营户4户，移送起诉4人，行政处罚14人，批评教育22人。（王豹）

【湿地保护】2019年津市市森林公安局开展湿地保护宣传工作，环湖周边出动宣传车21台，宣传次数14次，出动宣传人力82人，发放宣传资料4400份。参与涉湿违法犯罪的打击工作，2019年湿地管理处、森林公安及环湖派出所就涉湿的打击工作召开专题会议，启动"专项整治行动"，森林公安参与巡查打击工作，共抓获各类违法人员80余人，治安拘留20人，调解纠纷30余起，收缴销毁渔具盗网器1500千克，电瓶电捕器4套，地笼251个。（王豹）

农机事务

【概况】2019年，根据《中共津市市委机构编制委员会关于津市市机构改革涉改科级事业单位调整有关事项的通知》（津编发〔2019〕1号）文件，津市市农业机械化管理局更名为津市市农机事务中心，为市农业农村局所属正科级公益类事业单位。津市市农机事务中心核定编制10人，内设办公室、科教质量监督管理股2个职能股室，实有7人。下辖农机安全监理所、农机培训服务中心2个二级事业单位，核定编制8人，其中农机安全监理所编制6人，实有5人，为财政全额拨款事业单位；农机培训服务中心编制2人，实有2人，为自收自支事业单位。主要承担农机安全生产监督管理、农机牌证管理、机车注册登记、驾驶人考试考核、平安农机建设、国家农机购置补贴实施、农机新机具新技术推广、农机市场监管、农机教育培训和农机职业技能开发等工作。

2019年，津市市农机事务中心紧扣"平安、发展、突破"主题，突出"全面、全程、高质、高效"农机化发展方向，立足强机富民职能职责，争取到位各类农机化发展项目资金710万元，实现"农机拥有量、农机总动力、农机综合水平"三个同步增长。全市农机拥有量32156台套，农机总动力20.189万千瓦，农机综合水平69.11%，较上年同比增长1.39%，全年未发生一起农机安全生产责任事故，被评为常德市农机工作综合先进单位、常德市农机购置补贴工作先进单位、常德市农机教育培训工作先进单位，津市市安全生产工作先进单位、津市市环境保护先进单位。（曹明）

【农机科技推广】2019年，市农机事务中心围绕水稻生产全程机械化和农业机械对农业农村全覆盖两个重点，在农机农艺紧密融合、新型机具示范推广和关键机具重点突破等方面精准发力。推进农机农艺紧密融合，加强与农业部门技术合作，建立健全农机和农艺协作攻关机制，推进水稻栽植、粮食烘干、油菜直播等关键环节农机农艺融合示范建设，在全市建立4个200–500亩水稻生产全程机械化示范基地，2个500–1000亩油菜生产全程机械化示范基地。经过测算对比，水稻机插秧实现亩均增产30公斤以上，全程机械化作业每亩节约劳动力成本400元以上。2019年全市水稻耕种收综合机械化水平达80.89%，较去年同比增长1.58%；油菜综合机械化水平达到59.82%，较去年同比增长3.93%。推进新型机具示范推广，围绕春耕备耕、夏收夏种、秋收冬种等重要农时季节，开展"大推广、大培训、大普及"活动，组织农机推广技术人

2019年4月25日，在药山镇新湖举行水稻精量穴播现场技术培训

秸秆机械化捡拾打捆

员进农机经销企业、进农机专业合作社、进农机科技示范户、进村组、进田间地头，及时帮助农民群众解决选机、购机、用机中遇到的困难和问题。2019 年举办无人植保飞机现场会、水稻机插秧现场会、油菜浅耕直播现场演示会、秸秆机械化还田及综合利用现场演示会、新进补贴机具现场演示评会等 10 余场次，开展农机科技下乡活动 3 次，组织农机技术培训班 12 期，培训农机手 1000 余人次，发放技术资料 10000 多份，推广各类新型农机具 500 多台套。推进关键机具重点突破，实施以“飞防减药、深施减肥、转化减污”为主要内容的农机“三减量”行动，印发《津市市主要农作物秸秆机械化还田技术规程》，对水稻插秧机、油菜直播机、秸秆综合利用机械、大型植保机械和粮食烘干机等重点机具实行敞开补贴、优先补贴。2019 年全市粮食烘干机达 33 台，无人植保飞机 17 台。（曹明）

【农机购置补贴】2019 年，市农机事务中心紧跟补贴实施新思路，落实补贴实施新要求，全力推进补贴政务下沉、严把新进机具补贴关、规范报废更新补贴流程，确保补贴资金和人员两个安全。全面推行补贴申报政务下沉，在严格政策要求、规范操作程序的基础上，把农机购置补贴全面下沉到镇街、村居，使购机农户不出村就能完成补贴申报的全部流程，真正做到“只进一扇门、只跑一次腿”。2019 年，全市完成农机购置补贴资金 709.886 万元，补贴各类农业机械 555 台套，受益农户 264 户，带动农户农机直接投入 3500 多万元。严格新进补贴机具准入关，对新进补贴机具实行现场演示评价，每次演示都有上级领导把关、纪检干部监督、技术专家表态、机手代表见证，规避腐败行为。2019 对 7 家公司生产的 16 种新型机具进行严格的现场演示评价，所有演示产品性能和技术标准均符合津市本地推广要求。规范农机报废更新补贴，推行“互联网 + 实地监督”监管模式，对报废机具及主要零部件解体和破坏性处理全程录像留痕，2019 年，办理报废联合收割机更新补贴手续 21 台，落实报废更新补贴资金 21 万元。（曹明）

【农机专业合作社】2019 年，市农机事务中心引导农机合作社增加新型农机装备、完善农机基础设施、配套先进农艺技术、抓好基地品牌建设、规范合作社自身建设，重点在土地流转、农用建设用地、教育培训、资金信贷等方面予以重点扶持，提供良好政策环境。2019 年新组建农机专业合作社 2 家，争取省级财政扶持资金 25 万元，创建省现代农机合作社 1 家、省级示范社 1 家。全市注册登记的农机专业合作社达到 19 家，其中省级现代农机合作社达到 9 家，省级示范社 5 家，常德市级示范社 1 家。农机合作社入社成员 193 人，从业人员 305 人，入社经营作业面积 7.5 万亩，拥有各类农业机械 500 多台套，合作社资产总额 1855 万元，作业服务面积（含跨区作业）16.5 余万亩，年度总收入达 701 万元。（见表 1）

（曹明）

【农机安全生产】2019 年，市农机事务中心围绕拖拉机安全顽瘴痼疾专项整治和大气污染防治等工作，落实农机安全生产监管主体责任，严把农机安全生产“责任关、准入关、执法关、监理关”，深化平安农机示范创建，推进农机安全生产社会化、制度化和规范化。健全机构，实行“四级联动”，建立市—镇

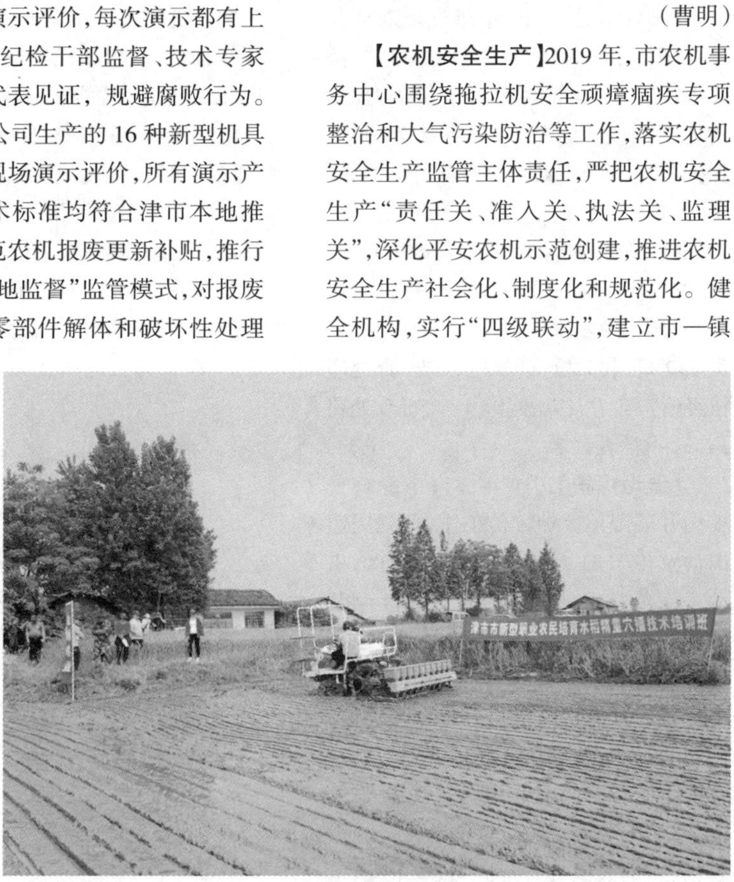

水稻精量穴播现场

油菜浅耕直播现场

(街道)—村(社区)—农机专业合作社、经销商、生产企业、农机手四级联动机制，将农机安全生产列入"一把手"责任范围，纳入全市年度目标管理考核范畴，确保农机安全监管无缝覆盖。深入宣传，做到"四轮驱动"，采取会议宣传发动、媒体宣传鼓动、流动宣传促动、集中宣传推动等形式，强化宣传效果。层层召开会议，宣传安全知识；利用电视、广播及多媒体开展宣传，营造氛围；出动宣传车、张贴标语、横幅，开启电子显示屏，在显要位置开辟专栏、墙报，在集镇圩场开展咨询宣传，多途径扩大宣传效能，做到家喻户晓。2019 年，出动宣传车 50 多台次，张贴标语、横幅 100 余幅，开辟专栏 11 处，举办农机安全法规知识培训班 5 期，培训农机驾驶操作人员 600 余人次，开展"送检下乡、送法下乡"11 次，发放宣传资料及致农机驾驶员的一封信 30000 多份，创建平安农机示范村 1 个，平安农机示范合作社 2 个。精准摸排，强化"四清四制"，组织监理员与镇街农机专干、村级农机安全员一道，逐村、逐组、逐户、逐人对拖拉机进行地毯式大清查，做到不遗漏一个角落，不漏掉一台拖拉机，并严格按灭失、报废、在用、转卖"四类"登记备案，填写好机手姓名、家庭住址、拖拉机型号、登记日期、使用年限、发动机号和车架号等基本信息，经车主、核查人员签名确认，做到底子清、类型清、问题清、办法清，在此基础上，进一步明晰问题清单，做到"一单四制"。2019 年全市拖拉机检审率达 95 %，机车上牌率达 100%，强制保险率达 100%，驾驶员持证率达 98%，未发生一起农机安全生产责任事

表 1　　津市市农机专业合作社统计表

名　　称	所在地	成立时间	社员人数(人)	级　　别	机具数量(件)
同兴农机专业合作社	新洲镇	2013.6	19	省现代农机合作社示范社	53
勤劳农机专业合作社	新洲镇	2018.12	6	市本级	21
陈平农机专业合作社	毛里湖镇	2012.5	25	省现代农机合作社	33
阿莲农机专业合作社	毛里湖镇	2015.7	7	省现代农机合作社示范社	21
田家山农机专业合作社	毛里湖镇	2014.1	18	市本级	46
德鹏农机专业合作社	药山镇	2012.4	19	省现代农机合作社示范社	51
农发农机专业合作社	药山镇	2015.7	56	省现代农机合作社示范社	113
松林农民农机专业合作社	药山镇	2018.7	68	省现代农机合作社	51
方炳农机专业合作社	药山镇	2015.4	10	市本级	28
广稷农机专业合作社	药山镇	2012.5	12	市本级	19
宏丰农机专业合作社	药山镇	2017.10	5	市本级	16
信隆欣茂农机专业合作社	药山镇	2019.4	5	市本级	6
大喜农机专业合作社	白衣镇	2012.3	55	省现代农机合作社示范社	93
杨家湾农机专业合作社	白衣镇	2018.7	19	省现代农机合作社	72
津阳农机专业合作社	白衣镇	2016.4	18	省现代农机合作社	28
春林农机专业合作社	白衣镇	2013.6	20	市本级	55
绍进农机专业合作社	白衣镇	2014.5	35	市本级	26
涔龙农机专业合作社	涔澹农场	2016.3	5	市本级	18
源峰农机专业合作社	涔澹农场	2016.3	5	市本级	21

故。严格整治,落实"四巡四责",采用常态巡导与集中巡查相结合的方式,促进问题车辆整改和问题整治到位。由村、社区组织力量入户宣传巡导,对有问题车主履行劝导之责;由镇、街组织力量在重点路口宣传巡检,对有问题车主履行告知之责;由市农机事务中心组织力量在乡村道路、田间场院开展路面巡查,履行对问题车主的教育之责;由市农机事务中心与市交警大队、市应急局、镇、街等部门开展联合执法行动,在交叉路口、镇街重点区域设点巡执,对问题车主实施执法之责。2019年组织开展农机安全生产"集中整治"、警农联合"常年整治"、关键农时"重点整治"等各类执法检查130多次，出动执法人员510余人次，检查农机生产经营单位200余家，排查农机安全隐患30个,对120台达报废年限和脱检三年以上拖拉机发布清理注销公告,与市交警大队在市城区主要禁行区域设立2个联合执勤点,实行24小时值勤值守,对农用车辆尾气超标、无证无牌、报废拖拉机上路行驶等违法行为进行严厉打击,强化执法震慑力,持续保持农机安全监管高压态势。（曹明）

【农机教育培训】2019年,市农机事务中心坚持教育培训与提高技能相结合,构建新型农民、师资力量、农机管理"三位一体"的培训体系,全面提升农机从业人员的素质水平。在培训形式上,坚持农机培训与农机购置补贴、农机新技术推广、农机安全生产、农业生产实际、新型职业农民培育相结合;在培训模式上,由被动"灌输式"变为师生"互动式";在培训地点上,由"学校"变为"田间地头"，强化学员实际操作能力。全年举办水稻机插秧、农机驾驶操作、农机技术指导、经营服务等内容的农机技能培训班15期，培训各类农机从业人员1000余人次。

【农机市场监管】2019年,市农机事务中心加大对农机市场监管力度，通过"督、导"结合、"查、处"配合,完成对农机市场全方位的动态监督。开展农机培训、现场会、科技下乡等系列活动,宣传识别假冒伪劣农机产品的方法，提高农民维权意识;联合农业、工商等部门开展打假维权专项行动,保障农民合法权益;依托农机安全生产大检查，对全市农机维修网点及经销商等农机经营维修场所及农机专业合作社开展多次安全生产专项检查,对经销、维修网点部分"三无"小农机配件,责令停止销售、整改到位,对农机专业合作社部分隐患机具督促维修整改到位；严格规范办理跨区作业证发放工作,实行网上登记注册,对手续不全的一律不予发放。2019年全市共发放跨区作业证83份;对社会和群众关注的农机质量安全和售后服务保障进行常态化监管,时刻保持高度警惕状态,全年无一例农机质量安全事故投诉。（曹明）

水　　利

【概况】2019年3月1日,市水务局正式更名为市水利局;市扶贫移民开发局承担的行政职能分别划入市扶贫移民开发办公室、市水利局,并改名为市库区移民事务中心;市防汛抗旱指挥部办公室承担的行政职能分别划入市应急管理局、市水利局,并改名为市水旱灾害防御中心;市水土保持和水资源管理局的职责划入市水利局,不再保留市水土保持和水资源管理局。2019年,以水旱灾害防御为统揽,全市启动抗旱泵站72处,投入抗旱劳力2.86万人,抗旱资金2100万元;以水利建设为支撑,投入水利建设项目总投资2.14亿元;以全面推行河长制为动力，完成全市河湖"清四乱"整改任务12处;以节水型社会示范为重点，节水器具普及率达100%;以水行政执法为要点,共开展巡查284次。（肖思源）

【水旱灾害防御】2019年,津市市区(水利局雨量站录)年降雨量为988.4毫米,汛期中的降雨量及有效降雨天数分别为:4月为68.3毫米,有效降雨天数9天;5月为147.3毫米,有效降雨天数10天;6月为288毫米，有效降雨天数8天;7月为69.9毫米，有效降雨天数3天;8月为25.2毫米，有效降雨天数3天;9月为10.8毫米，有效降雨天数1天,汛期总降雨量为598.7毫米,占整个降雨量的60.5%。汛期最高水位37.43米(2019年6月23日),枯水期最低水位29.40米(2019年11月30日)。

2月中旬，市水利局对全年水旱灾害准备工作进行重点安排,分别就工程建设进度、汛前安全大检查、险工险段处理、责任制编制、器材清理、预警设施维护、预案修订等工作进行部署。转发上级关于水旱灾害防御工作的各项通知,3月12日、6月15日、6月21日、6月27日,以市防指的名义分别下发《关于扎实做好2019年汛前准备工作的通知》,下发穿堤建筑物安全检查登记卡,收集相关情况。

2019年2月下旬，对全市堤防、穿堤建筑物、水库、排灌机埠、器材储备点、预警设施等进行汛前安全大检查,对检查出来的所有险工隐患登记造册,制定相应的除险措施。特别是对堤防穿堤建筑物建立《安全检查登记卡》,检查人员对所发现的问题和处理措施进行签字认定,要求及时处理、随时巡查,并建立台账。

重点实施护市机埠改造、阳由垸澧阳机埠重建、新洲上垸堤防护坡和堤身灌浆等工程,利用除险资金,先后对护市垸涔澹水防汛通道、汪家桥机埠、邵家嘴机埠、新洲上垸防汛通道、刘家湾和彭家峪水库排水棱体等工程维修改造加固。3月上旬,市水利局联系省水电设计院等专业单位,对全市20处水位、雨量、图像监测站点和本级监测预警平台进行维修维护,6月25日，与水文部门联合对故障雨量站点维修和清查,各站点和预警平台运行正常。

2019年津市市堤防"三石"储备量落实2.44万立方米（砂卵石料1.76万立方米,块石0.68万立方米),满足省定储备标准。另外水库储备砂石2000多立方米，每座小Ⅰ型达到100立方米，小Ⅱ型50立方米，达到水库防汛砂石储备要求。

2019 年 3 月 4 日，津市市水利局挂牌

下发市级防汛组织机构和组成人员名单到各镇、街道分指、指挥所，全市 28 座小型水库的行政责任人、技术责任人、管护人员全部登记造册，并按照上级防指要求上报备案。

市水利局制订防汛预案和抗旱预案，会同镇（街道）指挥所补充修订水库运行方案、堤垸应急抢险方案、防汛器材代储计划等预案，确保预案的实用性和可操作性。

5 月 5 日全市防汛抗旱会商会制定并启动《津市市抗旱泵站三年行动计划》。6 月 27 日，副市长王俊召开抗旱泵站三年行动工作推进会，全面启动津市市泵站维修改造工作；7 月 25 日副市长徐兴勇专题调度此项工作，各单位、各镇（街）都进行部署。8 月 13 日、15 日，市长黄旭峰、市委副书杨文惠、副市长徐兴勇深入到受旱相对较重的镇、街开展抗旱救灾督导，安抚受灾区群众。

市水利局从 7 月 25 日开始，根据天气后段形势预测，对新民闸进行关闭，实行蓄水保水。西毛里湖水位为 32.35 米，处于较高水位（警戒水位 33.5 米），高出冲柳水位近 1 米。鉴于后期天气的不确定性，责令药山镇在抗旱期间对新民闸一直保持关闭状态，并加强用水联合调度。澧水的涵闸，各镇街根据垸内蓄水和灌溉需要情况，对沿澧水的涵闸进行勘察，适时开闸放进水。严格控制水源，对可以自流灌溉的水库和塘坝进行专人管控，实行一把扳手或一把锄头管水。

抗旱期间，全市启动抗旱泵站 72 处，其中新洲镇开机 9；白衣镇开机 11 处；药山镇开机 17 处；毛里湖镇开机 35 处。各镇、街道紧急行动，开展机埠维修工作，特别是环西毛里湖周围的机埠，要求全部“复活”，投入运行。各镇、街道无论是自灌渠还是电灌渠，按属地管理，谁受益谁负责的原则，对灌溉渠道进行清基扫障、堵漏补缺，清除淤积，砍除杂草。

在 8 月 10 日至 9 月 20 日抗旱期间，对装机 22 千瓦以上（全市 186 处 7139 千瓦）的抗旱机埠给予电费补助，由市财政统一负担。

抗旱期间，共投入抗旱劳力 2.86 万人，开启抗旱泵站 186 处 7139 千瓦，投入机动抗旱设施 2200 台套，投入抗旱资金 2100 万元，消耗抗旱用电 339.9 万度，消耗抗旱用油 221.5 吨，抗旱浇灌面积 7.21 万亩，累计抗旱浇灌面积 15.62 万亩 / 次，尽最大努力减少灾害带来的损失。　　　（陈克军）

【水利建设】2019 年，水利建设项目总投资 2.14 亿元，其中上级投资 0.37 亿元，本级财政及镇、街道自筹投入 1.77 亿元，完成建设项目 13 项，移动土石方 650 万立方米。

洞庭湖区沟渠塘坝清淤增蓄专项行动全面完成。共清淤疏浚 519 千米沟渠、625 处塘坝，争取省级补助资金 520 万元。

编制完成津市市重点抗旱泵站更新改造三年（2019~2021 年）实施方案，计划用三年时间对全市 4 镇 62 处抗旱泵站进行维修改造，估算总投资 2495 万元。2019 年投资 2109 万元完成 21 处泵站更新改造。

洞庭湖重点区域排涝能力建设项目有序进行。已完成护市泵站、澧阳泵站更新改造工程，完成投资 1900 万元；实施护市垸汪家桥泵站及新洲下垸南湖汉泵站更新改造，概算投资 890 万元。

城乡供水一体化澧水二桥过河管道

2019 年澧阳泵站更新改造工程

工程投资595万元完成主体工程施工。

西毛里湖灌区于11月开工建设，工程总投资1288万元。

四水治理项目于2019年5月完工，完成工程投资3133万元。

澹水流域综合治理工程全线完工，工程投资480万元。（陈克军）

【河长制】2019年，河湖“清四乱”整治。完成全市河湖“清四乱”整改工作，并上报销号，共摸底排查“四乱”12处，其中“乱占”4处、“乱堆”1处、“乱建”7处。

开展专项整治行动，以毛里湖为重点，强力开展“拆拦网、拆拦坝，退塘、退耕”“两拆两退”专项行动，共清理河道洲滩新栽杨树17处3770亩28.08万株、房屋2处。累计清理河道垃圾1.2万吨，以西毛里湖为重点，累计退养养殖场352户、网箱1.1万口，精养鱼塘792户、1.5万亩，拆除拦网拦坝1.7万米，砂石乱采问题基本制止，国控及省控考核断面均达Ⅲ类水质。

落实重点问题整改，2019年共收到常德市级河长交办的问题4起，本市级河长巡河发现问题26起，群众举报问题1起，交办整改4起，全部整改到位。

由河长办牵头的10处样板河湖全部完成。河长制工作专题报道“毛里湖的洁净变脸”分别在中国水利报、新华网予以刊登，累计在央级媒体刊登5篇报道。（谢朝武）

【节水型社会示范】2019年，共完成5家企业、34家单位的水平衡测试工作，查找出管网漏水点30余处、累计节约水量10万吨，共计节约水费30余万元。对30多家单位完成节水器具改造，更换节水器具共计2000多处，节水器具普及率达100%。2019年累计发放节水宣传资料5000多份，宣传知识手册1500本，制作发放节水器具演示器500套次，节水展板50余块、横幅100余条。（陈强）

【水行政执法】2019年，市水利局共开展巡查284次，出动执法人员658人次，执法车辆219车次、执法船只51次，现场制止12次涉嫌非法开采的违法事件，办理2起违法起砂案件，罚款1万元；清理河道新栽杨树17处、3770亩、28108万株，拆除违章建筑房屋7处；拆除取缔砂石码头设施设备2处，关停十仓库码头；拆除西毛里湖周边拦坝9处；安装河道监控设施5处。

（杜修峰）

【脱贫攻坚】2019年，市水利局积极争取投资198万元开展药山镇主管网铺设工程。药山村和临东村775户2945人受益；推进完成药山镇新湖村改接西线自来水主管网工作，受益新湖片区农村人口552户2098人；严格督促毛里湖镇三星水厂采购安装净水设备和调试正常运行，确保七星村550户2090人的供水水质安全；开展农村饮水安全全覆盖回头看，完成金鱼岭办事处关山村25户80人的饮水安全全覆盖；帮助2家申请助学贷款，帮助1家申请临时救助金，为花桥村所有贫困户入股葛果产业扶贫合作社，给予“一亩”经济林产业帮扶。（郑学贵）

【安全生产】2019年，共组织安全生产检查540次，出动执法人员2050人次，共发现一般安全隐患15次，对检查中发现的问题及时提出，限时整改，现场验收。（胡鹏）

【库区移民】2019年，完成2018年度水库移民后期扶持绩效考核、监测评估工作；后期扶持结余资金28个项目的验收和拨付，共完成投资额166.16万元。2019年度的移民直补资金打卡发放268人共16.08万元；移民实用技术培训48人，慰问特困移民38人。（李琨）

商　　务

【概况】2019 年全市共签约引进项目 25 个,协议引资突破 55 亿元。进出口额为 10555 万美元,同比增长 29.2%。全年完成加工贸易 30 万美元,同比减少 71.4%。利用外资 12160 万美元,其中直接利用外资 484 万美元,同比增长 272.3%,利用内资 70.91 亿元(省外境内资金 45.41 亿元)。完成社会消费品零售总额 81.58 亿元,同比增长 10.6 %。电商企业销售额 3.01 亿元,同比增长了 107%。（彭千悦）

【机构改革】2019 年 3 月,商务粮食局更名为商务局,45 人转隶 19 人到发改局。市委人事调整,调出 7 人。留商务局在编人员 19 人（在岗人员 17 人,借调人员 2 人;其中,行政编制 6 人,事业编制 13 人),提前退休人员 3 人,提前退职 1 人,离退休人员 40 人,临聘人员 4 人。机构改革后商务局内设机构 6 个(综合办公室、贸易服务股、行政审批服务办公室、市场建设股、外经外贸和投资管理股、市场秩序股("12312"商务举报投诉中心),行政编制 12 名(领导职数 3 名、股长 6 名、其他工作人员 3 名)、机关后勤服务全额拨款事业编制 1 名。（彭千悦）

【招商引资】2019 年全市共签约引进项目 25 个，其中亿元以上项目 12 个,5 亿元以上项目 8 个,10 亿元以上项目 4 个,协议引资突破 55 亿元。

制定产业发展规划。产业链招商地图和行动计划,注重加强对产业链龙头项目、关键环节项目、支撑性项目的分析锁定,为精准招商提供指导。增强招商队伍能力。制定招商引资专题培训计划,集中开展多种形式的轮训,提高招商队伍能力素养。打造一流的投资环境。完善基础设施和配套服务设施等"硬环境",提供教育、医疗、居住、娱乐等高质量服务;建立、完善和落实招商、对接、落地、投资建设的"一条龙"服务机制,提升"软环境"质量。

【外经外贸】2019 年进出口额为 10555 万美元,完成目标任务(9800 万美元）的 107%，较 2018 年同期增长 29.2%。完成任务进度在常德市排名第 5。全年完成加工贸易 30 万美元,完成目标任务(200 万美元)的 14.8%,较 2018 年同期减少 71.4%。利用外资 12160 万美元,其中直接利用外资 484 万美元,同比增长 272.3%，利用内资 70.91 亿元(省外境内资金 45.41 亿元)。获得 2019 年常德市外资工作先进单位。

培育壮大外贸主体。加快津市开放型经济的发展,宣传省、市相关政策,并为落实这些政策和企业做好对接。发挥海关工作站和保税仓效能。为湖南菲托葳植物资源有限公司、常德达贵贸易有限责任公司、常德众汇贸易有限责任公司、常德楚力机械制造有限公司 4 家企业办理外贸进出口备案登记,津市外贸发展迎来新的增长点。（彭千悦）

【商贸流通】2019 年全市完成社会消费品零售总额 81.58 亿元，同比增长 10.6 %。2019 年纳入互联网产业园统计的 19 家电商企业销售额达 3.01 亿元,与 2018 年同比增长 107%。获得 2019 年常德市市场体系建设先进单位。

组建电商平台。建立津市市休闲食品微商城,集中展示特色食品。引进专业的第三方电商运营平台公司，为津市电商企业提供针对性的培训和服务。壮大电商主体。扶持企业建立自营电商平台,如中意食品旗舰店,南北特食品旗舰店,红粉知己食品旗舰店，适合网上销售的全部上线,以品牌化带动生产的标准化、规模化,实现线上线下融合发展。培育一批服务型电商。围绕餐饮、洗车、专业市场等特色领域,促进城市新业态的发展。引进各领域的电商龙头企业和跨境电商,提升层次,带动发展。强化电商服务。强化政策引导,及时调剂、协调解决办公用房、仓储场地等问题。优化营商环境,加大整合力度，促成邮政与其他快递公司合作,降低物流成本。（彭千悦）

【牛肉米粉】津市在 2019 年 12 月 19~21 日成功举办"2019 首届津市牛肉米粉美食文化节"，节会期间，以 3988 碗津市牛肉米粉成功刷新"最长的碗面行列"吉尼斯世界纪录;被中国食品工业协会授予"中国牛肉米粉之乡"称号;

并对首批50家津市牛肉米粉星级门店进行授牌;20家企业共同成立津市牛肉米粉品牌产业联盟。学习桂林米粉、柳州螺蛳粉先进经验,主动对接东博会组委会、湘菜促进会等机构,推广宣传津市牛肉米粉品牌。在第四届中国国际食品餐饮博览会上,刘聋子粉馆荣获"2019年度餐饮明星品牌";米粉配菜企业湖南嘉品嘉味生物科技有限公司荣获"2019年度明星企业"称号。

【嘉一食品出口备案登记申报】2月18日,长沙海关、常德海关项目考核组到嘉一食品公司指导出口产品备案登记申报工作。嘉一食品公司是关检合一以后津市第一家出口产品备案登记申报企业,主要产品为蒜制品。为了更为快捷有效地推进备案登记,与海关部门联系,邀请海关项目考核相关负责人到企业进行现场指导。项目考核组主要从申报文件、生产设施、生产流程、卫生管理等方面逐项进行对照检查,提出具体的整改意见,为企业办理出口产品资质、尽快实现产品出口打下良好基础。

【常德海关助力津市开放型经济发展】3月14日,常德海关叶国忠关长一行来津调研,实地考察三湘和达公用保税仓、津市港以及金湘猪鬃、鸿鹰生物等企业。市领导傅勇、黄旭峰、杜登全、高见及相关部门负责人参加考察活动。在座谈会上,常德海关相关领导对企业提出的问题进行答复。叶关长在讲话中指出,此行的主要目的就是"走亲戚"、"领作业",加大联系和服务力度,在培育品牌、扶持龙头企业等方面与地方政府紧密合作,共促开放型经济发展。

【金湘步入海关"绿色通道"】5月15日,常德海关监管科科长、业务科科长一行到津为外贸企业送政策,解难题。

此前,市商务局收集整理金湘猪鬃在报关报检方面的困难问题,形成报告反馈给常德海关,常德海关积极回应,促成这次面对面为企业答疑解惑的座谈会。会上,海关方面提出新的工作思路,共用"百度云"账户,实现资源实时共享,让数据多跑路,企业少跑路,企业报关不需要"跑长途","坐在家"就能办理。针对企业提出的优化报检环节,将2次报检手续缩减为1次的问题,海关方面也表示在程序合法的情况下,将为企业开启"绿色通道",真正的为企业缩减程序,提高效率。

【省商务厅到津开展"稳外贸"专题调研】7月16日,省商务厅亚洲处调研员邱国祥到津开展"稳外贸"专题调研活动,市商务局相关负责人陪同考察。邱国祥首先详细了解津市外贸"破零倍增"、外贸融资、园区外贸综合服务、全年进出口任务完成进度、中美贸易摩擦对辖区企业的影响等情况,随后分别考察三湘和达、金湘猪鬃、新合新生物医药三家外贸龙头企业,在详细了解企业外贸出口情况后,对3家企业的发展给予充分肯定,并相信津市外贸一定会渡过难关,有更好的发展。

招商事务

【概况】2019年9月,在机构改革中,从市商务粮食局析出,成立市招商事务促进中心,为市政府直属正科级事业单位,定事业编制7名,有在编在岗6人。招商引资工作坚持用高水平开放促进高质量发展,围绕"工业立市、产业兴城"战略,紧扣经济发展目标,坚持高位推动招商、实施精准招商。2019年,引进亿元以上的产业项目25个,直接利用外资484万美元,同比增长272.3%,完成进出口总额1.06亿美元,同比增长29.2%。全市新引进项目引资总额突破67.95亿元。同比增长50.7%。(周韩信)

【创新招商方式】坚持高位招商。成立8个产业招商小组和3个驻点招商小组,每个小组均明确市级领导牵头负责。书记和市长坚持每季度外出招商10天以上,引进盐田港集团津市港运营、常德市生物医药与健康食品产业投资基金、湖南微生态健康产业园、危废处理中心、中联重科车桥产业园扩建等一批优质项目。坚持产业招商。围绕生物医药、装备制造、健康食品、盐化工"三主一特"产业,突出延链、补链、壮链,精心策划包装100个招商项目,明确招商路线图和重点目标企业,举办津市市生物医药产业专场推介会(深圳站)活动,与深圳宝能科技园、奥咨达公司签订合作协议。坚持以商招商。市委、市政府主要领导亲自带队多次深入到中联重科集团、盐田港集团、溢多利集团、宁波热电公司等重点企业进行调研,在帮助企业解决困难和问题的同时,大力开展以商招商工作,先后收集到宁波热电集团引荐的环洋新材料、引航生物引荐的利尔生物、广域化学引荐的博璞诺生物、盐田港集团引荐的深圳龙海现代集团合作项目等一系列以商招商信息,为津市招商引资提供重要项目信息。

精准对接重点区域。向京津冀、长三角、粤港澳大湾区3个发达地区派驻驻点招商组,捕捉产业转移信息,及时跟踪对接。对符合津市产业发展方向的企业进行筛选,并一一登门拜访。精准对接专业机构。推进"三名工程",与北京中关村智造大街合作,搭建首都科技成果转化津市承接平台;与广州博济医药合作,建立生物医药与医疗器械研发平台和孵化平台;与国天电子合作,共建湘北军民融合发展促进中心;与江南大学合作,组建科技成果转移转化中心;与南方科技大学胡清博士合作,启动园区水、气、土在线监测平台建设。精准对接优质资源。根据津市产业发展需要,围绕重点企业、知名院校、商会组织、专家学者等,制定优质资源库和结对联系表,明确26家部门单位对接优质资源,实行敲门招商。

完善推介资料。既有全市的宣传片和投资指南,也分产业拍摄宣传片、制作画册、PPT和电子商务接待手册,在领导个人纸质名片和电子名片上也融入津市的产业宣传内容,倍受客商好评。精心筹备活动。参加省市举办的各项活动,在深圳举办津市市生物医药产业专场推介活动,与会人员有专家、企业老板和投资机构负责人,活动现场签约2个项目。深圳康体生命科技有限公司立即到津考察洽谈纳米抗体试剂项目,签订合作协议。三是强化配套服务建设。深圳盐田港4月签约,6月28日正式开港，实现深圳速度的津市再现，在提升津市物流层次能力的同时带来新的机遇,深圳全至产业园等单位纷纷来津洽谈合作;为食品企业引入“拼多多”等电商平台,物流成本为全省最低,一批摄影、美工等专业服务公司进驻园区;危废处理项目签订正式协议,将提升园区危废处理能力;牛肉米粉产业化工作取得重大突破,牛肉米粉品牌产业联盟成立，于12月举办牛肉米粉美食文化节。(见表1)　　(周韩信)

烟　草

【概况】2019年,津市市烟草专卖局(分公司)内设机构有办公室、综合室、财务室、纪检监察室、专卖管理监督股、客户服务分部。在职在岗员工36人,离退休人员22人。

市烟草专卖局党组高度重视主题教育,制定《津市市烟草专卖局(分公司)“不忘初心、牢记使命”主题教育具体工作清单》,先后召开5次专题会议,落实工作任务49项;围绕“明初心、守初心,坚定理想信念”等3个专题开展3次理论研讨交流会，针对高质量发展过程中的难点问题，每名班子成员结合自身分管领域开展专题调研，发放征求意见表100余份,召开座谈会2次,走访市场4轮,撰写调研报告、转化调研成果。每周制定读书班学习计划开展集中学习,学习《习近平新时代中国特色社会主义思想学习纲要》、《党章》等必读书籍和习近平总书记重要讲话精神，党员撰写心得体会,组织全体党员在家观看70周年阅兵式、党员参观“朱务善纪念厅”和游端轩烈士纪念广场、观看爱国电影《我和我的祖国》,强化党员党性修养,增强党员爱国情怀。

表1　　津市市2019年签约项目统计表

序号	项目名称	签约时间	投资方	投资额	项目选址
1	果蔬粉提取项目	2019.1.9	长沙合建生物科技有限公司	1000万	高新区
2	(鸿鹰生物)沼气发电工程项目	2019.1	津市力源生物发电有限公司	5000万	高新区
3	年产100万双品牌鞋面加工项目	2019.1.23	湖南盛智鞋业有限公司	5000万	白衣镇
4	纸品加工项目	2019.2.26	湖南金雅顺纸业有限公司	2000万	高新区
5	电子产品生产线项目	2019.3	湖南鑫铮科技有限公司	3000万	高新区
6	常德市生物医药与健康食品产业投资基金项目	2019.4.15	广州越秀产业投资基金管理股份有限公司	10亿	常德市柳叶湖清科基金小镇
7	盐田港集团津市港运营项目	2019.4.21	深圳市盐田港股份有限公司	10亿	津市市
8	能创风电项目	2019.4.30	湖南能创能源发展有限公司	10亿	津市市
9	酱油、食醋酿造项目	2019.6.17	覃业军	5000万	高新区
10	速冻早餐食品项目	2019.6.28	津市市蒸轩包子铺	500万	高新区
11	兆源贤庄综合体项目	2019.5.8	湖南丰鑫房地产开发有限公司	2.9亿	津市市
12	粮食产后服务中心建设项目	2019.6.20	津市市信隆欣茂农业科技有限公司	6000万	药山镇
13	深圳康体生命科技抗体合作项目	2019.8.27	深圳康体生命科技有限公司	1.5亿	高新区
14	家具定制加工项目	2019.8	常德木星源家居有限公司	2000万	加亿科技厂房内
15	中联重科车桥产业园扩建项目	2019.10.18	中联重科股份有限公司	5.1亿	津市市
16	超安光伏渔光一体光伏发电项目	2019.10.18	湖南超安光伏有限公司	5亿	津市市
17	夏盛生物生产5000吨生物酶项目	2019.10.18	夏盛生物	1.5亿	高新区
18	南北特二期年产50万件豆制品项目	2019.10	南北特食品	5000万	高新区
19	高档单板木制品加工生产项目	2019.10	津市市顺诚木业有限公司	1200万	津市市
20	新型特种防盗门窗制作项目	2019.10	津市市从铧门窗有限公司	1800万	津市市
21	六和城商业综合体建设项目	2019.10	湖南六合置业有限责任公司	11亿	津市市
22	危废处理中心项目	2019.10.25	宁波热电股份有限公司艾特克控股集团股份有限公司	2.9亿	高新区
23	湖南微生态健康产业园项目	2019.11.11	湖南海路生物科技有限公司	5亿	高新区
24	漂浮式光伏发电项目	2019.12.10	大唐华银电力股份有限公司	8亿	津市市
25	发动机缸体加工项目	2019.12.12	常德三翔汽车配件有限公司	3000万	高新区
总计				67.95亿	

津市烟草与当地社区实行“双报到”制度，支部党员每月参加一次社区志愿服务活动。此外，结合卷烟市场走访工作扎实开展“党员结对零售户”活动，指导帮助卷烟零售户知晓政策保障盈利；结合精准扶贫工作班子成员与贫困户结对帮扶，为点村白衣镇金坪村捐赠扶贫资金4万元，组织党员往金坪村帮助贫困户铲除老橘树、栽种新橘苗；结合“三供一业”分离物业改造项目解决原烟草院内职工水管易冰冻、缺少监控门禁设备等问题，组织为公司职工患癌之子募捐。（鲁煜炜）

【卷烟营销】2019年，津市销售卷烟10696箱，同比增长10.31%，完成销售收入30280万元，同比增长15.95%，实现税利12889万元，同比增长16.66%。

全市辖区建成客户自律互助小组63个，零售客户覆盖率100%。2019年辖区自律小组共召开50场小组会议，探索文明社区协同服务模式，澹津社区、三洲街社区协管员与客户经理同下市场，稳定辖区卷烟价格、维护零售户盈利水平，该服务模式在2019年全省烟草系统一季度重点工作推进会中获得各级领导肯定并推广。

津市烟草推进“天价烟”自查整治，局领导带队分片区开展市场督查，对零售户和特殊场所累计检查10余次、检查户数1800余次，对辖区内所有卷烟零售户张贴“卷烟零售价格一律不超过1000元/200支”标语、签订零售户明码标价、明码实价规范零售卷烟承诺书，开展夜间暗访行动6次，对发现存在的问题均依据相关要求处理到位。（王鸿敏）

【专卖管理】2019年卷烟市场综合治理，成立联合执法值班室，公安、市监部门安排专人驻点办公，巩固联合整治机制。联合公安、市监等执法部门先后组织5次清理整顿烟草市场联合执法行动，出动人员80余人次，车辆25台次，取缔无证经营户54户；全年共计查获各类涉烟违法案件62起，其中案值5万元以上大要案9起，查获真烟案件52起，真品卷烟273.38万支，完成全年真烟查获量目标的122.59%，查获假烟案件10起，查获假烟127.48万支，完成全年假私烟查获量目标的216.07%。

贯彻落实国务院，国家、省、市烟草专卖局“放管服”改革精神，开展“互联网＋政务服务”，将烟草专卖零售许可证7项业务全部上线至人民政府网站部门办事服务平台，申请材料、承诺办结时限、业务办理流程及环节责任人面向全社会公开，实现业务网上办理全贯通。上好卷烟经营“入门课”，对于新办证零售户开展新入网客户培训，关注零售户许可证使用情况，定期开展清理整治，严格按照上级要求对辖区中小学周边烟草专卖零售户进行全面清查。（张烁）

供　销

【概况】2019年，市供销社编制11人，为正科级全额拨款事业单位。有在编人员8人，临聘2人，其中参管人员8人，新增内设机构“供销信息服务中心”，为市供销社管理的公益一类股级事业单位，全额拨款事业编制2名。领导班子设理事会主任1名，监事会主任1名，理事会副主任2名，退休人员20人。机关下设办公室、经营管理股、基层指导股、信息中心。2019年6月，市供销社办公大楼加入“海绵城市”建设，经过为期两个月的维修改造，供销大院整体面貌焕然一新。院内铺上柏油，绿化草坪，种植桂花树，划出车位，办公室墙体进行修补和粉刷，办公楼顶进行止漏，更换办公桌椅，办公环境改善。（邓兰君）

【综合改革】中共津市市委、津市市人民政府下发《关于深化供销合作社综合改革的实施意见》。市深化供销社综合改革领导小组统筹协调各项工作，出台《津市市深化供销合作社综合改革实施方案》、《2018年度深化供销合作社综合改革示范创建工作方案》等系列文件，明确路线图和时间表，定期召开小组联席会议，协调调度综合改革工作。供销信息服务中心，专门负责制订和落实农村信息化建设规划，建设和推广农村电商。不断优化改革环境，出台《津市市深化供销合作社综合改革工作考核办法》等文件，将市镇村三级改革任务分解到相关部门和镇街，实行目标管理、整体推进，建立长效运行机制。

由市财政出资做实惠农公司——津市市新农合作农业发展有限公司，划拨国资管理的9处原供销社资产，价值2000万元，恢复社有资产属性，移交市供销社经营管理。做强社有企业。在组建津市市新农资产管理公司、津市市农业发展公司、津市市供销电商公司和津市市农贸市场公司的基础上，通过市场化运作，搭建产业发展平台、农业社会化服务平台、农村电商服务平台等县级平台，搞活农村市场流通。做实镇级服务中心社。新洲镇、毛里湖镇、药山镇、白衣镇4个镇级惠农综合服务中心社均已挂牌运行并各具特色，新洲镇以承接产品流通为主，毛里湖镇以推广农特产品为主，药山镇以特色产业发展为主，白衣镇镇以葛果、柑橘等农副产品销售为主。做全村级服务网点。以“智慧党建”为契机，在全市所有村居推行党务、政务、商务“三务合一”机制，建设惠农综合服务信息平台，建成村级服务网点51个，村级覆盖率达100%。《津市市人民政府常务会议纪要》第7次明确了食用菌产业和农村电商服务管理职能划归市供销社；市财政保障供销社综合改革专项资金100万元，列入财政预算。（邓兰君）

【招商引资】2019年市供销社引进高分子热风管项目——湖南嵘鑫风管制造有限公司。该项目落户高新区，用地25亩，总投资5000万元，竣工投产后，预计年产值达1.5亿元，税收近200万，解决就业50人左右；2019年底，引进废旧钢铁加工及回收项目——湖南中湖达再生资源有限公司，计划投资1.5亿元。申报省级综合改革示范县项目，项目资金260万元。（邓兰君）

【服务体系建设】2019年市供销社以新农合作农业发展有限公司作为投资主体，参股35%成立镇惠农服务中心社，参股10%成立村惠农综合服务社，以产权联结，构建覆盖“市、镇、村”三级

2019 年 5 月 22 日，运营中心迁址开业

全方位为农服务组织体系。51 个行政村成立惠农综合服务社，完成计划总数 100%，全面覆盖多平台多层级多产业组织体系。（邓兰君）

【农村电商发展】市供销合作社与湖南智慧民生有限公司合资，于 2017 年 10 月成立“津市市供销电子商务有限公司”，对接中国供销总社“供销 e 家”电商平台，推进“互联网＋”农业，发展农村电子商务。2018 年 4 月“供销 e 家·津市市运营中心”在津市市核心商业区“宝悦乐城”综合体内正式营业，2019 年 4 月，运营中心迁址至兰津大院（市移动公司旁），进一步升级发展，线上线下融合。村级电商服务网点建设全面铺开，村级电商服务网点已建成 51 个。（邓兰君）

【食用菌产业发展】2019 年津市市委、市政府将该产业纳入“十三五”规划重点扶持产业，成立市食用菌产业发展领导小组和食用菌产业发展办公室。现已达到日产食用菌 30 吨，加工能力 6 万吨，种植规模达 100 万棒，年产值 3.5 亿元的规模。全市有种植基地 5 个，工厂化栽培龙头企业 2 家，深加工企业 3 家，农民专业合作社 9 家，食用菌研究所 1 个，园区食用菌龙头企业产值已达近 3 亿元。整个园区分为加工区与种植区，初步形成了“加工带基地，基地带农户”的产业链模式。确立鼓励食用菌产业发展对各个环节的补偿标准和办法，每年设立 100 万元专项引导资金，用于扶持食用菌产业发展。市供销社多次赴长沙、岳阳、益阳、湖北等地实地考察，聘请湖南农大教授现场进行技术指导，解决食用菌种植大户的瓶颈问题及技术问题。年底将在新洲镇庹家峪村一带建设食用菌产业基地，租用土地 16 亩，建设高标准恒温恒湿示范大棚 4 个，总投资 91 万元。（邓兰君）

【土地托管服务】2019 年市供销合作社与多家水稻、农机农民专业合作社合作，在药山镇、新洲镇依托镇中心社成立土地托管服务中心 2 家，为农民量身定做农业生产订单服务模式，即生产全程托管的“保姆式”和部分生产环节托管的“菜单式”，提供产前、产中、产后的全程农业社会化服务。土地托管中心中心拥有较为完整的各类农业机械设备，大型烘干机 2 台、高速插秧机 5 台、联合收割机 10 台、大型拖拉机 4 台和植保无人机 5 架，以及其他各类农机具和农用运输车辆，并建有完善的农机农具库房和符合资质的维修车间。全市托管土地面积达 30000 余亩。（邓兰君）

市场服务

【概况】2019 年，市场服务中心下设办公室、考核办、财务股、政工股以及和平所、三眼桥所、襄阳街所、生产街所等 4 个基层所，所辖有 7 个农贸市场（和平市场、三眼桥农贸市场、福民农贸市场、君之林农贸市场、绿荷池农贸市场、襄阳街农贸市场、生产街综合大市场）。农贸市场总面积 30000 平方米，经营门面 650 间，市场摊位 1350 个，共有农产品、日杂、生鲜、水产等各类经营户 3500 多户；另外对九澧建材城市场实行物业管理服务。2019 年，市场服务中心强化市场管理和服务，改善市场经营环境，强力推进津市市场建设发展。

2019 年，市场服务中心按照中央、省、市、关于“不忘初心，牢记使命”学习教育的主要精神，认真践行“守初心、担使命，找差距、抓落实”党建主题实践活动，组织全体干部职工重点学习了《习近平关于“不忘初心、牢记使命”重要论述选编》《主题教育相关知识》通过个人自学和集中学习的方式学习党章党规、习近平总书记系列重要讲话精神等，共组织集中学习 4 次，给每位党员干部发放了“不忘初心，牢记使命”学习教育笔记本，要求每位党员干部撰写读书笔记不少于 20 篇，围绕“找差距，抓落实”开展学习专题讨论，结合自身工作生活实际，就如何做一名合格党员开展讨论，牢记党的宗旨、党员义务和权利，坚定个人理想信念，对党忠诚，一心向党，廉洁奉公，充分发挥党员干部的先锋模范作用；开展民主评议，召开党支部专题组织生活会，通过开展批评与自我批评，查找问题，对查找出来的问题及时进行整改。（张婷婷）

【平安市场创建】2019 年市场服务中心坚持把安全管理工作纳入日常工作的重要议事日程，推行安全生产责任制，落实“党政同责，一岗双责”，完善安全管理工作机制，提高安全防范意识。中心组织开展“三学三比”、“大排查大管控大整治”百日行动、“安全生产月”等活动，张贴安全警示标语、制作宣传横幅 30 余条，组织消防培训，消防灭火和应急疏散演练 5 次，检查 35 次；出动督查人员 95 人次，发现一般性安全隐患 16 处，全部及时予以整改到位，确保市场安全。（张婷婷）

【巩固创建成果】2020 年创建国家卫生城市复检，2019 年是巩固国家卫生

城市关键的一年，中心按照市创建办工作要求，精心组织，周密部署。健全市场经营管理制度，落实“门前三包”责任制做到活禽入笼，水产入池，熟食带罩，净菜上市。改善经营设施，投入资金30多万元对所辖农贸市场进行维修改造。开展市场整治，对所辖的三眼桥、君之林、生产街等市场进行7次集中整治行动，市场卫生、秩序得以明显改善，为巩固创建成果提供保障。（张婷婷）

【市场建设规划】2019年，规划新建的护市农贸市场，该市场位于护市路北侧（市国土局后面），周边已建成的小区有青年城、金海岸二期、丽景豪庭、东城花园、丰华城、建材城等，人流日益聚集，已入住人口有1.8万多人。护市农贸市场规划总用地面积为3498平方米，分为2层，建筑占地面积2427.49平方米，总建筑面积4854.98平方，建筑密度69.40%，容积率1.39，机动停车位16个，非机动停车位32个。按照《常德市标准化农贸市场建设标准》和规划面积，经初步测算，市场建设资金约为800万元，预计2020年5月进场施工，2020年12月竣工验收。（张婷婷）

【农药残留检测】农贸市场作为和百姓餐桌联系最密切的“菜篮子”，为加强农贸市场农产品质量安全，保障人民群众身心健康，严把农产品市场准入关。中心在城区7个农贸市场建立蔬菜农残检测室，做到快速检测、严格把关，确保广大市民“菜篮子”的安全准入，构建农产品质量安全“过滤网”，将每天农残检测的结果及时在市场公布栏及公众号公布，同时利用电子显示屏、横幅、宣传栏等各种手段宣传食品安全知识，发放食品安全知识宣传资料2000余份，引导广大消费者树立科学、正确的农产品消费观，营造良好的氛围并方便消费者及时了解各市场农残检测情况，确保市场流通安全，得到广大市民的认可和赞许。（张婷婷）

【协调项目建设】为做好湖南经世新材料项目建设后续服务工作，中心积极与建设单位联系对接，完善项目跟踪服务机制，协调相关部门加快工程建设。每周至少一次到工地现场了解项目进度情况，想投资方之所想，急投资方之所急，及时协调解决建设中遇到的各种问题，促进项目顺利实施。湖南经世新材料项目7栋主体已封顶，设备进厂安装调试，预计2020年5月试生产。

（邓刚）

中国人民银行津市支行

【概况】中国人民银行津市支行是中国人民银行在津市市的派出机构，隶属中国人民银行武汉分行管辖，业务受中国人民银行常德市中心支行领导和指导，根据上级行授权维护本辖区金融稳定，承办相关业务。在职人员26人，内设办公室、货币信贷与统计股、国库会计股、货币金银股、人事股、保卫股6个职能股室。2019年，人行津市支行按照上级行工作部署，坚持稳中求进工作总基调，围绕夯实基础严防风险、人文关怀增进团结、充分履职展作为、勇于创新力争一流的工作目标，齐心协力、真抓实干，圆满完成全年各项工作任务，为推动支行全面建设上台阶奠定坚实基础。杜英宏被评为常德市中支“优秀党务工作者”；国库会计股评为2017~2018年度常德市人民银行系统“女职工文明示范岗”；国库会计股在常德市人民银行系统ACS会计核算“零差错”竞赛中获第一名；代碧蓉被评为常德市中支优秀青年员工；王志敏、王祖逸、江波评为常德市“优秀共产党员”。（傅智松）

【风险化解】2019年，加强对津市农商行风险化解处置，确保其健康运行，津市支行围绕风险化解和改革发展两大目标，做好风险监测和化解等工作。适时监控、分析津市农商行信贷风险状况，针对其改制不彻底、内控管理不合规、区域经济下滑、区域信用环境等风险开展业务指导与整治；协助化解不良。针对企业破产涉及农商行信贷资产难以保全的问题，多次向市政府领导专题汇报，协调人民法院等权力机构，尽最大努力做好不良清收，保障银行债权；截至12月末，该行资本充足率达9.65%、较年初提高4.81个百分点；拨备覆盖率157%，较年初提高127个百分点；不良率3.67%，较年初下降6.08个百分点。（傅智松）

【金融生态】2019年，按照常德市金融生态建设总体部署，通过借鉴吸收、自我评估、搭建机制、顺利启动的工作步骤，开展津市市金融生态安全区创建工作。专题向市委、政府领导汇报安全区创建的重要性和必要性，协助市政府出台《关于成立津市市金融生态建设工作领导小组的通知》《津市市金融生态建设工作领导小组成员单位职责》等文件，印发《津市市金融生态建设工作要点》《信用乡镇（街道）考核评审办法》《信用村考核评审办法》《信用社区考核评审办法》《信用企业评审办法》等系列文件，建立统一标准和考核尺度，确保金融生态建设有序开展。6月中旬，市政府分管金融副市长组织召开专题推进会，开展津市创建省级金融生态安全区的工作。开展信用细胞建设工作，建立长岭岗村信用村，天子岗社区信用社区。对信用企业、信用乡镇、信用社区进行清理和授牌；守信激励机制正式启动。针对不守信情况，津市法院、农商行的室外大屏对老赖情况进行流动播放，有效执行失信惩戒机制；在全市76个乡村开展普惠金融工作，开办金融夜校50余场，对全市乡镇金融生态建设暨金融知识普及起到积极的推进作用。（傅智松）

【信贷窗口】2019年，主动对接中支、协调地方，3月14日承办常德市“行长县市行”走进津市活动。常德市中支刘新华行长与市级11家银行行长实地走访调研津市园区工业企业并召开常德市“行长县市行”暨金融支持津市园区经济发展对接会，9家银行与10多家企业现场签订新增授信及贷款合作协议，新增授信总额20.94亿元，项目贷款9500万元；召开行长联系会，专题传达常德市人民银行工作会议精神，深化行长接对服务企业行动，9月，津市支行与金融办联合在津市市高新区举办银企对接会。7家企业代表、辖内银行机构参加会议，各金融机构创新信贷产品，为企业量身打造特色产品与服务，缓解中小企业融资难题。2019年津市各金融机构信贷授信结对企业41家，投放2.32亿元。全年金融机构各项存款余额138.23亿元，较年初增长-1.24亿元，增幅-0.8%。全市各项贷款余额53.64亿元，较年初增长0.8亿元，增幅1.6%，全年新增贷款34.36亿元，其中新增工业贷款12.83亿元。（傅智松）

【经理国库】2019年，按照《国库会计业务标准化指引》要求，加强国库监

3月14日，常德市“行长县市行”活动走进津市。上午，常德中支行行长刘新华与常德市级11家银行行长一行实地走访调研津市新合新生物、金湘猪鬃、嘉品嘉味等园区工业企业（左二为人行常德市中支刘新华行长、左三为市长黄旭峰）

督，通过柜面监督把关堵口不合规业务37笔，金额4218万元；抓好国债发行兑付管理，推动国债“随到随买”试点。在4月储蓄国债（电子式）发行期间，对辖内5家承销机构网点进行现场巡查；协助财税部门做好税款加速入库、支拨快速到账工作，务实推进电子退税业务。全年通过TIPS系统共办理电子退税5030笔，金额2500万元；全年入库收纳各级预算收入75305笔，金额199377.94万元，办理预算支出25203笔，金额377642.79万元，办理预算退库5493笔，金额3723.23万元，实现上报数据无差错、资金安全无事故的国库工作目标。（傅智松）

【货币发行】2019年，抓好货币发行和人民币管理工作。坚持早预测、早调查，及时提出调拨申请，做好春节、端午等重要节假日期间现金供应。9月5日，津市支行召开反假货币工作联席会，根据国务院反假货币工作部署，开展2019版第五套人民币防伪知识宣传，让公众更多了解和熟悉新版人民币50元、20元、10元的特征及防伪标志，创造良好的货币流通环境。全年共办理发行基金出库业务238笔、33亿元；办理入库业务627笔、36亿元；办理发行基金调拨7笔、16亿元。（傅智松）

【征信服务】2019年，共办理企业信用查询182次，个人信用报告查询653人次。实行机构信用代码新办、查询、暂停等业务的行政许可制度，两级审批确保征信管理的严肃性，全年发放机构信用代码133户，确保信用代码的合法有效运行。（傅智松）

【支农支小】2019年，继续扩大支农再贷款投放额度，壮大法人机构支农支小资金规模。全年支农再贷款资金达到2.4亿元，比上年同期增加0.2亿元，创历史最高支农再贷款投放额度。（傅智松）

【金融宣传】2019年，举办金融服务“两进两促”对接活动。建设银行专场会和银行信贷产品推介会，解决银企信息不对称问题；组织金融系统开展3·15“金融消费者权益日”、6月“守住钱袋子”、9月金融知识宣传月活动，各金融机构通过网点柜台、咨询服务点等平台扩大金融宣传，开展进商户、企业、学校活动；在津市经济开发区开展“征信助力小微与民营企业融资发展”专题宣传，营造“用征信、助融资、促发展”的良好信用环境。（傅智松）

【特色与创新】2019年，建立新洲现金服务示范区。津市支行对全辖13个农村助农服务点进行考察，最终确定在新洲福初商店开展现金服务业务。2019年9月新洲福初商店正式开始代理现金服务业务。全年，示范区通过登记电话、微信预约对农户进行小额人民币兑换40万元；对农户0.8万元残损券进行拍照咨询确认，并在指定网点进行兑换；对30张可疑钞进行辨别。电子支付“示范县”创建工作稳步推进。津市支行组织商业银行开展云闪付APP推广和商户拓展工作，配合银联地推团队加大场景建设力度，津市支行先后与津市牛肉粉协会、公交公司、市场管理中心等地方部门开展移动支付示范县建设的协调工作，为银联地推团队地推奠定基础。2019年，全市云闪付APP注册数24111个，其中

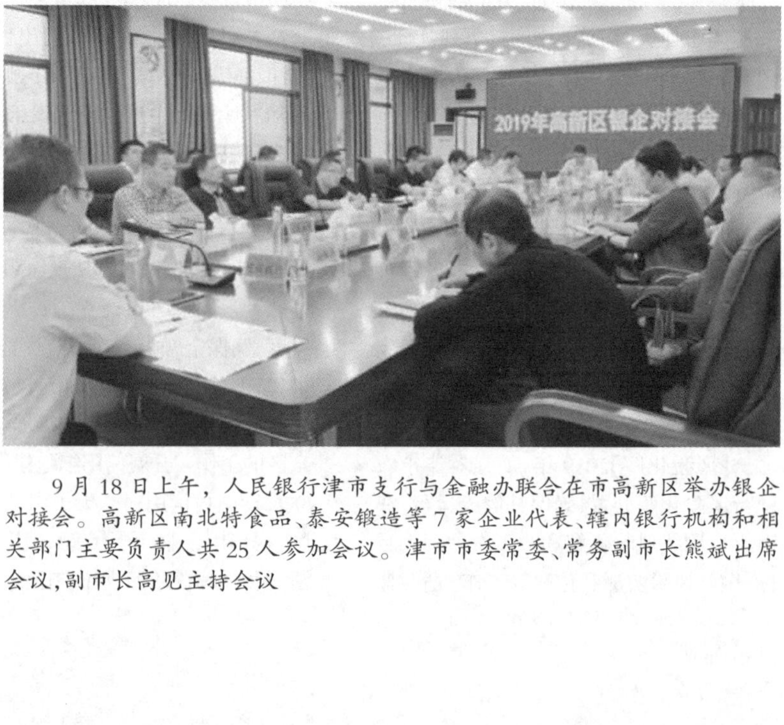

9月18日上午，人民银行津市支行与金融办联合在市高新区举办银企对接会。高新区南北特食品、泰安锻造等7家企业代表、辖内银行机构和相关部门主要负责人共25人参加会议。津市市委常委、常务副市长熊斌出席会议，副市长高见主持会议

绑卡数达23810个，商户拓展833户，共建成2个商圈、1个标杆菜市场、3家核心商业超市，拓展5家企事业单位食堂，食堂就餐人数达500人以上。（傅智松）

工商银行津市支行

【概况】中国工商银行股份有限公司津市支行2019年末在职员工41人，设有综合办公室、公司业务部、个人金融业务部3个部室，营业部、万寿路支行、湖桥支行3个营业网点，在澹津北路、湘澧盐矿、中联重科车桥、九澧大道设立自助银行、ATM机共13台，营业网点和自助银行分布津市市城区澧水南北两岸。

【业务经营】2019年12月，两项存款余额为185771万元，其中公司存款46785万元，个人储蓄存款138986万元，各项贷款余额为33165万元，其中公司贷款23870万元，个人贷款9295万元，上缴税收105万元，2019年发卡新增3028张，代理销售基金600万元，代理保险950万元，网上银行2800余户，签发银行承兑汇票8900万元。（聂辉）

存款，截至12月末，两项存款余额为185771万元，较上年负增长15682万元。受国家政策和地方经济影响，工行津市支行存款较年初负增长，且存款不稳定，特别是个人储蓄存款，主要是年度企事业单位的工资和各项津贴的集中发放，但年初又会大量支取购买春节物资等，同时个人资金用于购买社会养老保险、购房、投资等，再加上网络金融的发展对实体银行产生一定的冲击，个人存款不稳定。（聂辉）

贷款，截至2019年12月，两项贷款余额为33165万元，受国家政策影响，加上经济不景气，工业园区企业效益一般，银行对部分不符合国家政策的公司贷款进行压缩，但对新型企业如湖南新合新生物医药有限公司、湖南欣龙非织造材料有限公司等公司进行贷款投入，支持地方经济发展。个人贷款主要是个人住房贷款，受房地产市场的影响，居民购房热情不高，且在外地购房的居多，因此个人贷款减少。（聂辉）

【内部管理】2019年年初，根据省、市分行行长会议精神，支行班子及早作出部署，内控案防、安全保卫能力进一步得到增强，促进各项业务健康稳定的发展，已连续实现27年未发生案件和安全责任事故。内控案防工作是津市支行的一面旗帜，为确保无各类案件和各种责任事故的发生，支行坚持两手抓、两手都要硬的原则，在抓业务的同时不忘抓内控管理，抓内控管理为业务稳定发展保驾护航，开展员工异常行为排查、执行规章制度再检查、对检查出的问题进行再督查的“三再查”活动及对重点领域和风险事件专项治理工作，为27年无各类案件和各种责任事故的发生打下坚实的基础，内控管理体系得到进一步加强。支行每月召开一次内控案防和员工思想动态分析会，收到较好的效果。加强操作风险管理，重点加强对营业网点库存现金、空白重要凭证、印章、密码、钥匙的交接管理，加强对ATM的管理和网点现场主管的履职管理。利用晨会、行务会、员工大会组织员工学习《员工行为守则》、《员工行为禁止规定》以及国家法律法规，加强员工思想动态分析和行为排查，规范员工的行为，并形成例会制度。优化人员结构，将一批有活力、责任心强、敢于开拓进取的年轻人充实到中层骨干队伍中来，充分发挥年轻人的活力进取精神。加强客户经理队伍建设，对客户经理的岗位职责、工作职责、目标任务进行明确分工，强调客户经理工作纪律，坚守道德底线。中层骨干、客户经理以及员工在完成本职工作的同时，要加强联系，信息共享，寻找客户，挖掘客户，培养客户，为客户提供高效优质服务。（聂辉）

【企业文化】津市支行在推进业务发展的过程中，全面开展企业文化建设，为员工创造一个和谐的环境，让员工在工作之余身心得到放松。搞好职工之家和员工食堂的建设，在上级行的支持下，累计投入10多万元进行职工之家的建设改造，设立图书阅览室、乒乓球室、健身房、娱乐室、荣誉室等，使员工在业余时间有一个好去处。制定“婚丧病假探望制度”、“节假日走访慰问制度”，并将这些制度贯彻落实，使员工感受到组织的温暖，2019年，支行班子成员共同走访生病、住院、家庭困难员工20余户。加强行领导与员工之间的沟通渠道，不定期与离退休、在职员工开展座谈会，就津市支行的发展和大家共同关心的问题进行沟通交流，对大家提出的问题能解决的及时解决，因有些问题支行不能解决的，逐级向上级行反映，化解员工与单位之间的矛盾。（聂辉）

【客户服务】为不断提升我行服务工作，更好服务广大客户，津市支行不断强化服务工作。加强业务的培训，提高对服务的意识，选派业务能力强、服务态度好的员工充实到网点担任大堂经理，指导客户办理业务；坚持行长营业网点坐班制，督导大堂经理、柜员办理业务服务态度和效率，及时处理网点发生的各种突发事件，将各种事件消灭在萌芽中；做好ATM、自助设备的维护，提高ATM、自助设备的使用率，方便广大客户。（聂辉）

支行班子狠抓党建工作，强化企业文化建设，并承担社会责任。积极参加市委、市政府组织的各项工作，近年来，在创建国家卫生城市、民调、捐资助学、精准扶贫等市委、市政府的重大工作中，工商银行津市支行不遗余力全力支持，在资金支持的基础上，利用业余时间参与志愿者平安创建巡逻活动。配合政府的民生工作，参与棚户区改造的资金发放，与社会保障部门、社区发放社会保障卡，确保居民的社保、医保资金及时到位，已累计发放社保卡4万余张。积极配合政府工作，安置退伍军人。以上工作得到市委、市政府的肯定，提升工商银行的整体形象和社会知名度。（聂辉）

中国建设银行股份有限公司津市支行

【概况】中国建设股份有限公司津市支行2019在职员工19人。设有支行本部一个网点、另有营业部本部、人民医院、中医院、津市蔡家河社区、宝悦共5个自助银行服务区，有15台自助设备。2019年，围绕年初制定的工作目标和措施，狠抓落实，加大市场拓展力度，促进全行各项工作健康发展。

支行班子扎实开展“不忘初心、牢记使命”主题教育，做实调查研究，广泛收集员工意见和建议，主动对表对标认真检视剖析问题，及时做好整改工作。同时结合津市支行实际，强化“三个能力”建设，紧密联系“三大战略”，全面落实对公业务转型。支行党支部总共安排党员进行6次集中学习。10月，支部组织本行全体党员，前往林柏渠纪念馆红色教育基地参观学习，重温入党誓词，感悟革命先烈的博大精神。开展学习张富清同志精神活动，设立党员先锋岗(示范岗)1个、成立张富清金融服务队1支、成立张富清党员突击队1支、参加志愿服务党员10人次。组织学习张富清同志先进事迹，观看张富清事迹录像，用张富清精神与支行党建工作和作风建设存在的问题紧密结合，11月支行组织张富清志愿队走进津市特殊学校开展金融知识宣传，赠送学习用品等活动，12月组织志愿队走进乡镇开展金融服务活动，确实开展志愿服务，为群众办好事，增强党员班子成员守初心、担使命的责任感和使命感。（贺腾）

【业务发展】截至12月31日全口径存款时点余额170030万元。较年初时点新增-4700万元。其中：个人存款时点余额104023万元，较年初新增5937万元。个人客户较年初新增5089人，发放金融TC卡3678张；对公存款时点余额66007万元，较年初新增-10637万元。

截至12月31日贷款余额58959万元，其中：对公贷款余额32578较年初新增11301万元，个人贷款余额26381较年初新-2284万元。全年实现账面利润2731万元。（贺腾）

【服务客户】按照公私条线客户维护方案，严格落实到位，组建营销服务团队对重点对公客户按分层分群维护方案，定期走访维护客户，落实存量客户日常维护考核措施；做好服务网点打造，按照上级行要求，执行星级网点创建迎检工作，进行岗位设置，明确岗位职责，实施星级网点验收手语、哑语、英语演练。结合星级网点迎检工作，要求给客户提供优质高效、独到特色的服务，建立良好的顾客关系，提升支行对外形象。做好服务考核常态化，支行每月评选服务明星，行领导在走访客户过程中收集服务意见，及时召开服务分析专题会议，解决存在的问题。通过不断提高服务质量和水平，赢得客户和政府部门的好评，2019年政府优化经济环境考评支行在线管单位序列排名第三。（贺腾）

【内控合规】2019年进一步压实各条线，部门合规主体责任，细化内控合规履职清单，全年实行自主积分7人次。加强合规文化建设，持续推进员工警示教育、案例教育和合规培训。坚持“每周一学”，重点对案防工作动态和纪检监察工作简报、各类典型案件、违反中央八项规定案例通报等学习。组织员工观看警示教育片，开展深度剖析和反思，把廉政教育作为构筑防腐拒变的防线。落实员工不良行为排查，全年组织开展5次员工异常行为排查活动。持续推进反洗钱工作，抓好征信管理及发现问题及时整改，免监管处罚。

【安全运营】全年实现“五无”目标，加强消保工作，强化声誉风险管理，针对投诉，都积极应对，将隐患消灭在萌芽状态，2019年消保工作被当地人民银行被为A级。抓好柜面操作关键风险点，做到重要风险人员轮岗管理工作落实到位。继续开展“平安建行”创建活动。强化安全生产精细化管理，对支行安全生产进行自查发现问题并能及时整改。实现全年无案件和重大责任事故的目标。（贺腾）

【团队建设】支行积极组织员工开展各类劳动竞赛活动，在客户维护，县域支行业务竞赛活动中取得多项成绩，同时工会工作大力推进，全年组织多次工会活动，有效缓解员工工作压力，通过组织员工进行业务发展讨论，提高大家的凝聚力。

【关爱员工】多次组织员工开展看电影、户外踏青、登山等形式多样的文体活动，丰富职工文化生活，提高全体员工的向心力、凝聚力。支行党支部在4月份开展了“关爱员工，传递温情”为主题的员工家访活动。12月份完成职工小家建设，在支行开展“小家”活动，增强员工的工作积极性和主动性，员工在紧张工作之余有休息放松的好地方。2019年员工收入得到大幅提升，与2018年比达到127%。（贺腾）

中国银行津市支行

【概况】中国银行股份有限公司津市支行2019年末在职员工30人，下设综合管理部、营业部和车胤自助银行，共有20台自助设备。2019年，中国银行津市支行以“夯基础、练内功、抓客户、促发展”的工作思路，以效益为主线，坚持党建引领，强化队伍思想建设，壮大客户基础，严格安防内控，抢抓机遇，取得了较好的经营业绩。

截至12月末，津市支行人民币各项存款时点余额为117267万元，较年初减少30823万元。其中对私存款余额79829万元，较年初新增8493万元，完成年末时点任务的106.2%；日均余额42933万元，日平新增6844万元。对公存款余额37438万元，较年初减少39316万元；日均余额57607万元，日平减少29054万元。

截至12月末，各项贷款余额为28592万元，较年初减少7124万元。其中：零售贷款余额为11298万元，较年初减少684万元；全年支行个贷累计投放1138万元。公司贷款余额为14842万元，较年初减少6268万元；公司贷款累计投放6200万元，其中普惠投放850万元。银行卡应收账款2452万元，较年初减少172万元。

截至12月末，不良贷款余额为134.49万元，较年初减少18.49万元。其中公司贷款不良余额为0；个贷不良余额为 111 万元，较年初增加 5 万元；银行卡不良余额 23.49 万元，较年初减少 29.16 万元。关注额 246.38 万元，较年初增加 20.86 万元。其中个贷关注额为 225 万元，较年初增加 11 万元；银行卡关注额为 21.38 万元，较年初增加 9.86 万元。另外，在市分行的大力支持下收回津佳兔业已核销呆账 205 万元。

截至 12 月末，全行实现净收入 2612 万元，较去年同期减少 911 万元。其中净利息收入 2327 万元，同比减少 863 万元；非利息净收入 332 万元，同比减少 48 万元。拨备前利润 1735 万元，税后净利润 1334 万元。

【存贷款业务】夯基础，壮大有效客户群体。津市支行在 2019 年公司新增有效客户 11 户，新增行政事业单位客户 14 户；个金条线新增有效客户数 2645 户，完成率县支行排名第一；ETC 累计发行 1749 台，完成率县支行排名第三，为业务持续快速增长奠定良好的基础。

开源头，促进贷款客户群的快速增长。支行响应津市市委市政府“工业立市、产业兴城”的战略，通过园区走访、核心客户上下游客户拓展，加大对实体经济授信支持力度。截至 12 月末为当地工业企业投放贷款 12 笔，涉及 5 家企业。合计 6200 万元；开立电子银行承兑汇票 123 笔，合计 1 亿元。投放企业分别为湖南新中意食品有限公司、万木汇生物质燃料公司、湖南新和新生物医药有限公司、津市中南新鲁包装印刷有限公司、鸿鹰生物科技。为湖南中联重科车桥有限公司开立敞口银行承兑汇票。

抓机遇，增规模。密切关注地方政府招商引资，加大对工业园管理部门的联系，第一时间掌握招商信息，精准营销，陆续营销津市港口有限公司、津市宁能废弃物处置有限公司、湖南北控金旋市政工程有限公司、湖南康捷生物科技有限公司落户支行，不仅加强支行与政府和企业的联系，也为后续银企、银政全面深入合作打下良好的基础，为支行带来长期的发展机会。

主动出击，做好中小企业服务。支行成立服务中小企业攻坚组，行长亲任组长，将支行人、财、物等资源倾斜。充分利用支行“税融贷”、“出口企业无抵押融资”、“政购通”、“接力通宝”等创新产品的市场推广，为优质客户提供无抵押贷款及无还本续贷，解决中小微企业融资难得问题。新中意食品有限公司流动资金较为紧张，多次上门与企业沟通，向上级行汇报，为其量身定制授信服务方案，为企业新增授信 1150 万元，有效缓解该企业当期资金周转压力。

拓宽渠道，争揽批量代发业务和存量客户提升。2019 年，支行先后营销征拆代发项目 2 个，新增代发客户 130 户；工资代发单位 4 个，新增代发客户 440 户，同时通过流失客户召回、潜力客户提升营销等工作，全年有效个人客户新增 2645 户。

担当社会责任，推进普惠金融。支行开展业务时始终将社会责任视为己任，一方面为中小企业申请提供优惠利率贷款；另一方面争取政策全面免收中小企业不动产抵押费、评估报告费、敞口承诺费等相关费用。

【文明服务】重细节，强化服务意识，持续改进柜面、厅堂服务质量。支行坚持以客户满意为首要评判标准，通过以会代训及现场示范引导的方式，强化员工服务意识，将服务列入员工年度绩效考核的重要评价项目，对于在服务中的突出表现给予及时鼓励表彰宣导，对于导致客户不满的失职员工进行处罚，2019 年先后处罚 2 人，表彰及推广优秀服务事迹 5 人次。

【内控安保】讲实效，安全保卫和内控工作常抓不懈，促进业务健康稳定发展。推动完成我行规章制度系列学习及总行 50 条的学习。规范员工操作行为，督促员工合规操作。2019 年支行员工合规意识得到很大提高，全年省行视频监控抽查无问题。开展员工思想行为排查，组织全行员工学习《员工违规行为处理办法》对涉及支行业务内容的违规行为处理办法着重强调，组织学习防范民间借贷、非法融资情况发生。2019 年没有发生违反双十禁情况，没有出现严重违纪违规情况。做好网点日常安全保卫工作的监督检查，强化员工安防意识教育，定期组织各类预案演练及消防培训演练。2019 年，全行未发生一起违规违法及安全案件事故。

【企业文化】兴文化，倡导人文关怀和谐共进，增强员工凝聚力和工作积极性。企业文化建设是打造企业核心竞争力的重要手段，良好的企业文化能有效激发员工的源动力和创造力。为给员工们营造一个快乐、健康的工作与生活环境，充分调动和发挥员工们积极发展业务的主观能动性。支行领导层一方面就工作生活经常和他们交心谈心，充分尊重他们在工作中的创造力，力所能及地解决他们生活中遇到的问题，积极加强与员工思想情感上的交流，另一方面创造条件切实解决一些员工们在工作与生活中遇到的困难与问题，用制度化和人性化并重的方法来管理队伍。建起气排球场，组织全行员工开展健康户外运动，凡员工家庭红白喜事及病人住院支行领导都会亲历前往进行恭贺、慰问。支行一系列的人文关怀举措，让员工们感受到组织的关爱，大家庭的温暖，员工们的工作和生活压力得到有效释放，工作积极性得到提高。支行各项业务在极其艰难的外部环境下得以较快发展和经营效益的大幅提升，得益于广大员工的辛勤付出和努力工作，是支行团队凝聚力和战斗力的良好体现。

中国农业银行股份有限公司津市市支行

【概况】中国农业银行股份有限公司津市市支行 2019 年末在职员工 48 人，内设综合管理部、个人金融部、公司业务部、财会运营部和风险管理部 5 个部门，下辖支行营业部、九澧大道分理处和新洲分理处 3 个人工网点，设有人民医院、银苑路和涔澹农场 3 个离行式自助网点，ATM 自助机具 18 台，遍布城乡的惠农通服务点 116 个，行政村覆盖率达 100%。

【业务经营】截至 2019 年 12 月末，

全行各项存款余额15.64亿元，较年初净增1.77亿元，其中个人存款余额12.66亿元,较年初净增0.89亿元,对公存款余额2.98亿元,较年初净增0.56亿元。各项贷款余额4.29亿元,较年初净增1.03亿元,其中个人贷款余额2.12亿元,较年初净增0.5亿元,对公贷款余额2.17亿元,较年初净增0.53亿元。全行不良贷款余额和不良率实现“双下降”。

【基础管理】2019年,支行以党建为统领,狠抓基础管理工作,将基础管理与业务经营工作同部署、同安排、同落实、同考核,基础管理工作得到有效提升，未发生一起重大案件和责任性事故。支行党建、党风廉政建设、安全保卫、运营管理、“三线一网格”、“双线管理”等考核均在系统内排名领先，第6轮安全技术评估得分在当地所有金融机构中名列前茅,被常德分行作为全市唯一县域行推荐评选为总行“三化三达标”优秀单位,2018年、2019年连续两年被市分行评为党风廉政建设暨内控案防先进单位。

【企业文化】做实人文关怀,践行以人为本的理念,加强员工思想政治引导,关注员工身心健康,做好困难员工帮扶、员工精神关怀等工作。加强食堂改造,改善就餐环境和食堂服务品质。深入开展周转房改造建设，将原档案室改成4间周转房,每间均配有独立卫生间,床、桌、椅、电视、空调、洗衣机、热水器等设施齐备，让外地的员工在单位感受到了家一样的温暖。加强宣传教育,弘扬正能量。组织开展气排球比赛、登山、健步走等文体活动，激发员工建功立业干事激情。2019年,支行在文明单位创建方面迈开实质性的第一步,被评为津市市“文明单位”。2019年,支行获得津市城乡居民医疗保险代理缴费资格，新布放总行版惠农机具81台,为规范日常操作,支行组织力量对全市8个街道(乡镇)、87个社区(村居)的所有工作人员进行操作流程业务培训,现场进行演练教学,确保今后设备正常运转。同时,该行还深入缴费点了解各方需求,听取大家的意见建议,结合实际进行改造,并加强账务核对,确保商户资金安全，为医保缴费提供全方位服务，实现更好更快更便捷地服务当地城乡居民。

中国农业发展银行津市市支行

【概况】中国农业发展银行津市市支行坐落在津市市九澧大道1093号，是津市市唯一的一家政策性银行,业务范围涵盖粮棉油收购、储备、产业化龙头企业、农村基础设施建设及县域城镇建设等领域。2019年12月,支行有干部职工20人,其中党员8名,占比40%。机构设置有办公室信贷业务部、会计结算部,共两部一室。占地总面积5800平方米,其中:办公楼建筑面积1000平方米,服务功能齐全,设施一流。2019年4月,支行被湖南省金融工委授予“五劳动奖状”。2019年12月,被省分行评为“合格职工之家”。

【业务经营】截至12月末,各项贷款余额13.78亿元,其中:粮食挂账及不合理占用贷款13986万元,地方储备粮食扶贫贷款1773万元，产业化龙头企业棉花短期流动资金扶贫贷款19800万元，水利设施建设中长期贷款5.7亿元,棚户区改造中长期贷款4.4亿元,产业化龙头企业棉花中长期固定资金扶贫贷款750万元,其他涉农贷款908万元。2019年累计投放各类贷款49962.4万元,累计收回贷款67100万元,日均存款余额2.47亿元，实现账面利润2454万元,不良贷款实现零余额,全面完成上级行下达的各项任务指标。

津市农村商业银行

【概况】湖南津市农村商业银行股份有限公司(以下简称该行)注册资本1.2亿元,为津市网点最多、服务范围最广的地方性金融机构,秉承“服务三农、服务社区、服务中小微企业”的办行宗旨。在津市4镇5街道共设1个营业部、9个支行、1个分理处;内设办公室、人力资源部、党群工作部、财务会计部、信贷管理部、金融市场部、信息科技部、风险管理部、安全保卫部、稽核审计部、纪检监察室、合规管理部12个职能部门,有在岗员工132人。

2019年,该行紧扣“转型发展、全面化险”的工作主线,全体员工与全行股东同心同向推动“实现高质量转型发展”工作目标，各项业务稳健发展,2019年年末实现经营利润4313万元,完成全年经营利润任务的107.83%。获2019年度常德市内保工作先进单位称号、2019年度津市市绩效评估“良好单位”称号等。

【信贷投放】2019年,为全面贯彻中央经济工作会议精神,践行“服务三农”的企业文化,坚持“做小、做散、做优”的经营理念,结合津市市委市政府“工业立市、产业兴城”的发展主题和定位,重点支持发展本地生态林果、食用菌、有机葛果、生猪养殖等种养产业,扶持专业合作社、家庭农场等农业新型主体的培优。年末各项贷款余额102139万元,较年初增加7643万元，增长8.09%,营销便民卡1253张,常德快贷388户,净增有效信贷客户725户,新增有效用信3843万元,贷款累放113469万元,到期贷款收回率98.73%。紧跟津市市委政府“工业立市、产业兴城”的发展战略,对接全市59个重点项目、173家农民专业合作社、73家家庭农场、87个重点企业,年度拓展信贷客户94户、营销贷款3928万元。实行企业客户走访责任制,按行政区划分配至支行客户经理进行走访,实现了城乡民营企业服务覆盖率100%。对融资有需求的新型农业经营主体，积极联系对接省农业担保公司,新开办农担贷款合作业务,授信发放特色贷款230万元。创新城乡居民、小微业主信贷产品,推出“常德快贷”线上贷款,做小逐步取得成效,年末小额信贷客户户数和余额分别为4536户、4.86亿元，分别较年初增加719户、9800万元。发挥11个金融扶贫服务站的作用,完成1786户贫困农户的评级授信工作，其中贫困农户评级率达100%，有效授信率达89.52%。

【优化服务】响应国家助农、支农为农民减负的政策，满足农村金融服务需要。扎实开展"党建共创、金融普惠"行动，9月，津市市委市政府主持召开"党建共创、金融普惠"启动仪式大会，下发《津市市助力乡村振兴"党建共创、金融普惠"工作实施方案》，行党委与津市各镇（街）党委，支行党支部与各行政村（社区）党总支（支部）签订行动协议书85份，建立党员服务站8个，明确金融组织员9名、协理员76名、联络员385名，普惠金融样板村建设示范点6个，印制"党建共创、金融普惠"应知应会知识手册100本，开展"金融夜校"、"屋场会"等60场次，参与人数达4408人。年度入户走访4598户、采集信息2956户、评级2572户、授信1970户。积极开展助农取款服务点和助农终端服务点的布放，填补农村人口聚集区金融服务的空缺。截至年底，共建设助农服务点14个，其中：银行卡助农取款点6个，助农终端服务点8个。通过手机银行，网上银行，福祥E支付、云闪付、农信通等电子银行业务为客户提供一揽子的服务，增强客户体验。　（滕岩宏）

邮政储蓄银行津市市支行

【概况】2019年末，邮储银行津市市支行在职员工42人，退休人员7人；共有中共党员16人。机关内设行长室、综合管理部、综合业务部；设营业部、人民路支行、新洲支行3个自营网点，邮政代理网点9个。

【业务经营】2019年收入目标是2074万元，利润计划705万元，截至12月末业务总收入完成2264万元，比上年同期增幅20.47%，完成计划的109.17%；利润完成953万元，完成计划的135.18%。人均创收为49.66万元，年增幅5.02%。

2019年末，自营存款余额为51266万元，本年净增3404万元。手机银行新增5180户，保险完成288.5万元；信用卡年进件3168张，年发卡2955张。信贷总规模为48925万元，信贷年净增10296.56万元。

【服务工作】邮储银行按照市委、市政府的工作要求，积极主动开展与企业的横向联系与对接工作，持续加大贷款投放力度：对于存量老客户，想方设法为其进行续贷工作，不抽贷不断贷，持续支持企业的发展。为解决企业融资难的问题，尤其是抵押物不足的问题，支行目前已开办多项信用贷款，如信用易贷、税贷通、科技贷等多项产品，通过创新担保方式加大对企业的资金支持力度。2019年支行针对园区几家小型企业抵押物不足的情况，给予一定的信用额度，信用贷产品放款4户，金额724万元，解决企业流动资金不足的难题。积极与相关行业协会对接，提高服务意识，主动上门服务，加大支行产品的宣传力度，做到送贷款上门，解决客户金融信息不对称的问题，为商贸流通领域的商户提供信贷支持。　（晏艳）

"党建共创、金融普惠"行动农信宣言宣誓

华融湘江银行津市支行

【概况】华融湘江银行股份有限公司津市支行于2013年1月8日正式开业，成为第一家进驻津市市的股份制商业银行。充分发挥该行具备央企、地方政府双重资源的优势和"小、精、专、新、特"的经营特色，利用该行华融卡"免卡费、免年费、免手续费"服务零收费的优势，秉承"立足津市、服务津市、依托津市、支持津市"的宗旨，实现稳健、快速发展，开启建设特色股份制商业银行的新局面。

截至2019年12月31日，津市支行各项存款余额为11.71亿元，较年初减少5.3亿元。各项贷款余额为6.48亿元，较年初减少2.4亿元。津市支行自开业以来累计投放贷款17亿元，呈现良性发展势头。支行各项指标完成较好，各项工作得到市委、市政府及上级行高度认可。

2019年，津市支行有员工13人，其中行领导3人，主管1人，客户经理3人，柜员5人，理财经理1人。

津市支行秉承"青年兴、华融兴"的人才理念，始终践行中国华融"星火燎原、照亮华融"融精气神，以优质服务赢得社会各界良好口碑，在全市优化经济环境测评中连续多年排名靠前。支行先后荣获"湖南省银行金融服务竞赛百佳优秀团队""常德市青年文明号""常德市五四红旗团支部""津市市平安建设先进单位""华融湘江银行优质服务示范网点”等荣誉称号。

【银政银企合作】服务重点项目建设。2019年该行给予津市嘉山实业有限公司发放6000万元授信用于工业园标准化厂房建设，强化了工业园的功能和作用，增强在该行的金融支持下招商引资的竞争力。

倾力支持中小微企业，服务实体经济。该行已向湖南欣龙非织造材料有限公司给予1000万元流动资金贷款，为其扩大生产经营规模提供强有力的资金支持。同时金湘猪鬃、吉人住工、恒博尔、绿康食品等一批优质企业得到较快发展。

津市湘淮村镇银行

【概况】湖南津市湘淮村镇银行股份有限公司（简称“湘淮银行”）是经中国银行业监督管理委员会批准，由全国28家标杆银行之一的浏阳农商银行作为主发起行，常德和津市市人民政府参股，征集部分省内企业法人及社会自然人共同发起，于2016年11月设立的区域性独立法人银行。湘淮银行总部位于津市津澧大道998号，机构下设财务部、综合管理部、风险合规部、市场拓展部、营业部和新洲支行，有员工16人。

【业务发展】湘淮银行立足津澧，面向常德，以津市地区为中心向周边地区的“三农”、个体工商户、城镇居民和小微企业等发展提供优质金融服务，先后推出了农户小额信用贷、工薪消费贷、商户流量贷、企业流动循环贷等面向农户、社区居民、商户、企业的贴心、便捷产品，社会成效显著；结合津澧地方实际，增加服务种类，健全金融工具，拓宽业务领域，加强与银行、保险、担保公司等其他金融机构的合作，增强发展后劲，与常德财鑫担保公司、常德圣禹基业融资性担保公司合作开展担保贷款业务，与中华联合保险公司合作开展人身意外伤害保险、财险等代理业务，与华融湘江银行、长沙农商银行、交通银行开展同业资金往来业务，与澧县农业产业协会建立战略合作关系；坚持优化内部管理，加强内部控制，健全和完善各项经营管理制度，建立监督机制和激励约束机制，加强风险防范，增强竞争能力，目前基本制度建设框架已完成，下一步需优化操作流程和细化操作办法；坚持支农支小及小额分散的战略定位，全力做小做优，朝流程化、精细化、市场化管理目标稳步迈进。

截至2019年12月31日，各项存款余额达到3.24亿元，发放贷款713户，贷款余额2.52亿元，贷款收息率100%。（刘政驿）

长沙银行股份有限公司津市支行

【概况】2019年，长沙银行股份有限公司津市支行为长沙银行一级支行，设有市场营销部、营业部；开设一个贵宾室、2个对公柜台、2个综合柜台，自助取款机3台，在职员工13人。支行通过内部控制制度的管理，加强对关注类贷款的监测，对纳入风险隐患类的贷款实行“一户一策”管理，随时掌握借款人的经营情况。加强客户经理序列和运营序列的培训，坚持一周至少一次培训，并采取考核机制，加快培养支行内部人才，让想干事、能干事、肯干事的员工走上管理岗位，实现自身的价值。（李珊珊）

【业务发展】至2019年12月31日，支行对公存款时点12756万元，较年初减少20663万元；储蓄存款时点数18286万元，较年初增长11380万元；对公时期21952万元，较年初减少12032万元；储蓄存款时期数9925万元，较年初增长4725万元。

长沙银行行长张博涵带队走访市园区企业，竭力为企业开通绿色通道，快速收集资料，快速撰写报告，快速上报分行，快速放款

至2019年12月31日，贷款余额52211万元（表外贷款30000万元），其中对公贷款余额51079万元，零售贷款余额1132万元。对公贷款余额及零售贷款余额分别较年初新增12847万元和1132万元。

至2019年12月31日，中小微贷款余额6049万元，较年初增长2636万元。

至2019年12月31日，零售客户数8793户，较年初新增2713户；中高端客户833户，较年初新增423户；新增交叉销售客户4257户；标卡发卡量1083张；有效标卡发卡量523张；生态圈商户499户。（李珊珊）

方正证券

【概况】2019年，方正证券常德津市孟姜女大道证券营业部共有员工9人，经纪人9人，资金账户数40539户，全年股基权交易量1205741.18万元。

【证券经纪业务】2019年，全年交易金额1205741.18万元，实现营业收入1053.98万元，指定和托管市值7.17亿元，客户交易结算资金5374.45万元。

【融资融券业务、IB业务、证券投资顾问业务】融资融券业务，该部于2011年10月经湖南证监局审核批复，取得融资融券资格，2019 年末信用资金账户数量 664 户，营业部所有客户已获批可使用授信额度 38213 万元，融资融券收入 236.51 万元。IB 业务，2019 年全年累计成交量 1945.93 万元，全年累计净佣金收入 14.64 万元。证券投资顾问业务，该部从 2012 年末取得投顾资格以来，营业部现有营投 1 名，2019 年全年签约期日均资产 1.92 亿元，全年累计服产收入 88.90 万元。

中国人民财产保险股份有限公司津市支公司

【概况】2019 年，人保财险津市支公司瞄准日益变化的市场形势和日益增长的民生需求，坚持转方式、调结构、防风险、促发展主基调，调整业务结构，转变发展方式，坚持有效益的发展，全司上下目标明确，扎实工作，从根本上提升公司的拓展能力、竞争实力和市场影响力，公司经营管理迈上一个新的台阶。2019 公司下设综合科、农险团队、车险团队、银保商非团队、营销团队、续保团队、车商团队和理赔分部 8 个部门以及新洲与保河堤两个营销服务部。现公司共有正式员工 20 人，代理人 86 人。全年保费收入 5062 万元，理赔案件 4000 余件，共支付赔款 2813 万元。

【业务发展】2019 年人保财险津市支公司实收保费达到 5062 万元，实现利润 570 万元，市场份额稳定在 50%以上。2019 年车险收取保费 3319 万元，津市星胜公交、龙运公司、欣运集团、政府采购以及的士公司车辆基本在津市公司承保，另外还承保澧县金泰物流公司、常德邮政快递等域外业务；财产船货险收取保费 239 万元，其中货运险 53 万元、财产险 186 万元；责任意外险收入保费 362 万元，其中责任信用险 190 万元、意外建筑险 172 万元。

2019 年人保财险津市支公司农业保险稳步推进。公司努力将农业保险这项党和国家的惠民政策落到实处，积极探索推行农业保险基层服务体系建设，使中央政府到地方由过去单纯靠民政农业灾后救助过渡到事前的保险制度安排相结合的惠农政策逐渐变为现实，公司的经验和做法得到上级公司和地方政府的好评。贯彻落实各级政府和上级公司关于政策性农业保险的要求部署，全力服务社会主义新农村建设。2019 年，全市农业保险签单承保种植业 27.8 万亩，其中水稻 21 万亩，棉花 6.8 万亩；养殖业签单承保育肥猪头数 20 万头，为全市种植(养殖)户提供了风险保障。公司积极发挥救灾补偿职能，将中央和省级财政惠农保险资金，用保险这只无形的手，共为全市 6000 多户受损农户支付不同金融的保险赔款 730 万元，为当地政府丰富菜篮子、米袋子工程发挥较好的保险保障作用。

【理赔服务】2019 年，人保财险公司津市支公司积极发挥保险市场主渠道作用，勇担社会责任，对当地经济补偿的作用更加明显。全年公司签订保险合同 2 万多笔，承担风险金额 30 多亿元，全市多家企事业单位获得保险保障。公司全年处理各类保险赔案 4000 余件，其中机动车辆保险事故发生 1315 余件，支付机动车辆保险赔款 2032 万元。例如 2019 年 6 月 27 日一辆日产小车在津市市保河堤路段驾驶不慎撞倒一行人，造成对方行人当场死亡，后来 2019 年 7 月 31 日才向公司报案。经过核实当时小车驾驶员为酒驾，公司为保障受害方权益以及社会稳定，主动提出尽早与车方和受害方家属先签订赔偿协议，于 2019 年 8 月 15 日直接将交强险 11 万元理赔款直接支付给受害方家属，以便双方后期协商处理，避免矛盾激化。

坚持优质服务，自觉维护公司形象。开展整顿经营作风坚持依法合规经营活动，整治违规违纪经营行为，贯彻落实保监会和湖南保监局关于行业治理整顿的有关规定，坚持诚信文明从业和依法合规经营，带头执行行业自律公约，自觉维护市场竞争秩序，努力提高行业公众形象；积极推广客户服务标准化系统，推行承保、理赔“绿色通道”，有效解决“理赔不难”的问题。近些年人保财险公司对理赔服务实行快赔机制，即 1 万元之内的赔案立等可取，8 万元以内的赔案 7 天内赔付到位。这些优质服务举措化解受灾客户的困难，提升公司的社会形象，客户对公司的认可度日益提高。　（姜小巍）

2019 年 4 月 6 日上午，方正证券津市营业部特邀投资顾问段少葳举办 2019 年二季度投资报告会

中国人寿保险股份有限公司津市支公司

【概况】中国人寿保险股份有限公司津市支公司全方位为企业事业单位、广大投保客户提供保险保障，及时理赔

兑现，满期给付和生存领取。

2019年津市支公司代理人人数增至356人，较2018年增长7.9%。2019年津市支公司共缴纳税收43.45万元。（谭松姗）

【业务发展】2019年津市支公司保费总收入为8676.66万元，较2018年增长了-2.8%。寿险保费收入4912.64万元，较2018年增长了7.24%。健康险保费收入405.58万元，较2018年增长17.39%。意外伤害险保费收入116.53万元，较2018年增长2.47%。分红险保费收入3241.91万元，较2018年增长8.45%。

【打造"诚信服务金牌团队"】2019年津市支公司以"诚信我为先"活动深入推进诚信建设，加强沟通、整合资源、抓紧落实，制定活动实施细则，把对销售人员的诚信教育作为公司的首要任务，努力打造诚信服务金牌团队。连续四年致力于保险的诚信合规教育，2019年的主题是"诚信我为先—11'心连心"，以诚信赢得客户、促进发展，营造诚信和谐的良好氛围；以诚信铸就团队文化内核。（谭松姗）

【培训一支一流的员工队伍】2019年津市支公司共有员工21人，为提升国寿的竞争力，公司把员工的素质教育放在首位，从硬件、软件两个方面着力打造一流的客户服务团队。加强岗位练兵，提升服务技能。多措并举，利用公司95519的短信平台，为客户提供卓有成效的服务外，还把国寿6·16客户节作为与广大客户的交流平台，通过该客户节的联欢活动，拉近公司与客户、公司与营销员、营销员和客户的沟通。（谭松姗）

【诚信服务】2019年津市支公司以"诚信我为先"活动深入推进诚信建设，加强沟通、整合资源、抓紧落实，制定活动实施细则，把对销售人员的诚信教育作为公司的首要任务，努力打造诚信服务金牌团队。连续四年致力于保险的诚信合规教育，2019年的主题是"诚信我为先—11'心连心"，以诚信赢得客户、促进发展，营造诚信和谐的良好氛围；以诚信铸就团队文化内核。

2019年津市国寿以"诚信我为先"活动深入推进诚信建设，加强沟通、整合资源、抓紧落实，制定活动实施细则，把对销售人员的诚信教育作为公司的首要任务，努力打造诚信服务金牌团队。连续五年致力于保险的诚信合规教育，以诚信赢得客户、促进发展，营造诚信和谐的良好氛围；以诚信铸就团队文化内核。公司从销售人员"两个风险点"专题教育，搜集客户真实资料，组织进职场、进社区、进柜面等活动，分三个阶段认真开展此项活动。在推进公司职业道德诚信教育的制度化、日常化和规范化，以及提升公司品牌，树行业新风等方面都起到良好的促进作用。每年9月16日是中国人寿诚信合规日，津市支公司在领导的精心部署下，扎实有效地组织各项活动。还进社区摆摊设点搞宣传，收到非常好的宣传效果。（谭松姗）

【反洗钱工作】2019年津市支公司积极开展反洗钱宣传活动，提高社会公众对反洗钱工作重要性的认识，预防洗钱活动，遏制洗钱犯罪，鼓励举报涉嫌洗钱犯罪等信息。同时，在宣传活动中充分发挥各级反洗钱工作部门的作用，凝聚反洗钱力量，营造和保持全辖共同参与反洗钱，打击洗钱犯罪的良好氛围，防范金融风险，维护金融稳定。津市支公司反洗钱工作突出三个重点：一要重点普及反洗钱基本知识。向社会公众介绍洗钱犯罪的基本特征及手段等，介绍近年来典型洗钱案例，提高社会公众识别洗钱风险的能力。二要重点宣传反洗钱相关法律法规。包括《中华人民共和国反洗钱法》《金融机构反洗钱规定》《金融机构大额交易和可疑交易报告管理办法》等，提升社会公众的的法律意识和洗钱风险防范意识。三要重点明确金融机构及公民的反洗钱义务。向社会公众宣传客户身份识别等反洗钱履职措施的必要性，引导公众理解、配合金融机构开展反洗钱工作。（谭松姗）

【"两个加强、两个遏制"回头看工作】2019年根据总公司《关于印发〈关于开展"两个加强、两个遏制"回头看的工作方案〉的通知》、省公司《关于印发《湖南省分公司关于开展"两个加强、两个遏制"回头看的工作方案》的通知》及湖南保监局湘保监稽查的要求，遵照分公司党委、总经理室指示，津市支公司组织开展"两个加强、两个遏制"回头看工作。通过听取各部门汇报、访谈各渠道业务员、查阅资料等方式核验被检查各部门是否严格遵照外部监管机构和上级公司要求的步骤实施自查、整改和督导抽查等；检查各部门填写的工作底稿、抽样记录和样本，核验其是否对每个风险点都执行规范的检查动作，验证样本的抽取是否真实有效以及是否对样本进行认真查看，查验底稿是否留有相关人员的签字记录，确保自查过程有迹可循、自查结论有据可查；通过随机抽样、调阅凭证单据、现场查验等方式核验被检查单位的业务是否存在问题和风险。（谭松姗）

【保险理赔】2019年，津市支公司赔付支出2476万元，其中：死亡给付109.89万元，医疗给付138.11万元，满期给付837.54万元，年金给付239.57万元，赔款支出1150.82万元。（谭松姗）

表1　中国人保津市支公司2016～2019年短期险保费收入及赔付统计表

单位：万元

项目	2016年	2017年	2018年	2019年
实收保费	336	431.54	466.63	522.11
赔款	173.2	254.69	398.82	273.78
赔付率	51.55%	59.02%	64%	52.4%

财 政

【概况】2019年，津市市财政局内设办公室（行政审批服务办公室、税政法规股、财务室）、人事教育股、预算股、国库股、文行股（工资统发中心）、综合股（津补贴工作办公室）、经建生态股、农业农村股、社会保障股、企业股（津市市财源建设办公室）、金融债务股、会计股、绩效监督股13个股室，设财政事务中心、乡镇财政服务中心、国库集中支付核算中心、投资评审中心、国有资产经营管理中心、党政机关财务核算中心、政府采购办和财政分局8个二级机构，全局共有编制105名，其中行政编制17名，工勤编制1名，参照公务员管理编制53名，事业编制34名。镇街财政所共有39名行政编制。（严建国）

【财政收支】2019年，财政总收入完成82473万元，较2018年增收3857万元，增长4.91%，其中，税收收入完成69330万元，同比增收2167万元，增长3.23%，税收占比84.06%；非税收入完成13143万元，同比增收1690万元，增长14.76%。财政总收入分部门情况为：税务部门完成71559万元，同比增收2112万元，增长3.04%；财政部门完成10914万元，同比增收1745万元，增长19.03%。地方一般公共预算收入完成48588万元，同比增收5394万元，较上年增长12.49%，其中地方税收收入完成35445万元，较2018年增收3704万元，增长11.67%；非税收入完成13143万元，较2018年增收1690万元，增长14.76%，非税收入占地方一般公共预算收入的比重27.05%。上级补助收入完成170584万元，其中返还性收入及一般性转移支付收入完成127485万元，专项转移支付收入完成43099万元，新增地方政府一般债券收入完成3500万元，小计一般公共预算收入277343万元。一般公共预算支出完成265000万元，上解支出5605万元，安排预算稳定调节基金6742万元，合计277347万元。加上2018年结余783万元，2019年末累计结余778万元。（见表1）

（汪琴、陈小兰）

【保障民生支出】2019年坚持发展为人民的理念，始终把改善民生、发展社会事业作为支出保障的重点。全市镇街年初总预算5643万元，其中村（居）运转保障资金为1837万元，农村村（居）保障标准为每年22万元，3000人以上每村每年增加2万元，5000人以上每村每年增加4万元，城市社区为每年27万元，超过上级规定的保障标准。同时，全年保工资、保运转支出7.4亿元，做到人员经费、公用经费和基层运转保障无忧。脱贫攻坚支出0.31亿元，包括本级配套0.13亿元；污染防治支出0.6亿元，“蓝天保卫战”、水生态治理经验

2月2日，津市市财政局召开2018年度总结表彰大会。全面总结2018年度财政工作成绩，表彰通报先进集体和先进个人

表1　　津市市2019年财政收支统计表　　单位:万元

预算科目	金　额	预算科目	金　额
一、税收收入	35445	一、一般公共服务支出	28382
其中:增值税	10732	二、国防支出	804
营业税		三、公共安全支出	8214
所得税	5855	四、教育支出	27266
城建税	2029	五、科学技术支出	4965
二、非税收入	13143	六、文化体育与传媒支出	6870
专项收入	2720	七、社会保障和就业支出	56245
行政事业性收费收入	1180	八、医疗卫生与计划生育支出	23040
罚没收入	5481	九、节能环保支出	13560
国有资本经营收入		十、城乡社区支出	20145
国有资源(资产)有偿使用收入	3271	十一、农林水支出	28695
其他收入	491	十二、交通运输支出	4217
三、上级补助收入	170584	十三、资源勘探信息等支出	3282
其中:返还性收入	5725	十四、商业服务业等支出	2007
财力性转移支付收入	121760	十五、金融支出	31
专项转移支付收入	43099	十六、自然资源气象等支出	2532
四、国债转贷补助		十七、住房保障支出	21009
五、转贷财政部代理发行地方政府债券收入	3500	十八、粮油物资储备支出	2590
六、调入资金	54671	十九、灾害防治及应急管理	804
七、上年结余	783	二十、债务付息支出	7929
		二十一、其它支出	2413
		二十二、债务还本支出	
		二十三、上解上级支出	5605
		其中:一般转支出	726
		专项转移支出	4879
		二十四、调出资金	
		二十五、安排预算稳定调节基金	6742
		二十六、年终结余	778
总　计	278126	合　计	278126

得到省厅好评。精准分析测算,确保民生支出与地方财力相协调,全年民生支出23.59亿元(按财政部最新口径统计),其中,社保大类支出7.89亿元,顺利实现企业退休人员养老金“十五连增”,人均每月增加养老金130元,全面落实残疾人“两项补贴”提标政策,每人每月提高到65元,城镇低保和农村低保指导标准分别提高到每月550元和350元;住房保障支出1.63亿元,实施棚改计划2005户,建设公租房434套,租赁补贴发放惠及1300多户低收入家庭;教育支出2.64亿元,投入5450万元支持学校建设,投入义教补助资金1323万元完善学校经费保障,投入困难学生资助资金488万元,支持学前发展资金520万元,支持职教发展资金725万元;卫生支出2.4亿元,投入12000万元支持中医院及人民医院基础设施建设,安排5617万元为镇卫生院和社区卫生服务中心提供经费保障;农林水支出2.87亿元,安排2970万元支持农村人居环境整治,安排3423万元推进高标准农田项目建设。　(单文杰)

【支持发展支出】2019年坚持稳中求进工作总基调,精准发力,多渠道筹措资金,促进企业发展。全力保障招商引资以及“走出去、引进来”各种经费;兑现市委、市政府出台的低效闲置盘活资产、工业十条、招商引资等文件优惠政策;安排588万元落实市委经济工作会议奖励,鼓励刺激产业发展。全年累计指导企业争取上级奖补资金2514万元,奖补企业167家;协助园区争取基建类资金2400多万元(公共基础设施建设补助404万元、生物医药特色园区建设 500 万元、生态文明建设 600 万元、安居工程配套基建资金 900 万元)。累计返还园区税收 1.2 亿元,确保园区相对独立财权,统筹园区发展。联动税务部门落实减税降费政策,园区企业实际减负约 6700 多万元;注资 10000 万元设立生物医药产业基金,由嘉山实业组织运营;安排 2000 万元设立科技成果转化基金,并启动首个项目扶持。

(马华明、丁青松)

【财政改革】2019 年纵深推进财税改革,在完善财政管理体制、提高财政运行效率发挥排头兵作用。贯彻过"紧日子"要求,严控一般性支出,确保 2019 年全市一般性支出压减 10%以上;持续严控"三公"经费,加强对因公出国(境)、公务接待、公务用车等方面支出事项的审批管理;加大存量资金盘活力度,2019 年共盘活存量资金 9528 万元;全面推进预决算公开工作,在常德市评比中获得第三名。聚焦乡村振兴战略实施,以一张规划、一套程序、一个标准的改革思路争取入围全省 4 个示范县之一,获得省级奖补资金 500 万元。2019 年至 2021 年规划统筹整合的项目资金 3.3 亿元,用于基础设施建设 1 亿元、人居环境整治 1.3 亿元、产业发展 1 亿元,其中 2019 年计划统筹整合资金 1.25 亿元已全部到位。全面升级"一卡通"系统,2019 年纳入一卡通系统发放的惠农补贴项目共 49 项,涉及资金 11385 万元,各项补贴准确、及时、足额发放到农民手中。改革工作走在全省首批、常德各区县前列。改革的实施,使财政资金支付业务更加高效、安全,其数据的唯一性、集成性,有利于支付业务大数据管理,并为预算执行提供可靠的数据分析。 (单文杰)

【财政管理】2019 年围绕财政管理职责和财经纪律要求,完善管理机制,提高财政管理效益。对全市 108 个预算单位实行部门整体支出绩效目标管理,对本级 30 万以上、上级 50 万元以上专项资金纳入专项绩效目标管理。组织对 5 个重点专项 7359 万元资金和农村农业局等 3 个单位的 4894 万元资金,聘请湖南源涛会计师事务所进行重点评价,强化绩效评价结果应用。严格执行预备费不超支、年初已列专项和部门一般性经费不追加、部门指标不得随意调剂的"三不"规定,规范预算管理程序,落实权限审批,把好预算管理的总龙头。全年累计完成集中支付 37.3 亿元,同比增加 5.2 亿元,增长 16.1%,直接支付占比 99 %,并严格落实"三公"经费不得超过上年,全年"三公"经费同比减少 5%以上的规定。明确财政票据使用范围,严格禁止各单位之间随意以"其他非税收入"项目开具票据、部门之间横向拨付资金、罚没职能单位"以收代罚"等行为。严格控制手工票据的发放,非税征收系统中的往来款项直接划入财政专户。推进政府会计制度改革,年内组织 4 次培训交流,同时完成全市会计人员信息采集和 2018 年行政事业单位内部控制报告的编制工作。 (单文杰)

4 月 2 日,津市市财政局召开 2019 年度财政工作会议

【风险防控】2019 年,将防控风险作为首要政治任务,作为财政管理工作的重中之重来抓,2019 年综合债务率下降 102 个百分点。控制债务增量,组织清理 2017~2019 年投资建设项目,实行所有政府性投资项目一律纳入预算管理;凡新上项目一律报债管领导小组审核立项;对未满足项目最低资本金条件的一律不得项目融资;对凡涉及形象工程、政绩工程等违反中央规定的一律停止。根据全市债务压力情况,专门对全口径债务未来 2 年还本付息情况进行测算,督促各举债单位制定"一债一策"化解工作表,逐笔债务按月分解化解计划,明确责任部门与责任人,确保每笔债务都有具体的化解措施、偿债资金来源、偿债步骤。根据既定债务化解方案,2019 年通过筹措资金保障还本付息、对接上级合理核销隐性债务。在准确把握债务率、债务限额和综合财务等核心指标的基础上,争取债券政策,落实一般债券和专项债券增量以及置换债券借新还旧等工作。 (易盟)

【政府采购】2019 年共完成政府采购预算价 32042.3 万元,合同价 28834.87 万元,节约资金 3207.43 万元,节约率为 10%。严格执行政府采购预算管理,规范项目申报,杜绝序列采购项目及随意增加采购项目。加强政府采购宣传,对新出台的文件精神及时传达到位,如安可信息产品的采购、节能环保两型产品采购等的最新政策,对采购单位提出的疑问耐心解答。 (杨智翔)

【投资评审】2019 年共完成评审项目 448 个,送审金额 14.47 亿元,审定金额 12.15 亿元,审减金额 2.32 亿元,综合审减率 16.06%,其中预算项目 247 个,结算项目 201 个。秉承"不唯增、不唯减、只唯实"的评审理念,团结协作,依法依规依程序廉洁高效按要求进行项目评审。沿用自主评审与委托中介机构评审结合的评审方式,充分发挥评审

6月13日~6月16日，组织35岁以下的青年干部，赴井冈山举办以"不忘初心·牢记使命"为主题的青年干部红色教育培训班

管理职能，确保评审结论真实合理有效。为扶贫项目开设绿色通道，即送即评，在确保评审质量的同时，提升评审效率，助力脱贫攻坚。为落实"放管服"优化营商环境政策，2019年在充分调研的基础上，对20万元以下的项目均实行预算评审包干的方式，由业务股室加大项目支出管理力度，强化建设单位管理责任，不断提升评审时效。

（邓玉兰、赵昌劲）

【队伍建设】以"外树形象、内强素质"为总揽，认真开展机关建设和队伍管理。修订《津市市财政局内部管理制度》，涉及学习、会议、考核考评、考勤休假、谈心谈话、首问责任、党风廉政建设等34项制度，特别对有关作风建设的制度和廉政建设制度进行增补完善。高标准开展第二轮"不忘初心、牢记使命"主题教育，党组会议专题研究教育方案，邀请市委联点领导上党课，组织全局党员赴临澧县林伯渠故居开展主题教育活动，组织班子成员及中层骨干前往津市监狱开展干部廉洁警示教育活动，组织干部撰写"不忘初心，牢记使命"心得体会240余篇。年中举办"不忘初心、牢记使命"财政业务及党建知识竞赛，以赛促学，将党的建设与财政业务有机融合，组织全局100人参加津市庆祝建国70周年优秀节目展演，获得了广泛好评，极大提升财政形象，增强干部凝聚力。加强信息调研服务财政业务工作力度，全年共发表文章177篇，在省部级以上媒体发表推介财政工作文章35篇，干部的总结提炼能力得到锻炼，"内树信心、外树形象"的效果不断提高。

（刘杰、严建国）

税　务

【概况】国家税务总局津市市税务局设办公室、法制股、税政股、社会保险费和非税收入股、收入核算股、纳税服务股、征收管理股、税源管理股、税收风险管理股、财务管理股、人事教育股、机关党委（党建工作股）、纪检组、第一税务所（办税服务厅）、第二税务所、新洲税务所、信息中心等17个机构；在职干部职工147人，离退休干部75人。在职人员平均年龄45.19岁，男女比例为34∶15，大学本科及以上学历109人（其中硕士学位以上6人），党员91人，税务师8人，注册会计师1人，法律职业资格1人；"80后"12人，"90后"25人，合计37人，占比25.17%。

2019年，国家税务总局津市市税务局开展"不忘初心、牢记使命"主题教育，把握"守初心、担使命，找差距、抓落实"的总要求，把学习教育、调查研究、检视问题、整改落实有机融合、贯穿始终，解决一批困扰纳税人缴费人和基层干部的烦心事、操心事、揪心事。全年共组织入库各项收入71870万元，同比增收1740万元，增幅2.48%。荣获湖南省2018届文明标兵单位、湖南省模范职工之家、常德市税务系统"四合"示范单位、常德市税务系统绩效管理优秀单位、津市市绩效管理优秀单位、津市市平安建设优秀单位。（见表2）

【减税降费】2019年，在市委常委、常务副市长牵头成立的津市市实施减税降费工作领导小组的领导下，成立津市市税务局减税降费工作领导小组及11个工作组，按照"精准宣传、精准施策、精准统计、精准核算"的工作要求，推动减税降费政策落地落实，坚决做到应减尽减、应免尽免、应退尽退，让纳税人、缴费人充分享受减税降费政策红利。全年累计新增减税降费8443.33万元，惠及26212人次、6077户次，992户纳税人办理政策性退税4432笔26.75万元，2623户纳税人办理邮政委托代开退税7.32万元。其中，2019年新出台政策减税5266.63万元，包括小微企业普惠性政策新增减税5135户次、1499.51万元，个人所得税专项附加扣除减税4256人次、217.72万元，深化增值税改革425户次、3544.26万元；2018年出台减税政策在2019年的翘尾新增减税3062.7万元，包括调整增值税税率减税391户次、498.15万元，调整个人所得税

表2　国家税务总局津市市税务局2019年税费收入统计表　单位：万元

收入	财政预算口径			
	2019年	去年同期	同比增减	增减%
税收收入	69640	67845	1795	2.65%
规费收入	2230	2284	-54	-2.38%
收入合计	71870	70130	1740	2.48%

4月18日，津市市税务局“创响三湘 减税降费进园区”系列活动之生物医药产业减税降费政策宣传专场

减除费用和税率21956人次、2355.89万元，统一小规模纳税人标准政策减税126户次、131.64万元，金融机构小微企业贷款利息免征增值税减税31.11万元，其他政策减税45.9万元；2018年到期后在2019年延续的减税政策减税114.1万元。（侯晓晶）

【税收征管】2019年，经济下行压力较大、减税力度加大，国家税务总局津市市税务局严守组织收入原则，严明工作纪律，分类施策、多措并举，实现税收总量和质量的同步提升。年初制定津市市财税收入征管工作方案，包括税源培植、协税护税、强化征管和应对考核4方面22项具体举措，在强化日常征管的基础上，成立工业、房地产建筑业、报账制纳税人征管等8个征管工作小组，跨界推进单项责任，强化重点税种、重点行业、重点纳税人的精细化征管。推进房地产等行业欠税清理，共入库欠税205万元。开展地方税收专项清理，进一步整顿和规范税收征管秩序，共核实疑点数据1353条，补缴各类地方税收804.74万元。完善信息共享和大数据分析应用机制，2019年累计开展跨区域税收风险管理协作12户次，完成风险管理全流程477户次，入库各项税费1127.76万元、滞纳金128万元。强化综合治税。与公安税侦、市监、自然资源、房管等部门协作，实行信息共享和部门联动，加大税收违法行为的打击力度。推进扫黑除恶专项斗争，开展对“田丰案”的涉税调查，查补税款及滞纳金4.12万元。（见表3）

【纳税服务】2019年，国家税务总局津市市税务局以开展“不忘初心、牢记使命”主题教育为契机，落实放管服改革，精简业务流程和表证单书，提高办税效率。推广电子办税，引导纳税人使用电子税务局进行网上申报和网上领购发票，全面推广使用湘税社保APP，引导广大缴费人网上便捷缴费，让纳税人多走网路、少走马路。创新税收宣传方式，开展“税法知识润童心”送税法进校园、“创响三湘 减税降费进园区”活动，举办纳税人课堂10期、培训2777人次、发放税收宣传资料5200余份，不断增强税收政策宣传的广度和深度。目前，178个办税事项“最多跑一次”清单已100%实现，办税事项“套餐式服务”11大类35个事项也已落实到位，业务事项和报送资料精简近50%，表证单书精简超过20%。纳税人电子申报率98.94%，全市排名第三。累计向金融机构推送495户纳税信用级别情况，通过“银税互动”为小微企业发放信用贷款18笔1003万元。在2019年全省纳税人满意度测评中，四大类45项指标综合得分93.92分，在全省排名十八，在常德市排名第一。（侯晓晶）

【税制改革】2019年，国家税务总局津市市税务局落实税制改革任务，推进税收高质量发展，发挥税制改革效应，服务地方大局发展。推进征管职责平稳划转。在市政府成立的社保费征管职能划转工作领导小组协调部署下，主动加强与财政局、人社局、医保局等单位的沟通协作。2019年，机关事业单位各项社保费累计征收163户14943万元；城乡居民基本养老保险累计征收557万元，完成目标任务382万元的145%；城乡居民基本医疗保险共接收数据19.53万条，完成缴费16.3万人，累计征收4030万元。共计19530万元。推进个税改革平稳落地。落实落细改革各项政策，推进全员全额明细申报、扣缴申报异常数据清理、专项附加扣除信息核验等工作，组织专场集中培训1次，点对点重点辅导13场，个人所得税专项附

7月2日，津市市税务局举办“岗位大练兵、业务大比武”知识竞赛

加扣除信息采集 6197 条，2019 年入库个人所得税 1857.13 万元，同比减少 4956.81 万元，减幅 72.75%。（侯晓晶）

【队伍建设】2019 年，国家税务总局津市市税务局按照“保平安、促和谐、强素质、提标准、创业绩”的团队理念，以创建“省级文明标兵单位”为抓手，着力提升干部队伍业务技能和综合素质，促进干部队伍深度融合。严格执行政治纪律、组织纪律、机构编制纪律、干部人事纪律、财经纪律和保密纪律，落实“零报告”、24 小时值班制度，强化监督制约，确保队伍平安，全面展现津市税务新形象。开展“我们的节日·端午”诗词“飞花令”比赛，寓传统诗词于美好节日中；围绕时代主题和税务特色，开展“和·合”主题道德讲堂活动。组织开展“最美税务人 岗位示范者”评选表彰、“今朝有你 青春有约”青年干部联谊、“青春心向党 建功新时代”社会实践、减税降费主题辩论赛等活动，全面凝聚建家爱家兴家共识，营造同心同德同向的氛围。在全市税务系统“岗位大练兵、业务大比武”竞赛中荣获团体第四名，其中综合文秘类、货物与劳务税类成绩分别居全市第一、二名，5 名干部入选 2019 年常德市税务系统业务技能竞赛优秀个人，7 名干部入选“素质提升‘115’工程——岗位能手项目”名单，1 名干部获得等额参选“常德市五一劳动奖章”资格；47 名干部报考“三师”（注册会计师、税务师、国家司法考试）116 科，通过率 52%，1 人获得税务师资格证书，1 人获计算机技术高级技术职称，1 人通过司法资格考试，1 人被评为常德市最美志愿者，1 名代表议案被评为常德市人大代表优秀建议；3 人代表津市市参加常德市“学习强国”电视知识大赛和“不忘初心·传廉声”配音比赛并取得优异成绩。（侯晓晶）

住房公积金

【概况】常德市住房公积金管理中心津市管理部是隶属于常德市住房公积金管理中心的具有行政职能的财政全额拨款事业单位。

2019 年，归集住房公积金 19720.07 万元，新增公积金缴存人员 870 人，为 178 个家庭发放个人住房公积金贷款 4973.30 万元。

为简政便民，更好的服务于公积金缴存职工，进一步深化干部职工“让群众少跑路，服务多跑路”的工作理念，管理部通过联系各单位协管员，为前来办理业务的缴存职工耐心讲解手机下载 APP，扫二维码关注公众号，手把手教学网上办理业务，退休提取、手机号码变更、提前结清等等，实现在家就能办理，零跑路。

津市管理部以“服务缴存职工，造福千家万户”的服务理念，内强素质，外树形象，不断改善服务环境，提升服务水平，更好服务于广大缴存者，进一步为津市发展做出贡献。

表 3　国家税务总局津市市税务局 2019 年税收收入统计表　单位：万元

税　种	累计完成情况				税收占比
	2019 年	去年同期	同比增减额	同比增幅	
1.增值税	28930	28254	676	2.39%	41.54%
2.消费税	12	3	9	287.99%	0.02%
3.企业所得税	16221	17197	–976	–5.68%	23.29%
4.个人所得税	4689	6814	–2125	–31.19%	6.73%
5.资源税	1054	890	165	18.52%	1.51%
6.城市维护建设税	2029	1929	100	5.20%	2.91%
7.房产税	1708	1531	177	11.56%	2.45%
8.印花税	586	607	–21	–3.52%	0.84%
9.城镇土地使用税	2006	1942	63	3.26%	2.88%
10.土地增值税	4245	2226	2019	90.70%	6.10%
11.车船税	571	472	99	21.01%	0.82%
12.耕地占用税	337	2067	–1730	–83.69%	0.48%
13.契税	7049	3712	3336	89.88%	10.12%
14.环境保护税	190	97	93	95.81%	0.27%
15.营业税	14	105	–91	–86.76%	0.02%
合　计	69640	67846	1795	2.65%	100.00%

生态环境保护

【概况】2019年,全力以赴打好污染防治攻坚战,推进生态文明建设和环保督察问题整改,获常德市政府绩效考核第二名。

大环保责任体系不断健全。市委常委会、市政府常务会、市生环委全会先后多次研究部署生态环保工作,主要领导亲临一线,指导督办环保项目,实现顶层设计、高位推动。全市各级各部门严格履职、各负其责,对待任务敢担当、敢任劳,对待问题不回避、不推诿,形成上下联动、左右协同、互帮互促、齐抓共管的工作格局。市生环委建立一月一调度、一月一督查、一月一排名通报的污染防治攻坚战常态调度工作机制和市领导牵头督办、市生环委与市委市政府督察室、纪检监察部门联合督查的工作机制。修订完善市生环委《工作规则》《环境保护工作责任规定》《重大环境问题(事件)责任追究办法》,制定《污染防治攻坚战考核暂行办法及2019年考核细则》,将污染防治纳入绩效考核内容,确保责任全面压实,压力层层传递。

(王小虹)

【污染防治】坚持实行清单上墙、拉条挂账,全力打好蓝天碧水净土保卫战。全年完成治理项目42个,其中省、常德考核项目19个。推动辖区生态环境质量持续改善。蓝天保卫战成效明显。

大气污染防治作为污染防治攻坚战的重头戏,市委、市政府倾注全力、各级各部门付出努力。特别是进入秋冬季特护期,市长先后7次召开大气污染防治研讨会,部署、调度、督阵全市蓝天保卫战百日攻坚战役,推动各项防治工作的有效落实。实施精细化管理,成立以市长为指挥长的蓝天保卫战指挥部,指挥部办公室实行日调度制度;设立由环保、气象等部门专家组成的专家小组,每日根据防治形势和气象预测情况,对防治工作进行部署安排。划分大气污染防控核心、重点、一般3个区域,实行分类管理。引入第三方机构开展大气环境巡查和雷达扫描,排查和发现污染源,锁定违法行为主体,按责任划分对相关监管部门登记在案,年终考核时按每发现1个问题扣罚10万元进行处罚。严禁秸秆焚烧,针对秸秆禁烧工作线长面广的实际,突出压紧压实属地管理责任,强化对镇街的督促问责。运用行政、经济手段,推动秸秆粉碎还田,扩大资源化利用。开展餐饮油烟综合整治,对城区餐饮门店逐户检查检测,要求安装、维修并正常运行高效油烟净化设施。对直排油烟和停运设施的给予处罚。开展整治夜间露天烧烤专项行动,实行划行归市、进门入店。强化工地道路扬尘治理,采取主次干道机械化清扫、增加洒水频次和时间等措施,降低道路扬尘污染;同时严管厉禁渣土运输车辆敞开冒顶运输、沿途遗撒。施工工地除落实常规的“6个100%”控尘措施外,还另外加上非道路移动机械作业100%落实控尘措施。对市区裸露地块、工地、堆场也都全部采取植被、硬化、覆

2019年大气污染防治攻坚工作第五次研讨会

清理收集秸秆

盖等措施。降低城区交通车辆尾气排放。规定大型货车、柴油车辆入城路线，禁止交通高峰时期进入大气环境敏感或负荷重的区域。加强老旧车辆淘汰力度。加强汽车尾气检测和管控。实施锅炉最低限值排放，对全市10蒸吨以上锅炉实行最低排放改造。建设溢多利热电厂，实现工业园区锅炉淘汰和供气供热一体化。推动VOCs产排污企业配套安装净化处理装置，实现工业废气达标排放。

水污染防治。2019年，实施西毛里湖深度治理。持续推进"两拆两退"，拆除湖中9处拦坝和湖面拦网；持续实施湖滨退养鱼塘转产水生经济作物，转产面达到100%。实施入湖大小溪河生态拦截工程，湖泊湿地生态环境进一步得到修复改善。组织编制西毛里湖深度保护规划，并向生态环境部申报项目。完成涔澹水流域综合整治项目。推进窑坡渡国控断面水环境综合整治。实施城市水环境综合整治提升工程，在护市垸、阳由垸建设污水处理设施及纳污管网；联合澧县编制《澧水津澧段流域综合整治实施方案》，并促使其进入生态环境部的项目库。抓好城乡生活污水处理。完成城区污水处理厂二期扩建和提标改造工程及污泥干化项目建设，污水日处理能力由2万吨提高到4万吨。对农村集镇生活污水处理设施进行维修完善，同时对原未覆盖区域延伸管网，实现集镇范围全覆盖。完成农村无害化厕所改新建1万口，农村卫生厕所覆盖率达到95%。完成工业园区污水处理厂提标改造，并将全部运营企业排污管道接入。推动湘澧盐化等非园区企业建设水循环系统治理工业废水。治理城乡黑臭水体，城市建成区完成汤家湖、长山湖的治理，启动汪家桥电排沟和护市电排沟的治理。农村开展新洲孟姜女社区、毛里湖荣台社区等2处黑臭水体治理工程。加强饮用水水源保护，对白龙潭县级饮用水水源地及谢家堰"千吨万人"农村集中式饮用水水源地开展环境问题排查和整治，加强日常监测监管。

土壤污染防治。2019年，持续开展土壤污染详查和耕地与农产品重金属污染加密调查。启动原汇湘化工厂土壤污染治理项目建设。对已完成的土桥、原香料厂土壤污染治理项目制定后续监测方案，落实到责任单位。开展重点行业企业用地调查及信息采集，完成调查企业25家。开展新合新、市污水处理厂等重点企业周边土壤监测，并向社会公布。推进"绿色存折"全域覆盖。全市50个行政村（社区）已基本建成垃圾分类处理体系。开展农业废弃物治理，已在部分村进行农药包装物押金制度试点，取得成效。（王小虹）

【生态环保督察整改】2019年，围绕污染消除、生态恢复、群众满意三大目标，建立市级领导包案、部门办案机制，采取督查、通报、约谈等形式，强力推进生态环保督察整改。市级领导和相关部门负责人带头现场督办，坚持问题不查清不放过、整改不到位不放过、责任不落实不放过、群众不满意不放过。2019年，中央环保督察"回头看"反馈意见涉及津市问题10个，完成整改9个；省级环保督察涉及津市问题22个，完成整改21个；省委巡视涉及津市生态环境问题7个，完成整改4个。其他问题的整改正在按时序进度推进。（王小虹）

【长江经济带环境整改】2019年上级交办津市长江经济带生态环境问题10个，其中省级调度问题2个、常德市级调度问题8个。各相关责任单位开展拉网式大排查，建立问题清单和台账，制定整改工作方案，明确整改目标任务、具体措施、时限要求、责任人员等，并组织落实。截至2019年底，有7个问题完成整改，其他问题正在抓紧落实。

（王小虹）

【生态文明建设示范市创建】创建生态文明建设示范市是市委、市政府一项重大决策部署。2018年启动这项工作

洒水抑尘

宋家坪溪生态拦截工程

以来，组织编制《津市市生态文明示范市建设规划(2018—2022)》，并制定分年度工作推进方案，明确责任单位，强化措施保障。2019在全市上下的积极努力下，津市顺利通过省生态环境厅技术评估和验收，摘取省级生态文明建设示范市的牌子。（王小虹）

【主要污染物总量减排】水主要污染物减排：2019年COD排放比2018年减少185吨，削减率4.8%，氨氮排放比2018年减少20吨，削减率4.3%，完成上级下达的目标任务。大气主要污染物减排：二氧化硫排放比2018年减少30吨，削减率4.3%；氮氧化物排放比2018年减少20吨，削减率4.6%，完成上级下达的目标任务。（王小虹）

【高新区水气土监测体系】为加强津市高新区环境管理，推动生态环境保护与经济发展互促互进，津市聘请南科大编制《津市市高新技术产业开发区水气土环境监测体系建设项目》。该项目总投资400万元，分二期建设，2019年启动一期工程。该监测体系的建设有助于明晰园区质量状况、消除园区风险隐患、防范企业污染、预防突发环境事件、改善园区水气土质量，在高新区企业管理、园区管理和第三方监管方面提供科学支撑。（王小虹）

【固废危废管理】2019年，开展固体(危险)废物清理专项行动，督促企业建设危废暂存间，建立规范管理制度和第三方处置机制。加强医疗废物处置监管，城区医疗机构和乡镇卫生院医疗废物全部交由常德安邦公司进行处置。抓好农村垃圾治理。推进“绿色存折”全域覆盖，全市50个行政村(社区)已建成垃圾回收屋，建立分类处理体系。开展农业废弃物治理，已在部分村进行农药包装物押金制度试点，取得成效。（王小虹）

【建设项目审批】2019年，严把建设项目审批关。按照《环境影响评价法》《建设项目环境影响评价分类管理名录》和建设项目分级审批的原则，认真落实规划环评要求，严控工业污染物排放。强化“三线一单”约束，以生态保护红线、环境质量底线、资源利用上线和环境准入负面清单为准绳，强化空间、总量和环境准入管理，坚持把好环境审批和环境准入关。2019年共审批环境影响报告表32个。对科益新生物医药公司荷尔蒙等系列产品扩建项目、宁能热电公司高新区热电联产项目、引航生物科技公司年产5811吨生物酶项目等进行重点支持服务。（王小虹）

【环境监管执法】按上级要求对辖区内各污染源执行环境保护法律法规的情况加大日常监察和不定期现场检查的力度，并根据实际情况提出环境监察意见，督促整改。开展专项执法行动，2019年，共出动执法人员350余人次，检查企业53家次，下达环境监察通知书25份，立案查处环境违法行为7起，责令停产整治企业1家，查封暂扣4起，罚款68万元，移送公安机关2起，行政拘留2人。责令停止建设违法项目1家，报请市政府责令关闭企业1家。（王小虹）

自然资源

【概况】2019年，自然资源局实有编制118名(行政编11名，参管编7名，事业编100名)，实有在岗人数113人(在岗在编99人，转体改制人员14人)。空编19名(行政编空编2名，参管

2019年8月9日上午，市自然资源局局长吴正清带领工作人员督导津市市2019年度城乡建设用地增减挂钩项目各标段工程施工进度

编空编1名，事业编空编16名）。内退人员3人、退休人员49人。机构改革后内设机构17个：办公室、人教股、财务股、法规股、行政审批服务办公室、国土空间用途管制股、国土空间规划股、建设工程规划管理股、自然资源确权登记和调查监测股、自然资源开发利用和所有者权益股、矿产资源管理股、国土空间生态修复股、耕地保护监督股、征地拆迁管理股、测绘地理信息股、党风廉政建设办公室、工会。辖4个副科级二级事业单位：津市市自然资源局执法监察大队、津市市土地开发整理中心、津市市不动产登记中心、津市市自然资源局高新技术产业开发区分局。6个股级二级事业单位：津市市土地储备中心、津市市土地测绘大队、津市市自然资源事务中心、津市市自然资源局信息中心、津市市自然资源交易中心、津市市规划行政执法监察大队。5个镇街所：城区自然资源所、新洲镇自然资源所、毛里湖镇自然资源所、药山镇自然资源所、白衣镇自然资源所。财政体制实行经费与土地收入挂钩。2019年3月，政府机构改革，津市市国土资源局更名为津市市自然资源局。

10月28日，副市长陈顺勇带领市自然资源局主要负责人先后来到新洲镇三处采石场进行矿山复绿实地督查

2019年，津市市自然资源局共批回建设用地项目9个，总面积23.0493公顷，其中农用地19.2406公顷，耕地9.6729公顷，建设用地3.8087公顷。已上报待审查项目4个，总面积25.2924公顷。优先保障“五个100”重大项目建设用地，确保高新园区配套道路建设、城镇污水处理设施及水环境综合整治提升、毛里湖敬老院、通信基站等一大批重点民生、环保、基础建设项目落地实施。市本级全年共完成征拆项目6个，拆迁房屋面积50000平方米，总征地面积784.42亩，保证安慈高速、溢多利等一批重大项目用地；在市委、市政府先后6次研究征地拆迁补偿方案，广泛征求群众意见建议，根据全市实际情况，完成津市市征地补偿标准调整，编制并发布《津市市集体土地征收与拆迁补偿安置实施细则》，切实维护被征地农民的合法权益，实现和谐拆迁。建设用地预审工作逐步规范，市本级全年预审建设用地项目214宗，面积1416.66公顷，核减占用农用地面积19.2406公顷。优化用地供应，完成2019年度新增经营性建设用地供应计划；组织资料参与省政府大督查土地节约集约用地先进单位评选活动；对全市2009~2019年所有新增建设用地报批供应等相关信息进行登记造册。闲置土地和空闲土地清理处置有力，完成自然资源部下达的闲置土地90%以上的处置任务，全年清理处置闲置土地952.5亩，处置率达99.11%，超过上级的目标要求。省厅下发70个空闲土地图斑，总面积4074亩，2018年盘活图斑20个1001亩，2019年盘活图斑25个1402亩，盘活率达到59%。全市全年储备土地1255亩，年末库存842亩，全年出让储备土地413亩，共投入资金2亿元，总收入11.62亿元，出让净收益达到9.5亿元。

8月15日，副市长陈顺勇和市自然资源局相关人员深入各镇街督导2019年城乡建设用地增减挂钩项目实施情况

【土地储备与供应】2019年全市共批回建设用地项目9个（见表1），总面积23.0493公顷，其中农用地19.2406公顷，耕地9.6729公顷，建设用地3.8087公顷。全市出让土地17宗，出让土地面积67.3亩，实现土地出让收入11.39亿元，比上年11宗1.57亿元增加9.82亿元，同比增加625%。完成市政府对土地年度供应的要求。全市全年储备土地1255亩，年末库存842亩，全年出让储备土地413亩，共投入资金2亿元，总收入11.62亿元，出让净收益达到

表 1　　津市市 2019 年新增建设用地报批统计表　　单位:公顷

序号	项目名称	总面积	农用地	耕地	建设用地	未利用地	上报时间	批准时间	批文号
1	中国铁塔股份有限公司常德市分公司津市市通信基站建设项目	0.1277	0.0959	/	0.0318	/	2018.10.18	2019.5.28	(2019)政国土字 第 557 号
2	津市市白衣镇白衣庵社区服务中心及村民建房安置点项目	0.7403	0.7088	0.7088	0.0315	/	2018.9.20	2019.6.5	(2019)政土字 第 11 号
3	津市市毛里湖敬老院改扩建项目	0.4634	0.4634	0.4634	/	/	2018.12.18	2019.9.9	(2019)政土字 第 18 号
4	津市市民安路公租房二期建设项目	1.3859	1.3859	1.3859	/	/	2018.11.9	2019.6.27	(2019)政国土字 第 745 号
5	津市市 2019 年度第一批次建设用地项目	11.4426	8.1976	6.1152	3.2450	/	2019.4.30	2019.9.25	(2019)政国土字 第 924 号
6	津市市高新区 2019 年基础设施建设项目（团湖公园配套道路工程）	2.1744	1.6740	0.9996	0.5004	/	2019.5.15	2019.9.19	(2019)政国土字 第 1221 号
7	津市市 2019 年第二批次建设项目(农用地转用)	5.5246	5.5246	/	/	/	2019.5.16	2019.9.25	(2019)政国土字 第 925 号
8	津市市 2019 年第三批次建设用地	0.4374	0.4374	/	/	/	2019.8.7	2019.10.15	(2019)政国土字 第 1314 号
9	津市城镇污水处理设施及水环境综合整治提升工程	0.7530	0.7530	/	/	/	2019.8.5	2019.11.8	(2019)政国土字 第 1402 号
小　计		23.0493	19.2406	9.6729	3.8087	/	/	/	/

9.5 亿元。

【**耕地保护**】2019 年，津市市自然资源局先后出台基本农田巡查、农田保护责任、公示标牌管护、自然资源信访、违法行为处理、镇街保护职责等制度；探索新法“查线”，采取动态巡查、定期抽查、问题严查、整改督查等整治方法，大力推进卫片执法，狠抓“大棚房”专项清理，通过对耕地的全覆盖保护，守住 29.55 万亩的耕地底线、保住 22.85 万亩基本农田红线(不含涔澹农场)。津市永久基本农田储备区划定工作已通过市级论证审核，正待省厅验收。储备补充耕地问题核实整改涉及项目 23 个，已在规定时限内完成举证核查，并按省厅要求报送国家审查。

【**地质灾害防治**】2019 年编制《津市市 2019 年度地质灾害防治方案》，修订完善《津市市突发性地质灾害应急预案》，突出防治重点、明确防治责任、制定防范措施，夯实基础，全市建成 40 人的群测群防网络，地质灾害防治实现“零伤亡”。加大汛期巡查、督查力度，为汛期储备块石 2000 立方米，完善汛期 24 小时值班值守制度，多举措发布地质灾害预警信息，举行地质灾害应急避险演练和地质灾害防治宣传，提升群众防灾意识和避灾能力。督促全市地质灾害隐患整治工程建设，白衣镇石板滩东街、药山镇三叉路、药山镇临东村和金鱼岭虎爪山地质灾害治理项目主体工程已完成，待验收；新洲镇青峪采石场矿山恢复治理项目，已完成表土覆盖，树木的种植，防护围墙的安装，已完成主体工程。严格矿产资源管理，针对全市矿产资源实际情况，采取“开源节流、严格管理”方式提升工作水平，依法按合同履行工作职责，杜绝超深越界开采行为，摸底现有矿产资源储备情况，完成马家采石场延续登记工作，编制完成《津市市砂石土矿专项整治规划》，为政府新设矿业权提供科学依据。

【**执法监察**】2019 年，土地执法监察按照重预防、严查处的总体要求，将基本农田保护区、城乡接合部、交通要道沿线作为土地动态巡查的重点，及时发现和制止各类土地违法行为。开展巡查 369 次，出动人员 526 人次，下发《责令停止通知书》61 份，制止土地违法行为 23 件，做到把违法用地发现在初始，遏制在萌芽。全年全市共立案查处涉及违法用地项目 7 处，违法总面积 87.6 亩，违法占耕地面积 68 亩。均已全部依法立案查处。2019 年，市自然资源局共接到群众违法线索举报 12 次，受理省、常德市、市本级信访局交办件 12 件，政策咨询解答 35 次，接待群众来访总人数 10 人次。所有信访件均在规定时限内做出回复，并送达答复意见书。全年共派出 32 次 40 人次外出接访，全年收到市长热线、红网等渠道反馈群众诉求 20 余条，均派专人做到及时回复并做好后续回访跟踪工作。

【不动产登记】2019 年，不动产登记中心履行优化发展环境主体责任，从清流程、简环节、并窗口、压时限、优服务等方面入手，对照“最多跑一次”要求，狠抓落实，实现全市“二手房”转移登记只进行受理、经办、审定三人 3 道审核流程，只需办事对象提交资料并缴纳税费，即可办理不动产登记，实现承诺首次登记、转移登记、抵押登记从法定的 30 个工作日分别缩短为 10 天、5 天、3 天。其他登记即到即办。收费标准实现“四免四减”。全市累计办理不动产业务 7807 件。打通政务服务下沉的“最后一公里”，将不动产登记窗口延伸至开发区、乡镇。

【征地拆迁】2019 年，为保障项目及时供地，加强征地拆迁管理，加快拆迁进度，在依法维护群众利益的同时，征地拆迁工作取得积极进展。市本级全年共完成征拆项目 6 个，拆迁房屋面积 50000 平方米，总征地面积 784.42 亩，保证安慈高速、溢多利等一批重大项目用地；先后 6 次研究征地拆迁补偿方案，征求群众意见建议，根据全市实际情况，完成津市市征地补偿标准调整，编制并发布《津市市集体土地征收与拆迁补偿安置实施细则》，切实维护被征地农民的合法权益，实现和谐拆迁。

【空闲土地处理】2019 年，市委、市政府将提高工业用地投资强度和土地利用率纳入促进地方工业经济发展的重要内容，并出台奖励政策。建设用地预审工作逐步规范，市本级全年预审建设用地项目 214 宗，面积 1416.66 公顷，核减占用农用地面积 19.2406 公顷。优化用地供应，完成 2019 年度新增经营性建设用地供应计划；组织资料参与省政府大督查土地节约集约用地先进单位评选活动；对全市 2009~2019 年所有新增建设用地报批供应等相关信息进行登记造册。2019 年清理处置闲置土地 952.5 亩，处置率达 99.11%，超过上级的目标要求。省厅下发 70 个空闲土地图斑，总面积 4074 亩，2018 年盘活图斑 20 个 1001 亩，2019 年盘活图斑 25 个 1402 亩，盘活率达到 59%。

【地理信息】2019 年，智慧津市地理空间信息系统项目完成竣工验收，项目对接国土执法、智能交通、网格化综合信息平台等多个应用系统，利用“互联网 +”模式将为政府和办事群众提供更加便捷的地理信息共享服务。市自然资源局对全市居民不动产情况进行摸排，完成 5 万条信息录入进库筛选，为建立“诚信市民”数据信息库、实现“无证明办事”奠定数据基石。

【国土政策法规宣传】2019 年，津市市自然资源局开展国土法律法规学习和宣传教育活动，认真组织、扎实开展“4·22”世界地球日、“5·12”地灾防治日、“6·25”全国土地日、“8·29”国家测绘日、“12·4”全国宪法日等主题宣传活动，全年共发放宣传资料 4.5 万份，悬挂宣传横幅 70 幅，每周利用局机关 LED 电子显示屏滚动播放与土地相关的法律法规和政策；强化《宪法》《土地管理法》《行政处罚法》《不动产登记暂行条例》等行政法律法规学习宣传，组织全系统人员开展一次法律知识测试，开展“周末课堂”依法行政专题讲座，提高广大干部职工依法行政意识、文明执法、廉洁履职及防范执法风险，把依法行政知识的学习列入领导班子理论学习的重要内容；邀请相关法律专家，有计划、分层次地组织镇、村、组干部进行土地法制培训活动，全年组织法治培训 10 次，下乡宣传 9 次，听取自然资源部、省厅法律法规视频会 30 次，增强各级领导干部和广大农村群众依法用地的意识；配合各有关单位部门到各镇、市城区广场开展法治宣传活动，并与新闻媒体紧密配合，面向全社会广泛宣传自然资源法律法规、不动产统一登记工作和全市土地利用现状等，积极同省厅内网、湖南日报、常德市局、常德日报、津市市人民政府网站、津市手机报及津市电视台联系报送信息，共计报送信息 120 余条，刊登稿件信息 70 余条，在常德市各区县市自然资源系统信息报送中排名中上游，做好“最多跑一次”工作，增强全市人民群众对自然资源管理工作的认可和支持。通过全方位、多广度宣传，大力宣传自然资源法律法规及政策，营造节约集约用地和保护耕地特别是保护永久基本农田的氛围。

审　　计

【概况】2019 年，津市市审计局内设办公室、法制股、财金股、行审股、经责股、电子数据股、企业股(内审股)、投资股等 8 个股室，下设政府投资审计专业处 1 个二级事业机构；核定领导职数为 1 正 3 副，实配领导 1 正 5 副；核定行政编 15 名、工勤编 1 名、事业编 13 名，实有行政编干部 14 人、工勤人员 1 人、事业编人员 6 人，聘请临时人员 3 人。

2019 年，审计局计划审计项目 37 个，实际完成 56 个，发现问题 140 多个，违纪违规资金 4 亿多元，移送线索 1 件，编发《审计要情》6 期，给部门单位提意见建议 97 条，被全部采纳，建立完善体制机制 86 项，促进工作规范。有 1 个摄影作品获审计署优秀奖，1 名干部被评为“湖南好人”和“湖南省审计先进个人”，2 篇业务论文分获省审计学会与省内审协会审计征文二等奖，有 4 项审计计算机成果获常德市审计局表彰奖，有 3 个审计项目获常德市审计局表彰奖。推荐 1 名干部专抓扶贫工作，结对帮扶 25 户，开展帮扶活动 20 余次，送资金 8 万元，送物资价值 3 万元，主动为扶贫户购买“关爱保”，并帮助发展生产。巡视(察)方面，选派 2 名人员参与省委巡视组工作，被评为“先进个人”；选派 3 名人员参与市委巡察工作。引进 3000 万元的欣龙非织造项目，完成二期主体工程。帮助企业解决环评费用减免、员工招聘等问题 11 个，服务企业工作居全市前列。

2019 年，成立市委审计委员会，召开第一次会议。出台“一规则一细则”，改革中，新增编制 5 个，新增内设机构 3 个。

2019年，开展争创“学习型机关”和争当“学习型干部”活动，组织干部集中学习1次，推荐参加培训37人次，结成帮带对子5对，推荐参与大型审计6人次，干部素质明显提高，2名干部通过高级审计师考试（全省仅8名），其中1名取得高级审计师职称。2人被提拔重用。

2019年，审计局先后荣获“湖南省文明单位”“湖南省审计宣传通联工作先进单位”“常德市绩效考核良好单位”“市绩效考核先进单位”“市脱贫攻坚先进单位”等荣誉称号。（蒋孟霏）

【预算执行审计】2019年，实行财金股牵头，全局参与，以预算执行审计为“龙头”，同步推进部门预算执行审计2个（自然资源局、住建局）、专项审计6个（保障性安居工程、扶贫、惠民惠农财政补贴、农村义教薄弱学校改造、涔澹农场土地指标交易、智慧城市建设）、投资审计1个（市原香料厂土壤污染治理项目），紧扣发展质量和效益，坚持问题导向，主动揭示突出问题30个，向津市市纪委移送线索1条，及时分析原因并提出建议12条。（蒋孟霏）

【经济责任审计】2019年，全面关注政策执行、经济发展、财政管理、民生改善、廉政建设等方面，运用卫星探测、大数据分析等手段，探索启动对刘敏的领导干部自然资源资产审计。全年完成领导干部自然资源资产审计1个，经济责任审计项目3个，发现问题15个，查出管理不规范资金133万元、违规资金164万元。提出建议11条，为市委选拔任用干部提供依据。（蒋孟霏）

【政府投资审计】2019年，摸清政府投资项目底子，建立政府投资项目台账。全年计划投资审计项目10个，实际完成投资审计项目54个，全年为政府审减资金3892.1万元，提出意见建议93条，确保政府的每分钱都用在刀刃上。启动中医院综合大楼、澧水风光带2个项目的跟踪审计。（蒋孟霏）

【政策跟踪审计】2019年，紧扣重大政策的落实，紧盯政策落实、风险防范、项目落地、资金保障、简政放权等5个方面，发现和纠正有令不行、有禁不止的行为，勇于揭露问题，确保政策落实到位。完成扶贫资金等政策落实审计工作，发现问题13个，查出管理不规范资金321万元、违规资金13650元。（蒋孟霏）

应急管理

【概况】2019年3月8日，津市市应急管理局（简称市应急局）挂牌成立。按照《津市市机构改革实施方案》，市应急局整合市安全生产监督管理局的职责、市政府的应急管理职责，市公安局的消防管理职责、市民政局的救灾职责、市国土资源局的地质灾害防治职责、市林业局的森林防火相关职责、市地震局的震灾应急救援职责、市水利局的水旱灾害防治相关职责以及防汛抗旱、减灾、抗震救灾、森林防火等指挥部（委员会）的职责，作为市政府工作部门，对外加挂市防汛抗旱指挥部办公室牌子，承担市安全生产委员会日常工作。8月19日，《津市市应急管理局职能配置、内设机构和人员编制规定》正式获批印发，内设办公室、人事财务股、应急指挥中心、安全生产协调监督股（安全生产基础股）、救援协调和预案管理股、火灾防治管理股（防汛抗旱股、地震和地质灾害救援股）、危化烟花股、救灾和物资保障股（风险监测和综合减灾股）、法制股（行政审批服务办公室）9个股室，下设安全生产监察大队、地震局、安全生产宣传教育中心、综合应急救援中心4个二级事业机构；核定行政编9名、参照公务员管理编制13名、事业编制19名。在岗人员39人，其中行政编制（含参管）19人、事业编制11人、借调事业编5人，临聘人员4人。

津市市应急管理和安全生产工作以防范和遏制较大事故为重点，开展“一行动两活动”（强执法防事故、安全生产月、企业法人谈安全生产），强化责任落实，夯实基层基础，严格监督执法，加强综合治理，实现全市安全生产形势进一步稳定好转，全市全年未发生一般及以上生产安全事故和森林火灾，荣获2019年湖南省安全生产工作优秀单位、常德市区县排名第一、全国应急管理普法知识竞赛常德地区第2名，并成功创建津市市文明单位。

2019年，结对帮扶白衣镇清化驿、毛里湖镇同乐堡两个村的20户贫困户脱贫19户，完成危房改造11户，累计投入扶贫资金10万余元，开展节日走访慰问2次，慰问物资折合人民币9000元。

2019年，党组专题研究党风廉政建设4次，召开职工大会4次。推行并签订廉政建设承诺书20份，制订局公务接待、车辆管理等内部管理制度6项，组织开展“不忘初心，牢记使命”主题教

2019年3月8日，市应急管理局挂牌成立

育，组织干部职工到石门县夹山寺警示教育基地学习，开展元旦春节、国庆中秋落实中央八项规定精神专项教育和治理，扶贫领域作风整治、公务接待、公职人员涉砂、矿、水电、烟花爆竹、危化品经营专项整治。及时完成省委巡视组、市纪委交办问题的整改工作任务。推进“两个责任”谈话制度落实，共开展谈心谈话142次。

2019年，市安委办报请中共津市市委、市人民政府研究，下发《津市市安全生产委员会办公室关于深入开展“三学三比”学习宣传大练兵活动的通知》文件，全市运用“三分法”(分区域、分领域、分特殊人群)深入开展“三学三比”大练兵等活动。市安委办印发《任务清单》，量化工作任务。市委常委第5次会议上学《训词》、学《中共湖南省委省人民政府关于推进安全生产领域改革发展的实施意见》、市委中心组邀请常德市应急局领导作专题辅导讲座。各级各单位组织干部自学“训词”、《细则》、《规定》70次，悬挂标语55条，制作宣传栏(黑板报)32块，电子显示屏循环播放900次，官方微博(微信)宣传63次，印发《手册》600本。市安委办印发《津市市2019年度学习宣贯〈湖南省党政领导干部安全生产责任制实施细则〉》实施方案》。编印《安全生产法律法规相关资料》小册子(含细则、生产应急条例等内容)300份。

2019年，市应急局组织法制理论考试、执法人员“老带新”、“机关带镇街”等方式，提升执法人员办案水平。局机关组织各镇街开展行政执法管理新系统操作“一对一”培训。应急系统建立月计划周通报机制，采取执法股室与综合股室联合下基层方式，双管齐下，逐步提升基层安监站执法等业务水平。（吴青焱）

【制度和机制建设】2019年，市政府下发《津市市推进安全生产领域改革发展的实施意见》，明确总体目标，细化工作任务，《2019年津市市人民政府工作要点》中明确强化应急管理，以创建省安全生产示范县为目标，杜绝较大及以上事故，遏制一般事故。完成市应急管理局、消防救援大队、各镇、街应急管理机构的改革，确保各项工作的顺利交接。市应急局积极调度和调研消防救援大队的工作，确保消防改革有序推进。中共津市市委常委第11次会议和市人民政府第2次、第5次、第6次常务会议专题研究《津市市安全生产专业委员会组建方案》等安全生产工作。市安委办组织召开4次安委全会，组织编印《县市级党政领导安全生产责任提示卡》和《镇街和成员单位领导干部安全生产责任须知卡》，建立联席会议制度，指派市应急管理局班子成员定期带队参加镇街安全生产专题会议，帮助镇街解决基层监管重大疑难问题，帮助三洲驿街道办事处成功创建省级安全生产示范街道。（吴青焱）

【应急基础建设】2019年12月31日，津市市综合应急救援中心正式获批成立，配备1台应急值班座机、16台应急对讲机；编写制定9份制度，分别是：《关于进一步做好突发事件信息报送工通知》《津市市应急指挥中心值班表》《应急救援指挥中心工作职责》《津市市应急指挥中心值班制度》《津市市安全生产协调联动制度》《津市市应急物资储备制度》《津市市应急救援资源共享及事故应急救援补偿制度》《津市市应急救援联动机制》，进一步明确联动主体和应急响应联动措施，加强各部门之间的对接，确保部门应急联动步调的一致、时刻保持力度不减。组织公安、水利、交通运输、自然资源、消防救援大队、气象、电力、卫健等部门召开应急救援队伍建设工作会议1次，协调消防救援大队开展消防安全检查1次，组织开展国庆特护期督导督查，会同森林公安，消防，全覆盖督查全市9个镇(街道)火灾隐患点。物资储备累计投入防汛物资储备资金100万元，其中53.295万元主要用于澧水流域防汛堤段砂石、砾石、编织袋储备，储备砂石716立方米、砾石3326立方米、编织袋5万条，分别储存于护市垸，阳由垸，新洲下垸，毛里湖渍堤；37万元主要下拨各镇(街)，用于水库砂石、砾石、编织袋储备；9.3004万元主要用于购置雨衣、强光手电等供防汛抢险人员及值班值守人员巡查使用防汛器材的物资，储备雨衣50套，雨鞋35套，强光手电50只，头灯50个，雨伞20把，结余0.4046万元。有序推进津市市物资储备库建设项目，并成功申报并创建全省综合减灾示范社区1个、全国综合减灾示范社区1个。全市9个乡镇街道行政主要负责人，10家重点企业负责人，建立市直部门行政一把手应急指挥中心系统通讯联络数据库；组织5次应急指挥中心值班员培训，2期全市党政干部、重点企业负责人培训；突发事件处置演练2次，

津市市安全生产委员会第三次全会

2019 年第一次安全生产业务工作培训会

分别是三峡燃气突发燃气泄漏火灾演练,新合新生物医药有限公司化学品泄漏应急演练。综合防灾、减灾、救灾分两次组织各乡镇街区自然灾害信息员对自然灾害信息录入系统进行集中培训;积极推进综合减灾示范社区建设,指导白衣镇白衣庵社区成功创建省级综合减灾示范社区和金鱼岭街道湖桥社区创建国家级综合减灾示范社区;完成津市 3 月风暴、6 月洪涝、9 月旱灾的自然灾害信息统计以及 2019~2020 年全市冬春救助需求上报工作,全年下拨资金 360 万元,其中地质灾害防治资金 60 万元,防汛资金 100 万元,救灾资金 200 万元。（吴青焱）

【安全生产监管】2019 年,以“强执法防事故”为抓手,推进安全生产综合整治。全市各行业领域共组织执法行动 33489 次,检查生产经营单位 25042 家次,立案调查 700 起,经济处罚 826.06655 万元,责令停产停业 216 家,问责领导干部 285 人,下发通报 7 期。在常德市强执法防事故等综合工作评比中获得双第一的好成绩。市委书记傅勇带队开展安全生产检查至少 6 次。市长黄旭峰带队开展安全检查至少 5 次。副市长杜强带队开展安全检查至少 13 次。全市其他各市级领导开展安全督导检查 60 次以上。危化品领域共组织执法活动 32 次,出动执法人员 78 人次,检查危险化学品生产经营单位 21 家,立案调查 14 起,行政处罚 9.1 万元,责令停产停业整顿 1 起。严格落实企业主要负责人承诺和考核,深入落实危险化学品企业主要负责人风险研判与承诺公告制度,全市危险化学品企业均建立安全风险研判制度,其中 2 家生产企业,1 家使用企业,8 家社会加油站设置电子显示屏对社会进行公开承诺。烟花爆竹领域出台《关于开展烟花爆竹“防事故保安全”集中打击非法生产经营烟花爆竹行为工作的方案》,制定《津市市烟花爆竹零售单位安全规范经营告知书》,签订《津市市烟花爆竹零售店规范安全经营责任承诺是》,严格落实“两关闭、三严禁”工作要求,规范烟花爆竹市场管理;与发改、市监部门联合开展全市烟花爆竹安全管理和销售价格的专项检查,严厉打击哄抬价格等不良行为;组织参加企业法人代表及安全管理人员培训 25 次,烟花爆竹经营业主和危化企业法人 70 人次,审查 120 家申请对象合核经营零售许可证 91 个。检查企业 105 家,出动执法人员 800 人次,下达执法文书 300 余份,立案 26 起,处罚金 8.2 万元,并在烟花爆竹“打非治违”专项行动中,出动执法人员 300 人次,对全市各乡镇、街道对辖区内 80 余家烟花爆竹销售店开展专项检查,共查处无证经营店 20 家,当场没收非法经营和不合格产品 1580 余封（筒),整治散乱堆放单位 20 家,查处超量储存单位 11 家,收缴违规无标识鞭炮 185000 响,限制退回原销售商鞭炮 40 余件。工贸行业领域织开展“有限空间、涉氨制冷、粉尘防爆”专项整治。制定方案,建立台账,累计出动执法人员 55 人次,下发执法文书 15 份,处罚金额 1 万元,重点对湖南鸿鹰生物科技有限公司、津市市雨荷纸业有限公司等 5 家涉及有限空间作业的企业开展专项检查,积极推进工贸行业企业开展安全生产自查自改工作,督促落实企业主体责任。（吴青焱）

【风险化解】2019 年,实施重大隐患“销号比比看”:上年市安委办通报的 121 个安全隐患和问题已全部整改到位。全年市安委办交办 42 个重大隐患和

安全生产月宣传活动

问题,41 个已整改完毕并办理销号,1 个重大隐患和问题在规定期限内整改中。曝光典型安全隐患 19 个,对各辖区重大隐患整改和销号情况实行“白描式”跟踪、百分比“销号比比看”。推行重大隐患挂牌督办:市人民政府对源发液化气站重大火灾隐患实施挂牌督办,市安委办对 6 家重大火灾隐患实施挂牌督办,5 家已摘牌。与此同时,扎实开展危险化学品重点县专家指导服务工作,2019 年 1 月 16~18 日,组织危险化学品安全生产专家对我市渔经生物等 5 家化工企业进行专家指导服务,共排查出各类安全隐患 73 处,依法督促相关企业进行处置,所有安全隐患整改完毕。深入开展化工专项整治,共排查危险化学品领域企业 21 家,排查各类安全隐患 128 处,已整改 128 处。（吴青焱）

【安全投入】2019 年,全市设立安全生产发展基金 120 万元,与上年相比增长 4%,从工伤保险基金提取 8 万元用于工伤预防,安排消防工作经费 300 万元,森林防火经费 3 万元,安全生产经费 58 万元,依法推进安全生产责任保险,全年完成 8.2 万元。制定安全生产和消防科技发展规划,明确发展成效,指出应解决的问题,明确重点任务。积极组织人员参加湖南省应急监管与应急指挥平台政府端培训,OA 系统培训。积极推进智慧消防建设,74 家企业单位完成智慧消防安装,将智慧消防纳入津市市智慧城市建设项目,该项目在逐步推进。（吴青焱）

【宣传教育】2019 年,市应急局利用电视、网络等媒体,全方位、多角度地宣传安全生产和应急管理工作,抓好正面引导,努力营造有利于安全生产发展的文化氛围和社会环境,加强行业和新闻宣传。扩大信息来源,广泛向新闻媒体、报刊投报稿件,投稿量、用稿量均超过上年同期数。局机关全年报送党务、政务信息 12 条,向常德市局报送工作动态信息 25 条,完成政府信息公开 112 条,融媒用稿 10 篇,电视台报道 8 次,全面完成本年度党报党刊征订任务。组织开展 5·12 全国减灾日、10·13 国际减灾日宣传活动,共发放资料 12000 余份,传单 20000 张,吸引累计 30000 人次群众参与。持续开展 6 月“安全生产月”活动,市安委牵头的安全生产咨询日当天,各单位总计发放宣传单 1874 份、宣传手册 934 份、安全生产文化衫 580 件、安全生产知识小扇子 500 把、安全生产围兜 300 件。11 月,联合津市电视台创新开展“企业法人谈安全生产”的公开宣传活动,有效的增强企业安全生产主体责任意识。通过系列宣传手段,增进全社会对应急管理系统的了解和支持,为全市安全生产的稳定发展营造良好的舆论氛围。（吴青焱）

市场监督管理

【概况】津市市市场监督管理局于 2019 年 3 月 4 日正式挂牌成立,是将食品药品工商质量监督管理局的职能,及发改局价格监督检查职能、科工局知识产权职能整合组建的正科级单位。5 月底完成办公楼整体搬迁,实现全局集中办公(在北大二路原社保局地址)。下设 1 个直属行政机构,5 个事业单位,4 个基层监督管理所,16 个内设机构。在编在岗 117 人(班子成员 6 人),其中公务员 60 人,机关全额事业编(参公)2 人,机关工勤编 4 人,事业编 51 人。在职人员平均年龄 40.83 岁,党员 76 人,占 64.96%。在职人员中有本科 71 人,占 60.69%,大专 41 人,占 35.04%,中专及以下 5 人,占 4.27%。组织开展清明、“五一”、端午、中秋、七夕等传统节日文体活动和体能测试、工间操比赛,丰富干部职工精神生活。组织 26 对青年干部和资深同志帮带结对拜师会,制定青年人才培养导师帮带考核办法。6 月底组织年轻干部述职,12 月底组织中层正职述职,将优秀的年轻干部提拔至股级领导岗位。每月定期开设领导干部轮流主讲的传统教育培训班、外出培训人员的学习经验分享会。

深化商事制度改革,探索创新窗口服务方式和工作模式。开展食品“三小”(小餐饮、小商店、小作坊)综合整治。组织开展食品、药品、特种设备、产商品质量、商标侵权、违法广告、垄断和不正当竞争等专项整治,全年查处案件 162 起。加强商标品牌建设和消费维权。招商引进湖南六合置业有限公司落户津市,签约投资西河街城市综合体项目。引进并搭建以湖南海路生物科技有限公司为平台的湖南微生态健康产业园,先后有 18 家生物医药企业入驻津市,其中浚惠生物科技有限公司于 12 月 31 日成功开具第一张金额为 20 万元的销售发票。结对帮扶非贫困村毛里湖镇中心村 50 户和贫困村药山镇三新垸村 14 户,下村走访 10 余次,慰问 3 次。排练节目《青春》参加省非公有制经济组织工作委员会“青春心向党·建功新时代”文艺会演和常德市监系统春节联欢晚会并获组织奖。开展“三会一课”“两学一做”、新时代文明实践、政治生日、“不忘初心、牢记使命”主题教育等系列政治建设活动,深化整治形式主义、官僚主义。

【商事制度改革】2019 年,推进“最多跑一次”,3 月份起,推行新版营业执照及新版申请文书并组织使用。推行企业开办全程电子化,全年通过全程电子化办理业务 116 件。全年办理企业设立注册登记 398 户(其中内资企业 376 户;农民专业合作社 22 户),办理各类企业变更登记 378 户,至 2019 年 12 月底全市共有各类企业 2857 户。开展年报工作,2018 年度需年报企业 2352 户、农民专业合作社 186 户、个体工商户 7825 户,全年企业年报率 99.86%,农专年报率 99.53%,个体工商户年报率 99.69%,取得全常德市第二名的好成绩。全面推进“双随机、一公开”工作(随机抽取检查对象,随机选派执法检查人员,抽查情况及查处结果及时向社会公开)。按照“一单两库一细则”(随机抽查事项清单、市场主体名录库、执法检查人员名录库、规范“双随机”抽查工作细则)的要求进行 3 次双随机的分派工作,联合各办事处、教育部门、消防部门,民政部门、人社部门对民办培训机构进行整治，关停民办培训学校4家、托幼机构3家，规范办证办照8家。依法移出企业经营异常名录企业8户、2018年度未年报拟列入企业经营异常名录企业27户、2018年度未年报个体工商户拟列入经营异常状态32户、列入企业经营严重异常名录企业2户。扎实推进"个转企"(个体工商户转变为企业组织形式）工作，2019年总任务数为255户，全市完成数255户。

【食品安全监管】按照"双安双创"(全国食品安全示范城市创建与农产品质量安全县创建)的工作部署，重点开展校园及周边、肉及肉制品、食品"三小"、会议营销等专项整治行动。强化酒类流通安全监管，全市60多(酒类批发户)大型酒类零售户在"酒类溯源平台"完成注册。抽检食用农产品400多批次、预包装食品200多批次。开展食品"三小"综合整治，对全市150平方米以下的755户小餐饮、75户食品摊贩、27家小作坊全部建立监管档案。对190户小餐饮经营户实施"明厨亮灶"提质改造工程，要求实现厨房透明可视、后厨实时监控。打造九澧大道至华融湘江银行和宝悦综合体两条食品安全示范街、10家小餐饮示范店。推介特色美食，推动餐饮行业示范引领，开展津市市首届"消费者满意"餐饮店评选，通过专业评审以及大众网络投票推选出20家消费者满意的餐饮店并给予奖励。取缔不符合《湖南省食品生产加工小作坊小餐饮和食品摊贩管理条例》的食品加工小作坊6家，有27家食品生产加工小作坊获得《食品生产加工小作坊许可证》。对全市食品小摊贩划定6个集中经营区域，其中三洲驿街道办事处2个，汪家桥街道办事处2个，襄阳街街道办事处1个，金鱼岭街道办事处1个。规定食品小摊贩必须经登记备案后，方可入场集中经营，并要求在其摊位明显位置张挂《食品摊贩登记证》、从业人员《健康证》，全市已有75户食品摊贩持有《健康证》和《食品摊贩登记证》。10月14日，常德市委副书记、市长曹立军到津市调研民生实事，对津市食品"三小"综合治理工作给予充分肯定。11月15日，常德新闻综合频道《记录常德》——《市场监管在线》栏目专题报道津市食品"三小"工作。12月9日，湖南卫视、湖南经视、湖南日报、红网等到津市采访生产加工小作坊和小餐饮提质改造现场。

【药械安全监管】2019年全市有72家药店、14家医疗机构、20家化妆品经营店。全年共检查300多家次，其中发现有中药饮片供货方资质不全5家、药品陈列储存不合要求15家、执业药师"挂证"1家、无证经营三类医疗器械1家、未备案经营二类医疗器械4家，对发现问题的单位责令限期整改到位并立案查处。完成16家药品经营企业的换发证审核、22家药品经营企业的变更审核、2家三类医疗器械经营许可证换发以及26家二类医疗器械备案许可及变更。配合常德市场监管局完成4家新开办药品零售连锁企业的GSP认证。全年完成药品不良反应监测187例。抽检化妆品3个批次，检测结果为合格。结合常德市局保健食品"五进"宣传活动及"护老行动"，开展保健食品安全联合整治行动，针对保健食品标签标识、虚假违法保健食品广告、保健食品虚假宣传、保健食品非法添加等违法行为进行检查，共检查经营企业36家，规范办理许可证2家，责令改正10家。

【特种设备安全监管】至2019年12月，全市注册登记的特种设备有1140台，其中锅炉41台、压力容器473台、电梯396台、起重机械149台、厂(场)内机动车辆81辆，另有气瓶35000只。全年共开展日常（专项）监督检查150余次，检查企业280家(次)，下达《特种设备安全监察指令书》57份，排除安全隐患50余处，查封检验检测不合格的压力容器2台、锅炉1台。

【产商品质量安全监管】开展"红盾护农"、烟花爆竹、摩托车市场、农村圩场、烟草整治等专项行动，取缔无证户60户，查处2批次无3C标识的电动三轮摩托车。对复合肥料、成品油、服装、电线电缆、玩具、电机等质量检查，行政约谈共10次。联合烟草、公安查获各类假烟163余条。检定计量器具2889台(件)，同比上年增长10%，提高在用计量器具的合格率。

【商标侵权和虚假违法广告查处】清理收缴城区药品和保健品户外违法内容广告牌10块、销毁广告海报300份。利用全省广告监测系统对津市电视台三个频道进行全程监测，发现涉嫌违法广告13条，约谈电视台、广告公司等媒体。查处津市广播电视台发布处方药广告案、常德男科医院发布虚假广告案、津市市卓游网络游戏有限公司发布违法金融广告案等案件11件。

【严防垄断和不正当竞争】与三洲驿、柏芝林社区建立无传销社区示范点，设立打击传销宣传栏。对完美、无限极、国珍等直销网点进行走访检查，开展行政指导、行政约谈8次，杜绝传销土壤。召开全市28家公用企业行政告诫会，强化公用企业守法经营和反垄断意识。

【打假治劣】2019年共办结行政处罚案件162起，其中涉及食品案77件、药品医疗器械案37件、广告案16件、特种设备案件6件、其他案件26件。扣押没收假酒9000余瓶、虚假标注食品6吨、中药饮片250千克、无中文标签肉制品140件，涉案货值金额约200余万元。重点查获上海睿康公司的使用未注册校准试剂一案。

【品牌建设】6月6日，津市茶油协会获得"津市茶油"地理标志证明商标核准，11月7日，湖南星辰房地产开发有限公司获得"津澧望江楼"商标核准，12月21日，湖南金雅顺纸业有限公司获得"金雅顺"商标核准。协助津市藠果产业协会于11月6日向国家市场监管总局知识产权局递交申请"津市藠果"地理标志商标认定。

【消费维权】组织开展"信用让消费更放心"3·15国际消费者权益保护日广场宣传和主题演讲系列活动，印制发放宣传资料5000余份，现场签名300多人次，接受咨询200余人次，现场受理消费者投诉5起，为消费者挽回损失5000余元。完成与省、市两级五线(12315、12365、12331、12358、12330)合并，以“12315”一个号码受理市场监管各类投诉举报。全年共受理投诉举报209件，处理办结率为100%。在津市市人民政府网站发布各类消费警示40篇、质量抽检3篇、消费维权26篇。利用移动短信平台发送市民随机短信6批次共计3万多条。

【部门服务企业】三局合一后市场监管局出具的首张新建标企业计量标准证书，为企业节省检定费用10多万元。发挥质量强市办的协调作用，督促公示企业执行标准70项。帮扶企业融资，办理10家企业的股权出质，累计股权出质数额8120万元，累计担保债权数额6290万元。“合同帮农”合作社22家。多方协调，自来水公司将之前的固定价格收费改为协商收费，降低开户企业和居民的入户管网建设成本。对全市16家生物医药企业的规模、类型、经营项目、工业产值和税收进行调查，并进行工作任务分解。

【宣传培训】举办食品从业人员培训班6期。开展3·15消费者权益日、12331食品药品投诉举报宣传日、食品安全宣传周、安全生产月、护老行动、打击传销、文明餐桌等宣传活动，共发放宣传资料3万余份，接受咨询2000余人次，曝光假冒伪劣商品30余种。

（陈钢）

概　述

【概况】教育局下设12个股室站，有在编在岗干部职工42人。2019年津市有各级各类中小学校31所，其中：普通高中2所，职业教育集团1所（包括职业中专、技工学校、教师进修学校、省电大津市分校），初级中学7所，九年一贯制学校2所，特殊教育学校1所，完全小学11所，村小7所。中小学在校学生15785人，中小学在编教师1453人，城乡幼儿园43所，在园幼儿4852人，其中公办幼儿园15所，在编教师36人，民办幼儿园28所，公、民办幼儿园保育教师566人，中小学、公办幼儿园离退休教师1384人。一年来，津市实施教育强市战略，夯实办学基础，优化教育结构、提升教育质量、促进教育公平、推进教育现代化建设，教育事业得到健康、快速发展。（谢辉）

【队伍建设】2019年，津市市教育系统开展“正师德、强师能”活动，树立师德典范，强化师德正能量；做好教师补充工作，全年引进教师81人。其中：人才引进公开招聘教师38人，安置公费定向师范生7人，公开选调津市籍的市外在编在岗教师11人，招录特岗教师25人，改善津市教师队伍年龄结构和学科结构，提供有效的师资队伍支撑；开展骨干教师、学科带头人的评选，2019年，全市共有6名教师被评为常德市级学科带头人，23名教师被评为常德市级骨干教师；实施“青蓝工程”，促进教师跨校师徒结对，共有256名教师结成师徒队伍；一中教师龚道霞、新洲中学杜德怀获评正高级教师，二小教师甘甜获评全国优秀教师，白衣中学教师王进新获评湖南省最美乡村教师，保河堤中学教师郭泽庆获评湖南省优秀乡村教师。2019年，按照规范班子职数、适度轮岗交流、择优提拔后备干部的原则，选好配强学校班子；继续加大后备干部的培养力度，形成结构合理的梯队后备人才队伍。（刘望华）

【学校建设】完成农村学校建设三年行动计划年度建设任务。2019年初，市委常委会、市政府专题会讨论通过《津市市农村学校建设三年行动计划实施方案（2019—2021年）》，2019年共投入1650万元，重点完成学校塑胶运动场、师生食堂、教师周转房建设，全年完成津市市翊武中学、新洲中学、棠华中学、白衣镇中学等4所乡镇农村学校6个项目的年度建设任务，乡镇学校办学基础条件持续改善。

提前1年完成消减大班额任务，谋划城北区义务教育学校建设，加大学位供给。投入1000多万元，实施五小校门新建和教学楼改造、德雅中学教学楼及场坪改造、二小多媒体教室改造等项目，启动市二小双济校区扩容、市一小整体搬迁等项目前期准备。推进学前教育行动计划三期工程。落实省级民生实事项目建设，投入近100万元添置现代化教育教学设施设备，改善灵泉、棠华2所乡镇中心幼儿园办园条件。总投资5000万元的市重点项目津世华龙幼儿园开园招生。启动火花幼儿园改扩建、七小幼儿园改建，丰富城区学前教育资源。消除学校校舍及附属设施安全隐患。加大校园校舍及附属设施安全排查，及时发现和整改校园校舍安全隐患，全年共投入200多万元完成全市所有学校校舍安全隐患整改。启动薄弱学校改造与能力提升、两类学校建设工程。2019年先后出台《津市市乡村小规模学校和乡镇寄宿制学校建设项目库规划文本（2019—2020年）》、《津市市义务教育薄弱环节改善与能力提升规划文本（2019—2020年）》，投入近1000万元，启动实施2019年计划建设项目，新建或改扩建校舍，购置学校实验教学仪器，配备课桌椅、床铺、餐厨具和其他学习生活设施。继续实施城区美丽校园建设工程。投资1500万元的市三中美丽校园建设一期工程顺利完工并投入使用，市一中美丽校园建设二期工程启动前期准备，完成征地和初步建设方案设计。市职教集团整体搬迁工程形成初步建设方案。（文红卫）

【学前教育】2019年，开展各级各类示范园创建工作。津市市东宇幼儿园、毛里湖镇博华幼儿园、药山镇渡口中心幼儿园等3所幼儿园被评定为津市市级示范园;津市市襄阳街金宇幼儿园创建为常德市级示范园、津市市火花幼儿园迎检常德市级示范园复评、毛里湖镇保河堤中心幼儿园常德市级示范性幼儿园授牌;新洲镇灵泉中心幼儿园、药山镇棠华中心幼儿园完成省级实事项目园建设任务;津市市童心幼儿园成功创建为2019年度普惠性民办幼儿园。开展保教人员业务培训。组织保育员参加持证上岗业务培训、幼儿教师参加各类学习,幼儿园完成区角建设,保教活动不断规范。开展“城镇小区配套幼儿园治理”工作,如实报告津市建设摸底情况。以常德市示范园为抓手,分片组织结对帮扶、送教下乡、课题研究等活动,火花幼儿园上报的幼儿游戏案例《翻白菜》被湖南省教育厅评为优秀;学前办牵头进行的课题研究——《挖掘本土资源开展农村幼儿园区域活动的实践与研究》于2019年6月立项为湖南省教育科学“十三五”规划2019年度重点资助课题。(蔡勇)

【义务教育】2019年津市义务教育全面落实国家《义务教育学校管理标准(试行)》,推动城乡中小学规范发展。6月底,进行学校督查,与教育局督导室组成联合小组,巡查全市各学校,促进学校端正办学思想,规范学校行为。加强课程建设,3月和9月开学前夕分别举行义务教育道德与法治、语文、历史三个学科统编教材网络培训会,学校以校为单位组织集中培训,做到全员、全面、全程培训。抓课程建设,开齐开好各学科,以学生为本,以乡土为根,确保综合实践和校外教育活动常态化,促进课程整合试点。减少义务教育大班额。进入2018学年度(2017年秋季开学后),津市按照省、常德市统一部署进行义务教育阶段大班额摸底排查工作,全市义务教育阶段共有班级317个,56人及以上大班额10个,主要集中在城区小学津市一小和津市二小。2019年化解7个(春季2个,分别为津市一小235班、238班。秋季5个分别为津市一小236班、237班;津市二小239班、240班、241班)。到2019年9月,全市大班额已100%全部化解消除。加强共青团、少先队建设,落实团队改革的各项要求和任务清单,完善了“智慧团建”系统团员信息,各校通过上团课、队课,学习《团章》、《队章》等形式,加强学生思想教育,培养学生热爱共产党的朴素情感。开展“英语人机对话”,根据常德市教育局《关于做好2019年全市初中毕业生英语口语人机对话考试工作的通知》,制定《津市市2019年中考英语口语人机对话考试工作方案》,2019年,与英语听力考试成绩合并,按英语听力、口语成绩合并后总分的50%计入英语初中学业水平考试成绩总分。完成英语人机对话考试的组考工作。(蔡勇)

【普通高中教育】2019年,有普通高中2所,教学班级58个,学生2409人,教师262人。全市参加高三学业水平考试779人。平均分(九科)797.63分,全科及格人数741人,及格率95.12%。津市一中提前一年实现市教育领导小组《振兴发展津市一中三年行动计划》教育质量目标,整体办学水平再上新台阶。教师有49篇文章在各级各类省级以上的报刊杂志上发表。18篇文章获得地市级或省级评奖论文。26人次在市级以上的教学比武中获得各类奖项。学生中有114人次在地市级、省级、国家级比赛中获奖。津市三中坚持立德树人根本目标,扎实有效开展教育教学工作,学生参加青少年科技创新大赛获津市市一等奖2个,学校获优秀组织奖,被评为常德市优秀青少年科技活动示范学校。(蔡勇)

【职业教育】2019年,津市有职业中专学校1所,班级20个,学生737人,教师129人,津市加强职业教育发展力度,改善办学条件,提升办学水平,全年为津市高新区输送技能性操作人才55人。4月,津市职业中专学校完成美丽校园建设,新建学校塑胶田径场,校园语音广播系统,对学校教学楼、实训楼进行维修改造,校园基础设施较齐备,校园面貌焕然一新。加强技能培训,2019年,津市职业中专技能培训基地共培训退役军人112人,90%以上取得中级职业资格证书。在高新区实习实训中心,全年完成各项培训近1500人次,引进高职院学生56人到津市高新区企业进行顶岗实习。提升教学质量,5月,全省高二公共文化学科普测中,津市职业中专学校普测成绩位居常德市22所学校中的第九位。学生技能抽查合格率100%,优秀率达56%。(蔡勇)

【特殊教育】2019年,津市市特殊教育学校共有在校学生136人,学校围绕《津市市特殊教育学校三年发展规划》,不断提高特殊教育办学水平,取得良好成绩。在教师教学具大赛中,余昭昭老师获常德市三等奖,胡雪雯老师的作品送交省教育厅参评;常德康复展示课中,詹婷、谭媛媛、杜娟三名教师分别被评为优秀展示课;7篇教师教学论文获省级奖项。舞蹈《我爱你,中国》获津市第二十届艺术节一等奖。在津市第二十二届体育节篮球赛中,获小学男子组第一名。(蔡勇)

【民办教育】2019年,津市共有民办教育机构57所,其中民办幼儿园26所,民办培训机构31所。专(兼)职教师412人,新增津市市津世华龙幼儿园,新增津市市星东方培训学校毛里湖李家铺分校、津市市培可优培训学校、津市市药山镇方权留守儿童培训中心、津市市艺启飞扬培训学校、津市市药山镇小天使艺术培训学校、津市市药山镇棠华明博培训学校。通过年度办学水平评估,依法依规对:常德大雅音乐学校津市市分校、津市市芷芳培训学校、津市市毛里湖镇新星幼儿园、津市市药山镇渡口阳光幼儿园、常德剑桥外语培训学校津市教学点这5所民办学校(园)进行注销(津教通[2019]36号)并予以媒体公示。强化校外培训机构整治,经验材料——《强机制,重实效,下好校外培训机构专项治理一盘棋》于9月10日在常德市做典型发言,予以推介。严格按照《常德市民办幼儿园年度办学水平情况评估细则》和《常德市民办培训学校年度办学情况评估细则》完成评估检查。津市新洲镇灵泉镇慧慧幼儿园、市襄阳街金宇幼儿园、等年度办学水平评估为优秀等次，市星东方外语培训学校、市长麓培训学校等评估为优秀等次，并在津市教育网站、津市电视台微信公众号、津市电视台予以公示，广泛接受社会监督。（彭浩）

【贫困学生资助】2019年津市共有建档立卡等家庭经济困难学生2145人，其中建档立卡学生757人、农村低保家庭学生174人、农村特困救助供养学生17人、家庭经济困难残疾学生363人。2019年共向全市各级各类50所学校开展资助工作，占全市学校总数的70%。

2019年共资助家庭经济困难学生5632人次，资助资金425.6379万元。其中学前教育资助家庭经济困难幼儿706人次，资助资金35.3万元；义务教育享受贫困家庭寄宿生生活补助学生2244人（初中945人，小学1299人），补助生活费124.0125万元；免除义务教育阶段811名建档立卡等家庭经济困难学生教辅资料费8.054861万元；高中共为889名学生发放国家助学金69.8万元；免除高中建档立卡等家庭经济困难学生学杂费（上期86人、下期87人）15.96万元；免除高中阶段135名建档立卡等家庭经济困难学生教辅资料和教科书费9.934641万元；中职免学费1498人次，金额161.74万元；中职发放助学金153人次，资助资金15.3万元；学校和学校向社会各界引资资助学生1201人次，资助资金112.482万元；向115名贫困大学生进行生源地助学贷款94.9万元，回收87名大学生贷款本息合计18.64万元。

2019年津市教育资助中心通过《2019年中央专项彩票公益金教育助学项目》开展“滋惠计划”、“励耕计划”、“润雨计划”资助活动，资助普通高中家庭经济困难学生38人，资助资金7.6万元；资助在职家庭经济困难中小学幼儿园教师9人，资助资金9万元；与市统战部联合开展“泛海助学行动”为津市9名家庭经济困难大学新生资助4.5万元。开展对本市残疾儿童的劝返复学工作，通过入户走访摸排，对津市20名确因身体原因不能随班就读的残疾儿童，积极为其注册学籍并开展送教上门活动，确保了津市无一例残疾学生辍学。

（贺爱华）

【教育督导】津市人民政府教育督导室2019年紧紧围绕全市教育工作重点，以《常德市人民政府教育督导室2019年督导工作要点》和《津市市教育局2019年工作要点》为指针，调整了津市市教育督导委员会组成人员，出台《对镇人民政府（街道办事处）有关部门履行教育职责的评价办法（试行）》；开展了寒假、暑假师德师风建设活动专项督导、春（秋）两季开学暨学校安全风险防控专项督导、幼儿园办园行为督导评估工作、去“小学化”专项治理督导工作，同时还定期开展了教育提质包保随访督导工作、暑期值班值守随访督导工作、以“课堂教学督导”为主题的随访督导工作等；调整中小学校责任督学挂牌督导工作、实施津市市幼儿园责任督学挂牌督导工作；进行2019年津市市教育系统学校工作社会满意度测评工作、组织2019年津市市教育系统单位绩效考核工作；完成常德市2019年对区县市人民政府（管委会）履行教育职责考核、常德市2019年度农村学校建设三年行动计划项目和“学前教育普惠行动”项目评估验收工作。2019年，被评为常德市教育督导工作目标管理先进单位。（李冬祥）

【教学研究】抓好义务教育质量提升。2019年组织义务教育阶段1–8年级考试3次，组织质量分析3次。九年级组织协作考试5次，进行质量分析5次。教研员包保九所初中学校，每周与包保学校对接，参与学校对九年级的管理，听九年级教师课，参与学校质量分析，提出改进意见。中考成绩比往年稳中有升。参加上级组织教研活动。2019年下半年，三个科次取得了常德市一等奖第一名。全年累计参与教研活动33次，获奖人数25人次。组织“寻找少年写作之星”活动，中学组参加省级决赛116人，小学组参加省级决赛214人，共330人。建立专家团队，组织期中期末考试命题。指导青年教师的专业成长，全年团队磨课不下于30次。组织论文评选，选送到省教育学会论文85篇。德雅省级课题顺利结题。一中、二小、教育局3个课题成功申报并获得开题论证。

（徐美烟）

【教学仪器】2019年，津市中小学校以常德市实验室规范化建设示范化学校创建为契机，对实验室建设配备进行升级配置，全年投入近110万对第二批接受创建验收的白衣中学、白衣中心小学、翊武中学、渡口中心小学、保河堤中学、保河堤中心小学、三中等学校进行教育教学仪器配备，兴建七小、渡口中心小学科学实验室，投入5万多元对二小、五小、德雅、一中四所学校进行机器人竞赛基本配件的配置。2019年5月津市二小、车胤中学、嘉山实验学校、一中、棠华中学、新洲中学等六所学校，接受常德市实验室建设示范化学校创建，一中获得“优秀”等次，其他学校为“合格”等次。11月德雅中学接受常德市实验室建设示范化学校验收复查，正式授予“常德市实验室建设示范化学校”。

【教育经费】2019年教育经费投入316013090元，其中国家财政性教育经费277635629元，民办学校中举办者投入9900000元，捐赠收入1036160元，事业收入24160917元，其他教育经费3280385元。全市学校教师绩效工资由财政全额预算，教师绩效工资高于常德市各区县平均水平。将教师工资待遇、医疗保险、住房公积金等全部纳入财政预算，并做好教职工意外伤害保险、补充医疗保险、女职工特殊疾病保险投保工作。落实乡镇工作人员补贴政策，在现行补贴政策的基础上，按“就高不就低”的原则实行乡镇教师工作补贴，让农村教师和交流教师安心扎根农村工作。（吕磊）

津市市第一中学

2019 年 9 月 6 日，常德军分区政委董亮视察津市一中国防教育基地

【概况】津市市第一中学是一所湖南省级示范性普通高级中学。2019 年学校有教学班 34 个，在校学生近 2000 人，在编教职工 196 人，有特级教师 1 人，正高级教师 3 人。学校占地 151601 平方米，建筑面积 52219 平方米。学校办学基础设施较为完善，有综合教学楼、图书馆、体艺馆、学生公寓、学生食堂等主体建筑，有校园局域网及网络中心、多媒体设施、监控系统、智能广播系统、办公系统等现代教育技术设施。2019 年，学校提前一年实现市教育领导小组《振兴发展津市一中三年行动计划》教育质量目标，整体办学水平再上新台阶。

【教学工作】2019 年学校持续夯实教学基础，开展“教学常规落实年”活动，落实集体备课、行政调研听课等制度，学校举行为期 1 周的第十六届“鹿山杯”课堂教学比武；加强课题研究，目前学校有省级课题 2 个，分别是李文彪、刘建岗老师主研的《高中地理野外实践教学研究》、李梦霞老师主研的《运用数字新媒体实施高中英语分层教学的研究》，常德市级课题 1 个，由李小萍、陈耘老师主研的《信息技术支持下高中古诗文教学策略研究》，此外，还有校级课题 5 个，参研人员近 100 人。本学年，赵湘君老师的课《走进舞蹈》，被中国教育学会评选为“2019 年全国优质课”；在常德市教学比武或教学研讨活动中，唐会康、卜中将两位老师荣获一等奖，李梦霞、郁振霞、陈伟、杨歆、钟晓洁、潘高峰、谢识宇荣等七位老师荣获二等奖，刘朝相、王庆桃、黄艳明、车静、陈芳、杨艳等六位老师荣获三等奖或优秀奖。谢识宇、张文彪、刘建岗、鲁冬珍、沈忠等老师论文共 49 篇在省级刊物上发表。学校组织学生参加 2019 年第四届中华之星国学大赛，马星芸同学获全国一等奖，雷璐、李明睿两位同学获省级二等奖；组织学生参加第 33 届中国化学奥赛，李明睿获省级二等奖、郭子明获省级三等奖；组织学生参加 2019 年全国中学生生物学联赛，李明睿、赵星宇获省级三等奖；艾惊云同学参加湘北片区“学宪法、讲宪法”演讲比赛，获二等奖。2019 届高三 448 人参考，重点本科上线 153 人，上线率 34.2%；本科上线 377 人，上线率 84.2%。600 分以上 12 人，占参考人数的 2.67%。

津市市第一中学

【德育工作】2019 年，坚持立德树人，贯穿“一包五”主线，即每名教师包保五名学生。以学生科为主，统筹学校重大活动开展，先后组织开展“我为祖国点赞”演讲（朗诵）比赛、“最美教室、温馨寝室”评比、高一年级篮球赛、高二年级春季远足、高三年级成人礼、营造毕业纪念林、“走进聋哑学校、奉献真诚爱心”为学雷锋活动、烈士陵园祭奠活动、主题班会等活动。组织学生进行“心理健康网上测试”，帮助学生解决成长中的烦恼和困惑，开展生涯规划选修课，帮助学生自我认知、学会职业决策，锻炼自己的职业竞争力。开展“校园之星”评选活动、毕业典礼、专家进校讲座等一系列德育活动。学校球队获湖南省第二届高中学校篮球联赛冠军、校女足获得常德市女足高中组第二名。

【服务保障】学校重视校园安全工作，开展了校园暴力事件苗头排查、校园周边环境综合整治、午夜后巡逻、不定期突击检查违规使用手机、法制讲座、传染病法制讲座等工作，在校门处设置人脸识别系统，以防范不法人员进入校园。严格后勤工作，力争保障有力。全面落实营养健康管理，陪餐制度常态化；从源头加强食品原材料安全管理。严明财经纪律、规范财务管理制度。严格履行先计划、后审批、再支出的报批监管制度，各项费收工作严格执行物价部门的收费标准，学校各项开支合理，并定期向学校党委汇报财务运行情况。发挥工会作用，助力学校发展。围绕学校教育教学中心工作，工会组织广大教职工参加师德师风学习教育活动，切实提升教职工职业素养。每年召开一次教职工代表大会，行使教代会参与民主管理和监督的责权，发挥教职工集体智慧，为学校工作建言献策。深入了解、主动关心有实际困难的教职工，并为他们解决实际问题。

津市市第三中学

【概况】2019 年学校设有教学班级 18 个，在校学生 900 余人，教职工 80 人，其中专任教师 79 人，后勤服务 1 人，专任教师包括高级教师 24 人，中级教师 33 人，初级教师 13 人，公开招聘 5 人，引进硕师特岗 3 人。学校立足“办精品三中、特色三中”的办学思路，内抓管理外树形象，强基础，提质量，创特色，取得突出的成效。2019 年，学校被津市市政府授予高考成绩进步奖，被评为常德市优秀青少年科技活动示范学校、常德市中小学科技创新大赛优秀组织单位、津市市中小学科技创新大赛优秀组织单位。（兰泽贵）

【基础设施建设】2019 年通过向上争资、校友捐资、学校自筹等多种途径，学校共投入近 1600 万元进行学校基础设施建设，改善办学条件。美丽校园建设一期工程及其配套设施建设全部完工并投入使用。投资 350 万元新建一栋 1952 平方米女生公寓，投资 350 万元新建 1488 平方米学生食堂，投资 400 万元新建 300 米塑胶跑道、人造草皮足球场，投资 100 万元新建塑胶篮球场 3 个、塑胶羽毛球场 2 个、乒乓球台 6 个，投资 40 万元新建学校古城形状校门，投资 120 万元完成 3100 平方米教学楼维修改造，投资 40 万元安装 630KVA 箱式变压器，投入 80 万元完成教室、学生寝室空调安装，投入 85 万元进行 3100 平方米教师周转房维修改造，投入 70 万元进行校园地面硬化与绿化建设，投入 15 万元完成学生寝室自来水改道，投入 10 万元建设升旗台安装升旗杆，投入 12 万元在校门口安装电子显示屏，投入 20 万元建设花园亭（花园亭主体由学校原书记朱传忠个人捐资 12 万元建设）。美丽校园建设二期工程正在筹备启动。（兰泽贵）

【教学教研】进一步规范和严格教学常规管理，对课堂的督查力度明显增强。以课堂为抓手，开展教学研讨，提高课堂教学质量，效果明显。2019 年学校普通高中学业水平考试成绩再次提升，一次性合格率达 88.42%；高考成绩再上新台阶，本科上线人数比以往有大幅增加。开展教学教研活动，形成浓厚的教研氛围。以教研组备课组为单位，开展高考学考复习教学研讨活动，提高复习教学的有效性。参加省、常德市各学科的教学复习研讨会，提升教师业务水平。高三年级研讨课和新进教师汇报课常态化实施。由党支部和教务处共同组织，开展党员教师研讨课活动，评选出 7 堂优秀课。完成常德市政治、语文学科在线集体备课大赛。在教师节表彰活动中，庹云被评为常德市优秀教师，高紫萌、邓泽群、雷茁凌、张晖平分别获得津市市优秀教育工作者、优秀班主任、教育教学质量优秀奖的荣誉。杜平等 16 位老师获得学校曹氏奖励基金。参加市教学比武，英语教师刘红林、数学教师汤茜茜获得二等奖。参加常德市微课大赛历史教师曾华英获得一等奖，语文教师孙功清、生物教师李英、语文教师庹云、化学教师王敏获得三等奖。历史教师胡丕宏的论文《浅谈高中历史课堂教学中的提问方法采用》获省级一等奖，庹云老师的综合实践论文《整合研究性学习和科技实践活动》获省级二等奖。省级课题《湖南省农村普通高中教研组建设实践研究》进入结题验收阶段，曾华英、王颖、丁津、雷茁凌等十多位老师的课题论文在《教育科学》《社会科学》等刊物上发表。（兰泽贵）

【学生活动】加强校园周边环境整治，开展平安校园创建系列活动，利用班会、黑板报、学校宣传橱窗、条幅等形式，加强校园防欺凌、防邪反邪、食品安全、国家安全、防震防灾、禁毒、上下楼梯防踩踏、春季预防传染病、夏季防溺水、冬季防电防火、道路交通安全等方面教育，经常开展紧急疏散演练、消防安全演练、食物中毒应急演练，增强学生安全意识，提高学生自护能力。坚持每周一升旗制度，组织学生参加“三五”

津市市第三中学

津市三中阳光体育展示活动

学雷锋奉献活动，清明节网上祭英烈活动、绿色环保小卫士评选活动、研学实践活动。组织学生参加“我为祖国点赞”系列活动、我和国旗合个影活动、“我的太空梦”太空画征集活动、学生营养日活动。组织开展学校体育节、艺术节活动，学生乒乓球赛及其他文体活动活动。组织学生参加全市青骄第二课堂活动。学生禁毒知识的学习和竞赛参与率均达100%。组织学生参加市艺术节系列活动，舞蹈《用青春说话》获二等奖。参加市心理剧演出活动，心理剧《怒放的生命》获一等奖。组织学生参加中小学生书法美术作品大赛，获得常德市一等奖2个、二等奖1个、三等奖1个，津市市一等奖2个、二等奖2个；参加市第二十二届体育节阳光体育展示活动获得一等奖，田径运动会团体总分获得第二名，女子足球赛获得第二名。参加青少年科技创新大赛获省级银牌2枚、铜牌1枚，获津市市一等奖2个。

（兰泽贵）

湖南广播电视大学津市分校

【概况】湖南广播电视大学津市分校是全省唯一一所县级市分校，由津市市人民政府主办，教育教学业务受湖南广播电视大学领导和指导。

学校以国家开放大学开放教育专、本科教育为主，成人高等教育、奥鹏远程教育为辅助。开放教育本科层次开设汉语言文学、法学（含农村法律事务方向）、会计学、英语教育、行政管理等5个专业；专科层次开设计算机信息管理、小学教育、法学、农业经济管理、会计、电子商务、机械制造及自动化等7个专业。成人教育医类本科层次开设临床、护理、药学、医疗影像学等4个专业；专科层次有临床、护理、药学等3个专业。奥鹏远程教育专、本科共开设12个专业。

2019年学校在职教工44人，其中专任教师37人，专业课教师29人。专任教师中本科学历34人；研究生学历2人，占专任教师数的5.4%。副高职称15人，中级职称21人。兼职教师5人，占专任课教师数的13.5%，兼职教师中有3人具有副高职称，2人具有技师及以上技术资格。

学校现有校级干部4人，二层行政7人，均有本科及以上学历，其中副高职称4人，中级职称7人。专任教师中有15人获得专业相关工种技师或高级职业资格证书，占专任教师数的40.5%。有2名科研人员，其中具有研究生学历1人，主要从事职业教育方面的研究工作。（周静）

【教育教学】建立合理的“双师型”教师建设管理办法。学校探索科学有效的激励约束机制，形成竞争氛围。出台《津市电大“双师型”教师建设管理办法》，鼓励专业教师兼评相应的专业技术职称或考取相应的行业资格证书或所教授专业的技能等级证书，数控技术、计算机信息管理等专业有杨伟明、李海等16位教师取得“双师型”教师资格。

制定《津市电大“学科带头人”和中青年骨干教师选拔培养办法》，选拔出“学科带头人”和中青年骨干教师，让其走出校门开展学习和科研，把握本学科前沿动态，提高科研能力和学术水平，学校已培养卢鹰、杨伟明、孟德胜、吴梅英等4位省级专业带头人。2019年，学校被评为教学管理先进分校，教师韩梅被推荐为国家开放大学优秀班主任，常德广播电视大学举办的常德市“农民大学生”信息技术能力竞赛中，艾国荣老师被评为“优秀辅导老师”。2019年学校开设专业有：行政管理、法学、汉语言文学、英语、会计学、计算机、电子商务、建筑工程、机电一体化、学前教育、小学教育招录学生752人，至2019年12月，有在籍学生1152人。（周静）

【考核管理】学校始终将全面提高教育教学质量放在学校工作的首位，坚持内涵发展，创新教育教学方法，切实规范教育教学管理。

全面推行导师制。制定《津市电大开放教育导师制实施细则》、《津市电大导师聘任与管理办法》，按照实施细则和管理办法，学校聘请21位专兼职教师为开放教育学生导学导师，每位导师均制订切合实际的导学工作计划，并将开展导学工作的情况，按导学时间、导学地点、导学内容和导学方式进行较详细的记载。

开展网络教学。每学期及时整合中央电大和湖南电大两级教学平台资源、及时更新津市电大分校平台网上各种资源。任课教师将自己的课程一体化设计、授课内容、辅导答疑等都挂到分校平台，各职能部门将所有的教育教学管理信息均在网上公布，学员随时可以浏览网上信息。学校教学主管部门定期进行网上教学资源的检查，并根据教师资源建设情况，支付教师课酬。

学校重视实践教学环节，成立以分管领导为组长，教务科科长为副组长，以教务科副科长、教学教务干事、各专业责任教师为成员的实践教学指导委员会专门指导实践教学工作，根据学校制定的开放教育试点专业实践教学环节实施规范要求，期初各专业班级制定实践教学计划，由实践教学指导委员会审查并提出修改意见，同意后由各专业班级具体组织实施。学校各专业按照实施计划，制定出课程实践教学实施细则，开展灵活多样的实践教学组织形式。学校重视综合实践教学环节的管理和落实，制定《津市电大开放教育试点专业实践环节教学规范》，包括"课程实践教学工作规范"、"社会实践教学工作规范"、"毕业论文（设计）教学工作规范"。毕业论文指导教师实行资格审查聘任制，担任专科论文写作的指导老师必须具有相应学科本科以上学历或中级以上技术职称，本科论文指导教师原则上须副高以上职称，本科以上学历，校本部教师向学校提出指导论文的书面申请，学校聘任，签订毕业论文（设计）指导老师承诺书，一名教师只能申报一到两个相近专业。学校严格按照省电大要求，严格控制指导教师指导学生的人数，从而确保论文指导的质量。学校毕业论文合格率高于全省电大水平。

学校重视校外实践教学基地建设，在津市市新洲法庭、津市市德园会计师事务所、津市职业中专学校分别设有法学专业、会计专业、汉语言专业等3个实践教学基地。

推进项目建设。根据湖南省委、常德市委组织部，省、常德市教育、财政、人社等部门和省电大、常德电大的统一部署，津市"农民大学生培养计划"（以下简称"农培计划"）从2015年开始实施，四年来共开设法学（农村法律事务方向）、行政管理（村镇管理方向）、农业经济管理、农村行政管理等四个专业，学生已覆盖全市100%的行政村，90%以上成为村支两委成员或农村后备干部；成功申报毛里湖青苗社区为常德市级"农民大学生"实践教学基地，为开展学生实习实训工作进一步提供保障。

突出成人教育的高校性质，积极应对成人教育转型升级。以柏枝林社区为试点，抓实社区教育，积极推广，形成影响，2019年社区居民秦自超被常德社区大学评为"常德市百姓学习之星"。（周静）

湖南省津市职业中专学校

【概况】津市职业中专学校创办于1984年，是第一批国家级重点职业高级中学。学校学校地处津市市车胤大道1800号，占地100余亩，28425.68平方米，校园布局合理，环境优美，被誉为"花园式"学校。学校建有综合实训大楼、机加工中心、10多个专业实习实训室、新修现代化的塑胶田径场等，设施设备总值达2000万元。国家"十三五"投资3000万元建成的创新创业园，全方位吸引省、市高校学生来津市实习、实训，为津市高新区发展提供有力的人才支撑。

2019年，学校有在职教职工123人，其中专任教师93人，专业课教师35人，"双师型"教师18人，占专业课教师51.4%。专任教师本科及以上学历88.1%，其中研究生学历1人，占专任教师1.1%，高职称33人、中级职称57人，兼职教师4人，占专业课教师11.4%，2019年屈辉、李鑫恒、李世敏被常德市认定为"双师型教师"，至此，学校"双师型教师"达18人，占专业教师数54%。

学校设有办公室、教务科、学生科、招生就业办、培训中心、后勤科、团委会等7个机构，完善专业建设指导委员会、教学工作诊断委员会工作机制，形成团结务实的管理团队。有校级干部4人、二层机构行政7人，均有本科及以上学历，其中副高职称4人、中级职称7人，学校被津市市政府评为年终目标考核良好单位。

开展"党员教师亮承诺、树形象、做表率"活动，将党建活动融入教育教学工作之中。2019年6名党员教师获教师节奖励，21人次党员教师获教育教学竞赛、教育教学论文、教育管理等多项荣誉与成绩。坚持依靠全体教职工办学，实行民主治校。2019年下学期，学校坚持工作重心下移，创新工作方法，建立年级组管理模式，各项工作有效、高效运行、推进，获教工认可。坚持教代会制度，让教师当家做主，保障教职工对学校重大决策的知情权和监督权。建立并完善家长委员会，引导家长、社区和有关专业人士参与学校管理和监督。制定《家长委员会工作章程》、《家长委员会工作计划》，开设家长委员会专栏和家校沟通板块，设立"校长信箱""校长热线"等家校联系方式。开展上门家访行动，召开"向家长汇报"会，请家长进考场当"考官"等等，学校工作有效得到社会、家长监督，相关意见建议为学校进一步发展指明的方向，办学更符合学生、家长、社会所盼，满意度不断提升。（周静）

【教学活动】以"文明风采"活动为载体，有机整合学校文化活动、学生社团活动。2019年，学生参加各类竞赛活动获省级奖3项，常德市奖32项，学校男子篮球队获常德市篮球赛"三等奖"，学校田径队获津市体育节"道德风尚奖"、开幕式展演二等奖，学校文艺队获艺术节展演一等奖，284班被评为省级"先进班集体"，280班周彬丹被评为省级"三好学生"，278班鲁俊杰被评为省级"优秀实习生"，3人次教师获班主任基本功比赛奖励，2个班主任分获常德市优秀教师、津市优秀班主任，成功申报创建验收常德市"禁毒教育基地"。抓好学生技能教学与竞赛，促进学生技能提升。支持学生开展创新创业活动，以赛促教、以赛促学。2019年获省赛奖励1项，常德市奖励5项。调整优化专业。学校精准对接津市产业布局，调整优化专业结构，建立与津市三大产业需求精准对接的专业并进行建设。（周静）

【教师队伍建设】开展"正师德、强师能"活动，增强教师队伍正能量。积极实施名师工程、青蓝工程，多措并举打造"双师型"教师队伍。2019年学校通过人才引进，新进7名专业教师。2019年教师论文有33篇分获国家级、省级、常德市级奖励，有5人次获常德市教学比武奖励，有12人次分获常德市、津市市教师节表彰，一支专业结构、年龄更合理，更有责任心的教师团队正在形成。

（周静）

津市市教师进修学校

【概况】津市市教师进修学校始建于1978年9月，2002年9月合并到津市职教集团，成立师训科，负责教师进修学校各项工作，并与津市职业中专学校共用计算机房、多媒体教室等设施设备。

学校作为全市中小学校和幼儿园教师的继续教育培训机构，2019年有教职员工10人，其中专任教师6人，高级职称3人，中级职称4人，本科学历8人。

（周静）

【培训】按照常德测试站的总体安排和要求，5月组织一次中职学生和社会人员普通话水平测试。全市共有306名社会人员和中职参加普通话测试，三甲及以上286人，合格率达94%；组织全市159名中小学文科教师的普通话水平提升培训，接受普通话水平省级抽查测试，合格率达到100%，优秀率达到95%；根据《关于做好湖南省2019年县域普通话普及情况调查工作的通知》要求，开展县域普通话普及情况调查，完成对白衣、棠华、保河堤、汪家桥社区4个乡镇（社区）进行县域普通话普及情况调查，学校选派包括3名省级测试员在内的8名调查员，通过社区访谈、入户调查、街头访问等多种方式，圆满完成400多个访谈录音数据采集及数据上传。

开展"十三五"第四期全员远程继续教育培训。根据《常德市2019年度中小学幼儿园教师全员远程培训实施方案》文件精神要求，全市共有246人参训。该项培训分学科建立网络班级，每班配备1名辅导教师，在项目管理员及辅导教师的指导下，大部分学员克服工学矛盾，利用休息时间开展网上课程学习，进行线上自主研讨。全体学员顺利完成学习任务，合格率达到100%。

完成2019年国培、省培项目网上报名及管理工作。2019年度全市共有国培、省培计划38个项目104个指标，按要求完成参训教师的网上报名、日常管理及相关工作。

全面完成2019年教师信息技术应用能力发展测评申报及学分登记管理工作。按常德学分登记管理的要求，为中小学教师职称评定、教师资格认证等提供良好服务。

（周静）

津市德雅中学

【概况】津市德雅中学占地面积152.6亩，建筑面积101632平方米，学生1940人，40个教学班，149名教师，其中中学高级教师25人，湖南省精英教师3人、常德市学科带头人2人，常德市骨干教师5人，津市市骨干教师8人。学校坚持党建引领，创新党建工作思路，创建党建工作特色。围绕"模范引领、红色雅师"这一主题，把党建工作和教学中心相结合，开展"奉献在岗位、建功于讲台"活动。

2019年学校获得国家级奖项："我和我的祖国"主题研学暨2019年第十届CYECC青少年英语能力展示活动、"新时代好少年"主题教育读书活动"我为祖国点赞"示范学校。省级奖项：二级禁毒教育基地、湖南省健康学校。常德市级奖项：全市三年禁毒大行动先进集体、常德市先进党支部、常德市五四红旗团委。津市市级奖项：法治津市先进单位、津市市实验教学优秀单位、津市市信息化教学优秀单位、津市市十佳先进党支部、津市教育系统先进基层党组织、第三届青少年科技创新大赛优秀组织单位、津市市教学质量优秀奖、津市市中小学第二十届艺术节文艺会演特等奖、津市市第22届体育节足球赛女足第一名、津市市第22届市运会团体总分第一名、津市市第22届市运会阳光体育展示一等奖、津市市第22届市运会道德风尚奖。

【教育教学】规范教学行为，加强教辅材料征订工作管理，切实减轻学生负担。实行一教一辅，不滥订购教辅材料，不推荐省市推荐目录外的教辅材料，切实减轻学生学业负担和家庭经济负担。期初每位老师和学校签不违规征订教辅材料承诺书。教务处每周进行教辅自清自查，找学生座谈，调查学生教辅征订情况，确保教师不违规征订教辅材料。强化九年级工作。应对中考，严格按照考标落实各知识，精讲精炼，分层教学，因材施教，切实提高学生成绩。认真组织了毕业年级理化生实验操作考核，艺体考核，信息技术考试，英语口语人机对话考试。

通过开展各学科素养大赛，培养学生各科核心素养，督促学生全面发展。开展语文阅读、经典诵读活动、学科手抄报比赛等各类型学科活动7次，加强国学教育。充分利用3次预备铃后的十分钟时间，分别开展唱经典歌曲、国学经典诵读、英语听力训练活动。切实提高学生国学素养，促进学生全面发展。国学诵读活动获得常德市经典诵读奖。津市市青少年科技创新大赛6副作品获奖。

教师素养不断提升，积极参加各层次教师业务培训。2019年度有郭泽红、万杨、张斌新聘为常德市第四届骨干教师，田红标、杨明慧留任骨干教师。于宁参加北京大学举办的语文骨干教师培训，万杨参加中央音乐学院的骨干音乐教师培训，程学琼参加湖南省委党校的妇女干部班学习并获得优秀学员称号；曹敏参加了湖南乡村精英校长培训；40名教师参加全员远程培训并全部合格；刘洋等老师到棠华中学和保河堤中学参加送教活动。坚持每两月一次的德雅讲坛，2019年程学琼、周辉、于宁、赵峰、王海珍老师主讲人生成长感悟。搞好集体备课，上好研讨课，组织参加上级各学科教学竞赛13堂，示范课11堂，师徒结对汇报课12节，党员教师汇报课10节。

学校1月承办“十年安居梦 蝶变兰津城”系列之演讲比赛决赛、征文摄影颁奖活动；5月承办津市市初毕学科（语文、英语、政治、历史、物理、化学、生物）中考复习研讨会；5月“我为祖国点赞”主题演讲朗诵比赛；暑期承办全市新入职教师培训工作；上半年李芳、李琼、杨明慧参加津市市中小学青年教师教学竞赛分获一等奖、二等奖；2019年朱梦丽化学实验操作获省级示范奖；教具制作获省级一等奖。王新体育录像课、李芳语文教学比武，陈欣彤音乐教学比武获常德市一等奖；冯金牛数学教学比武、颜静英语教学比武、杨帆物理教学比武、王忠于评课、申苗政治教学比武、李辉娟心理健康教学比武、丁凌生物实验操作获常德市二等奖。

组织“一师一优课，一课一名师”活动，全校共有100多名教师参与晒课，晒课总数达到300多堂，并推选4堂优课参与省级评比。发动教师参与湖南省集体备课大赛，50多位撰写教育教学论文。教研课题研究工作稳步推进，英语课题、网络研修课题顺利结题；综合艺术组课题即将结题。

【德育工作】以迎接“国家慢病示范区创建”检查为契机，学校添置智能身高体重血压测试仪，对食堂，心理咨询室等重要位置进行文化张贴。规范班级教室布置。每个班级统一布置加班级雅致教室布置，张贴中小学生日常行为规范和守则；并布置各班级特色“文化墙”，营造健康文明、催人奋进、生动活泼的良好育人环境。以创建“文明校园”为契机，打造优美的校园环境、高雅的校园文化，积极向上的学习氛围，“时时受教育、处处受感染”的德育环境。通过“广播、LED电子屏、黑板报、广播站、走廊文化”等方式积极开展各类德育活动。

通过学生会日常管理，学生干部参与值班值岗、食堂站文明岗、宿舍管理、升国旗仪式班级展演等内容，加强学生自我管理，服务全校师生，有效提高学生综合素质，促进学生的全面健康发展。加强班级文化建设。班主任通过加强班级制度建设、班风、学风建设，争创“模范班级”、“模范寝室”等优秀班级寝室称号，营造良好的班级氛围，树立班级形象。各班布置文化墙、图书角、卫生角，规范实用，富有创造性，班团活动、安全日志、好人好事均有记录。

学校团委开展各类志愿服务活动和才艺大赛等。利用各类节日或者主题日开展专题教育，如清明节祭奠英烈、端午节请父母到校包粽子、推普周专题活动、禁毒日宣传活动等。

加强公寓管理。关注学生思想动态，加强安全管理，定期召开生活老师，寄宿生会议，解决管理学生方面所遇到的问题，总结经验和不足。利用班级考评加强宿舍纪律卫生评比、食堂文明餐桌评比等各项活动。

加强综治管理，开展各类安全教育。开展法治副校长法治进校园讲座活动、“12·4”国家宪法日活动等法治宣传教育；开展“消防进校园”活动、“119”消防宣传月活动的消防安全教育；开展秋季在校学生的毒品预防教育，联合社区开展“卫生知识讲座活动”等教育，学生体检。

办好“家长学校”，开好家长会，增进家校联系。召开家长会，通过听讲座、班级家长会等形式，丰富家长学校活动，同时，通过电话联系、家访、子贵平台、微信QQ群等多形式推进家校联系，提高家教水平。常德市示范家长学校成果通过验收。

【后勤保障】学校食堂和后勤工作多次迎接上级检查，积极创建全国食品安全学校，迎接了全国卫生城市中食品卫生安全复检。抓好两项整治：围绕食品安全专项整治年，食堂商店食品卫生工作进行了安全整治，定期进行食品安全隐患排查，确保食品安全零事故发生。对照《湖南省中小学食堂管理试行办法》，做好学校食堂商店违规经营管理专项整治，定期自查并写好自查报告，在猪肉上涨的前提下，保障学生饭菜质量。落实三项提质：一是保障学生饭菜加量不加价，保障“一荤两素一汤”前提下，科学安排菜谱，品种、颜色搭配合理。二是员工每周培训会确定一个专门的内容并现场进行测试。三是管理人员要熟悉精通每一个工作环境流程，不当门外汉，不搞瞎指挥。

学校投入300多万元完成多项建设：一是教学楼内部粉刷；二是建设更换学生桌椅600套；三是更换操场室内跑道；四是对学生热水系统加装二次供水系统；五是学生寝室安装空调83台；六是教学楼安装平板灯、教学楼更换防盗门。（程学琼）

津市市车胤中学

【概况】2019年津市市车胤中学校园占地面积45.8亩，有教学班12个，学生477人，在编在岗教职工67人，其中高级职称教师12人，中级职称教师48人，初级职称教师7人。研究生学历2人，本科学历61人，大专学历4人。常德市级骨干教师1人，津市市级骨干教师5人。配备有现代化的多媒体教室、电脑室、实验室、美术室、舞蹈室、心理咨询室、社团活动室、学生阅览室等功能室，校园布局协调，功能区划较合理。与津市一中正逐步实现深度融合，共享多功能报告厅、体艺馆、田径运动场、师生食堂等优资资源。

【校园规划】3月12日，津市市教育局局长蒋勇林一行调研指导美丽校园建设工作，实地查看整个校园环境，指出在推进过程中与一中一张图纸规划，因地制宜，围绕学校特点，分期分步建设，打造精致校园，车胤中学校长黄道勇陪同调研。2019年度，津市市教育局投入资金约210万，对教学楼各功能间进行维修改造提质，规划校园广场、篮球场提质改造，道路黑化、书画室改造、校园绿化等项目，进行分步实施。

【教师队伍建设】5月6日，67名在职教师在大会议室开展“学习全市教育大会精神”主题教育活动，活动以“学习

10 月 11 日，召开中层、骨干教师培训会

全国、全市教育大会精神”为主线，校长黄道勇组织学习《常德市在职中小学教师违规补课专项整治工作方案》等文件精神，提倡老师们立德树人，做新时期好老师。10 月 11 日，新校长申建主持召开中层、骨干教师培训会，共 23 名教师参会，提升学校办学水平，培养一支具有奉献精神、较高专业水平和创新意识、智慧引领的先驱队伍，从打造高效课堂、质量检测与评估手段、加强管理三个方面做重点规划。9 月 10 日在第 35 届教师节表彰会上，韩宜申获常德市优秀班主任表彰，田业元获津市市优秀班主任表彰，唐明珍获津市市优秀教育工作者表彰；12 月申建荣获常德市骨干教师称号，黄秋菊、彭孟娟等 13 名教师受津市市人民政府嘉奖，黄秋菊立三等功。齐志丹荣获教育部关工委新时代少年主题读书活动征文指导特等奖。

【**德育工作**】2 月 17 日，新学期德育议会召开，学生科人员及全体班主任共 18 人参会，围绕“活力德育，助力学生个性发展”的德育总体目标就如何加强班级日常管理做了深入的讨论。2 月 19 日，团委组织七、八年级学生“做灯笼，猜灯谜，庆元宵”活动，发动学生，不买一针一线，利用家里的废、旧物品制作灯笼，学生兴致颇高，此活动在培养学生动手动脑能力的同时，增强学生的环保意识。2 月 21 日，师生 500 多人聚集在一中多功能大厅，举行春季开学典礼，结合团委创意活动，面临中考，九年级学子将自己的心愿写在纸上，让“心愿信箱”承载所有梦想与祝福通过“时光邮局”寄往 6 月，待 6 月中考后共同开启，一起回味梦想实现过程中难忘的一段历程。3 月，团委书记彭孟娟组织七、八年级学生开展学雷锋系列活动，通过分享雷锋故事，朗诵雷锋格言，传唱学习雷锋歌曲、义务劳动、“寻找身边的雷锋”雷锋日记续写等各种方式来诠释雷锋精神。4 月 8 日，学生科主任汤峥嵘组织七、八年级学生开展“祭英烈忠魂　传民族精神”为主题的远足祭英烈活动，和党建紧密配合，将 20 名在职党员教师作为特殊的排头兵出现在每一个十字路口，为学生安全护航。4 月 12 日，八年级组组织一场小型“你好，四季！”的演讲赛，演讲内容围绕四季，四名选手参赛，现场四个班级选手分别抽取了以四季为主题的演讲范围，十分钟的独立构思时间后，选手们需用哲理的语言讲述四季的不同，最后 1703 班选手张柳逸获得特等奖。4 月 29 日，和津市一中共同举办“鹿山之春”校园文化艺术节文艺会演。共有 32 个节目登台进行展示，1000 多名师生及家长代表共同观看演出，车胤中学展示舞蹈《琵琶行》、综合类《夜空中最亮的星》等四个精彩节目，节目《夜空中最亮的星》荣获一等奖，营造校园文化艺术建设的良好氛围。5 月 31 日，在“唱响新时代，喜庆七十年”为主题的津市市中小学幼儿园第二十届艺术节文艺展演中，《青春舞曲》、《祖国不会忘记》节目凭借嘹亮的歌声、欢快的舞蹈荣获一等奖。6 月 3 日，全校共五百多名师生来到常德市岩吾溪中小学生社会实践基地进行“探访岩吾溪，了解茶文化”的研学之旅，同学们第一次和茶叶亲密接触，随后在射箭、攀岩、同心击鼓、珠行万里等活动中体验团结的力量，尤其最后一个拓展项目动力圈，激发学生们蕴含的巨大力量和潜能，场面令人震撼、感动。9 月 10 日是教师节，团委诚邀美术老师马文文为 1804 班上一堂“桃李芬芳，幸福花语”为主题的花艺课，她从选择主题、选择花材、修剪枝叶等几个部分，现场示范插花的步骤，同学们把独具风格的亲手制作的插花，和书写真诚祝福的贺卡送给

4 月 29 日，和津市一中联办“鹿山之春”校园文化艺术节文艺会演

班主任姜守锡老师和科任老师。9 月 12 日上午，在一中多功能报告厅召开新学期表彰大会，新校长申建发言并向获得表彰的学生表示祝贺，希望同学们不断进取，再创佳绩。会上表彰以 1904 班黄晓岑、1703 班李岱霞为代表的 126 名优秀学生，表彰奖项有优秀班干部、优秀团员、优秀学生、学习进步学生、学习好习惯学生等多项殊荣，极大鼓舞了学生的学习兴趣。10 月 28 日下午，心理咨询师郝珊组织七年级进行女生青春期健康知识专题讲座，郝珊针对七年级女生存在的健康知识缺乏、心理不成熟、青春期彷徨等问题，为学生进行了解读。旨在让女生如何保护自己，做一个健康、快乐的女生。11 月 26 日，为贯彻落实津市市委“法治津市”建设工作要求，采取“走出去”的方式。七、八年级组选出 30 余名学生代表在郭祖安副校长的带领下走进常德市新安学校，省级名师、亲子教育指导师王斌老师带来了一堂法制教育课，告诉同学们“法”的重要性，切实增强同学们的法治理念，提升自我保护意识。

【教学教研】2 月 27 日，召开教学教研工作会，全体教务教科室老师、各教研组长等 20 人参会，围绕“务实教学、创新教研、加强毕业年级管理”等方面布置了主要工作，齐志丹等 6 位教研组长就提质工作发表看法，分别发言，并定下各组提质目标。2 月 28 日，为充分发挥骨干教师“传帮带”作用，加快青年教师专业成长步伐，唐明珍等 5 名市级骨干教师与毛章颖等 9 名青年教师在小会议室举行第一届“青蓝工程”师徒结对拜师仪式，结成 5 对师徒，杨位珍老师作为指导教师代表发言，希望共同学习共同进步，邓碧云老师代表青年教师表达了自己渴望成为一名优秀人民教师的决心，青蓝结对工程为教育教学工作打下坚实基础。3 月 11 日，九年级 18 名全体授课老师与 126 名学生在六楼大会议室举行“中考百日誓师”大会，八年级全体师生在教学楼旁举行“生地会考百日誓师大会”，鼓舞学生的斗志，坚定了学生的决心。5 月 23 日下午，与津市一中联合举办初高中学科渗透教学研究活动，这一活动已经成为教学常规活动，本次参加人员为一中和车胤中学共 10 名历史学科资深教师，目的是以课堂为主阵地，借高考视角改革初中历史课堂，校长黄道勇鼓励老师要在现状下深入思考，又要放眼长远。希望借助津市一中优势资源，谋学科对接，促内涵发展，全面培养学生学科素养，从容应对新高考，切实提升学生学科素养。7 月，校长申建主持的国家级课题《精准教学中的课堂教学与学生自主学习的关联策略与方法研究》成功通过开题评审，进入中期评估阶段。课题《信息化教学研究》正在进行中。7 月 7 日，新班子成员精心谋划，开展“千名教师大家访”教师家访活动，以班为单位共分为 12 个小组，行政领导挂靠各班主任及科任老师，带上满满的爱心与热情，走进每一个孩子的家庭，45 名任课教师走访 200 余户家庭，跟家长、学生交流思想。9 月，在第 35 届教师节表彰会上，帅娟丽荣获津市市教学质量进步奖，彭孟娟、张泓荣获津市市教学质量优秀奖。10 月 28 日，在大会议室召开九年级第一次协作考试质量分析会，由市教研室主持，九年级全体任课教师参加会议。11 月，教务科组织全校 45 名任课教师积极参加由常德市电化教育馆组织的第四届微课大赛，通过初赛，学校共选出优质课 13 节参与微课大赛，其中李哲的《了解罪与罚一课》在第四届微课大赛中获常德市二等奖，刘莉《初中几何题的指导方法》、马文文《手工书设计》及朱月莲《一元一次方程的解法》获常德市三等奖。12 月，申建被评为常德市教育教学先进个人，申建老师的论文《浅论数学学困生的转化策略》发表在国家级刊物上。

2 月 28 日，在小会议室举行了第一届“青蓝工程”师徒结对拜师仪式

【学科竞赛】4 月，七、八年级有 118 名优秀学生参加全国中学生数学能力初赛，经过初选，102 名学生进入全国中学生数学能力决赛，最终路凯、徐倩磊获国家级一等奖，李岱霞、杨果果获国家级二等奖，陈昱文等 35 名同学获省一等奖。2019 年全国中学生英语能力竞赛决赛中，唐静淳获国家级二等奖，蔡书杰获国家级三等奖，陈君怡等 14 名同学获省级一等奖。5 月，在常德主办的新中国成立 70 周年中小学生书法美术类作品比赛中，1703 班杨果果同学荣获常德市二等奖。陈君怡在常德市中小学生独唱、独奏、独舞初中组独唱中荣获常德市一等奖，胡灵荣获常德市二等奖。在湖南省组织的“寻找少年写作之星”第四届中小学生创意作文大赛中，李雨熙等同学荣获初中组省级三等奖。10 月，1904 班杨喆在津市市“我和我的祖国”演讲比赛中获市一等奖。

【安全教育】2 月 20 日，开启交通安

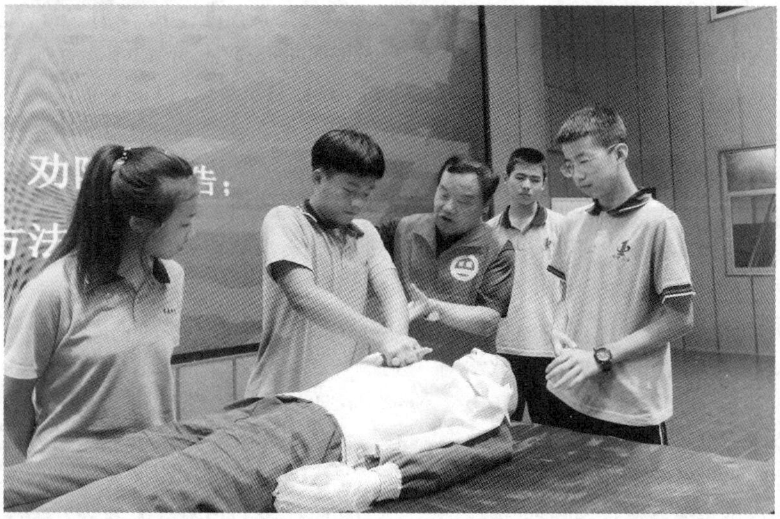

6 月 24 日，常德市红十字会博爱救援队联合津市一中、车胤中学开展施救演练暨急救知识讲座活动

全第一课，由津市市交警大队袁佳燚警官给七年级学生任课，通过列举一个个鲜活案例进行分析，丰富学生交通安全知识，杜绝交通事故中的二次伤害，推动平安校园的创建。2 月，20 名在职党员教师开始投身于“共产党员示范岗”活动之中，按照固定分组，每周五党员教师在学生回家所必经的一中西校门及孟姜女大道汤家湖人行横道处争当交通护卫，身着红马甲，用手势示意引领学生有序过马路，确保学生安全，提高服务师生的能力和水平。5 月 5 日，团委组织七年级学生开展做健康“手护神”为主题的活动，人民医院院感科徐娟医生带来一堂“手卫生”课，徐医生现场为学生们正确示范“七步洗手法”，并对学生进行现场考核，促进学生卫生行为习惯的养成。6 月 24 日，津市一中、车胤中学联合常德市红十字会博爱救援队开展施救演练暨急救知识讲座活动，活动共有五百名师生参加，现场气氛活跃，通过设置模拟场景，指导学生开展求救、互救、自救的防溺水实践演练，学生们积极上台在指导员指导下参与进行人工呼吸、心肺复苏等现场急救练习，提高现场应急处置能力。

津市市翊武中学

【概况】津市市翊武中学是遵辛亥革命元勋、武昌起义总指挥蒋翊武意愿创办，是一所久负盛名且具有爱国主义教育现实意义和深远统战意义的学校。

2019 年津市市翊武中学下辖渡口中心学校、渡口中心幼儿园、小太阳幼儿园。中学校区占地 52000 平方米，建筑面积 12210 平方米，绿化覆盖率达 60%，学校有中小学教学班 24 个，学生近 1000 人，在职教职工 70 名，其中高级教师 13 名，一级教师 32 名，二级教师 25 名。学校各类教学设施齐全，环境优美，景色宜人；仿古校门，飞虹流彩；苏式红楼，古朴典雅；百年古樟，古老苍劲；翊武塑像，矗立广场；翊武亭、钢雕“进取”、翊武文化诗墙无不彰显其深厚的文化底蕴及特有的文化特色。学校先后被评为常德市“绿色学校”和“园林式单位”的称号。

津市市翊武翊武中学在长期的办学历程中，一直秉承其特有的人文传统，坚定不移地传承“立志报国、敢为人先”的翊武精神；以“亲爱精诚”、“勤诚勇毅”为校训，其特色发展和品牌战略得到了各级领导的亲切关怀，先后有原全国人大常委会副委员长费孝通及湖南省省委省政府省人大省政协多名领导为学校题词。湖南省人大副主任蒋作斌、湖南省委宣传部副部长蒋祖烜、常德市原市长陈文浩、常德市人大原副主任总工会原主席石成林等领导多次莅临学校视察，寄托着他们对先烈的敬仰，对“翊武”的关注，对学校的厚望。翊武中学评为湖南省爱国主义教育基地。

（钟易红）

【校园建设】2019 年，投资 230 多万元修建教师周转房，建筑面积 1130 平方米，共 30 套，可容纳 30 位教师居住；投资 50000 元修缮翊武文化墙、新建教学楼西侧花坛；中小学食堂设备设施完善投资 80000 元；市财政拨款 92000

师德师风教师宣誓

元，改善师生伙食质量；投资近50000元添置学生床铺20套，教师办公桌椅20套；投资30000元安装电视机，监控设备；投资50000元建设校史展室；投资15000元加强校园文化建设；投资20000元绿化美化校园。　（钟易红）

【队伍建设】9月18日，津市市翊武中学党支部召开"不忘初心、牢记使命"主题教育工作会议，全校共70名教职工参会。会议以习近平新时代中国特色社会主义思想为指导，贯彻落实省委、常德市委和津市市委主题教育工作会议的部署和要求，以深入学习贯彻习近平新时代中国特色社会主义思想为导向，把握"守初心、担使命，找差距、抓落实"的总体要求，全心全意抓好主题教育工作的开展。7月1日，翊武中学党支部杨陆华、陈姣、彭泽平被评为"2019年度优秀共产党员"。9月10日在第35届教师节表彰会上毕怀忠获常德市优秀教育工作者，胡桂枝、曹志军获常德市乡村红烛奖，曹志获津市市乡村红烛奖，丁文峰、彭泽平、胡桂枝获津市市教育教学质量优秀奖，曾凡丽获津市市优秀班主任奖。11月5日下午教工例会，翊武中学组织中小学全体教师学习《关于印发湖南省中小学教师违反职业道德行为处理实施办法（试行）的通知》、《关于5起违反教师职业道德行为的典型案例通报》、《关于进一步规范党员干部和国家公职人员操办婚丧喜庆事宜报备工作的通知》。12月毕怀忠、曾红胜等15名教师受津市市人民政府嘉奖，曾红胜立三等功，学校年度考核为优秀等次。　（钟易红）

【德育工作】4月，举办清明祭英烈"公祭蒋公翊武"活动，全校师生通过缅怀蒋翊武烈士，传承"立志报国，敢为人先；坚韧顽强，愈挫愈奋，舍身取义"的翊武精神。4月30日上午，举办翊武中学第十二届"东山之夏"校园文化艺术节。第十二届文化艺术节的主题是"唱响新时代，共筑中国梦"，通过长达三个小时的比拼评出一等奖8个，二等奖14个。5月7日上午，民盟津市市委"爱心助学"资助、送课活动走进翊武中学，活动资助10名贫困学生每人300元现金，为七年级学生赠送课外阅读读本《昆虫记》，捐助学校办公电脑1台。2019年学校探索湖南省爱国主义基地品牌效应，5月申报为第一批常德市中小学生研学实践教育基地。5月，参加津市市"我为祖国点赞"朗诵比赛中178班学生李睿智荣获一等奖；"我为祖国点赞"征文178班学生李程获国家级特等奖。5月29日，第四届湖南省农村留守儿童心理健康辅导中心项目（"知心屋"项目）总结推进会在长沙举行，津市妇联兼职副主席程学琼、翊武中学校长毕怀忠、社会心理工作者张清源、专职心理教师钟易红参会，学校荣获"2018年度先进集体"，并获赠小恩智能陪伴机器人9台，为孩子们带去新的教育理念和体验。5月31日，在"唱响新时代，喜庆七十年"为主题的津市市中小学幼儿园第二十届艺术节文艺展演中，中心幼儿园节目《中国龙》荣获一等奖，中学部节目《礼仪之邦》获二等奖。9月，组队参加津市市小学生乒乓球赛荣获乡镇组女子团体第二名，曾丽莹获女子单打第一名，周蒙获女子单打第四名，王孟佳获女子单打第八名。11月14日翊武中学小学部400多名师生举行"我和我的祖国"文艺汇演活动，讴歌建国70周年丰功伟绩，感慨祖国的繁荣昌盛，经过一个多小时的激烈角逐评出一等奖5个，展现当代中小学生阳光热情、青春向上的一面。2019年上学期，杨文韬被评为常德市"新时代好少年"，吴先勇、王铭悦被评为常德市级三好学生，万怡琳、杨嫒玲被评为津市市级三好学生，谈蕊被评为津市市级优秀学生干部。10–11月参加津市市第22届体育节，学校荣获体育道德风尚奖，中学田径队获团体总分第四名，小学田径队获团体总分第六名，初中女子足球队获第三名，初中男子篮球队获第六名，小学男子篮球队获第六名。12月，由张清源、钟易红撰写的心理教育案例《迷茫在自我成长的路口》被清华大学社会治理与发展研究院课题组选用。　（钟易红）

"知心屋"项目获省级先进集体

【教学教研】2019年2月20日，翊武中学召开教研组长会，学习教学常规，规范教学行为，提升教学质量。学习津市市《教研室2019年工作要点》，并下发翊武中学教学教研工作计划给各教研组，做出具体安排。4月3日，保河堤中学英语教研组成员到翊武中学开展听课送课交流活动，两校英语教研组积极参与活动。翊武中学英语教研组长刘俐、保河堤中学教师肖敏各上一堂八年级的英语示范课《Why don't you talk to your parents》、《An old man tried to move the mountains》。两位教师始终贯彻以学生为主体的教学原则，通过歌唱，辩论，故事等多种活动形式让学生积极参与，主动体验。学校搭建各类平台，组织青年教师参加各级各类竞赛，2019年

津市市第 22 届体育节中获奖合照

5 月选拔出李诗雨、刘俐、黄金凤参加津市市中小学青年教师教学竞赛，刘俐获初中组英语二等奖，并授予“2019 年津市市青年教师教学能手”称号。2019 年 1 月教师何珊、周远娟、谈静训在常德市第四届微课大赛中获一等奖，李洁、李诗雨获三等奖。学校 2019 年中考综合排名全市第三，八年级综合排名全市第四，七年级综合排名全市第三。2019 年第 35 届教师节表彰会上学校荣获“教学质量优胜单位”。（钟易红）

【**平安校园建设**】津市市翊武中学将安全放在学校工作的“重中之重”，明确安全工作职责，落实安全责任，层层签订安全责任书，2019 年安全责任零事故。2 月 26 日上午，津市市翊武中学党支部书记、校长毕怀忠率队实地查看，现场办公，对渡口辖区中小学、幼儿园安全工作进行全面检查。检查主要包括各学校师生到位、校园校舍安全、校园消防、学校食堂、校车管理、安全教育开展、校园周边环境整治等方面。与校长、园长签订安全责任状，针对问题提出整改意见，限期整改。3 月 29 日下午，由副校长曾红胜组织全体师生进行防踩踏安全演练，让学生了解如何预防踩踏事故的发生，如何避免踩踏、遭遇人群拥挤时的自我保护姿势与方法，要求师生都要牢固树立安全防范意识和规则意识，确保自身安全，学校平安。4 月 4 日下午，学校开展传染病防治讲座，邀请渡口防疫站杨医生主讲，包括传染病防治知识和饮食卫生 2 个内容。从传染病的病因、临床症状、流行特点、传播途径、防治措施及生活中需重视饮食习惯和行为等方面生动系统地讲解。5 月 10 日中午 12 时 25 分，学生处组织进行防震减灾、安全应急疏散演练活动。中学部 450 余名师生参加此次疏散应急演练，用时 3 分 16 秒。疏散演练后，副校长曾红胜对每个班的表现进行点评总结，要求全体师生要充分认识到开展学校防震减灾、安全应急疏散演练活动的重要性，切实增强安全应急能力。6 月 21 日，在第 32 个“6·26 国际禁毒日”即将来临之际，津市市翊武中学 110 余名师生到常德市青少年禁毒宣传教育馆开展禁毒主题教育活动。通过参观各个禁毒展馆，呐喊禁毒青春宣言，同学们纷纷表示，作为青少年，要时刻提高警惕，远离毒品的诱惑。9 月 20 日下午，翊武中学在学校大会议室召开食品安全工作会暨食堂工作人员培训会，中小学食堂从业人员、负责人周明忠、杨遵球等共 20 人参加会议。会议重点学习《教育部办公厅关于开展 2019 年秋季学校食品安全风险隐患排查工作的通知》、《湖南省市场监督管理局关于印发 2019 年秋季食品经营环节暗访督查工作方案的通知》，强调建立情况汇报制度、就餐缴费陪餐制度、落实监管责任主体。周明忠从学校食品安全特点及风险、存在的问题、规范管理要点、责任分工等方面进行培训。最后与工作人员签订《翊武中学食堂工作人员安全责任书》。

（钟易红）

卫生健康

【概况】津市市卫生健康局成立于2019年3月，由原卫生和计划生育局与民政局承担的老龄工作委员会办公室职责和安全生产监督管理局的职业安全健康监督管理职责合并组建，是津市市人民政府的工作部门，承担全市的卫生健康工作职能。内设办公室、人事股（党建办）、财务股、行政审批服务办公室（法监股、爱国卫生股）、医政医管股（体制改革股）、中医药管理股、疾控妇幼股（血防股）、老龄健康股、人口监测与家庭发展股、规划发展与信息化股10个股室；下辖19个二级机构，其中二甲医院2个，妇幼保健院1个，疾病预防控制中心1个，卫生计生综合监督执法机构1个，血防站1个，农卫站1个，妇幼保健计划生育技术服务机构1个，镇卫生院7个，街道社区卫生服务中心4个。卫健系统有干部职工1132人，其中卫生专业技术人员666人（高级职称59人，中级职称256人，初级职称351人），医疗机构床位数1376张。

2019年，市卫生健康局围绕市委、市政府总体部署，以构建健康津市为主线，以医改攻坚、健康扶贫、民生工程、疾病控制、计划生育、能力建设为主旋律，发扬“务实、高效、担当、创新”的卫健精神，加速推进全市卫生健康事业转型创新发展，各项工作取得新的进展和成效。

项目建设稳步推进。中医院整体搬迁项目已完成总工程量的95%，月底完工。人民医院改扩建二期主体工程完成工程桩施工，南段感染病房楼正负零基础混凝土浇筑完成，北段裙楼基础承台垫层混凝土施工完成。

医改成果巩固扩大。推进医共体建设。9月29日医共体挂牌。制定分级诊疗疾病病种目录和双向转诊实施方案，配套跟进相关措施，起草《津市市医共体管委会章程》、《津市市医共体章程》。做优做强医联体。9月，津市市人民医院与中南大学湘雅医院建立起医联体合作关系，在双向转诊的基础上进行技术帮带，湘雅专家常住坐诊。建立医改考核指标监控、调度机制。对省级医改考核13项指标进行全面部署，实行全年数据动态监测、工作动态分析、问题有效化解、监督有效执行的创新模式。

民生实事项目全面落实。农村适龄妇女“两癌”免费检查项目任务数3000人，8月底已完成检查人数3691人，完成进度123%；孕中期免费产筛检查项目任务数950人，已完成筛查人数953人，完成进度100%。

中医药先进单位复评顺利通过。中医综合服务区覆盖率100%，开展中医适宜技术培训560人次，8月14日顺利通过国家基层中医药工作先进单位复评。

2019年5月12日，卫健局召开国际护士节庆祝会议

健康扶贫精准达标。建立健康扶贫精准台账，严格落实“先诊疗后付费”和“一站式”结算工作，医保综合补偿率、家庭医生慢性病签约率、县域内就诊率等健康扶贫各项考核指标全部达标。

疾病防控措施到位。全市未发生甲、乙类传染病暴发流行，成功处置1例输入型登革热疫情，未发生二代病例，学校、托幼机构未出现结核病聚集性病情；完成饮用水水质监测；以镇街为单位免疫规划疫苗接种率达90%以上。

招商、争资完成目标任务。2019年完成争资4008.91万元。招商项目天盛化工1.5亿空分项2019年9月初已进行试生产；现阶段正在跟进的武汉中粮集团1亿元大米制糖项目，初定于12月下旬与园区签约。

血防工作完成达标。全年共完成查螺总面积1125.48万平方米，有螺面积1004.08万平方米，没有发生急血病例，11月上旬顺利通过省级血防达标验收，达到国家血吸虫病传播阻断标准，被省血防领导小组评为全省血防工作优秀单位。

行政审批精简优化。成立许可办，做到专人专责。按照材料最少、程序最简、时限最短的原则，13类行政许可事项申报材料由92项精简为41项，5项公共服务事项申报材料由19项精简为12项。公共场所、医师执业注册等6个服务事项实行即时办结。

小康指标落实到位。每万常住人口全科医生任务数≥2.2，已完成任务数2.37。全市39个行政村卫生室标准化达标率任务数75%，已达82%。每千常住人口注册护士任务数3.14%按时间节点完成。

计生工作成效明显。全年符合政策生育率为98.99%，继续保持适度生育水平。共办理一孩生育服务证登记680例、二孩生育服务证登记691例，再生育审批完结42例。实施计划生育家庭奖扶提标项目，兑现独生子女保健费9.924万元，发放2018年三项扶助金1329.04万元和特别扶助生活补助22.86万元。计生协会全年共走访慰问计生对象共计304户，发放慰问金和困难救助资金24.58万元。

优质服务基层行规范开展。全市11家基层医疗机构开展“优质服务基层行”活动，以能力建设为抓手，全面看齐100项指标，通过明确功能任务，合理配置资源，提升医疗服务能力，落实公共卫生服务，规范业务管理，整体能力得到全面提升。

打造具有津市特色的医养结合工作。重点打造暖夕居家养老中心和馨兰老年病专科医院深度融合成为城区高档社区养老中心；盘活襄阳街社区卫生服务中心闲置资产转型为“中心+养老”的医养新模式；支持毛里湖李家铺卫生院嵌入毛里湖镇敬老院成为农村养老新载体。医养结合工作得到常德市卫健委认可，并向上级部门推介。

完成国家慢性综合病防控示范区验收。出台《津市市防治慢性病中长期规划(2018—2025年)》《津市市“国家慢性病综合防控示范区”建设实施方案》等相关文件，开展全面健康生活方式行动，落实全民健身计划，倡导科学健身理念，普及健康生活方式。9月中旬省级慢病防控专家开展预验收，10月30日完成国家达标验收。

精准帮扶计生特扶家庭。从提高辅助标准上加力。实施精准帮扶。对独生子女死亡的家庭一次性救助金每户1万元，月扶助金提高到800元；对独生子女伤残家庭月扶助金提高到650元。从探索服务方式上着力，实施精准帮扶。重点打造“双岗联系人”团队和志愿者服务团队，定期对特扶家庭免费提供体检、心理咨询和精神抚慰。从丰富活动载体上聚力，实施精准帮扶。采取政府购买服务的方式，为失独老人开展形式多样的个性化关怀服务。津市市是全常德市唯一一个无失独人员越级上访的区县。

打造特色专科建设。明确目标和方向，制定《津市市医院临床医学重点专科建设三年行动计划》，重点对市人民医院介入、骨科、儿科，市中医针灸科、眼科和市妇保院儿童保健科等6个专科进行特色打造。强力推进，强化技术输送，定期聘请中南大学湘雅医院教授到人民医院进行学术讲座、专家出诊和专家手术，开展静脉溶栓治疗50例，远程会诊20例。强化人才梯队建设。市中医院针灸科、市妇保院儿童保健科分别引进本科生5名、专业医师3名，优化治疗方案。市中医院眼科完善三个优势病种诊疗方案建设。强化资金保障，财政划拨40万元作为人才激励基金，鼓励医院引进优秀人才。

规范卫健综合执法。对全市被监管单位的卫生管理以及依法执业等情况进行重点监督，监督覆盖率达到100%。2019年参加微课大赛获得省、常德通报表彰；执法案卷被常德市评为优秀案卷并送往省级参评；常德市局组织生活饮用水卫生法律法规知识竞赛活动获优秀奖；餐饮具消毒工作被常德评为优秀代表。

【健康扶贫】 围绕“基本医疗有保障”工作要求，持续加强建档立卡贫困人口家庭医生续约、履约工作，津市建

2019年8月29日，卫健局局长郭天明(左一)入户走访贫困户

档立卡贫困人口家庭医生签约率达到100%,对全市建档立卡贫困户慢性病开展大摸底、大筛查、大宣传活动,按照“四不漏”(乡不漏村、村不漏户、户不漏人、人不漏项)原则,开展慢病签约,津市建档立卡贫困人口慢病签约率达到100%。重点做好“4+6”慢病签约服务,对4种慢病(高血压、糖尿病、结核病、重性精神病)按照公卫服务规范做好一年4次随访工作,对脑血管病、冠心病、慢阻肺、类风湿关节炎、骨关节炎、老年慢性支气管炎等6种慢病发放国家统一制发的健康教育处方,结合患者情况,帮助其做好健康生活方式指导工作,并每年安排一次随访。津市共有29种大病建档立卡贫困患者415名,开展大病集中救治406人次,29种大病集中救治率97.83%,县域内建档立卡贫困患者就诊率为94.17%。县域内16家县级和基层医疗机构全部设立“先诊疗后付费”、“一站式”结算窗口,严格落实先诊疗后付费政策,津市建档立卡贫困人口县域内“一站式”结算报销比例达到90%。　(黄静宜)

【医药卫生体制改革】建立医改考核指标监控、调度机制。2019年3月,卫健局召开专题会议,对省级医改考核13项指标进行部署,抓住关键,找准薄弱,形成医改指标月报告制度,实行数据动态监控、工作动态分析、问题有效化解、监督有效执行的创新模式,在常德市2019年度医改工作年终考核中位于第一。稳步推进医共体建设。6、7月,由市领导带队就医共体建设、管理等进行考察学习,成立医改办公室并制定医改初步方案。8月29日国家卫健委发文明确津市市为全国紧密型县域医疗卫生共同体试点市。4次召开征求意见会,9月27日出台医共体建设方案,于9月29日医共体挂牌。11月15日出台分级诊疗疾病病种目录和双向转诊实施方案。配套跟进相关措施,起草《津市市医共体管委会章程》、《津市市医共体章程》,明确管委会、医共体、成员单位职责任务。推进信息化建设工作,加快建设卫生信息平台,重点谋划心电中心、医学影像中心、临床检验中心、消毒供应中心四大中心建设。做优做强医联体。津市市人民医院与湘雅医院建立医联体,开展医疗、教学、科研及人才培训等方面合作,津市市人民医院加挂“中南大学湘雅医院医疗联合体双向转诊定点指导医院”,按照“造峰填谷”的原则,一期重点对骨科、胃肠外科等科室进行精准帮扶,通过定期安排教授到津开展学术讲座、专家出诊和专家手术等方式进行技术输送。　(汤亮)

【特色专科建设】按照“县强、乡活、村稳”的医药卫生体制改革目标,制定《津市市市直公立医院临床医学重点专科建设三年行动计划(2019—2021年)》,以“技术、人才、设备”提质升级为重点,选择市人民医院介入科、骨科、儿科,市中医医院针灸推拿科、眼科和市妇幼保健院儿童保健科等6个专科进行特色打造。成立专项领导小组,召开3次调度会,建立督导机制,及时跟进建设情况。建立卫生专项基金,财政划拨40万元作为人才奖励基金,鼓励医院引进优秀人才。2019年市人民医院主要通过与中南大学湘雅医院建立医联体合作关系,通过定期安排教授到津开展学术讲座、专家出诊和专家手术等方式进行技术输送。市中医医院针推科加强人才梯队建设,重点开展运用中医疗法治疗失眠、康复。眼科按照省级中医重点专科建设标准完善诊治方案建设。市妇幼保健院培养和引进儿童保健专业人才;细化儿童保健科科室设置、功能定位、服务流程优化。　(汤亮)

【精简行政审批】卫健局2019年专门成立许可办,在编在岗1人。按照申请材料再精简、办事程序再简化、审批时限再缩减的原则,进行最大限度的调整和优化,将原卫健局13类行政许可事项,申报材料由92项材料再精简为41项,5项公共服务事项由19项申报材料再精简为12项。其中6个项目实行政务下沉,公共场所、医师执业注册等6个项目及时办结。

【项目建设】市人民医院启动改扩建项目建设,总投资2.5亿元,选址在津市市澧水南岸、襄窑路西侧,占地面积为10700平方米。东临襄窑路,南接湖畔华庭,北侧为襄阳街菜市场,西临医院医疗区,交通便捷,环境舒适。拟建项目建设总面积为:48199平方米,设置17层外科大楼一栋,床位520床(标准床500床,ICU20床),3层高标准传染病区、高压氧房、污水处理设施、职工病人营养食堂及文体运动场所等相关配套设施。项目建成后,医院开放床位将达到1000张,总占地面积达31968平方米。地下、地面设置停车位461个,绿化率达到35%,初步预计2021年12月底竣工并投入使用。市中医院整体搬迁工程建设用地34.7亩,总投资1.2亿元,总建筑面积3万平方米,设置床位300张。2019年8月完成内外墙粉刷、水电安装、保暖及部分院落改造。2019年9月开始进入内部装修阶段。　(胡杰)

【公共场所监督】2019年,继续推行公共场所卫生监督量化分级管理制度。落实卫生部对公共场所量化分级管理有关要求,开展卫生监督公示制度试点,加强抽检信息通报、公示和管理,加大对违法行为的查处力度;坚持依法许可,把公共场所卫生许可作为确保公共场所卫生安全的第一关,对公共场所单位的生产经营场所卫生条件等各环节严格审查,严把许可关;开展公共场所卫生监督执法及专项检查。对市辖区261家公共场所进行经常性卫生监督检查,全年经常性巡回监督312次,监督覆盖率为100%。　(郭博礼)

【学校卫生监督】2019年,对全市25所中小学,40家托幼机构分两个小组进行传染病防控督导及教室或教学场所的采光和照明情况检查。全年制作监督文书65份,通过检查,督促学校增强主体责任和自律意识,强化管理,防控传染病疫情流行事故发生,切实保障广大师生的身体健康。　(郭博礼)

【生活饮用水监督】2019年,按照生活饮用水有关法律、法规、标准和规范的规定,对集中式供水单位和原乡镇水厂开展检查,解津市饮用水卫生状况,监督检查原乡镇水厂有无私自制水情

况发生。对存在安全隐患，提出整改意见，要求立即改正，更好的保障老百姓饮水安全。（郭博礼）

【医疗机构监督】2019年，结合全市工作实际，除日常监督外，组织开展打击非法行医、NPV疫苗、出生医学证明等专项行动。全年已监督各级各类医疗机构190家，针对检查时发现的违法违规情况，共书写各类监督文书277份，下达监督意见书185份，监督覆盖率达到100%。（郭博礼）

【职业病放射及传染病防治监督】2019年，理顺放射诊疗许可证的办理和校验工作。重点检查放射诊疗机构的《放射诊疗许可证》和《放射工作人员证》办理情况、放射诊疗建设项目职业病危害评价情况、设备状态检测情况和放射工作人员职业健康监护情况、放射工作人员个人剂量监测情况、医院与放射工作人员是否在签订劳动合同时履行职业病危害告知义务等。开展预防接种管理、疫情报告、疫情控制措施、消毒隔离制度执行情况（控制医源性感染）、并重点开展医疗废物废水、消毒餐饮具为主要内容的传染病防治监督专项检查。（郭博礼）

【计划生育监督】2019年，制定《社会抚养费征收考核细则》、《防治性别比偏高考核细则》等计划生育工作考核内容；开展对全市妇幼机构出生医学证明发放工作的专门督导检查；对医疗机构防治“两非”长效工作机制的落实进行工作部署和年度督导检查；完成一例打击典型“两非”案件的查处；督促镇街对违法生育对象即时立案办案。（郭博礼）

【国家基本公共卫生服务】2019年，津市按照《国家基本公共卫生服务规范》（第三版）及上级相关工作要求，落实全市国家基本公共卫生服务项目工作，2019年津市的国家基本公共卫生服务项目任务目标均已完成。

全市共有常住人口261400人，2019年已建立居民健康档案和65岁以上老年人管理档案212985份，电子档案的建档率为81.5%。居民健康档案中65岁以上老年人口数为26140人，已建档管理20788人，年度完成65岁老年人体检20015人，老年人体检率为96.28%，体检表的完整率为99.85%。

高血压、糖尿病和严重精神障碍患者健康管理。年度全市共登记报告管理高血压患者数为15902人，实际有效管理的在管患者为15571人，全市高血压患者的健康管理率为30.4%。全市辖区糖尿病登记报告管理患者数为5778人，实际有效管理的在管患者为5452人，全市糖尿病患者的健康管理率为28.7%。

高血压、糖尿病、严重精神障碍患者的规范管理通过电话访问、核查电子和纸质档案资料统计津市高血压患者的规范管理人数为12654人，规范管理率为81.3%，血压控制人数为12621人，血压达标率为81.1%；糖尿病患者的规范管理人数为4480人，规范管理率为82.2%，血糖控制人数为4980人，血糖达标率为86.2%。全市各镇和街道社区对高血压、糖尿病、严重精神障碍患者的随访、分类干预、健康指导达到基本公共卫生服务规范的要求。

健康教育。全市2019年各项目单位印制的宣传资料种类均不少于12种、影音资料不少于6种；设置的健康教育宣传栏更新及时，内容醒目可及；开展个性化健康教育；按《无烟医院标准》开展工作；开展健康教育咨询与健康讲座；开展个体化健康教育工作，并有详细记录，且资料整理规范。

预防接种管理。至12月25日，全市各项目单位累计接种国家免疫规划疫苗30253剂次，全市应建证人数为1311人，已建证人数为1311人，建证率为100%。全市各预防接种单位均无接种差错事故发生。

孕产妇、0~6岁儿童健康管理情况。全市常住人口261400人，全年分娩产妇数1402人，活产数1418人，经随机电话抽查120名产妇，其中早孕建册116人，早孕建册率为96.7%。孕期规范访视孕妇数为117人，访视率为97.5%；产后访视120人，其中规范访视产妇数为112人，产后访视率为93.3%；产后42天健康检查产妇人数为118人，产后42天的健康检查率为98.3%。

0~6岁儿童数为11172人，0~3岁儿童数6184人，经随机电话抽查120名儿童，0~6岁儿童的系统管理率为90.95%，0~3岁儿童系统管理率为92%，新生儿访视人数1394人，新生儿访视率为98.01%。

传染病及突发公共卫生事件管理情况。全市传染病疫情网络报告设备运转正常，均有疫情网络直报人员，各单位均制定较完善的传染病、突发公共卫生事件相关工作制度，成立传染病防制领导小组，实行24小时值班制度，传染病与突发公共卫生事件网络直报工作正常运转。各单位规范开展传染病相关登记工作。全年无突发公共卫生事件报告，全年漏报传染病1例，无迟报、错报现象发生。

卫生监督协管。2019年卫计监督协管对全市基层医疗机构、公共场所卫生、学校卫生服务、生活饮用水卫生安全巡查、计划生育相关信息报告、公共场所非法行医等进行监督巡查。共日常巡查1481次。巡查发现事件或线索158次，报告158次，巡查覆盖率达到100%。

结核病健康管理。截至12月16日共发现肺结核患者165人，通知基层医疗机构已管理患者157人，肺结核管理率95.15%，同期辖区内已完成治疗的肺结核患者99人，其中规则服药96人，患者规则服药率96.97%。按照要求基本开展65岁以上老年人和糖尿病患者的肺结核筛查工作。全市各基层医疗机构均开展辖区内结核病防治知识的宣传和培训，基本能按照《肺结核患者健康管理服务规范》的要求开展病人的转诊、追踪和随访等管理工作。各个单位都对辖区的居民开展结核病防治的健康教育，在3·24“世界防治结核病日”开展相关的宣传，发放宣传资料，有影像资料，有宣传总结。

中医药健康管理服务。截至12月16日，津市65岁以上常住老年人口26140人，已接受中医药体质辨识及健康指导并完成电子档案登记人数为

14059人，覆盖率达53.78%；0~3岁常住儿童数为5494人，已接受中医健康指导并完成电子档案登记人数为2625人，覆盖率达47.78%。

2019年年度考核，通过入户、电话等形式在每个项目单位所在辖区均随机抽查10名居民（包括老年人、慢性病患者、孕产妇、儿童家长），进行居民知晓率、满意度和调查，抽查结果显示，居民满意度基本稳定在90%以上，知晓率较往年有所提高。（张智洋）

【疾病预防】2019年，全市市直医疗机构、乡镇卫生院（含社区医疗服务中心）、保河堤血防站、监狱防疫站均已实行法定传染病的网络直报。通过“疾病监测信息系统”共报告乙类传染病7种319例（无甲类传染病报告），分病种依次为：肺结核（154例）、肝炎（111例）、梅毒（45例）、出血热（4例）、淋病（1例）、痢疾（3例）及登革热（1例），报告传染病死亡病例6例，均为艾滋病（6例），发病率125.40/10万，死亡率为0.24/10万；报告丙类传染病5种447例，病种依次为：手足口病(202例)、流行性感冒（182例）、其他感染性腹泻病（24例）、流行性腮腺炎（21例）和急性出血性结膜炎（18例），报告发病率175.71/10万，2019年全市法定传染病总发病率301.11/10万。2019年1~10月未报告传染病类突发公共卫生事件。通过信息系统监测显示传染病预警信息79次，预警病种分别为病原学阳性、病原学阴性、急性出血性结膜炎、流行性感冒、流行性腮腺炎、麻疹、其它感染性腹泻、手足口病、未痰检、无病原学结果，其中5起麻疹预警初步判定为疑似事件，经调查处理最终排除疑似事件；2起手足口病判定为疑似事件，经调查处置有效控制疫情蔓延。为防止SARS和人感染高致病性禽流感等传染病传入津市，定期或不定期到市直医疗单位开展不明原因肺炎病例的主动监测，以期及时发现异常情况，筛查可能的SARS和人感染高致病性禽流感病例，截至10月底未发现疑似病例。2019年1~10月津市根据《津市市2019年不明原因肺炎与人感染禽流感监测防控实施方案》的要求，对襄阳街市场、生产街市场共采样6份，检测结果均为阴性。为防止霍乱等肠道传染病发生，在霍乱流行季节（5~10月）开展外环境水体（澧水、涔水、后湖、生活污水）和水产品（甲鱼、龙虾、牛蛙、鲫鱼）的常规监测，并要求市直医院常年开设肠道门诊、乡镇卫生院（含社区卫生服务中心）于5~10月开设肠道门诊，对腹泻病人进行常规检索。2019年津市共登记腹泻病人383例，检索96例，检测结果均为阴性，检索率达25.07%，外环境常规监测样本共90份，其中外水30份、水产品60份，未有阳性检出，完成全年霍乱常规监测任务。2019年1~10月通过“疾病监测信息系统”共报告手足口病202例（无重症病例和死亡病例报告），占甲乙丙类传染病报告病例总数的26.03%，发病率为79.41/10万，发病数低于去年同期水平。及时采集手足口病散发病例样本50例，其中采样病例中实验室诊断21例（均为CoxA16感染者19例，EV感染者2例），发生手足口病聚集性疫情2起（托幼机构2起），均及时调查处置，采集聚集性病例样本4例，实验室诊断4例（其中CoxA16感染者4例），很好的控制手足口病的传播和流行。

结核病防治实行项目负责人制，成立项目技术领导小组和结核病项目办公室，制定工作制度和工作职责，规范项目工作的顺利实施，工作人员既有分工又有协作，多项荣誉的获得使项目管理团队合作理念不断加强，结核病防治力量得到不断提高。病人发现和管理：截止10月，全年共发现结核患者198人，新发涂阳63例、涂阴129例、复治涂阳3例、结核性胸膜炎3例，接受免费抗结核药物治疗197例，全年共登记涂阳肺结核病人密切接触者271例，接受筛查271人，筛查率为100%，初诊患者459例，初诊查痰450例，痰检率98.04%，免费照片450张。

2019年1~10月份犬伤门诊共处置动物咬伤者1720人，狂犬病疫苗接种1707人，狂犬病疫苗接种率为99.24%；Ⅲ度暴露600人，接种抗狂犬病免疫球蛋白516人，被动免疫制剂接种率为86.00%。2019年共接种免疫规划疫苗30253次；非免疫规划疫苗26583剂次。

2019年3月，启动国家慢性病综合防控示范区建设，市政府下发《津市市“国家慢性病综合防控示范区”建设实施方案》《津市市国家慢性病综合防控示范区建设工作目标任务及职责分工明细》，统筹推进国家慢病示范区建设的技术指导，开展全民健康生活方式行动，落实全民健身计划，倡导科学健身的理念，普及健康生活方式，开展5次各系统国家级慢性病综合防控示范区建设的培训，培训200余人。开展2次全民健康生活方式指导员的培训，共培训全民健康生活方式指导员200余人，开展“三减三健康”专项培训和专项行动。开展的家庭主厨减盐干预活动为津市防控慢性病做出探索和实践。2019年10月接受国家慢性病综合防控示范区建设国家专家组的检查评估并成功通过验收。是全常德市唯一一个国家级慢病示范区。（袁宇）

【药品管理】2019年，贯彻执行国家药物政策和国家基本药物制度，提高药品供应保障力度，促进药品合理使用，规范基层医疗卫生机构药品购销行为，落实基本药物网上采购机制并达到省控标准，确保全市二级公立医疗机构基本药物采购占比不低于40%，基层医疗卫生单位基本药物采购占比不低于70%。完善基层卫生医疗机构药品配备使用范围，以市为单位，经补充议价后，新采购50种常用药品；村卫生室所有基药均由乡镇卫生院网上代采，基本医疗村卫生室至少配备40种以上的基本药物；开展短缺药品检测预警，完善采购机制，健全使用机制，探索储备机制，强化管理机制，宣传药品短缺替代方案，保障临床用药需求，化解老百姓用药难、用药贵的难题，使得基层用药需求得到充分满足。

加强基本药物制度考核，对网底的村卫生室，开展包括网上采购及零差率销售、药品配备、宣传培训、补助资金拨

付、基层药事管理和药品合理使用等情况在内的考核。（刘荣华）

【人口计生工作】生育秩序保持稳定。主要表现在以下几个方面：人口出生呈下降趋势。2019 年津市全年(2018 年 10 月 -2019 年 9 月）出生 1679 人，出生人口下降幅度较大；符合政策生育率保持较高水平。截至 2019 年 9 月 30 日，津市出生 1679 人，其中政策内出生 1662 人，政策外 17 人，符合政策生育率为 98.99%，达到常德市的考核要求；政策外多孩率较低。截至 2019 年 9 月 30 日，津市出生的 1679 人中，一孩出生 819 人，一孩率 48.78%，二孩 791 人，二孩率 47.11%，多孩 79 人，多孩率 4.11%，其中政策外多孩 14 人，政策外多孩率 0.83%。出生人口性别比，期内男孩出生 851 人，女孩 828 人，出生性别比 102.78，比正常值范围（103-107）略低。全员人口信息质量较高。关键业务信息上报及时率较高。截至 2019 年 9 月 30 日，妊娠信息上报及时率为 98.48%，生养信息上报及时率 98.66%，业务数据上报综合及时率为 98.63%；全员人口基础数据质量高。人员基本信息、妊娠信息、生养信息空填率均为 0，配偶信息、避孕信息的空填率均仅为 0.1%；全员人口关键信息准确性高，逻辑错误少。人员身份信息、全员人口信息、生养信息逻辑错误比例均为 0，避孕信息逻辑错误比例仅为 0.01%，妊娠信息逻辑错误比例仅为 0.02%。较好地完成与公安局不匹配人口清理工作。清理身份证不匹配 10517 例，补录或更正 5725 例，清理姓名不匹配 1063 例、性别不匹配 8 例、出生日期不匹配 71 例，均按清理要求更正到位。二孩政策推行有力。为落实好二孩政策，不断提高群众满意度，以宣传服务为抓手，加强培训，加大服务，不简化办证程序，科学引领育龄群众适时生育、优生优育，推进政策顺利实施。针对新时期人口计生工作和两孩政策进行重点培训，确保工作人员准确掌握二孩生育政策，为让基层工作人员尽快熟悉掌握政策内容，更好的服务育龄群众。通过开展群众生育意愿调查活动，各镇、街开展入户调查，在调查摸底的基础上，开展政策解释和宣传工作，引导群众有计划地安排生育，避免生育高峰。利用国家免费孕前优生健康检查，设立咨询服务台，免费向群众发放叶酸营养素，并根据高龄孕产妇的实际情况，加大随访服务力度，不断提升妇幼保障服务能力。为确保符合政策的育龄夫妇都能及时、方便、快捷地办理生育手续，工作中注重便民高效，简化办证程序，实行一次性告知制，利用村务公开栏，公开生育登记的依据、条件、程序、时限及需提交的材料和服务承诺等信息，缩短审批时间，从 5 月开始，一、二孩生育服务登记下放到村、社区办结，再生育审批下放到镇街办结，提高办事效率，受到广大群众的一致好评。2018 年 10 月 1 日至 2019 年 9 月 30 日，全市共办理一孩生育服务证登记 680 例、二孩生育服务证登记 691 例，再生育审批完结 42 例。加大计生利益导向工作的宣传氛围。标语宣传。各镇、街道均制作 1 条大型墙体喷绘奖励扶助标语，每个村都张贴奖励扶助宣传标语。网络宣传。利用卫生健康局局域网，将《湖南省城镇独生子女父母奖励制度政策解释及操作办法》《农村部分计划生育家庭奖励扶助对象确认条件》《计划生育家庭特别扶助对象确认条件的政策性解释》等政策性文件公开，让广大群众不出家门就能解计生政策。培训宣传。针对利益导向政策的新内容、新变化，分级进行业务知识培训。规范操作程序，完成新增对象的确认和历年享受对象的年审工作。严格按照奖扶政策口径和确认程序，做好 2019 年新增奖扶对象的确认工作。已确认农村奖扶新增对象 362 人，确认计划生育家庭特别扶助对象 90 人。严格坚持“年审要见面，退出要告知”的原则进行年审，主动接受群众监督，确保所有奖扶对象年审到位率 100%。通过见面年审，全市已退出农村奖扶对象 94 人，计划生育家庭特别扶助对象 13 人。开展奖扶专项调查，确保奖扶准确率 100%。从 3 月 6~14 日，津市对所有的新增奖扶对象进行抽样调查，从专项调查结果显示，各乡镇奖扶对象上报准确率均达 100%。落实特扶家庭的关爱行动。从 2018 年元月起，在国家、省规定标准基础上，将计划生育特别扶助对象中独生子女死亡家庭对象的扶助金（含生活补助）提高至每人每月 800 元；计划生育特别扶助对象中独生子女伤残家庭对象的扶助金(含生活补助)提高至每人每月 650 元。发放独生子女死亡一次性救助金。对纳入国家计划生育特别扶助范围的独生子女死亡家庭，发放独生子女死亡一次性救助金每户 1 万元。建立“双岗联系人”制度。确保每户计划生育特殊家庭有 2 名固定的联系人，制定服务联系卡，联系人负责及时沟通情况，解需求，提供必要的帮助。开展家庭医生签约服务。2019 年的 688 名特别扶助人员全部纳入家庭医生签约。实行精准救助。在春节前对特殊家庭实行精准帮扶 14 人，资金 2.7 万元。成立志愿者服务队。不定期组织特扶家庭免费体检，心理咨询和精神抚慰。兑现惠民政策，维护对象权益。兑现独生子女保健费。2019 年的独生子女保健费 644 户，7.728 万元全部打卡发放到位。兑现国家的三项扶助制度。严格执行政策，及时发放资金。及时足额发放 2019 年三项扶助金 1197.728 万元(其中农村奖扶 5742 人，发放 551.232 万元；特别扶助 688 人，发放 609.36 万元，独生子女死亡一次性救助金 26 万元，手术并发症 34 人，发放 11.136 万元)。落实城镇独生子女父母奖励制度的实施。自 2014 年 9 月份城镇独生子女父母奖励对象启动以来，津市组织实施。2019 年全市共发放奖励资金 1262.458 万元。(王红)

【流动人口管理】2019 年，围绕“关怀、关爱”，开展工作。

2019 年，全市全员人口 254304 人，流出人员 55077 人，占全市总人口的 21.66%，其中男性 29170 人，女性 25907 人，女性流出人员占全市流出总数的 47.04%，流出已婚育龄妇女 16169 人，占流出女性的 62.41%。流入人员 5873 人（其中跨省流入 759 人，省内流入

5114 人)。其中男性 3073 人,女性 2800 人,占流入人员的 47.68%,流入已婚育龄妇女 1536 人,占流入女性的 54.88%。

(乔新蓉)

【计生协会工作】2019 年,津市市计生协聚焦新时期六大任务,重点在组织建设、生育关怀、宣传服务、关爱计生家庭上求创新。

制定工作方案。按照常德市计生协 2019 年工作要点（常计生协发[2019]1 号文件),及上级精神,津市市出台《津市市计生协 2019 年工作要点》《津市市 2019 年度计划生育协会工作考评评估方案》。建立医疗机构计生协组织。2019 年 6 月初,津市市先后在金鱼岭街道社区卫生服务中心和妇幼保健院等 12 家基层医疗机构成立计生协组织,基层医疗机构组织建设覆盖率达 100%。建立计生协会联络点。津市计生协会在"5·29"期间建立市爱心志愿者协会和襄阳街志愿者协会两个计生协联络点,并进行挂牌。津市市爱心志愿者协会着重对困境儿童开展志愿服务,襄阳街志愿者协会重点对失独群体及其他计生困难家庭老人开展志愿服务。

做好小额贴息贷款、计生"三结合"、计生特殊家庭健康保险等项目工作,通过项目扶持生产和就业,提升计生家庭发展能力和抵御风险能力。2019 年度,津市市申报 1 个"三结合"项目,获批资金 4 万元,1 个贴息贷款项目,获批贴息资金 3.8 万元,现两个项目运行良好。

2019 年,津市市计生协重点从独生子女伤残家庭、失独家庭、计生家庭、贫困母亲、困境儿童、老年人进行全周期生育关怀。实施对独生子女伤残家庭、失独家庭、困难计生家庭进行生育关怀活动。2019 年春节期间,走访慰问独生子女伤残家庭、失独家庭、困难计生家庭、基层计生工作者、共计 220 户,发放慰问金和困难救助资金 17.48 万元。实施对计生家庭、贫困母亲进行生育关怀活动。"5·29"期间,对 30 名计生特殊困难家庭、贫困母亲进行走访慰问送去每人 1000~2000 元慰问金,合计 3.1 万元(其中,贫困母亲 17 名,共计 1.7 万元)。同时,在中国人寿保险公司津市分公司为全市 23 名贫困母亲购买湘女关爱保险,每人 100 元共 2300 元。实施对困境儿童进行生育关怀活动。2019 年 6 月 1 日,津市市计生协会联合市民政局、市妇联、市文明办、市爱心志愿者协会、市三洲驿街道计生协及相关单位在津市市桥头广场进行主题为:"同在一片天,爱在你我间的"的"庆六一暨关爱困境儿童大型公益捐赠捐赠活动",活动中有精彩的节目表演,有受助儿童与捐赠者互动表演的诗朗诵,此次活动为困境儿童送去"爱心包"40 个,价值 1.2 万元,社会爱心人士一对一爱心捐赠 40 名困境儿童,每人捐赠 2000 元,合计 8 万元。捐赠活动结束后爱心志愿者陪孩子们共进午餐,然后到电影院免费观看电影,通过这一系列的活动,用爱心抚慰孩子们的心灵。2019 年 7 月 20 日,正值假期,志愿者的爱心不放假,津市市计生协有联合爱心志愿者们,一起陪伴受助的 40 名困境儿童前往毛里湖湿地公园和五德礼堂,开展"关爱困境儿童暨爱与快乐相随"的户外拓展活动,活动中志愿者带领困境儿童游览湿地公园、开展抓鸡游戏、唱歌等拓展游戏活动,还带孩子们进行烧烤,烧烤过后带领孩子们清理活动现场,培养孩子们爱护环境卫生的习惯。开展大学生助学,2019 年津市市计生协对 14 名大学新生开展助学活动,发放助学金 2.8 万元。实施对老年人进行生育关怀活动。津市市计生协组织襄阳街街道办事处计生协、襄阳街社区卫生服务中心、志愿者协会,举办的"生育关怀 牵手户外"活动,襄阳街街道志愿者协会 30 多名志愿者一对一的全程陪同 30 多名特扶对象,并为计生特殊家庭成员发放价值 9000 元的慰问品。活动中和失独家庭一起唱红歌,到灵泉半岛农庄游览,共进午餐。襄阳街街道社区服务中心医务人员给他们测量血压、测心率、家庭医生签约等健康检查和医疗服务。7 月 1 日,襄阳街街道志愿者协会组织一台精彩的节目,节目中还专门安排一个议程,为失独老党员佩戴党徽,为他们送去关心和温暖。平时志愿者也经常上门为失独家庭做家务,和他们拉家常。通过一系列的服务襄阳街失独老人汤洪锡、李珍元夫妇为志愿者协会送去锦旗表示感谢。实施对妇女进行生育关怀。加强对妇女"两癌"筛查对象的关心和关爱,经过精心的宣传和组织,截至 8 月 7 日,已对全市 2883 名妇女进行免费"两癌"筛查。实施对计生特殊家庭(住院护理补贴)生育关怀。截至到 2019 年 10 月 31 日,津市市计生特殊家庭重病大病住院护理补贴 89 人,总计 15.27 万元。实施对贫困计生家庭大学新生进行生育关怀。2019 年 8 月 15 日,常德、津市计生协会对津市 22 名计生贫困家庭大学新

2019 年 8 月 15 日,计生协会发放助学金仪式

生发放助学金,发放助学金5.2万元。

开展计生系列保险工作。津市市计生协对失独家庭、手术并发症患者全部购买健康保险,共721人,金额10.815万元。开展基层自治工作。津市市计生协发下2019年的《津市市计生协2019年工作要点》后,各镇、街道办事处申报要创建基层群众自治示范镇、村。强化对计生扶助项目的管理。在2019年资金下拨之前,津市市计生协一行到项目实施地进行督导,并挂牌。

津市市9个乡街76个村居建立协会组织并配备德高望重、乐于奉献的专职副会长,落实工作报酬;切实加强流动人口聚居地、集贸市场及规模企业协会组织建设力度,探索创建"党支部+协会"、"行业+协会"、"楼栋+协会"等新模式,不断扩大流动人口计划生育协会覆盖面。截至2019年,津市已建成"企业+协会"3家,在流动人口较多的企业建立人口计生协示范点,在宝悦乐城集贸市场建立一个流动人口计生协会。修订完善《计划生育村(居)民自治公约》,村(居)民自治公约签订率达100%;将基层群众自治纳入计生综合目标管理考核的重要内容,在考核100分中占7分。抓示范镇、村(居)创建。津市市共创建计生基层群众自治示范镇5个,其中省级示范镇2个,常德市示范镇3个;创建计生基础群众村(居)6个,其中,省级示范村6个。

孕产妇健康管理情况:全市常住人口259800人,年度已分娩产妇数1889人,活产数1907人,早孕建册1785人,早孕建册率为93.60%。0~6岁儿童健康管理情况:0~6岁儿童数为13219人,0~6岁儿童保健覆盖人数为12616人,0~6岁儿童的系统管理率为95.44%。

(滕儒旭)

【人民医院】津市市人民医院是一所集医疗、科研、教学于一体的二级甲等综合性医院,前身为1911年芬兰国教会创办的"津兰医院"。2019年,医院开放床位500余张,设临床科室20个,医技科室12个,职能科室15个,拥有2个门诊部和1所社区卫生服务中心,津市市120紧急救援指挥中心设置该院。在职职工594人,高级职称72人(其中正高职称6人),硕士研究生5人,中级职称180人,初级职称300人。人才队伍均衡充实,梯队建设合理,医院未来充满活力。在建的17层现代化外科大楼,建筑面积近5万平方米,投入使用后医院开放床位将达1000余张,手术间14个,建筑面积将达近10万平方米。医疗设备齐全,拥有西门子64排128层螺旋CT、飞利浦1.5T高场磁共振仪、GE血管造影机、飞利浦四维彩超、神外显微镜、关节镜、腹腔镜、宫腔镜、胆道镜、膀胱输尿管镜、鼻窦内窥镜、眼底照相机、白内障超声仪及电子胃结肠镜、胶囊胃镜、支纤镜等高精尖设备200多台件。2019年,医疗服务门诊量219438人次,收治住院病人22754人次。

医院先后获得"百年名院历史文化优秀奖""最佳飞跃奖""最佳优质服务奖""平安医院""精准扶贫先进后盾单位""巾帼文明岗""农工民主党先进集体"等荣誉称号;连续七年被评为"重合同守信用单位"和"消费者信得过单位"。李贤楔荣获常德市五一劳动奖章和常德市先进工作者称号;朱清君荣获常德市"三八红旗手"称号;心血管血液内科获"常德市优质护理服务突出表现科室";心血管血液内科护士长鲁琴获"常德市优质护理服务突出个人"。

规范医疗行为,保证医疗质量。落实18项核心制度,每月有重点地进行检查督导,每季度召开1次医疗质量管理相关会议,按照PDCA要求,对上季度医疗安全核心制度检查情况进行通报、分析和总结,制定下一季度检查重点,开展病历书写评比活动,提高医疗质量;丰富护理内涵,提升护理质量。护理质量督查有计划有重点开展,对护士长一日五查、科室质控员工作、医嘱查对、药品物品近效期管理、危重病人护理等重点督查。专科护理持续开展,成立静疗小组、压疮小组、血栓预防小组。鼓励病区上报护理安全事件。落实护士分层级培训及考核制度,加大对新护士及低年资护士的培训力度,提高队伍整体素质;加强院感防保,保障医疗安全。严格按照《传染病防治法》要求,对全院医护人员进行传染病防控知识培训,印发人感染H7N9禽流感、手足口病、埃博拉病毒等其他传染病诊疗方案和防控方案,强化监督管理,建立和健全传染病登记制度,完善化验室,放射科、病理科等检查科室的阳性结果登记台账。在加强院感监测工作中,不断强化手卫生的监督管理,做好手术室、检验科、血透室等重点科室的院感监测工作,全年无院感事件发生。强化科研教学,增强发展后劲。1月,津市市基层医疗机构能力建设培训班在人民医院举办,全市各医疗机构300余名医师参加培训。6月,感染科医生肖伟代表常德卫健委赴长沙参加全国结核病临床诊疗技能竞赛湖南

2019年9月29日,津市市人民医院医疗集团挂牌

省选拔赛，获常德赛区第二名的好成绩。组织聘请专家教授28人为全院医务人员学术讲座10次，选派10余人外出进修，20人到院实习，另外还完成70名村卫生室人员急诊急救培训和，30名乡镇卫生院技术骨干的培训工作。组织下乡义诊公益宣传活动达12次。在国家级医刊发表学术论文9篇。

提高医疗服务能力。开展新技术，满足患者新需求。成功开展髋、肩关节置换术、椎间孔镜下髓核摘除术、胰腺癌根治术、腹腔镜结直肠癌根治术、输尿管软镜下钬激光碎石术、经尿道前列腺电切术等近20项新技术，添置数字减影血管造影X线机(DSA)等新设备。推进6S精益管理，提高患者满意度。从患者角度出发，通过整理、整顿、清扫、清洁、安全、素养，将6S精益管理理念、思维融入医院管理体系。实行院务公开，公布收费项目价格，病区实行一日清单，医院团委青年志愿者利用休息时间每天上午在门诊大厅，维持挂号收费秩序，营造文明有序的就医环境；为老弱及行动不便的病人挂号、取药、陪同检查；为患者提供轮椅、免费饮用水等便民服务。在门诊楼、住院大楼A栋、B栋、行政大楼四个大厅设立行风投诉箱，接收群众监督。共收到锦旗12面、感谢信4封、医务人员拒收红包16人次。

推进重点专科建设。确定儿科、骨科、介入中心作为下阶段医院重点专科进行重点建设。向上申报省级、市级临床重点学科，形成医院特色优势。组织“2019年津市市基层医疗机构能力建设培训班”“中层干部培训班”“妇产科学术沙龙”“常德市心力衰竭基层巡讲”“慢性病防控知识专项培训”“湖南省放射诊断质控专家学术巡讲津市站暨津澧放射影像高峰论坛”等学术交流活动。

加快人力资源储备。借助市委500英才引进优惠政策，医院先后到长沙、衡阳、常德实施人才专场招聘5次，引进12名医疗、医技本科人才，其中引进一名具有副主任医师职称的妇科教授。

改扩建项目加快推进。医院启动改扩建项目建设，总投资2.5亿元，选址在津市市澧水南岸、襄窑路西侧，占地面积为10700平方米。东临襄窑路，南接湖畔华庭，北侧为襄阳街菜市场，西临医院医疗区，交通便捷，环境舒适。拟建项目建设总面积为：48199平方米，设置17层外科大楼一栋，床位520床(标准床500床，ICU20床)，3层高标准传染病区、高压氧房、污水处理设施、职工病人营养食堂及文体运动场所等相关配套设施。项目建成后，医院开放床位将达到1000张，总占地面积达31968平方米。地下、地面设置停车位461个，绿化率达到35%，初步预计2021年12月底竣工并投入使用。

推进“医联体”“医共体”建设。2019年8月15日，医院将正式挂牌成为中南大学湘雅医院医联体双向转诊定点指导医院，按照“造峰填谷”的原则，一期重点对骨科、胃肠外科、泌尿外科、肝胆外科、妇科、心血管内科进行精准帮扶，定期安排专家开展坐诊、查房、手术、技术指导、疑难病讨论、学术讲座等。已建成远程会诊中心运行良好，实行患者诊疗信息与湘雅医院互联互通，湘雅专家可通过该平台及时会诊指导解决疑难病例，开展疑难病例远程会诊20余例；湘雅专家来院坐诊、查房、手术指导、业务讲座近30余人次。9月30日，津市市人民医院医疗集团正式挂牌，津市市作为全国567个紧密型医共体试点县正式启动医共体建设，市人民医院作为牵头医院将在转变观念、优化服务、强化管理、专科建设、医保控费、医防融合、提高技术水平、优质资源下沉等方面主动作为，力争构筑“大病不出县、小病在乡镇、未病共同防”的健康服务网。

按照原国家卫计委国卫办医函〔2017〕849号文件精神要求，医院精心组织满意度调查，职工、患者满意率达95%以上。开展“平安医院”创建活动，医院秉承严谨负责的工作态度及务实的工作方法常抓不懈，全院职工参与，开展各类培训督导，确保创建效果，维护良好的正常医疗秩序，构建和谐医患关系。（孟亚龙）

【中医医院】津市市中医医院始建于1952年，现位于建设路59号，占地3500平方米，建筑面积6700平方米，是集医疗、科研、教学、保健为一体的二级甲等中医医院。开放床位200张，有在岗职工180人，高级职称11人，中级职称32人。医院是城镇职工医保、城镇居民医保、新型农村合作定点医院和津市市机动车驾驶人体检定点医院。

2019年，医院业务收入3800万元，门诊量70000人次，收治住院病人7376人次，药品收入占总收入的21.46%，中医适宜技术收入占总收入的25%。2019年2月、3月分别与市防盲办、市残联开展免费白内障手术，进行为期2个月的

2019年12月25日，中医院整体搬迁新址

白内障筛查,对308名符合条件的患者实施免费手术,其中建档立卡贫困户有10余人。在中药资源普查项目上,已采集到药材90种、标本898个,种子47个,顺利通过创全国中医院先进县市省复评工作。医院整体搬迁建设项目上,2019年8月完成内外墙粉刷、水电安装、保暖及部分院落改造,9月开始进入内部装修阶段。 (彭程)

医疗保障

【概况】2019年3月8日津市市医疗保障局挂牌成立,是市政府工作部门,整合市人力资源和社会保障局的城乡居民基本医疗保险和城镇职工基本医疗保险、生育保险、大病保险,市发展和改革委员会的药品和医疗价格管理,市民政局的医疗救助等职责,承担全市城镇职工和城乡居民的医疗保险、生育保险、医疗救助、药品、医疗服务价格监督等医疗保障政策的落实,监督管理医疗服务行为等职能。局机关核定行政编制6名,下设医疗保障事务中心,为副科级公益一类事业单位,核定事业编制24名。全局实有在编在岗人员27人,劳务派遣、聘用8人。全市城镇职工参保人数为29474人,城乡居民参保人数213202人。

2019年,新成立的津市市医疗保障局整章建制,先后制定24项规章制度,涵盖规范工作、学习、培训、财务、纪律、廉洁等方方面面,形成一系列完善的规章制度,保障各项工作正常运行。

启用"人脸识别"远程监控系统,做到实时监控。

坚持以稽查为抓手,建立监管机制,完善监管制度。建立医保违规黑名单制度,定期研究确定公布医保违规黑名单;向社会公布投诉举报电话,鼓励社会监督。共编发稽查通报10期。

推进医共体改革,落实医疗、医保、医药"三医联动"的医改工作基本举措。推行支付方式的改革,实行多元化的复合式支付方式,即"总额预付包干、按病种收付费、按床日付费、按人头付费、谈判协商机制等支付方式",按照"结余留用、合理超支分担"的原则,努力提升医疗机构内部监管力度,降低医疗成本,减轻群众医疗负担。2019年已在全市医疗机构全面推行公开平等的谈判协商机制与"结余留用,超支不补"的支付方式改革。

2019年实有建档立卡贫困户5426人,参保率100%。住院一站式结算4560人次,住院总费用:2539.8万元,基本医疗报销:1756.7万元。享受大病保险382人,享受扶贫特惠保212人次,享受医疗救助4449人次,享受定点医院减免53人次,享受财政兜底1758人次,综合补偿率达到89.9%。

2019年,共撰写宣传信息54篇。其中,3篇发表在国家级报刊,1篇发表在省级报刊,4篇发表在常德市委《内参》,8篇发表在津市政府网站,17篇发表在市级媒体。

【职工基本医疗保险】2019年,全市职工参保人数为29474人。职工基本医疗保险(含生育保险)基金收入8077.21万元;基金支出7324.3万元。其中统筹基金支出4099万元,个人账户基金支出3225.3万元,生育保险支出285万元。当年基金结余752.91万元。累计基金结余6261.86万元。职工大病保险:大病互助医疗保险基金收入353.72万元;基金支出265.22万元。当年基金结余88.5万元。生育保险:征缴303万元,支出265万元,基金结余38万元。

【城乡居民基本医疗保险】2019年,全市城乡居民参保人数213202人,个人筹资标准740元(个人缴费220元,各级补助520元),城乡居民医疗保险基金收入10843.86万元。其中缴费收入1096.86万元,各级补助收入9720万元。支付待遇11608.37万元,当年基金结余-764.51万元。累计基金结余7701.49万元。全市城乡居民的基本医疗权益最大限度得到保障。

【医疗服务价格调整】为确保2020年执行新的医疗服务价格,主要做3件事:配合做好样本点医院、医疗服务项目价格成本测算;配合测算好辖区内基金支付、财政补贴调整基数;督促指导辖区内公立医疗机构做好药品、低值耗材集中采购工作,及时报送采购计划、报表,完成省医保部门、省公共资源交易中心关于药品、高值耗材集中采购工作任务。城镇职工医保:无他方责任的意外伤害报销取消1万元的封顶线,按普通疾病的80%进行报销;尿毒症患者实行2次报销,一个结算年度内最高支付限额5000元。城乡居民医保:起付线实行年度内限额2300元,取消住院每次收取起付线;住院报销标准在二级和三级医院均提高10个百分点,二级医院由70%提高到80%,三级医院由60%提高到70%;无他方责任的意外伤害按普通疾病进行报销,报销比例提高5个百分点,由40%提高到45%。

(魏英平)

文化 旅游 体育

【概况】市文旅广体局于2019年3月由原文体广新局和原旅游外侨局合并组建，履行文化、旅游、广电、体育4家职能。局机关内设办公室、项目办、文物股、行政审批办公室、社文艺术股、旅游股、政工股、财务规划股等8个股室，下设文化馆、博物馆、图书馆、文化市场综合执法大队、全民健身服务中心、青少年业余体校、全域旅游发展中心等7个二级机构，直管2家转制企业红旗剧院有限公司、电影放映公司。在编在岗人员81名，其中，局行政编制8名、事业和工勤编制73名，临时聘用人员3名。

2019年市文旅广体局担负起“举旗帜、聚民心、育新人、兴文化、展形象”的使命任务，全市文旅融合、公共文化服务、创造文化活动品牌、创作文艺精品、加大文物保护力度、举办大型体育赛事等方面工作亮点纷呈，文化、旅游、体育、康养总产值达28.80亿元。其中，旅游产值8.71亿元，文体产值5.66亿元。文旅体产业在建项目17个。《人民日报》《中央电视总台》《新华社每日电讯》《中国文化报》《中国互联网中心》《湖南日报》《党报头条》《常德日报》等10多家新闻媒体刊发稿件32篇，报导津市文旅广体工作。（王小宙）

【文旅融合】2019年3月，市文旅广体局启动规划编制工作，《津市市全域旅游发展规划》《药山振兴发展创意暨药山文化旅游景区旅游总体规划（2019–2030）》相继完成，市旅游厕所集中改扩建15座，超额完成年度计划；旅游公共服务信息供给更高效，交通标识知识体系建设有序推进；津市乡村旅游基础设施完成和指导青苗家庭旅馆改造计划完成12座，青苗社区创建为省五星级乡村旅游景点、创建常德市首批研学实践教育基地；启动大关山村五星级乡村旅游点、白衣镇白衣庵溪、新洲镇五泉村四星级乡村旅游点申报工作；谋划指导青苗桑葚采摘节、药山《芍药》特种邮票首发式、青苗沙滩狂欢节、白衣镇首届葛果节等8场旅游活动；联合湖南卫视《乡村合伙人》栏目走进青苗社区，为宣传青苗乡村旅游创新经验造势。（王小宙）

【文物保护】2019年，津市苏维埃政府旧址（益泰绸布庄）陈展设计方案已由省局组织专家评审，基本恢复历史建筑风貌；虎爪山遗址环境整治工程通过省局组织的第三方评审，投入资金1354万，国家将按评审结果分两期下达；古大同寺的前殿、厢房主体修缮完工；申报公共文化服务场所厕所升级改造项目资金20万元，同时，做好项目储备工作，委托湖南中科三兴编制完成古大同寺、百龙泉汉墓群、苏维埃旧址安防消防方案。

虎爪山遗址保护工程稳步推进，广场完成90%，保护展示用房主体结构施工完成；完成第十批省保申报工作和第八批国保申报工作，有4处文化保护单位被列入第十批省级文化保护单位名单，津市苏维埃政府旧址（益泰绸布庄）入选第八批全国重点文物保护单位；配合省考古所对安慈高速津市段苗儿岗彭头山晚期文化遗址进行考古发掘。（王小宙）

【文化活动】2019年春节，文旅广体

2019年药山《芍药》特种邮票首发式

局举办的以“迎老乡、回故乡、建家乡”为主题的“2019 盐田港·津市之春”春节文艺会演在津市市五环时代全民健身中心主会场隆重举行，吸引线上线下近12 万观众观看，得到全国 3 万网友点赞；9 月 29 日举行的“奋斗吧！中华儿女”津市市庆祝中华人民共和国成立七十周年优秀节目展演，场内场外观众点赞达 17.17 万名，创历年文艺晚会新高；建成 5 家图书馆分馆，按需配备便携式音箱等设施设备；填报《湖南省现代公共文化服务体系建设三年行动计划》进展清单，涵盖 15 个项目；图书馆开展元宵节庆、数字化阅读、儿童阅读等活动13 场；文献外借量 30000 余册次，参加图书馆活动的总人次 32436 人，举办讲座、培训活动 10 场次，展览活动 4 场次，阅读推广活动 18 场次；全年办卡数量为 392 张，办卡数创历史新高；举办“欢乐津城”既“百团大赛”活动，通过为期 2 个多月的比赛选出 6 支团队参加常德市“百团大赛”，其中获得 1 个一等奖、2 个二等奖、3 个三等奖。（王小宙）

2019 年湖南省第七届“公仆杯”乒乓球赛

【文艺创作】2019 年，文旅广体工作重点围绕“新中国成立 70 周年”、全面建成小康、“建党 100 周年” 这三大主题，组织召开创作座谈会，以津市特色文化资源为依托，展示本土文化的深厚底蕴，讴歌时代风貌，抒写文化发展新篇章。先后创作演出现代荆河小戏《红色情缘》、丝弦《共建澧水津市城》、音乐情景剧《家书》、小品《精准扶贫到我家》《结晶》、音诗舞《岁月如歌》、大鼓《志愿者的烦恼》《一碗白米饭》、民乐小合奏《姜女情思》等作品。借助首届津市牛肉粉美食文化节，与湖南省歌舞剧院联合创作一批具有地方特色的剧目，重新将《兰香四韵》搬上舞台。8 月至 9 月开展津市市城市形象歌词歌曲征集活动，评选出歌词作品《津市有缘》《我是幸福的津市人》《孟姜女的家乡》，歌曲作品《大美津市我的家》等 6 件作品。毛里湖镇文化站长创作的垃圾分类的小品《绿色存折》、三棒鼓《乡规民约》，新洲镇创作的情景剧《醉美湘镇》由文化馆李智敏、陈学军老师辅导后搬上百团大赛的舞台，获得好评。（王小宙）

【体育赛事】2019 年，由市文旅广体局承办的“津市首届迎新春农商行杯气排球赛”，吸引本市 18 家单位参赛；500 多人参与“2019 全球津市人迎新跑”活动。津市承办 2019 湖南省第七届“公仆杯”乒乓球比赛，来自全省 11 个市（州）及 32 个省直属单位的 45 支代表队、近 500 余名选手报名参赛；津市承办首届“湘鄂边”乒乓球邀请赛暨第 26 届湘北乒乓球俱乐部联赛，邀请到来自长沙、益阳及湖北荆州共 25 个县市区 42 支球队 400 余名选手参赛。全市体育场地 217 个，新建大型全民健身中心 1 座、健身步道 40 余千米、社区（村）健身场 120 余处，社区健身路径30 余条，覆盖面达 95%以上。青少年业余训练项目 8 个，常年在训运动员达 1000余人。湖南日报先后 4 次报道津市体育赛事活动。（王小宙）

送戏下乡

【文化监管】按照省、常德市统一部署，2019 年开展“秋风 2019”专项整治行动，清查各种教材教辅读物、各类考试辅导资料，严厉打击盗版印刷行为，有效截堵非法发行渠道，查处违规发行“地下六合彩”违禁出版单位 1 家，收缴违禁出版物 2744 册；开展“护苗”行动“绿书签”签名及优惠购书活动，发放宣传资料优惠购书卡 1000 余份（张）；执法大队联合市安监部门、市消防大队，开展网吧、歌舞娱乐场所消防安全检查，责令 1 家网吧进行整改；警告、处罚14 家网吧。（王小宙）

【队伍建设】2019 年局党组面对文旅广体融合发展新要求和繁重的工作任务，提出全局“创综治优秀单位、创绩效先进单位、创文明标兵单位”的“三创”目标，发动干部职工积极在各项工作中勇于担当、积极作为，创先争优；举办 2019 盐田港·津市之春文艺会演、庆祝中华人民共和国成立 70 周年文艺节目展演、承办 2019 湖南省第七届“公仆杯”乒乓球比赛以及湖南省首届牛肉米粉美食文化艺术节等系列重大赛事活动，全面检验党员干部战斗力，实现活动赛事成功举办和单位形象“双赢”，一支不怕苦、不怕难，能干事、能成事的干部队伍正在形成。 （王小宙）

广播电视

【概况】津市市广播电视台是津市市委市政府直属的正科级事业单位。定编人数 68 人，现有在岗人员 67 人，其中在编在岗人员 45 人（借调 3 人），台聘 22 人，空编 20 个。工作人员中年龄在 50 岁以上的有 10 人占 14%，工龄 30 年以上的 13 人占 19%，中级职称 9 人占 13%。内设总编室、办公室、人力资源部、计划财务部、综合部、工会、宣传中心、产业营销中心、技术中心等部室。2019 年荣获津市绩效考核优秀单位、宣传思想工作先进单位、统战工作先进单位、未涉改纪检监察组织先进单位、平安建设优秀单位；电视台微信公众号获全国县级广电新媒体百强榜第 73 位、2018~2019 年度常德市优秀媒体微信公众号、公众号工作集体荣获巾帼文明岗。 （马彬）

【媒体融合】5 月 10 日，市委常委会通过《津市市融媒体中心建设方案》，融媒体指挥中心建设正式启动。10 月 8 日正式接管政府网政务信息版块。电视新闻频道、广播电台 FM99.3、智慧津市客户端、津市电视台及精津有味微信公众号、政府网站、手机报、新湖南·新津市、红网津市站等 9 大媒体，实现媒体的统一管理运营和资源共享互通。

统筹“策、采、编、发”各个环节，形成“一次采集、多种生成、全媒体发布”的媒体融合传播覆盖新格局。坚持“移动优先”的原则，重点打造移动媒体平台——“智慧津市”手机 APP。开发完善《文明实践》《我要求职》2 个特色专栏的点单功能，打通了服务群众的“最后一公里”。10 月 9 日，APP 正式对外发布 2.9.0 版（安卓版）和 3.0.0 版（苹果版），用户可以通过手机应用宝、应用商店等平台进行下载注册。 （马彬）

【新闻发稿】2019 年全年，在常德电视台上稿 20965 秒 310 条，9 个区县排名第二；在湖南卫视上稿 560 秒 21 条；在湖南经视上稿 6 条 420 秒；在“学习强国”平台上稿 19 条。《津市新闻》开设《壮丽 70 年 奋斗新时代》《“不忘初心、牢记使命”主题教育》《开局就是决战 起跑就是冲刺》《文明实践在行动》《扫黑除恶进行时》《生态环境保护进行时》《脱贫攻坚进行时》《集中整治官僚主义形式主义》《书记亮承诺》《美丽乡村看津市》《还津市一片蓝天》《新津市人》等 12 个专栏，全方位展示全市中心工作和各单位部门工作动态。

2019 年“我们的节日·中秋”晚会演出现场

精心制作《习语润心 文明铸魂》《不忘初心再起航》《智慧城市》《绿色存折》等多个专题片和《我爱你中国》MV；完成《津市一分钟》《津市牛肉粉》《三生三世》《不负青春不负梦》《征兵》《魅力乡村 绿野青苗》《清清毛里湖 悠悠养心洲》等一批反映津市特色的微视频；制作和播出中联车桥、自来水、津市一中、人民医院等多个企事业单位以及千人合唱《我爱你中国》等热烈庆祝中华人民共和国成立 70 周年 MV。 （马彬）

【作品获奖】在省广电协会组织的“湖南电视广告类”评选中，周明、叶林啸、梁皓、宋天成创作的作品《为什么必须去津市吃牛肉粉》荣获二等奖、《春天》荣获三等奖；其中二等奖以上县级台仅津市和醴陵获得。黄叶蓉创作的作品《古大同的传说》《永远做一个仰望星空的追梦人》荣获 2018 年度全省优秀广播电视播音主持二等奖。

在常德市“壮丽 70 年·奋斗新时代”短音视频大赛中，《国是我家》荣获一等奖（主创人员：邹松青、唐珍珍）、《魅力乡村·绿野青苗》荣获二等奖（主创人员：庞昭明、万欣）、《产业薪火 70 年·老城筑梦谱新篇》荣获三等奖（主创人员：钟欣、庞昭明）。

在常德市好新闻评选中，有《重磅！津市一省级重要港口近日正式开港！辐射 517 万人口》（主创人员：朱莉、刘华、陈银、庞昭明）、《新洲镇：“三长”管理让“十差”变“十佳”》（主创人员：黄丽霞、沙莉、朱琳）荣获一等奖；《聚焦形式主义 为“挂牌热”降温》（主创人员：沙莉、郑靖涛、刘伟）、《津市新闻》（主创人员：高格格）荣获二等奖；《我市发现距今 8000 年彭头山文化时期新石器时代遗址》（主创人员：杨玲、黄丽霞、庞昭明、覃许桐）、《乡贤郑理文 致富带头人》（主创人员：黄丽霞、谭亮、彭超）、《“刷脸”可办证 市民“零跑动”》（主创人员：向洋宏、朱琳、刘华）、《“红色存折”激发党员为民初心》（主创人员：杨玲、庞昭明、万欣、王子成）、《厉害！3988 碗津市牛肉米粉成功挑战吉尼斯世界纪录》（主创人员：唐珍珍、朱莉、文艺、朱琳）、《我们的

节日——中秋》(主创:杨玲)荣获三等奖。 (马彬)

【采编活动】策划打造的《七夕文化节》、《我们的节日·中秋·诗意津城·传承文明》大型晚会分别于8月7日、9月11日在新洲镇广场举行,采取城市与乡镇互动互补,全景展示新洲镇新农村建设成果和独特风貌。与新洲镇党委政府成功联办幸运年货节,活动中还专门预留4个摊位供贫困户销售产品,助力脱贫攻坚工作。与各部门合作,联合举办"红旗下的我们——花儿朵朵向太阳'我是小主播'电视才艺秀比赛"、全市党建知识竞赛、"壮丽70年 舞动好生活"全民舞蹈大赛。 (马彬)

有线电视

【概况】湖南有线津市网络有限公司(简称:津市有线网络公司)是省文产委下属企业省有线集团下属全资子公司,从原有线电视台改制而来。公司成立以来经过20年的发展,至2019年底已拥有总资产1亿元,在职员工100余人,年经营收入2600万元。已建成覆盖津市城乡的光纤网络,建设主干光缆398千米,接入光缆2056千米,传输标清、高清、付费等电视频道175套,发展有线电视用户70530多户,成为津市区域内具有品牌影响力的文化产业和信息化建设的生力军。

【业务发展】自津市市政府与湖南有线集团签订《津市"智慧城市"建设战略合作协议》,明确津市的智慧城市建设由有线集团规划设计、投资建设、运营维护;有线集团随即将津市列为广电网络参与全省智慧城市建设的试点,予以全力推进。项目建设实施三年来,采取有线集团作为投资主体进行项目建设,政府购买服务模式,通过项目招标正规流程,津市公司发挥具有上市公司雄厚资金,技术支撑强劲的背景,并在当地拥有一支成熟的建设运维队伍的优势,顺利完成市应急指挥中心、天网工程一期、智慧城管、智慧教育等智慧城市一期工程5600万元项目建设;二期工程智慧交通1189万元项目建设已全部完工,于2019年完成验收正式移交。天网工程二期、智慧教育二期均已完工,正在走验收决算程序。智慧党建(已先期建设多个村级党建试点)、综治视联网、雪亮工程等项目正在稳步实施,为智慧城市建设打开局面。

公司在申报材料、评审答辩、考察评估等重要环节帮助市政府于2015年4月获得国家智慧城市建设第三批试点城市,2015年5月获得民政部首批智慧社区建设试点;2016年4月,成功申报国家发改委专项建设基金1亿元。

津市有线网络公司是津市本地唯一具有电视节目传输资质的机构,是党和政府舆论阵地,是落实党委意识形态责任的重要保障,是传达当地党和政府"声音"的主渠道,是"党网"。自成立以来,连续多次被常德市消委授予"消费者信得过"单位,并被常德市工商局授予"守合同、守信用"企业。

图书借阅

【概况】津市市图书馆设综合外借室报刊阅览室、少儿借阅室、电子阅览室、地方文献室等部门,功能设施齐全,环境清雅,区域划分明显。2019年,图书馆有工作人员10人,其中具有大学学历6人、大专学历3人、高中学历1人,具有高级职务1人、中级职务3人、助级职务4人、高级工2人(退役士官)。馆藏图书16万余册,电子图书75000册,报刊102种,地方文献1335册,主要是地方综合志书、地方综合年鉴、行业与部门志书、地方报刊、家谱等。津市图书馆有电子阅览室1间,有电子图书借阅机3台,并与6个图书分馆联网,实现图书馆的网络化管理、服务和咨询。推出超星移动图书馆、读联体、"仁仁阅"等数字阅读平台,使得读者足不出户即可享受海量阅读资源。

2019年,图书馆开展元宵节庆、数字化阅读、儿童阅读等活动13场;文献外借量30000余册次,参加图书馆活动的总人次32436人,举办讲座、培训活动10场次,展览活动4场次,阅读推广活动18场次;新办卡数量为392张,办卡数创历史新高。

利用网络、微信等媒体平台对图书馆进行多层次多途径报道:截至2019年12月,国家数字文化网上稿8篇;e线图情上稿2篇;湖南省文化厅网站上稿8篇;湖南文化共享工程上稿12篇;湖南新网舆信上稿3篇;红网上稿3篇;常德文明网上稿9篇;常德市文体广新局上稿6篇。

罗莉的论文《县级图书馆为留守儿童

向劳动者致敬"广电好师傅"用心做电视

服务研究》刊登于2019年8月上《办公室业务》。罗莉的论文《浅谈公共图书馆与少儿阅读推广》荣获湖南省图书馆学会第十二届学术成果三等奖。王敏的论文《让公共图书馆成为全面阅读的主阵地—津市市图书馆"车胤读书节"系列活动经验谈》刊登于常德市《图书馆工作》。（刘倩颖）

【充实馆内、馆外资源】2019年,财政拨款131.85万元。投入经费对图书馆服务设施设备进一步升级,在阅读活动开展和文献采购上给予经费倾斜,投入8.5万元采购书籍及数字资源，优化馆藏资源。津市图书馆有图书分馆9家，馆藏图书16万余册，电子图书75000册,报刊102种,地方文献1335册。向网络平台借力，通过津市市图书馆门户网站、微信公众号、移动图书馆、知航网络图书馆等，让阅读资源更加丰富,用"大阅读"观念拓宽、盘活、贯通全社会阅读资源。（刘倩颖）

【开展全民阅读活动】举办"津图讲堂"。"津图讲堂"作为津市市图书馆公益讲座品牌活动,定期邀请津市市知名的专家学者开讲,为专家学者与公众之间搭建学习交流与沟通的平台。2019年先后举办"儿童春季疾病预防知识"专题讲座、津市市国有企业的改革与发展"专题讲座和"学好国学和做中国好少年"亲子互动讲座。开展"4·23世界读书日"系列活动。4月17日,津市市图书馆与新洲中学联合举办车胤读书节"国学经典"诵读活动。图书馆志愿者薛君老师为新洲中学的孩子们带来"课外阅读与读书笔记"的公益课。4月19日,由津市市图书馆和津市市委组织部联合举办的《好好说话》读书分享会。4月21日,津市市图书馆邀请湖南中联重科车桥有限公司职工及其子女一起走进图书馆,共享阅读快乐。8月5日,开启为期15天的暑期"小志愿者"活动,增进青少年读者对于图书馆的认识,延伸图书馆的社会服务功能,强化图书馆的有序化管理,提升图书馆的服务水平。8月7日上午，举办暑期手工DIY制作活动。一系列的活动,让小读者们度过意义非凡的暑假。开展新中国成立70周年建市70周年主题活动。8月,津市市图书馆开展"庆祝新中国成立70周年,暑期红色经典电影"放映活动,50名家长、青少年齐聚一堂,重温红色经典电影《地道战》。9~10月,举办"庆祝新中国成立70周年建市70周年"绘津市书画作品展。10月,湖南省"祖国在我心中—湖南省百城图书馆共荐共读活动"启动后,图书馆以车胤文化为底蕴,精心编排《寄小读者》荐书视频。线上线下推广数字阅读。线上,微信上推出"津市市图书馆数字阅读平台"小程序和推广"移动图书馆"APP。线下,进入乡镇街道开展数字资源阅读推广活动,提高图书馆电子资源的利用率,拉近读者与图书馆之间的距离。（刘倩颖）

8月,津市市图书馆开展"庆祝新中国成立70周年,暑期红色经典电影"放映活动

图书发行销售

【概况】湖南省新华书店有限责任公司津市市分公司地处津市市三洲驿街道后湖路7号,是集教材教辅、图书音像、文化用品于一体的大型国有文化企业。公司下设教材部、图书部和文化用品部。拥有一家中心门店,经营面积520平方米；两所校园书店，面积合计190平方米；一间课本仓库面积800平方米。2019年在岗员工26人,全年实现营业收入1069.68万元。公司在2019年获得中共常德市委授予的"先进党组织"荣誉称号。（蒋晓艳）

【教材教辅发行】2019年教材教辅销售码洋707.67万元,同比上升14%。面对期刊征订和销售困境,本公司实行区域负责制,组建线上销售和线下服务相结合的新型营销体系,实现新突破。（蒋晓艳）

【图书销售】2019年实现时政读物销售码洋101.25万元,同比下降8%。全年重点发行《第五批全国干部学习培训教材》417套、《习近平新时代中国特色社会主义思想学习纲要》大字本15100册，小字本1466册、《中国共产党章程》632册、《关于新形势下党内政治生活的若干准则》745册。倡导"全民阅读",助力党建机关阅读室建设。组织开展公益活动,彰显企业形象。举办中小学生创文大赛,提升青少年创新思维。该公司在津市市第一中学与津市德雅中学建立校园书店,于2019年获得共青团湖南省委授予的"青少年阅读之家"称号。（蒋晓艳）

【文化用品销售】面对线上线下日趋激烈的市场竞争，该公司深耕文化用品市场，发挥公司特有优势，提升员工业务素质,满足顾客需求。全年实现文化用品销售码洋149万元,同比下降8%。（蒋晓艳）

【新兴业务】2019年该公司多方协调,全面推进研学旅行、A佳考试服务等新兴业务的开展,实现考试服务全覆盖。于2019年首次开展研学旅行活动,多方面丰富学生校内外体验。（蒋晓艳）

新洲镇

【概况】 新洲镇是津市市的西南门户。全镇总面积86.12平方千米，辖长岭村、黄林堰村、车胤村、青山峪村、麓山村、庹家峪村、毛家岗村、五泉社区、孟姜女社区、嘉山社区、万寿宫社区等11个村(社区)。2019年末全镇共1.2万余户、3.03万人。耕地面积49179亩，林地面积45000多亩，各类水域面积1400余亩。新洲镇交通区位优越，是湘鄂边际高速线路重要连接点，已建成的二广高速和正在建设的安慈高速纵贯全镇并设立互通。境内有省级嘉山风景名胜区，是孟姜女、车武子故里，先后被评为湖南省历史文化名镇、湖南省醉美湘镇、湖南省卫生镇、常德市人居环境整治试点镇。

2019年，新洲镇党委政府坚持党建引领全局，以打造“澧水流域乡村振兴领先乡镇”为总体目标，推进产业建设、人居环境整治、脱贫攻坚、民生保障等重点工作，取得较好成效，为全镇经济社会健康发展奠定坚实基础。(何秋月)

【基层党建】2019年，新洲镇按照支部“五化”(支部设置标准化、组织生活正常化、管理服务精细化、工作制度体系化、阵地建设规范化)标准，引导党建工作规范化进程，抓实智慧党建系统运行，规范“三会一课”、党日活动、党员教育、党费缴纳等工作；结合意识形态工作和党风廉政建设，开展“不忘初心、牢记使命”主题教育，完成学习教育、调查研究、检视问题和整改落实任务，高标准召开党委班子民主生活会和党员组织生活会，抓实党建统领责任落实；围绕“组织三建”(党总支“五化”建设、支部阵地建设、党小组建设)、“党员三亮”(亮身份、亮承诺、亮作为)、“群众三比”(比环境、比和谐、比致富)开展“红色卫士、绿色家园”党建品牌创建工作，悬挂“共产党员户”标示牌851户，党员领办人居环境整治示范屋场15个、示范路26条、示范户75个，党员参与志愿服务、环卫监督、公益建设等活动形成常态长效；全面调优基层干部队伍结构，年度调整党总支书记2名，其中选任35岁以下党总支书记1名。

中共津市市新洲镇党委辖11个党总支、37个党支部，共有1138名党员，2019年度培养村(社区)后备干部22名，新发展党员7名，培养入党积极分子20名。(何秋月)

【产业建设】2019年，新洲镇新增食用菌面积200亩，与湖南农大食用菌研究所达成合作协议；新增葡萄、柑橘、湘莲、豆角、罗汉果、油牡丹等特色农业小型产业基地500余亩；全镇免费配送优质油茶树苗1.5万株，发展油茶种植面积1000亩，组织群众发展优质水果种植面积800亩。常德楚力机械制造有限公司正式投产运营，总投资3000万元，预计下年年产值可达1500万元；引进

食用菌基地

党员带头为屋场建设捐款

常德三翔汽车配件有限公司3000万元发动机缸体、缸盖加工项目签约；9000万元大米制糖项目达成签约意向。镇本级出台优惠招商政策，招引2家银行网点、1家保险公司营业点、5家微商与快递网点、8家餐饮娱乐门店入驻新洲，园区、港区后勤服务平台搭建初见成效。

（何秋月）

【人居环境整治】2019年，新洲镇整合资金近1500万元，同步推进5个Ⅰ类屋场、10个Ⅱ类屋场建设，开展湘北、津临公路沿线综合提质建设，建成美丽庭院1960户、公路植树15.8千米，改建水厕1968户；投资200万元建成垃圾回收屋11个，新增垃圾回收车11辆，新增勾臂桶77个、垃圾围堰114个，收集可回收垃圾30余吨，“绿色存折”制度全面铺开；创新构建环卫协会主导、“月评季奖”督导、“三长”（屋场长、街段长、楼栋长）引导的群众保洁机制，有效发挥11个村级协会、400名“三长”宣传引导作用，群众卫生习惯大幅改善。完成集镇9.3千米管线杆整治建设，下水管网新建3千米、维修2.5千米，完成区家垸黑臭水体综合治理，提质改造小街小巷3条2.5千米；启动天子岗沿线300余户改扩翻项目，完成灵泉大道路灯建设工程。投资100万元推进集镇环卫市场化，拆除违章建筑232处，新增车位300个、违章摄像头2处，完成“八小门店”综合整治和菜市场规范化治理，2019年12月，被批准为省级卫生镇。项目规划投资6.5亿元，启动环肖家湖生态康养旅游项目，完成水面退养和7个小微养殖湖面连通工程。湖南省人居环境整治流动现场会、常德市村庄清洁行动调度会在新洲镇举行，常德、津市市委市政府主要领导多次到新洲镇调研考察，“绿色存折”及改厕工作多次被湖南经视、中央广播电视总台宣传报道。

（何秋月）

【脱贫攻坚】2019年，新洲镇共有贫困户349户1039人，全年脱贫17户55人，截至年底，新洲镇已脱贫330户978人，未脱贫19户61人。全年干部入户走访贫困户1800余次；发放扶贫资金64.5万元；健康扶贫1071人；教育助学126人10万元；再就业35人；开展生产技术培训2场150余人次。完成产业发展项目27个313万元、基础设施建设项目15个75万元。

（何秋月）

【民生保障】2019年，镇村两级配备政务下沉工作人员39人，新招录政务下沉村级代办员11人，配齐配全政务下沉设施设备，组织开展业务培训10余次，村级办结下沉事项3363件次，全镇累计办理1.2万余件次，为民服务水平大幅提升。2019年，新洲镇共有城市低保人口83户100人，全年发放低保金439680元，农村低保人口288户361人，全年发放低保金1334760元；全年发放残疾人困难补贴288人次224640元，残疾人重度护理补贴385人次300300元；为35个城市特困人口发放生活补贴315000元，为160个农村特困人口发放生活补贴873600元；全年城乡居民医疗保险参保22374人，征缴金额4922280元。深入开展扫黑除恶、平安创建、民情民意走访等工作，调处矛盾纠纷200起、化解信访问题30件，被评为“全省司法所工作表现突出单位”；强力推进“打非治违”、“强执法、防事故”等专项整治，开展安全生产隐患排查460次，发现并整改隐患180个；全年未发生一起安全生产责任事故。

（何秋月）

【重点建设】2019年，完成安慈高速新洲段征拆任务，共计征地933亩，房屋拆迁69户；主动承接盐田港千吨级

新洲镇甘家台屋场及特色农业产业基地

码头二期200亩建设用地征拆工作。争取面源污染整治项目4500万元落户新洲,启动一期2.85千米生态护坡工程项目;争取2300万元启动五泉、庹家峪、车胤等5个村(社区)13000亩高标准农田建设项目;争取1000万元完成长岭村国土平整项目。完成南江一机、八方坪机埠、五泉同心机埠、新洲电排4个机埠维修改造、94口堰塘维修和21千米沟渠疏浚清淤,85口堰塘秋冬修工程正在推进。8.8千米农村道路建设及3.5千米窄路加宽工程正在实施。(何秋月)

【乡风文明】2019年,建成镇村文明实践所与文明实践站12个,开展"习语润心、文明铸魂"宣讲工作;新增文化墙4000平方米;组建志愿者服务队11支,开展文化下乡活动5次;完成镇级公墓选址设计,推进住宅式墓地整治工作。启动万寿宫修复工程,成功举办新洲镇第二届古城幸运年货节、新洲古城七夕文化节等节会活动,招引游客10余万人。

(何秋月)

【2019年湖南省"我们的节日·中秋"文艺晚会】2019年9月11日晚,2019年湖南省"我们的节日·中秋·诗意津城传承文明"文艺晚会在新洲镇新时代文明实践广场隆重举行,1000名干部群众身着传统汉服欢聚一堂,共享文化盛宴、共度中秋佳节,共同感受和传递新时代文明实践引领的文明新风尚。

2019年9月11日,湖南省"我们的节日·中秋"文艺晚会在新洲镇举行

整场活动以弘扬中华传统文化为主题,通过歌舞表演、民俗展演等方式,引导广大群众感受节庆文化和古典文化魅力,营造传统文化活力复兴的浓厚氛围。晚会上,以常德丝弦《津津有味唱津城》、音乐情景剧《温暖的爱河》、器乐《春江花月夜》、音诗画舞《月是故乡明》等为主的本土曲艺节目轮番上演,手工DIY制作中秋月饼、猜灯谜、投壶、踩高跷等互动活动精彩纷呈。游客们沉浸其中、欢声阵阵,一齐点亮中秋团圆的主题。(何秋月)

毛里湖镇

【概况】毛里湖镇位于津市市东南端,地处津市市、安乡县、鼎城区三县市结合部的"金三角"地带,北临澧水,西接毛里湖,与新洲镇、白衣镇、药山镇接壤,地形以平原和丘陵为主,省道S205、S306横贯全境。全镇区域总面积118.6平方千米,辖4个社区、11个行政村。2019年末户籍人口数为14412户、42418人,其中,农业人口34822人。毛里湖镇有综合性卫生院2座,各村(社区)均建有农村卫生室1个。其中,毛里湖镇中心卫生院位于毛里湖集镇,建筑面积5000平方米,床位40个,医护人员38人;李家铺卫生院位于毛里湖镇李家铺集镇,建筑面积2609平方米,床位20个,医护人员22人。辖区有中学2所、小学5所、幼儿园6所,在校学生2970人,教师233人。

2019年8月7日,新洲镇举办第一届古城七夕文化节

2019年,毛里湖镇围绕建设"毛里湖畔湿地重镇"主线,全面推进乡村振兴战略,突出基层党建、招商引项、产业建设、脱贫攻坚、环保攻坚、新时代文明实践、平安建设等工作重点,取得明显成效。全年实现财政收入3886.51万元,较上年度增加30%,向上争资750万元。毛里湖镇被评为常德市农民权益维护和农民负担监督管理工作先进单位、津市市乡村振兴工作优秀单位;箭楼村获得2019年国家森林乡村称号;樟树村被评为省级美丽乡村建设示范村;青苗社区被评为常德市美丽乡村建设示范村、常德市休闲农业集聚发展示范村、津市市乡村振兴工作优秀单位。(李艳丽)

【机构改革】2019年,根据中央、省委关于进一步深化乡镇和街道机构改革、构建简约高效的基层管理体制的决

策部署，按照津市市镇级机构改革工作要求，毛里湖镇完成机构改革并投入运行。镇机关设置内设机构6个:党政办公室、党建办公室、经济发展办公室、平安建设和应急管理办公室、自然资源和生态环境办公室(城建办公室)及社会事务办公室(卫生健康办公室);设置执法机构1个:综合行政执法大队,为正股级单位;镇事业站所设置6个:农林综合服务站、水利管理站、综合文化站、民政和社会保障站、安全生产监督管理站及退役军人服务站，均为股级公益一类事业单位。镇核定机关行政编制28名,事业编制45名；年末，实有行政编制人员22人,事业编制人员34人。 (李艳丽)

【基层党建】2019年开展“不忘初心牢记使命”主题教育、“听党话 跟党走颂党恩”大型文艺会演、“缅怀革命先烈传承红色基因”党性教育、“书记亮承诺”、过“政治生日”等系列活动,为全镇1648户共产党员户挂牌,激励党员干部守初心、担使命,找差距、抓落实,增强党员的荣誉感、责任感和使命感。打造樟树村、万家村“红色民风”2个市级党建品牌示范点;万家村后进村转化成效明显,全年化解信访案件16件,调处矛盾纠纷20件,调处成功率95%,信访案件同比下降75%。全年新发展党员11人、培训入党积极分子25名,推荐提拔正科级领导干部1名、副科级干部4名。用活智慧党建平台,助推“三会一课”、主题党日活动常态化开展。全年部署意识形态工作4次,组织开展党委中心组理论学习12次，组织党员干部参与“学习强国”在线学习。重视国防教育宣传,严把征兵操作环节,向部队输送优秀青年14名。围绕38个下沉事项,配齐人员设备,强化指导督查,累计办理民生事项12331件次。 (李艳丽)

【招商引项】2019年,通过“走出去、引进来”,以商招商及项目招商等方式,向外推介毛里湖湿地风情小镇。外出招商8次,接待投资者到镇考察30余次,水产品交易市场、田珍湖光伏发电、田园综合体及革命老区建设等一批优质招商项目对接融洽。花桥植物园建设工程累计投资6150万元，完成园外通景道路黑化、建筑用地调规,完善专类园绿化栽植。镇敬老院改扩建项目完成室内装修及入口道路建设；投入215.5万元,完成岳阳路下水道管网改造;镇综合服务平台建设，完成项目前期工作；镇殡仪馆建设项目已完成立项审批。策划开发项目龟山大道改造已完成初步规划设计;水产品市场及加工产业链配套建设达成初步合作意向。 (李艳丽)

【产业发展】2019年,把特色产业作为加快农村集体经济发展和群众增收致富的大事来抓,通过发展丘陵林果、平湖蔬菜、区域微旅、大湖水产“四大产业”,助推全镇经济发展。在丘陵区扩建10000亩温州蜜柑、高档杂柑、葛果、油茶为主的优质林果基地,采取“村集体+合作社+农户”投资盈利模式,组织农户以土地入股分红，参与高效林果产业开发。在平湖区建立以红白菜苔为主的无公害蔬菜基地5000亩,采取“合作社+基地+农户”的模式，集中流转农村土地，让外地老板及种植大户带头栽种红白菜苔,产品远销广州深圳等大型市场。加快省五星级乡村旅游景点—青苗社区“田园综合体”建设步伐,在青苗社区建立500亩微旅基地,诚邀湖南卫视《乡村合伙人》精心策划,以“节”为“媒”,打造集观光采摘、农事体验、休闲娱乐等于一体的“田园综合体”示范基地及常德市首批中小学生研学实践教育基地,助推一、二、三产业融合发展。利用紧邻毛里湖国家湿地公园地理位置优势,发展万亩鱼、虾、螺等特色水产养殖。 (李艳丽)

【人居环境整治】2019年 “绿色存折”垃圾分类制度全镇铺开,15个村(社区)均建起垃圾分类回收屋,全年累计回收垃圾50余吨，先后被中央电视台等20多家媒体宣传报道。开展“大棚房”问题专项清理整治行动，对辖区103个大棚房问题疑似图斑进行大排查，对荣台砖厂、驾校、樟树村钢构房、灯塔社区生猪养殖场等4处违规用地进行拆除,复垦土地面积7亩。先后完成“空心房”整治暨土地增减挂钩项目3批，共计拆除空心房69户，新增土地面积967亩。2019年,疏堵结合,打赢秸秆禁烧“蓝天保卫战”。2家农作物秸秆回收专业合作社全年累计回收秸秆2000吨,还田面积达到2.86万亩，秸秆综合利用率达42%。镇财政安排专项资金，投入近20万元,统一采购太空莲、菜藕、芡实、菱角等种苗，确保距西毛里湖主体湖面100米范围内剩下的2000亩鱼塘退养转产到位;通过多方努力,观音寺、铁家咀、同心湖3个坝体全面拆除，还湖面积达到2000亩；启动集镇3座公共厕所建设,安装2745套3格玻璃钢净化池,“厕所革命”有序推进;推进河湖长制,做到河湖巡查及保洁常态化，清除辖区澧水河域杨树苗1800亩10万余株；大溪水河生态拦截工程(三期)、小溪沟生态拦截工程(一期)和小溪沟生态拦截工程(二期)及集镇生活污水管网扩建工程接近尾声。投入2000万元,对湘北干线21.2千米全面实施绿化美化，着力打造生态庭院示范样板;投入320万元,完成箭楼村、樟树村各2个屋场建设,其他村(社区)各自打造“一路一屋场”项目;投入500万元，对青苗社区整片推进人居环境综合整治，省五星级乡村旅游景点雏形基本形成。 (李艳丽)

【新时代文明实践】把新时代文明实践试点建设工作作为教育群众、宣传群众、关心群众、服务群众,弘扬文明新风尚的大事来抓。成立毛里湖镇新时代文明实践所和15个村(社区)文明实践站,评选新乡贤25名，设立微心愿宣传栏，规范村规民约、家风家训，营造活动氛围。全镇重点以樟树、箭楼、青苗3个村(社区)为试点,分别开展以“争当五户一家、树立文明新风”、“发展柑橘产业、携手共奔小康”、“三折(红色存折、爱心存折、绿色存折)为载体,建设秀美青苗”为主题的系列实践活动。田家山村志愿者义务帮扶五保户活动、青苗社区志愿者“情暖家庭、邻里互助”活动相继被今日头条及红网等媒体报道。 (李艳丽)

【脱贫攻坚】2019年,15支市镇两级工作队、320名干部进村入户,“两不愁三保障”实现动态“清零”,年度脱贫124户301人。累计完成贫困户危房改造 478 户；贫困户安全饮水率达 100%；建制村卫生室全覆盖，建档立卡贫困人口参保率达 100%，“先诊疗后付费”和“一站式结算”解决贫困户就医难题；为贫困户免费安装卫星信号收视器 160 个。2019 年，建档立卡学生享受春季教育助学补助 234 人、雨露计划补助 37 人，秋季教育助学补助 230 人、雨露计划补助 39 人。2019 年，落实扶贫项目 78 个、项目资金 750 万元。投入 389 万，实施道路硬化、堰塘护坡、机埠整修、沟渠硬化等 49 个基础设施建设；投入 150 万元，以委托帮扶的形式发展蔥果种植产业 500 亩；投入 53 万元，以直接帮扶的形式发展“一亩”经济林（柑橘、油茶等）种植产业；投入 158 万元，发展研学农事体验基地建设、果蔬园建设、青蒿种植等特色产业。（李艳丽）

【平安建设】2019 年，以无上访村（社区）创建为核心，化解因安慈高速、谢家堰水厂提质扩容、生态拦截工程项目建设征拆引发的矛盾纠纷，确保项目推进顺利；创新开展班子成员“蹲点”接访活动，共接待来访群众约 71 人次，现场政策解答 83 起，受理登记群众诉求 15 件。全年化解 7 起信访积案，受理办结信访件 98 件，化解矛盾纠纷 184 起；办理省委巡视组交办件 18 件，息访息诉 16 件；完成市委专项巡察交办的 84 个问题整改。全镇共打掉 1 个涉黑团伙、4 家涉赌场所，扫黑除恶取得阶段性成果。开展“防风险、除隐患、遏事故”隐患排查专项行动，共查处安全隐患 109 处，完成整改 104 处；开展“强执法、防事故”行动，共检查生产经营单位 665 家，出动执法人员 2208 人次，经济处罚 2000 元，问责领导干部 5 人，取缔关停生产经营性企业 15 家。全镇未发生一起安全生产责任事故。（李艳丽）

【民生实事】2019 年，完成自然村通村公路硬化 17.1 千米；低压电网改造 15 千米，入户线改造 20 千米，新增变压器 12 台 1700 千伏安；完成谢家堰水厂提质改造工程征拆工作；对石龟山电排、六汊口电排及 5 处镇管机埠进行维修保养，排渍抗旱工作正常开展。年末有低保 629 人，特困供养人员 289 人。全年发放地力补贴、粮食适度规模经营补贴、农机购置补贴、退耕还林等惠农资金 617.2 万元；发放低保、五保、计生、残疾人“两项补贴”、优抚对象等补助资金 758.3 万元；发放大病医疗、临时生活困难、自然灾害等救助资金 49.4 万元；落实危房改造补助资金 152.8 万元。及时回复办理人大代表建议、政协委员提案，完成选址和设计李家铺集镇文化广场建设；开展梁家坪马路市场安全隐患整改，投入 10 万元将市场迁址；集镇新建公共厕所 3 座。举办“新产业 促发展 迎新春”、“青苗腊八节”、“庆七一”、“青苗沙滩节”、“庆祝新中国成立 70 周年文艺晚会” 等大型文化活动 6 场，开展“送文化下村”活动 10 余场，惠及群众 2 万余人次。（李艳丽）

【第五届青苗腊八节】为弘扬优秀传统文化，推进乡村旅游发展，2019 年 12 月 29 日，第五届青苗腊八节暨万国灯笼美食嘉年华开幕仪式在津市市毛里湖镇青苗社区圆满举行。津市市人民政府副市长徐兴勇致辞，市政协主席姜正才宣布开幕。

活动现场，本土特色歌舞、特技表演、功夫演唱等文艺节目轮番上演；黄牛肉、甘蔗糖、豆腐乳、芝麻糖、红薯片等青苗社区本土特色农产品及网红小食品琳琅满目；万盏异型灯笼齐亮相，让浓浓年味扑面而来，吸引上万名游客流连忘返。

2019 年，青苗社区以乡村振兴示范片建设为契机，投入 500 万元，整村推进人居环境提质改造，成功获批“湖南省五星级乡村旅游景区（点）”、省农科院“乡村振兴研究示范基地”、湖南生物机电职业技术学院“产学研基地”等荣誉称号。此次活动为期三天，共设展位 70 个，其中 50 个展位摊主为青苗社区居民，所有展销产品均由社区严把质量关、价格关，让客户买得放心、吃得安心，提高青苗农产品品牌竞争力。青苗社区通过旅游节庆活动，带领居民共同致富，社区人均年收入从 2018 年的 12000 元上升到 2019 年的 22000 元，提高 83%。（李艳丽）

【《乡村合伙人》走进青苗社区】6 月 5 日，毛里湖镇青苗社区沙滩乐园正式开园，湖南卫视《乡村合伙人》拍摄活动同步进行，吸引千余人前来。市政协主席姜正才、副市长易榕出席活动。

市政协主席姜正才为青苗社区“湖南省五星级乡村旅游示范”授牌，并宣布开园。沙滩乐园在原有项目基础上，升级打造大型沙雕、涂鸦彩绘、卡丁车、吊桥桩、吊板桥等亮点，吸引众多游客观赏体验。

《乡村合伙人》是湖南省文化旅游厅联合湖南卫视打造的中国首档“乡村振兴·文旅纪实”节目。节目组在湖南省 20000 多个乡村中选择 26 个特色乡村，

12 月 29 日，第五届青苗腊八节暨万国灯笼美食嘉年华开幕仪式在津市市毛里湖镇青苗社区圆满举行

6月5日，毛里湖镇青苗社区沙滩乐园正式开园，湖南卫视《乡村合伙人》同步拍摄

打造26种湖南乡村振兴的模式，常德市仅有青苗社区入选。2019年1月和4月，《乡村合伙人》栏目组一行多次来津踩点，5月，导演组进驻进行剧本制作，6月3日合伙人马可（湖南经视主持人）、刘梦娜（湖南新闻联播主播）、王灵恩（中国旅游资源学博士）抵达青苗社区，进行为期2天的正式拍摄。

节目于7月12日晚17:20播出，以青苗沙滩狂欢节开幕为切入口，重点讲述在市委、政府的全力支持和旅游部门的指导下，青苗社区书记傅年喜作为带头人，凝聚乡贤力量与返乡青年，通过“旅游＋节会活动”的形式，以产业带旅游，以旅游促产业，为青苗乡村旅游产业共同发力的故事。

通过政府搭台、专家支招、媒体推介，充分挖掘和整合乡村特色旅游资源，提升青苗社区乡村旅游品牌的高度与品质。　（李艳丽）

药山镇

【概况】药山镇位于津市市最南端，与临澧县和鼎城区接壤，距常德市38公里，距津市市45千米，镇内交通便利，S306线、S205线、S238线与县道029公路贯穿全境，常岳高速、二广高速比邻药山镇，是环洞庭湖公路沿线交通区位优势明显的交通重镇，为津市“南大门”。全镇总面积142.8平方千米，下辖13村（社区），总人口4.3万人。耕地面积5.98万亩，其中，水田4.4万亩。2019年共实现财政收入3019.4万元，同比增长6.5%，向上争资900万元。

2019年，药山镇立足镇情，紧扣乡村振兴主旋律，以建设宜居宜业宜游的现代药山为目标，全力推进乡村振兴、人居环境整治、脱贫攻坚、扫黑除恶等重点工作，全镇经济社会发展呈现积极向好态势。获评津市市绩效考核红旗单位。　（姚沙）

【基层党建】创新党建工作载体。在全体镇村干部中深入开展“三树四促”（树形象、树正气、树新风，促扫黑除恶、促优质服务、促人居环境、促脱贫攻坚）、“戴党徽、亮身份、比作为”主题教育活动，转变干部作风，引导无职党员认领“八员”（新时代新思想宣传员、人居环境督管员、脱贫攻坚帮扶员、党风廉政建设监督员、社情民意联络员、邻里纠纷调解员、移风易俗劝导员、产业发展帮带员）岗位，参与村级各项事务，促进重点工作落地见效。从群众实际需求出发，建设新时代文明实践所1个，文明实践站13个，实现文明实践宣传服务功能无缝覆盖。开展“不忘初心、牢记使命”主题教育活动，党员干部学习热情进一步激发，理论修养进一步提高。培优基层干部队伍。提拔9名年轻干部担任中层骨干，推荐3名站所长走上乡镇领导工作岗位；优化调整村级班子5个，选派1名优秀站所长到基层担任党总支部书记，选拔21名年轻干部作为村级后备力量，干部活力不断激发。积极发展青年党员。贯彻落实上级发展党员工作精神，确定入党积极分子22人、发展预备党员9个，按期转正党员11个，平均年龄为28岁，增强基层党组织的活力和战斗力。开展党风廉政教育。深入开展“两个责任”谈心谈话，共进行“两同时”谈话436次577人；党内警告处分3人、严重警告处分5人，

2019年10月29日，在药山镇新湖村召开秸秆禁烧暨机械化还田现场会

留党察看1人，开除党籍2人，政务开除处分1人，诫勉谈话7人。（姚沙）

【脱贫攻坚】2019年，经全镇上下和驻村工作队、后盾单位的共同努力，89户222名贫困人口顺利脱贫，超额完成年度脱贫任务。精准开展动态调整工作，清退贫困户2户6人，新增贫困户8户8人。年内共实施危房改造19户，“四类人员”危房“清零”。对全镇534户建档立卡贫困户成员进行家庭医生签约服务，“先诊疗后付费”全面施行。教育助学228人。发放交通补贴132人次37800元。争取产业发展项目19个271万元，开发藠果基地500亩，产业收益分红将覆盖全镇1656名贫困人口，按照户均1000元的投入标准，落实一亩经济林工作，全面增强贫困户的“造血”功能。脱贫攻坚工作被评为常德市二类乡镇综合评价为好的乡镇。（姚沙）

【生态环保】2019年，全面实施辖区内建筑工地、道路施工场地等场所的扬尘污染治理，对重点行业工业企业开展除尘设施建设与升级改造，与环保部门联合，对不能稳定达标排放的单位采取停产、限产措施；强化砂石、渣土运输车辆密闭管理，源头解决运输泼洒扬尘污染问题。全年完成镇级河长巡河525人次，村级河长巡河552人次；按时完成164个斑块、3378.78亩临湖水面的退养转产工作，拆除外八宝湖拦网和拦坝，对陈家汊湖及13座水库进行全面扫障保洁。坚持以全面改善大气环境质量为中心，通过强宣传，营造浓厚禁烧氛围、重打击，启动问责机制、抓回收，采取“疏堵结合”等方式，奋战100天，打赢“蓝天保卫战”。不断加大黑臭水体治理投入，争取资金120万元，新建药山村污水处理站，投入营运。投入资金92万元，新建棠华铺社区集镇污水管网约1.1千米，农村污水治理取的显著成效。（姚沙）

【综治维稳】2019年，推进“雪亮工程”建设，协助处理治安案件近30次、交通事故11次。开展扫黑除恶专项斗争，共印发扫黑除恶专项斗争的通告8000份，固定宣传标语39条，喷绘50张，手写标语650条，开展治安巡逻1000余次，摸排上报涉黑涉恶线索8条，办理交办线索7条。配合上级部门查处田某等人涉恶案件。以“无上访村居”创建为抓手，围绕“减存量，控增量”的目标，突出源头稳控，年度回复信访件160件，其中国家信访总局交办2件，办结省委巡视组交办件6件，常德交办16件，化解各类矛盾纠纷85起，化解信访积案12起，回复常德社会热线81个，津市市长热线136个。（姚沙）

【安全生产】紧抓隐患排查与整治。开展安全生产风险隐患“大排查、大管控、大整治”专项行动，排查发现安全隐患102处，均已整改到位。开展摩托车违法载人运营专项整治工作、安全头盔活动，严控道路交通安全。加强校车运行日常监管。与交警中队联合开展10次校车专项“打非治违”，投入资金19万元，对隐患路段安装钢护栏2200米，为校车平安运行提供保障。加强森林防火。制定翔实的工作方案和应急预案。全镇共配备9名护林员，13支村（社区）级森林防火应急队。宣传工作再加力，在节假日，安排2辆广播车在全镇范围内进行森林防火宣传工作，全镇范围内张贴禁火令24张，56条宣传标语，共更换新增73块警示牌，15967米防火隔离带完成检查验收工作。开展宣传教育活动。利用安全生产宣传月、宣传日活动，以“防风险，除隐患，遏事故”为主题进行安全生产宣传活动，共发放宣传资料8000余份，开展设立巡回展台2次。开展安全宣传教育“七进”活动，让安全生产知识进村入户到组。获评常德市安全生产和消防工作优秀单位。（姚沙）

【人居环境整治】2019年，以“一轴两核三极”（“一轴”即以主干公路为轴；“两核”即为文昌阁、棠华铺社区；“三极”即为西、北、东面三个结合部的药山村、和平村、新湖村）为重点，全面实施“靓百户，点千灯，植万树”美化亮化绿化工程。投入近600万元，完成新湖村蓝家山、和平村蔡家坪示范屋场建设，补植行道树18350棵，铺栽草皮36600平方米，安装村组干道路灯1011盏；深入推进“绿色存折”制度，成立村级环卫协会13个，聘请保洁员75人，配备钩背垃圾箱110个、“三桶一筐”8000余套，建设垃圾回收屋13个，开展月评季奖活动，倡导垃圾分类减量，群众卫生习惯极大改善；全面推进“三清一改”（“三清”即清理农村生活垃圾、清理村内塘沟、清理畜禽养殖粪污，“一改”即改变影响农村人居环境的不良影响），完成3164口改厕任务，“空心房”整治751亩。（姚沙）

【民生服务】2019年，实施低保、特困供养等民生保障工程，全镇共有低保294户379人，共发放补贴139.82万元，特困供养人员365户368人，共发放补贴189.65万元，高龄老人916人，发放补贴77.94万元，重度残疾人402人，发放护理补贴资金32.21万元，困难残疾人197人，发放生活补贴资金13.91万元，临时救助191人次，发放补贴19.47万元，发放各项补助资金473万元。完成两癌筛查910人、孕前遗传优生检测209对，孕后中期筛查126对。举办“春风行动”、就业扶贫现场招聘会2期，“育婴员”培训班2期、养老护理培训班1期，提升农村剩余劳动力就业技能，促进就业创业。在文昌阁、棠华铺2个集镇建成区划定社会停车位400余个。集镇秩序进一步规范，乱停乱靠、乱搭乱建、乱占乱堆、出店经营等现象明显减少。统筹各类项目资金，硬化、拓宽通村通组公路52千米，整修塘坝60余口，疏通沟渠97千米。维修改造排渍机埠6处、抗旱泵站65处，农村基础设施进一步改善。药山村、临东村、新湖村改水工程稳步推进，全镇实现安全饮水。落实“最多跑一次”改革，推进政务服务下沉，细化办事指南，优化办事流程，共承办政务下沉事项38项，办理相关业务8000余件，初步实现“进一扇门，办所有事”的目标，获评市优化经济发展环境优秀单位。土地确权颁证8332户29470人，确权到户67003亩，确权到集体13315亩，有效维护农民土地承包各项合法权益，药山镇农业站获评常德市农村承包经营权土地确权登记工作先进单位。（姚沙）

2019 年 4 月 28 日，在药山镇举办水稻机插秧现场演示会

【产业发展】2019 年，招商工作进一步加力。11 月 26 日，与云南天泉生物签订《优质中药材种子种苗繁育基地合作协议》，完成 100 亩种苗基地建设；10 万千瓦水面光伏项目成功落户药山，分别与湖南科比特电气技术有限公司、大唐湘潭发电有限责任公司签订八宝湖水域租赁合同。全年共完成招商引资 1.5 亿，向上争资 900 万元。农业现代化进程加快。鼓励种养大户大力实施标准化生产，新购置水稻收割机 35 台，旋耕机 51 台，全镇机播油菜 2100 余亩，农业机械化率达到 75%以上。新增合作社 5 家，家庭农场 2 家，药山村、三新垸村集体经济达到 10 万元以上。发展特色种养殖，在药山村示范种植多花黄精、白芨 200 多万株，稻虾养殖、福田米、药山红桃、鹰嘴桃、蚕桑、草莓等特色农产品种植，品牌效应逐渐显现。药山村获评 2019 年湖南省休闲农业集聚发展示范村。文旅产业成为发展新动能。完成了《药山殊胜文化旅游区总体规划》，以药山文化旅游景区为中心点，围绕棠药线、棠渡线和棠白线，打造穿行式、漫游式、镇域化景区的愿景即将全面实现。药山村南山路、竹林路绿化完成升级提效，老寺院的维修改造、竹林禅院三期工程、祖师塔、大殿主体奠基工程均已顺利完成。景区大动脉—S238 全线通车。（姚沙）

白衣镇

【概况】白衣镇位于津市市西南方，环毛里湖国家湿地公园，地势东北高西南地，是丘岗风光与湿地风情并存的美丽小镇。全镇共有 7 个村委会、2 个街道居民委员会，总人口 2.8 万人，党员 929 人，总面积 92 平方千米，耕地面积 4.22 万亩，是全省有名的“葛果之乡”。白衣镇结合农村工作实际及本地资源优势，加快现代农业发展步伐，以“柑橘”、“葛果”两大产业为支柱，发展茶叶种植，2019 年有柑橘种植面积 12000 亩，葛果 11000 亩，油茶 3000 亩，茶叶 1000 亩，水蜜柚 1000 亩，年水产品产量达 3000 吨。2010 年，“白衣葛果”获得国家地理标志产品认证。2019 年举办首届“葛果节”、第二届“起鱼节”，利用“葛小果、鱼大宝”旅游形象大使，振兴白衣镇文旅节庆品牌战略，一、二、三产业呈现融合发展之势，全年共完成工农业生产总值 7.35 亿元；招商引资 8000 万元以上；向上争资 455 万元，超额完成全年任务。2019 年末，全镇本地银行存款超 4.33 亿元，同比 2014 年增长 9.07%；银行贷款超过 0.55 亿元，比年初净增 0.1 亿元，五年增长 80.5%。荣获全国第九批“一村一品”示范村镇（钟灵村葛果），被常德市评为第三次全国农业普查工作先进集体、人居环境整治第三季度“十佳”乡镇、秸秆禁烧“十佳”乡镇、安全生产示范乡镇、脱贫攻坚工作三类乡镇综合评价为好的乡镇、平安乡镇（街道）创建优秀单位、“无上访村（社区）”示范乡镇。（刘林科）

【脱贫攻坚】全镇共有贫困户 276 户 799 人，2019 年脱贫 87 户 228 人，26 户 57 人未脱贫。严格落实“两不愁三保障”工作任务，迎接常德市全面检查验收，完成省检。落实帮扶举措，完成 620 名贫困户家庭医生签约工作；教育助学 199 名，发放教育扶贫资金 30 余万元；完成贫困户产业扶贫培训 700 人；危房改造 36

2019 年 12 月，白衣镇“起鱼节”58 斤鱼王

户，发放危房改造资金 82.8 万元；统筹扶贫产业资金，累计投入扶贫资金 200 余万元，建成白衣庵溪采摘园扶贫项目和 500 亩藠果扶贫产业基地，采取贫困户跨村入股分红模式，实现全镇贫困户两次全覆盖跨村入股，贫困人口与扶贫产业的利益联结机制成熟稳定发展，村集体经济实现持续增收；强力推进一亩经济工作，开展直接帮扶，激发贫困户主动性，实现扶志与扶智相结合，共为贫困户种植柑橘树 13800 颗。（刘林科）

【党建工作】2019 年，白衣镇创新推行“红色存折”积分项目细化的管理模式，将在家有能力的党员、在家年老体弱党员、在外流动党员实行分类管理，采取“基础积分 + 承诺积分 + 相同积分项”的三级评分模式，激发党员，带头参与村级事务。“红色小存折，催生大作为”工作经验，在上级各种媒体进行宣传推介。开展“不忘初心、牢记使命”主题教育，紧扣目标任务要求，聚焦人民群众期待，结合工作实际，认真整改落实群众提出的 42 条意见及建议，形成 9 个专题调研报告，推动主题教育扎实有序开展，取得预期成效。落实意识形态工作制度。履行党建主体责任，通过线下集中研讨学和线上全面学等方式，让全镇党员随时随地参与学习，机关干部学习强国积分全部达 8000 分以上，全镇党员参学率 50%以上。开展新时代文明实践工作，整合阵地资源激发群众智慧，设置“微心愿墙”、搭建“实践亭”、创建藠果文化展示馆和红色革命历史文化展示馆，将新时代文明实践站、所，打造成立用文化吸引人、教育人、帮助人的平台。（刘林科）

【环境保护】2019 年，全面完成白衣镇沿西毛里湖 4688.9 亩退养转产工作，协助转产户购回香莲藕种 30 万支，投入资金 40 万元。全面推进人居环境整治工作，按照“3 个三分之一”的模式，农户捐多少、村级筹多少、政府投多少，优先打造群众积极性较高、筹资较多的屋场。白衣庵社区结合扶贫采摘园建设、红光村发动群众集资投劳，示范屋场建设初具成效，多次承办省市两级流动现场会。将“空心房”整治作为实施乡村振兴战略的关键抓手，新增耕地面积 600 亩、新增污水处理管网 15.5 千米、135 户；厕所改造 1569 户；绿色发展造林 2800 亩；植绿补绿 12.6 千米，人居环境进一步改善。推行村级保洁市场化制度，同步实行“绿色存折”制度，进行协会每月互评、村级交叉互评。保洁协会前期以每斤 2 角的价格回收存量垃圾近 1.5 万公斤，以买促教，提升广大农户垃圾分类意识。推进河长制工作，堰塘清淤 60 口，对辖区内机埠、水库闸门、启闭机维修改造，白衣庵溪的综合治理被《中国水利报》、新华网、电视台、自媒体先后报道，白衣庵溪被评为津市市示范样板河湖。（刘林科）

【产业发展】2019 年，白衣镇以藠果为媒，以文化为质，举办“藠果节”，推介藠果文化、藠果产业，藠果每亩收益达 6000 元以上，亩产创历史新高，打响白衣镇文旅节庆品牌。依托传统藠果产业，在此基础上壮大藠果种植面积，9 个行政自然村创建村集体经济合作社，将 150 万藠果产业扶贫资金委托红光村、钟灵村集体经济合作社，与农户签订土地流转协议，建成藠果基地 500 亩。积极推进藠果厂建设，投入资金 4000 万元，建成藠果初加工厂，腌制规模可达 12000 吨，年产值约 8000 万元。引进湖南盛智鞋业有限公司落户投产，年产值约 600 万元。（刘林科）

【安全生产】2019 年，白衣镇围绕强化安全生产责任制，构建安全生产的长效机制，全年多次开展“大排查大管控大整治”、安全生产主题月、“强执法防事故”行动，通过日常检查、集中检查、执法行动、联合执法共检查 744 次，出动执法人员 2217 人次，检查企业 565 次，发现安全隐患 176 处，责令当场整改 125 处，限期整改 69 处，下达执法文书 156 份，罚款 1 万多元，确保全镇安全生产形势稳定，全年实现零事故。开展假冒伪劣食品打假行动，收取假冒伪劣食品 585 件，并对全镇 45 家农资销售商店进行整顿，收缴假冒伪劣农资 10 件，高毒禁用农药 21 件。（刘林科）

【民生保障】2019 年，白衣镇共有低保户 233 人，五保户 213 人，救助 107 人，关心关怀失独老人 37 人，生育关怀 10 人，缴纳医保 17431 人。完成两区制定工作，依法划定粮食生产功能区，油菜、棉花种植保护区，推行国家实行基本农田保护制度，促进农业生产和社会经济可持续发展。落实粮食生产 3.65 万亩，并对地力补贴进行摸底核查，打卡发放补贴资金 400 万元。全面开展家禽检疫防疫工作，取缔屠宰场，开展非洲猪瘟常态化防控与监测。新招录政务下沉村级专员 9 人，38 项政务下沉事项全部下沉到村（社区），村级办结下沉事项 6682 件次。完成军人信息采集工作，对全镇 661 户退伍军人以及现役军人家属进行信息采集，建立白衣镇退役军人信息数据库。落实“三二一”工作法，开展打非治违、众创平安工作，化解各类矛盾纠纷 145 起，经验在《湖南日报》《湖南信访》推介报道；安装雪亮工程监控探头数 292 个，提供破案线索 38 条，全镇各类案件明显下降，治安形势明显改观，白衣镇白衣庵社区获得常德市无上访村（社区）优秀单位。（刘林科）

三洲驿街道办事处

【概况】三洲驿街道办事处位于津市城区西北部，东起万寿路，与汪家桥街道办事处接壤；西至临津桥，与澧县澧澹乡毗邻；南濒澧水，与襄阳街街道办事处隔河相望；北抵津市监狱。2019 年辖区总面积 6.27 平方千米，总人口 3.3 万人，辖有三洲街、城隍庙、后湖、桥北、柏枝林、护市、蔡家河 7 个社区居委会。辖区内有企事业单位 48 家，下设基层党组织 51 个，党员 1273 名，其中社区党(总)支部 7 个，非公党组织 9 个，社会党组织 1 个，国企党（总）支部 2 个。街道机关内设党政办公室、党建办公室、经济发展办公室、平安建设和应急管理办公室、自然资源和生态环境办公室（城建办公室）、社会事务办公室（卫生健康办公室)6个股室;民政和社会保障站(加挂社区工作站牌子)、综合文化站、城市管理服务站、安全生产监督管理站、小区物业指导站、退役军人服务站6个事业站所;1个综合行政执法队。办事处有工作人员总数41人,设置岗位34个,行政编18个,事业编16个。其中在编在岗23人。2019年,面对各种风险挑战和繁重的发展任务,街道紧跟市委市政府的战略部署,开拓进取、奋力拼搏,取得较好的成绩,荣获2019年度津市市绩效评估良好单位、2019年常德市芙蓉标兵岗等荣誉称号。(陈汝嫣)

【基层党建】2019年,三洲驿街道全面贯彻落实中共十九大报告精神,从强化街道党工委主体作用、加强基层党组织的战斗壁垒作用、增强党员活力等方面推动全街道党建水平再上新台阶。组织队伍不断建强。严格执行党组织理论学习制度,利用谈心谈话、民主生活会等载体,沟通思想、凝心聚力,班子队伍不断健强。严把党员发展关,全年共发展党员9名,培养入党积极分子26名。落实基层党建"三个清单",强化党员教育管理,扎实推进"学习强国"学习教育常态化,以机关党员百分百的参与率高效实现了线上同步学习。管理模式提标升级。全面普及"我的常德"APP下载使用,推进网上缴纳党费、转接组织关系、参加学习培训等线上党员管理工作。创新"互联网+党建"党员管理模式,发挥街道网站、居民微信群的导向作用,不断完善流动党员教育管理机制,助推党员教育管理工作再上新水平。思想教育推陈出新。一方面持续开展好政治建设十大系列活动,已为829户无职党员户送挂"党员光荣牌"、过政治生日,不断增强集体荣誉感和使命感;另一方面将"不忘初心、牢记使命"主题教育与街道建设有机结合,以教育"入心"、调研"用智"、检视"较真"、整改"求实"为目标,结合户主会、小区论坛、红色服务站等平台,全面促进街道高质量发展。全街道召开户主会、小区论坛120场次,走访居民3000余户,收集各类建议183条,为街道发展奠定扎实的群众基础。(陈汝嫣)

【招商引资】街道紧跟市委、市政府统一部署,大力优化经济发展环境,着力推动招商引资、产业发展、项目建设等各项经济工作高质量发展。不断优化招商环境。通过"以商招商"方式,与武汉5.5产业园、泽山(武汉)投资管理有限公司、国信医药等外地投资商进行多轮沟通衔接。与湖南楚钢特种合金科技有限公司到津投资正式签约,企业经营状况良好。全面开展协税护税工作,现已入库税收25万元。全力促成项目投产。加强对接新合新与浙江工业大学合作的植物甾醇发酵关键中间体的研发应用项目转化落地。并积极策划申报安全隐患化解、老区遗址遗迹保护等争资项目。全速推进新码头小区改扩翻、品元宫小区改造、财保小区改造等7个老旧小区改造项目,老旧小区改造项目顺利推进,街道完成固定资产投资2亿元。切实拓宽争资渠道。以"服务介入、动态管理"作为工作的主要手段,开展上门服务企业活动30余次,对接企业包括津市兰苑宾馆实业有限公司等7家。通过详细掌握企业发展现状,发展的目标规划等,有针对性地开展企业帮扶10余次,带动辖区产业高质量发展。(陈汝嫣)

【精准脱贫、污染防治、防范化解重大风险】街道始终坚持问题导向,以抓重点、补短板、强弱项为核心,坚决打好精准脱贫、污染防治、防范化解重大风险三大攻坚战。严格落实"两不愁、三保障"要求,并针对困难帮扶对象4户8人,确立"2+1"的帮扶模式,抓好"生产发展、社会保障、技能培训、教育助学、危房改造"五个精准帮扶,切实保证现行标准下的脱贫质量,让成果经得起历史检验,2019年4户8人脱贫,至此,街道实现全面脱贫。污染防治纵深推进,做到每天一排查,并对排查出的制造火点人员进行相关政策及法律法规教育,宣传效应得到有效扩大。全面夯实河长制,总体巡河298人次。全面开展岸线乱建、水葫芦等打捞清理工作,澧水、澹水干流水质持续改善。聘请民间河长3名,民间小河长15名,开展保护河湖志愿者活动6次,河湖管理保护意识深入人心。防范化解重大风险。严格遵守金融防控的规章制度,着力加强非法集资风险宣传,张贴宣传海报,视频宣传普及范围达2万余人。切实防控非洲猪瘟,有效隔离重大动物疫病扩散蔓延。(陈汝嫣)

【城市建设】2019年,围绕辖区棚改征收、城市创建、小区治理等方面,坚持"精细长效"原则,重点抓好老旧小区改造、环境提升以及长效管护等方面,街区品质得到提档升级。棚改攻坚强势推进,全面完成朝宏油泵旧厂收储置换20户任务,完成新码头小区13户棚改征收任务,西河街片区八角楼地块全面完成腾退倒房,实现净地交付。三洲街菜

2019年7月31日,街道聘请的民间小河长开展保护母亲河行动

市场北侧地块征收任务已完成 26 户，为市级重大项目建设打下良好基础。创建成果强化巩固。组织辖区居民参加卫生科普讲座 12 次，增强广大居民对爱国卫生运动的认知。开展市容市貌整治工作，对卫生死角、市场周边、背街小巷等环境卫生突出问题地进行 6 次搬家式卫生大扫除，配合市城管局开展占道经营重点整治，和平市场、三洲街菜市场以及建设路等主次干道的流动摊贩规整有序。小区治理有序开展。投入 300 余万元对新码头小区进行改扩翻建设，全速推进品元宫小区、财保小区等 7 个小区提质改造。实施《三洲驿街道小区长效管理及考核奖惩实施方案》，对街道五类小区管理考核实行全覆盖，全力打造路通渠畅、设施完备、优美精致、管理有序的小区新环境。（陈汝嫣）

【民生保障】2019 年，街道把抓保障、兜底线作为民生工作的重点，加强对特殊群体的救助帮扶，扎实做好基本民生保障、基层社会治理、基本社会服务等工作，促进社会民生持续改善。惠民政策不断落实。城镇新增就业 1225 人，帮助失业人员实现再就业 789 人，新增农村劳动力转移就业 82 人，新增创业主体 252 个，创业带动就业人数 872 人，就业形势保持基本稳定。有 130 户居民享受临时救助，共发放救助金 218550 元。有低保 392 户，累计发放低保资金 186255 元。审核上报一、二级残疾 361 人，发放重度生活补助金 23465 元，养老金领取人数 392 人，累计发放养老金达 41806.23 元。切实解决困难群众的燃眉之急。办理各类生育证 144 本，对 138 户计生特扶家庭及手术并发症家庭进行家庭医生签约，建立、更新健康档案。推广政务服务下沉工作，不断简化居民办事手续，38 项下沉事项申报资料由 149 项精简到 88 项，办事流程由 94 项简化到 55 项，老年优待证、失业登记证等多项事项的办理实现当日办结、即刻出证。推广“我的常德”APP 办理事项，居民足不出户即可办理低保申请、生育服务证、老年优待证等十一项事项，通过网络已成功办理 600 余件事项。文化活动蓬勃发展，规范文化阵地队伍，街道共有业余文艺团体 5 支、民间文艺群团 23 支，吸引近 700 名群众参与。建立完善街道图书馆、文化馆、社区综合文化中心等设施，其中藏书 12000 余册、报纸杂志 30 多种。成功举办“庆七一”晚会、“小区论坛系列活动”、“百团大赛”、“国庆文艺会演”等活动 10 余次，进一步丰富群众的业余文化生活。（陈汝嫣）

【安全维稳】2019 年，街道以维护公共安全为主基调，以信息化、网格化为引领，以基础建设为支撑，全面健全点线面结合、线上线下结合、人防物防技防结合的社会治安防控体系，维持社会大局的和谐稳定。综治维稳不断加强。落实包案化解机制，探索构建“1+4+6+N”基层治理工作体系，建立矛盾纠纷调处工作平台，包保化解群体性矛盾，在五大楼盘问题集中爆发的情况下，未出现大规模的集访。全年辖区共发生群众集访事件 21 件，已处理 21 件，省委巡视组交办的信访件共 6 件，已办结 6 件，成功化解张某某、廖某某等 50 年以上的信访积案，有效化解田某某、李某某、肖某某、张某某、杨某某等 6 户签订息诉息访协议书。全年开展禁毒活动 30 余次，设立扫黑除恶举报箱 12 个，行动期间共核查线索 3 起，经公安机关核查，均构不成黑恶势力。在维护公共安全上持续发力，开展安全监管“强执法防事故”行动 483 次，出动执法人员 1336 人，下发安全生产行政执法文书责令限期整改指令书 258 份。2019 年，街道以更加强烈的责任感、更加坚决的措施、更加务实的作风、更扎实的工作成效，始终把安全稳定工作摆在各项工作的首位来抓，从讲政治、保稳定、促发展的高度，大力开展安全生产大排查、大管控、大整治、打非治违、平安创建等活动，不断增强社会治安防控能力，加强矛盾纠纷排查化解工作，全力维护社会政治稳定，为街道和平稳定发展创造良好的社会环境，荣获 2019 年度湖南省安全生产示范乡镇街道荣誉称号、2019 年度常德市平安乡镇（街道）创建优秀单位的荣誉称号。（陈汝嫣）

【亮点特色】街道将抓改革增活力、强创新促转型、重特色创优势作为工作切入点，不断推动辖区高质量发展。2019 年，街道创新探索城市党建“红色治理”新模式，建立完善“街道党工委—社区党总支—网格党支部—小区党小组”四级服务体系。牵头成立“红管家”志愿服务工作室，全力推动多级主体共商共治；结合新时代“枫桥经验”，大胆探索引导第三方社会力量参与社会治理，充分挖掘社区中的业务“能人”和志愿者骨干，汇聚起社会治理智慧，结合“345”工作方法，协调各种社会矛盾、平衡不同的利益关系，实现矛盾不上交、平安不出事、服务不缺位。2019 年已发展志愿者 200 余人，开展志愿服务 80

2019 年 6 月 25 日，三洲驿街道召开“七一”表彰晚会

2019年4月22日，三洲驿街道在后湖社区举行"红管家"工作室挂牌仪式

余场次，处理矛盾纠纷300余起，相关工作经验被《湖南日报》推介；深入开展"小区论坛·民主协商"品牌活动，成功搭建基层政府与群众平等对话的平台，实现了民事民提、民事民议、民事民决，相关工作经验被《人民政协报》《湘声报》、省政协云平台等中央和省级媒体转载；着力推进结对共建活动。联合辖区共建单位举办"不忘初心 牢记使命"表彰晚会，结对棠华铺社区开展新时代文明实践活动，进一步激发共建活力；为高质量完成政务服务下沉，搭建"热线吹哨，网格报道"反馈热线，全面了解群众需求，反方向助力推进政务下沉水平提升，按照市委部署，打造"一站式"服务平台，创新政务下沉"五个一"的模式，吸引湖南省多家兄弟单位前来参观学习。（陈汝嫣）

汪家桥街道办事处

【概况】津市市汪家桥街道办事处位于津市市区东部。西起澧水大桥东侧（万寿路），东至小渡口，与澧县洪湖区毗邻，南濒澧水，北临阳由乡护市、城东村。2019年，辖新村、汪家桥、油榨坊、城东、澹津5个社区居委会，其中，城东、澹津社区为农村社区。辖区驻有行政事业单位31家，各类企业4家。辖区总人口32444人，其中城镇常住人口23017人，总面积10.75平方千米。辖区内有社区文化活动中心2处，图书馆1个，藏书3000册。幼儿园6所，双济实验小学和德雅中学学校。有社区医疗机构8个，门诊部（所）16个。学校体育场2个，文体公园体育场2个，公园1个，室外晨、晚健身场所10处。

2019年，棚改征收完成176户的征收工作；招商引资对接项目1个；项目建设完成2个改扩翻工程；城市建设共投入近25余万元，添置环卫基础设施；大气污染防治上共安排专门的巡查人员150人次，按照网格管理，组建巡查队伍共37人，共对辖区开展清明文明祭祀巡查活动20余次；城镇新增就业1115人，下岗失业再就业650人，就业困难对象再就业210人，全年共发放城镇低保打卡发放资金340.608万元，打卡发放临救资金24.49万元，社会保障兜底脱贫对象和特困人员打卡发放10.052万元。建设高标准的综治中心，接访并成功化解矛盾纠纷，全年未出现一人到常赴省进京非正常上访。

2019年，街道被评为省级"2018年度市级星级乡镇财政所"，常德市级先进党组织和"无上访村（社区）"先进街道，津市市级绩效考核优秀单位，综治、计生工作先进单位，安全生产红旗单位。

（罗樱子）

【基层党建】2019年，街道下设1个党委（邮政局党委），6个总支，26个支部，党员1064人，每月开展一次党日活动，共吸收入党积极分子11名，发展预备党员6人，讨论转正2名。纪检不定期督查暗访12次，发现作风纪律问题2起，纪工委对于中心工作履职不力人员约谈3人次。开展主题党日、新中国成立70周年等一系列活动，开展"不忘初心、牢记使命"主题教育工作，组织街道班子成员和各站所长赴帅孟奇故居开展以"缅怀革命先烈"为主题的党日活动，全体党员干部重温入党誓词。为扎实做好党员线下教育工作，"六五工作法"助推政务服务，编订汪家桥街道《基层党建手册》，指导街居两级党建专干日常工作，抓细抓实业务指导，确保基层组织活动正常化、规范化。所撰写的《扎根基层守初心践使命》被《常德组织

2019年9月21日，汪家桥街道办事处党工委书记带领全体人员赴帅孟奇故居重温入党誓言

工作》向全市推介，利用新媒体平台，“学习强国”“我的常德”在线学习，街道“我的常德”APP认证率达到90.96%。

（罗樱子）

【棚改征收】2019年，自4月启动棚改征收工作，棚改征收办公室对针织厂宿舍周边棚户区进行入户摸底。已完成原针织厂片区148户、通道8户、卫生地块及其周边扫尾10户、原轧花厂片区扫尾1户、澹津菜市场4户、小渡口泵站建设5户的征收工作，全年共征收拆迁176户，面积15000余平方米。

（罗樱子）

【招商引资】2019年，街道主要负责人外出招商2次，接待外来客商2批次，对接项目1个，项目为兆源贤庄。澧水二桥桥北周边棚改项目、武装部西侧、酒厂小区、城东四组共4个改扩翻建工程，其中工程共对辖区214户居民及1800平方米的街道便民服务中心大楼的屋面、立面进行改造，清理下水道2300余米，新建休闲健身广场4个，停车位71个，增设路灯65盏，新增绿化面积1750平方米，新建道路350米。武装部西侧、酒厂小区已完工，城东四组50户房屋改造已完成，正在进行相关配套设施建设及拆违工作；澧水二桥桥北周边棚改项目轧花厂宿舍（179小区）改扩翻建工程，已完成98户房屋改造；澧水二桥桥北周边棚改项目轧花厂宿舍改扩翻建二期工程，现正在进行庭院建设及下水道改造、路面黑化、亮化和绿化工程；便民服务中心建设，结构加固工程已完成，现正在进行外墙及内部装饰工程；城东社区服务平台建设，已完成主体结构建设，现正在进行内部装修设计方面工作；汪家桥社区综合服务平台建设，现正在进行内部装修设计方面工作。2019年固定资产投资任务总数为3亿。全年向上争资工作任务200万元，完成200万元。（罗樱子）

【城市创建】2019年，街道共发放宣传资料10000余份，清扫街道近8000米，治理居民小区6个，3000多平方米，清运陈年生活垃圾56车、建筑垃圾共320多车，动用挖土机、渣土车、运输车等各种车辆15台；在重要节假日，组织10次集中行动，对各类占道经营、乱停乱靠、乱拉乱接、乱泼乱倒等行为进行突击整治，全面整治和拆除大部分影响城市形象的违章建筑；全办共投入近25余万元，添置环卫基础设施。（罗樱子）

【环保攻坚】2019年，街道在辖区内向居民发放并张贴津市市《推行文明祭祀，倡导绿色殡葬倡议书》2000余份，充分利用辖区单位、社区及门面的电子显示屏滚动播放宣传标语，通过广播、宣传车等多种形式进行宣传。同时对澹津社区和城东社区两个农村社区、辖区主要街道、德雅中学空气自动站周边等重点区域以及重点时段，安排专门的巡查人员150人次，按照网格管理，组建巡查队伍共37人，分时段在辖区范围内开展巡查，严格落实祭扫巡查监控责任，共对辖区开展清明文明祭祀巡查活动20余次。河湖长制工作，严格按照乡级河长河道巡查每月不少于3次，村级河长每月不少于4次，管护员管护每周不少于1次的标准进行巡查。5~6月集中对澹水、涔水河河道内中存在的藻类及其他水面漂浮物进行全面清理，结合环保要求，重点开展夜市摊点油烟、工地扬尘监督治理，环保整治成效明显。

（罗樱子）

【民生保障】2019年，街道妥善安置，大力拓展就业渠道，城镇新增就业1115人，下岗失业再就业650人，就业困难对象再就业210人，先后为工业园区企业输送用工达100人次。核查清理低保工作，新增低保35户，取消15户，共有377户低保户，共发放城镇低保打卡发放资金340.608万元，打卡发放临救资金24.49万元，社会保障兜底脱贫对象和特困人员打卡发放10.052万元，高龄补贴打卡发放资金7.34万元；基本养老服务补贴打卡发放1人，每季度发放180元，共发放资金720元。建档立卡贫困户12户24人，2019年，脱贫3人，均不存在愁吃愁穿现象。经梳理，24人均已参加城乡居民基本医疗保险，在饮水安全、住房安全方面都有保障，7名学生在义务教育街道无失学辍学情况，并为其中两名中职高职学生，提供春季“雨露计划”1500元/人的教育补助。同时对包括建档立卡贫困户在内的25名四类人员进行房屋危险性鉴定排查工作，排查结果均为安全。（罗樱子）

【安全生产】2019年，落实“一岗双责”要求，推进“强执法、防事故”工作，共现场检查499起，责令整改98起，整改复查108起，处罚次数60次，罚款28次，共罚款0.236万元，清理出营业执照未办理或已过期10多家，移送1家，道路交通社会化平台录入信息共完成11621条，其中车辆驾驶人336人，机动车辆860台，建立劝导站5个，劝导员10人，非机动车辆552条，安全宣传阵地31个，安全宣传教育127条，安全隐患78条，劝导工作日志9639条。

（罗樱子）

【综治维稳】2019年，推进综治稳定平台建设，完善硬件配置和组织架构，街道党工委以“4334”（建立“四个共建”干群联系机制、“三方共推”的多元服务机制、“三会联治”民主监督机制、“四轮驱动”的考核督导机制）工作机制为抓手，保障社区治理重心向网格下沉。全年街道辖区发刑案17起，刑拘16人，治安案件14起，破获14起，行政拘留20人，打击处理吸毒案件6起，强制戒毒3人。收集各类矛盾纠纷问题共14条，通过问题交办到相关社区解决问题9条，无法解决的问题5条进行政策性解释，年内未出现一起到常赴省进京非正常上访事件。（罗樱子）

襄阳街街道办事处

【概况】襄阳街街道北以澧水为界，南经大同路与金鱼岭街道办事处毗邻，总面积11.5平方千米，有居民9380户口25780人，下设襄阳街、汤家湖、古大同、盐矿、阳由、澧阳、荷花等7个社区居委会。街道内设党政综合办公室、党建办公室、民政和劳动保障站、综合文化站、城市管理服务站、安全生产监督管理站、农林水利综合服务站、退役军人服务站8个股室(站所),目前在编在岗人员33人，其中行政编制人员16人，事业编制人员17人,35岁以下10人。2019年退休1人,新录公务员1人,调进4人,调出5人,提职1人。社区干部共51人。辖区内驻有行政、企事业单位59家,其中骨干民营企业10余家。

2019年,街道党工委、办事处以创特色、树品牌、优服务、上台阶为目标,坚持党建引领，全面营造党群同心、政企同心、干群同心的工作氛围,各项工作呈现良好发展态势。2019年,街道被评为全市绩效管理良好单位，被授予“2019年常德市文明单位”荣誉称号。

(康廷芳)

【基层党建】2019年,街道下设社区党(总)支部7个,非公党组织4个,社会党组织2个,党员711名,全年新发展党员7名,新招录党建联络员1名。11月,机关党支部和老干党支部顺利完成换届选举工作。全年,街道党工委书记带头研究部署党建工作12次，到后进社区现场办公10次，走访慰问党员68名、现役军人家属47名。在“不忘初心牢记使命”主题教育期间,解决民生难题16件,认领建议10条,将市委交办的巡察整改反馈问题全部整改到位。为强化基层武装保障，投入20余万元对武装阵地进行升级改造，输送新兵3名,组织民兵集中轮训5次,储备基干民兵28名。街道擦亮“红色驿站”品牌,培植身边典型,充分调动辖区党员积极性,主题教育期间,朱德文在常德市巡回宣讲24场次。“参观基地+上党课+开展志愿服务”的教育模式,被省级媒体报道,接待市内外参观团体89批次,老干党支部被评为湖南省离退休干部先进集体。 (青陵)

【基础建设】2019年，街道总投资159万元对古大同社区左家堰东小区、荷花社区农科小区的基础设施进行提质改造;实施了一中旁油泵宿舍片区76户及澧阳社区韩家湖片区25户征拆工作;投入150余万元的土岭垭路至盐矿北门道路工程改造项目基本完工;津港大道荷花社区周边房屋及盐矿化工大院268户改扩翻建、汤家湖公租房转移安置等项目正有序推进。另一方面,大力提升城市综合管理能力。坚持解放思想、突破束缚、真抓实干,实施“双会双责”(即成立业主委员会和社区红白理事会,同时明确各自的职责。)、“双诺双巡”(即业主委员会与小区各居民户签订“小区综合管理与整治”承诺书,业主委员会与辖区党员签订移风易俗承诺书,业主委员会按要求做好每天的巡逻巡查。)、“双联双评”(即街道办事处与小区业主委员会联合协作,业主委员会每月公示小区家庭卫生得分结果,每季度评出卫生家庭,年底评选出文明卫生示范户。办事处、社区、志愿者服务协会与小区业主委员会联手,开展丰富多彩的精神文明创建活动。)工作机制,把突击管理置换为长期管理,并将五号小区自治经验向其他小区推广,扎实推动城市管理工作不断取得新进展。(雷明金)

【服务企业】2019年,街道为联系服务的企业湖南鑫铮科技有限公司解决融资难问题,协调解决贷款60万元,后期还将有200万元贷款注入;帮助湖南鑫铮与湖南工程学院签订产学研合作协议,试制圆柱形空芯杯无刷微型电机,并投入试用，该企业进入湖南省军民融合项目笼子。同时,街道还为湖南旭盛科技有限公司先后协调征地租厂房、环保、加装专用变压器等事宜。 (卓伶俐)

【招商引资】2019年,引进湖南鑫铮科技有限公司入园租赁标准厂房,投资3000万元建成年产8000万元的微型电机生产线，改生产线已正式投入生产。引进昆山绿林塑胶科技有限公司和澧县三平治食品厂签约入园。全年完成争资任务214万元,超额完成市政府下达的180万元争资任务。 (卓伶俐)

【蔬菜、水产】辖区荷花社区、澧阳社区、阳由社区3个农村社区,主要生产蔬菜、水产品。现有蔬菜面积4150亩,已建成无公害蔬菜基地3000亩,其中蔬菜大棚2000亩,主要生产萝卜、白菜、苋菜、芹菜、莜麦菜、豆角、辣椒、黄瓜、西瓜等大宗蔬菜及瓜果,2019年,生产各类蔬菜和瓜果6000余吨;辖区共有水产养殖水面3500亩，主要养殖鳙鱼、草鱼、青鱼、鲫鱼、黄骨鱼、鲈鱼、桂花鱼、南美白对虾等,2019年,总产量达5000吨。所产蔬菜、水产品主要由津市市阳由垸蔬菜销售公司、常德宏福水产养殖专业合作社销往湘西北各大型超市和农贸市场,街道为湘西北重要的蔬菜、水产等农产品输出基地。(雷明金)

【综治维稳】2019年,街道按照市综治工作会议的部署,抓住影响社会和谐稳定的源头性、根本性、基础性问题,深入推进社会矛盾化解、社会管理创新、平安建设、维护社会稳定等重点工作,落实社会治安综合治理工作各项措施,维护辖区的社会治安秩序稳定。2019

阳由垸无公害蔬菜大棚

2019年5月“清四乱”行动，清除丁家洲杨树，确保行洪道通畅

年，共处理网上信访63件，来信来访登记调处47件，排查矛盾纠纷187件，化解信访积案18件；持续推动“扫黑除恶”专项斗争工作，街道以强化宣传、线索摸排为抓手，张贴通告1300余份，制作固定宣传标语21条，发放宣传资料1400余份，营造全民参与的良好氛围；充分发挥社区网格化管理的作用，动员辖区居民积极参与，建立平安网格微信群55个，3824人，网格员每月下社区走访15次以上，真正做到知民情，收民意，解民忧；开展防邪反邪和禁毒工作，制作固定宣传栏8块，放发资料3000余份，签订禁种铲毒承诺书200多份，建立详细的巡查台账，实地排查居民1700余户，同时加强对辖区社戒社康复人员管理，对强制戒毒人员出所必接。2019年，街道被评为常德市平安创建工作优秀单位、津市市建设“无上访村(社区)”工作先进单位，襄阳街街道志愿者协会会长朱德文荣获平安建设功臣称号立三等功。（雷明金）

【消防与安全生产】2019年，强化重点时节、重点行业、重点地段安全工作，于春节、“五一”、高考时节，对学校周边、主要路口、医院及附近场所开展安全隐患排查10多次，发现隐患30多起；以安全生产“强执法防事故”和“打非治违”为重点，按照零容忍、严执法、重实效的要求，组织联合执法检查1191次，检查生产企业1010家，出动执法人员3374人次，经济处罚1.53万元，责令停产停业6家，吊销许可证照1家，取缔关闭4家，问责干部2人，曝光典型案例9家，确保安全生产“零事故”；开展瓶装液化石油气安全专项整治行动，做好春节、清明期间烟花爆竹安全燃放的宣传和排查等工作，举办消防知识培训3场，发放各类宣传手册、宣传单合计4000余份，安全生产基本实现常态化、长效化。2019年，街道被评为常德市安全生产和消防工作优秀单位、津市市安全生产工作考核评估结果红旗单位。（雷明金）

【生态环保】2019年，街道实行“干部包居、社区包片、群众参与”的三级联动机制，推动秸秆禁烧工作，通过划分网格、细化责任，秸秆禁烧工作取得明显成效，空气质量明显好转，街道被评为津市市2019年度秸秆禁烧和综合利用优秀单位；力抓河湖长制工作，完成街级河长巡河100余次，居级河长巡河200余次，加强河道乱采乱挖巡查和监督，确保12千米澧水沿线不出问题；动用大小挖机8台次，运输车辆10台，劳动力580个，完成沟渠12.6千米的沟渠疏浚；为落实河长制要求，投入110余万元对辖区“乱占”“乱采”“乱堆”“乱建”问题进行全面清理整治；配合市住建局对清远观水库黑臭水体治理工程的施工，顺利推进洞庭湖“五结合”工程，完成清远观245亩黑臭水体治理、8400米主干沟渠清淤整治及农村面源污染治理。（李志华）

【志愿服务】2019年，街道志愿者协会拥有注册会员426人，涵盖政府机关党员干部、企业工人、普通群众、在读大学生、中小学生等群体，协会设立了爱心扶贫、法律援助、平安创建、物业管理、应急救援、科普宣传、文体健身、爱老敬老8个志愿者分站，津市市新时代文明实践中心国家试点在襄阳街街道志愿者协会挂牌成立并设立志愿者服务总队。2019年，协会承办“雷锋精神永放光芒、志愿服务与时俱进”学雷锋主题志愿服务活动，全市60多个志愿者团队，1000多名志愿者代表参加启动仪式。相继开展“青春志愿行，奉献新时代”春运暖冬志愿服务活动、“关爱留守儿童、你我同行”儿童节特别活动、“绿色护学，阳光高考”高考护考行动、“留下希望、快乐成长”暑期留守儿童学习班等志愿服务活动；以党员活动中心为阵地，为津市监狱等10多个单位上党

3月4日，襄阳街街道志愿者协会承办“雷锋精神永放光芒、志愿服务与时俱进”学雷锋主题志愿服务活动

课、组织党日活动30多次，接待省、市各级参观达60多次，开展关爱帮扶行动，走访慰问弱势群体676人，帮扶资金约40万元。开展计生特殊对象、残障居家托养对象专项关爱行动1500余次。2019年，街道志愿者协会获“全省示范性青年之家”荣誉称号，被中共常德市委组织部授予“不忘初心 牢记使命”主题教育先进事迹报告团荣誉称号。

（青陵）

【民生保障】2019年，新增低保21户23人，取消36户47人，现有低保户166户220人，特困供养对象共新增2户，取消3户，其中城镇“三无”77人，农村五保1人。全年发放低保、特困供养对象生活救助168万多元，高龄老人、困难失能半失能等对象补贴4.3万元，发放临时救助21万元，完成医保参保13500人；申请租赁补贴69户；完成608名残疾人信息动态更新；举办大学生创业培训和失业人员技能培训，组织无业人员参加市招聘会，全年新增就业1003人，其中失业人员再就业401人，困难人员就业197人；街道挂牌建立退役军人服务站，采集基本信息1103条，为退役士兵社保接续工作的开展打下坚实的基础。

（康廷芳）

【便民服务】2019年，聚焦政务下沉过程中的热点难点问题，探索创新工作举措，打通服务群众的“最后一公里”，实现居民办事只进“一扇门”。结合主题教育，开展思想政治教育防止干部思想认识不够；组织集中培训，建立工作群，随时对工作中遇到的难点问题进行答疑，补齐业务能力“短板”。采取班子成员轮流体验、工作人员反复操作、居民群众现场办事等方式，对下沉的38项事项逐一梳理，发现业务办理过程中存在的问题，及时报送至市行政审批服务局。2019年，街道共上报各类技术、流程问题40余件。街道各业务办理窗口实行“AB岗”，保证不让居民多等一分钟。每月组织各社区政务下沉“最佳办理窗口”评选活动，将“政务下沉”工作落实情况纳入社区书记年底双述双评考核范围，强化社区书记的主体责任，确保政务下沉工作常态化、推进过程中顺畅化。全年共承办政务下沉事项34项，办理相关业务3000余件。

（康廷芳）

【计划生育】2019年，全年办理一孩生育服务证55人，二孩生育服务证47人，三孩生育证5人，办理流动人口婚育证明10人，免费生殖健康检测1203人次。2019年享受农村奖扶21人，特扶76人，独生子女保健费发放116人，完成优生遗传任务116人。期内共出生134人，计内134人，与往年相比减少31人，出生率为5.89%，性别比为88.73，出生统计准确率为100%，符合政策生育率为100%，奖励扶助确认准确率为100%，流动人口管理到位率100%，免费孕前优生任务及孕中期免费产筛达到目标任务。对76位计生特扶家庭全部免费购买医保及意外伤害险，向志愿者协会以购买的方式对辖区内76名特殊家庭人员进行居家服务，对符合条件的6位特殊家庭重大疾病护理补贴按时补贴到位12300元。开展“生育关怀、牵手户外”、“计生帮扶、情系你我他”等主题活动，联合举办妇科病防治、儿童保健知识、老年人慢性病等健康知识讲座，受益群众1000多人次。

（康廷芳）

【打造“志愿者+”服务新常态、创新街道信访维稳新模式】直面制约区域发展的热点难题、阻碍社会和谐的焦点问题、影响群众利益的难点问题这三个难题，通过推行信访志愿组织“社会化”、加速信访志愿队伍“群众化”、促进信访志愿服务“专业化”，开创信访促发展、信访促和谐和信访促民生的“新常态”。近三年来，通过信访志愿服务，先后平稳完成一中东门油泵312户房屋征拆、1170亩土地征收，推动津港新城周边595户的棚改征收及多个小区的功能性项目改造建设；共排查化解各类民间纠纷478件，接待群众来访650人次，接待群众法律咨询336人次，预防群体性上访5起，排查整改各类信访隐患78个；共帮扶低保救助弱势群体687户，发放救助资金632万余元；解困受灾群众249户523人，所涉资金16万元；新增就业3300多人，其中解决困难就业700人次。

（雷明金）

政务下沉办证

金鱼岭街道办事处

【概况】津市市金鱼岭街道办事处地处津市市城郊接合部，位于津市城区西南部，北与襄阳街街道相连，南与工业集中区、嘉山街道接壤，东与襄阳街街道相连，西临道河与澧县澧南相连，“二广高速”穿越大关山村。2019年辖燕子窝、文家湾、湖桥、丝绸4个社区居委会，大关山村1个行政村，总面积44平方公里，总人口2.2万人。有党员1112名、基层党组织32个。辖区内有汽配、

金鱼岭街道司法所荣获“全国模范司法所”称号

生物、纺织等3类产业14家企业。2019年，街道被评为“全省计划生育基层群众自治先进乡镇街道”，金鱼岭街道司法所被评为“全国模范司法所”，大关山村被评为“湖南省五星级乡村旅游点”。

【基层党建】2019年，金鱼岭街道始终将坚持和加强党的全面领导作为根本原则，把党的建设贯穿经济建设各领域、全过程。深入开展“不忘初心、牢记使命”主题教育活动。通过集中学、自主学、辅导学、交流学等方式，在全街道掀起政治理论学习热潮，学习习近平新时代中国特色社会主义思想、中共十九大精神、党章党纪党规等内容，坚持用习近平新时代中国特色社会主义思想武装头脑、指导工作。建立完善“微党建、大作为”服务体系。针对当前支部党员隐身化、边缘化、群众化的问题，将阵地建到支部，将末梢延伸到末梢，以党员中心户为骨干，以普通党员为主体，构建“红色细胞工程”。通过党员“红色细胞”示范引领，带动群众其他“细胞”健康运行，激发小区活力，推动共建共治，开创小区治理新局面。建立“工委引领、总支统揽、支部协调、小组联动、党员服务”的五级服务体系。成立“微党建、大作为”党员服务队5支，成员97人，设立政策宣传、民情信息、治安巡逻、文明劝导、纠纷调解、水电维修、助困帮扶等7个微服务岗位，共开展安全巡查140余人次，帮扶高龄、空巢老人18余次，调解居民纠纷6次，收集社情民意50条。积极开展党员“亮身份、树形象”活动。在6个便民服务中心，实行党员“五公开”(公开照片、公开姓名、公开联系方式、公开服务事项、公开服务承诺)，发挥模范作用，带动窗口单位服务质量整体提升。在各村(社区)，为488名无职党员上门悬挂“共产党员户”，激励党员公开亮身份，带头做表率，充分发挥无职党员在村级事务中的先锋作用。

(傅钰蘋)

【招商引资】2019年，金鱼岭街道创新招商引资方式方法，提高招商引资成功率，拓宽招商引资空间。服务辖区企业，优化经济发展环境。项目建设推进有力。完成津港大道周边地块棚户区改造项目。完成清远路两侧改扩翻建256户。完成湖桥社区老旧小区改造项目前期准备工作。完成丝绸路3.5千米黑化工程及道路两旁绿化工程。发展生态休闲旅游，与山东寿光绿巨人集团就大关山村乡村振兴文化旅游开发项目达成2000万元合作意向，正促进项目落地实施。招商引资成效显著，全面完成招商引资3000万元的工作任务。(傅钰蘋)

【安全维稳】2019年，金鱼岭街道坚持稳定为要，切实做好基层治理各项工作，营造稳定、和谐、平安的社会环境。开展各类安全隐患大排查267次，排查整改各类安全隐患83处，责令停产停业4家，取缔非法经营烟花爆竹商店3家，街道未发生一起较大及以上安全生产责任事故。推进“三二一”调解工作模式及“互联网+”跟踪调解模式，做到“全域舆情早知道早处理”。全年共调处各类矛盾纠纷207件，协调化解交通事故纠纷2起，完成巡视组交办的信访事项12件，消除信访积案4起，确保辖区稳定，确保建国70周年特护期间无一人进省赴京。将金鱼岭司法所规范化建设工作作为全省现场会参观点，成功迎接省司法厅等共计60余人的调研考察，现场会达到预期成效。(傅钰蘋)

【大关山村文旅发展】2019年，金鱼岭街道在大关山村开展陈年垃圾清理、整村运行“绿色存折”、开展农村厕所革命、建设示范屋场、实施农村污水治理工程、开展庭院美化建设、实施道路升级改造，人居环境整治工作成效显著。2019年人居环境整治工作连续3个季度位居全市街道第一，大关山村被评为全市人居环境整治“五佳村居”。2019年，街道被评为津市市乡村振兴工作优秀单位、“绿色存折”工作优秀单位，大关山村被评为2019年湖南省五星级乡村旅游点，举办湖南省洞庭湖生态经济区“五结合”项目现场会。振兴乡村经济，探索乡村发展新模式，正与山东寿光绿巨人集团等企业积极对接关山农旅文创小镇项目，拟规划建设独具特色的果蔬产学研文创中心，修复四季分明的道河草原生态景象，建设亲子乐园、御果园，满足学校、机关企事业单位、家庭等对象的研学、工会、亲子等活动需求，形成三产融合的核心区。(傅钰蘋)

【脱贫攻坚】2019年金鱼岭街道实

省美丽乡村示范村大关山村获评“省五星级乡村旅游点”

施精准帮扶，切实做好脱贫攻坚工作。针对街道未脱贫4户11人，精准谋划，强化工作重点和目标，优化配强帮扶干部队伍，提高一线扶贫力量。多措并举，实行“一户一策”，为贫困户制定个性化帮扶措施。大力宣传扶贫政策，积极对接产业项目，共承接扶贫项目9个，涉及资金51万元，主要进行基础设施建设和果木林种植项目。力推产业脱贫，采取小型产业脱贫、社会保障兜底脱贫。落实干部包户帮扶责任制，按照“工作到村、扶贫到户、帮扶到人”的扶贫要求，压实压紧帮扶干部包保责任。在就业扶贫方面，对接用人单位，输入贫困劳动力3人。在健康扶贫方面，辖区有大病和慢性病患者共10人，签约家庭医生，享受政策规定的医疗报销政策。在教育扶贫方面，辖区3名小学生和2名中学生已享受教育扶贫资金。2019年各项扶贫工作进展顺利，并于年底顺利通过脱贫攻坚省检。（傅钰蘋）

【生态环保】2019年金鱼岭街道加大环境综合整治，为提高广大群众的环保意识，利用各种形式进行环保宣传，张贴宣传标语50幅，发放传单12000余份，出动宣传车50余次对环保知识进行宣传。同时签订露天禁烧承诺书100余份，全年禁烧值守巡逻7000余次。对露天焚烧秸秆、垃圾的违法行为共处罚16起。落实河长制，对辖区河流水质和日常排污进行常态巡查，对河道进行全面摸排，实行动态化管理。（傅钰蘋）

【民生保障】2019年金鱼岭街道城镇新增就业人数804人；全年失业人员再就业人数532人；就业困难对象再就业296人；均超额完成任务，城镇登记失业率达4.5%。帮助一大批下岗失业人员，找到新的就业门路，减少政府部门的压力，维护社会的稳定。全办共有756名60岁以上的城乡居民按月领取养老金。完成辖区内企业退休职工认证1720人。街道全年为109户城市低保户、60户农村低保户、36户特困户共发放低保、特困金984030元；为54户困难群众办理了临时救助足额发放临时救助、救助金额达73500元；为80、90高龄老人发放资金49060元。2019年完成2户“四类对象”的危房改造。利用手机短信、微信群、宣传册等对租赁补贴新政策进行全方位宣传，共有205户居民申请房屋租赁补贴。（傅钰蘋）

【卫生服务】2019年金鱼岭街道共出生77人，其中计内一孩37人，计内二孩36人，计内三孩4人，符合政策生育率为100%。办理一胎生育服务证28本、二胎生育服务证28本，多孩生育服务证1本，流动人口婚育证明15本。完成2019年度14个新增农村奖励扶助对象和7个特扶对象及98个城镇奖扶对象的摸底、调查、上报工作，落实好特扶对象的双岗联系人及家庭医生签约等工作。街道享受农村奖扶177人、特别扶助62人、独生子女保健费54人。（傅钰蘋）

嘉山街道办事处

【概况】嘉山街道办事处地处津市市城市南部，东临澧水，西接二广高速，南与新洲镇毗邻，北与金鱼岭街道接壤，总面积21平方千米。嘉山街道成立于2016年1月，下辖明道、团湖2个社区，杉堰、戚关2个村，年末人口8398人。嘉山街道水陆交通便利，水路经澧水下洞庭直达长江，千吨级航运码头正在建设，省道S205线贯穿全境，二广高速在境内设有连接点。

街道内设党政综合办公室、党建办公室、经济发展办公室、平安建设和应急管理办公室、自然资源和生态环境办公室（城建办公室）、社会事务办公室（卫生健康办公室）、综合行政执法队、民政和社会保障站（加挂社区工作站牌子）、综合文化站、城市管理服务站（加挂小区物业指导站牌子）、安全生产监督管理站、农林水利综合服务站、综合文化站退役军人服务站等股室（站所），目前在编在岗人员29名，其中行政编制15名，事业编制人员14名(不含派驻机构、临聘人员)。2019年，嘉山街道开展共计179户的征拆工作并完成97户签约，完成招商引资项目3000万，向上增资任务180万，巩固“无上访村（社区）”创建成果，摸排受理各类矛盾纠纷近100余起，坚持把政治学习作为首要政治任务，组织班子成员6次专题学习，9次干部大会集中学习，各支部共召开32次党员大会、8次党课，10次开展“主题党日”活动，加强党的建设，狠抓贫困户的动态监测，与五风杨梅合作社签订委托协议，确保每一户贫困户都有产业分红，帮助贫困户解决就业难题，新增就业人口近30人，对辖区27家企业进行计划执法，对13家企业双随机执法，共执法检查40家企业，排查隐患78处，整改验收75处，完成年度目标。同时，开展“厕所革命”136个、庭院建设208户、屋场建设1个，邀请规划设计院针对性做好园区三产服务业区域发展和招商规划。（彭欣翌）

【征地拆迁】2019年，配合园区重点项目建设用地需求，分别开展960亩项目用地、明道社区征拆、杉堰村团湖路南延、杉堰村河湖连通项目共计179户的征拆工作，完成签约97户。并对1402地块进行摸底，对灵泉路周边零散、老旧房屋进行了拆除，确保园区项目建设的顺利实施。街道还为失地农民落实社保优惠政策、另行划分宅基地等举措解决往年征地拆迁的历史遗留问题。2019年，街道没有发现一起因拆迁引发的矛盾纠纷信访问题，确保了平安拆迁。（彭欣翌）

【招商引资】3月引进金雅顺纸品加工项目，项目总投资2000万元，进行静电复印纸、成品试卷纸加工，3月底已开工，6月试生产，员工18人，招商引资任务3000万元已完成。向上争资，2019年，街道向上增资任务180万元已完成。（彭欣翌）

【综治维稳】2019年，嘉山街道继续巩固“无上访村（社区）”创建成果，积极开展信访苗头和矛盾隐患排查工作，将辖区企业全部纳入各村（社区）摸排范围。共摸排受理各类矛盾纠纷近100余起，其中，企业矛盾6起，均得到有效化解，实现"小事不出村(社区)、大事不出街道"。开展平安园区建设，在全市"雪亮工程"建设的基础上，完善监控探头安装，2019年通过购买服务方式辖区新增监控摄像头81个，摄像头共280个，实现辖区全面可视，组建村社区、辖区派出所、街道构成的三级巡逻队，确保每天至少1次治安巡逻，全面提升人防水平，添置快警巡逻车5辆，辖区见警率显著提高，2019年来未发生一起盗窃事件。（彭欣翌）

【党的建设】建立"书记带头、班子成员联点"党建责任制，班子成员每人联点一个村居党组织，指导工作落实。坚持把政治学习作为首要政治任务，组织班子成员6次专题学习，9次干部大会集中学习，各支部共召开32次党员大会、8次党课，先后10次开展"主题党日"活动。牢牢把握意识形态工作主动权，将意识形态工作摆上重要议事日程，定期组织研判部署，专题学习研讨1次，全面把握正确舆论方向。自9月启动主题教育工作以来，街道强化组织领导，认真研究部署，制定切实可行的主题教育方案和任务分解表，并在深刻领会上级有关指示要求的基础上，找准主题教育的发力点，全面筑牢对党忠诚的思想根基，把"初心"和"使命"融入到工作全过程，丰富活动形式，组织开展瞻仰革命先烈、感悟初心使命、重温入党誓词、主题教育知识竞赛等活动，深化学习教育效果，广泛征求意见和建议，充分检视问题，做到边学边改、边议边改、即知即改，把问题整改率和推动发展的贡献率作为主题教育落地见效的重要指标。（彭欣翌）

【脱贫攻坚】街道共有建档立卡贫困人口33户121人，2019年，仅剩5户17人未脱贫。继续狠抓贫困户的动态监测，清退3户不符合条件的贫困户。帮助贫困户解决产业扶贫薄弱问题，戚关村、杉堰村与五风杨梅合作社签订委托协议，确保每一户贫困户都有产业分红，帮助贫困户解决就业难题，新增就业人口近30人。年初，帮助出车祸的贫困户胡井奎申请司法援助、办理特惠保理赔，获赔2.5万元，极大的帮助解决其生活困难。7月，贫困户郑松柏被拖欠工资，通过多方衔接帮其讨回全部薪水共计3.5万元。（彭欣翌）

【安全生产】2019年，安监站贯彻落实《安全生产法》，分别对辖区27家企业进行计划执法，对13家企业双随机执法，共执法检查40家企业，排查隐患78处，整改验收75处，完成年度目标。对5处在建工地、31家企业、37家经营门店、2家烟花爆竹零售点和辖区学校、医院、码头进行安全隐患大排查，对检查出的隐患现场交办，责令限期整改到位，全年未发生一起安全生产事故。（彭欣翌）

【环境整治】2019年，街道以探索"绿色+公益"新模式、打造"公司+农户"新格局、拓展"制度+奖励"新方向的三大特色，全域推进"绿色存折"制度，逐步形成"农民可接受、财力可承受、全域可推进、长期可持续"的农村垃圾分类处理模式。开展环境卫生"月评月奖"，激励居民争当卫生文明示范户，形成良性互动的社会氛围。自6月该项工作启动以来，共回收垃圾66150.5千克，其中，可回收垃圾34672千克，不可回收垃圾31478.5千克。屋场建设方面，共开展"厕所革命"136个、庭院建设208户、屋场建设1个，已初步形成"庭院整洁、沟渠净化、道路畅通、村庄美化"的良好局面。（彭欣翌）

【社会保障】2019年，民政劳保站工作坚持"以民为本，为民解困"的工作宗旨，开展民政救助工作，解决辖区内孤寡老人、重病重残等弱势群体基本生活问题，对辖区群众因灾、因病等出现紧急困难时及时实施临时救助。发挥街道人口基数小的优势，加大对失地农民、弱势群体、困难党员的救助力度，新增低保对象5户11人，取消条件不符对象4户4人，2019年底共有低保户139户207人，2019年城乡居民医疗保险上级下达征缴任务数7321人1610620元，实际完成7304人1606880元，完成率达到99.8%，累计共发放救助、救灾、优抚、慰问等各类资金110余万元，群众受益面达到18%，党员慰问率达到37%，群众对园区发展的获得感和参与感显著提高。狠抓就业目标任务，实现城镇新增就业242人，失业人员再就业137人，就业困难对象再就业41人，农村劳动力转移就业71人，大学生引领计划6人，城镇登记失业率控制在4.5%以内。（彭欣翌）

【三产服务】2019年，街道邀请专业规划设计院，针对性做好园区三产服务业区域发展和招商规划。重点围绕津市港、中设新城、环胥家湖三大区域做好文章。中设新城主要针对园区1.6万名居民生活服务进行配套；胥家湖周边主要围绕1600亩胥家湖天然水面、伏牛山等，打造旅游、观景、农家乐等多方位休闲娱乐的商圈；津市港主要围绕未来港口优势，发展餐饮、仓储、住宿等。积极盘活中设。6月27日，党政负责人赴中设总部进行对接，充分利用本轮征拆机遇，重点针对拆迁棚改户、工作满3年以上百优员工、青年人才三个群体做好促销，共售出房屋103套。突出项目建设。2019年还建成儿童托管中心，对网络服务中心、休闲茶餐厅进行设计。另外，洽谈网吧、超市、电影院等三产项目。（彭欣翌）

津市高新技术产业开发区

【概况】津市高新技术产业开发区位于津市南郊嘉山下、澧水畔。2018年，授牌为"常德市生物医药与健康食品产业园"。园区规划面积18.96平方千米，建成面积近9平方千米。

2019年，109家规模企业共完成规模工业总产值265.6亿元，同比增长15.24%。完成规模工业增加值51.3亿元，同比增长10%。完成综合税收4.02亿元，全年向上争资6014.33万元，新增规上企业15家。全年招商签约14项，引进投资额13.55亿元，新开工项目14个。在常德园区发展考核指标中，新开工、新引进、新投产亿元项目、标准厂房

2019年津市高新区鸟瞰图

面积、基础设施投入等5项指标位列常德第一方阵。2018年省级及以上综合园区排名第60位；2018年省级及以上高新园区评价第18位，在常德高新园区排名第2；2019年获评常德市真抓实干特色园区。

【党建工作】2019年，扎实推进"不忘初心、牢记使命"主题教育，赴朱务善纪念厅开展革命传统教育。组织3次集中学习研讨，开展中心组学习12次，政治理论和业务学习18次，园区干部学习强国平台活跃度达到100%。将信息报送纳入年终绩效考评机制，全年在市级及以上媒体上稿83篇。组织党员干部下企业宣讲"十九届四中全会精神"28次。全年开展"我们的节日"、"学雷锋"、"送清凉"、"无偿献血"等志愿服务活动22次。班子成员下企业开展专题党课宣讲6次，深入企业调研党建工作12次，建立非公有制企业党建月调阅季考核制度，构建起上下贯通的党建工作格局。以"抓党建、促发展"为主题，坚持党建带群建，鸿鹰生物等6家企业成为可观摩、可复制的非公有制企业党支部"五化"示范点。劲龙电机等2家党支部被评为省、市先进党组织，郑媛媛等2名党员被评为十佳优秀党务工作者、优秀共产党员。

（李安）

【招商引资】2019年，园区招商精准发力，引资成效显著提升。全年签约入园项目14个，引资总额13.55亿元。在年初市委、市政府刚明确做优生物医药产业发展目标的前提下，2019年引进长沙合健生物科技有限公司、津市力源生物发电有限公司、湖南夏盛酶技术有限公司、湖南海路生物科技有限公司、深圳康体生命科技有限公司等5个医药产业项目，同比增长67%，特别是康体生命科技和海路生物的加盟，填补津市医疗器械领域的空白，生物医药产业结构更趋完善，产业结构更加优化。先后协办及组织企业参加中联重科常德企业全产业链招商对接活动、"常德品牌·中国品质"北京站农产品博览会、津市市生物医药产业项目推介会等系列专场推介活动，与深圳宝能科技园互访，拟开发共建宝能科技园津市高新产业园。闲置低效资产盘活方面，津市嘉山实业有限公司收购湖南科凌新能源有限公司破产资产，打造为高新区创业研发平台；旺森农牧竞买湖南津佳兔业科技食品产业有限公司破产资产，成立湖南津佳兔高新科技有限公司，6家闲置低效企业相继盘活，腾笼换鸟、变闲为宝，增强园区发展后劲。（见表1）

（洪梨花）

【项目建设】强抓项目建设，完成三大主导产业和三产配套规划编制，园区规划面积从6.4平方千米扩为10.88平方千米，精细化工区正在协调推进。2019年新建产业项目14个，湖南夏盛酶技术有限公司、湖南嘉一食品有限公司已启动建设；引入社会资本推进工业污水处理厂扩容提质，固废处理中心项目正在进行环评。湖南台龙食品科技有限公司、常德津市宁能热电有限公司、湖南嵘鑫风管制造有限公司等11个亿元项目开工建设。湖南科益新生物医药有限公司、湖南玉津医疗科技有限公司、湖南金雅顺纸业有限公司、湖南鑫铮科技有限公司、湖南欣龙非织造材料有限公司二期等项目均已经投产运行。（见表2）

（杨毅）

【园区配套】不断加大资金投入，平台建设日趋完备。累计完成基础设施投入9亿元，相继完成周家铺路、杉堰路、

5月9日，常德市委书记周德睿调研园区在建项目

团湖路北延伸线建设工程，完成新城路、中联大道、创业路段污水管网建设。设立全球市场项目中国种子计划津市高新区实践基地、湘北军民融合发展促进中心、园区水、气、土一体化监测平台、科技成果转化平台、生物医药与医疗器械研发平台和孵化平台、离岸孵化中心。联合广州越秀金控、常德财鑫集团，共同发起设立10亿元常德市生物医药与健康食品产业发展基金，创新"科技＋金融＋产业＋政府"的模式，为企业给予融资支持。同时鼓励企业自主创新，增强市场竞争力。（毛亚凤）

【**涉企服务**】不断强化服务意识，全方位优化园区夜间公交，全心满足园区企业群众的乘车需求。邀请中国国际工程咨询公司为湖南新中意食品有限公司、津市市金湘猪鬃实业有限公司、湖南嘉品嘉味生物科技有限公司等重点企业循环化改造把脉问诊，完善园区循环经济发展格局。联合税务部门举办"创响三湘·减税降费进园区"政策宣讲活动，全年为企业减负1100多万元。在园区成立劳务中介公司，整合全市招工力量。联合人社局、职教集团等部门，利用镇街招聘、现场招聘、亲情招聘等多种手段进行招聘，打破园区企业用工"梗阻"。柔性引进华东理工大学3名学生，分别进驻湖南康捷生物科技有限公司、湖南鸿鹰生物科技有限公司、湖南新中意食品有限公司、湖南润农生态茶油有限公司等企业，对标国际食品安全标准，为企业排查发展瓶颈。全年累计为园区43家工业企业贷款投放93笔6.2亿元。主动帮助企业申报制造强省专项等项目30多个，获批资金5000多万元。（廖丽霞）

6月28日，津市热电联产项目举行开工典礼

【**土地处置**】真抓实干，力促土地利用集约高效。完成高新区三个项目共275.39亩报地工作（其中胥家湖路以南、中联大道以东171.64亩、团湖路南延伸线32.62亩、垃圾填埋场西侧地块71.13亩），报送高新区2019年土地报批"增减挂钩"项目计划981亩。配合地产、交易中心完成高新区供地400.02亩，出让金额7725万元(其中湖南经世新材料有限公司位于杉堰路以北、新城路以东250亩土地挂牌出让，出让价款4700万元；湖南引航生物科技有限公司位于胥家湖路以南100.02亩土地挂牌出让，出让价款1921万元；湖南夏盛酶技术有限公司位于胥家湖路以南、杉堰路以西50亩土地挂牌出让，出让价款1104万元)。协助征地拆迁管理所完成四个项目征地拆迁工作（团湖路南延73.08亩，拆迁房屋34户、拆迁面积7815.1平方米；河湖连通61.4亩；960亩范围内76户、面积18766.7平方米拆迁；明道社区集体土地上棚改项目24户，面积6136.65平方米)，并完成上述四个项目用地征拆实物量摸底及房屋预算方案编制。按照自然资源部办公厅《关于开展2019年度开发区土地集约利用评价工作的通知》要求，牵头组织完成园区2019年度土地集约利用评价工作。将对企业空闲的土地进行有偿收回或盘活。2019年共收回企业空闲土地152.53亩，盘活企业用地374.26亩。

（皮志刚）

表 1 津市高新区 2019 年签约项目表

序号	企业名称	协议项目名称	投资额(万元)	签约时间
1	长沙合健生物科技有限公司	果蔬粉的提取精制项目	1000	2019.1.9
2	津市力源生物发电有限公司	(鸿鹰生物)沼气发电工程项目	5000	2019.1
3	湖南金雅顺纸业有限公司	纸品加工项目	2000	2019.2.26
4	湖南省南北特食品有限公司	年产 50 万件豆制品生产线扩建项目	5000	2019.2.26
5	湖南鑫铮科技有限公司	年产 2000 万只微型马达项目	3000	2019.3
6	湖南聚悦鲜调味品有限公司	酱油、食醋酿造项目	5000	2019.6.17
7	湖南燕轩食品有限公司	速冻早餐食品项目	500	2019.6.28
8	常德木星源家居有限公司	家具定制加工项目	2000	2019.8.1
9	深圳康体生命科技有限公司	康体生命科技合作项目	15000	2019.7.12
10	湖南夏盛酶技术有限公司	年产 5000 吨生物酶建设项目	15000	2019.10.18
11	津市宁能废弃物处置有限公司	湖南津市废弃物处理项目	29000	2019.10.25
12	湖南海路生物科技有限公司	湖南微生态健康产业园	50000	2019.11.11
13	常德三翔汽车配件有限公司	发动机缸体加工项目	3000	2019.12.12
14	深圳市盐田港股份有限公司	盐田港集团津市港运营项目	/	2019.4.21

表 2 津市高新区 2019 年部分新建产业项目表

序号	公司名称	项目名称	开工时间	投资额(万元)	占地面积
1	湖南科益新生物科技有限公司	科益新生物二期项目	2019.4	50000	311 亩
2	湖南经世新材料有限责任公司	液晶材料、新型电子材料及中间体生产项目	2019.2	54000	250 亩
3	湖南嵘鑫风管制造有限公司	高分子风管制造项目	2019.6	5000	25 亩
4	湖南引航生物科技有限公司	生物酶催化及酶发酵项目	2019.10	45000	100 亩
5	湖南台龙食品科技有限公司	台龙食品项目	2019.7	5000	33.8 亩
6	湖南省南北特食品有限公司	年产 50 万件豆制品生产线扩建项目	2019.7	3000	45 亩
7	津市宁能热电有限公司	津市高新区热电联产项目	2019.9	7100	120 亩
8	湖南省湘澧盐化有限责任公司	湘澧盐化小包装盐项目	2019.6	3300	8742 平方米
9	湖南省湘澧盐化有限责任公司	湘澧盐化循环水池项目	2019.4	2500	7200 平方米

津市市国有资产管理暂行办法

第一章　总　则

第一条　为规范和加强我市国有资产管理，维护国有资产的安全和完整，提高国有资产使用效益，根据有关法律法规，结合我市实际，制定本办法。

第二条　本办法适用于全市各类占有、使用和管理国有资产的行政机关、高新区、镇(街)、事业单位、市属国有企业、民主党派、群团组织和市委、市政府批准成立的临时性机构。

第三条　本办法所称的国有资产，是指单位占有、使用和管理的，依法确认为国家所有，能以货币计量的各种经济资源的总称，即单位的国有(公共)财产。包括单位用国家财政性资金形成的资产，国家调拨给单位的资产，单位按照国家规定组织收入形成的资产，接受捐赠和其他经法律确认为国家所有的资产，其表现形式为固定资产、流动资产、无形资产等，以及全市管辖内的国有土地、国有水(渔)塘、国有山林树木、国有滩涂、国有码头、国有湿地和国有资源性资产等。

第四条　国有资产管理的主要任务：落实国有资产管理的法规与政策，建立健全各项制度；规范国有资产占有、使用行为；明晰产权关系，实施产权管理；保障国有资产的安全和完整；合理配置资产，促进科学使用；管理单位经营性资产，实现国有资产保值增值。

第五条　国有资产的权属界定：对全市行政事业单位资产管理按照所有权与使用权相分离，资产管理与预算管理、财务管理相结合的原则，实行国家所有，市国资主管部门管理，单位占有、使用的国有资产管理的体制；对国有企业，实行市人民政府代表国家履行出资人职责，享有所有者权益，权利、义务和责任相统一的国有资产管理体制。

第六条　国有资产管理的内容包括：国有资产的登记、界定、变动和纠纷的调处；国有资产的使用、处置、评估和统计报告等。

第二章　国有资产管理机构及职能职责

第七条　津市市国有资产经营管理中心作为市人民政府国有资产的主管部门(以下简称市国资主管部门)，具体负责对全市国有资产实行综合管理。主要职能职责是：

(一) 贯彻执行国家有关国有资产管理的法律、法规和政策。

(二)根据国家国有资产管理的有关规定，制定本市行政事业单位和企业国有资产管理的规章制度，并对执行情况进行监督检查。

(三)负责组织国有资产的产权登记、产权界定、产权纠纷调处裁定、资产评估监管、资产清查、统计报告和信息化管理等基础管理工作；负责会同有关部门研究制定本市行政事业单位国有资产配置标准和相关定额标准；负责统一归集管理本市行政事业单位占有、使用、经营的国有资产产权证件；草拟国有资产经营单位(含经营服务类事业单位)重大事项的监督管理办法。

(四)负责本市国有资产配置、处置、出租、出借，以及行政事业单位利用国有资产对外投资、担保、合作开发和开办经济实体等事项的审批(市属国有企业备案)；组织单位长期闲置、低效运转和超标准配置资产的调剂工作，建立国有资产整合、共享、共用机制。

(五)根据市人民政府授权，依照相关政策法规履行企业国有资产出资人职责；负责市管国有企业领导人员的任用提名，聘用人员、薪酬方案审批备案。

(六) 负责国有资产使用效益评价、国有资产保值增值考核；负责市管国有企业年度经营绩效目标管理的制定与考核。查处国有资产流失行为，对本市行政企事业单位占有、使用国有资产进行监督、检查。

第八条　全市占有、使用、经营国有资产的单位对本单位的国有资产按照“谁占有、谁使用、谁负责”的原则，实施具体管理。其主要职责是：

（一）负责本单位国有资产的账卡管理、清查登记、统计报告及日常监督检查等工作。

（二）负责本单位国有资产的维修和保养等日常管理工作，保障国有资产的安全完整。

（三）负责本单位国有资产的配置、变动、处置、出租、出借等事项的报批。

（四）负责本单位经营性资产的管理工作，并承担资产保值增值的责任。

（五）接受市国资主管部门的指导和监督，报告本单位国有资产经营管理状况。

第九条　占有、使用国有资产的单位，其国资管理工作明确专人负责管理。具体负责本单位的国有资产管理，妥善保管国有资产登记资料，建立国有资产登记台帐和相关数据库，及时反映国有资产增减变动情况，定期书面上报单位国有资产使用经营情况，实施动态管理。

第三章　资产配置

第十条　资产配置是指市国资主管部门根据单位履行职能、职责的需要，按照国家有关法律、法规和规章制度规定的程序，通过购置或调剂等方式为单位配备资产的行为。

第十一条　本市资产配置应当从实际需要出发，从严控制，合理配备；对要求配置的资产，能通过调剂解决的，原则上不重新购置。

第十二条　单位购置有规定配置标准的资产，除国家另有规定外，按照以下程序报批：

（一）申请。根据单位业务需求、资产存量、机构编制、资金来源等情况，编制新增资产配置预算，提出申请，配置时填报《国有资产配置申报审批表》。

（二）审批。市国资主管部门根据购置单位的申请，按资产配置管理的规定和单位存量资产现状进行审核，并在其填报的《国有资产配置申报审批表》上签署审核意见。配置单位凭《国有资产配置申报审批表》由政府采购中心依法实施采购。

第十三条　各单位要对购置的资产进行验收、登记，及时进行账务处理，将产权移交市国资主管部门。

第四章　资产登记

第十四条　凡占有、使用、经营国有资产的单位，必须向市国资主管部门申报，办理资产登记相关手续。

第十五条　国有资产产权登记分为设立登记、变更登记、撤销登记。

新设立的单位，应在其成立之日起45日内，向市国资主管部门申报并办理资产产权登记手续；单位分立、合并、改制、撤销，以及隶属关系、单位名称、地址、单位主要负责人发生变更的，应在其主管部门或审批机关批准之日起30日内向市国资主管部门申报，办理变更登记或撤销登记手续；机构改革中撤并转机构闲置资产一律由市国资主管部门归集管理。

第十六条　资产产权登记实行年度检查制度。资产登记的主要内容为：单位名称、地址、主要负责人、预算管理方式、主管部门、资产种类、资产来源、配置时间、使用性质、资产总额、资产变动情况等。

第十七条　全市各占有、使用国有资产的单位应妥善保管资产登记资料，建立资产登记档案（台账）和相关数据信息库，及时反映资产存量增减变动情况，每年年末向市国资主管部门书面上报单位占用、使用国有资产的情况，实施资产动态管理，并与市国资主管部门的资产登记保持一致。

第五章　资产使用与经营管理

第十八条　国有资产占有、使用、经营单位应当建立健全资产使用管理制度，规范国有资产使用行为，认真做好国有资产使用管理工作，将国有资产管理责任落实到人，定期清查盘点，做到家底清楚，账、卡、物相符，有效防止国有资产的流失。

第十九条　全市占有、使用、经营国有资产的单位要以《资产清单》的形式交市国资主管部门统一管理，已办理不动产权利相关证书的，证件一律交市国资主管部门，实行统一管理。

第二十条　未经市国资主管部门批准，单位不得用国有资产对外投资或提供抵押担保，法律另有规定的除外。

第二十一条　对外出租、出借国有资产，按以下规定办理：

（一）单位占有、使用的国有资产原则上不准出租、出借。单位拟将占有、使用的国有资产对外出租、出借的，必须事先报市国资主管部门审核批准，未经批准，不得对外出租、出借。

（二）经批准对外出租、出借国有资产的，应按照公开、公正、公平的原则完成出租、出借程序的办理。由资产出租、出借单位领导班子成员集体研究通过，并拟定国有资产出租、出借会议纪录。资产出租的，经资产出租单位聘请有资质的评估机构对出租价格进行评估，由市国资主管部门和资产出租单位共同对具备招投标条件的资产组织公开竞价或招标。镇（街）所辖资产年出租价格10万元以上的，报市政府常务副市长签字同意后报送市国资主管部门审核备案。

不具备公开竞价或招标条件的，由资产出租单位确定底价，报市国资主管部门审核备案。

（三）出租、出借国有资产时，出租方和承租方必须签订由市国资主管部门统一印制的国有资产出租出借合同，并由市国资主管部门进行鉴证加盖市国资主管部门公章。

对已经出租、出借的，待合同期满后按照本规定执行。

第二十二条　单位超标配置、低效运转或者长期闲置的国有资产，由市国资主管部门负责调剂使用或者处置。

第二十三条　单位经营性资产为国家所有，由市国资主管部门监管，各占有或使用单位应规范经营、有偿使用；任何单位和个人未经市国资主管部门批准，不得将非经营性资产用于经营性活动。

第二十四条　非经营性资产用于开办经济实体并作为经营实体注册资本的，应办理资产划转或国有资产产权登记手续。经济实体划转资产的文件或国有资产产权登记手续进行相关注册登记。单位凭划转资产的文件或国有资产产权登记手续调整相关会计账务。

第二十五条　对国有企业、企业化管理的事业单位的资产经营实行目标管理。

(一)市人民政府按年度制定国有资产经营目标任务，市国资主管部门制定国有资产保值增值指标任务。

(二) 经营单位必须定期向市国资主管部门报送财务报表和资产报表。

(三)市国资主管部门通过绩效评价，会同有关部门根据经营业绩制定薪金管理制度，根据经济责任目标完成情况对单位及负责人进行年度考核和任期考核，并依据考核结果对单位及负责人实施奖惩。

(四)下列资产经营事项需报市人民政府批准，并报市国资主管部门审核备案：

1. 投资单项金额在50万元或投资额达注册资本5%以上的，融资单项金额和对外担保金额在50万元以上的；

2.捐赠行为在人民币10万元以上的；

3.增减资本、股权转让事项；

4.单位年度工资总额、薪酬分配方案、负责人工资标准、经营者收入分配。

第二十六条　行政事业单位国有资产所形成的收入，按照政府非税收入管理规定，实行“收支两条线”管理，纳入预算管理。

第六章　资产处置

第二十七条　单位国有资产处置，是指单位对其占有、使用的国有资产进行产权转让或者核销产权的行为。具体包括无偿划转、对外捐赠、出售(出让、转让)、置换、报损、报废以及货币性资产损失核销等方式。

(一) 无偿划转：是指以无偿转让的方式变更国有资产占有、使用、经营权的资产处置行为。

(二)出售(出让、转让)：是指以有偿转让的方式变更国有资产所有权或使用权，并收取相应收益的资产处置形式。

(三)报废：是指按有关规定或经依法鉴定对已不能继续使用的资产进行产权注销的资产处置形式。

(四)报损：是指对发生的资产出现盘亏、毁损、自然灾害等原因造成非正常损失，以及单位对外投资形成的损失等，按有关规定进行产权注销的资产处置形式。

第二十八条　单位国有资产处置，应向市国资主管部门报告，履行审批手续、并归口处置，未经批准，不得擅自处置。

第二十九条　资产处置，应按下列程序办理：

(一)单位申请。单位资产处置事项由单位资产使用部门提出意见，经单位领导审核同意后，向市国资主管部门提交资产处置申请和有关材料，并对申报材料的真实性、合法性负责。

(二)审核报批。市国资主管部门根据相关资料进行审核，并按规定程序报请市国资委员会批准；报废、报损金额在50万元(含50万元)以上需经市人民政府常务副市长签批；批准处置的国有资产由市国资主管部门出具《国有资产处置批复》。

(三)选定拍卖机构。拍卖50万元以上的标的物由市国资主管部门会同相关部门采取公开招标形式确定具有相应资质的公物拍卖机构。

(四)拟定拍卖底价。市国资主管部门根据资产评估情况，提出拍卖底价建议，报请市人民政府审批后将标底价封存，拍卖资产时由拍卖公司当场开封。

(五)实行公开拍卖。市国资主管部门依照公开、公正、公平的原则，委托拍卖机构依法实行公开拍卖。拍卖收入由拍卖公司在规定期限内全额缴入市财政国有资产收入专户。

第三十条　经批准处置的国有资产，单位凭市国资主管部门出具的资产处置文件(《国有资产处置批复》或《国有资产划拨申报审批表》《国有资产报废、报损申报审批表》等)调整有关资产、资金帐目。

第七章　产权界定和产权纠纷处理

第三十一条　单位国有资产产权在不违反《国有资产产权界定和产权纠纷处理暂行办法》(国资法规发〔1993〕68号)的前提下，遵照“谁投资、谁拥有”的原则予以界定。

第三十二条　行政单位国有资产占有、使用单位之间的产权、经营权、使用权纠纷由当事人协商解决，协商不能解决的，应向市国资主管部门申请调解或裁定，必要时报市人民政府裁定。

第三十三条　各单位之间发生的产权纠纷，应在维护国有资产权益的前提下，由单位提出处理意见，经市国资主管部门同意后，与对方协商解决。协商不能解决的，依照司法程序处理。

第八章　资产评估

第三十四条　占有、使用、管理国有资产的各单位有下列情形之一的，应当对相关资产进行评估：

(一)单位取得的没有原始价格凭证的资产；

(二)非经营性资产转经营性的实物资产；

(三)拍卖、有偿转让国有资产；

(四)经过多次维修而使其价值发生重大变化的房屋、建筑物、大型专项设备等类型的资产；

(五)其他需要进行评估的资产。

第三十五条　占有、使用、管理国有资产的单位资产评估项目实施核准制和备案制。实行核准制和备案制的项目范围、权限由财政部门另行规定。

第三十六条　单位国有资产评估工作应当委托具有资产评估资质的资产评估机构进行。

第三十七条　申请资产评估的单位,应如实提供有关情况和资料,并对所提供的情况和资料的客观性、真实性和合法性负责,不得以任何形式干预评估机构独立执业。资产评估机构应对所提供的评估结果的真实性、准确性、合理性独立承担法律责任。

第九章　资产统计报告

第三十八条　单位占有、使用、经营国有资产,要建立健全登记档案(台帐),严格按照《中华人民共和国会计法》和市国资主管部门的要求建帐,并于次年1月31日以前完成资产年度报告。单位在报送报表和报告时,应做到真实、准确、完整,并对国有资产增减、变更、使用和结存情况进行文字说明。

第三十九条　市国资主管部门应对各单位资产统计报告进行审核。经审核的统计数据可作为财政部门预算管理、财务管理、资产管理和本级政府向本级人大常委会报告行政事业性单位国有资产管理情况的依据。

第十章　监督管理和法律责任

第四十条　市国资主管部门和国有资产占有、使用、经营单位应当认真履行职责,切实加强管理,杜绝各种违法违纪行为发生,防止国有资产流失、浪费。

第四十一条　建立健全科学合理的国有资产监督管理制度,坚持单位内部监督与财政监督、审计监督、社会监督相结合,事前监督与事中监督、事后监督相结合,日常监督与专项检查相结合的原则,将资产监督、管理的责任落实到具体部门、个人。

第四十二条　行政单位及其工作人员违反本办法的规定,擅自占有、使用、处置国有资产的,按照《财政违法行为处罚处分条例》处理。

违反国家国有资产管理规定的其他行为,按国家有关法律法规处理。

第十一章　附　则

第四十三条　本《办法》自颁布之日起施行。此前我市有关国有资产管理的规定与本《办法》不一致的,按本《办法》执行。

2019年7月19日印发

津市市人民政府
关于划定畜禽养殖禁养区、限养区、适养区的补充通告

各镇人民政府、街道办事处，市直有关单位：

为落实中央环保督察“回头看”反馈意见中禁养区应划未划问题，根据《环境保护部办公厅 农业部办公厅关于印发 < 畜禽养殖禁养区划定技术指南 > 的通知》（环办水体〔2016〕99号）、《湖南省环境保护厅关于对 < 常德市人民政府关于审批集中式饮用水水源保护区划分（调整）方案的请示 > 的批复》（湘环函〔2014〕676 号）、《关于常德市蒙泉水库等 110 处饮用水源地划定为饮用水水源保护区的函》（湘环函〔2018〕191号）、湖南省环境保护厅关于对《常德市人民政府关于审批集中式饮用水源保护区划分（调整）方案的请示》的批复（湘环函〔2018〕91 号）等文件要求，结合我市实际，在《津市市人民政府关于划定畜禽养殖禁养区、限养区、适养区的通告》（津政发〔2017〕1 号）的基础上对禁养区和相关管理要求进行补充，现通告如下：

一、禁养区调整范围（全部禁养区范围及图册详见附件）

（一）饮用水水源保护地

1.白龙潭水厂（又名大洼水厂）、谢家堰水厂（又名西毛里湖水厂）、西毛里湖饮用水源二级保护区：包括二级保护区水域与陆域。

2.古堰水库、烂泥湾水库、龙泉堰水库、朱亮桥水库、东冲水库、庹家峪水库饮用水源一级和二级保护区：包括一级、二级保护区水域与陆域。

（二）风景名胜区

1.嘉山省级风景名胜区：包括嘉山景区、古城景区、石岭—青山湖景区、胥家湖景区。

2.嘉山国家级森林公园（药山景区）：包括药山寺管理服务区、药山寺佛教文化体验区、药山山野观光游览区。

（三）其他区域

1.原金鱼岭水厂已停运，其饮用水水源保护区已废除，且范围与金鱼岭街道禁养区范围重合，不再单独作为禁养区。

2.除上述范围外，其他区域范围原划定的禁养区、限养区、适养区按《津市市人民政府关于划定畜禽养殖禁养区、限养区、适养区的通告》（津政发〔2017〕1 号）不变。

二、术语与定义

（一）畜禽：指列入国务院批准的畜禽遗传资源目录的畜禽。包括猪、牛、鸡、羊、鸭、鹅、兔等主要畜禽和鹿、狐、貂、骆驼、驼鸟、犬类等经济动物。

（二）畜禽养殖场：畜禽养殖场是指达到《湖南省畜禽规模养殖污染防治规定》中养殖规模标准的畜禽集中饲养场所，养殖规模标准为年出栏猪当量≥500 头，其他畜禽养殖种类的可折算为猪的养殖量，以猪的养殖量确定养殖规模。换算比例为 30 羽蛋鸡、30 羽鸭、15 羽鹅、60 羽肉鸡、30 只兔、3 只羊折算为 1 头猪，1 头奶牛折算为 10 头猪，1 头肉牛折算为 5 头猪。

（三）养殖专业户：是指 50≤年出栏生猪 <500 头的养殖户，其他畜禽养殖种类参照上述换算比例换算。

三、管理要求

（一）禁养区

1.禁养区内禁止新建、改建、扩建畜禽养殖场、养殖专业户。

2.西毛里湖主湖面（含西湖、毛里湖、杨坝垱、哑河）及集中式饮用水地下水源取水点周边陆域水平纵深 1000 米范围内禁养标准要严格执行省政府办公厅《洞庭湖区养殖业环境整治专项行动方案》（湘政办发〔2018〕55 号）规定的标准。

3.城镇建成区、饮用水源一级保护区、风景名胜区核心景区内禁止建设有畜禽养殖场。

4.饮用水源二级保护区、风景名胜区其他区域以外的区域禁止建设有污染物排放的养殖场（注：畜禽粪便、养殖废水、沼渣、沼液等经过无害化处理用作肥料还田，符合法律法规要求以及地方相关标准不造成环境污染的，不属于排放污染物）。

5.前述范围以外的其他禁养区禁止建设有畜禽养殖场。

6.禁养区内现有不符合要求的畜禽养殖场、养殖专业户，应当限期关停或者搬迁。

（二）限养区

1.限养区内严禁新建、改建、扩建畜禽养殖场。

2.限养区内现有的畜禽养殖场、养殖专业户要按照环境保护的有关规定，控制畜禽养殖规模，并严格落实污染防治措施，实现污染物达标排放或资源化利用；无法达到要求的，应搬迁或关闭。

（三）适养区

适养区内畜禽养殖场、养殖专业户管理要求按《津市市人民政府关于划定畜禽养殖禁养区、限养区、适养区的通告》（津政发〔2017〕1 号）中适养区管理要求不变。

四、本补充通告自印发之日起施行，《津市市人民政府关于划定畜禽养殖禁养区、限养区、适养区的通告》（津政发〔2017〕1 号）继续有效，并由常德市生态环境局津市分局、市农业农村局、市畜牧水产事务中心根据部门职责对具体内容予以解释。

特此通告。

津市市人民政府

2019 年 7 月 23 日

津市市全面推行行政执法公示制度执法全过程记录制度重大执法决定法制审核制度执法决定说明理由制度的实施方案

为全面推行行政执法公示制度、执法全过程记录制度、重大执法决定法制审核制度、执法决定说明理由制度(以下统称“四项制度”),根据《国务院办公厅关于全面推行行政执法公示制度执法全过程记录制度重大执法决定法制审核制度的指导意见》(国办发〔2018〕118号)、《湖南省人民政府办公厅关于印发〈湖南省全面推行行政执法公示制度执法全过程记录制度重大执法决定法制审核制度的实施方案〉的通知》(湘政办发〔2019〕23号)和《常德市全面推行行政执法公示制度执法全过程记录制度重大执法决定法制审核制度执法决定说明理由制度的实施方案》(常政办发〔2019〕11号)规定,结合我市实际,制定本实施方案。

一、工作目标

2019年9月起,全市各行政执法机关在实施行政处罚、行政强制、行政检查、行政征收征用、行政许可等行为时全面执行“四项制度”,全面实现执法信息公开透明、执法行为过程信息全程记载、执法全过程可回溯管理、重大执法决定法制审核全覆盖、执法决定说明理由完全充分,行政执法能力和水平整体大幅提升,行政执法行为被纠错率明显下降,行政执法的社会满意度显著提高。

二、工作任务

(一)全面推行行政执法公示制度。

1.落实执法公示责任。全市各行政执法机关按照“谁执法谁公示”的原则,明确公示内容的采集、传递、审核、发布职责,规范信息公示内容的标准、格式,及时通过公示平台向社会依法公开行政执法基本信息、结果信息。在全省统一的执法信息公示平台建立前,全市各行政执法机关统一在本部门门户网站上设立行政执法公示专栏,通过专栏公开并链接进入市政府门户网站专栏。

2.强化事前公开。全市各行政执法机关要统筹推进行政执法事前公开与政府信息公开、权责清单公布、“双随机、一公开”监管等工作。全面准确及时主动公开行政执法主体、人员、职责、权限、依据、程序、救济渠道和随机抽查事项清单等信息。根据有关规定编制并公开本机关的服务指南、行政执法事项清单、执法流程图。行政执法事项清单应当经合法性审核后,按“互联网+政务服务”一体化平台运行要求,在政府或部门门户网站统一公示。

3.规范事中公示。严格执行《湖南省行政执法人员和行政执法辅助人员管理办法》,全面实行行政执法人员持证上岗和资格管理制度。行政执法人员在进行监督检查、调查取证、采取强制措施和强制执行、送达执法文书等执法活动时,必须主动亮明身份,出示省人民政府统一印制的《湖南省行政执法证》或经备案的行政执法证件。行政执法人员要出具行政执法文书,主动告知当事人执法事由、执法依据、权利义务等内容。国家规定统一着执法服装、佩戴执法标识的,执法时要按规定着装、佩戴标识。政务服务窗口要规范设置岗位信息公示牌,明示工作人员岗位职责、申请材料示范文本、办理进度查询、咨询服务、投诉举报等信息。

4.加强事后公开。除法律、行政法规另有规定外,行政执法机关要在行政许可、行政处罚决定作出之日起7个工作日内向社会公布执法机关、执法对象、执法类别、执法结论等信息,其他行政执法决定作出之日起20个工作日内公开相关信息。全市各行政执法机关要按上级部门要求及时公开和报送本机关年度行政执法情况及相关数据。

(二)全面推行执法全过程记录制度。

1.落实执法全过程记录责任。全市各行政执法机关要通过文字、音像等记录形式,对行政执法的启动、调查取证、审核决定、送达执行等全部过程进行记录,并全面系统归档保存,做到执法全过程留痕和可回溯管理。

2.完善文字记录。要研究制定执法规范用语和执法文书制作指引,规范行政执法的重要事项和关键环节,做到文字记录合法规范、客观全面、及时准确。全市各行政执法机关执法文书,要适用省主管部门制定的全省统一的格式文本。省里没有制定的,适用常德市级行政执法机关的行政执法格式文本标准。

3.规范音像记录。全市各执法机关要根据执法需要,合理配备照相机、摄像机、视频监控等记录设备和相关音像资料采集存储设备;执法任务较重、办案数量较多的行政执法机关,要开展询问室、听证室等音像记录场所建设。全市各执法机关配备执法记录仪或者手持执法终端,原则上按照行政检查、行政处罚、行政征收执法人员以及行政许可、行政确认现场勘验执法人员每2人一台的标准配备。执法人员、执法事项、执法任务以及音像记录环节较少的行政执法机关,可以根据需要适当降低配备比例。

要做好音像记录与文字记录的衔接工作,充分考虑音像记录方式的必要性、适当性和实效性,对文字记录能够全面有效记录执法行为的,可以不进行音像记录;对查封扣押财产、强制拆除等直接涉及人身自由、生命健康、重大财产权益的现场执法活动和执法办案场所,亮证执法、现场检查、现场勘查、留置送达和举行听证等容易引发争议的行政执法过程,要推行全程音像记录。

全市各行政执法机关要制定音像记录采集存储设备配备和音像记录场所建设方案,编制《行政执法全过程音像记录事项清单》,建立健全执法音像记录管理制度,明确执法音像记录的设备配备、使用规范、记录要素、存储应用、监督管理等规章制度。

各行政执法机关音像记录采集存储设备配备和音像记录场所建设方案,报市司法局备案。

4.严格记录归档。要完善执法案卷管理制度,加强对执法台账和法律文书的制作、使用、管理,按照有关法律法规和档案管理规定归档保存执法全过程记录资料,确保所有行政执法行为有据可查。凡办理行政执法案件,所采集的音像记录,要刻录成光盘,与纸质文档一并组卷归档。积极探索成本低、效果好、易保存、防删改的信息化记录存储方式,通过技术手段对同一执法对象的文字记录、音像记录进行集中存储。建立健全基于互联网大数据、电子认证、电子签章的行政执法全过程数据化记录工作机制。

5.发挥记录作用。要加强对记录资料的统计分析,充分发挥全过程记录信息对案卷评查、执法监督、评议考核、舆情应对、行政决策和健全社会信用体系等工作的积极作用。建立健全相关制度,切实加强对记录信息调阅的监督,确保行政执法文字记录、音像记录规范、合法、有效。

(三)全面推行重大执法决定法制审核制度。

1.严格落实法制审核制度。行政执法机关作出重大执法决定前,要严格进行法制审核,未经法制审核或者审核未通过的,不得作出决定。

2.明确审核机构。全市各行政执法机关要在2019年10月底前明确具体负责本单位重大执法决定法制审核的工作机构,确保有机构承担、有专人负责。人民政府的重大执法决定法制审核工作,由本级司法行政部门负责;全市各行政执法部门、法律法规授权的组织的重大执法决定法制审核工作,由其负责法制工作的机构负责。要配强工作力量,使法制审核人员的配置与形势任务相适应,原则上全市各行政执法机关的法制审核人员不少于本单位执法人员总数的5%。要充分发挥法律顾问、公职律师在法制审核工作中的作用,探索建立健全本系统内法律顾问、公职律师统筹调用机制,实现法律专业人才资源共享。

3.确定审核范围。凡涉及重大公共利益,可能造成重大社会影响或引发社会风险,直接关系行政相对人或第三人重大权益,经过听证程序作出行政执法决定,以及案件情况疑难复杂、涉及多个法律关系的,都要进行法制审核。全市各行政执法机关要结合本机关行政执法行为的类别、执法层级、所属领域、涉案金额等因素,制定本单位重大执法决定法制审核目录清单。

4.明确审核责任。行政执法机关主要负责人是推动落实本机关重大执法决定法制审核制度的第一责任人,对本机关作出的行政执法决定负责。行政执法承办机构对送审材料的真实性、准确性、完整性,以及执法的事实、证据、法律适用、程序的合法性负责。法制审核机构对重大执法决定的法制审核意见负责。因行政执法承办机构的承办人员、负责法制审核的人员和审批行政执法决定的负责人滥用职权、玩忽职守、徇私枉法等,导致重大行政执法决定错误,要依纪依法追究相关人员责任。

(四)全面推行执法决定说明理由制度。

1.说明理由制度的适用范围。行政执法机关作出对行政管理相对人不利的决定时,应当说明理由。按照一般程序办理的行政执法案件,应当充分说明理由;对于按照法定简易程序办理的行政执法案件,可以简要处理。

2.说明理由的标准及内容。行政执法机关应当充分说明行政执法决定的理由,说明理由包括事实判断理由、证据采信理由、依据选择理由和决定裁量理由四个方面,旨在说明执法决定的合法性、合理性、规范性和逻辑性,要着重对执法证据所指向的法律事实、法律事实与法律规范的关联、法律规范的适用与执法决定裁量的合理选择等方面予以说理。

3.说明理由制度执行的监督。对于执法决定文书不说明理由,仅简要记载当事人的行为事实和引用执法依据的,当事人有权要求行政执法机关予以说明,拒不说明理由的,可向上级主管机关或同级司法行政部门申请监督。

(五)推进行政执法信息化建设。

行政执法机关要加强执法信息管理,及时准确公示执法信息,实现行政执法全程留痕,法制审核流程规范有序。认真落实国务院关于加快全国一体化在线政务服务平台建设的决策部署,推动政务服务“一网通办”,依托电子政务外网开展网上行政服务工作,全面推行网上受理、网上审批、网上办公,让数据多跑路、群众少跑腿。完善行政执法数据汇集和信息共享机制,落实全国统一规范的执法数据标准,明确执法信息共享的种类、范围、流程和使用方式,促进执法数据高效采集、有效整合。加强对行政执法大数据的关联分析、深化运用,通过提前预警、监测、研判,及时发现解决行政机关在履行政府职能、管理经济社会事务中遇到的新情况、新问题,提升行政立法、行政决策和风险防范水平,提高政府治理的精准性和有效性。

三、组织保障

成立市全面推行“四项制度”工作协调小组,由市长任组长,市委编办、市发改局、市司法局、市财政局、市市场监督管理局、市行政审批服务局等单位主要负责人为成员，定期指导协调、督促检查工作推进情况。协调小组办公室设在市司法局，由市司法局局长任办公室主任，负责推进“四项制度”的日常工作。

市直有关部门要把“四项制度”推进情况列入法治政府建设考评指标体系，列入2019年法治建设督察和全面深化改革重点工作，并纳入年底绩效考核指标体系。市直各行政执法部门要加强对本系统全面推行“四项制度”工作的指导，及时研究解决本部门、本系统全面推行“四项制度”过程中遇到的问题，指导、督促本部门、本系统严格规范实施“四项制度”。

要按照国办发〔2018〕118号文件和省、市实施方案的要求，加强对全面推行“四项制度”工作的组织领导，采取有效措施，保障经费投入。要开展全面推行“四项制度”专题学习培训，力争在2019年12月底前实现全市所有行政执法人员轮训；要认真落实“谁执法谁普法”普法责任制的要求，加强对全面推行“四项制度”的宣传；要强化对相关工作的督促检查，保障相关工作落实到实处；要进一步完善行政执法有关制度机制，加强行政执法队伍建设。

津市市食品药品违法行为举报奖励办法

第一章 总 则

第一条 为鼓励社会公众积极举报食品药品违法行为，及时发现、控制和消除食品药品安全隐患，严厉打击食品药品违法犯罪，推动食品药品安全社会共治，根据《中华人民共和国食品安全法》、《中华人民共和国农产品质量安全法》、《中华人民共和国药品管理法》、《医疗器械监督管理条例》、《食品药品投诉举报管理办法》等法律法规和原国家食品药品监督管理总局、财政部关于印发《食品药品违法行为举报奖励办法的通知》（食药监稽〔2017〕67号），制定本办法。

第二条 本办法适用于自然人、法人和其他组织以来信、来访、网络、电话等方式，向我市相关监管部门举报属于其职责范围内的食品（含食品添加剂）、农产品、药品、医疗器械违法犯罪行为或者违法犯罪线索，经查证属实并立案查处后，予以相应物质奖励的行为。

第三条 市财政局为举报奖励实施部门，负责奖励决定告知、奖励标准审定和奖励发放等工作。

上级监管部门受理的跨地区的举报，最终由两个或者两个以上地区监管部门分别调查处理的，市财政局就本行政区域内的举报查实部分进行奖励。

第四条 食品药品违法行为举报奖励资金纳入政府预算，由市财政局据实支付。

第二章 奖励条件

第五条 举报下列食品违法行为经查证属实的，按照本办法规定给予奖励：

（一）用非食品原料生产的食品、在食品中添加食品添加剂以外的化学物质和其他可能危害人体健康的物质，或者用回收食品作为原料生产食品、或者经营上述食品；

（二）生产经营营养成分不符合食品安全标准的专供婴幼儿和其他特定人群的主辅食品；

（三）经营病死、毒死或者死因不明的禽、畜、兽、水产动物肉类，或者生产经营其制品；

（四）经营未按规定进行检疫或者检疫不合格的肉类，或者生产经营未经检验或者检验不合格的肉类制品；

（五）生产经营国家为防病等特殊需要明令禁止生产经营的食品；

（六）生产经营非法添加药品的食品；

（七）生产经营致病性微生物，农药残留、兽药残留、生物毒素、重金属等污染物质以及其他危害人体健康的物质含量超过食品安全标准限量的食品、食品添加剂；

（八）用超过保质期的食品原料、食品添加剂生产的食品、食品添加剂，或者经营上述食品、食品添加剂；

（九）生产经营超范围、超限量使用食品添加剂的食品；

（十）生产经营腐败变质、油脂酸败、霉变生虫、污秽不洁、掺假掺杂的食品、食品添加剂；

（十一）生产经营标注虚假生产日期、保质期或者超过保质期的食品、食品添加剂；

（十二）食品生产经营者在食品药品监督管理部门责令其召回或者停止经营后，仍拒不召回或者停止经营；

（十三）用工业盐分装加工成小包食盐，或者将工业盐改换成食盐销售到餐饮业和食品加工企业。

第六条 举报下列农产品违法行为经查证属实的，按照本办法规定给予奖励：

（一）在农产品生产过程中，违法使用禁用、限用物资的行为；

（二）在农产品生产过程中，出现不符合生产操作规程，可能导致农产品质量事件的行为；

（三）生产主体销售不合格农产品行为等；

（四）在农产品批发市场、农贸市场、超市等农产品经销场所销售不合格农产品的行为；

（五）不按照国家有关法律法规要求对农产品质量进行管理的行为；

（六）违反《中华人民共和国农产品质量安全法》的其他行为。

第七条 举报下列药品违法行为经查证属实的，按照本办法规定给予奖励：

（一）未取得《药品生产许可证》、《药品经营许可证》或者《医疗机构制剂许可证》生产药品、经营药品或使用药品的；

（二）生产、销售、使用假劣药品；

（三）从无《药品生产许可证》、《药品经营许可证》的企业购进药品；

（四）违法违规销售造成特殊药品及含麻碱类复方制剂流入非法渠道。

第八条 举报下列医疗器械违法行为经查证属实的，按照本办法规定给予奖励：

（一）经营、使用无合格证明文件、过期、失效、淘汰的医疗器械，或者使用未依法注册的医疗器械；

（二）转让过期、失效、淘汰或检验不合格的在用医疗器械；

（三）生产、经营或使用未取得医疗器械注册证的第二类医疗器械和第三类医疗器械；

（四）未经许可从事第二类、第三类医疗器械生产活动；

第九条　举报奖励应当同时符合下列条件：

（一）违法案件发生在本市行政区域内；

（二）有明确的被举报对象和具体违法事实或者违法犯罪线索；

（三）举报内容事先未被监管部门掌握的；

（四）举报情况经查证属实作出行政处罚决定或者依法移送司法机关作出刑事判决的。

第十条　举报奖励的实施应遵循以下原则：

（一）举报奖励原则上限于实名举报，匿名举报人有举报奖励诉求的，应当承诺不属于第十一条第（一）、（二）、（三）项情形，并在举报时提供能够辨别其举报身份的信息和有效联系方式。

（二）同一案件由两人及以上举报人分别以同一线索举报的，奖励第一时间举报人。

（三）两人及以上联名举报同一案件的，按同一案件进行举报奖励，奖金由举报人协商分配。

（四）对同一举报人的同一举报事项，不重复奖励；对同一举报人提起的两个或者两个以上有包含关系的举报事项，相同内容部分不重复奖励。

（五）最终认定的违法事实与举报事项不一致的，不予以奖励；最终认定的违法事实与举报事项部分一致的，只计算相一致部分的奖励金额；除举报事项外，还认定其他违法事实的，其他违法事实部分不计算奖励金额。

第十一条　有下列情形之一的，不属于本办法奖励范围：

（一）监管部门工作人员或者依照食品药品相关法律法规及规定负有法定监督、发现、报告违法行为义务人员的举报；

（二）假冒伪劣产品的被假冒方及其委托代理人或者利害关系人的举报；

（三）对标签、说明书存在不影响产品质量安全且不会对公众造成误导的瑕疵的举报；

（四）其他不符合法律、法规规定的奖励情形。

第三章　举报方式

第十二条　食品药品违法行为举报途径包括：

（一）来人举报；

（二）电话、传真、电子邮件、微信举报；

（三）信函举报；

（四）行政执法部门或司法机关移送的经举报人举报后立案查处的案件；

（五）其他方式。

鼓励举报人以实名、书面形式向监管部门举报。

第四章　奖励标准

第十三条　举报奖励根据举报证据与违法事实查证结果，分为三个奖励等级：

一级：提供被举报方的详细违法事实、线索及直接证据，举报内容与违法事实完全相符。

二级：提供被举报方的违法事实、线索及部分证据，举报内容与违法事实相符。

三级：提供被举报方的违法事实或者线索，举报内容与违法事实基本相符。

第十四条　结合我市实际，按照涉案值金额或者罚没款金额、奖励等级等因素综合计算奖励金额，每起案件的奖励金额原则上不超过30万元。具体奖励标准如下：

（一）属于一级举报奖励的，一般按涉案货值金额或者罚没款金额的4%-6%（含）给予奖励，按此计算不足2000元的，给予2000元奖励；属于二级举报奖励的，一般按涉案货值金额或者罚没款金额的2%-4%（含）给予奖励，按此计算不足1000元的，给予1000元奖励；属于三级举报奖励的，一般按涉案货值金额或者罚没款金额的1%-2%（含）给予奖励，按此计算不足200元的，给予200元奖励。

（二）违法行为不涉及货值金额或者罚没款金额的，但举报内容属实，可视情形给予200-2000元奖励。

（三）研制、生产、经营、使用环节内部人员举报的，可按照上述标准加倍计算奖励金额。

第十五条　符合下列情形之一，举报人有特别重大贡献的，奖励金额原则上不少于30万元：

（一）举报系统性、区域性食品药品安全风险的；

（二）举报涉及婴幼儿配方乳粉、列入国家免疫规划疫苗等品种，且已对公众身体健康造成较大危害或者可能造成重大危害的；

（三）举报故意掺假造假售假，且已造成较大社会危害或者可能造成重大社会危害的；

（四）其他及上级部门认定的具有重大社会影响的举报。

第五章　奖励程序

第十六条　各监管部门负责举报调查、作出最终处理决定，待举报立案查处完毕后，对于符合本办法规定奖励条件的，应当在15个工作日内向举报人反馈办理结果，并由举报人自行向市财政局申请启动奖励程序。

第十七条　市财政局应当及时对举报等级、奖励标准等予以认定，并将奖励决定告知举报人。

需要举报受理部门协助甄别、认定奖励主体资格的，举报受理部门应当予以协助。

第十八条　举报人应当在被告知奖励决定之日起30个工作日内，由本人凭有效身份证明领取奖励。委托他人代领的，受托人需同时持有举报人授权委托书、举报人和受托人的有效身份证明。

举报人无正当理由逾期未领取奖金的，视为放弃奖励。

第十九条　奖励资金的支付，按照国库集中支付制度有关规定执行。具备非现金支付条件的，奖励资金应当采取非现金支付方式支付。

第二十条　举报人无法现场领取奖金且无受托人的，可及时说明情况并提供举报人身份证明、银行账号，由市财政局将奖金汇至指定账户。非现场领取奖励仅限于实名举报人，且提供的账户名应当与举报人姓名一致。

第二十一条　匿名举报人有奖励诉求的，应当在举报的同时提供能够辨别其身份的信息作为身份代码，并与监管部门专人约定举报密码、举报处理结果和奖励权利的告知方式。

匿名举报人接到奖励领取告知，并决定领取奖励的，应当主动向市财政局提供身份代码、举报密码等信息，便于严明身份。

第二十二条　被举报的食品药品违法行为涉嫌构成刑事犯罪的，依法移送司法机关且追究刑事责任后，原移送部门应当按照本办法规定对查证部分进行奖励。

第二十三条　举报人对奖励等级、奖励金额有异议的，可在收到奖励决定通知之日起30个工作日内，向市财政局提出复核请求。

第六章　监督管理

第二十四条　各监管及市财政局应当建立健全举报奖励档案，并做好汇总统计工作。

第二十五条　各监管及市财政局应当依法保护举报人的合法权益，不得泄露举报人的相关信息。

第二十六条　各监管及市财政局工作人员在实施举报奖励过程中，有存在玩忽职守、滥用权力、贪污挪用等行为的，由所在单位或者上级主管部门对直接负责的主管人员和其他直接责任人依法给予行政处分，构成犯罪的，依法移送司法机关处理。

第二十七条　举报人应当对所举报内容的真实性负责。举报人借举报之名故意捏造事实诬告他人的，或新闻媒体捏造不实信息造谣惑众、恶意曝光未经核实的食品药品安全信息，对举报人的人身、名誉造成伤害的，将依法追究其相应的法律责任。

第七章　附　则

第二十八条　本办法所称食品安全包括农产品质量安全。

第二十九条　本办法所称的实名举报，是指举报人提供真实姓名和真实有效联系方式的检举、揭发行为。

匿名举报，是指举报人不提供其真实姓名，但提供其他能够辨别其身份的信息及有效联系方式，使有关部门事后能够确认其举报人身份的检举、揭发行为。

第三十条　本办法由市食品安全委员会办公室及市财政局负责解释。

第三十一条　本办法自公布之日起施行。

津市市突发环境事件应急预案

总　则

编制目的

为建立健全突发环境事件应急机制，提高政府应对突发环境事件的能力，控制、减少和消除突发事件的风险和危害，保障人民群众的生命健康和财产安全，维护环境安全和社会稳定，特制定本预案。

编制依据

依据《中华人民共和国环境保护法》、《中华人民共和国突发事件应对法》、《国家突发环境事件应急预案》、《突发环境事件应急预案管理暂行办法》、《湖南省人民政府突发公共事件总体应急预案》、《湖南省突发环境事件应急预案》、《湖南省突发环境事件应急预案管理办法》、《常德市突发环境事件应急预案》等法律法规文件，制定本预案。

适用范围

本预案适用于津市市行政区域内发生或可能发生的突发环境事件应对工作。

突发环境事件是指由于污染物排放或自然灾害、生产安全事故等因素，导致污染物或放射性物质等有毒有害物质进入大气、水体、土壤等环境介质，突然造成或可能造成环境质量下降，危及公众身体健康和财产安全，或造成生态环境破坏，或造成重大社会影响，需要采取紧急措施予以应对的事件，主要包括大气污染、水体污染、土壤污染等突发性环境污染事件和辐射污染事件。

核设施及有关核活动发生的核事故所造成的辐射污染事件、船舶污染事件的应对工作按照相关应急预案执行。重污染天气应对工作按照国家、省、市有关规定执行。

工作原则

突发环境事件应对工作坚持以人为本、预防为主，统一领导、分级负责，属地为主、协调联动，快速反应、科学处置，资源共享、保障有力的原则。

事件分级

参照《国家突发环境事件应急预案》，根据事件严重程度和发展态势，将突发环境事件分为特别重大（I 级）、重大（II 级）、较大（III 级）和一般（IV 级）四级，突发环境事件分级标准如下：

1.5.1　特别重大(Ⅰ级)突发环境事件

凡符合下列情形之一的，为特别重大突发环境事件：

（1）因环境污染直接导致 30 人以上死亡或 100 人以上中毒或重伤的；

（2）因环境污染疏散、转移人员 5 万人以上的；

（3）环境污染造成直接经济损失 1 亿元以上的；

（4）因环境污染造成区域生态功能丧失或该区域国家重点保护物种灭绝的；

（5）因环境污染造成设市的市级以上城市集中式饮用水水源地取水中断的；

（6）I、II 类放射源丢失、被盗、失控并造成大范围严重辐射污染后果的；放射性同位素和射线装置失控导致 3 人以上急性死亡的；放射性物质泄漏，造成大范围辐射污染后果的；

（7）造成重大跨国境影响的境内突发环境事件。

1.5.2　重大(Ⅱ级)突发环境事件

凡符合下列情形之一的，为重大突发环境事件：

（1）因环境污染直接导致 10 人以上 30 人以下死亡或 50 人以上 100 人以下中毒或重伤的；

（2）因环境污染疏散、转移人员 1 万人以上 5 万人以下的；

（3）因环境污染造成直接经济损失 2000 万元以上 1 亿元以下的；

（4）因环境污染造成区域生态功能部分丧失或该区域国家重点保护野生动植物种群大批死亡的；

（5）因环境污染造成县级城市集中式饮用水水源地取水中断的；

（6）I、II 类放射源丢失、被盗的；放射性同位素和射线装置失控导致 3 人以下急性死亡或者 10 人以上急性重度放射病、局部器官残疾的；放射性物质泄漏，造成较大范围辐射污染后果的；

（7）造成跨省级行政区域影响的突发环境事件。

1.5.3　较大(Ⅲ级)突发环境事件

凡符合下列情形之一的，为较大突发环境事件：

（1）因环境污染直接导致 3 人以上 10 人以下死亡或 10 人以上 50 人以下中毒或重伤的；

（2）因环境污染疏散、转移人员 5000 人以上 1 万人以下的；

（3）因环境污染造成直接经济损失 500 万元以上 2000 万元以下的；

(4)因环境污染造成国家重点保护的动植物物种受到破坏的;

(5)因环境污染造成乡镇集中式饮用水水源地取水中断的;

(6)Ⅲ类放射源丢失、被盗的;放射性同位素和射线装置失控导致10人以下急性重度放射病、局部器官残疾的;放射性物质泄漏,造成小范围辐射污染后果的;

(7)造成跨设市的市级行政区域影响的突发环境事件。

1.5.4 一般(Ⅳ级)突发环境事件

凡符合下列情形之一的,为一般突发环境事件:

(1)因环境污染直接导致3人以下死亡或10人以下中毒或重伤的;

(2)因环境污染疏散、转移人员5000人以下的;

(3)因环境污染造成直接经济损失500万元以下的;

(4)因环境污染造成跨县级行政区域纠纷,引起一般性群体影响的;

(5)Ⅳ、Ⅴ类放射源丢失、被盗的;放射性同位素和射线装置失控导致人员受到超过年剂量限值的照射的;放射性物质泄漏,造成厂市内或设施内局部辐射污染后果的;铀矿冶、伴生矿超标排放,造成环境辐射污染后果的;

(6)对环境造成一定影响,尚未达到较大突发环境事件级别的。

上述分级标准有关数量的表中,“以上”含本数,“以下”不含本数。

应急指挥体系及职责

应急组织机构

津市市突发环境事件应急指挥部(以下简称市指挥部)是本市突发环境事件应对工作的领导机构,负责贯彻落实有关环境应急工作的方针、政策,落实上级指示和要求;统一协调、指挥和指导突发环境事件应对工作,市指挥部办公室设在常德市生态环境局津市分局。市指挥部总指挥由市长担任,副总指挥由市政府分管副市长、常德市生态环境局津市分局局长、应急管理局局长担任。

市应急指挥部成员单位由常德市生态环境局津市分局、市公安局、市文化旅游广电体育局、市工业和信息化局、市教育局、市财政局、市交通运输局、市水利局、市民政局、市消防大队、市住建局、市林业局、市农业农村局、市卫生健康局、市应急管理局等部门单位组成。

成员单位职责

2.2.1 市环境应急指挥部

(1)研究确定一般突发环境事件应急处置的重大决策和指导意见,传达上级部门对特别重大、重大、较大突发环境事件的重大决策和指导意见。

(2)领导、组织一般突发环境事件的应急处置工作,协助上级部门组织特别重大、重大、较大突发环境事件应急处置工作。

(3)负责发布一般突发环境事件信息,上报和协助上级部门发布特别重大、重大、较大突发环境事件信息。

(4)审议市指挥部办公室提请审议的事宜。

(5)向常德市人民政府及省有关部门报告突发环境事件应急处置工作情况。

(6)组织调查一般突发环境事件,协助上级部门组织调查特别重大、重大、较大突发环境事件。

2.2.2 市环境应急指挥部办公室

(1)贯彻落实市指挥部的各项工作部署,收集、汇总、分析特别重大、重大、较大和一般突发环境事件应急处置信息,及时向市环境应急指挥部及其成员单位报告、通报事件应急处置工作情况。

(2)建立和完善突发环境事件的预警预测及监测系统;对特别重大、重大、较大和一般突发环境事件进行核查;指导市突发环境事件应急处置工作,检查有关部门(单位)应急准备工作落实情况。

(3)建立和管理市突发环境事件应急处置专家库。

(4)完成市指挥部交办的其他任务。

常德市生态环境局津市分局:参与突发环境事件应急处置工作;提供应急处置现场污染物分析监测、放射源处置的技术支持,组织专家制定突发环境事件应急处置方案,确定危害范围和程度,督促、指导、协调现场应急处置工作,组织突发环境事件的调查处理,指导和监督污染物的收集、清理与处理,指导和监督受污染、破坏的生态环境恢复。

市应急管理局:负责依法监督检查与突发环境事件有关的安全生产工作,依法监督检查生产经营单位落实各项安全生产预防措施,防范发生次生灾害;参与突发环境事件应急处置,储备、管理和调配救灾物资。

市消防大队:负责火灾事故引发的环境事件现场处置工作;负责现场灭火与危险化学品泄漏控制,或可能导致火灾或危险化学品泄漏的隐患处置;牵头组织抢险救援工作。

市交通运输局:组织协调船舶、港口污染事件的应急处置工作,组织协调通往突发环境事件现场的公路抢修及保畅通工作;负责应急救援人员、物资的运输保障工作;协助收集、消除道路和水路污染物。

市教育局:在突发环境事件应急处置中,制定并组织实施学生、教职工紧急避险和疏散方案。

市工业和信息化局:负责突发环境事件应急处置中电力、通信保障的有关协调工作。

市农业农村局:负责组织核定突发环境事件中农田土壤、农作物和畜禽水产的受污染情况,组织协调相关农业环境污染应急处理和受污染威胁的农业珍稀野生植物资源保护工作;协助做好突发环境事件应急处置现场的农村居民、牲畜和农业生产物资的疏散和转移工作。

市公安局:组织协调火灾事故、道路交通安全事故、恐怖袭击事件等引发的环境事件现场应急处置工作；负责特别重大、重大、较大突发环境事件中涉嫌犯罪案件侦查、事故现场保护和维护治安秩序工作,协助有关部门调查取证;对突发环境事件应急处置中的重要目标和危险区域实施警戒和交通道路管制。

市民政局:负责受害群众的生活救助。

市财政局:负责市本级突发环境事件应急工作经费保障。

市住建局:负责指导临时避难所建设,指导制定饮用水紧急供水方案并协调实施。

市水利局:负责实施或协调应急水量调度;参与水环境事件应急处置工作。

市林业局:负责栖息地遭受污染威胁的珍稀濒危野生物种的保护工作。

市卫生健康局:负责组织对突发环境事件中受伤、中毒人员的医疗救治以及伤残、中毒的医学诊断,组织协调卫生防疫工作。

市文化旅游广电体育局:配合做好突发环境事件应急知识宣传。

专家组

市指挥部设立突发环境事件专家组,由相关行业应急专家组成,参与、指导突发环境事件应急处置工作,为环境应急处置工作提供决策咨询和技术支撑。

现场指挥部

市指挥部根据需要成立突发环境事件现场指挥部,负责组织协调突发环境事件的现场处置工作。

预警、监测和风险分析

常德市生态环境局津市分局要加强日常环境监测管理工作,对可能导致突发环境事件的风险信息加强收集、分析和研判。市指挥部成员单位及时将可能导致突发环境事件的信息通报常德市生态环境局津市分局。

企业事业单位和其他生产经营者要落实环境安全主体责任,定期排查环境安全隐患,开展环境风险评估,健全风险防控措施,并在可能发生突发环境事件时,立即报告常德市生态环境局津市分局。

预警分级

突发环境事件分四级预警,由低到高依次用蓝色、黄色、橙色和红色标识。

蓝色预警:将要发生一般突发环境事件(Ⅳ级),事态可能扩大。由市人民政府发布。

黄色预警:将要发生较大突发环境事件(Ⅲ级),事态有扩大趋势。由常德市人民政府发布。

橙色预警:将要发生重大突发环境事件(Ⅱ级),事态正在逐步扩大。由省人民政府发布。

红色预警:将要发生特别重大突发环境事件(Ⅰ级),事态正在不断恶化。由省级人民政府根据国务院授权负责发布。

预警信息的取消按照“谁发布、谁取消”的原则执行。

预警信息发布

常德市生态环境局津市分局研判可能发生突发环境事件时,应当及时向市政府提出发布预警信息建议,同时通报同级相关部门和单位。市政府或其授权的相关部门,及时通过电视、广播、报纸、互联网、手机短信、当面告知等渠道或方式在本行政区域发布预警信息,并通报可能影响到的相关地区。预警信息主要内容包括预警类型、预警级别、起始时间、可能影响范围、警示事项、应采取措施、发布对象和发布单位、发布时间等。

预警行动

预警信息发布后,市政府及其有关部门视情况采取以下措施:

(1)分析研判。组织有关部门和机构、专业技术人员及专家,及时对预警信息进行分析研判,预估可能的影响范围和危害程度。

(2)防范处置。迅速采取有效处置措施,控制事件苗头。在涉险区域设置注意事项提示或事件危害警告标志,利用各种渠道增加宣传频次,告知公众避险和减轻危害的常识、需采取的必要的健康防护措施。

(3)应急准备。提前疏散、转移可能受到危害的人员,并进行妥善安置。责令应急救援队伍、负有特定职责的人员进入待命状态,动员后备人员做好参加应急救援和处置工作的准备,并调集应急所需物资和设备,做好应急保障工作。对可能导致突发环境事件发生的相关企业事业单位和其他生产经营者加强环境监管。

(4)舆论引导。及时准确发布事态最新情况,公布咨询电话,组织专家解读。加强相关舆情监测,做好舆论引导工作。

预警级别调整和解除

发布突发环境事件预警信息的市政府和有关部门根据事态发展情况和采取措施的效果,适时调整预警级别;当判断不可能发生突发环境事件或者危险已经消除时,宣布解除预警,适时终止相关措施。

应急响应、响应分级

根据突发环境事件的严重程度和发展态势,将应急响应设定为Ⅰ级、Ⅱ级、Ⅲ级和Ⅳ级四个等级。

Ⅳ级应急响应:初判发生一般突发环境事件,启动Ⅳ级应急响应,津市市人民政府负责应对工作,成立现场应急指挥机构,进行现场应急处置。

Ⅲ级应急响应：初判发生较大突发环境事件以及Ⅳ级应急响应处置过程中发现事件有扩大趋势，启动Ⅲ级应急响应，立即启动本应急预案，由津市市人民政府报请常德市人民政府负责应对工作,成立现场应急指挥机构,进行事故应急处置。

Ⅱ级应急响应:初判发生重大突发环境事件以及Ⅲ级应急响应处置过程中发现事件有扩大趋势,启动Ⅱ级应急响应,立即启动本应急预案,由津市市人民政府报请省人民政府、常德市人民政府负责应对工作,成立现场应急指挥机构,进行事故应急处置。

Ⅰ级应急响应:初判发生特重大突发环境事件以及Ⅱ级应急响应处置过程中发现事件有扩大趋势，启动Ⅰ级应急响应，立即启动本应急预案，由津市市人民政府报请省人民政府、常德市人民政府负责应对工作,省人民政府根据国务院授权成立现场应急指挥机构,进行事故应急处置。

响应行动

突发环境事件发生在易造成重大影响的区域或重要时段时,可适当提高响应级别。应急响应启动后,可视事件损失情况及其发展趋势调整响应级别,避免响应不足或响应过度。

响应措施

突发环境事件发生后,有关地方、部门和单位根据工作需要,组织采取以下措施。

4.3.1 现场污染处置

涉事企业事业单位或其他生产经营者要立即采取关闭、停产、封堵、围挡、喷淋、转移等措施,切断和控制污染源,防止污染蔓延扩散。做好有毒有害物质和消防废水、废液等的收集、清理和安全处置工作。当涉事企业事业单位或其他生产经营者不明时，由常德市生态环境局津市分局组织对污染来源开展调查,查明涉事单位,确定污染物种类和污染范围,切断污染源。

市人民政府组织制订综合治污方案,采用监测和模拟等手段追踪污染气体扩散途径和范围;采取拦截、导流、疏浚等形式防止水体污染扩大;采取隔离、吸附、打捞、氧化还原、中和、沉淀、消毒、去污洗消、临时收贮、微生物消解、调水稀释、转移异地处置、临时改造污染处置工艺或临时建设污染处置工程等方法处置污染物。必要时,要求其他排污单位停产、限产、限排,减轻环境污染负荷。

4.3.2 转移安置人员

根据突发环境事件影响及事发当地的气象、地理环境、人员密集度等,建立现场警戒区、交通管制区域和重点防护区域,确定受威胁人员疏散的方式和途径,有组织、有秩序地及时疏散转移受威胁人员和可能受影响地区居民,确保生命安全。妥善做好转移人员安置工作,确保有饭吃、有水喝、有衣穿、有住处和必要医疗条件。

4.3.3 医学救援

迅速组织当地医疗资源和力量，对伤病员进行诊断治疗，根据需要及时、安全地将重症伤病员转运到有条件的医疗机构加强救治。指导和协助开展受污染人员的去污洗消工作,提出保护公众健康的措施建议。视情增派医疗卫生专家和卫生应急队伍、调配急需医药物资,支持事发地医学救援工作。做好受影响人员的心理援助。

4.3.4 应急监测

加强大气、水体、土壤等应急监测工作,根据突发环境事件的污染物种类、性质以及当地自然、社会环境状况等,明确相应的应急监测方案及监测方法,确定监测的布点和频次,调配应急监测设备、车辆,及时准确监测,为突发环境事件应急决策提供依据。

4.3.5 市场监管和调控

密切关注受事件影响地区市场供应情况及公众反应,加强对重要生活必需品等商品的市场监管和调控。禁止或限制受污染食品和饮用水的生产、加工、流通和食用,防范因突发环境事件造成的集体中毒等。

4.3.6 信息发布和舆情引导

通过政府授权发布、发新闻稿、接受记者采访、举行新闻发布会、组织专家解读等方式,借助电视、广播、报纸、互联网等多种途径,主动、及时、准确、客观的向社会发布突发环境事件和应对工作信息,回应社会关切,澄清不实信息,正确引导社会舆情。

4.3.7 维护社会稳定

加强受影响地区社会治安管理,严厉打击借机传播谣言制造社会恐慌、哄抢救灾物资等违法犯罪行为;加强转移人员安置点、救灾物资存放点等重点地区治安管控;做好受影响人员与涉事单位、地方人民政府及有关部门矛盾纠纷化解和法律服务工作,防止出现群体性事件,维护社会稳定。

信息报告与发布

4.4.1 信息报告

突发环境事件发生后,涉事企业事业单位或其他生产经营者必须采取应对措施,并立即向常德市生态环境局津市分局及其他有关部门报告，同时通报可能受到污染危害的单位和居民,因生产安全事故导致突发环境事件的,市应急管理局等有关部门应及时通报常德市生态环境局津市分局,常德市生态环境局津市分局通过互联网信息监测、环境污染举报热线等多种渠道，加强对突发环境事件的信息收集，及时掌握突发环境事件发生情况。

常德市生态环境局津市分局接到突发环境事件信息报告或监测到相关信息后，应立即进行核实，对突发环境事件的性质和类别做出初步认定，按照国家规定的时限、程序和要求向上级环保部门和本级政府报告，并通报其他有关部门，突发环境事件已经或可能涉及相邻行政区域的，事发地政府或环保部门应及时通报相邻行政区域同级政府或环保部门，地方各级政府及其环保部门应按照有关规定逐级上报，必要时可越级上报。

4.4.2 报告内容与方式

突发环境事件的报告分为初报、续报和处理结果报告三类。

(1)初报内容：突发环境事件的类型、发生时间、地点、污染源、主要污染物质、人员受害情况、捕杀或砍伐国家重点野生动植物的名称和数量、自然保护区受害面积及程度、事件潜在的危害程度、转化方式趋向等初步情况。

(2)续报内容：既要报告新发生的情况，也要对初次报告的情况进行补充和修正，包括事件发生的原因、过程、进展情况及采取的应急措施等基本情况。特别重大、重大突发环境事件至少要按日进行续报。

(3)处理结果报告内容：在初报和续报的基础上，报告事件处置的措施、过程和结果，事件潜在或间接的危害、社会影响、处置后的遗留问题，参加处置工作的有关部门和工作内容，出具有关危害与损失的证明文件等详细情况。

4.4.3 特殊情况信息处理

(1)突发环境事件的伤亡、失踪和被困人员中有港澳台人员或外国人，需要向港澳台地区有关机构或有关国家进行通报时，按《湖南省涉外涉侨突发事件应急预案》、《常德市涉外涉侨突发公共事件应急预案》有关规定办理。

(2)需要国际社会援助时，由市政府向常德市人民政府报告，常德市人民政府向省人民政府报告并提请其向国务院有关部门提出需要得到援助的国际机构、事项内容、时机等，按照信息发布有关规定由指定机构向国际社会发出求助信息。

4.4.4 信息通报

常德市生态环境局津市分局接到突发环境事件信息报告或监测到相关信息后，应立即进行核实，对突发环境事件的性质和类别作出初步认定，按照国家规定的时限、程序和要求向省、市级环境保护主管部门和本级人民政府报告，并通报同级其他相关部门。

4.4.5 信息发布

按照事件级别，IV 级突发环境事件信息由市指挥部统一发布，III 级突发环境事件由市指挥部报请常德市级突发环境事件应急指挥部统一发布，II 级、I 级突发环境事件由市指挥部报请省、常德市级突发环境事件应急指挥部，由省级突发环境事件应急指挥部统一发布。信息发布要做到准确、客观、公正，正确引导社会舆情。

响应终止

突发环境事件处置结束，事发地突发环境事件应急指挥机构及时调整或终止响应。凡符合下列条件之一的，即满足响应终止条件：

(1)事件现场得到控制，事件条件已经消除；

(2)污染源的泄漏或释放已降至规定限值内；

(3)事件所造成的危害已被彻底清除，无继发可能；

(4)事件现场的各种专业应急处置行动已无继续的必要；

(5) 采取了必要的防护措施以保护群众免受再次危害，并使事件可能引起的中长期影响趋于合理且尽量低的水平。

后期处置

安置、补偿与理赔

各镇(街道)及有关部门单位做好受影响群众的安置工作，组织有关专家对受害范围及程度进行科学评估，提出补偿和对遭受污染的生态环境恢复的建议。市政府鼓励各类保险机构开展环境保险。突发环境事件发生后，各保险机构深入事件发生地开展查勘理赔工作。

事件调查

按照环保部《突发环境事件调查处理办法》等相关规定，由环境保护主管部门牵头，根据实际情况会同监察机构及相关部门，组织开展事件调查，查明事件原因和性质，提出整改防范措施和处理意见。

评估与报告

响应终止后，市人民政府根据相关规定及时组织开展污染损害评估，并将评估结果向社会公布。评估结论作为事件调查处理、损害赔偿、环境修复和生态恢复的依据。市人民政府组织有关部门形成突发环境事件应对总结评估报告。

物资保障

市政府及其有关部门要加强应急物资储备，鼓励支持社会化应急物资储备，保障应急物资、生活必需品的生产和供给。环境保护主管部门要加强对本市环境应急物资储备信息的动态管理。承担环境安全主体责任的企事业单位和其他生产经营者应当储备必要的应急装备和物资。

突发环境事件应急处置所需经费首先由事件责任单位承担。市财政局对应急处置工作提供资金保障。

通信、交通与运输保障

通信管理部门负责通信与信息线路维护工作，确保通信联络畅通;交通运输部门健全公路、铁路、航空、水运紧急运输保障体系,保障应急响应所需人员、物资、装备、器材等的运输;公安部门要加强应急交通管理,保障运送伤病员、应急救援人员、物资、装备、器材的车辆优先通行。

队伍保障

各环境应急相关专业部门要强化环境应急救援队伍能力建设,加强环境应急专家队伍管理,提高突发环境事件快速响应及应急处置能力。

技术保障

市环境保护主管部门要建立科学的环境应急指挥技术平台和预警系统,实现信息综合集成、分析处理、污染损害评估的智能化和数字化。同时,充分发挥市环境应急专家库专家队伍在突发事件中的技术支撑作用。

监督管理

宣传、培训和演练

市政府和各镇(街道)、高新区管委会及常德市生态环境局津市分局要加强突发环境事件应急工作的宣传和培训工作,定期开展应急演练,提高防范和处置突发环境事件水平,增强实战能力。

7.2 责任追究

在应急处置工作中存在失职、渎职等行为且造成严重损失的,依法追究有关单位负责人和有关责任人的责任;构成犯罪的,移送司法机关依法处理。

附　则

预案解释、管理与更新

本预案由常德市生态环境局津市分局负责解释,并根据有关情况变化,进行修订和完善。

预案实施

本预案自印发之日起施行。

二〇一九年十一月